内容简介

本书是美国经典的现代审计学教材之一，被公认为系统学习和全面掌握现代西方特别是美国审计理论和实务的首选图书，被全球多所著名大学采用。该书由于首次提出并倡导交易循环审计思想而备受审计理论界、教育界和实务界的推崇。在我国，已故著名会计学家杨时展先生对此书给予高度重视、推介和运用，并组织了最初的引介和翻译工作。

第16版的特色包括：提供持续变化的全球审计环境的最新内容；扩充有关职业怀疑和审计师判断的内容；增加有关风险评估程序和了解内部控制的内容；强调国际化问题；介绍金融工具审计的相关问题；等等。

本书适合会计学专业高年级本科生、研究生，MBA，MPAcc以及相关专业的教师、研究人员学习使用。

主要作者简介

阿尔文·阿伦斯（Alvin A. Arens） 美国密歇根州立大学会计学院普华永道审计学教授，曾担任美国会计学会（AAA）主席、美国注册会计师协会（AICPA）审计准则委员会（ASB）专家委员。拥有丰富的大学审计教学和注册会计师执业经验，并获得很多殊荣，包括AAA杰出审计教育家奖、AICPA杰出教育家奖、美国贝塔阿尔法教授年度奖等。

译者简介

李　璐 中南财经政法大学会计学院教授，博士生导师。中国注册会计师、特许公认会计师公会（ACCA）会员。2019年入选财政部“国际化高端会计人才培养工程”。在权威期刊发表论文50余篇，主持国家级、省部级以及市厅级科研课题30余项。

张龙平 中南财经政法大学会计学院审计研究所主任、湖北省人文社科重点研究基地主任。兼任国务院学位委员会第六届工商管理学科评议组成员、全国审计硕士专业学位教学指导委员会委员等。主持国家社科基金项目及教育部、审计署、财政部等部级课题30余项。

工商管理经典译丛·会计与财务系列

Business Administration Classics

Pearson

审计学：一种整合方法

Auditing and Assurance Services: An Integrated Approach (Sixteenth Edition)

[美] 阿尔文·阿伦斯（Alvin A. Arens）
兰德尔·埃尔德（Randal J. Elder）
马克·比斯利（Mark S. Beasley）
克里斯·霍根（Chris E. Hogan）
著

李 璐 张龙平 | 译

第16版

中国人民大学出版社

·北京·

译者序

很荣幸应中国人民大学出版社的约请，翻译这部美国最经典的现代审计学专著性教材。这本教材为全球众多著名高校采用，被公认为系统学习和全面掌握现代西方特别是美国审计理论和实务的最佳图书。我国已故著名会计学家杨时展教授尤其推崇该书，并于1987年11月邀请该书首席作者阿尔文·阿伦斯教授到当时的中南财经大学（现在的中南财经政法大学）讲授美国的审计教育，事后还组织了该书的引入和翻译工作。2003年中南财经政法大学会计学院张龙平教授组织了该书第9版的初次翻译。该书由于首次提出并倡导交易循环审计思想而备受审计理论界、教育界和实务界的尊崇，目前，该书有多版中译本出版，是国外审计学教材中译本最多的一种，也一直是中南财经政法大学审计学团队多年来着力建设的经典教材项目。阿尔文·阿伦斯教授生前是美国乃至世界久负盛名的审计权威人士，曾任美国会计学会（AAA）主席、美国注册会计师协会（AICPA）审计准则委员会（ASB）专家委员，并获得很多殊荣，包括AAA杰出审计教育家奖、AICPA杰出教育家奖、全美贝塔阿尔法教授年度奖和多项密歇根州教育及其他奖项，具有丰富的大学审计教学和注册会计师执业经验。

本次翻译的是该书第16版，尽管在第15版基础上作了大量的修改，但其写作目标和重点保持了一致。本书第16版依然主要关注注册会计师财务报表审计和财务报告审计中的决策过程，力求清楚阐述在考虑具体业务的独特环境后，注册会计师应该收集的证据的性质和数量，并在这个过程中有机地整合国际公认审计概念中最重要的概念，以帮助学生理解当今复杂的国际审计环境下的审计决策和证据收集，且与时俱进，以全球公认的审计概念在现实环境中运用的实例提供这些概念的最新内容。例如，该书将与国际审计有关的发展以及全球变化无常的经济环境中影响审计的问题贯穿始终，还将与审计准则委员会和国际审计与保证准则理事会（IAASB）颁布的准则中所强调的风险评估有关的关键概念，整合到审计计划中的每一部分、每一个具体交易循环和相关的账户中。该版的特色与重要变化以及内容结构已经在原著前言中作了很详细的说明，此处不再赘述。

2020年中南财经政法大学会计学院李璐教授主笔完成本书第16版的翻译工作、张龙平教授担任主审和校对。在此，感谢江西财经大学会计学院谢盛纹教授及其团队对该书第14版及以前版本的持续更新，特别是谢盛纹教授倾注了大量的心血和精力。感谢参与张龙平教授2003年组织的第9版初译工作及后续改版工作的各位同仁，以及中国人民大学出版社各位编辑对书稿的仔细加工。

第16版内容新，体例合理，结构严谨，理论联系实际，理论分析有相当的深度，实务说明很有典型性和可操作性，易教易学。需要特别指出的是，为了保持与该书英文改编版教材（中国人民大学出版社已出版）内容的一致性，这里同样删去了原著中的第19章、第25章和第26章，但这丝毫不影响该书的整体结构和特色。另一方面，原著中本有大量的习题，考虑到各种原因，在我们的译本中只选择了部分习题附于每章的后面。

在较短时间内翻译这部西方经典专著难度很大，加之译者水平有限，疏漏乃至错误在所难免。恳请业内专家和广大读者不吝指正（本书译者的电子邮箱是 teacherlilujun@163.com）。

前言

风险评估和审计决策的整合方法

《审计学：一种整合方法（第16版）》是一本介绍审计和其他保证服务的教材，它既适用于本科生或研究生的审计课程，也适用于会计师事务所、内部审计师和政府审计师的在职培训课程。

本书主要关注财务报表审计及财务报告内部控制审计中的审计决策过程。我们认为，审计中最基础的概念是在考虑确定具体业务的独特环境后，审计师应该收集的证据的性质和数量。如果学生了解了既定审计领域将要完成的目标、与既定业务相关的风险以及他们应作出的决策，则应该能够确定收集多少适当的证据以及如何对所收集的证据进行评价。

我们以全球公认的审计概念在现实环境中运用的实例提供这些概念的最新内容。本书的作者团队在审计实务中的集体经验相当丰富，四位作者曾在大型国际会计师事务所和地区性会计师事务所从事审计实务工作，均为大型国际会计师事务所或小型会计师事务所提供过后续教育服务，还参加过审计准则委员会和公众公司会计监督委员会（PCAOB）的审计准则制定工作，其中一位作者还担任COSO主任成员，履职超过七年。作者团队的这些阅历为审计概念在现实环境中的整合提供了独特的洞察力。

如本书的书名所示，我们的目的是以一种逻辑方式整合国际公认审计概念中最重要的概念，以帮助学生理解当今复杂的国际审计环境下的审计决策和证据收集。例如，我们将与国际审计有关的发展以及全球经济变化无常的环境中影响审计的问题贯穿全书，还将与审计准则委员会（ASB）和国际审计与保证准则理事会（IAASB）颁布的准则中所强调的风险评估有关的关键概念，整合到审计计划中的每一部分、每一个具体交易循环和相关的账户中。与PCAOB的审计准则要求中强调的一致，内部控制与财务报表审计及财务报告内部控制整合审计中执行的控制测试和交易实质性测试相关，反过来，控制测试和交易实质性测试又与对应领域的财务报表余额细节测试相关。审计抽样并不是一个单独部分，它应用于审计证据的评价，风险评估、技术、舞弊和内部控制审计的问题贯穿于本书所有章节。

第16版的主要特色

最新内容

准则的更新总是走在教材更新的前面。正如审计教师所考虑的那样，我们也非常关注本学科的最新发展动态。本书第16版包含了AICPA明晰项目的全部内容，例如最近发布的SAS第130号《与财务报表审计整合的财务报告内部控制审计》以及PCAOB新发布的第18号准则《关联方》。我们将一如既往地提供持续变化的全球审计环境中的最新内容，并将在我们的网站上登出关于新准则主要变化的精粹文献，使读者与时俱进地把握新准则的变化。

□ AICPA 明晰项目

为了实现美国审计准则与国际准则的趋同，AICPA审计准则委员会刚完成了明晰项目工作，现有的大部分GAAS准则与ISA保持一致，更加易于阅读、理解和运用。第2章总体介绍了经过明晰项目修订的准则的主要变化，包括提供了新的基本原则，为帮助审计师按照AICPA审计准则以及新的审计准则说明书的汇编要求实现财务报表审计目标提供框架性指引。第3章举例说明了明晰项目修订后SAS规定的新标准报告的格式，本书其他章节均体现了明晰项目准则的各种修订。

□ 修订后的AICPA《职业行为守则》

AICPA近期重构了《职业行为守则》，以与国际准则保持一致。守则的内容安排为，原则放在前言部分，将从事公共业务的会员需要遵守的规则与在企业工作的以及其他会员需要遵守的规则分开列示。

□ 扩充有关职业怀疑和审计师判断的内容

鉴于职业界持续强调运用适度职业怀疑的重要性，第6章扩充了此话题的相关内容并整合于后续章节之中，例如第10章介绍审计师查找舞弊的责任。我们讨论了质疑的思维方式以及审慎评价审计证据的必要性，以促使学生深刻认识有效的职业怀疑的构成要素。

为帮助审计师在审计过程中作出职业判断时能够保持适度的职业怀疑，第16版特别引入了审计质量中心发布的《职业判断资源》，介绍了审计师职业判断过程的关键要素。第6章说明了有效的决策制定过程。

□ 扩充有关风险评估程序和了解内部控制的内容

我们已经将影响加速编报公司的《萨班斯-奥克斯利法案》(2002)和PCAOB第5号审计准则的相关规定和要求，以及审计准则委员会颁布的风险评估准则整合到本书中。本书第2章强调了了解被审计单位行业及其环境（包括内部控制）的重要性，并介绍了PCAOB的新风险评估准则。第3章为加速编报公司的审计师着重介绍了财务报告内部控制的报告。

我们一直以来都强调在审计计划阶段要了解被审计单位的经营状况及其所在的行业。本书第16版重新调整了第8章至第12章的内容，进一步阐述审计师如何实施风险评估程序，包括特别风险的识别。第9章说明实施风险评估程序以识别重大错报风险，第10章讨论如何评估和应对舞弊风险。

第11章和第12章有关内部控制的内容（包括IT一般控制和应用控制），也作出了调整，反映了COSO委员会2013年对《内部控制——整合框架》作出的修订，也将审计师对人工控制和自动化控制的考虑更好地整合起来。第11章向学生们介绍有效内部控制的组成要素（包括与IT相关的控制），第12章阐述了审计师了解内部控制设计和运行有效性的责任，以及审计师对财务报告内部控制的报告。随后的章节主要介绍了交易循环中所包含的更为详细的内部控制，以帮助学生了解审计师在财务报表和财务报告内部控制整合审计中对内部控制的考虑。

□ 强调国际化问题

第 1 章介绍了对国际审计准则发展予以考虑的重要性，第 2 章讨论了 IAASB 在国际审计准则颁布中的角色以及该委员会在美国审计准则与国际审计准则趋同中所付出的努力，第 3 章着重介绍了审计师就遵循国际财务报告准则编制的公司财务报告予以审计所签发的审计报告的含义。

□ 金融工具的内容

随着各种金融工具的大量使用且日趋复杂，以及公允价值会计带来的挑战，第 22 章介绍了金融工具审计的相关问题，以及如何针对公允价值会计估计获取充分、适当的审计证据。相信本书有助于增强学生对金融工具审计难点问题的理解。

□ 服务机构控制报告

鉴于越来越多的企业利用云计算方案以及第三方 IT 服务供应商，由外部服务供应商提供内部控制设计和运行有效性信息的需求日益迫切。本书第 16 版扩充了服务机构审计师出具的服务机构控制报告的内容。第 12 章为服务机构审计师报告服务机构内部控制提供了新的指导，包括不同业务种类下的各种报告类型。

□ 希尔伯格五金公司年报

希尔伯格五金公司的年报可登录中国人民大学出版社网站（www. crup. com. cn），从本书相关页面下载。年报中所包含的财务报表和其他信息用于本书所有章节的有关例子中，以说明相关概念。该年报中还包括希尔伯格五金公司管理层遵循 404 条款的内部控制管理层报告，以及 404 条款所要求的遵循 PCAOB 第 5 号审计准则的审计报告。

本书的结构

本书共分为五部分，章节相对简短、设计合理，便于读者阅读和理解。

第 1 部分：审计职业（第 1～5 章）。本书第 1 章引例介绍了联邦包裹服务公司发布的公司可持续报告中由“四大”会计公司提供的鉴证报告，旨在帮助学生认识审计师为主要利益相关方提供各种重要信息保证的重要性。第 1 章主要介绍了《萨班斯-奥克斯利法案》的关键规定，包括 PCAOB 的成立和 404 条款内部控制报告的要求。第 2 章涉及注册会计师职业，特别强调了 IAASB 和 PCAOB 的准则制定职责，及其与美国注册会计师协会审计准则委员会的准则制定职责的区别。第 2 章深入解读了 AICPA 的明晰项目以及所引发的 AICPA 审计准则的变化。第 3 章详细讨论了按照 AICPA 以及 PCAOB 准则出具的审计报告，其中一节单独讨论了关于加速编报公司的财务报告内部控制的审计报告。这一章还强调了影响审计师出具审计报告类型的情形，以及与每一种情形的不同重要性水平相适应的审计报告类型。第 4 章阐述了道德困境、职业道德、独立性以及修订后的 AICPA 的《职业行为守则》。第 5 章以关于审计师法律责任的调查研究结束本部分。

第2部分：审计过程（第6～13章）。第6章和第7章的主要内容是审计师和管理层的责任、审计目标、审计证据收集的一般概念和审计记录，包括风险评估准则中的管理层认定和证据概念。第8章涉及业务的计划工作，包括作为风险评估程序一部分的了解被审计单位经营业务和行业，作为一种审计工具来使用的分析程序。第9章详细阐述审计师怎样实施风险评估程序以评估由于舞弊或错误导致的重大错报风险，以及如何运用进一步审计程序应对重大错报风险。第10章的焦点是舞弊审计，在前面各章节讲解风险评估概念的基础上，举例说明了如何在风险评估阶段评估舞弊风险。这一章还介绍了具体的舞弊实例，讨论了侦查舞弊的预警信号和应对舞弊风险的相关程序。第11章介绍了有效的财务报告内部控制的重要组成部分，与2013年版COSO委员会的《内部控制——整合框架》保持一致。由于大多数内部控制较大程度上依赖信息技术，该章还融合了IT一般控制和应用控制的内容。第12章介绍了有效的内部控制如何在财务报表审计中减少计划的审计证据，以及审计师用作控制测试的审计程序以支持较低的控制风险评估。该章还介绍了加速编报上市公司审计师如何整合审计证据，以作为财务报告内部控制有效性报告的基础，同时评估财务报表审计中的控制风险。第13章汇总了第6～12章的内容，并将这些内容有机地整合在一起。

第3部分：审计过程在销售与收款循环中的应用（第14～17章）。这些章节是第2部分的有关概念在销售、现金收入和损益表以及资产负债表的其他相关账户审计中的具体运用。针对销售与收款循环中账户所用的审计程序的适当性都与财务报表审计和财务报告内部控制审计中的内部控制和控制测试、交易实质性测试与账户余额细节测试的审计目标有关。

学生还能从中学到如何将审计抽样运用于销售、现金收入和应收账款的审计中。第15章概述性地讨论控制测试和交易实质性测试中的审计抽样，同样，第17章讨论账户余额细节测试的抽样概念。每一章还包括非统计抽样的具体内容以及统计抽样技术的内容。

第4部分：审计过程在其他循环中的应用（第18～22章）。这一部分是关于特定循环以及交易循环中的一部分的审计过程的讨论，其中涉及的审计方法与第14～17章介绍的类似。本部分的每一章针对资产负债表和损益表相关账户的每一交易大类都举例说明了内部控制、控制测试和交易实质性测试之间的关系。我们整合讨论了与所涉及交易循环的内部控制审计有关的含义。随后讨论了现金和金融工具审计，以举例说明现金和金融工具余额审计与其他大多数审计领域之间的关联性。

第5部分：完成审计工作（第23章）。本部分只有一章，主要讨论执行其他测试以处理列报和披露目标、汇总所有的审计测试、复核审计记录、在财务报表和财务报告内部控制整合审计中获取管理层声明书、与管理层之间的沟通以及审计完成阶段的其他事项。

目　录

第1部分　审计职业

第2部分 审计过程

第3部分 审计过程在销售与收款循环中的应用

第4部分 审计过程在其他循环中的应用

第5部分 完成审计工作

第 1 部分

审计职业

本书前五章主要提供执行财务审计的背景知识，以帮助读者了解审计师为什么以特定的方式执行审计。

第 1 章和第 2 章阐述了包括审计在内的保证服务、会计师事务所及其他组织在执行财务报表和其他信息审计中的作用。

第 3 章详细讨论了审计的最终成果——审计报告。

第 4 章和第 5 章重点通过审计师的道德准则和法律责任来阐述会计师事务所的监管和控制问题。

第 1 章

对审计及其他保证服务的需求

学习目标

1. 描述审计的概念。
2. 区分审计和会计。
3. 解释审计在降低信息风险中的重要性。
4. 说明产生信息风险的原因并解释降低该风险的对策。
5. 描述保证服务并区分审计服务与会计师事务所提供的其他保证和非保证服务。
6. 区别三种主要的审计种类。
7. 识别审计师的主要类型。
8. 描述成为一名注册会计师的必备条件。

引 例①

Brown 变得环保了

联合包裹服务公司（UPS）是世界上最大的货运和物流公司之一，每天在220多个国家投递超过1 500万个包裹。在假日高峰期，UPS每天递送3 400万个包裹，其中大部分包裹是通过飞机和货运卡车运送的。显而易见，它也伴随着大量的碳足迹。UPS公司有个外号叫作“Brown”，这是因为该公司有棕色的送货卡车和员工制服，但是这并不能体现公司可持续发展的理念。

近来，尽管该公司的年投递量增加了3.9%，其年碳排放量却减少了1.5%。UPS减少碳排放的一种方法是通过其专有的基于公路模式的最优化方案与导航整合IT系统（ORION），使用先进的算法和运输数据记录传输系统，为运货的司机设计最优路线。该系统于2014年减少了150万加仑的燃料使用量，使得公司的年碳排放量减少了14 000吨。ORION系统不仅对于生态环境是个福音，同时也有利于实现公司的商业效率和效能指标。据UPS估计，如果每名送货司机每天减少一英里的行驶路程，该公司将每年节省5 000万美元。

UPS的可持续发展报告是根据GRI（全球报告倡议组织）的纲领G4（第四代《可持续发展报告指南》）编制的。公司通过了GRI的“重大事项”审核，意味着其已达到必要的一般披露标准。随着UPS等越来越多的公司编制了可持续发展报告，人们也越来越关注报告信息的准确性。对此，GRI建议由会计师或其他有资格的专家提供外部保证，以增强使用者对信息准确性的信心。UPS公司可持续发展报告包括一份来自四大会计师事务所的保证报告，其中包括该公司就全球温室气体排放声明的单独保证报告。不少人预测，这种形式的保证将会是未来注册会计师经常提供的服务。

资料来源：1. UPS Corporate Sustainability report (sustainability. ups. com)；2. *The External Assurance of Sustainability Reporting*, Global reporting Initiative, amsterdam 2013 (www. globalreporting. org).

有关UPS公司可持续发展报告的引例，阐明了审计师就可持续发展报告和其他信息向广泛利益相关者提供保证方面，发挥了日益重要的作用。当然，针对上市公司、非上市公司、政府部门以及非营利实体的财务报表进行报告，仍然是审计师的主要工作。此外，审计师还会为规模较大的上市公司提供财务报告内部控制的鉴证。

本章主要介绍审计和审计师提供的其他保证服务，以及审计师在社会中的作用。这些服务通过对财务报表、内部控制的有效性和其他信息提供保证来彰显其价值。本章还将讨论审计和审计师的类型，以及成

① 每一章开头都以接近现实的案例来说明审计原则。有些情形是基于真实的案例改编的，有些则是虚构的。任何与真实的事务所、公司或个人的雷同之处，纯属巧合。

为一名注册会计师的必备条件。

1.1 审计的性质

我们已经介绍了审计师在社会中的作用，以及审计师如何为财务报表提供保证。审计师还可以就财务报告内部控制有效性以及公司可持续发展报告等其他类型信息提供保证。我们将运用以下定义来详细阐述审计。

审计（auditing）是由胜任的独立人员为确定和报告特定信息与既定标准间的符合程度而收集和评价有关这些信息的证据的过程。

这个定义包含了几个关键词汇和短语。为了便于理解，下面将不按照这些术语在概念中出现的顺序对其进行解释。

□ 信息和既定标准

要执行审计，必须存在可验证的信息以及审计师用以评价这些信息的标准。存在的信息是多种多样的。审计师通常对量化信息如公司的财务报表和个人联邦所得税申报表等进行审计，也对较为主观抽象的信息（如计算机系统的效果及生产经营的效率）进行审计。

用以评价信息的标准也随被审计信息的不同而变化，例如历史财务报表审计中所依据的标准可能是美国一般公认会计原则（generally accepted accounting principles，GAAP）或国际财务报告准则（international financial reporting standards，IFRS）。这意味着在苹果公司（Apple）财务报表的审计中，会计师事务所应确定苹果公司的财务报表是否遵循一般公认会计原则进行编制。就财务报告内部控制审计来说，这一标准就应该是一个建立内部控制的公认框架，如 COSO 委员会颁布的《内部控制——整合框架》。

就美国国税局（Internal Revenue Service，IRS）对纳税申报表的审计来说，评价标准就是美国国内有关的税收法规。IRS 若要审计苹果公司的纳税申报表，IRS 的审计人员就应采用美国国内税收法规作为检验苹果公司纳税申报表编制是否正确的标准，而不能用一般公认会计原则。

对于较为主观的信息，确定其评价标准就更加困难。一般而言，审计师和被审计单位应该在审计开始之前就相关标准达成共识。例如在计算机操作某特定方面的有效性审计中，既定的评价标准可能就要包括输入或输出错误的允许水平。

□ 收集并评价证据

证据（evidence）是审计师用来确定被审计信息是否按既定标准表述的所有资料。审计证据的形式多种多样，包括交易的电子和文件数据、与外部的书面和电子沟通、审计师的观察以及被审计单位对象（客户）的口头陈述等。

获得充分、适当的审计证据对于实现审计目的是非常重要的。审计师必须确定所需证据的类型和数量，评价信息与既定标准是否相符。这是每一次审计的关键环节，也是本书的基本主题。

□ 胜任的独立人员

审计师必须具备理解所用标准的能力，能够了解应收集的证据类型与数量，以期在检查相关证据后得出恰当的审计结论。此外，审计师还应具备独立的精神态度。如果一名具备胜任能力的审计师在收集和评价证据时带有偏见，其审计的价值也将荡然无存。

审计师要努力保持高水平的独立性，以维持报告使用者对他们的信任。对公司财务报表进行报告的审计师通常被称为**独立审计师**（independent auditors）。尽管这些审计师由公司支付审计费用，但他们在审计时仍能保持充分的独立性，从而赢得报表使用者的信赖。尽管内部审计师是公司的内部员工，但他们通常直接向高管和董事会报告，这有助于他们独立于被审计的经营部门。

□ 报告

审计过程的最后阶段就是编写**审计报告**（audit report），这是审计师向报告使用者传达审计结果的一种手段。虽然各种审计报告的性质不同，但都必须向报告使用者说明信息与既定标准之间的相符程度。报告形式也各不相同，从财务报表审计的高度专业技术类型，到小部门经营效果审计的简单口头报告，不一而足。

图1-1通过解释IRS审计人员对个人纳税申报表的审计，说明了审计定义中的几个重要概念。为了确定纳税申报表的编制是否与联邦税收法规一致，IRS审计人员要检查纳税人或其他各方（如纳税人的雇主）提供的相关支持记录。在审计完成以后，IRS审计人员要向纳税人出具一份审计报告，以说明应补缴的税款、通知纳税人应获得退税或纳税申报表编制正确无误等。

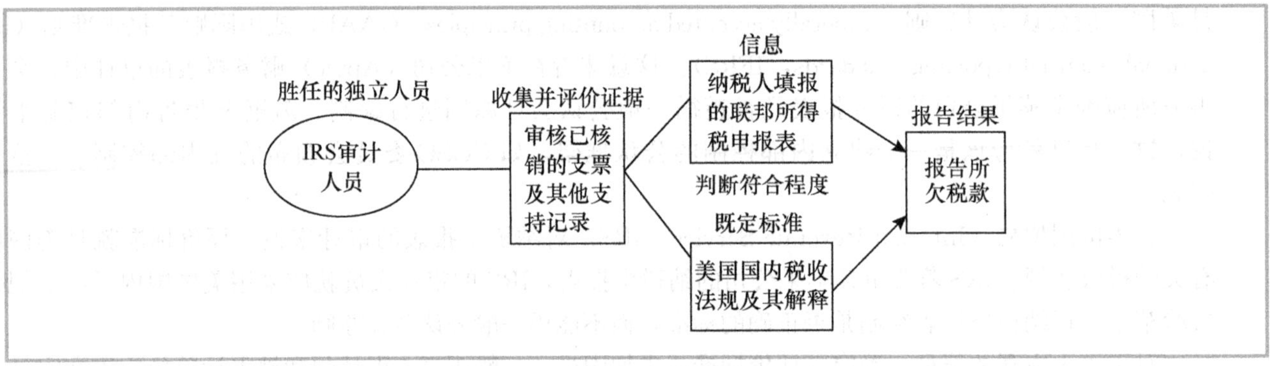

图1-1 纳税申报表的审计

1.2 审计与会计的区别

许多财务报表使用者和一般公众将审计与会计混为一谈，其原因在于大多数审计都与会计信息相关，同时许多审计师又都是会计专家。此外，将多数从事审计业务的人称为“注册会计师”更加剧了这种混淆。

会计（accounting）是以逻辑方式对经济事项进行记录、分类和汇总，其目的是为决策制定提供所需要的财务信息。为了提供相关的信息，会计人员必须全面掌握编制会计信息所应遵循的原则和规则。此外，会计人员应建立一套系统，以确保能以合理的成本，及时、恰当地记录单位所发生的经济事项。

在审计会计数据时，审计师关注记录的信息是否恰当地反映了会计期间内所发生的经济事项。由于美国或国际会计准则为评价会计信息是否恰当记录提供了标准，因此，审计师必须全面掌握那些会计准则。

除了懂得会计之外，审计师必须拥有收集和解释审计证据的专业能力，这种专业能力正是审计师与会计人员的区别所在。确定适当的审计程序、决定拟测试项目的数量和类型以及评价结果等，都是审计师特有的工作。

1.3　对审计的经济需要

为了解释审计的需求，我们先来考虑一下某银行的经理人员向企业贷款时所作的决策，作这个决策需要考虑以前银行同企业的财务关系以及财务报表所反映的财务状况。如果银行决定贷款给企业，那么贷款利率主要由以下三个因素决定：

1. 无风险利率。该利率近似等于银行投资于与企业贷款期限相同的美国国债所能取得的收益率。

2. 客户的经营风险。这一风险反映了企业由于经济或经营状况变化，如经济衰退、管理部门决策不当、出乎意料的行业竞争等，而不能偿还贷款的可能性。

3. 信息风险。**信息风险**（information risk）反映的是制定经营风险决策所依据的信息不正确的可能性，而财务报表不正确的可能性是导致信息风险的一个可能因素。

审计对无风险利率或经营风险都没有影响，对信息风险却有重大影响。如果银行经理考虑到借款人的财务报表已经过审计，从而认可存在的微小信息风险，则银行的风险可以实质性地得以降低，借款人的整体借款利率也会降低。信息风险的降低对借款人能否以合理的成本取得资金的能力有重大影响。假如某大型公司有总计约 100 亿美元的带息负债，即使该债务的利率只降低一个百分点，每年也可节约 1 亿美元的利息支出。

信息风险产生的原因

随着社会变得日益复杂，决策者获得不可靠信息的可能性与日俱增。其主要原因包括：信息的间接性、信息提供者的偏好和动机、过量的信息以及复杂的交换交易的存在。

信息的间接性　在全球经济环境下，决策者几乎不可能大量地取得业务往来组织的第一手资料，其间必须假借他人之手。如此一来，信息故意或无意错报的可能性就会增加。

信息提供者的偏好和动机　只要信息提供者和信息使用者的目标不一致，信息就有可能偏向于提供者，其原因可能是提供者对未来事项的盲目乐观，或故意用某种方式来影响信息使用者，但是无论哪种情况，都将导致信息的错报。例如在借款决策中，为了增加获得贷款的机会，在借款人提供的报表中极有可能存在有利于他们的偏差。错报的形式可能是直接的金额错报，也可能是信息披露的不充分或不完整。

过量的信息　随着组织规模扩大、业务量增多，信息记录不当的可能性也随之增加。而这种不当信息很可能被大量的其他信息掩盖。例如，某一大型政府部门向供货商多开了 2 000 美元发票，除非该部门设有较为复杂的程序能够发现这类错报，否则这一错报被掩盖的可能性就非常大。如果大量的小额错报未能被发现，则其累计金额就可能是重大的。

复杂的交换交易　最近几十年来，随着各组织间交换交易的日趋复杂，正确记录业务的难度也随之增加。交易复杂程度的提升还导致会计准则的日趋复杂。以一个企业收购另一个企业为例，并购的会计处理是一个相当困难的会计问题，尤其是涉及公允价值估计的情形；又如，处于不同行业的子公司经营成果的适当合并与披露问题，以及衍生金融工具的适当估值和披露问题。

□ 降低信息风险

在权衡成本效益之后，企业管理者和财务报表使用者可能认为，应对信息风险的最好办法就是简单地将其保持在一个合理的高水平。小公司或许会发现，支付较高的利息费用相对为降低信息风险增加的成本更经济。

对于大公司而言，通过增加成本来降低信息风险是可行的，其实现的途径有如下三种。

由使用者验证信息 信息使用者可以直接到企业现场检查相关的记录，以取得有关报表可靠性的信息。通常情况下，由于成本太高，这种方法并不可行。另外，让所有使用者都亲自去验证信息也不经济。然而，现实中也存在这种情况，例如，IRS要对企业和个人的纳税申报表进行大量的验证，以确定申报者实际申报额是否与应缴税额相符。同样，如果一个企业欲购买另一个企业，通常购买方会派遣一个特别审计小组去独立地验证和评价可能被并购企业的关键信息。

让使用者和管理层共同分担信息风险 大量的法律判例表明管理层有责任为使用者提供可靠的信息。如果使用者因为依赖不准确的财务报表而遭受了财务损失，就有权对公司管理层起诉。但与管理层分担信息风险的困难在于，使用者可能无法挽回其遭受的损失。一旦公司因破产无法偿还贷款，管理层也不可能有足够的资金偿还贷款。

提供已审计的财务报表 执行独立审计是使用者获取可靠信息最常见的方法。一般地，非上市公司管理层或上市公司审计委员会聘请审计师向使用者提供财务报表可靠性的保证。

那些依靠财务报表进行相关决策的外部报表使用者（如股东和债权人）通常将审计师的报告视为财务报表可靠性的一种暗示。审计后的信息之所以适用于决策过程，是基于这样一个假设：它们具有合理的完整性、准确性和无偏性。鉴于审计师独立于被审计单位并且了解财务报表的报告事项，外部报表使用者才对审计师的保证给予了高度的重视。图1-2举例说明了审计师、被审计单位和外部使用者之间的关系。

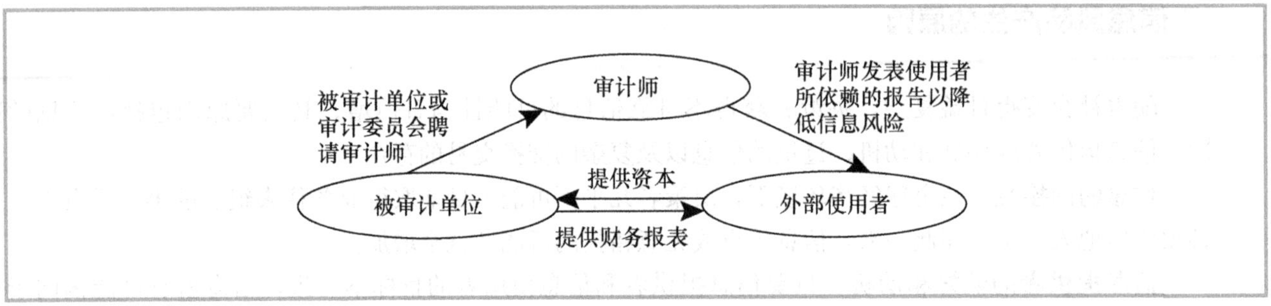

图1-2 审计师、被审计单位与外部使用者之间的关系

1.4 保证服务

保证服务（assurance service）是一种能为决策者提高信息质量的独立职业服务。保证服务之所以有价值，就是因为服务提供者是独立且无偏于被审计信息的，而一些负责制定商业决策的人士正需要这种保证服务以提高决策信息的可靠性和相关性。

注册会计师或其他专业人士都可以提供保证服务。例如，作为一个非营利组织，消费者协会可以对消费者使用的多种商品进行质量检验，并在消费者报告中公布检测结果。这些公布的信息有助于消费者在购买产品时作出明智的决策。由于消费者协会独立于产品制造商，因此，消费者报告中提供的信息被认为比产品制造商提供的商品信息更可靠。同样，Better Business Bureau（BBB）的在线可靠性计划——BBB在线资讯——允许网上顾客核查有关某公司的BBB信息，使之确信该公司是否确实在提供有关服务。除事务所外，其他组织提供的保证服务还包括尼尔森电视收视率调查和Arbitron广播收听率调查等。

保证服务并不是新的需求，因为注册会计师一直在提供多种保证服务，尤其是历史财务报表信息的保证服务。《萨班斯-奥克斯利法案》（Sarbanes-Oxley Act，简称SOX法案）要求，会计师事务所应就较大规模的上市公司的财务报告内部控制提供保证。最近，注册会计师扩展了保证服务的种类，包括了投资者、顾客和其他利益主体感兴趣的其他信息，如企业社会责任报告和可持续发展报告。例如，企业和顾客希望寻求保证，确信与之交易的企业在提供商品和服务的同时履行了社会责任。随着股东和其他利益相关方对公司财务报告以外的其他财务与非财务信息寻求保证的诉求不断增加，保证服务的需求也持续增加。

□ 鉴证服务

鉴证服务（attestation service）是注册会计师提供的一种保证服务，在这种服务中，会计师事务所就鉴证对象或另一主体所做的认定出具一份报告。鉴证服务主要包括以下五类：

1. 历史财务报表审计。
2. 财务报告内部控制审计。
3. 历史财务报表审阅。
4. 适用于多种鉴证对象的其他鉴证服务。

历史财务报表审计　在**历史财务报表审计**（audit of historical financial statement）中，管理层认定其所有报表均遵循适用的美国或国际会计准则进行了公允表达。这些报表的审计是鉴证服务的一种，在这种服务中，审计师就这些财务报表是否遵循适用的会计准则进行公允表达出具书面报告。这种审计是会计师事务所提供的最常见的保证服务。

审计工作旨在为财务报表是否不存在重大错报提供合理保证。合理保证是一种高度但并非绝对的保证。这种保证水平通常足以满足财务报表使用者的信息需求。本书的主要内容就是在考虑客户经营活动、行业状况以及财务报表重大错报风险的情况下，审计师如何设计测试以提供合理保证水平。

在美国，联邦证券法要求所有上市公司必须接受审计师的审计，任何上市公司的年报中都有审计报告，大多数公司已审计的财务报表都可从证券交易委员会（SEC）的EDGAR数据库或直接从公司的相关网站中得到。许多非上市公司为了从银行或其他金融机构获得贷款，也将其财务报表委托给事务所进行审计，而政府和非营利组织为满足贷款人和基金提供者的要求也会委托审计师执行审计。

财务报告内部控制审计　就**财务报告内部控制**（internal control over financial reporting）审计来说，管理层认定其公司内部控制的设计与执行很好地遵循了既定标准。SOX 404条款要求上市公司作出关于其内部控制有效性的管理层评价报告，还要求审计师就财务报告内部控制有效性进行鉴证。这一与财务报表审计整合在一起的评价增加了使用者对未来财务报告的信任，因为有效的内部控制降低了财务报表未来发生错报的可能性。

历史财务报表审阅　就**历史财务报表审阅**（review of historical financial statement）来说，管理层认定其所有报表均按照会计准则进行了公允表达，这与审计一致。与审计服务所提供的高水平保证相比，财务报表审阅服务对财务报表提供一种较低水平的保证，因此所需证据也更少。通常情况下，审阅服务足以满足财务报表使用者的需要。又因为审阅所需证据少于审计服务，所以会计师事务所提供的审阅服务的费用也低于审计服务。因而，许多非上市公司会选用这种服务来提供其财务报表的有限保证，而不需花费像审计那样高的成本。

其他鉴证服务 注册会计师还提供许多其他类型的鉴证服务。通常情况下，审计师接受委托就管理层作出的认定的可靠性提供书面形式的保证。因为使用者寻求其他种类信息的独立保证，所以注册会计师就从历史财务报表审计中自然而然地拓展出了这些其他鉴证服务。例如，在银行给公司提供贷款时，信贷协议可能会要求公司委托事务所对其是否遵循贷款合同中的特定财务协议条款提供保证，申请贷款的公司必须在注册会计师收集出具鉴证报告所需证据之前作出欲予以鉴证的信贷协议条款认定。

还有一种鉴证服务涉及服务机构的内部控制。很多公司使用第三方服务机构，通过场外单独的 IT 服务中心或者云计算的方式，处理公司的部分会计活动，例如工资等。服务机构经常委托审计师针对其内部控制的设计和有效性提供鉴证报告。此报告可以就工资处理的准确性向使用服务机构的公司提供保证。使用服务机构（如提供工资处理服务）的公司的审计师，也可以信赖服务机构审计师作出的鉴证报告，以减少对诸如工资处理活动及相关账户的测试。

□ 其他保证服务

注册会计师提供的其他种类的保证服务中有许多都不完全符合鉴证服务的正式定义，但注册会计师仍然必须具备独立性，必须为决策者所用的信息提供保证。这些保证服务与鉴证服务不同，因为它们不要求注册会计师出具书面报告；所提供的保证也并非与另一主体就既定标准是否得以遵循所作出的认定的可靠性有关。这些其他的保证服务，与鉴证服务一样，主要目的在于提高决策者所用信息的质量。

会计师事务所的其他保证服务市场面临巨大的竞争，因为相关制度规定，审计和一些鉴证服务市场只对注册会计师开放，而许多其他种类的保证服务市场却没有如此规定与限制。例如，会计师事务所必须与市场调查公司竞争，帮助客户准备顾客问卷调查表并对这些问卷调查信息的相关性和可靠性作出评价，但会计师事务所有其专业胜任能力及独立性方面的竞争优势。

会计师事务所能够提供的保证服务的类型几乎是不受限制的。一项对美国大型事务所进行的调查表明，目前由会计师事务所提供的保证服务类型已经超过 200 种。表 1-1 中列示了会计师事务所可提供的其他保证服务。

表 1-1 其他保证服务示例

其他保证服务	服务内容
投资的控制与风险，包括派生业务的政策	评价企业投资活动的全过程，以确定投资风险以及这些过程的有效性
秘密购买	到相关商店进行匿名购买，以评价销售人员与顾客的沟通情况及其销售程序
评价数字化信息的收集、处理及存储风险	评价电子数据的安全风险及相关控制，包括备份及离线存储的适当性
舞弊和不法行为的风险评价	预测舞弊风险，对公司用以预防及侦查舞弊和不法行为的相关政策和系统的充分性进行评价
贸易政策和程序的合规性	考察贸易伙伴之间的交易，以确保这些交易遵循贸易协议条款；识别协议中的有关风险
文艺专利合同的合规性	评价付给艺术家、作家等专利所有者的专利费是否与相关专利合同条款一致
ISO 9000 质量认证	认证企业是否符合 ISO 9000 质量控制标准，从而为企业的产品保持较高质量水平提供保证
公司责任与可持续发展	就公司社会责任报告中的信息是否与公司的信息一致，是否遵循了既定的报告标准作出报告

资料来源：根据 AICPA 保证服务特别委员会相关资料改编。

□ 会计师事务所提供的非保证服务

会计师事务所提供了许多超出保证服务范围的其他服务，例如以下三类：

1. 会计与簿记服务。
2. 税务服务。
3. 管理咨询服务。

虽然管理咨询服务和保证服务的内容有一些交叉和重叠，但大多数会计与簿记服务、税务服务和管理咨询服务都不属于保证服务范畴。保证服务的主要目的是提高信息质量，而管理咨询业务的主要目的是为管理层提供建议。

在管理咨询服务中，尽管信息质量是一个重要的衡量标准，但通常不是主要目的。例如，注册会计师可能接受管理咨询业务委托，为客户设计并安装一个新的信息技术系统的咨询业务。该业务的主要目的是安装这一新的系统，提高信息质量仅仅是一个副产品。

1.5 审计的种类

会计师事务所执行三种主要的审计类型：经营审计、合规性审计和财务报表审计。表1-2举例说明了这三种审计类型。

表1-2 三种类型的审计举例

审计种类	示例	信息	既定标准	可用证据
经营审计	评价某公司中国分部的工资处理电算化系统的工作效率和效果	每月处理的工资记录数及该部门的成本和差错次数	公司就工资部门的效率和效果设定的标准	错误报告、工资记录及工资处理成本
合规性审计	确定贷款存续期是否满足银行要求	公司记录	贷款合同条款	财务报表和审计师的计算
财务报表审计	苹果公司年度财务报表审计	苹果公司的财务报表	一般公认会计原则	凭证、记录和外部证据

□ 经营审计

经营审计（operational audit）是对组织任一部分的经营程序和方法的效率和效果所作的评价；在经营审计完成后，管理层一般都会希望审计师提出改进经营的建议，例如审计师可能对新安装的工资交易计算机处理系统的效率和正确性进行评价；又如，对像联邦快递（Federal Express）等公司寄发信件和包裹过程的效率、准确性以及客户满意度进行评价，绝大部分会计人员往往不能胜任这项工作。

在经营审计中，复核对象不仅限于会计，还可以包括评价企业组织结构、计算机运行、生产方法、市场营销以及审计师能够胜任的其他领域。由于可以从多个不同的角度来评价经营效果，因而要归纳典型经营审计的特征是不可能的。在某单位，审计师可能会评价管理层在作出固定资产购置决策时所用信息的相关性和充分性；在另一单位，审计师可能又要对销售业务处理过程中的信息流的效率进行评价。

就经营效率和效果是否符合既定标准的客观评价远比合规性审计或财务报表审计困难，而且在经营审计中信息评价标准的设定也是非常主观的。从这一点来说，经营审计更像管理咨询，而不是人们通常所说的审计。

□ 合规性审计

合规性审计（compliance audit）的目标是确定被审计者是否遵循了由上级主管制定的特定程序、规则或规范。非上市公司的合规性审计主要包括：

- 确定会计人员是否遵守了公司主管规定的工作程序；
- 审核工资率是否符合最低工资法的规定；
- 审核与银行或其他借款人签订的合同协议，以确保公司遵循了相关法律的要求；
- 确定抵押担保银行是否遵循政府最新发布的监管要求。

在政府单位（如校区）中，因为上级政府主管部门制定的规则范围相当广泛，相应地，这些单位也存在大量的合规性审计。许多私人企业和非营利组织都有一些要求合规性审计的既定政策、合同协议和法律要求。对联邦资助项目的合规性审计通常由注册会计师执行。

合规性审计的结果一般只向被审计单位管理层报告，而不向外部使用者报告，因为管理层是关注既定程序与规范遵循程度的主要需求群体。因此，绝大部分合规性审计工作都是由被审计单位自行聘请审计师来执行的。当然也有例外，例如，像IRS之类的组织机构若要确定某些主体或组织是否遵循其所颁布的规范，则应由颁布这些规范的组织来聘请审计师。

□ 财务报表审计

财务报表审计（financial statement audit）就是确定财务报表整体（被验证的信息）是否按照特定标准进行表达。这一标准通常是美国或国际会计准则，尽管审计师也可能对依据现金基础或其他可适用基础编制的财务报表进行审计。在确定财务报表是否已按照会计准则进行公允表达时，审计师应收集证据以确定报表是否包括重大错误或其他错报。本书的主要内容就是财务报表审计。

随着经济业务日趋复杂，对审计师来说，仅关注会计交易是不够的。一个整合审计方法应同时考虑错报风险和旨在防止错报的经营控制。审计师还必须对被审计单位及其环境进行全面了解，包括对被审计单位所在行业、监管与经营环境（包括诸如与外部供应商、顾客、贷款人等的关系）进行了解，此外，审计师还应考虑被审计单位的经营战略、流程以及与这些战略相关的关键成功因素。这种分析可帮助审计师识别那些可能影响财务报表公允表达且与被审计单位经营战略相关的风险。

1.6 审计师的种类

目前实务中有几种不同类型的审计师，在美国最常见的有会计师事务所、政府责任总署审计师、IRS审计人员以及内部审计师。

□ 会计师事务所

会计师事务所主要负责审计所有上市公司、绝大多数大型公司、众多小型公司及非营利组织公布的历史财务报表。在美国，由于已审计的历史财务报表的经济用途非常广泛，而且商务人士和其他报表使用者对这些报表非常熟悉，因此，尽管存在多种不同的审计师，人们还是将审计师视同会计师事务所。而“会计师事务所”这一称谓表明，只有执业注册会计师才能对财务报表发表审计意见。为了与内部审计师区别开来，会计师事务所常被称为外部审计师或独立审计师。

□ 政府责任总署审计师

政府责任总署审计师是美国**政府责任总署**（Government Accountability Office，GAO）的工作人员，美国政府责任总署是隶属于联邦政府立法部门的一个无党派组织。政府责任总署由总主计长领导，直接向国会负责并报告工作。

政府责任总署的主要职责是替国会执行审计职能。政府责任总署的许多审计职责与会计师事务所相同。各政府部门提供的大部分财务信息在递交国会之前都应该由政府责任总署进行审计。由于政府机构的收支权限是由法律规定的，因此这种审计特别强调合规性。

政府责任总署正趋于将更多的审计资源投入到对各种联邦项目的经营效率和效果的评价上。由于许多联邦机构规模大且运行相似，政府责任总署通过广泛运用高精度的统计抽样和计算机风险评价技术，在改进审计方法上取得了重大进步。

在许多州，具有政府责任总署审计师的工作经历就可以满足注册会计师资格认定中对工作经验的要求。因此在这些州，只要通过了注册会计师考试并具有政府责任总署审计师的工作经历，就可以取得注册会计师资格证书。

由于政府责任总署审计师在审计联邦政府支出方面负有重要责任，加上有能力运用较先进的审计观念、具备注册会计师的资格以及从事经营审计的机会，因此他们在职业界享有较高的地位。

□ IRS 审计人员

IRS 负责施行由国会制定和由法院解释的联邦税法，其主要职责是审计纳税申报表是否符合相关法规的规定，这类审计是纯合规性审计。执行此类审查的审计师被称作 **IRS 审计人员**（internal revenue agents）。

纳税申报表合规性审计貌似简单且直接，实际上远非如此。税法极其复杂，且有数百卷相关释义。纳税申报表也繁简不一，简单的有只为一名雇主工作享有标准减税额的个人纳税申报表，复杂的有跨国集团的纳税申报表；此外，涉及的税种也名目繁多，如个人所得税、赠予税、房产税、公司税、信托税等，因此涉及这些领域的审计师必须具有相当的税务知识和审计技术才能有效地执行审计。

□ 内部审计师

正如政府责任总署替国会执行审计那样，**内部审计师**（internal auditors）是由各种组织雇来替管理层执行董事会赋予的监督权限。内部审计师的职责因雇主要求不同而不同。有的内部审计部门只有一两名员工，且其主要工作是日常的合规性审计；有的内部审计部门拥有百名以上员工，他们的职责也各不相同，许多甚至超出了会计的范围。许多内部审计师从事经营审计或计算机系统评价。

为了确保内部审计师独立于单位内部的其他经营职能部门，内部审计一般都直接向总经理、其他高级执行官或者是董事会下的审计委员会报告工作。但只要雇佣关系存在，内部审计就不可能真正地独立于企业。由于内部审计师缺乏独立性，企业外部的信息使用者不愿信赖仅由内部审计师验证过的信息，独立性缺乏也正是内部审计师和会计师事务所的主要区别。

在美国许多州，内部审计工作经历可以满足注册会计师资格认定中对工作经验的要求。许多内部审计师具有注册内部审计师（certified internal auditor，CIA）资格证书，也有一些内部审计师同时具有注册会计师和注册内部审计师资格证书。

1.7 注册会计师

注册会计师（certified public accountants）的资格是由各州注册管理部门根据该州的法律授予的。在获得注册会计师资格的初步认定之后，各州在成为注册会计师及获得执业许可方面的规定通常是不一样的。要想成为一名注册会计师，必须满足三方面的要求（见图1－3）。

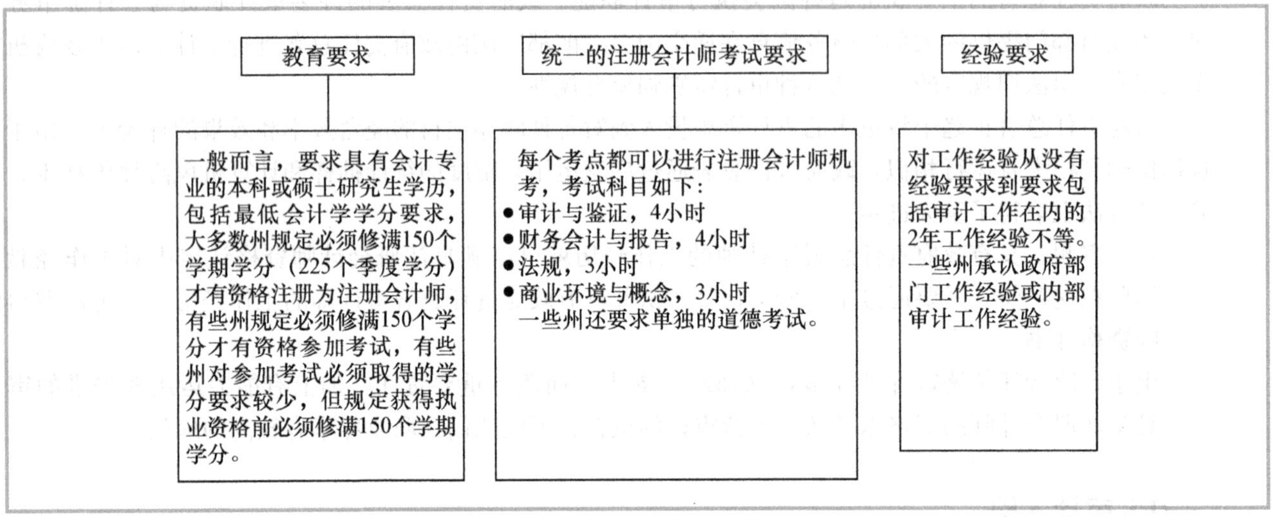

图1－3 成为注册会计师的三方面要求

对于一个想成为注册会计师的人而言，必须先了解准备申请注册会计师资格所在州的要求，这些信息最好是向其申请注册所在州的州会计委员会索取。全国州会计委员会联合会（National Association of State Boards of Accountancy，NASBA）网站（www.nasba.org）上提供了注册要求的信息以及各州委员会的网站链接。尽管各州之间可能相互承认对方的注册会计师资格认定，但在正式教育、从业经历以及后续教育等方面常常还有额外要求。

大多数希望成为注册会计师的年轻从业者都是以会计师事务所为其职业生涯的开始。而成为注册会计师后，很多人就会离开事务所，在公司、政府、教育部门工作，这些人虽然仍保留注册会计师的资格，却放弃了作为一名独立审计师的执业权利。许多州规定，注册会计师必须满足规定的后续教育和注册要求，才能维持其独立审计师的执业权利，因此具有注册会计师资格却不作为独立审计师执业的现象很普遍。

有关注册会计师考试的信息可以在“统一注册会计师考试的考生通告”和“统一注册会计师考试的技能要求”中查阅，两者都可以从AICPA网站（www.aicpa.org）的注册会计师考试链接下载。AICPA还会公布部分考题以及附带考纲内容说明的非正式答案。

本书每章后的练习题有一些摘自注册会计师以前的考试真题，这些题目均注以“根据AICPA改编”。

本章小结

本章定义了审计的概念，区分了审计与会计。审计由于能够降低信息风险，从而降低了筹资成本，因此具有较高的现实价值。本章讨论了鉴证服务和保证服务，包括历史财务报表审计的报告以及财务报告内部控制有效性的报告。本章还阐述了不同类型的审计、审计师以及成为一名注册会计师的要求。

练习题

1-2[①] 如果一个执行财务报表审计的审计师未能完全通晓会计，将是一种严重的失职，然而许多称职的会计人员却并不了解审计过程，试述产生这种差异的原因。

1-4 辨别以下三个影响贷款利率的因素：无风险利率、经营风险、信息风险，并指出审计可以降低其中的哪一种或哪几种风险。

1-5 指出降低信息风险的三种主要方法，并阐述每种方法的利弊。

1-7 解释审计服务、鉴证服务与保证服务的关系并分别举例说明。

1-8 描述 IRS 审计人员在审计 Jones 公司的纳税申报表时，所采用的审计证据具有哪些特征。

1-9 请列举出制造业公司内审人员可执行的经营审计的 5 个具体例子。

1-10 在进行历史财务报表审计时，审计师应了解关于被审计单位经营的哪些信息？解释这些信息对审计师为被审计单位提供其他保证服务和咨询服务起到什么样的作用。

选自注册会计师考试的选择题

1-12 以下各题与注册会计师事务所执行的审计业务相关，选择最佳答案。

a. 为什么需要独立审计师对财务报表的公允表达发表意见，以下哪项给出了最好的解释（　　）。

(1) 没有独立审计师的专业技能，很难编制出能公允反映企业财务状况、经营成果、现金流量的财务报表

(2) 管理层有责任去寻求可获得的独立协助，以对其财务报表中所反映的财务信息作出评价

(3) 由于一个公司不可能客观地对待其财务报表，因此需要独立第三方发表的意见

(4) 向公司所有的股东提供关于公司经营事务管理的独立报告是一种惯例

b. 以下哪些职业服务属于鉴证业务（　　）。

(1) 向客户提供计算机程序建议的咨询服务业务

(2) 就法定要求的遵循情况进行报告的业务

(3) 编制联邦和州所得税纳税申报表的所得税业务

(4) 基于客户财务记录的财务报表编制业务

c. 与其他职业从业人士执行的工作相比，以下哪项是注册会计师审计工作独有的属性（　　）。

(1) 独立性

(2) 专业胜任能力

(3) 应有的谨慎

(4) 复杂的专业知识

1-13 以下各题与审计及审计师的类型有关，选择最佳答案。

a. 经营审计一般是由内部审计师和政府审计机构执行的，但有时也可以由注册会计师来执行，经营审计的主要目的是（　　）。

(1) 确保内部会计控制按计划运行

(2) 对管理层业绩是否满足组织目标进行衡量

(3) 将财务会计事项的内部审查结果提供给公司高管

(4) 为执行财务报表审计的独立审计师提供帮助

b. 以下哪项对经营审计作出了最佳描述（　　）。

---

① 因篇幅限制，删除部分习题，习题序号不变。

（1）要求内部审计师对与公司经营有关的管理控制进行经常性复核

（2）关注新组建公司中财务会计控制的执行情况

（3）意欲验证公司经营结果的公允表达

（4）主要寻找经营活动的某些方面，可以通过引入相关控制来抑制浪费

c. 合规性审计常超出了对财务报表公允表达发表意见的报表审计范围，涉及对效率、经济、效果以及以下哪项的审计（　　）。

（1）准确性

（2）对特定规则和程序的遵守情况

（3）评价

（4）内部控制

讨论题

1-17 消费者协会是一个非营利组织，其职责是对消费者需要的商品和服务提供信息和建议。其工作主要是对公开出售的各类不同品牌的消费品进行测试，每月在公开发行的消费者报告中刊登测试结果。接受测试的产品有：中型汽车、家用除湿器、平板电视、男式牛仔裤等。

要求：

a. 消费者协会所提供的服务与会计师事务所提供的保证服务有哪些相似之处？

b. 请比较本章介绍的信息风险概念与汽车购买者所面临的信息风险。

c. 请将本章讨论的财务报表使用者所面临的信息风险产生的四种原因与汽车购买者所面临的信息风险产生的原因进行比较。

d. 请将财务报表使用者降低所面临的信息风险的三种途径与汽车使用者降低所面临的信息风险的方法进行比较。

1-18 James Burrow是达拉斯国家银行信贷部主任，该银行为区域邮递公司提供了325 000美元未收回贷款，该公司专门为各类中小公司递送各类产品，达拉斯国家银行还持有该笔贷款的抵押品，即25辆平均初始成本为24 000美元的小型邮递卡车。

Burrow关心的问题是该笔未收回贷款的可收回性和这些卡车是否存在。因此，他雇用了一名注册会计师——Samantha Altman，并让她根据Burrow自己所持有的登记清单来计算卡车价值。之所以雇用Samantha Altman，是因为她在审计二手汽车和卡车特许经销方面非常有经验，具有相当丰富的二手卡车知识，Burrow希望Altman的报告能就以下几个方面发表意见：

1. 2016年6月30日晚，25辆卡车中有多少停在该公司的停车场内；

2. 是否所有的卡车都归区域邮递公司所有；

3. 用差、好和很好三个标准来说明每辆卡车目前的状况；

4. 使用现行蓝皮书中所列示的二手卡车的大致批发价来计算这些卡车的公允市价，同时用差、好和很好三个标准来作出评价。

要求：

a. 请指出上述情况中哪些与下列审计定义中的有关部分相适应？

（1）信息；

（2）既定标准；

（3）收集并评价证据；

(4) 胜任的独立人员；

(5) 报告结果。

b. 请指出 Altman 在执行审计时所面临的最大困难。

1-20 在履行审计职责的过程中，审计师通常会对以下各项目执行审计或审阅：

1. 公司管理人员的所得税纳税申报表，以确定是否所有应税所得都已包括在内；
2. 公司的所得税纳税申报表，以确定其是否遵守了相关税法；
3. 大公司的计算机运行状况，以评价内部控制是否有效地预防了会计和经营数据的错报；
4. 拥有内部审计师的公司提供给股东的财务报表；
5. 债券契约协议，以确定公司遵循了所有的合同条款；
6. 赌场的内部控制，以确定赌场遵守了联邦和州政府的监管要求；
7. 企业计算机运行情况，以评价计算机中心的运作效率；
8. 供管理层使用的年度报表；
9. 美国国税局的运作情况，以确定国税局审计人员的工作效率；
10. 未设内部审计师的小规模企业提供给银行或其他信贷人的报表；
11. 政府分支机构的财务报表，以确定某会计期间的实际费用支出是否已公允表达；
12. 政府部门中特定研究项目的费用支出状况，以确定这些花费是否与经审批的支出清单相一致。

要求：

a. 说明上述12个项目应分别由哪类审计师（注册会计师、政府责任总署、国税局、内部审计师）来执行。

b. 说明上述12个项目分别属于哪种审计种类（财务报表审计、经营审计、合规性审计）。

第2章

注册会计师职业

学习目标

1. 描述会计师事务所的性质和职能。
2. 描述会计师事务所的结构。
3. 了解公众公司会计监督委员会的地位以及《萨班斯-奥克斯利法案》对注册会计师职业的影响。
4. 概述证券交易委员会在会计和审计中的地位。
5. 描述美国注册会计师协会的主要职能。
6. 了解国际审计准则的作用及其与美国审计准则的关系。
7. 掌握美国审计准则，为进一步学习打好基础。
8. 了解注册会计师职业的质量控制准则及其实践。

引例

好的审计工作当然包括为客户提供优质服务

“这一周过得的确不错。”Jeanine Wilson边想边将车开出Solberg Paints公司的停车场。这是一个星期五的下午，Jeanine的心情似乎不错。几个月前，她从一所州立大学毕业，并参加了全国统一注册会计师考试。Jeanine没有预料到她由一名学生转变为一名职业审计师如此顺利，她为究竟应该学习多少感到惊奇。但在Solberg公司的实际工作中她学到了许多。

John Hernandez在Solberg公司审计部门担任项目经理。作为一名有耐心的导师和监督者，Jeanine认为他的确名副其实。在这次业务开始时，John就叮嘱Jeanine说：“如果在审计时发现任何异常问题，就应该大胆地提出来，我们共同探讨。最重要的是如果你有对被审计单位有帮助的想法就应该告诉他们，因为被审计单位期待我们给予他们的并不仅限于审计报告。”

“我认为我能做到。”Jeanine在心中暗暗想道。在审计过程中，她发现被审计单位运用后进先出法计算存货价值时出现了错误，该错误将导致被审计单位漏交一大笔所得税。当然，这还不能算Jeanine最大的贡献。Jeanine阅读了大量关于油漆制造商的资料，并了解了一些适合Solberg公司新产品的控制方法，她认为自己不可能比被审计单位对该行业有更充分的了解，因此不敢向被审计单位提出来，最后还是在John的鼓励下就此与被审计单位进行了讨论。结果，该公司马上又打算与Jeanine所在的事务所签订一份管理咨询合同，以帮助公司改进工艺流程。

星期五是外勤工作的结束日，作为事务所的合伙人，Bill Marlow在被审计单位办公室完成了审计文件的复核工作。Jeanine很意外地听到Bill对她说，“15号那天你准备做什么？那天我们将与被审计单位讨论我们的审计结果。由于你在这次工作中的突出表现，我们希望你到时能参加我们的讨论。”听到这些，Jeanine努力使自己保持平静，却禁不住露出了笑容。“是的，这的确是值得庆贺的一周。”Jeanine又一次在心里这样想。

在第1章，我们已了解到，审计在降低信息风险、提高融资便利性方面扮演着重要角色，会计师事务所能为它们的被审计单位提供额外的增值服务。正如本章开篇案例中介绍的那样，所有的审计职业人士在各种经验水平上都能给予被审计单位有价值的建议。本章将讨论会计师事务所的组织结构和它们提供的服务类型、《萨班斯-奥克斯利法案》（SOX）和公众公司会计监督委员会（PCAOB）对审计的影响，以及影响审计师执业的其他准则和监管机构。

2.1 会计师事务所

在美国，除了某些政府组织外，所有通用财务报表审计都是由会计师事务所执行的。会计师事务所实施这些审计的法定权利由各州通过各自的法律赋予。会计师事务所还能为客户提供其他类型的服务，比如税务和咨询服务。

□ 会计师事务所的分类

美国目前估计有85 000多家会计师事务所。这些事务所规模大小不同，小的只有一人，大的则可能拥有50 000多名员工和合伙人。表2-1列示了美国部分最大会计师事务所的收入和其他数据资料。人们一般把会计师事务所分成以下三类：四大国际性事务所、全国性和区域性事务所以及地方性事务所。

表2-1 全美最大的会计师事务所的收入和其他资料

2014年按收入排序	事务所	在美净收入（百万美元）	合伙人	职业人员	美国业务部数量	会计与审计/税务/管理咨询及其他收入占总收入的百分比
全球四大						
1	德勤	14 908.0	3 030	50 562	107	29/18/53
2	普华永道	11 724.0	2 691	33 024	75	41/28/31
3	安永	9 900.0	2 700	26 100	80	36/29/35
4	毕马威(1)	6 870.0	1 813	20 113	101	34/28/38
全国性/区域性事务所(2)						
5	McGladrey	1 470.7	644	5 075	75	41/36/23
6	Grant Thornton	1 382.5	529	4 692	57	41/28/31
7	BDO	833.0	346	2 967	52	58/32/10
8	CroweHorwath	686.6	257	2 315	29	28/24/48
9	CBIZ/Mayer Hoffman McCann(3)	600.0	429	1 832	103	30/35/35
10	CliftonLarsonAllen	598.4	225	3 245	29	40/33/27
地方性事务所						
50	Frank，Rimerman + Co.	70.2	23	267	5	27/62/11
75	FreedMaxick CPAs	45.5	35	240	4	38/38/24

（1）毕马威的业务部数量包括商务办公室，不含物理地点。
（2）只有六家最大的全国性/区域性事务所被列入名单。
（3）业务部数量是CBIZ的；MHM有34个业务部。
资料来源：*Accounting Today*（www.accountingtoday.com）.

● 四大国际性事务所。美国四个最大的会计师事务所通称为"四大"国际性会计师事务所，它们是表2-1中排在前四位的事务所。这四大事务所在全美各主要城市以及世界许多城市都设有业务部。"四大"几乎包揽了美国和全球范围内所有巨型公司的审计业务，以及许多中小型公司的审计业务。

● 全国性/区域性事务所。美国的全国性事务所几乎在全部主要城市都设有业务部，而区域性事务所在一个州或一个区域内设有几个业务部，并且拥有一些远距离、大范围的客户。六家最大的全国性/区域性事务所如表 2－1 所示。这些事务所规模虽然也大，但与“四大”相比就小多了。全国性/区域性事务所提供的服务与“四大”相同，可以直接与“四大”竞争客户。这些事务所也在其他国家设立分支机构，具有承接国际业务的能力。

- 地方性事务所。有的地方性事务所只有一个业务部，主要服务于通勤范围内的客户，另一些地方性事务所则可能设有多个业务部。规模较大的地方性事务所可以与其他事务所，包括全国性、区域性甚至四大事务所一起竞争客户。许多大型地方性事务所还建立了事务所联合会，共享诸如技术信息和后续教育等资源，这些事务所中许多还建立了国际同盟。绝大部分小型地方性事务所只有一个业务部，员工不足 25 人。尽管有些小型地方性事务所拥有一两家股份上市的客户，但它们主要为小企业和非营利组织提供审计和其他相关服务。许多小型地方性事务所并不提供审计服务，主要为客户提供会计和税务服务。

□ 会计师事务所的业务

在第 1 章中我们已经了解到，会计师事务所不仅提供审计服务，还提供其他鉴证和保证服务。会计师事务所提供的其他服务，主要包括会计与簿记服务、税务服务、管理咨询和风险咨询服务。会计师事务所仍在开发新的服务项目和产品，如财务计划、商业评估、诉讼会计和 IT 咨询服务。

- 会计与簿记服务。许多小企业由于人员有限，需要依靠会计师事务所为它们编制财务报表，有些小企业甚至缺乏能使用会计软件的专业人员，不做会计记录，所以会计师事务所就提供各种会计与簿记服务，以满足这些客户的需求。某些情况下，客户聘请会计师事务所帮助其编制财务报表是为了管理层内部使用。而在很多情况下，财务报表拟提供给第三方，客户聘请事务所编制财务报表连同一份代编报告，表明该报表是由注册会计师编制完成的（尽管不提供任何保证）。还有一些情形是，客户聘请注册会计师实施财务报表审阅甚至审计工作，从而为财务报表提供保证。表 2－1 表明，鉴证服务和会计与簿记服务是许多大型会计师事务所收入的主要来源。
- 税务服务。会计师事务所可以替审计客户和非审计客户编制公司和个人纳税申报表。几乎每一家会计师事务所都提供税务服务，这些服务主要包括房产税、赠与税、税务规划和其他方面的税务服务。对许多小型事务所来说，这类服务远比审计服务重要，因为其收入中的绝大部分都源于税务服务。
- 管理咨询或者风险咨询服务。大多数会计师事务所都向客户提供帮助其提高经营效率的服务，人们称之为管理咨询、管理建议服务或者风险咨询服务。这类服务小到为改进客户会计系统提供简单建议，大到提供风险管理建议、信息技术和电子商务系统设计、并购尽职调查、商业评估及保险精算方面的咨询。很多企业将其内部审计职能外包或部分外包给会计师事务所。许多大型会计师事务所设有提供管理咨询服务的专业部门，这些部门与从事审计和税务服务的工作人员之间几乎没有联系。

尽管《萨班斯-奥克斯利法案》和证券交易委员会（SEC）禁止会计师事务所向上市公司审计客户提供一些咨询服务，但并没有禁止会计师事务所向其上市公司审计客户提供所有的咨询服务，也没有禁止它们向非上市公司和非审计客户提供咨询服务。所以，正如表 2－1 显示的那样，管理咨询和其他风险咨询服务仍是绝大多数会计师事务所的主要收入来源。

2.2 会计师事务所的结构

各会计师事务所提供服务的性质和范围各不相同，这些都会影响会计师事务所的组织结构，其中有以下三个主要因素：

1. 独立于客户的需要。独立性使审计师能够无偏地对财务报表形成结论。

2. 组织结构在加强专业胜任能力方面的重要性。专业胜任能力能使审计师富有成效地执行审计和其他服务。

3. 审计师面临日益增长的诉讼风险。会计师事务所的诉讼成本不断增加，而某些组织结构可为事务所成员提供一定程度的保护。

□ 组织结构

会计师事务所可以采用以下所列的六种组织结构。除了独资事务所外，所有类型的组织结构都能使会计师事务所成为独立于注册会计师的实体，并有助于提高其独立性。后四种组织结构还可以在一定程度上防止诉讼损失。

独资事务所 只有一名所有者的会计师事务所是独资事务所。传统上，单一所有者的会计师事务所都会采用独资组织形式。但由于诉讼风险的增加，大多数这类会计师事务所都向责任更加有限的组织形式转变。

一般合伙事务所 除了适用于有多个所有者的情况外，这种组织形式在其他方面与独资事务所相同。由于能够提供法律责任保护的其他所有制形式得到了州政府的法律许可，这种组织形式已不再流行。

一般公司 公司的优点在于股东仅以其对公司的投资额为限来承担责任。但美国许多州的法律禁止会计师事务所采用此种组织形式，所以许多会计师事务所已不再采用这种组织形式。

职业公司 职业公司（professional corporation，PC）一般由一至多名股东拥有并提供职业服务。有些州的职业公司法提供与一般公司相同的个人法律责任保护，一些州则提供极少的个人法律责任保护。这一差异使得在不同州都拥有客户的会计师事务所难以采用这种组织形式。

有限责任公司 有限责任公司（limited liability company，LLC）综合了一般公司和一般合伙事务所的许多优点。有限责任公司的结构和税负与一般合伙事务所相同，但其所有者像一般公司所有者那样只承担有限责任。所有的州都制定了有限责任公司法，许多州也允许会计师事务所采用有限责任公司的形式。

有限责任合伙事务所 有限责任合伙事务所（limited liability partnership，LLP）由一至多名合伙人共同所有。在结构和税负方面它与一般合伙事务所相同，但它对个人法律责任的保护程度要低于一般公司或有限责任公司。有限责任合伙事务所的合伙人要对合伙事务所的债务与合约、个人行为及受其监督的其他人的行为负责，不对其他合伙人或不受其监督的员工的过失行为承担个人法律责任。这就不难解释为什么“四大”事务所和许多较小的事务所都采用有限责任合伙事务所的组织形式。

□ 典型会计师事务所的级别制度

典型会计师事务所的组织级别包括合伙人或股东、高级经理、督导人员、项目经理或主管审计师和助理人员等。新的员工通常从担任助理人员开始，在每一级别工作两到三年，最后成为合伙人。虽然这些职位在不同的事务所中名称各不相同，但结构大致一样。本书中提到的审计师是指在执行某一方面审计工作的人员。在较大的审计业务中，通常需要配备一至多名各个级别的审计师。

表2-2总结了事务所内不同级别的职员应具备的工作经验和各自的职责。事务所内的晋升速度比较快，职位越高，职责也越大。此外，员工可通过参与各种业务获得不同的工作经验。随着审计技术和计算机的不断发展，以及更多的基本任务下放，新近从业的助理人员将被赋予更大的责任并面临更大的挑战。

表 2-2 职员的级别与责任

级别	平均工作经验	主要责任
助理人员	0～2 年	执行大部分具体审计工作。
高级或主管审计师	2～5 年	协调并负责实施审计程序，包括对助理人员进行复核和督导。
经理和高级经理	5～10 年	帮助主管审计师计划和管理审计工作，复核主管审计师的工作，并且管理与客户的关系。一位经理可能同时负责多项业务。
合伙人	10 年以上	复核整个审计工作，参与制定重要的审计决策。由于合伙人是事务所的所有者，因此对审计工作和为被审计单位提供的服务承担最终责任。

会计师事务所级别层次的本质在于促使员工提高专业胜任能力。因为每一级别的审计工作人员都要对下级审计师的工作进行督导和复核，例如高级或主管审计师直接对助理人员的工作进行督导，而助理人员的工作又由主管审计师、经理和合伙人进行复核。

2.3 《萨班斯-奥克斯利法案》和公众公司会计监督委员会

诸多公司的破产以及涉及诸如安然和世通公司的审计失败触发了美国国会于 2002 年 7 月 30 日通过《萨班斯-奥克斯利法案》。许多人认为这一立法是自 1933 年和 1934 年的证券法以来对审计职业产生最重要影响的立法，这一法案的有关条款显著地改变了上市公司与其审计师的关系。

《萨班斯-奥克斯利法案》建立了一个由 SEC 任命与监督的**公众公司会计监督委员会**（Public Company Accounting Oversight Board，PCAOB），PCAOB 监督上市公司的审计师，制定上市公司的审计、鉴证和质量控制准则，并对事务所执行的审计业务以及质量控制工作进行监督。根据 2010 年多德-弗兰克财务改革法案的要求，所有在证券交易委员会登记的经纪人和承销商的审计师，都必须在 PCAOB 登记、接受 PCAOB 的检查，并且必须遵守 PCAOB 的审计和鉴证准则。

PCAOB 要对登记的会计师事务所执行监督，以评估它们对 PCAOB 和 SEC 的相关规则、执业准则以及各自事务所质量控制政策的遵循情况。PCAOB 要求审计客户超过 100 家（上市公司）的会计师事务所每年都接受检查监督，而其他的会计师事务所至少每三年接受一次检查监督。表 2-1 所示的前八家会计师事务所每年都要接受检查。任何违规行为都可能受到 PCAOB 的惩罚，并向 SEC 和州会计委员会报告。

2.4 证券交易委员会

作为一个联邦政府机构，**证券交易委员会**（Securities and Exchange Commission，SEC）的总体目标是帮助投资者取得投资决策所需的可靠信息。为了实现这一目标，《1933 年证券法》要求准备公开发行新证券的公司向 SEC 提交注册表，以供审批。《1934 年证券交易法》增加了额外的保证措施，即要求上述和其他公司向 SEC 提交更为详细的年度报告。委员会只有在检查完这些报表的完整性和充分性之后，才允许公司证券公开交易。

尽管 SEC 要求的大量信息与注册会计师没有直接关系，但 1933 年和 1934 年的证券法规都要求提交附有独立注册会计师意见的财务报表，并将此作为上市申报注册表和以后年度报告的一部分。

审计师应予以特别关注的，是证券法报告条款要求的一些特定报告，其中最重要的有：

● S-1表。所有的S类表都适用于《1933年证券法》。如果公司想要公开发行新证券，必须编制并向SEC提交这些表格。S-1表是不需特别说明时采用的通用格式，其他表则是专用格式。例如，S-11表就是专门用于房地产公司证券注册的表格。

● 8-K表。该报告用于呈报与投资者利益相关的重大事项。这类事项包括子公司的收购或出售、主管人员或董事的变更、新增生产线，以及更换审计师等。

● 10-K表。该报告必须在每个会计年度结束后的60～90天内提交，这取决于报告公司的规模。这一报告包括如已审计的财务报表等范围广、内容详细的财务信息。

● 10-Q表。所有上市公司必须按季度提交该报告。它包含了一定的财务信息，在报送前，应及时聘请审计师对财务报表进行审阅。

大型会计师事务所的被审计单位需要每年向SEC申报至少一种以上的上述报告，而影响申报的规则和规定又极其复杂，因此大多数会计师事务所都有这方面的专家，其主要精力用来确保被审计单位满足SEC的所有要求。

SEC有权规定向投资者进行公允披露所必要的报告要求，比如SEC最近要求上市公司提交XBRL格式的财务报表，因此它对一般公认会计原则和财务报表披露要求的制定有相当大的影响。SEC还有权针对与提交给该委员会的财务报表相关的注册会计师制定相应的规则。财务会计准则委员会（FASB，一个制定GAAP的独立组织）在对会计原则作出任何重大变动之前，都要考虑SEC的态度。

在SEC的规定中，与注册会计师利益攸关的集中在S-X法规、会计系列公告以及会计与审计实施公告上。这些出版物的内容不仅涉及一些重要的法规，还包括影响注册会计师应对上市公司业务的会计和审计问题的决定与意见。

2.5 美国注册会计师协会

虽然注册会计师由其执业所在州颁发执照，但对注册会计师影响最大的还是全国性职业团体——**美国注册会计师协会**（American Institute of Certified Public Accountants，AICPA）。AICPA的会员仅限于注册会计师，但并非所有的会员都承担独立审计工作。许多以前在会计师事务所任职的会员，目前在政府机关、行业或教育部门工作。该组织是一个自愿性的团体，因此并非所有注册会计师都是AICPA的会员。AICPA是美国最大的注册会计师职业组织，拥有400 000余名注册会计师成员。

AICPA为注册会计师制定职业要求，开展科研工作，出版有关会计、审计、鉴证和保证服务、管理咨询以及税务方面的刊物。此外，AICPA通过组织全国性宣传运动、开拓新型保证服务、在专门业务领域开发专门资格证来帮助拓展市场以及确保服务质量等，为会计职业的发展作出了积极的贡献。例如，协会目前提供有关企业价值评估、财务规划、信息技术、财务司法鉴定、全球管理会计的资格认证。

□ 建立准则和规则

AICPA有权制定全体会员和其他执业注册会计师必须遵守的准则和规则。AICPA有权制定以下四方面的准则和规则：

1. 审计准则。AICPA的审计准则委员会负责发布有关审计事项的公告，这些公告适用于除上市公司以及SEC登记的经纪交易商以外的所有公司。这些公告被称为**《审计准则说明书》**（Statement on Auditing Standards，SAS）。本章随后将介绍《审计准则说明书》，并在全书中对其进行讨论。

2. 编表与审阅准则。会计与审阅服务委员会负责发布注册会计师的未审私人公司财务报表职责的公告。这些公告被称为《会计与审阅服务准则说明书》(Statements on Standards for Accounting and Review Services, SSARS),为记账编表服务与审阅业务提供指南。在记账和编表两种服务中,会计师都是帮助客户编制财务报表,但不对报表提供任何保证。如果客户聘请注册会计师提供编表业务,注册会计师会出具编表报告;而在记账服务中,注册会计师不出具报告,财务报表的首页必须包含一个声明“不提供任何保证”。在审阅服务中,注册会计师执行询问和分析程序,为对财务报表公允表达作出有限保证提供合理基础。

3. 其他鉴证准则。《鉴证业务准则说明书》可用于为非财务信息提供保证,也为制定各项具体鉴证业务准则提供了一个框架。针对专门类型的鉴证服务,具体准则已经制定,如预测和预计性的财务信息报告。

4. 职业行为守则。AICPA 的职业道德委员会负责制定注册会计师必须遵守的行为准则。本书第 4 章将讨论这些准则及其与道德行为的关系。

□ AICPA 的其他职能

AICPA 除了负责全国统一注册会计师考试的命题和评分外,还负责许多针对注册会计师的教育和其他职能。它不仅支持自己的科研人员进行研究,也为其他科研人员提供资助。它还出版各类刊物,包括《会计杂志》(*Journal of Accountancy*)之类的期刊以及某些行业的审计指南,并定期更新《审计准则说明书汇编》(Codification of Statements on Auditing Standards)和《职业行为守则》(Code of Professional Conduct)等。

注册会计师必须遵守后续教育要求,以保证自己与时俱进地学习掌握内容广泛而又不断更新的会计、审计、鉴证和保证服务、管理咨询、风险建议和税务方面的知识。AICPA 还为其会员提供大量内容广泛的讲座和教学辅导,例如 AICPA 为其会员提供在线后续教育机会,并通过 CPExpress 在线图书馆提供相关的参考资料,通过 CPA Letter Daily 以日常邮件的形式提醒会员注意新近出现的职业问题。

2.6 国际 & 美国审计准则

审计准则为帮助审计师在历史财务报表审计业务中履行职责提供规定以及应用和其他解释性材料,它包括对诸如专业胜任能力、独立性等职业素质、报告要求以及证据方面的考虑。审计准则主要有三类:国际审计准则、针对非上市公司的 AICPA 审计准则以及针对上市公司的 PCAOB 审计准则。

□ 国际审计准则

国际审计准则(International Standards on Auditing, ISA)是由国际会计师联合会(International Federation of Accountants, IFAC)下的国际审计与保证准则理事会(International Auditing and Assurance Standards Board, IAASB)发布的。该联合会是一个世界性的会计师职业组织,拥有分布在 130 个国家的 175 个成员组织,代表全球 250 多万会计人员。IAASB 的工作是通过对不同的审计和鉴证职能发布公告,并推动这些公告在世界范围内得到认可,以提高全球审计实务和其他相关服务的统一性。

ISA 并不凌驾于各国财务和其他信息的审计规则之上,因为每个国家都有规范本国审计活动的审计规则。这些规则是由政府或者职业监管部门,例如澳大利亚审计保证准则委员会(Australian Auditing & Assurance Standards Board)或西班牙注册会计师协会(Spain's Instituto de Contabilidady Auditoría de

Cuentas）等职业团体制定的。大多数国家，包括美国在内，都是以国际审计准则为基础进行必要的修改，制定适合自己国家监管环境和法规要求的审计准则。

美国的审计准则委员会已经对自己的审计准则进行了修改以与国际审计准则趋同，另外，PCAOB 在制定其审计准则时，也密切关注现有的国际审计准则。这就导致美国的审计准则绝大多数都与国际审计准则一致，除了某些反映诸如法律法规要求之类的美国环境的独特特征的要求外，比如，PCAOB 第 5 号审计准则（AS 5）针对的是《萨班斯-奥克斯利法案》所要求的财务报告内部控制审计。

□ AICPA 的审计准则

美国非上市公司和其他组织的审计准则是由 AICPA 的审计准则委员会（ASB）制定的，它们制定的审计准则又称为《审计准则说明书》。由于 ASB 的工作议程与 IAASB 保持一致，尽管有一些差别，但 AICPA 的审计准则与国际审计准则大致相同。在制定一份新的审计准则说明时，ASB 将国际审计准则作为依据，仅当修改适合美国环境时才作出修订。如果一个美国的审计师依据国际审计准则执行历史财务报表审计，则该审计师必须遵守超出 AICPA 准则范围的国际审计准则的任何规定。

在《萨班斯-奥克斯利法案》通过之前，ASB 制定适用于上市和非上市公司的审计准则，现在 ASB 仍然负责制定适用于非上市公司的审计准则，但适用于上市公司以及 SEC 登记的经纪交易商的审计准则由 PCAOB 负责制定。AICPA 审计准则也称为美国**一般公认审计准则**（general accepted auditing standards, GAAS）

□ PCAOB 的审计准则

PCAOB 将现有的由 ASB 制定的审计准则作为其过渡时期的审计准则，另外，在制定新的审计准则时，PCAOB 会考虑国际审计准则。所以，针对美国上市和非上市公司的审计准则绝大多数是一样的。由 PCAOB 制定的审计准则，适用于美国上市公司和其他 SEC 登记的经纪交易商的审计，上市公司审计报告中称为"美国 PCAOB 的准则"。在本书中，将该准则称为 PCAOB 的审计准则。

图 2-1 总结了国际审计准则、AICPA 的审计准则和 PCAOB 的审计准则之间的关系。国际审计准则由具体国家的准则制定主体予以修改以适用于美国以外的企业审计；AICPA 的审计准则与国际审计准则类似，适用于美国非上市公司和其他组织的审计；PCAOB 的审计准则适用于美国上市公司和在 SEC 登记的其他主体。

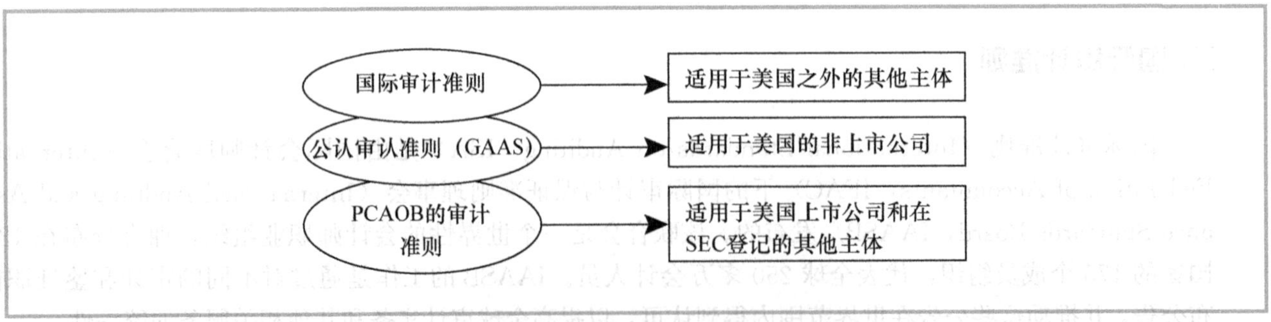

图 2-1 美国和国际审计准则之间的关系

上图椭圆的重叠部分表明这三类审计准则除了存在差异外还有很多类似之处。贯穿于本书的审计概念一般也适用于所有审计，若无特殊说明，我们所提到的"审计准则"均适用于所有审计。

2.7 美国审计准则的组织

作为明晰项目的一个部分，ASB发布了审计准则汇编的序言，其中包括按照一般公认审计准则实施审计的基本原则（简称为基本原则）。**审计的基本原则**（principles underlying an audit）为帮助审计师在执行财务报表审计中实现下列两个目标提供了一个基本框架：

1. 对财务报表整体是否不存在由于舞弊或错误导致的重大错报获取合理保证，使得注册会计师能够对财务报表是否在所有重大方面按照适用的财务报告编制基础编制发表审计意见；

2. 按照GAAS的规定，根据审计结果对财务报表出具审计报告。

尽管基本原则不属于要求，没有强制执行力，但是为明晰项目下的准则汇编提供了基本框架。基本原则的内容包括以下几个方面，具体内容如图2-2所示。

- 审计的目标（目标）
- 审计师的个人责任（责任）
- 审计师执行审计业务中的行为（业务执行）
- 报告（报告）

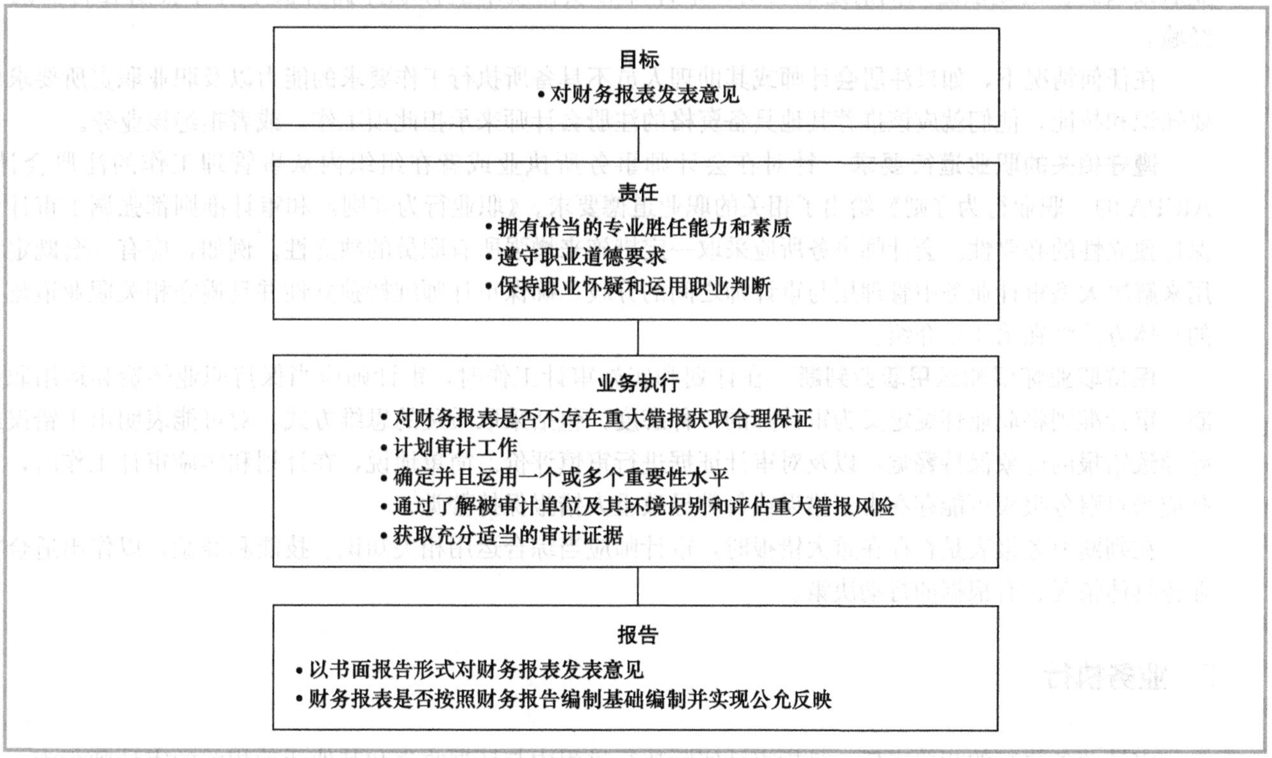

图2-2 AICPA的审计基本原则

在PCAOB最初采纳ASB准则作为过渡准则时，一并接受了当时已经存在的基本框架。该框架被称为10条一般公认审计准则（GAAS），分为三个部分：一般准则、外勤工作准则以及报告准则。这10条GAAS准则给出了与基本原则相同的概念。PCAOB运用主题式框架对这些原则进行重组，从而将10条GAAS准则从PCAOB准则体系中删除。因为该框架与所有审计准则相关，所以本书将ASB基本原则作为讨论美国审计准则的基础。

□ 目标

审计的目标是为财务报表使用者提供审计师意见，评价财务报表是否在所有重大方面按照适用的财务报告编制基础编制并实现公允反映，以提高财务报表使用者对财务报表信息的信任程度。

管理层有责任按照其选用的适用的财务报告编制基础编制财务报表，并且设计、执行和维护与财务报表编制和列报相关的内部控制以使其不存在重大错报，这是审计工作的前提条件。审计师还推断，管理层将提供必要工作条件，包括允许审计及接触与财务报表编制和列报相关的所有信息，允许审计师在获取审计证据时不受限制地接触相关人员。与财务报表审计中审计师责任相关的基本原则还强调了审计师应当具备的个人素质。

□ 责任

有关审计工作中审计师责任的基本原则强调审计师应当具备的重要的个人特质。

恰当的专业胜任能力和素质 审计师应当具备恰当的专业胜任能力和素质以执行审计工作。这通常解释为审计师需要接受正规的审计与会计教育，对所从事的工作具备相当的工作经验，并要接受职业后续教育。近期法庭判例清楚地表明，审计师必须在技术上称职并拥有被审计单位所在行业的实际经验。

在任何情况下，如果注册会计师或其助理人员不具备所执行工作要求的能力以及职业职责所要求的必要知识和技能，他们就应该推荐其他具备资格的注册会计师来承担此项工作，或者拒绝该业务。

遵守相关的职业道德要求 针对在会计师事务所执业或者在组织内从事管理工作的注册会计师，AICPA 的《职业行为守则》给出了相关的职业道德要求。《职业行为守则》和审计准则都强调了审计业务保持独立性的必要性。会计师事务所应采取一定措施来增强所有职员的独立性。例如，应有一套既定程序用来解决大型审计业务中管理层与审计师之间的分歧。确保审计师维持独立性并且遵守相关职业道德要求的具体方法将在第 4 章介绍。

保持职业怀疑和运用职业判断 在计划和实施审计工作时，审计师应当保持职业怀疑和运用职业判断。审计准则将职业怀疑定义为审计师的一种态度，包括采取质疑的思维方式，对可能表明由于错误或舞弊导致错报的迹象保持警觉，以及对审计证据进行审慎评价。简单地说，在计划和实施审计工作时，审计师应当对财务报表可能存在由于错误或舞弊导致重大错报保持警觉。

在判断财务报表是否存在重大错报时，审计师应当综合运用相关知识、技能和经验，以作出适合审计业务具体情况、有根据的行动决策。

□ 业务执行

审计业务执行的相关责任，是指审计实际执行过程中与证据收集和其他活动相关的审计师行为。为了对财务报表发表意见，审计师需要对财务报表整体是否不存在由于错误或舞弊导致的重大错报获取合理保证。审计师需要履行以下业务执行责任，才能获取合理保证。

充分的计划和督导 审计师应当对业务进行充分计划，以保证审计工作的充分性和对助理人员的适当督导。在审计中，督导是必不可少的，因为相当一部分的外勤工作都是由经验不足的助理人员完成的。

确定和运用重要性水平 由于审计意见是有关财务报表是否存在重大错报，因此审计师应当在整个审计过程中恰当确定和运用一个或多个重要性水平。如果合理预期错报可能影响财务报表使用者的决策，则认为该错报是重大的。第 3 章和第 8 章将详细讨论审计时如何确定和运用重要性水平。

评估重大错报风险 为了充分地执行审计，审计师必须评估财务报表存在重大错报的风险，进而实施应对风险的进一步审计程序以确定重大错报是否存在。为了充分地评估重大错报风险，审计师必须了解被审计单位的经营和行业。这种了解有助于审计师识别可能影响财务报表重大错报风险的被审计单位重大经营风险。例如，在审计一家银行时，审计师必须了解这家银行的经营性质、适用于这家银行的联邦法规和州法规以及影响诸如信贷损失准备账户的重大风险。

在审计理论界与实务界中有一个被普遍接受的理念，即被审计单位的内部控制系统对抑制被审计单位的经营风险、保护被审计单位的资产和记录安全完整以及生成可靠的财务信息都非常重要。如果审计师确信被审计单位拥有良好的内部控制，也就是存在提供可靠数据的健全内部控制，则应收集的证据数量就可以远远少于内部控制不健全时应收集的证据数量。有时，内部控制可能极不健全，以致审计师无法执行有效的审计。

充分适当的证据 审计师应当针对评估的风险设计和实施恰当的应对措施，以就是否存在重大错报获取充分适当的审计证据。在既定情况下，确定需要收集多少证据以及收集何种类型的证据需要审计师的职业判断。本书的主要内容之一就是研究证据的收集，以及影响所需证据数量与类型的因素。

报告

与报告有关的基本原则，要求审计师在书面形式的报告中，对财务报表是否在所有重大方面按照适用的财务报告编制基础编制并实现公允反映发表意见。在评价所获取的审计证据以及审计发现的基础上，形成审计意见。如果无法表示意见，审计师的报告应当指出这一结论。

基本原则对比审计准则

因为制定审计准则所依据的基本原则过于抽象以致不能提供实质性的指导，所以审计师转向 AICPA 发布的《审计准则说明书》（SAS）以及 PCAOB 的审计准则，以期得到具体的指导。本书将这些公告统称为审计准则，仅当存在重大差异时，才区分 AICPA 的审计准则和 PCAOB 的审计准则。审计准则被视为权威性文件，AICPA 的《职业行为守则》要求每一位执行历史财务报表审计的审计师都应遵守审计准则。当出现非常重要的审计问题需要官方解释时，AICPA 和 PCAOB 就发布新的说明书。至本书编写时，SAS 129 和 AS 18 是 AICPA 和 PCAOB 各自最新发布的公告并已编入本书。读者应关注以后发布的影响审计要求的准则。

审计准则的分类

AICPA 发布的所有 SAS 都有两类编号，即 SAS 编号和 AU-C 编号（表明其在《审计准则汇编》中的位置），这两种编号在实际工作中都有应用。例如《审计准则说明书——有关利用内部审计人员工作的重大变化》的编号分别是 SAS 128 和 AU-C 610。SAS 编号表明该说明书发布的顺序号，AU-C 编号则表明该说明书在 AICPA 的审计准则说明书汇编中的位置。AU-C 的部分编号与 ISA 编号相同，字母 C 表明是经过明晰项目修订的准则，以与 AICPA 早期发布的准则进行区分。

PCAOB 发布的审计准则同样采取顺序编号的方式（例如 AS 1 和 AS 2）。PCAOB 沿用作为过渡准则的 AICPA 准则，保留了最初的 AU 分类方式。PCAOB 正在考虑按照内容主题对准则进行重新编号。这有助于避免与 AICPA 的 AU-C 的编号相混淆，还有助于进行两类审计准则之间的对比。

□ 准则的执行

尽管审计准则是针对职业成员的权威性审计指南，但是它们实际能够给审计师提供的指导比想象的要少。准则几乎没有对具体审计程序和具体审计决策作出规定，例如准则对样本量的确定、总体中样本项目的选取、测试结果的评价等，都没有具体要求。许多执业者认为准则应当给予更为明确和具体的规定，以帮助确定证据收集的范围。这种具体的规定可以减少审计决策的困难，并且可为事务所提供因执行不充分审计而被起诉的“防火线”。但是，过于具体的要求可能会使审计变成缺乏职业判断的机械性取证工作。从职业界和审计服务使用者双方观点来看，过于具体的权威性指南可能比过于概括的权威性指南更有害。

AICPA 的基本原则和审计准则应当被执业者视为执行业务的最低标准，而不是最高标准或理想标准。同时，审计准则的存在也并不意味着审计师必须盲目地遵守。如果审计师认为某一准则的要求不切实际或无法执行，他完全有理由采取替代方案。同样，如果存在问题的项目金额不重要，亦无须遵守准则。但必须注意的是，确定这种背离行为的正当性是执业者的责任。

如果审计师想要获取更为具体的指南，则可参考一些权威性较低的资料，如教材、期刊、专业出版物等；还可参考前文所述的 AICPA 的出版物，如《会计杂志》和行业审计指南等。这些资料对解决具体问题有较大的帮助。本书以后章节将更深入地介绍这些准则，并将经常引用具体准则的相关内容。

2.8 质量控制

对会计师事务所来说，**质量控制**（quality control）是用来保证其履行对客户和他人职业责任的方法，这些方法包括会计师事务所的组织结构及其建立的各种措施，例如，会计师事务所应当建立能保证每项业务都由熟悉客户所在行业的合伙人进行技术性复核的组织结构。审计准则要求每一家会计师事务所都要有质量控制政策和程序，这些准则也认为质量控制制度对遵守审计准则只提供合理保证，而不是绝对保证。

质量控制与审计准则二者之间既有密切联系又有明显区别。为了确保审计准则的基本原则在会计师事务所的每次审计中都能得到遵守，会计师事务所应遵守为使其每次审计都遵循审计准则而建立的具体质量控制程序。因此可以说，质量控制是针对整个事务所的管理而建立的，而审计准则是针对单项审计业务而言的。

□ 质量控制要素

会计师事务所应该制度化其质量控制政策和程序，具体的程序应视会计师事务所的规模、业务部门的数量和业务性质而定。例如，一家拥有 150 个跨国分部和许多复杂的跨国公司客户的国际性事务所，与另一家只有 5 名员工且只为一两个行业的小客户进行审计的小规模事务所相比，它们的质量控制措施肯定迥然不同。

质量控制制度应该包括与六个要素有关的政策和程序，这些要素具体见表 2－3，该表简要说明了每个要素的要求，同时针对每一项要求列举了一个质量控制程序的实例。

表 2-3　质量控制要素

要素	要求概述	程序举例
事务所内的质量领导责任（高层基调）	事务所应该促进质量是执业之根本的文化，应该建立支持这种文化的政策和程序。	事务所的培训项目强调高质量工作的重要性，并在业绩考评和薪酬决策中进一步强化这一政策。
相关的职业道德要求	所有参与业务的人员都应保持实质和形式上的独立性，正直、客观地履行其职业责任。	每位合伙人和职员每年必须填报独立性调查表，说明诸如持有客户股票和担任客户董事会成员等情况。
客户关系和具体业务的接受与保持	事务所应该制定政策和程序来决定是否接受新客户，或与客户续约。这些政策和程序应使事务所尽量避免与管理层不正直的客户发生关联。事务所只能从事其可以胜任的业务。	在接受新客户之前，必须编制客户评价表，说明前任审计师的评论和对管理层的评价等。
人力资源	事务所应制定政策和程序，以合理保证： 1. 所有新聘雇员均能胜任其工作。 2. 工作已指派给经过充分技术培训并精通业务的雇员。 3. 所有雇员都应参加能使他们履行其职责的后续教育和职业发展活动。 4. 准备予以提升的雇员应当具备履行其职责所必需的资格。	采用事务所的个人业务评价报告的方式，对每项业务中每个执业人员进行评价。
业务执行	应制定政策和程序确保参与业务的雇员所完成的工作符合相应的职业准则、法律法规要求和事务所的质量标准。	事务所的会计和审计主管应能及时地提供咨询，并负责每项业务完成之前的审批工作。
监控	应制定政策和程序以确保其他质量控制要素得以有效运用。	负责质量控制的合伙人至少每年都要对质量控制程序进行测试，以确保事务所遵守这些程序。

□ 同业复核

会计师事务所必须在 AICPA 批准的业务监控项目中注册，以保证会计师事务所的每一成员都取得 AICPA 会员资格。业务监控也称为**同业复核**（peer review），它是由注册会计师对某一会计师事务所质量控制系统遵守情况所作的复核，其目的是确定和报告被复核的会计师事务所是否制定了充分的政策和程序，并在实务中予以贯彻执行。会计师事务所都必须接受同业复核，否则事务所内的所有成员都将失去 AICPA 的会员资格。

AICPA 同业复核项目在 AICPA 同业复核委员会的统一指导下，由各州注册会计师协会进行管理。同业复核每三年执行一次，虽然要求会计师事务所通过州注册会计师协会指派一个复核小组，但一般还是由被复核的会计师事务所自己选择负责复核工作的注册会计师。要求在 PCAOB 注册并接受 PCAOB 监督的事务所，必须由 AICPA 的国家同业复核委员会复核以评价不受 PCAOB 监督的会计、审计业务的非 SEC 监管部分。在复核结束后，复核者要出具报告说明其结论和建议。同业复核的结果归入 AICPA 的公众档案。

同业复核对会计师事务所和职业界都有益处，通过帮助会计师事务所遵守质量控制准则，可以改进从业人员的工作表现，提供更高质量的审计，转而使职业界从中受益。如果同业复核可以改进会计师事务所的实务，进而提升其信誉和工作成效，并减少其遭受法律诉讼的可能性，那么，会计师事务所也将从中进一步受益。当然，这种复核的成本较高，需要在成本与效益之间进行权衡。

□ 审计实务与质量中心

AICPA成立了审计实务与质量中心以作为提高审计实务质量的资源中心。**审计质量中心**（Center for Audit Quality，CAQ）是隶属于AICPA，服务于投资者、上市公司审计师和资本市场的自主性公共政策组织，该中心使命是增强投资者对审计过程的信心，促使上市公司的审计更可靠，提高其与投资者的相关性。非上市公司实务部（Private Companies Practice Section，PCPS）为各种规模的会计师事务所提供实务管理信息。

除上述资源中心外，AICPA还建立了政府审计和雇员福利计划审计的审计质量中心。图2-3总结了审计准则、质量控制准则、审计实务与质量中心和同业复核为确保审计质量而形成的相互关系。

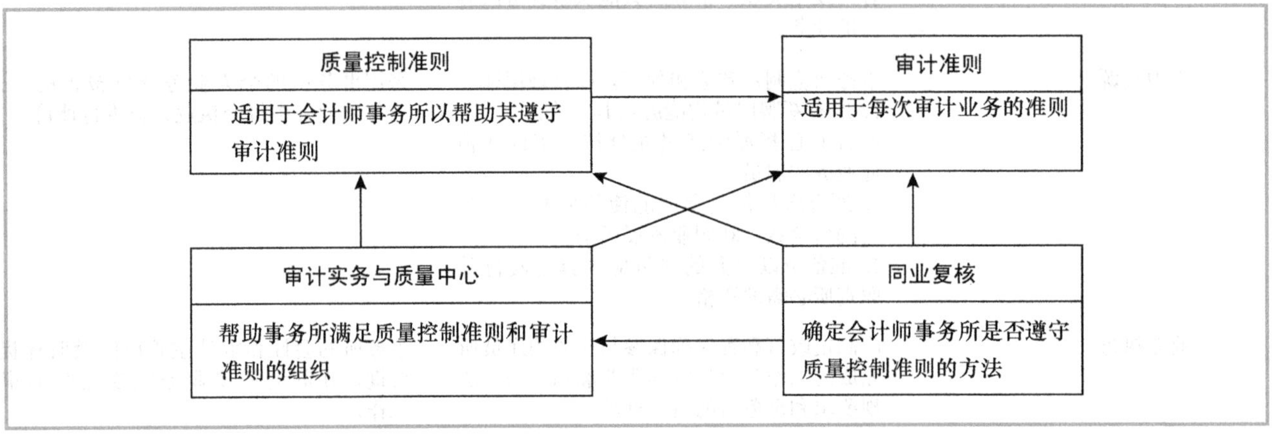

图2-3 审计准则、质量控制准则、审计实务与质量中心及同业复核的关系

本章小结

本章介绍了注册会计师职业性质以及会计师事务所的业务。鉴于会计师事务所在现代社会中的重要作用，包括PCAOB，SEC以及AICPA在内的几个组织为加强审计工作质量和职业行为的适当性提供了相应的监管机制。图2-4对这些机制进行了归纳总结，其中有些部分的内容在本章及下一章予以介绍。作为执业者应遵守的行为准则，AICPA制定的《职业行为守则》将在第4章介绍。此外，潜在法律责任对审计师的行为也产生了重大的影响，这将是第5章讨论的主题。

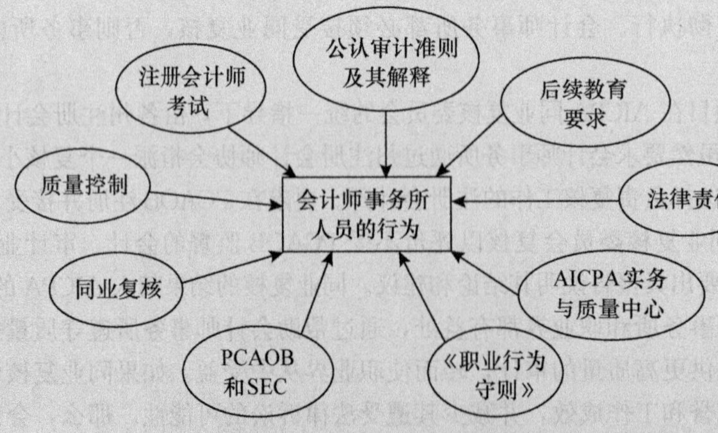

图2-4 职业界和社会促进注册会计师高水平执业的途径

练习题

2-1 会计师事务所组织结构及行为中有哪些特点能使得它们独立地胜任其社会职责？

2-3 请描述 SEC 在社会中的作用，并讨论它与审计实务的关联性及其对审计实务的影响。

2-5 应由谁来制定美国上市公司的审计准则？又应由谁来制定美国非上市公司的审计准则？请作出解释。

2-8 有关责任的基本原则要求审计师应当具备恰当的专业胜任能力和素质以执行业务，请问审计师可通过哪些途径来履行这项要求？

2-11 以下是某会计师事务所质量控制程序要求的一个示例："任何被事务所考虑予以录用的人员，在录用之前必须修完一门基础的审计课程，并要经本所一名合伙人的面试及同意后方可录用。"试说明该程序将影响哪个质量控制要素，并指出制定这项要求的目的是什么。

2-12 请解释什么是同业复核，同业复核对注册会计师职业产生哪些影响。

选自注册会计师考试的选择题

2-13 以下各项问题与审计准则有关，选择最佳答案。

a. 下列哪项最好地描述出了美国审计准则的含义（　　）。

(1) 审计师的执业守则

(2) 衡量审计师执业质量的标准

(3) 收集支持财务报表的证据的程序

(4) 关于审计业务的审计目标

b. AICPA 审计准则中的责任原则包括（　　）。

(1) 充分计划和督导审计工作

(2) 审计报告应说明财务报表是否按照一般公认会计原则表达

(3) 审计师运用职业判断

(4) 财务报表中的信息披露应合理恰当

c. 业务执行原则中审计师责任的共同特征是（　　）。

(1) 执业审计人员应具备胜任能力、独立性及应有的职业关注

(2) 审计师就财务报表及附注披露发表意见的审计报告内容的标准

(3) 关于审计计划和收集证据的标准

(4) 需要在与审计有关的所有问题上均保持独立的精神状态

2-14 下列问题与质量控制准则有关，选择最佳答案

a. 会计师事务所质量控制政策和程序的实质和范围取决于以下哪些因素（　　）。

	会计师事务所的规模	会计师事务所业务的性质	成本-效益的考虑
(1)	考虑	考虑	考虑
(2)	考虑	考虑	不考虑
(3)	考虑	不考虑	考虑
(4)	不考虑	考虑	考虑

b. 会计师事务所在建立质量控制政策和程序时，应考虑以下哪些质量控制要素（　　）。

	人力资源	监控	业务执行
(1)	考虑	考虑	不考虑
(2)	考虑	考虑	考虑
(3)	不考虑	考虑	考虑
(4)	考虑	不考虑	考虑

c. 会计师事务所的基本目标之一是按照执业准则的要求提供专业服务。为合理保证实现该目标，可以采取下列哪些措施（　　）。

(1) 质量控制制度

(2) 同业复核制度

(3) 后续职业教育

(4) 遵守一般公认报告原则的规定

讨论题

2-17 下列质量控制程序选自会计师事务所的质量控制手册，请指出这些程序分别属于表2-3中的哪些质量控制要素。

a. 适当的审计和会计研究要求能提供充分的技术查询设施。每一个职员都有上网密码，通过公司内部网站进入电子查询设施，以获取会计、审计、税务、SEC方面的信息和包括行业数据的其他技术信息。

b. 合伙人对质量承担领导责任，负责培育事务所以质量为导向的内部文化，并且提供和维护质量控制手册和其他所有必要的实务帮助和指导以确保业务质量。

c. 每个业务处至少每年应接受一次复核，复核人员应由会计和审计主管选派，复核程序按照业务处复核计划表进行。

d. 审计工作小组成员将其电子签名输入事务所的业务管理软件，以确定审计程序中各个具体步骤是否完成。在审计业务完成时，必须对所有审计步骤全部进行电子签名，业务管理软件才会允许将业务文件存档。

e. 在业务的各阶段，所指派人员的能力应与其可能遇到的会计、审计决策所需能力相当。整个审计应得到参与审计的高级经理或高级会计师的审批。

f. 任何雇员都不得与被审计单位有直接或间接的财务利益、联系或关系（如雇员的近亲有能力影响被审计单位的决策），否则应予以披露。不然，将可能违背事务所的最大利益。

g. 由每位合伙人提供候选合伙人名单。要想成为一名合伙人，必须具备以下素质：拥有高水平的技术胜任能力；必须正直、有判断力、能激励他人；愿意通过有效的工作委派推动事务所发展。

h. 会计师事务所通过执行连续的雇员评价和咨询项目以及质量控制复核程序，复核雇员的教育需求情况和修正雇员培训计划以适应变化的要求。业务处的复核结论应对会计和审计缺陷进行归纳并向事务所的人事主管呈报。

i. 所有潜在的新客户都必须在其接受之前予以审查。这个审查包括咨询前任审计师，以及对客户背景的调查。所有新客户的接受都必须得到事务所管理委员会的批准，包括评价事务所是否拥有技术胜任能力以完成该业务。

j. 每一个审计业务都必须包含合伙人对关键性审计决策的即时复核。

2-20 Ray拥有一家小公司，他聘请了一名叫Holms的注册会计师来审计公司的各项记录，Ray告诉Holms要及时完成审计，以满足贷款申请中向银行提供已审财务报表的要求，Holms立即接受了委托，同意在 3 个星期内提供审计报告。Ray 同意给 Holms 一笔固定的报酬，同时允诺如果贷款申请被批准，将额外付给 Holms 一笔奖金。

Holms 雇了两名会计专业的学生，花几个小时向他们详细介绍了该如何进行工作。Holms 告诉他们不要花时间去审核内部控制，而应集中精力去证实分类账的准确性，以及汇总各个支持财务报表的会计记录。这些学生听从了 Holms 的建议，并在两周内向 Holms 递交了一份没有附注的财务报表。Holms 复核了这些报表，然后出具了一份无保留意见审计报告，该报告没有提及一般公认会计原则，也没有指出这些原则运用的一致性问题。

要求：

请简要描述 AICPA 审计准则所依据的基本原则，并按照下列格式来描述 Holms 的行为违反这些原则的情况。①

简述基本原则	Holms 违背原则的行为

① 根据 AIPCA 改编。

第 3 章

审计报告

学习目标

1. 描述 AICPA 审计准则规定的非上市公司标准无保留意见审计报告的组成部分。
2. 了解出具标准无保留意见审计报告所要求的具体条件。
3. 了解财务报表与遵循 PCAOB 审计准则的财务报告内部控制的组合报告。
4. 描述带强调事项段或修正用语（措辞）的无保留意见审计报告的五种情况。
5. 指出不能出具无保留意见时，能够出具的审计报告类型。
6. 解释重要性对审计报告决策的影响。
7. 根据不同情况起草适当的非无保留意见审计报告。
8. 根据既定情况确定适当的审计报告。
9. 了解美国公司运用国际会计和审计准则的情况。

引 例

及时提交审计报告，然代价何其大矣！

Halvorson & Co. 合伙会计师事务所受聘成为 Machinetron 公司的审计师。Machinetron 是一家生产计算机控制的高精度车床的公司，它的所有者 Al Trent 认为公司已做好成为上市公司的准备，于是，聘请 Halvorson 事务所执行即将到来的审计，并协助编制用于证券发行的注册表。

Machinetron 公司生产的机器庞大复杂，价格昂贵，每笔销售均由 Trent 单独洽谈，销售历时几个月。因此，只要发生一两台机器的不恰当记录，就可能导致财务报表的重大错报。

负责 Machinetron 公司审计的项目合伙人是 Bob Lehman，他在制造业公司的审计方面拥有丰富经验。他已意识到销售业务记录不当的风险，并要求审计人员直接向客户函证年末所有的应收账款。在 Lehman 复核 Machinetron 公司审计工作底稿时，Trent 正打算向 SEC 提交首次发行股票的注册表。Lehman 发现年末一笔重要销售应收账款的支持证据是传真，而非常规函证的书面回函。显然，Machinetron 公司与该客户之间存有“猫腻”，Trent 想阻止审计人员与该客户进行直接联系。

当天下班前，在 Machinetron 公司办公室召开了一次会议。与会者包括 Lehman，Trent，公司证券承销商和公司律师。Lehman 指出，应当有一个更好的函证方式证实该笔应收账款。Trent 一听到这一要求就大发脾气。Machinetron 公司的律师及时相劝，稳定了 Trent 的情绪，他提出给 Halvorson 事务所写一封信，说明：他认为，传真作为有效的函证回复具有法律效力。Lehman 在巨大的压力下接受了律师的建议，并签发了无保留意见审计报告。

股票发行六个月后，Machinetron 公司发表一份公开声明指出，由于销售记录不当，包括传真证实的那笔销售，导致前一年度收入被高估。随后 SEC 的调查发现：那份传真是 Trent 而不是客户发送的。Halvorson 事务所收回了那份无保留意见审计报告，但为时已晚，已经给投资者造成了损失。Halvorson 事务所被迫赔偿巨额损失，Bob Lehman 也被禁止从事受 SEC 管辖的业务，随后他离开了注册会计师职业界。

对审计和保证业务来说，报告至关重要，因为它们传达了审计师的发现结果。财务报表使用者依赖审计师对公司财务报表提供保证的报告。正如本章开头的引例所示，如果签发了不恰当的审计报告，审计师有可能要承担相应的法律责任。

审计报告是整个审计过程的最后一步。我们先介绍审计报告是为了尽可能以不同审计报告作为参考，以便于讨论贯穿本书的审计证据的收集。在你了解了审计报告的形式和内容后，就能更好地理解这些证据概念。我们首先讨论标准审计师报告的内容。

第2章已经讨论过，AICPA的审计准则委员会（ASB）为非上市公司制定审计准则，PCAOB为上市公司制定审计准则。因为PCAOB将现行的AICPA准则作为过渡准则沿用，因此上市公司的审计准则（包括与审计报告相关的审计准则）与非上市公司的审计准则内容相似。但是，作为AICPA明晰项目的一部分，ASB修订了非上市公司审计报告，以与国际审计准则趋同。因此，目前上市公司与非上市公司的审计报告格式有所区别，但AICPA和PCAOB两类审计准则下审计报告的内容实质上仍然是相似的。

3.1 非上市公司的标准无保留意见审计报告

为了便于使用者理解审计报告，AICPA的审计准则为审计报告提供了统一措辞。图3-1是审计师的标准无保留意见审计报告的示例。“标准”通常是指审计报告中使用的标准措辞，“无保留意见”是指审计师认为财务报表不存在重大例外或导致非无保留意见情形的事实。不同审计师可能会略微改变措辞和表达方式，但其含义是一样的。

标准无保留意见审计报告的组成部分

标准无保留意见审计报告（standard unmodified audit report）包括八个组成部分，这些组成部分已在图3-1的旁边以粗体字样标示。

1. 报告标题。审计准则要求报告标题中必须包含“独立”一词。例如，恰当的报告标题应当是“独立审计师报告”或“独立会计师意见”。要求报告标题包含“独立”一词，是有意识地告诉使用者，审计在所有方面都是不偏不倚的。

2. 审计报告收件人。审计报告收件人通常是审计报告的致送对象，例如公司、股东或董事会。近年来，报告提交给董事会或股东已成惯例，以表明审计师是独立于公司的。

3. 引言段。报告的第一段应当说明会计师事务所进行的是审计。这是为了区分审计报告与编表报告或审阅报告。此外，第一段还应指出已审计的财务报表，包括说明资产负债表的日期、损益表和现金流量表所属的会计期间。报告中涉及的财务报表术语应与管理层在财务报表中使用的术语一致。注意，图3-1中的报告是关于比较财务报表的，因此需要报告两年的财务报表。

4. 管理层责任段。审计报告必须包含“管理层对财务报表的责任”的标题，以及描述管理层对财务报表的责任的段落。这些责任包括选择恰当的会计政策、维护必要的财务报告内部控制以使财务报表不存在由于舞弊或错误导致的重大错报。

5. 审计师责任段。该部分应当包含“审计师的责任”标题，以及描述审计师责任的三个段落。

第一段说明审计师的责任是对财务报表发表意见，并且按照美国一般公认审计准则执行审计工作。此外，审计师计划审计工作以对财务报表是否不存在**重大错报**（material misstatement）获取“合理保证”。“重大”一词意为审计师只负责查找重大错报，不负责查找不影响使用者决策的细微错报。“合理保证”这一术语的使用旨在表明，不能期望审计工作完全排除财务报表存在重大错报的可能性。换句话说，审计提供一个高水平的保证，但绝不是一项担保。

第二段描述审计工作的范围以及针对财务报表金额和披露的证据收集过程。这段话指出，审计程序取决于审计师的判断，包括对财务报表重大错报风险的评估。此外，审计师还应当考虑与财务报表编制列报相关的内部控制，以设计恰当的审计程序，但评估内部控制的目的并非（也不足以）对被审计单位内部控制的有效性发表意见。本段最后一句指出，审计工作还包括评价管理层选用会计政策的恰当性和作出会计估计的合理性，以及评价财务报表的总体列报。

Anderson & Zinder 合伙会计师事务所 科罗拉多，丹佛 东公园广场100号 80110 303/359-0800	
独立审计师报告	**报告标题**
General Ring 公司董事会及全体股东：	**审计报告收件人**
我们审计了后附的 General Ring 公司 2016 年 12 月 31 日和 2015 年 12 月 31 日的资产负债表，各年度的相关损益表、股东权益变动表和现金流量表，以及相关的财务报表附注。	**引言段**
管理层对财务报表的责任 按照美国一般公认会计原则的规定编制财务报表并实现公允反映是管理层的责任。这种责任包括设计、实施和维护与财务报表编制相关的内部控制，以使财务报表不存在由于舞弊或错误导致的重大错报。	**管理层责任段**
审计师的责任 我们的责任是在实施审计工作的基础上对财务报表发表审计意见。我们按照美国一般公认审计准则实施审计工作。准则要求我们计划和实施审计工作以对财务报表是否不存在重大错报获取合理保证。	**审计师责任段**
审计工作涉及实施审计程序，以获取有关财务报表金额和披露的审计证据。选择的审计程序取决于审计师的判断，包括对由于舞弊或错误导致的财务报表重大错报风险的评估。在进行风险评估时，我们考虑与财务报表编制相关的内部控制，以设计恰当的审计程序，但目的并非对内部控制的有效性发表意见。审计工作还包括评价管理层选用会计政策的恰当性和作出会计估计的合理性，以及评价财务报表的总体列报。 我们相信，我们获取的审计证据是充分、适当的，为发表审计意见提供了基础。	**范围段**
审计意见 我们认为，上述财务报表的编制符合美国一般公认会计原则，在所有重大方面公允地反映了 General Ring 公司 2016 年 12 月 31 日和 2015 年 12 月 31 日的财务状况，以及各年度的经营成果和现金流量。	**意见段**
Anderson & Zinder 合伙会计师事务所 科罗拉多，丹佛	**事务所名称和地址**
2017 年 2 月 15 日	**审计报告日期（审计师获取充分、适当审计证据的日期）**

图 3-1 美国非上市公司比较财务报表的标准无保留意见审计报告——AICPA 审计准则

第三段说明审计师相信已获取的审计证据是充分、适当的，为其发表审计意见提供了基础。

6. 意见段。标准报告的最后一段，标题是“审计意见”，说明了审计师根据审计结果所作的结论。这一段非常重要，以至于整个审计报告通常被简称为“审计师意见”。意见段只是表述一个意见，而不是表述一个绝对事实或绝对保证。其目的是表明结论是建立在职业判断基础上的。“我们认为”这一术语表明：尽管报表经过审计，但仍然可能存在与财务报表相联系的一些信息风险。

审计报告中一个富有争议的问题是措辞“公允表达”的含义。这是否意味着，如果遵循了一般公认会计原则，财务报表就是公允反映的，或是另有其他要求？法庭也曾得出如下结论：审计师有责任超越一般公认会计原则去确定财务报表的使用者是否被误导，即使财务报表的编制遵循了一般公认会计原则，使用者仍有可能会被误导。而绝大多数审计师认为，如果财务报表的编制遵循了一般公认会计原则，就可以认为财务报表是“公允表达”的，但也有必要检查交易和余额内容中可能存在的错误信息。

7. 事务所名称和地址。应标明会计师事务所或执行审计的执业人员，一般使用事务所的名称，因为确保审计质量符合职业标准是整个事务所的法定和职业责任。此外，还应当标明会计师事务所所在的城市和州。

8. 审计报告日期。恰当的报告日期应当是审计师完成审计程序获取充分、适当审计证据的日期。对使用者来说，这一日期非常重要，因为它表明审计师对复核报表日后发生的重大事项所负责任的最后期限。在图3-1的审计报告中，资产负债表日是2016年12月31日，审计报告日是2017年2月15日，这就表明审计师已经审查了截至2017年2月15日所发生的未记录的重要交易和事项。

3.2 出具标准无保留意见审计报告的条件

只有当下列条件全部满足时，才可出具标准无保留意见审计报告：

1. 财务报表齐全，包括资产负债表、损益表、股东权益变动表和现金流量表。
2. 审计师已收集了充分、适当的审计证据，并能确认以遵循审计准则的方式执行了审计业务。
3. 财务报表的编制在所有重大方面按照美国一般公认会计原则或其他恰当的会计编制基础编制并实现公允反映，这也意味着财务报表附注和其他部分已作了充分披露。
4. 不存在需要对报告增加强调事项段、修正措辞或发表非无保留意见的情况。

如果满足上述条件，就可以在非上市公司审计中出具图3-1所示的标准无保留意见审计报告。由于不存在要求审计师发表非无保留意见的情况，标准无保留意见审计报告有时也称为干净意见。标准无保留意见审计报告是最常见的审计意见。有时，存在一些超出被审计单位或审计师控制的情况，以致无法发表干净意见。然而，在绝大多数情况下，公司会适当变更其会计记录，以避免审计师保留或修正其意见。

如果不能满足标准无保留意见审计报告要求中的任何一条，就不能出具标准无保留意见审计报告。图3-2列示了审计师可能出具的审计报告的类型。图中的报告按偏离标准无保留意见审计报告的程度，由轻到重从上至下排列。与带强调事项段或其他事项段的无保留意见审计报告相比，财务报表使用者通常更关注无法表示意见或否定意见审计报告。审计报告的其他类型将在后面章节中讨论。

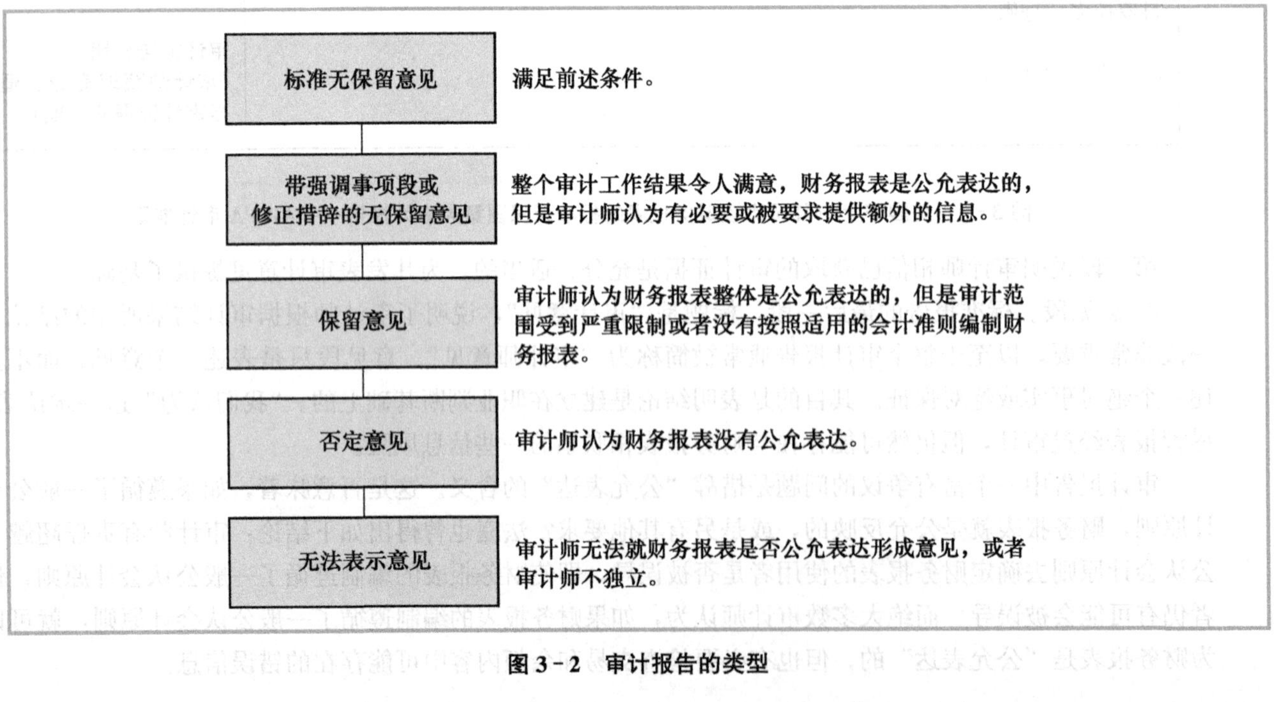

图3-2 审计报告的类型

3.3 PCAOB审计准则的标准审计报告和财务报告内部控制报告

上市公司的审计报告有两点重大差异。第一，上市公司财务报表审计的标准无保留意见审计报告与非上市公司不同。第二，较大规模的上市公司审计师必须同时对财务报告内部控制发表意见。

□ 上市公司的标准无保留意见审计报告

PCAOB审计准则将标准无保留意见审计报告称为“无保留意见”（unqualified opinion）审计报告。上市公司标准无保留意见审计报告包括三个段落，如图3-3所示。由于审计报告标题、收件人、会计师事务所名称以及审计报告日期对于上市公司和非上市公司是一样的，因此未在图3-3中列示。图3-3的报告与图3-1非上市公司的审计报告非常类似，仅在措辞方面略有差别。

我们审计了后附的Westbrook公司2015年12月31日和2016年12月31日的资产负债表，以及截止于2016年12月31日的三年一周期的每年相关损益表、股东权益变动表和现金流量表。这些财务报表由贵公司管理层负责，我们的责任是根据我们的审计对这些财务报表发表意见。	引言段
我们按照PCAOB的审计准则进行审计。这些准则要求我们计划和执行审计，以便对这些财务报表是否不存在重大错报获得合理保证。审计包括在测试基础上审查支持财务报表金额和披露的证据。审计还包括评价管理层所使用的会计原则和所作出的重大估计，以及评价财务报表整体表达。我们相信，我们的审计为发表意见提供了合理基础。	范围段
我们认为，上述财务报表的编制符合美国一般公认会计原则，在所有重大方面公允地表达了Westbrook公司2015年12月31日和2016年12月31日的财务状况，以及截止于2016年12月31日的三年一周期的各年度的经营成果和现金流量。	意见段

图3-3　美国上市公司比较财务报表的标准无保留意见审计报告——PCAOB审计准则

第一段是引言段，指明实施了审计工作以及审计的财务报表。引言段还指出，这些财务报表是管理层的责任，审计师的责任是对这些财务报表发表审计意见。请注意，该信息类似于图3-1中非上市公司标准无保留意见审计报告的前三个段落。

范围段类似于图3-1中审计师责任部分的第二段，指出设计审计工作以合理保证财务报表不存在重大错报。范围段指出审计工作是在测试基础上进行的。

第三段是意见段，内容与图3-1的意见段相似。如果审计师同时对财务报告内部控制出具单独的报告，意见段的后面将新增第四段，提及针对内部控制的审计报告。

□ 财务报告内部控制的报告

正如第1章所讨论的那样，《萨班斯-奥克斯利法案》404（b）条款要求上市公司的审计师对被审计单位财务报告内部控制有效性的管理层报告进行鉴证。SEC强制要求大型上市公司（又被称为加速编报公司）每年都要获得财务报告内部控制的审计报告。正如第1章提到的一样，非加速编报公司已经被豁免这一要求，美国国会在2010年通过的《多德-弗兰克法案》永久豁免了非加速编报公司财务报告内部控制报告的要求。

PCAOB第5号审计准则要求内部控制的审计与财务报表的审计整合在一起进行，但是审计师有可能选择单独报告，如图3-4所示的**财务报告内部控制的单独报告**（separate report on internal control over financial reporting），也可能选择组合报告。**财务报表和财务报告内部控制的组合报告**（combined report on financial statement and internal control over financial reporting）既报告了财务报表，也报告了财务报告内部控制的管理层报告。尽管组合报告是允许的，但是财务报告内部控制的单独报告较为常见，这种报告主要包括以下要素：

- 包含“独立”一词的报告标题。
- 引言段、范围段和意见段描述了针对财务报告内部控制的审计工作范围和意见，引言段着重介绍管理层对财务报告内部控制的责任，以及审计师对财务报告内部控制的评价未与财务报表的评价整合在一起。
- 引言段和意见段都要提及用以评价内部控制的框架，以及审计工作是按照PCAOB准则的规定进行。
- 在范围段后增加财务报告内部控制的定义段。
- 在意见段前增加一段，说明内部控制的固有局限性。
- 虽然审计师的财务报表审计意见可以面对多重报告期间，但审计师对内部控制有效性的意见只是针对最近会计年度末作出的。
- 报告的最后一段包括对审计师的财务报表单独报告的交叉提及。

独立注册会计师事务所报告	
Westbrook公司董事会及全体股东：	
我们审计了Westbrook公司基于COSO委员会发布的《内部控制——整合框架》中的既定标准至2016年12月31日的财务报告内部控制。保持有效的财务报告内部控制并在内部控制管理层报告中评估财务报告内部控制的有效性都是Westbrook公司管理层的责任。我们的责任是根据我们的审计对公司的财务报告内部控制有效性发表意见。	**引言段**
我们遵循PCAOB（美国）的审计准则执行审计。这些准则要求我们计划和执行审计，以就有效的财务报告内部控制是否在所有重大方面得以保持获得合理保证。我们的审计包括了解财务报告内部控制，评价重大弱点存在的风险，根据已评估的风险测试和评价内部控制的设计及其有效运行，在一定情形下执行我们认为必要的其他程序。我们认为我们的审计为我们的意见提供了合理基础。	**范围段**
公司财务报告内部控制是为财务报告可靠性和对外财务报表表达遵循一般公认会计原则提供合理保证而设计的一个过程。公司财务报告内部控制包括以下一些政策和程序：(1) 与以适当详细程度保持准确及公允反映公司资产交易和处置之记录相关的；(2) 为财务报表的编制遵循一般公认会计原则提供必要交易记录和公司所有收支得到公司管理层与董事会授权提供合理保证的；(3) 为预防与及时侦查未授权购买、使用与处置对财务报表有重大影响的公司资产提供合理保证的。	**定义段**
鉴于内部控制的固有局限性，财务报告内部控制不能防止或发现所有的错报。同时，任何使用内部控制有效性的评价对其未来期间所作的推断都存在内部控制可能不充分的可能性，因为环境是变化的，或者因为政策和程序的遵循程度可能在慢慢削弱。	**固有局限段**
我们认为，Westbrook公司依据COSO的既定标准，至2016年12月31日止在所有重大方面都保持了有效的财务报告内部控制。	**意见段**
我们也根据PCAOB的审计准则审计了Westbrook公司2015年12月31日和2016年12月31日的合并资产负债表，以及截止于2016年12月31日的三年一周期的每年的合并综合收益表、合并股东权益变动表和合并现金流量表。我们在2017年2月11日对这些报表发表的是无保留意见。	**交叉提及段**

图3-4 美国上市公司财务报告内部控制的单独报告

图 3-4 的单独报告是一份遵循 PCAOB 第 5 号审计准则的财务报告内部控制有效性的无保留意见审计报告。审计师还可能就财务报告内部控制的运行有效性发表保留意见、否定意见或无法表示意见。我们将在第 12 章讨论审计师就财务报告内部控制运行有效性不能发表无保留意见的情况，以及这些情况对审计师的财务报告内部控制审计报告措辞的影响。

3.4 带强调事项说明段或修正措辞的无保留意见审计报告

本章后面部分将介绍标准无保留意见审计报告之外的其他报告。在某些情况下，审计师虽然出具了无保留意见审计报告，但报告的一些用语（措辞）要偏离标准措辞。**带强调事项段或修正措辞的无保留意见审计报告**（unmodified opinion audit report with emphasis-of-matter paragraph or nonstandard report wording）满足下列要求：整个审计工作结果令人满意，财务报表是公允表达的，但审计师认为有必要或被要求提供额外的信息。而在保留意见、否定意见或无法表示意见审计报告中，审计师或者不能执行令人满意的审计，或者对财务报表的公允表达不满意，或者审计师不独立。

下面是按照 AICPA 和 PCAOB 审计准则的规定对标准无保留意见审计报告增加强调事项段或修正措辞的一些重要原因：

- 一般公认会计原则的运用缺乏一致性。
- 对持续经营能力的重大疑虑。
- 审计师同意偏离现行会计原则。
- 强调其他事项。
- 报告涉及其他审计师的工作。

前四种报告都需要增加说明段，但在每种情况下，标准报告中的引言段、范围段和意见段都不需要作任何的用语（措辞）修正，只需在意见段后另加一个单独的说明段。仅当报告涉及利用其他审计师的工作时，必须使用修正措辞的报告。这种报告包括三段，并且这三段的措辞都要加以修正。

在 AICPA 审计准则中，“强调事项段”或“其他事项段”替代了“说明段”的提法。强调事项段用以提醒使用者关注已在财务报表中列报或披露（例如附注中披露）的信息。其他事项段用以提醒关注未在财务报表中列报或披露的信息，例如有关审计师遵循法律法规方面的责任的说明。根据 AICPA 审计准则对非上市公司进行报告时，如果是前三种类型，则说明段的前面加上“强调事项”的标题。如果审计师希望强调其他问题，则报告中该部分的标题为“其他事项”。在 PCAOB 审计准则中，这些段落仍被称为说明段。本章所指的说明段，既包括强调事项段也包括其他事项段。

□ 一般公认会计原则的运用缺乏一致性

审计准则要求，审计师应注意会计原则在本期的运用与前期不一致的情况。一般公认会计原则要求会计原则或其应用方法的变更，应当是改用更好的原则，而且应当充分披露这种变更的性质和影响。当发生重大变更时，审计师应当对报告进行修正，在意见段后增加一个说明段来说明这种变更的性质，并为报表使用者指出财务报表中说明该变更的附注。变更重要性的评价以该变更对本年度的影响为基础。无论是被审计单位的主动变更还是新会计公告要求的变更，都要在意见段后增加此类说明段。图 3-5 列示了这样的说明段。

独立审计师报告	
（引言段、范围段和意见段与标准审计报告相同。） 如财务报表附注8所示，公司在2016年变更了折旧计算方法。我们不对该事项发表非无保留意见。	**新增的说明段**

图3-5　由于会计原则变更而增加的说明段

图3-5的说明段暗示审计师认可会计原则变更的恰当性。否则，这一变更应视为违背一般公认会计原则，其意见也必将是非无保留意见。

一致性与可比性　审计师必须能够区分影响一致性的变更和影响可比性但不影响一致性的变更。以下是影响一致性的几个例子，若其影响重大，则需增加说明段：

1. 会计原则的变更，如存货计价由先进先出法变为后进先出法。
2. 报告主体的变更，如在合并财务报表中包括了新的公司。
3. 涉及由非一般公认会计原则变更为一般公认会计原则之类的错误更正，包括对此所产生的错误结果的更正。

虽然影响可比性但不影响一致性，因而不需要在审计报告中说明的变更有以下几种情况：

1. 会计估计变更，如出于折旧目的而缩短资产的使用寿命。
2. 不涉及会计原则的错误更正，如对以前年度计算错误的更正。
3. 财务信息格式和表达的变化。
4. 由于交易或事项的重大差异所引起的变化，如研究与开发方面的新投入，或出售子公司等。

对财务报表可比性产生重要影响的项目，通常需要在报表附注中予以披露。如果被审计单位拒绝对这类项目进行恰当披露，审计师就可能会认为披露不充分而出具保留意见审计报告。

□ 对持续经营能力的重大疑虑

尽管审计的目的并不在于对企业财务状况作出诊断，但依据审计准则，审计师仍有责任评价被审计单位是否能够作为一个持续经营主体继续经营下去。例如，当出现下列一个或多个因素时，就会导致被审计单位持续经营能力的不确定性：

1. 重复出现巨额经营亏损，或者营运资本严重不足。
2. 被审计单位无力偿还到期债务。
3. 失去了主要客户，发生了未投保的灾祸，如地震、洪水、异常的劳工纠纷等。
4. 发生了可能危及被审计单位经营能力的诉讼、立法或类似事项。

在这种情况下，审计师的关注点是被审计单位在合理期限内无法继续经营或无法偿还其债务的可能性。近期财务报告准则委员会明确规定，管理层应当考虑合理期间内（不超过正被审计的财务报表日后的一年）被审计单位持续经营的能力。因此，如果按照FASB的准则编制财务报表，审计师评估持续经营能力的期间将与管理层的评估期间相同。

当审计师对被审计单位的持续经营能力存在重大疑虑时，无论其财务报表是否披露，都应出具带说明段的无保留意见。图3-6即为一个示例。

在对持续经营表示重大疑虑时，审计准则允许但并不要求审计师出具无法表示意见审计报告。准则并没有就以无法表示意见取代无保留意见加说明段提出相关标准，在实务中对持续经营表示怀疑而出具无法

独立审计师报告 （引言段、范围段和意见段与标准审计报告相同。） Fairfax公司财务报表的编制是建立在持续经营假设基础上的。但是，如财务报表附注11所示，Fairfax公司连续遭受经营亏损，并出现净资本不足，导致对公司持续经营能力的重大疑虑。公司管理层解决这些问题的计划也在附注11中作了说明。财务报表并未对此类不确定事项可能导致的后果作出任何调整。	新增的说明段

图3-6 由于对持续经营能力的重大疑虑而增加的说明段

表示意见的个案也十分罕见。一个可能的示例是，管理机构（如政府环保部门）正考虑对某公司进行严厉制裁，如果判决结果对该公司不利，那么该公司将被迫进行清算。

□ 审计师同意偏离现行会计原则

AICPA的《职业行为守则》指出，在特殊情况下，偏离一般公认会计原则可以不出具保留意见或否定意见。但是，审计师必须认可这种偏离，给出无保留意见的合理理由，并且必须在审计报告中增加一个或多个独立段落来陈述和解释，在当时情况下若遵循这一原则，反而会产生误导性的结果。

□ 强调其他事项

在某些特定情况下，尽管注册会计师准备发表无保留意见，但仍可能有意强调财务报表中的某些特定事项。通常，这类解释性信息应当在审计报告中另设一段来说明。以下可能是审计师认为应在其报告中予以解释的具体事例：

- 存在重大的关联方交易；
- 发生了重大的资产负债表日后事项；
- 对影响财务报表前后年度可比性的会计事项的说明；
- 报表附注中已披露的重大不确定性，例如特别重要的诉讼或监管行动；
- 对被审计单位财务状况已经产生或将持续产生严重影响的重大灾难。

□ 涉及其他审计师的工作

当被审计单位拥有分布各地的经营活动时，注册会计师通常要依赖另一家会计师事务所来执行部分审计工作。对财务报表发表意见的主要审计师，在PCAOB审计准则中被称为主审审计师，在AICPA审计准则中被称为集团项目合伙人。对组成部分相关信息执行相关工作的其他审计师，在AICPA审计准则中被称为组成部分审计师。如果依赖另一家会计师事务所执行部分审计工作，主审会计师事务所可以有三种选择，其中只有第二种选择才能出具修正措辞的无保留意见审计报告。

1. 在审计报告中不提及其他审计师的工作 如果不提及其他审计师的工作，则应发表标准无保留意见，除非存在其他情况需要发表非标准无保留意见。一般在下列情况下采用这种方法：其他审计师所审计部分在财务报表中不重要；其他审计师名誉卓著，或其工作是在主审审计师的密切监督之下；主审审计师已经全面复核了其他审计师的工作。在诉讼案或SEC调查事项中，其他审计师仍需对其报告和审计工作负责。

2. 在审计报告中提及其他审计师的工作 这类报告称为分担责任意见或报告。当其他审计师所审计部分在财务报表整体中非常重要时，采用分担责任的无保留意见审计报告比较恰当。图3－7是一个分担责任报告的非上市公司举例，发表了无保留意见，但是提及了其他审计师的报告。应该注意的是，这种报告不单设一段来说明分担责任问题，而是在引言段中说明，并在范围段和意见段中提及其他审计师的工作。其他审计师所审计部分可以用百分比或绝对金额来表述。

独立审计师报告

（引言段和管理层责任段与标准审计报告相同。）

注册会计师的责任

我们的责任是根据我们的审计对这些报表发表意见。我们没有审计Stwart Pane and Lighting公司的财务报表，该公司是Washington Felp公司的全资子公司。截至2015年12月31日和2016年12月31日，Stwart Pane and Lighting公司报表上反映的资产总额分别是合并报表资产总额的22%和20%，该两年度相应的收入总额分别是合并报表收入总额的20%和18%。这些报表由其他审计师审计，并向我们提供了审计报告。我们所提出的意见，凡涉及Stwart Pane and Lighting公司的数据，完全以其他审计师的报告为依据。我们按照美国一般公认审计准则执行审计。这些准则要求我们计划和执行审计，以便对这些财务报表是否不存在重大错报获得合理保证。

（审计师责任部分中的范围段内容与标准报告相同。）

我们相信，我们获取的审计证据是充分、适当的，为审计意见提供了基础。

审计意见

我们认为，根据我们的审计和其他审计师的审计报告，上述财务报表的编制符合美国一般公认会计原则，在所有重大方面公允表达了Washington Felp公司2015年12月31日和2016年12月31日的财务状况，以及各年度的经营成果和现金流量。

图3－7 分担责任的无保留意见报告

3. 保留或无法表示意见 如果主审审计师不愿意为其他审计师的工作承担任何责任，就可以依据重要性水平发表保留意见或无法表示意见。如果其他审计师对其审计部分发表了保留意见或无法表示意见，主审审计师也可以决定在其总体报告中发表保留意见或无法表示意见。保留意见和无法表示意见将在下一节讨论。

3.5 在审计报告中发表非无保留意见

审计师和审计报告使用者必须了解在什么情况下不适合出具无保留意见报告，以及在各类情况下应出具何种意见类型的审计报告。为此，需要理解以下三个密切相关的内容：发表非无保留意见的条件、除无保留意见以外的其他意见类型和重要性。

首先简要归纳一下不能出具无保留意见的三个条件。本章随后将更深入地讨论每一个条件。

审计范围受到限制（范围限制） 若审计师无法收集充分的证据以得出财务报表是否按照一般公认会计原则表达的结论，便构成了范围受限。范围受限有两类主要原因：被审计单位施加的限制；被审计单位与审计师均无法控制的客观情况所造成的限制。前者包括：管理层不允许审计师对重要应收账款进行函证或者是对存货进行实物审查；后者如，直到会计年度结束后才确定审计聘约关系，因而无法进行存货的实地观察和应收账款的函证，或者在资产负债表日后无法执行其他重要程序。

财务报表没有按照一般公认会计原则编制（偏离GAAP） 例如，如果被审计单位坚持对固定资产按重置成本计价，或对存货按销售价格计价，而不采用GAAP要求的历史成本，就不能出具无保留意见审计报告。对这类涉及美国一般公认会计原则或国际财务报告准则的问题，尤其需要考虑包括附注在内的所有信息披露的充分性。尽管大多数美国公司按照GAAP的要求编制财务报表，部分企业可能运用IFRS等其他财务报告编制基础。本章所称偏离GAAP同样适用于被审计单位选择其他财务报告编制基础的情形。

审计师不独立 审计师独立性的要求通常由《职业行为守则》规定。审计师的独立性要求以及AICPA的《职业行为守则》我们将在第4章进一步讨论。

当上述三个条件中的任一条件存在且重要时，就必须出具无保留意见审计报告以外的其他类型报告。在这些情况下，可以出具的三种主要类型的审计报告为：保留意见，否定意见和无法表示意见。

□ 保留意见

如果审计范围受限，或者没有遵循一般公认会计原则，就可出具**保留意见**（qualified opinion）审计报告。保留意见审计报告仅适用于“审计师认为财务报表整体是公允表达的”。如果审计师认为所要报告的情况极其重要，则必须使用无法表示意见或否定意见审计报告。因此，保留意见被认为是除无保留意见以外的其他意见类型中最不严厉的一种。

保留意见审计报告有两种：范围和意见都保留；仅意见保留。只有当审计师无法获取所要求的全部证据时，才能出具范围和意见都保留的审计报告。因此，这种类型的保留意见适用于审计师的审计范围受到被审计单位限制的情形，或存在妨碍审计师实施完整审计的客观情况。只对意见保留的审计报告适用于财务报表没有按照一般公认会计原则表达的情况。

当审计师出具保留意见审计报告时，必须在意见段使用“除……之外”这一术语。其含义是：“除”报表的某一具体方面“之外”，审计师对财务报表整体表达还是满意的。本章后面给出了保留意见审计报告的实例。其他任何一种审计意见都不能使用“除……之外”这一术语。

□ 否定意见

只有当审计师认为财务报表整体存在“重大错报或误导”，以致根本无法按照GAAP公允表达其财务状况、经营成果或现金流量时，才能发表**否定意见**（adverse opinion）。只有当审计师经过充分调查并确信没有遵守GAAP时，才可使用否定意见审计报告。这种情况并不常见，因而否定意见也很少被使用。

□ 无法表示意见

当审计师无法确定财务报表整体是否公允表达时，应出具**无法表示意见**（disclaimer of opinion）审计报告。出具这种类型报告的原因是：审计范围严重受限，或者是按照《职业行为守则》的规定，审计师与被审计单位之间存在相互不独立的关系。任何一种情况都会阻碍审计师对财务报表整体发表意见。如果存在持续经营能力方面的问题，审计师也有可能选择无法表示意见。

无法表示意见不同于否定意见，它只能在审计师缺乏足够了解时出具；而发表否定意见时，审计师必须对财务报表没有公允表达有足够了解。无论是无法表示意见还是否定意见，都只有在上述具体条件极其重要时才采用。

3.6 重要性

重要性是在既定情况下确定恰当审计报告类型时需要考虑的一个基本因素。例如，如果一项错报对被审计单位本期财务报表整体来说是不重要的，那么就可以出具无保留意见审计报告。常见的例子是：将办公用品全部计入当期费用，而不将其未耗用部分计入存货，因其数额不大。

当错报金额大到足以对财务报表整体产生重要影响时，情况就完全不同了。在这些情况下，必须依据是范围受限还是没有遵守一般公认会计原则，出具无法表示意见或否定意见。如果情况不是特别严重，发表保留意见也是恰当的。

重要性水平

审计中的重要性定义与会计中的重要性定义相同，因此，对审计报告来说，重要性的含义是：

> 如果对财务报表中一项错报的理解会影响到一个理性报表使用者的决策，那么该项错报就是重要的。

在运用这个定义确定应发表的意见类型时，可以采用重要性的三种层次。

金额不重要 财务报表中存在错报，但其不影响理性使用者的决策，则可认为不重要，就可以发表无保留意见。例如，管理层在以前年度将预付保险费列作资产，而决定在本年度将它费用化，以减少记账成本。管理层的这种做法有违一般公认会计原则，但这一金额很小，因而这一错报就不重要，可出具标准无保留意见审计报告。

金额重要，但没有影响财务报表整体 重要性的第二个层次是财务报表中的错报会影响使用者的决策，但财务报表整体仍然是公允表达的，因而是有用的。例如，对作为抵押品的固定资产项目中大额错报的理解，可能会影响使用者向被审计单位提供贷款的意愿。存货的错报并不意味着现金、应收账款和财务报表其他要素，或财务报表整体也存在重大错误。

在为出具非无保留意见审计报告而作出重要性决策时，审计师必须评价其对财务报表的所有影响。假设审计师在确定恰当的审计意见类型时，无法确定存货项目是否公允表达，由于存货项目的错报对报表其他项目和报表总计都有影响，审计师就需要考虑该项错报对存货、流动资产合计、营运资本合计、资产总额、所得税、应付所得税、流动负债合计、销售成本、税前净利润、税后净利润的汇总影响的重要性。

如果审计师认为某项错报重要，但尚未影响财务报表整体，发表保留意见（使用“除……之外”）也是适当的。

金额非常重大或影响广泛，对财务报表的整体公允性有严重影响 重要性的最高层次是：使用者如果信赖财务报表整体，极有可能作出错误决策。沿用上例，如果存货是财务报表中余额最大的项目，那么存货项目中的一项大额错报就可能非常重要，从而审计师应该在审计报告中表明财务报表的整体表达不是公允的。当重要性达到该层次时，审计师必须依据具体情况，发表无法表示意见或否定意见。

当确定某一例外事项是否非常重要时，必须考虑该例外事项对财务报表各部分的影响范围。这叫作广泛性。现金和应收账款的错误分类只影响这两个账户，因而不具有广泛性。但是漏记一项重要的销售则具有很强的广泛性，因为它会影响销售收入、应收账款、所得税费用、应计所得税和留存收益，进而影响流动资产、资产总额、流动负债、负债总额、所有者权益、毛利润和营业利润。

错报的影响越广泛，发表否定意见而不是保留意见的可能性就越大。例如，鉴于现金和应收账款的分类错误是重要的，审计师决定发表保留意见；那么对漏记相同金额的销售，审计师就有可能发表否定意见，因为该错报的影响具有广泛性。

依据《职业行为守则》的规定，无论涉及的金额大小，如果审计师缺乏独立性，就必须发表无法表示意见。这一严厉要求反映了审计师独立性的重要性。因此，任何偏离独立性规定要求的事项都被认为是非常重要的。表3-1总结了重要性和相应的意见类型之间的关系。

表3-1 重要性和意见类型之间的关系

重要性水平	从理性使用者决策的角度考察重要程度	意见类型
不重要	不会影响使用者的决策。	无保留意见
重要	仅有问题的信息对作出特定决策是重要的，可能影响使用者的决策。 错报的影响不具有广泛性，因此财务报表整体是公允表达的。	保留意见
非常重要	绝大部分或所有使用者根据财务报表所作的决策都会受到严重影响。 错报对财务报表具有广泛性的影响。	无法表示意见或否定意见

说明：无论重要性如何，缺乏独立性就必须发表无法表示意见。

□ 重要性决策

从概念上来说，重要性对应发表的意见类型的影响是简洁明了的；但在实际应用中，在既定情况下，重要性水平的实际确定是一件需要深思熟虑的事。目前尚无一个简单、明确的指南，使审计师能够确定某一事项不重要、重要或非常重要。重要性的评估也取决于该既定情况是涉及未遵循一般公认会计原则还是范围限制。

重要性决策——没有遵循一般公认会计原则的情况 当被审计单位没有遵循一般公认会计原则时，依据偏离一般公认会计原则的重要性水平，可以出具无保留意见、仅意见保留的保留意见或否定意见审计报告。此时重要性水平的确定必须考虑以下几方面：

1. 与某一基数进行比较的金额。在被审计单位没有遵循一般公认会计原则时，重要性水平的衡量通常主要考虑所涉及账户的错报总金额与某一基数的比较。一项10 000美元的错报对小公司来说很可能是重要的，对大公司来说则不然。因此，在对没有遵循一般公认会计原则的重要性水平作出决策之前，必须先将该错报与某一衡量基数进行比较。通常采用的基数有净利润、资产总额、流动资产和营运资本。

例如，假设审计师认为，由于被审计单位没有遵循一般公认会计原则导致存货出现100 000美元的高估错误；再假设账面记录的存货为1 000 000美元，流动资产为3 000 000美元，税前净利润为2 000 000美元。在这种情况下，审计师必须评估该错报的重要性水平为存货的10%，流动资产的3.3%，税前净利润的5%。

为了评估整体重要性水平，审计师还必须汇总所有未调整的错报，并判断个别不重要的错报汇总后是否对报表产生重要影响。在前文存货的例子中，假设审计师认为在应收账款中也存在150 000美元的高估错误。那么，此时对流动资产的总影响就是8.3%（250 000÷3 000 000），对税前净利润的总影响就是12.5%（250 000÷2 000 000）。

在将潜在错报同某一基数进行比较时，审计师必须谨慎考虑所有受该错报影响的账户（广泛性）。例如，审计师必须重视低报存货对销售成本、税前利润、所得税费用和应计应付所得税的影响。

2. 可计量性。有一些错报的金额是不能准确计量的。例如，被审计单位不愿披露一项正在进行的诉讼案，或在资产负债表日后的并购事项，对此类事项进行金额计量即使不是不可能，也是很难的。在这种情况下，审计师必须评价的重要性问题是，被审计单位没有披露该类事项对报表使用者的影响。

3. 项目的性质。使用者的决策还可能受报表中错报类型的影响。下列类型的错报可能影响使用者的决策，因而可能以不同于大多数其他错报的方式影响审计师的意见。

(1) 交易是非法的或欺诈性的；

(2) 某一项目尽管在本期认为是不重要的，但可能对以后某些期间产生重要影响；

（3）某一项目具有“心理”影响（例如，变小额亏损为小额利润，保持收益递增的趋势，或者使得收益超过分析师的预期）；

（4）从可能产生的合同义务后果来看，某一项目可能是重要的（例如，因未能遵守某项债务条款，可能影响一笔重要贷款的偿还）。

重要性决策——范围限制的情况 当审计过程中存在范围限制时，审计师可以根据范围限制的重要性出具标准无保留意见、范围和意见都保留的保留意见或者无法表示意见审计报告。审计师应考虑的因素与前面讨论的关于未遵循一般公认会计原则的重要性水平决策中所考虑的三个因素相同，但考虑方式不同。对于范围限制情况，在确定应出具无保留意见审计报告、保留意见审计报告还是无法表示意见审计报告时，着重考虑的是潜在错报的大小，而不是已知错报的大小。例如，如果账面记录的400 000美元应付账款未经审计，审计师就必须评估应付账款中的潜在错报，并确定其对财务报表影响的重要程度，同时还必须考虑这些潜在错报影响的广泛性。

一般来说，评估范围限制所引起的潜在错报的重要性水平，要比评估未能遵循一般公认会计原则所引起的错报的重要性水平困难。因为未能遵循一般公认会计原则所引起的错报是已知的，而那些由于范围限制所引起的潜在错报或可能错报通常必须进行主观估量。例如，账面记录的400 000美元应付账款的低报额可能超过1 000 000美元，并可能影响毛利润、净收益和资产总额等几个合计数。

3.7 发表非无保留意见的情形讨论

上面我们已经介绍了不能出具无保留意见审计报告的条件、标准无保留意见审计报告以外的其他主要报告类型及重要性的三个层次之间的关系。本部分将更详细地讨论按照AICPA审计准则的要求，发表非无保留意见的各种情况，以及各类报告的范例。

审计范围受到限制

范围受限有两种主要类型：由被审计单位施加限制；被审计单位和审计师都无法控制的情况所导致的限制。两种限制对审计师报告的影响是相同的，但对重要性的解释可能不一样。当审计范围受限时，恰当的做法是根据相关重要性水平发表无保留意见、范围和意见都保留的保留意见或者无法表示意见。

对于被审计单位施加的限制，审计师应当关注管理层试图阻止发现错报信息的可能性。在这种情况下，PCAOB审计准则鼓励审计师发表无法表示意见，而AICPA审计准则要求，如果无法实施替代审计程序以获取充分适当的审计证据，审计师应当发表无法表示意见或解除业务约定。对于那些因被审计单位无法控制的情况所造成的限制，则通常出具范围和意见都保留的保留意见。

有些时候，被审计单位可能会在存货的实地观察和应收账款的函证方面给审计师施加范围限制，当然也有可能给审计师施加其他方面的范围限制。被审计单位施加限制的原因可能是希望节约审计费用；在应收账款函证范围受限方面，被审计单位也有可能是想避免因其与客户在金额记录上的差异而导致的冲突。

由被审计单位和审计师都无法控制的情况所造成的限制，最常见的例子是，在被审计单位资产负债表日后才确定审计聘约关系。此时，可能无法执行应收账款的函证、存货的实物盘点以及其他重要程序。如果审计师无法实施他认为理想的程序，但其他能够验证信息是公允表达的替代程序能令其满意时，审计师还是可以出具无保留意见审计报告的。如果无法实施替代程序，审计师就要依据范围限制的重要性，出具范围和意见都保留的保留意见审计报告或无法表示意见审计报告。

审计范围受限时，要求审计师在意见段前增加一个说明段以说明这一限制。AICPA审计准则规定，在说明段的前面增加“形成保留意见的基础”等标题，同时意见段的标题也要作相应修改。例如，图 3-8 中的审计报告就适用于范围受限、金额重要但不具有牵涉性的非上市公司审计。具体情况是审计师既无法获得支持被审计单位在外国联营企业进行的投资的已审财务报表，也无法采用其他替代程序。请注意各部分前面的标题。

独立审计师报告

（引言段、管理层责任段以及注册会计师责任的前两段与标准报告相同。）

我们相信，我们获取的审计证据是充分、适当的，为审计意见提供了基础。

形成保留意见的基础

Laughlin 公司对本年度收购的一家外国子公司 XYZ 的投资按照权益法核算，2016 年 12 月 31 日的账面价值是 2 475 000 美元，该年度 Laughlin 公司在 XYZ 公司收益中应得的份额是 365 000 美元，已包含在 Laughlin 公司的净利润中。由于被拒绝无法接触到 XYZ 公司的财务信息、管理层和审计师，我们无法获取充分、适当的审计证据来验证 2016 年 12 月 31 日 Laughlin 公司对 XYZ 公司投资的账面价值，以及该年度 Laughlin 公司在 XYZ 公司收益中所占的份额是否属实。因此，我们无法确定是否需要对上述金额作出必要的调整。

保留意见

我们认为，除形成保留意见的基础部分所述事项产生的影响外，上述财务报表的编制符合美国一般公认会计原则，在所有重大方面公允地反映了 Laughlin 公司 2016 年 12 月 31 日的财务状况以及该年度的经营成果和现金流量。

图 3-8 由于范围限制而出具的保留意见审计报告——AICPA 审计准则

如果上述金额非常重要并且具有广泛性，就需要发表无法表示意见而不是保留意见，此时审计师在审计报告中只使用三段。第一段（引言段）略作修正，改为“我们接受委托，审计……”。审计师责任的第一段也要作修改，以表明审计师无法获取充分、适当的审计证据以发表审计意见。删除标准无保留意见审计报告中审计师责任部分的后两段，以避免陈述任何内容使读者认为财务报表的其他部分已经审计，进而认为相关部分是公允表达的。图 3-9 列示了审计师认为存在图 3-8 所述的事实应出具的无法表示意见而不是保留意见的审计报告。

独立审计师报告

我们接受委托，审计……（其余部分与标准报告引言段相同。）

（管理层的责任段与标准报告相同。）

审计师的责任

我们的责任是按照美国一般公认审计准则的规定，对被审计单位财务报表执行审计工作，以发表审计意见。但由于形成无法表示意见的基础部分所述的事项，我们无法获取充分、适当的审计证据以作为发表审计意见的基础。

形成无法表示意见的基础

（内容措辞与图 3-8 中“形成保留意见的基础”部分相同。）

无法表示意见

由于形成无法表示意见的基础部分所述事项的重要性，我们无法获取充分、适当的审计证据以作为对财务报表发表意见的基础。因此，我们不对后附的财务报表发表审计意见。

图 3-9 由于范围限制而出具的无法表示意见审计报告——AICPA 审计准则

□ 报表的编制没有遵循一般公认会计原则

当审计师知道财务报表没有按照一般公认会计原则编制而可能产生误导，被审计单位又不能或不愿意更正这一错报时，就必须根据问题项目的重要性，发表保留意见或者否定意见。如果可能，审计报告还必须清楚地说明所违背一般公认会计原则的性质和错报金额。图 3-10 列示了由于被审计单位没有按照一般公认会计原则的要求将租赁资产资本化而出具的保留意见审计报告。

独立审计师报告

（引言段、管理层责任段以及注册会计师责任段与标准报告相同，仅注册会计师责任段的最后一句作如下修改。）

我们相信，我们获取的审计证据是充分、适当的，为保留审计意见提供了基础。

形成保留意见的基础

该公司没有将一些因租赁债务引起的资产和负债列入资产负债表，我们认为，这些应当按照美国一般公认会计原则予以资本化。如果将这些租赁债务予以资本化，那么，截止到2016年12月31日，资产应增加4 600 000美元，长期负债应增加4 200 000美元，留存收益应增加400 000美元，本年度的净利润和每股盈余应分别增加400 000美元和1.75美元。

保留意见

我们认为，除形成保留意见的基础部分所述事项产生的影响外，上述财务报表的编制符合美国一般公认会计原则，在所有重大方面公允地反映了Ajax公司2016年12月31日的财务状况以及该年度的经营成果和现金流量。

图3-10　由于没有遵循一般公认会计原则而出具的保留意见审计报告——AICPA审计准则

如果金额非常重大或影响非常广泛，则应发表否定意见，范围仍是无保留的，保留段仍保持原样，意见段应如图3-11所示。

独立审计师报告

（引言段、管理层责任段以及注册会计师责任段与标准报告相同，仅注册会计师责任段的最后一句作如下修改。）

我们相信，我们获取的审计证据是充分、适当的，为否定审计意见提供了基础。

形成否定意见的基础

（内容与图3-10形成保留意见的基础相同。）

否定意见

我们认为，由于形成否定意见的基础部分所述事项的重要性，上述财务报表未能公允反映Ajax公司2016年12月31日的财务状况以及该年度的经营成果和现金流量。

图3-11　由于没有遵循一般公认会计原则而出具的否定意见审计报告——AICPA审计准则

如果被审计单位没有将财务报表公允表达所必需的信息列入报表主体或报表相关附注中，则审计师必须在审计报告中说明这些信息，且出具保留意见或否定意见审计报告。通常，这类保留事项应在意见段前另设一段进行说明，并在意见段中提及新增段的事项。同样，AICPA审计准则要求在新增段和意见段之前采用恰当的标题。

合理偏离一般公认会计原则　确定报表是否遵循一般公认会计原则是非常困难的。如果审计师认为遵循一般公认会计原则反而会导致误导性报表，尽管并不常见，AICPA《职业行为守则》的相关规则允许这种偏离。

当审计师确定遵循一般公认会计原则会导致误导性报表时，就应当在新增段中作出完整的解释。该段应充分解释偏离的情况以及为什么遵循一般公认会计原则会导致误导性报表。意见段应当是无保留意见，但要提及新增加的说明段。如本章前面的内容所述，这种报告称为带强调事项说明段的无保留意见审计报告。

□ 审计师不独立

如果审计师不能满足AICPA的《职业行为守则》所规定的独立性要求，即使在当时情况下实施了其认为必要的所有审计程序，也应当出具无法表示意见审计报告。当审计师不独立时，建议采用的措辞如

图 3－12 所示。

> 由于我们不独立于 Home Decors. com 公司，我们没有审计该公司 2016 年 12 月 31 日的资产负债表以及该年度相关的损益表、留存收益表以及现金流量表，因此，我们不对这些报表发表意见。

图 3－12 由于缺乏独立性而发表的无法表示意见审计报告

说明：当审计师缺乏独立性时，报告没有标题。

缺乏独立性比其他任何形式的范围限制都严重，因此，无须列举其他无法表示意见的理由。在报告中也无须提及实施了哪些审计程序。

3.8 审计报告决策过程

审计师利用一套明确、清晰的程序，就既定情况确定应出具的审计报告。审计师必须首先评估是否存在需要出具非标准无保留意见审计报告的任何情况。如果存在，审计师必须评估其重要性，并确定恰当的审计报告类型。

确定是否存在需要出具非标准无保留意见审计报告的情况 这些情况中最重要的部分均已在表 3－2 中给出。审计师要在审计过程中识别这些情况，并将包括这些情况的信息记入工作底稿，作为在编制审计报告时需要讨论的项目。如果这些情况都不存在——大多数审计都是这样的——审计师就可以出具标准无保留意见审计报告。

表 3－2 结合重要性水平，确定非标准无保留意见审计报告的类型

<table>
<tr><th rowspan="2">需要出具修正措辞或带说明段的无保留意见审计报告的情况</th><th colspan="3">重要性水平</th></tr>
<tr><th>不重要</th><th colspan="2">重要</th></tr>
<tr><td>会计原则的运用缺乏一致性*</td><td>标准无保留意见</td><td colspan="2">无保留意见，加说明段</td></tr>
<tr><td>对持续经营能力的重大疑虑**</td><td>标准无保留意见</td><td colspan="2">无保留意见，加说明段</td></tr>
<tr><td>有理由偏离一般公认会计原则或其他会计原则</td><td>标准无保留意见</td><td colspan="2">无保留意见，加说明段</td></tr>
<tr><td>强调其他事项</td><td>标准无保留意见</td><td colspan="2">无保留意见，加说明段</td></tr>
<tr><td>利用其他审计师的工作</td><td>标准无保留意见</td><td colspan="2">无保留意见，修正措辞</td></tr>
<tr><th rowspan="2">不能出具无保留意见审计报告的情况</th><th colspan="3">重要性水平</th></tr>
<tr><th>不重要</th><th>重要，但没有影响财务报表整体</th><th>非常重要，以致影响了报表整体的公允性</th></tr>
<tr><td>被审计单位施加的或客观情况造成的审计范围限制</td><td>标准无保留意见</td><td>增加说明段、保留意见（除……之外）</td><td>无法表示意见</td></tr>
<tr><td>财务报表没有按照一般公认会计原则编制***</td><td>标准无保留意见</td><td>增加说明段、保留意见（除……之外）</td><td>否定意见</td></tr>
<tr><td>审计师不独立</td><td colspan="3">无法表示意见，无论重要性如何</td></tr>
</table>

* 如果审计师认为该变更是不恰当的，此情况应视为违背一般公认会计原则。

** 审计师可以选择发表无法表示意见。

*** 如果审计师能说明遵循一般公认会计原则反而会产生误导，也可以出具带说明段的无保留意见审计报告。

确定各种情况的重要性水平 当存在不能发表标准无保留意见的情况时，审计师应评价这些情况对财务报表的潜在影响。对于偏离一般公认会计原则或审计范围限制的情况，审计师必须确定该情况是不重要、重要还是非常重要。对于其他各种情况，除了审计师缺乏独立性以外，只需要区分这些情况是不重要还是重要。重要性决策的作出并非易事，它需要大量的职业判断。例如，如果在审计存货中存在范围限制，那么要求审计师对其未审账户的潜在错报作出评估就很困难。

根据各种情况及既定重要性水平，确定合适的审计报告类型 在作出前两项决策后，通过利用决策辅助表就可以很容易地确定恰当的意见类型。表3-2即是决策辅助表的例子。例如，假设审计师已得知被审计单位偏离了一般公认会计原则，且这种背离是重要的，但不是非常重要。表3-2表明，恰当的审计报告是增加说明段说明该偏离的保留意见审计报告，其他段落与标准报告相同。

编写审计报告 多数会计师事务所都有针对不同情况的措辞准确的审计报告计算机样稿，以帮助审计师编写审计报告。而且，绝大多数会计师事务所都有一个或多个合伙人擅长编写审计报告。审计报告在出具以前，通常都是由这些合伙人编写或复核的。

□ 存在多个不能出具标准无保留意见审计报告的情况

审计师常常会面临这样的情形，即导致不能出具无保留意见报告或修正标准报告措辞的条件不止一个。在这种情形下，审计师应针对每一种情况逐一提出修正意见，除非某种条件的出现能够超过其他条件的影响，使其他条件的影响变得不重要。例如，既存在审计范围限制，同时审计师又缺乏独立性，此时范围限制就不需要在报告中揭示。在下列情形下，报告中需要作一个以上的修正：

- 审计师不独立，同时又知道被审计单位没有遵循一般公认会计原则。
- 存在审计范围限制，同时审计师又对被审计单位的持续经营能力存在重大疑虑。
- 对被审计单位的持续经营能力存在重大疑虑，而造成这些不确定性的原因又没有在报表附注中予以充分披露。
- 财务报表的编制有违背一般公认会计原则之处，同时，另一项会计原则的运用又与以前年度不一致。

3.9 国际会计和审计准则

世界资本市场日趋全球化，商业跨国经营的现象日益增多，建立一套适用于全世界的统一会计准则的呼声越来越高。现在，越来越多的国家都采用国际财务报告准则作为财务报表的编制基础。

目前，美国上市公司要求遵照美国的一般公认会计原则编制财务报表并提交给SEC。SEC也正在制定相关工作计划以确定是否将国际财务报告准则纳入美国的财务报告（准则）系统。尽管SEC的2010—2015战略计划看似建议美国上市公司最早可于2015年开始采用国际财务报告准则，但近期的发展情况表明，SEC可能放缓了与国际财务报告准则的趋同进程。

审计师可能受聘于就遵照国际财务报告准则编制的财务报表予以审计。若是这样，以下意见段中提到的那些准则就不再是美国的一般公认会计原则而是国际财务报告准则了：

> 我们认为，上述财务报表的编制符合国际会计准则理事会的国际财务报告准则，在所有重大方面公允地表达了Carlos Incorporated公司2015年12月31日和2016年12月31日的财务状况，以及各年度的经营成果、综合收益、权益变动和现金流量。

正如第2章讨论的一样，国际审计与保证准则理事会发布了国际审计准则。美国的审计准则现在允许审计师对美国非上市公司的财务报表审计既可以遵循一般公认审计准则，也可以遵循国际审计准则。所以，在具体情况下要对审计报告范围段的措辞予以修改，以表明是遵循美国一般公认审计准则执行的审计还是遵照国际审计准则执行的审计。

本章小结

本章描述了 AICPA 和 PCAOB 审计准则下的标准无保留意见审计报告，以及遵守《萨班斯-奥克斯利法案》404 条款的财务报告内部控制的报告。接着论述了审计报告的四种类别和审计师选择恰当审计报告的决策过程。在某些情况下，无保留意见审计报告需要增加说明段或修正措辞。当存在对一般公认会计原则的重大偏离或者对审计范围的重大限制时，就不能出具无保留意见审计报告；在这些情况下，应出具的审计报告取决于这些情况是涉及偏离一般公认会计原则还是范围限制，以及它们相应的重要性水平。

练习题

3-1 解释为什么审计报告对财务报表使用者很重要，为什么审计报告要有标准的措辞。

3-3 审计报告意见段的目的是什么？识别意见段中所包含的最重要的信息。

3-5 出具标准无保留意见审计报告所要求的四个条件是什么？

3-6 请说明财务报告内部控制有效性的单独审计报告中引言段、范围段和意见段所包含的信息。指出审计报告中补充段的性质是什么。

3-9 请说明审计报告中提及利用了其他审计师工作是什么意思？主审审计师有哪三种选择？每种选择适用于什么情形？

3-13 区别保留意见、否定意见、无法表示意见，并解释各种意见对应的具体情形。

3-15 给审计报告中所使用的“重要性”下个定义。哪些情况将影响审计师对重要性水平的确定？

3-17 对由被审计单位限制而引起的范围限制和由被审计单位无法控制的情况而产生的范围限制，审计师的意见有何不同？在这两种情况中，审计师在哪种情况下更有可能出具无法表示意见审计报告？试作解释。

3-19 分析一下为什么采用国际会计和审计准则不仅有益于投资者还有益于审计师。

选自注册会计师考试的选择题

3-20 下列问题与无保留意见审计报告有关，选择最佳答案。

a. 按照 AICPA 的审计标准发布的标准无保留意见审计报告中，下列哪项不是必需的（　　）。

(1) 关于审计师独立性的强调段

(2) 出具审计报告的事务所所在城市和州

(3) 管理层对于财务报表责任的声明段

(4) 项目合伙人的签字

b. 注册会计师对被审计单位财务报表发表意见的日期应当是（　　）。

(1) 所有重要审计程序的完成日

(2) 被审计单位的结账日

(3) 审计业务的完成日

(4) 审计报告提交日

c. 如果主审审计师决定在其报告中提及另一个审计师的工作，则应披露（　　）。

(1) 该审计师的姓名

(2) 就该审计师的职业名望询问的结果和对该审计师工作复核的范围

(3) 他不愿意承担该审计师工作责任的原因

(4) 由该审计师审计的财务报表部分

3-21 下列问题与带强调事项说明段或修正措辞的无保留意见审计报告有关，选择最佳答案。

a. 一个企业对所有新购资产的折旧，由直线法变更为余额递减法。这种变更对本年财务报表没有重大影响，但能合理地确定对以后年度有重大影响。如果这种变更已在财务报表附注中披露，则审计师应当出具的报告是（　）。

(1) 无保留意见审计报告

(2) 保留意见审计报告

(3) 带说明段的无保留意见审计报告

(4) 带关于一致性问题说明段的保留意见审计报告

b. 如果财务报表是公允表达的，但审计师对被审计单位的持续经营能力存在重大疑虑时，审计师应出具的报告是（　）。

(1) 否定意见审计报告

(2) 只是意见保留的保留意见审计报告

(3) 无保留意见审计报告

(4) 带说明段的无保留意见审计报告

c. 审计报告包括以下内容："我们没有对全资子公司EZ股份有限公司的财务报表进行审计，其财务报表所反映的总资产和收入分别占总公司的27%和29%。这些报表是由其他审计师审计的，其审计报告已提供给我们。我们的意见中凡涉及EZ子公司数据的，均以其他审计师的报告为依据。"这些句子（　）。

(1) 表示对其他审计师的工作承担责任

(2) 表示分担责任

(3) 表示不能出具无保留意见审计报告

(4) 表示是一种不适当的报告形式

讨论题

3-23 仔细阅读无保留意见审计报告，指出几个重要短语。解释：为什么使用下列短语或句子，而不是提供的替代短语或句子。

a. "上述财务报表在所有重大方面公允地反映了财务状况"而不是"上述提到的财务报表正确地说明了财务状况"。

b. "符合美国一般公认会计原则"而不是"适当地说明了真实的经济情况"。

c. "我们认为，财务报表公允地反映了"而不是"财务报表公允地反映了"。

d. "Brown & Phillips，CPAs（事务所名称）"而不是"James E. Brown，CPA（合伙人个人姓名）"。

e. "我们根据美国一般公认审计准则执行审计"而不是"我们执行审计以侦查财务报表中的重大错报"。

3-24 注册会计师Patel已经审计了Bellamy公司2016年12月31日及该年度的财务报表。Patel也对Bellamy公司上年度的财务报表进行了审计并出具了报告。Patel草拟的2016年度审计报告如下：

> 我们审计了Bellamy公司2016年12月31日的资产负债表、损益和留存收益表。我们根据一般公认会计原则执行审计。那些准则要求我们计划并执行审计，以便对这些财务报表是否不存在错报获得合理

保证。

我们相信，我们的审计为我们的意见提供了合理基础。

我们认为，上述财务报表的编制符合一般公认审计准则，公允反映了Bellamy公司2016年12月31日的财务状况和该年度的经营成果，会计原则的应用与上年一致。

注册会计师Patel

（签名）

其他资料：

- Bellamy公司是非上市公司，且正在编制比较财务报表。
- 2016年，Bellamy公司收购了Stockard Inc，当年的财务报表恰当反映了该变更的影响。附注12披露了交易的信息。
- Patel无法实施常规的应收账款函证程序，对财务报表影响重要但不广泛，同时Patel无法实施替代审计程序以证明应收账款的存在性。
- Bellamy公司是一起法律诉讼案中的被告，其最终结果具有高度不确定性。Bellamy公司可能被要求赔偿巨额现金，这就要求Bellamy公司销售一些固定资产。由于管理层不愿意提供原告可能用于指控Bellamy的任何信息，因此该案件未在财务报表中讨论。
- Bellamy公司在2015年1月31日发行了金额为10 000 000美元的信用债券。发行债券所获得的资金用于扩建厂房设施。债券协议限定：只能用2020年12月31日之后的盈余支付未来现金股利。Bellamy公司拒绝在财务报表附注中披露这些基本信息。

要求：

a. 确定并解释“其他资料”中哪些项目不需要在审计报告中予以说明。

b. 解释在Patel草拟的报告中存在的问题。

3-26　假设你是该业务的审计合伙人，针对下列独立情况回答相关问题：

1. 在过去的几年里，出现了很多冰冻酸奶店，而你的客户YogurtLand，在过去几个月里，顾客流量显著下降，这让你对YogurtLand的持续经营能力产生了重大疑虑。

2. Intelligis Electronics是一家先进的电子元件制造商，在这一年里，由于市场的变化，公司的产品需求大幅下降，现在他们的产品以低于成本的价格出售。管理层拒绝计提产品减值或增加报废准备。

3. 在本年度的后3个月，Oil Refining公司改变经营方向，大举进军石油钻探业务。管理层认识到，石油钻探业务有着巨大风险，并可能危及现有的石油精炼，但也有重大的潜在回报。在短短的石油钻探期间，该公司已有了三口干井，但没有成功。该事实已在附注中作了充分披露。

4. 你的客户Harrison汽车公司已将折旧方法由直线法变更为年数总和法。该变更对本年利润的影响不重要，但对未来年度的影响可能是重要的。该事实未在附注中作充分披露。

5. Marseilles Fragrance公司总部在纽约，但其经营分部遍布整个欧洲。因为已审计的财务报表使用者是国际性的，你的会计师事务所接受委托按照美国审计准则和国际审计准则执行审计。

6. 由于客观条件限制，你无法观察Brentwood工业公司的存货盘点情况。对Brentwood的财务报表来说，存货金额是重大的。但是，可以实施替代程序以证明年末库存的存在性和估值。

7. 由你选择的另一家会计师事务所执行了Lubmerton Farms股份有限公司大约20%的审计工作。你已经复核了他们的工作底稿，并认为他们所审计的部分完成得很好。然而，你不愿意对他们的工作承担全部责任。

要求：

对于每种情况，回答下列问题：

a. 确定哪种情况需要出具修正措辞的或偏离标准无保留意见审计报告。

b. 以不重要、重要或非常重要说明重要性水平。如果你不能决定重要性水平，说明作出决策所需要的补充信息。

c. 根据你给出的a和b题的回答，从下列各项中选择恰当的审计报告（如果你在b题中没有确定一个重要性水平，那么就针对每一种重要性水平确定恰当的审计报告）。

(1) 无保留意见审计报告——标准措辞

(2) 无保留意见审计报告——说明段

(3) 无保留意见审计报告——修正措辞

(4) 保留意见审计报告——偏离GAAP

(5) 保留意见审计报告——范围限制

(6) 无法表示意见审计报告

(7) 否定意见审计报告①

---

① 根据AICPA改编。

第4章

职业道德

- 4.1 什么是道德
- 4.2 道德困境
- 4.3 职业界对道德行为的特殊需要
- 4.4 《职业行为守则》
- 4.5 独立性的规则
- 4.6 《萨班斯-奥克斯利法案》与相关的独立性要求
- 4.7 其他行为规则
- 4.8 执行

学习目标

1. 从个人和职业的角度，区分道德行为与不道德行为。
2. 利用道德框架解决道德困境问题。
3. 解释道德行为对于会计职业的重要性。
4. 说明 AICPA 的《职业行为守则》的内容和目的。
5. 将 AICPA 的《职业行为守则》的规则与解释应用于独立性，并解释它们的重要性。
6. 了解《萨班斯-奥克斯利法案》、SEC 和 PCAOB 对独立性的要求，以及影响审计师独立性的其他因素。
7. 理解 AICPA 的《职业行为守则》的其他规则要求。
8. 描述注册会计师行为规则的执行机制。

引例

国际四大合伙人被起诉披露保密信息进行内幕交易

审计师经常能获得客户的保密信息，例如盈利公告前的盈利信息或者计划并购的相关信息等。AICPA 的《职业行为守则》禁止公开执业成员未经客户同意披露任何保密信息。在上市公司上市前利用此类内幕信息进行交易，通常也违反了有关内幕交易的联邦证券法。

作为毕马威会计师事务所洛杉矶办事处的高级合伙人，Scott London 能接触到公司收益报告和计划收购等客户相关信息。虽然本人没有利用此信息进行交易，但是他将信息透露给了 Bryan Shaw——一个从事珠宝生意的朋友。在过去的几年里，Shaw 利用这些提示进行交易，最终获得了 100 多万美元的利润。为了交换信息，Shaw 安排在自己公司附近的一条街上与 London 见面、给他包裹，里面装有数捆面额 100 美元的现金，每捆 1 万美元。在法庭文件中，Shaw 还表示，他曾送过 London 一块 12 000 美元的劳力士手表，以及珠宝和音乐会门票。

London 的辩护团则认为，London 一开始提供消息是因为想帮助正在苦苦挣扎珠宝生意的 Shaw，但是后来他难以悬崖勒马。尽管法官指出，London 获得的 70 000 美元与他超过 900 000 美元的年薪相比简直是“九牛一毛”，但法官还是认为，在 London 第 14 次参与此事件时，这便已不是“无心之过”。

最终，London 被判处 14 个月的监禁和 10 万美元的罚款。尽管毕马威不清楚 London 的所作所为，它也被迫失去了 Herbalife 和 Skechers 两个客户，因为 London 是相关审计业务的主要领导合伙人。

在前面几章中，我们讨论了审计报告和对审计及其他保证服务的需求。审计报告的价值和社会对审计服务的需求取决于公众对注册会计师的独立性和诚信的信任。本章将讨论 AICPA《职业行为守则》中对注册会计师的道德、独立性和其他道德要求。我们以讨论一般道德原则及其在注册会计师职业中的应用作为本章的开始。

4.1 什么是道德

道德（ethics）可以宽泛地定义为一组道德原则或价值标准。无论我们是否清楚地认识到，我们每个人都有这样一组价值标准。哲学家、宗教团体以及其他群体已经用各种不同的方式定义了理想的道德原则或价值标准。规定性的道德原则或价值标准包括：法律和法规、宗教教义、注册会计师等职业团体的职业道德规范，以及个别组织内部的行为规范等。

图4-1是一套由Josephson道德规范促进协会制定的原则。Josephson协会是一个旨在促进社会道德素质建设的非营利会员组织。

> 下面是Josephson道德规范促进协会制定的与道德行为相关联的六个核心道德价值标准：
>
> **可信赖性**　包括诚实、正直、可信任和忠诚。诚实要求以良好的意图传达实情；正直意味着无论情况如何，都要按良心办事；可信任意味着尽所有合理努力履行承诺；忠诚是一种促进和保护特定人群和组织利益的责任。
>
> **尊重**　包括礼貌、谦恭、尊严、宽容、接受等观念。一个值得尊重的人以体谅之心对待他人，不持偏见地接受个体差异和信念。
>
> **责任**　意味着对自己的行动负责并进行约束。责任也意味着追求卓越和向榜样看齐，包括坚定不移和追求持续改进。
>
> **公平和公正**　包括平等、不偏不倚、相称、公开和正当程序等问题。公平对待意味着一贯地处理相似情况。
>
> **关怀**　意味着对他人福祉的真诚关注，还包括利他举动和善心展现。
>
> **公民权**　包括遵循法律和履行社会工作的应尽义务，如选举投票、担任陪审员和节约资源等活动。

图4-1　规定性道德原则的示例

人们的道德原则和价值标准以及他们坚持这些原则的相对重要性存在差异是正常的。这些差异反映了生活经历，成功与失败以及父母、老师和朋友的影响。

□ 对道德的需要

社会要有序运行，道德行为就必不可少。可以认为，道德是保持社会融洽的黏合剂。例如，试想与我们交往的人都不可靠、不诚实，那将会怎样？如果父母、教师、雇主、兄弟姐妹、同事和朋友都从不说真话，那么，我们就几乎不可能进行有效沟通。

社会对道德的需要也是不可或缺的，因此，人们将许多普遍持有的道德价值标准写入法律。然而，由于价值标准难以有效定义，图4-1中的许多道德价值标准（如关怀）都不能写入法律，但这并不意味着这些原则对于一个有序社会来说不重要。

□ 为什么人们会有不道德行为

大多数人把“不道德行为”定义为：在既定情况下，与他们所认为的恰当行为不一致的行为。我们每个人都为自己确定了自己和他人的不道德行为。了解导致人们产生我们所认为的不道德行为的原因是非常重要的。

导致人们产生不道德行为的原因主要有两种：一是某人的道德标准与社会整体道德标准不同；二是某人选择自私行为。在大多数情况下，这两种原因同时存在。

个人的道德标准与社会一般道德标准不同　违背众人道德标准的极端例子有毒贩、银行抢劫犯和盗窃犯。大多数犯有这类罪行的人在被捕时并不会感到良心不安，因为他们的道德标准与社会整体道德标准不同。

在其他违反我们的道德价值标准方面，还有许多不太极端的例子。例如人们在申报税款时作弊，或对他人充满敌意，或在应聘申请中撒谎，或作为雇员在工作中不尽其所能。我们当中的大多数人都认为这是不道德行为。如果其他人认为这类行为是合乎道德的和可以接受的，那么就会存在无法解决的道德价值标准冲突问题。

个人选择自私行为　下面的例子可以说明个人道德标准与社会道德标准和自私行为的区别。A在机场发现了一个公文包，里面有一些重要文件和1 000美元现金。他扔掉了公文包，但留下了现金。他为此向他的家人和朋友炫耀自己的好运。这说明A的道德标准与社会道德标准是不同的。B也遇到相同的情况，但采取了与A不同的做法。他把现金据为己有，但把公文包放在显眼的地方。他没有告诉任何人，但用这些钱买了一套衣服。这说明，B违反了他自己的道德标准，但他还是决定这样做，因为这些现金对他来说很重要，致使他背离了自己的道德标准，于是选择了自私行为，占有了公文包里的现金。

相当一部分不道德行为源于自私行为。政治丑闻源于对政治权力的渴望；在编制纳税申报表和费用报告中作弊源于对财富的贪欲；不尽自己所能和在考试中作弊一般是由懒惰引起的。在每一种情况下，当事人虽然明知这些行为是不恰当的，但因为遵循道德行事个人的牺牲太大，所以无论怎样仍然选择不道德行为。

4.2 道德困境

道德困境（ethical dilemma）是指某人面临必须对恰当行为作出决策的情形。道德困境的一个简明例子是，某人拾到一枚钻戒，他就面临是努力找到失主还是据为己有的决策。下面是一个更难解决的道德困境，这也是一个在道德课程中常见的典型案例。

- 一位男士由于患了一种罕见的血液疾病而濒临死亡。医生认为有一种药也许能够救他，但他不在免费的实验测试范围内。这种药是一家新成立的医药公司研制的。药的制作成本很高，医药公司收取的价格是其成本的20倍。患病男士的妻子向她认识的每一个人借钱，但一共才筹到10 000美元，仅够买半副药。她告诉医药公司，说她的丈夫生命垂危，并恳求公司降低药价或允许她以后付款。但医药公司回答说："不行，我们研制了这种药，要用它来为投资研发的股东们赚钱。"妻子绝望了，决定为了丈夫铤而走险，闯入治疗中心去偷药。你认为这个妻子应该这么做吗？①

审计师、会计师以及其他商人在其商业生涯中会面临许多道德困境。例如，被审计单位威胁说，除非是无保留意见，否则就要寻找新的审计师，但无保留意见又是不恰当的，这就是一个严重的道德困境问题。再如，部门主管人员严重高报部门收入以获取高额奖金，如何面对这样的主管也是一个道德困境问题。如果一个公司骚扰和虐待雇员，或者不诚实地对待顾客，那么继续担任该公司的管理人员也是道德困境问题，如果当事人需要养家糊口而就业市场又很紧张，就更是如此。

□ 不道德行为的合理化

解决道德困境问题有许多不同的方法，但是必须谨慎避免采取那些使不道德行为合理化的方法。下面是一些容易导致不道德行为合理化的常用方法。

人人都这样做 认为伪造纳税申报表、考试作弊、出售伪劣产品是可接受行为的观点，其合理化的依据往往是：其他人都在这样做，因此，这种行为就是可接受的。

只要合法，就符合道德 主张合法行为就是道德行为的观点，极大地依赖于法律的完善。依据这种哲学，拾获失物的人没有返还失物的义务，除非他人能够证明该失物确实为其所有。

---

① Norman Sprinthall and Richard C. Sprinthall, "Value and Moral Development," Easier Said Than Done (Vol. 1, No. 1, Winter 1988); p. 17.

被发现的可能性及其后果 这种观点注重评价不道德行为被别人发现的可能性。通常，人们总是要估计一下不道德行为一旦被发现，其惩罚（后果）的严重性。例如，销售商在给顾客开账单时，无意识地多算了钱，正在考虑是否予以更正时，该顾客已经照单全付。在这种情况下，如果销售商认为顾客会发现这一错误，并决定今后不再光顾，那么他就会立刻通知顾客；否则，他可能会等待，看该顾客是否会投诉。

解决道德困境问题

已有帮助人们解决道德困境问题的正式框架。这一框架的目的在于识别道德问题，并用当事人自己的价值标准来确定如何采取正确的行动。以下六个步骤是解决道德困境问题的简便方法。

1. 获取相关的事实。
2. 识别相关事实中的道德问题。
3. 确定谁将受到道德困境问题结果的影响，以及每个人或每个群体如何受到影响。
4. 识别必须解决该道德困境问题的人可以采用的各种方法。
5. 识别每一种方法可能产生的后果。
6. 决定应采取的恰当行动。

以下举例说明人们如何运用这六步法解决道德困境问题。

道德困境问题

Bryan Longview在Barton & Barton会计师事务所已经做了六个月的助理工作。现在，他被分派参与Reyon制造公司的审计业务，并由经验丰富的主任审计师Charles Dickerson负责监督他的工作。分派参与该项审计业务的审计师共有三人，包括Bryan和Charles，还有一名经验更为丰富的助理人员Martha Mills。第一天吃午饭时，Charles说："我们必须延长工作时间，以确保能够按时完成工作。这项审计业务并不怎么赚钱，我们不想因超预算而使事务所遭受损失。我们可以早到半小时，缩短午饭时间，再把正常下班时间延长一个小时左右，这样就可以很容易地完成这个项目。我们也不将这一时间安排写入工时报告。"Bryan想起事务所政策手册的规定，在工时报告中不记录已完成的工时，是违反Barton & Barton会计师事务所雇佣政策的。Bryan也知道，主任审计师没有加班费，但有奖金；而工作人员只有加班费，没有奖金。随后，他与Martha讨论此事时，Martha说："Charles一直都这么做，他很可能成为我们事务所的下一位审计经理。合伙人认为他工作得很好，因为他总是能在时间预算内完成工作。作为回报，他给予我们良好的业绩评价，特别是合作态度这一项。而且，还有其他几位主任审计师也相互仿效。"

运用六步法解决道德困境问题

相关的事实 在本例中，有三个关键事实与该道德问题和如何解决该问题有关：

1. 工作人员被告知，他将工作数小时但又不将它们作为工时予以记录。
2. 事务所的政策禁止这样做。
3. 另一名工作人员已经说明，这是事务所的普遍做法。

道德问题 识别本例中的道德问题并不困难。

- 在这种情况下，对Bryan来说，工作数小时而又不将它们作为工时予以记录是否道德？

谁将受到影响，如何受到影响？ 一般情况下，在出现道德困境问题时，受影响的人数往往比正常估计的要多。以下是本例中受影响的一些关键人员：

受到影响的人员	如何受到影响
Bryan	被要求违反事务所的政策 工时将受到影响 收入将受到影响 业绩评价可能受到影响 对事务所的态度可能受到影响
Martha	与Bryan相同
Charles	业务上的成绩和在事务所中的成绩可能受到影响 工时将受到影响
Barton & Barton会计师事务所	事务所制定的政策被违反 可能导致在当前和未来业务中向被审计单位收费过低 可能影响事务所编制业务真实预算和向被审计单位合理收费的能力 可能影响事务所激励和挽留员工的能力
在未来被分派去审计Reyon制造公司的员工	可能导致不真实的时间预算 可能导致不利的时间业绩评价 可能导致继续不对工时支付报酬的压力
事务所的其他工作人员	可能促使其他人在其他业务中也仿效此法

Bryan可以采用的不同方法

- 拒绝延长工作时间。
- 按要求的方式工作。
- 告诉Charles，他不会延长工作时间，或者要求得到延长工作时间的报酬。
- 把Charles的要求告诉经理或合伙人。
- 拒绝参与该项业务的工作。
- 辞去该事务所的工作。

上述每一种选择都会产生潜在的后果，最坏的后果是被事务所解雇。

每种方法的后果　在确定每种方法的后果时，必须同时评价其短期影响和长期影响。尽管长期后果可能更重要，但人们还是倾向于强调短期影响，因为其后果很快就会发生。例如，若Bryan决定延长工作时间并且不报告这些工时，则其潜在后果为，从短期来看，他很可能得到对合作态度的良好评价，并有可能加薪。从长期来看，这次不报告这些工时，当发生其他道德冲突时，将会有什么样的影响呢？随着其职位的晋升，Bryan还将在其职业生涯中面临以下类似的道德困境问题：

- 某督导要求Bryan每天工作3个不报告的工时，每周工作15个不报告的工时。
- 某督导要求Bryan在某项并未执行的审计程序上签字以表明已执行了该程序。
- Bryan认为，除非他能说服助理人员不记录延长的工时，否则就无法晋升为经理。
- 被审计单位管理层告诉已经是合伙人的Bryan，公司要么支付40 000美元的审计费用得到无保留意见，要么更换审计师。
- 被审计单位管理层告诉Bryan，如果他能找到一种看似合理的方法使公司的报告收益增加100万美元，那么审计费用可提高25 000美元。

恰当的行动　Bryan只有在考虑了他的道德价值标准和每种选择可能产生的后果之后，才能作出在这种情况下的恰当选择。极端地，Bryan可能认为，唯一的相关后果就是对他今后职业生涯发展的潜在影响。于是，他顺从了Charles的要求，我们中的大多数人因此可能认为他是一个不道德的人。另一个极端是，Bryan可能决定，只要有一名督导违反事务所的政策，他就拒绝为这家事务所工作。但许多人又会认为这是一种极其幼稚的抉择。很多会计师事务所都有匿名热线电话等措施以报告不道德行为，并且为员工提供辅导或者其他更为正式的沟通方式，以帮助员工解决道德问题。

4.3 职业界对道德行为的特殊需要

社会赋予术语“职业人员”一种特殊含义。社会期望职业人员的品行水准高于社会其他大多数成员。例如，如果新闻报道医生、牧师、政府参议员或注册会计师被指控有罪，那么，大多数人会觉得这比非职业人员犯有同样罪行更令人失望。

术语“职业人员”意味着，自己的行为应当超出个人对自己的责任，也应超出社会法律、法规所要求的责任。作为职业人员的注册会计师，应承担包括诚实行为在内的对公众、客户和对其他执业人员的责任，即使这样做意味着个人的牺牲。

各种职业都要求高水准职业道德的根本原因在于，任何一种职业都需要为其服务质量取得公众信任，而不管具体由哪一职业个体提供这种服务。对注册会计师来说，客户和外部财务报表使用者对审计和其他服务质量的信任就非常关键。如果使用者对医生、法官、注册会计师的服务不信任，那么，那些职业人员为客户和公众有效地提供服务的能力就会降低。

由于绝大多数职业服务具有复杂性，因此由服务接受者来评价执业质量是不现实的。人们不能期望病人去评价手术的实施是否恰当，也不能期望财务报表使用者来评价审计的成效。绝大多数使用者既没有对应的专业胜任能力，也没有时间进行这种评价。如果职业界站在全体职业人员的立场，鼓励高水平的执业标准和道德标准，那么公众对这一职业服务质量的信任就会得以提高。

□ 会计师事务所与其他职业的区别

会计师事务所与财务报表使用者之间的关系不同于其他绝大多数职业人员与其客户之间的关系。例如，律师一般由客户聘用和支付报酬，其主要职责是充当该客户的辩护人。会计师事务所由非上市公司的管理层和上市公司的审计委员会聘用，然后由公布财务报表的公司支付报酬，但审计的主要受益人是报表使用者。通常，审计师并不认识报表使用者，与他们也没有联系，相反与被审计单位却有频繁的接触和持续的来往。

使用者认为会计师事务所具有相应的胜任能力且正直无偏，这是非常关键的。如果使用者认为会计师事务所并没有提供有价值的服务（降低信息风险），那么会计师事务所的审计报告和其他鉴证报告的价值就会降低，对审计的需求也将因此而减少。因此，社会上存在着促使会计师事务所按照较高职业水准提供服务的巨大动因。

□ 促进注册会计师行为职业化的办法

图4-2概括了一些促进注册会计师恰当地工作及提供高质量审计和其他相关服务的最重要的途径。在第2章我们已经讨论了审计准则及其解释、注册会计师考试、质量控制、同业复核要求、PCAOB和SEC、AICPA实务与质量中心和后续教育。事务所的法律责任也对执业人员的工作和审计施加了相当大的影响，这一部分的内容我们将在第5章讨论。

在美国，两个最重要的影响因素（我们在图4-2中用阴影标注）是，AICPA的《职业行为守则》与PCAOB和SEC。AICPA的《职业行为守则》为AICPA的所有会员提供行为标准。PCAOB有权制定上市公司审计师的道德与独立性准则，SEC在上市公司审计师独立性准则制定中扮演着重要角色。

在国际层面上，国际会计职业道德准则理事会（International Ethics Standards Board for Accountants，IESBA）是国际会计师联合会（IFAC）下单独的准则制定主体，专门负责制定职业道德准则和指南，并通过《职业会计师道德守则》来促进针对会计师面临的道德问题进行国际讨论。尽管美国的注册会计师必须遵循AICPA的《职业行为守则》，但是，AICPA的职业道德执行委员会（Professional Ethics Executive Committee，PEEC）紧密关注IESBA的活动，以使美国的注册会计师的职业道德指南尽可能与IESBA《职业会计师道德守则》中的指南趋同。作为IFAC的一个成员，AICPA认为它们的道德守则至少应该与IESBA的道德守则一样严格。接下来我们将主要讨论AICPA的《职业行为守则》和PCAOB与SEC的相关要求。

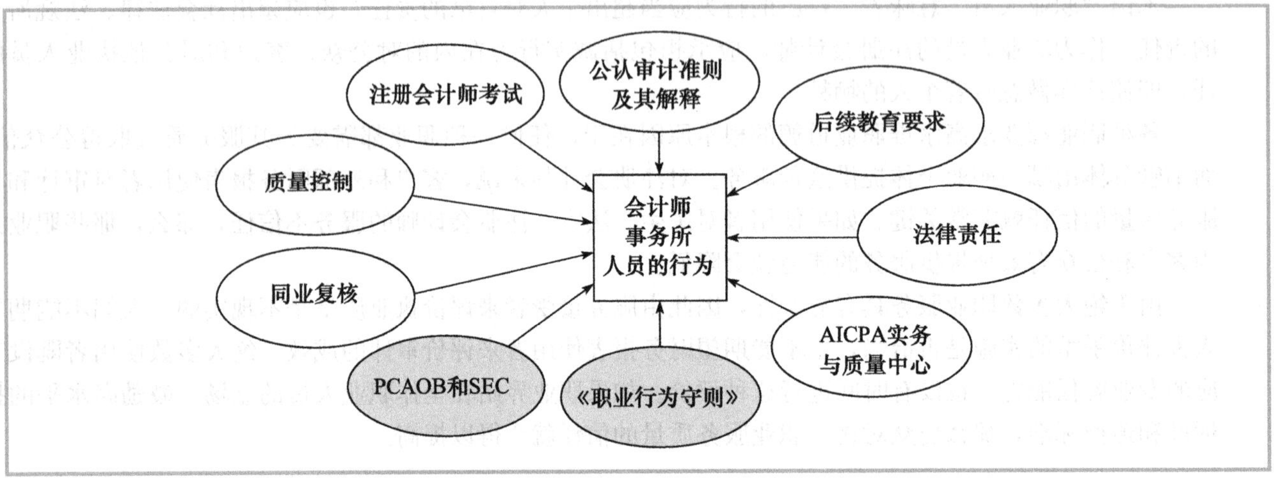

图4-2 职业界和社会促进注册会计师高水平执业的途径

4.4 《职业行为守则》

AICPA的会员需要遵循AICPA的《职业行为守则》。正如第2章所述，很多注册会计师没有继续在会计师事务所从业，而是在企业、政府或非营利组织工作。因此，《职业行为守则》的内容作出了调整，为从事公共业务的会员、在企业工作的会员，以及其他AICPA会员（如已经退休的会员）等分别提供指导。表4-1列示了《职业行为守则》的内容安排。

表4-1 《职业行为守则》的内容安排

部分	适用对象	主要内容
序言	所有会员	职业行为原则
第一部分	从事公共业务的会员	概念框架 行为规则和解释
第二部分	在企业工作的会员	概念框架 行为规则和解释
第三部分	其他会员	行为规则和解释

《职业行为守则》由三个部分组成：原则、行为规则和行为规则解释。AICPA的规章制度要求会员必须遵循《职业行为守则》中的行为规则。行为规则解释阐明了会员可能面临的威胁行为规则遵循情况的各种情形。《职业行为守则》第一部分是从事公共业务的会员需要遵循的规则，第二部分是在企业工作的会员需要遵循的规则，第三部分是其他会员需要遵循的规则。

因为只有从事公共业务的会员才可能审计财务报表，所以本书重点讲解第一部分从事公共业务的会员需要遵循的行为规则和解释，以及适用于所有会员的职业行为原则。修订的《职业行为守则》新增了一个概念框架，旨在为行为规则解释未作出规定的情形提供指导。

下面这几个定义取自 AICPA 的《职业行为守则》，有助于正确理解和解释行为规则。

- 客户。任何个人或主体，但不是会员的雇主。它们聘请会员或会员所在的事务所提供职业服务。
- 事务所。根据法律或法规许可成立，受聘从事公共业务的组织形式。其组织特征必须符合 AICPA 理事会决议规定。另外，除了运用独立性规则的情形之外，事务所一词也包含合伙人个人。
- 协会。即美国注册会计师协会（AICPA）。
- 会员。AICPA 的会员、准会员和国际准会员。
- 公共业务。公共业务包括作为注册会计师的会员，或会员所在的事务所为客户提供的专业服务。

□ 职业行为原则

AICPA《职业行为守则》中有关职业行为原则的部分，包含对注册会计师应具备品质的一般性讨论。它由两部分组成：一是六条道德原则；二是对这些原则的讨论。表 4-2 列示了道德原则。这些原则反映了注册会计师对社会公众、客户以及同行的职业责任，旨在指导会员履行其职业责任并且遵循道德和职业行为的基本要求。应当不懈追求高尚的行为，而非个人利益。本章全部内容的讨论，体现出职业行为原则的基本理念。

表 4-2 职业行为原则

原则	描述
责任	在履行作为职业人员的责任时，会员在所有的活动中都应保持职业敏感和道德判断。
公众利益	会员有义务以下述方式履行工作：为公众利益服务，赢得公众信任，履行对职业界的承诺。
诚信	为了保持并提高公众的信任，会员应以最正直的态度去履行所有的职业责任。
客观性和独立性	会员在履行职业责任时，应保持客观性和避免利益冲突。从事公共业务的会员在提供审计和其他鉴证服务时，应当保持实质上和形式上的独立性。
应有的职业谨慎	会员应遵循职业技术准则和道德标准，力求不断提高业务能力和服务质量，尽己所能履行职业责任。
服务的范围和性质	从事公共业务的会员在确定所提供服务的范围和性质时，应遵循《职业行为守则》的原则。

□ 行为规则的概念框架

尽管行为规则解释可以应对很多对遵循行为规则产生不利影响的情形，但无法涵盖全部情形。为了帮助会员恰当应对，《职业行为守则》新增了以下概念框架以指导会员评估产生不利影响的各种情形。

1. 识别不利影响。如果遇到行为规则或解释没有明确规定的关系或情形，会员应当评价该关系或情形是否会对遵循行为规则产生不利影响。

2. 评价不利影响的严重程度。在评价不利影响的严重程度时，会员应当确定该不利影响是否超出可接受水平。如果了解情况的理性第三方在知晓相关信息之后预期会得出不利影响不会导致会员违反行为规则的结论，则该不利影响处于可接受的水平。

3. 识别和采取防范措施。如果会员认为不利影响超出可接受的水平，则应当采取防范措施将其降至可接受的水平。

对遵循行为规则产生不利影响的情形可以分为以下七大类：利益冲突、过度推介、密切关系、管理层参与、自身利益、自我评价、不当影响。表4-3给出了每种不利影响的定义和举例。例如，假设事务所某成员的父母是被审计客户的会计主管，可能对独立性产生不利影响。在决定是否接受或保持客户关系时，会计师事务所应当评价不利影响的严重程度以及能否采取防范措施将其降至可接受的水平。

表4-3 根据AICPA《职业行为守则》对遵循行为规则的不利影响

不利影响	定义	不利影响的举例
利益冲突	由于自身利益与客户利益冲突，导致会员行为无法保持客观性。	客户的经理、董事或重要股东参与了针对事务所的诉讼。
过度推介	会员过度推介客户的某种利益或立场，以致其客观和公正立场受到损害。	会员为客户的产品或服务背书。
密切关系	因为与客户存在长期或紧密的关系，导致过于倾向他们的利益或认可他们的工作而产生的不利影响。	会员的亲密朋友在被审计单位任职。
管理层参与	由于参与客户的管理工作甚至承担管理职责而产生的不利影响，例如接受委托提供非鉴证服务时。	由于人力不足，客户可能要求事务所帮助处理会计活动，包括交易的授权等。
自身利益	由于与客户及其相关人员存在某种利益或关系，导致会员因经济利益或其他利益而受到不利影响。	会员在客户拥有经济利益，专业服务的结果可能影响该经济利益的公允价值。
自我评价	会员无法对其以往的判断或服务的结果作出恰当评价，并将这一评价作为提供当前服务时作出判断的依据而产生的不利影响。	会员为客户提供簿记服务并且执行财务报表审计。
外在压力	由于客户或第三方的声望、专长、攻击性或主导性人格、试图威胁会员或者施加不当影响，导致会员服从客户或第三方判断的不利影响。	客户表态说，如果事务所继续不同意其会计或税收事项就再不合作了。

防范措施 在评价不利影响的严重程度以后，如果认为超出可接受水平，会员应当识别能够消除不利影响或将其降至可接受水平的防范措施。根据不利影响的严重程度以及防范措施的性质和有效性，可能决定采取多种必要的防范措施。但在某些情况下，如果不利影响非常严重，会员可能认为没有防范措施能够消除不利影响或将其降至可接受的水平。此时，提供专业服务会导致违反行为规则，会员应当决定拒绝接受委托、终止业务约定或者主动请辞。

防范措施大致可以分为三类：

1. 职业规范或法律法规规定的防范措施。
2. 客户的防范措施。
3. 会计师事务所的防范措施，包括会计师事务所建立的政策和程序以维护职业和法规要求。

例如，过度依赖从单个客户收取的费用可能对客观性和独立性产生不利影响。会计师事务所可以建立政策以监控事务所或合伙人对单个客户的过度依赖，并在必要时采取措施以降低依赖程度。尽管可以采取的防范措施有多种类型，但是仅依赖客户的防范措施不可能消除不利影响或将其降至可接受的水平。

□ 行为规则

这一部分是每位会员都必须遵循的明确的规则。① 那些持有注册会计师资格证书但未实际从事公共会

① AICPA的《职业行为守则》适用于作为AICPA会员的每一个注册会计师。各州也有自己的行为规则。许多州遵循了AICPA的规则，但一些州也有不同的要求。

计业务的人员，必须遵循其中大部分要求，但不是全部要求。因为行为规则是职业行为守则中唯一具有强制性的部分，所以它的措辞比原则部分更准确。也正由于其强制性，许多执业人员把这些规则称为 AICPA 的《职业行为守则》。

图 4-3 说明了由原则确立的行为标准和由行为规则确立的行为标准的区别。执业人员的行为符合图 4-3 中的最低标准，并不意味着其行为不能令人满意。因为可以让人信服地认为，职业界已经制定了充分高的标准，以使符合最低标准的行为也能令人满意。

那么在实际工作中，执业人员的行为又应处于什么水平呢？在任何一个职业界，执业人员的行为水平都各不相同。绝大多数执业人员的行为处于高水平。遗憾的是，少数人的行为低于职业界制定的最低水平。图 4-2 描述了为促使注册会计师行为处于高水平而设计的活动，它们帮助注册会计师将任何低于标准的行为范围最小化。

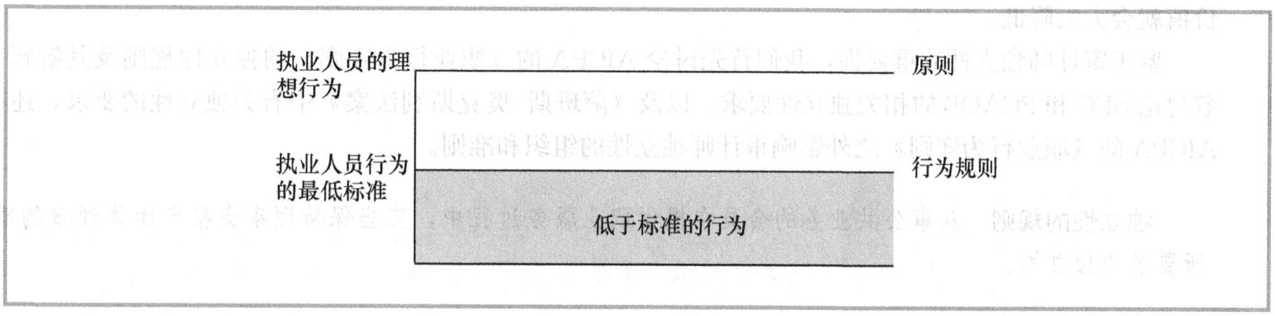

图 4-3 行为标准

□ 行为规则的解释

由于经常有执业人员就某一具体规则提出相关问题，因而有必要对行为规则作出公开解释。AICPA 职业道德部成立了一个主要由从事公共会计业务的执业人员组成的职业道德执行委员会，并根据该委员会的一致意见作出各项解释。在解释最终定稿之前，还要向许多职业界的权威人士征求意见。解释虽然不具有正式的强制性，但执业人员要在纪律检查听证会上给出背离解释的正当理由。尽管这种证明不是不可能的，但也是非常困难的。最重要的解释将在下面结合相关的行为规则一起讨论。

□ 行为规则的适用性

除独立性等要求以外，大部分的行为规则都适用于在企业工作的会员。从事公共业务的会员需要遵守的行为规则，既适用于鉴证业务，也适用于税务和管理服务等会计师事务所提供的其他所有服务（除非另有说明）。最值得注意的是独立性规则，这一规则只有在 AICPA 经由其规则制定团体，如审计准则委员会，制定了独立性要求的情况下，才要求会员保持独立性。AICPA 只对鉴证业务有独立性的要求。例如，会计师事务所可以为事务所合伙人持有股票的公司提供管理咨询服务。当然，如果会计师事务所还为该公司提供审计服务，就会违反鉴证业务的独立性要求。

如果会员的某种作为是违反守则的，那么某人代表会员去行使该作为也是违反守则的。例如，某银行家在一篇新闻通讯中声称 Johnson & Able 会计师事务所拥有全州最好的税务服务部，且总能为接受税务服务的客户争取到大量退税。这样做很容易使人产生错误的或不当的预期，因而违反了有关广告的规则。会员也应为其雇员、合伙人和股东是否遵循行为规则负责。本章后面将重点介绍这些行为规则，如表 4-4 所示。

4.5 独立性的规则

审计的价值在很大程度上取决于社会对审计师独立性的感知。众多使用者之所以愿意信赖注册会计师的报告，正是因为他们预期注册会计师会保持正直无偏的立场。AICPA的《职业行为守则》和IESBA的《职业道德行为守则》都把独立性定义为两个组成部分：实质上的独立性和形式上的独立性。**实质上的独立性**（independence of mind）反映的是使得审计师能以一种无偏态度执业的精神状态。它反映的是所有会员必须实质上独立的长期要求。**形式上的独立性**（independence in appearance）则是其他人对这种独立性理解的结果。如果审计师具备了实质上的独立性，但使用者认为他们是被审计单位的辩护人，那么审计价值就会大大降低。

鉴于审计师独立性的重要性，我们首先讨论AICPA的《职业行为守则》的独立性规则及其解释。接着讨论SEC和PCAOB的相关独立性要求，以及《萨班斯-奥克斯利法案》中有关独立性的要求，还有除AICPA的《职业行为守则》之外影响审计师独立性的组织和准则。

独立性的规则 从事公共业务的会员在提供职业服务过程中，应当保持理事会指定团体颁布的准则所要求的独立性。

会计师事务所的独立性要求是针对其提供的某些服务，而非全部服务。独立性规则的最后一句指出，“理事会指定团体颁布的准则所要求的”是一种便利的方法，以方便AICPA针对会计师事务所提供的不同类型服务，要求或不要求其保持独立性。例如，审计准则委员会（ASB）要求历史财务报表的审计师必须保持独立性。因此，独立性规则适用于审计。对于其他类型的鉴证，如审阅服务和预期财务报表的审计，也要求审计师保持独立性。然而，在会计师事务所提供纳税申报服务和管理咨询服务时，并不要求保持独立性，因而独立性规则不适用于这些类型的服务。

由于无法列举可能对独立性产生不利影响的所有关系和情形，AICPA的《职业行为守则》制定了一个独立性概念框架，与前述的一般概念框架类似。对独立性规则的解释，也比其他任何行为守则的解释都要多。下面几节将讨论一些尤为重要的独立性问题以及一些涉及独立性问题的解释。

□ 经济利益

AICPA的《职业行为守则》禁止那些要求遵循该规则的会员拥有审计客户的股票或其他直接投资，因为这会对事实上的审计独立性构成潜在危害（实质上的独立性），也必然会影响使用者对审计师独立性的看法（形式上的独立性）。间接投资，比如审计师的祖父母拥有客户公司的股票，只有当其金额对审计师来说比较重要时，独立性规则才认为这有损审计师的独立性，故予以禁止。关于股权的规则远比初看上去的表象要复杂得多。为了帮助理解，同时说明这些行为规则的复杂性，下面将对这一要求进行更为详细的阐述。在这些规则中，存在三个与独立性和股权有关的重要界定。

要求遵循该规则的会员 禁止拥有直接经济利益的要求适用于可能影响鉴证业务的相关会员。这些会员主要是：

1. 鉴证业务小组中的个人。
2. 能够影响该鉴证业务的个人，如监督人员或评价该业务的合伙人。
3. 向该客户提供非鉴证服务的合伙人或经理。

4. 对该鉴证业务负责的合伙人所在业务部的其他合伙人。

5. 事务所及其雇员的福利计划。

6. 被以上列举的有关会员之一控制的单位，或被两个或多个上述有关个人或单位共同经营所控制的单位。

例如，在一家全国性会计师事务所工作的职员只要没有涉及该项业务，就可以在被审计单位中拥有股票而不违反独立性规则。然而，如果该职员被指派去参与该业务，或者成为负责该业务的合伙人所在业务部的合伙人，他就应当处置这些股票，否则该会计师事务所对这一被审计单位不再具有独立性。

这些独立性规则通常也适用于这些会员的主要近亲属。主要近亲属是指配偶、准配偶或受赡养者。一些会计师事务所一律禁止其职员拥有被审计单位的任何股票，而不论哪个业务部为被审计单位提供审计服务。这些事务所的要求高于行为规则所制定的最低要求。

直接经济利益与间接经济利益 **直接经济利益**（direct financial interest）是指会员或其主要近亲属拥有的股票或其他权益。例如，如果执行审计的业务部的合伙人或其配偶拥有被审计单位的经济利益，那么，独立性规则就禁止该会计师事务所对这一被审计单位的财务报表发表意见。

间接经济利益（indirect financial interest）是指审计师与被审计单位之间存在密切但不直接的所有权关系。例如，要求遵循该守则的会员在一家互助基金投资公司拥有股权，而该投资公司又在被审计单位拥有投资，这就构成间接所有权利益。

重要的或不重要的 重要性对所有权是否违反独立性规则的影响，只是针对间接所有权而言。重要性必须结合会员的个人财富和收入来考虑。例如，如果一名上述会员将其个人财富中的重大金额投资于一家互助基金投资公司，而该投资公司又在被审计单位拥有大部分所有权，就有可能存在违反独立性规则的情况。

其他近亲属的经济利益 前面提到，主要近亲属（配偶、准配偶或受赡养者）拥有的经济利益，视同要求遵循该规则的会员自己拥有的经济利益，按照相同的方式处理。其他近亲属，包括父母、兄弟姐妹或者非赡养关系子女拥有的经济利益一般不会损害独立性，除非会员知晓或有理由认为，该经济利益对于其他近亲属而言特别重要，或者使得其他近亲属对鉴证客户产生重要影响。类似的规则也适用于能够影响审计业务的其他人员，或者审计小组所在业务部的其他合伙人。

与经济利益相关的问题

独立性规则的几个解释是针对会计师事务所雇员与被审计单位之间的一些具体财务关系问题的。在本节将其归纳如下：

正常贷款程序 通常，会计师事务所或该事务所的成员与审计客户之间的贷款是被禁止的，因为这是一种财务关系。但是，这一规则有几个例外，其中包括汽车贷款、以同一金融机构中的现金存款作为全额抵押的贷款，以及总额不超过1万美元的信用卡透支金额。此外，即使会计师事务所的成员在某金融机构有住房抵押贷款、其他全额抵押担保贷款以及不重要的贷款等，事务所接受该金融机构为审计客户也是被许可的，但是，不允许发生新的贷款。考虑到对独立性与允许注册会计师作为商人和个人消费需要之间的权衡，上述限制和例外都应该是合理的。

主要近亲属和其他近亲属的雇佣关系 假如事务所审计一家客户，而这家客户的首席执行官是审计项目合伙人的父母，保持独立性和客观性该是多么的困难。如果审计项目组成员、能够对审计业务产生影响的人员或者审计小组所在业务部的其他合伙人，其主要近亲属或其他近亲属在客户担任关键岗位，则独立性将受到损害。关键岗位，是指对财务报表的编制承担主要责任、承担重要的会计职能以支持财务报表的重要组成部分，或者能够影响财务报表内容的重要岗位。

与客户的联合投资 例如，假设会计师事务所的合伙人拥有非审计客户 Jackson 公司的股票，该事务所的审计客户 Frank 公司也拥有 Jackson 公司的股票，这就可能违反独立性规则。

联合投资是指会员与客户的投资使其能够共同控制企业或资产。如果与客户的联合投资对要求遵循该规则的会员来说影响重大，则认为独立性会受到损害。

公司的董事、主管、管理人员或雇员 如果注册会计师是被审计单位的董事会成员或主管，则他对该公司的财务报表是否公允表达进行独立评价的能力就会受到影响。即使担任这些职务并不真正影响其独立性，但他频繁地涉足管理和决策，也极有可能影响报表使用者对其独立性的看法。为了消除这种可能性，解释禁止被要求遵循该规则的会员、合伙人以及对该鉴证业务负责的合伙人所在业务部的专业人员担任审计客户的董事或主管。类似地，审计师也不能担任证券承销人、有表决权的信托人、发起人、审计客户退休基金的信托人、公司管理层的任何成员或公司雇员。

如果会计师事务所的合伙人或其成员离开事务所被其被审计单位聘至关键职位，除非符合某些特定条件，否则均有可能损害其独立性。例如，审计业务小组可能需要修改相应的审计程序，以降低已离开成员熟悉审计计划的风险，会计师事务所在评价已离开成员提供的信息和其他阐述时，也要评估现有业务小组成员是否能够保持一个有效的职业怀疑水平。如果审计业务小组成员与其被审计单位讨论潜在的聘用关系或接受被审计单位的聘请，会计师事务所的独立性也会受到损害。在这些情况下，如果审计业务小组中所涉人员能够在聘请接受或拒绝之前及时将这种情况报告给事务所的适当人员并撤离该审计业务，则该事务所的独立性是不会受到损害的。

独立性的解释允许注册会计师担任非营利组织，如慈善和宗教组织的名誉董事或信托人，并对该组织进行审计，只要这些职务是纯名誉性的。举例来说，会计师事务所的合伙人与其他城市领导者一起，担任由该所负责审计的城市基金会的名誉董事，这种情况非常普遍。但是，该合伙人不能表决或参与其他任何管理职能。

□ 管理咨询、簿记服务和其他非鉴证服务

会计师事务所还为其鉴证客户提供许多可能潜在影响其独立性的其他服务。但只要其成员不执行管理职能或行使管理决策，这些活动还是允许的。例如，只要客户管理层对信息系统行使了必要的管理决策，事务所还是可以帮助该客户安装这类信息系统的。根据这些规定，会计师事务所还可以为它们的客户提供内部审计或其他拓展的审计服务，只要客户管理层保留内部审计的指导和监督责任。

事务所必须评估客户执行与业务相关的所有管理职能的意愿和能力，并且记录对客户的了解。了解的内容应该包括对服务的描述、业务目标、业务限制、事务所的责任以及客户对自身责任的认可。

如果一个注册会计师帮助客户记录交易日记账，按月将总额过入总账，编制调整分录，随后又对该客户进行审计，那么这名注册会计师在发挥审计作用过程中能否保持独立性就成了问题。独立性的解释允许一家会计师事务所为非上市公司的审计客户既提供簿记服务，又提供审计服务。客户必须负责授权所有的交易，包括原始凭证的编制和审批。例如，会员可以利用客户编制和审批的工资单记录帮助鉴证客户进行工资处理。注册会计师在对以全部或部分由本人完成的账簿和记录为基础编制的财务报表进行审计时，也必须遵循审计准则。注册会计师处理或保持某些记录的事实，并不能减免其进行充分审计测试的需要。

AICPA 独立性规则要求会员遵守 SEC 等其他监管机构更为严格的独立性要求。例如《萨班斯-奥克斯利法案》和 SEC 规则都禁止审计师对上市公司审计客户提供簿记服务。因此，不论是 AICPA 还是 SEC 对审计师独立性的要求都不允许事务所对上市公司审计客户提供簿记服务。

□ 会计师事务所与被审计单位之间的诉讼

当会计师事务所与被审计单位之间发生或即将发生诉讼案时，事务所和被审计单位保持客观的能力就存在问题，对审计师独立性的不利影响可能超过可接受水平。例如，如果管理层指控会计师事务所以前年度审计有缺陷，那么该事务所在本年度审计中会被认为不独立。类似地，如果事务所因舞弊性财务报告或其他欺诈行为指控管理层，那么也会因此而丧失独立性。如果会计师事务所、被审计单位或被审计单位的管理层同时被第三者起诉，如证券集体诉讼案，这类诉讼本身不会影响独立性。然而，如果审计师与被审计单位之间存在反诉，并对会计师事务所或被审计单位有引发重大损失的重大风险，就可能会影响独立性。

被审计单位对事务所涉及税务服务或其他非审计服务的诉讼，或者由第三者对被审计单位和会计师事务所一并提起的诉讼，一般不会损害独立性。在所有此类诉讼中，要考虑的关键问题是对被审计单位、被审计单位管理层和会计师事务所人员保持客观性和独立评价的能力所产生的影响。

□ 未付费用

独立性的解释规定，对于报告日之前提供的超过一年的执业服务，如果有已开出账单或尚未开出账单的费用仍然未获得支付，应视为独立性受到损害。这种未付费用可以看作审计师给被审计单位的贷款，因而违反了独立性规则。但破产审计客户的未付费用不违反独立性规则。

□ 会计师事务所网络

会计师事务所经常会加入大型会计师事务所或与其他会计师事务所联盟以增强它们提供职业服务的能力。当它们分享诸如共同品牌、共同控制、共同商业战略、共同质量控制程序之类的某些特征时，或分享利润、成本或职业资源时，其网络必须独立于其他网络的审计和审阅客户。对于其他鉴证客户，要求遵循该规则的会员应当运用概念框架以评价对独立性产生的不利影响是否超过可接受水平。

4.6 《萨班斯-奥克斯利法案》和相关的独立性要求

□《萨班斯-奥克斯利法案》和SEC关于审计独立性的规定

上市公司审计师必须遵守《萨班斯-奥克斯利法案》的独立性要求以及PCAOB和SEC的相关要求。下面将介绍其中最重要的部分内容。

SEC正式通过了与《萨班斯-奥克斯利法案》要求一致的强化审计师独立性的相关规则。SEC的规则进一步限制了事务所向其审计客户提供非审计服务，也对审计客户雇用其审计师所在事务所员工作了更严格的限定，同时还要求审计合伙人进行强制性轮换以加强审计独立性。PCAOB还发布了与提供某些税务服务相关的其他独立性要求。

非审计服务 《萨班斯-奥克斯利法案》和SEC修改后的独立性规则进一步限制了（但没有完全取消）事务所向上市公司客户提供的非审计服务类型。依据SEC现有的独立性规则，许多此类服务都是被禁止的。修订后的规则不仅更清晰地阐明了现有禁止条款，还拓宽了受禁服务的范围。以下九种服务是被禁止的：（1）簿记和其他会计服务；（2）财务信息系统的设计与执行；（3）鉴定与价值评估服务；（4）保险精算服务；（5）内审外包；（6）管理或人事职责；（7）经纪人、经销商、投资咨询和投资银行服务；（8）与审计无关的法律和专家服务；（9）PCAOB禁止的其他任何服务。

规则并没有禁止事务所向非上市公司和非审计客户的上市公司提供这些服务，同时，事务所还可以向其上市公司客户提供那些非禁止的服务。例如，SEC和PCAOB的规则都允许事务所向其审计客户提供税务服务，除了对监督财务报告的公司主管人员的税务服务和避税计划服务。《萨班斯-奥克斯利法案》和SEC未禁止的非审计服务必须事先得到公司审计委员会的审批，另外，如果一个审计合伙人收到源自客户除审计、审阅和鉴证之外服务的报酬，则该事务所是不独立的。

公司必须在其股东签署的委托书和向SEC递交的年报中披露最近两年向事务所支付的审计与非审计费用。以下四类费用必须报告：（1）审计费用；（2）与审计相关的费用；（3）税务费用；（4）其他所有费用。与审计相关的费用是指为诸如那些只能由事务所提供的告慰函和向SEC递交文件的审阅之类的服务支付的费用。公司披露的信息中还必须包含其他费用类型的细目分类，以及所接受服务之性质的定性信息。

审计委员会 **审计委员会**（audit committee）是从公司董事会成员中推举部分成员组成的组织，其职责包括帮助审计师保持与管理层的独立性。绝大多数审计委员会由3～5名，有时多至7名非公司管理层的董事成员组成。《萨班斯-奥克斯利法案》要求审计委员会的所有成员都是独立的，美国国内证券交易所已经修订了它们的上市规则以与这一规定保持一致。现在，除了极其有限的差异外，上市公司审计委员会都只能由独立董事组成，同时公司还必须披露审计委员会成员中是否至少有一名财务专家。

《萨班斯-奥克斯利法案》进一步要求上市公司的审计委员会负责聘请、支付和监督其审计师的工作。审计委员会必须事先审批所有的审计和非审计服务，并负责解决审计师与管理层就财务报告方面的分歧。审计师有责任就其审计过程中识别的所有重大事项与审计委员会取得沟通与联系。

对于上市公司来说，PCAOB的规则还要求会计师事务所在其成为上市公司的审计师之前，必须书面阐述和记录它们与公司审计委员会就其与公司（包括负责财务报告岗位的执行主管）之间所有关系的讨论。成为该公司的审计师后，这些沟通也必须至少每年进行一次。

总的来说，这些规定强化了审计委员会的独立性及其作用。这些要求通过有效地建立上市公司审计委员会提高了审计师的独立性。

源于雇佣关系的利益冲突 被审计单位雇用其审计小组成员所带来的独立性问题已引起了人们的关注。根据《萨班斯-奥克斯利法案》的相关要求，SEC对此作了以下规定，凡审计小组的成员离开其审计工作后一年内不得到被审计单位的关键管理岗位谋职。对于那些收到上市公司客户聘其为总经理、会计主管、财务总监、首席会计官或类似职位要约的审计小组成员来说，这是一种牵制。如果审计小组成员中有人接受了这一要约，且他也参与了对这家公司的前次审计工作，则该事务所不能再为这家公司提供审计服务。如果该审计师接受的是主计长助理或不负主要会计责任的会计师之类的职位，则并不影响该事务所继续为这家公司提供审计服务。

依据《萨班斯-奥克斯利法案》颁布前已有的、现在仍生效的SEC规则，被审计单位雇用的事务所前合伙人、负责人、股东或职业雇员，如果其在事务所仍有经济利益或能对事务所的经营或财务政策施加影响，则事务所与这家公司之间不独立。

合伙人轮换 与《萨班斯-奥克斯利法案》的要求一样，SEC的独立性规则也要求主持和合作审计合伙人五年后必须轮换审计业务（合作合伙人是指不实际参与审计执行，而只是在审计工作完成时予以复核的合伙人）。虽然在《萨班斯-奥克斯利法案》中没有对此予以具体规定，但SEC还是要求主持和合作合伙人轮换后重回原被审计单位前有一个五年的间歇期；另外，涉及重要审计工作的合伙人七年后必须轮换，且重回原被审计单位前有一个两年的间歇期。

所有权利益　SEC的规则对于财务关系采用的是“业务观”，并将在被审计单位中的所有权利益限制缩小到能够影响审计的那些人员。规则禁止以下人员及其主要近亲属拥有被审计单位的所有权利益：(1)审计业务小组成员；(2)在事务所管理层中能够影响该审计业务的人员；(3)向被审计单位提供了超过10个小时非审计服务的合伙人和经理；(4)对该审计业务负主要责任的合伙人所在业务部的其他合伙人。这些规则的设计旨在使这些规则便于遵循且仍然能够保护独立性。

□ 购买会计原则

管理层及其代表，如投资银行等，经常会就会计原则的应用问题向其他会计师咨询。尽管向其他会计师咨询是一种恰当的做法，但在某些情况下，它会导致独立性的丧失。例如，假设某会计师事务所凭借其提供的会计咨询服务取代了现任审计师，但是随后发现一些事实和情况要求该会计师事务所改变其观点。在这种情况下，新任会计师事务所就难以保持其独立性。审计准则提出了会计师事务所应另一家会计师事务所的审计客户请求，对某一具体或假定业务的会计原则应用，或可能发表的审计意见类型等问题提出书面或口头意见时，该会计师事务所必须遵循的要求。这一要求的目的，是减少由于管理层采用通常所称“意见购买”的做法而对独立性构成潜在威胁的可能性。其中关键的要求是被咨询的会计师事务所应当与该企业的现任审计师沟通，以确定与要求本所提供职业判断并提出报告事项相关的全部可获事实。

□ 管理层的聘用和审计费用的支付

如果审计费用的支付取决于被审计单位管理层，审计师能够真正保持实质上和形式上的独立性吗？这一问题可能没有令人满意的答案，但它确实说明了要获得保持审计师完全独立的环境是很困难的。有人认为，一个改变被审计单位审计委员会聘用事务所、管理层支付审计费用的办法，可能是利用政府审计师或准政府审计师。但是，如果你对此进行全面分析，会发现由公共部门执行审计职能是否更好或更经济仍是一个未知数。

4.7　其他行为规则

尽管独立性对于注册会计师获取公众信任十分关键，但审计师遵循表4-4中的其他行为规则也很重要。讨论规则和解释的顺序与其在AICPA《职业行为守则》中的列示顺序略有不同。下面我们先来讨论诚信和客观性规则。

□ 诚信和客观性

诚信意味着在执行所有服务时都要做到不偏不倚。规则102对诚信和客观性的表述如下：

> **诚信和客观性的规则**　在执行任何职业服务过程中，会员均应保持客观性和诚信，避免利益冲突，不能蓄意歪曲事实或使自己的判断屈从于他人。

为了说明诚信和客观性的含义，假设审计师认为应收账款可能无法收回，但是没有对可回收性进行独立评价，就接受了管理层的意见。这样，该审计师就使自己的判断屈从于管理层，从而丧失了客观性。再假设注册会计师作为客户的辩护人，正在为客户编制纳税申报表，注册会计师鼓励客户从申报额中扣减他认为有效但并不完全有根据的抵减项目。这样做既不违反客观性，也不违反诚信，因为在税务服务和管理咨询服务中，注册会计师可以站在客户的角度来提供服务。但是，如果注册会计师怂恿客户从申报表中扣减没有任何根据但又几乎不能被美国国税局发现的抵减项目，就违反了该规则。因为这是对事实的歪曲，这就损害了注册会计师的诚信。

在审计业务过程中，审计人员不应当使自己的判断屈从于督导人员。审计师应对记录在审计工作底稿中的自我判断负责，并不能根据该业务督导人员的要求改变那些结论，除非该审计师同意该督导人员的结论。会计师事务所的质量控制程序应该允许助理人员记录那些就重大事项存在不同看法的情况。

回避利益冲突意味着避免发生妨碍客观性与诚信的关系。例如，审计师同时还在法律事项中作为客户的律师，这是不恰当的。因为律师是客户利益的辩护人，而审计师必须是不偏不倚的。

如果已向会员的客户或雇主披露了有关资料，即使有明显的利益冲突也不违反该行为规则。例如，假设会计师事务所的合伙人建议客户聘用某技术咨询公司对其互联网网站安全性进行评估，而这个技术咨询公司正是由该合伙人的配偶所拥有的，这就有可能存在利益冲突。但是，如果该合伙人将这种关系告诉了客户管理层，而管理层在已知晓这种关系的情况下仍然接受该咨询公司的评估，则不违反诚信和客观性规则。这一解释清楚地表明，独立性要求并不因为这些披露而被消除。诚信和客观性规则也适用于那些不从事公共会计业务的注册会计师。例如，一个受雇于某一主体的注册会计师，如果在财务报表中编制虚假或误导性分录或陈述，那么他就违反了规则102。

□ 技术准则

《职业行为守则》的下面三项准则与审计师遵循技术准则的要求有关，主要目的是为ASB，PCAOB，FASB，IASB以及其他技术准则制定机构提供支持。下面是这些技术准则的要求。

一般准则的规则 会员应当遵循下列准则和理事会指定团体作出的相关解释。

A. 专业胜任能力。会员或会员的事务所只从事那些以其职业胜任能力能够合理预期完成的职业服务。

B. 应有的职业谨慎。在执行职业服务过程中，运用应有的职业谨慎。

C. 计划和督导。职业服务的执行应有充分的计划与督导。

D. 充分的相关资料。获取充分的相关资料，为所执行的职业服务提出的结论或建议提供合理基础。

遵循准则的规则 执行审计、审阅、编表、管理咨询、税务或其他职业服务的会员，应当遵循理事会指定团体颁布的准则。

会计原则的规则 如果一个单位的财务报表或财务资料背离了理事会指定团体所制定的会计原则，并且对财务报表或财务资料整体具有重要影响，会员不应当：(1) 对该单位的财务报表或其他财务资料发表意见，或肯定地说明其编制是符合一般公认会计原则的。(2) 声称没有意识到应当作出重要修正，以使财务报表或资料符合一般公认会计原则。但是，如果报表或资料中含有偏离一般公认会计原则的内容，会员能够证明这种偏离是由异常情况所致，否则反而会使财务报表或资料令人误解，此时会员可以运用这条规则，说明偏离的情况，可能的话，说明这种偏离的大致影响，以及遵循一般公认会计原则将会导致误导性报表的原因。

□ 保密性

没有征得客户的同意，执业人员不得泄露在所有类型业务中获得的**客户机密资料**（confidential client information），这是基本要求。下面是保密性规则有关客户机密资料的具体要求。

> **客户机密资料的规则** 从事公共业务的会员，未征得客户特别同意，不得泄露客户的任何机密资料。
>
> 这一规则不得理解为：（1）解除会员根据遵守准则的规则和会计原则的规则应负的职业责任；（2）以任何方式影响会员回应依法签发并具有强制力的法院传票或传讯的责任，或阻挠会员遵循适用的法律和政府法规；（3）阻挠依据AICPA、州注册会计师协会或州会计委员会的授权对会员业务进行检查；（4）免除会员对协会职业道德部或评议委员会，或定期由州注册会计师协会或州会计委员会组成的调查组或纪律检查组所作质询作出答复的责任。
>
> 上述第（4）项中所列举的任何团体中的会员，以及上述第（3）项中所涉及的职业业务检查的会员，均不得利用其职务上的便利为己谋私，或泄露其在业务活动中获得的会员客户的机密资料。但是，本禁令不限制会员在上述第（3）项的调查或纪律检查活动或上述第（3）项职业业务检查活动中所进行的资料交流。

对保密性的需要 在审计或其他类型业务过程中，执业人员获得相当数量的机密性信息，其中包括主管人员的薪酬、产品定价和广告计划、产品成本数据等。如果审计师将这些资料泄露给外部人员或不得接触这些资料的客户雇员，那么他们与管理层之间的关系就会变得极其紧张，在极端情况下，还会使该客户受到损害。保密性要求适用于会计师事务所提供的所有服务，包括税务服务和管理咨询服务。

通常，注册会计师的工作底稿只有在客户表示同意的情况下才能够提供给其他人。即使注册会计师将其业务有偿转让给另一家会计师事务所，或是允许后任审计师查阅为前任客户编制的审计记录，也是一样的。

保密性的例外 如客户机密资料的规则第二段所述，保密性要求有四种例外。这四项例外都涉及比为客户保守机密资料更为重要的责任。

1. 与技术准则有关的义务。假设在出具无保留意见审计报告的三个月后，审计师发现财务报表存在重大错报。在向被审计单位的首席执行官提出这一问题时，该执行官答复说，尽管他也同意财务报表确有错报，但是依据保密性的规定，要求注册会计师不得将这一情况透露给其他任何人。规则明确表明，审计师遵循职业准则的责任高于保密性责任。在这种情况下，必须出具一份修订的正确的审计报告。不过，这种冲突极少发生。

2. 法庭传票或传讯与遵循法规。在法律上，对于一些资料，即使有传票，法律程序也不能要求当事人提供，这些资料称为**特免资料**（privileged information）。当事人与律师、病人与医生之间相互沟通的资料就属于特免资料。注册会计师从客户那里获得的资料，通常不属于特免资料。因此，需要作出规则第（2）项的例外规定，以要求会计师事务所遵循法律。

3. 同业复核。注册会计师或会计师事务所在对另一家事务所的质量控制进行同业复核时，通常要审查几套工作底稿。如果同业复核是由AICPA、州注册会计师协会或州会计委员会授权的，审查审计记录就无须征得被审计单位的同意。要求得到每一个被审计单位的同意，将会限制同业复核人员的工作范围，也会浪费各方人员的时间。诚然，同业复核人员对所获得的资料也必须保密，不得为了其他目的而使用这些资料。请注意，按照《萨班斯-奥克斯利法案》的要求由PCAOB获取审计档案进行检查也是被允许的。

4. 向职业道德部作出答复。如果AICPA职业道德部的评议委员会依据技术准则的规则中任何一条指控执业人员的工作不符合恰当的技术准则，该委员会的成员就很可能会要求审查审计记录。第（4）项例外防止会计师事务所以这些资料是机密资料为由而拒绝调查人员接触审计记录。同样，负责审查的会计师事务所在发现被审查事务所有不符合准则要求的审计记录时，也不得以保密性为由，不指控该事务所的工作没有达到准则要求。

□ 或有收费

为了帮助注册会计师在提供审计服务或其他鉴证服务过程中保持客观性，禁止根据业务结果确定收费金额。下面是有关或有收费的要求。

或有收费的规则 从事公共业务的会员，不应当：

(1) 为了或有收费，或者为了收取这样的费用，而向会员或会员的客户提供下列任何职业服务：

(a) 财务报表的审计或审阅；

(b) 当会员预期，或者能够合理地预期，第三者将使用该财务报表，且该会员的编表报告并没有披露缺乏独立性时，提供的财务报表编表服务；

(c) 预期财务信息的审查。

(2) 为了或有收费，为任何客户编制原始或修订的纳税申报表或退税表。

上述第（1）项禁令的适用期间为：会员或会员的事务所受聘提供上述各项服务期间，以及上述各项服务所涉及的历史财务报表所包括的期间。

除了下述情况，或有收费是根据一个安排来确定所执行服务的费用，即没有发现特定情况或没有取得特定结果时，客户不支付费用，或是费用的金额取决于服务发现的情况或结果。此守则的唯一例外是，如果是由法院根据司法程序，或由政府部门根据调查结果或某些税务事项确定的费用，则不认为是或有收费。

会员的收费可以各不相同，例如，可以基于所提供服务的复杂性。

为说明或有收费规则的必要性，假设某会计师事务所被告知其审计报告若是无保留意见，则其审计费用将是5万美元，若是保留意见，则为2.5万美元。这种协议就可能诱导执业人员发表错误意见，并违反规则302。如果会员为了或有收费而为客户编制原始的或修订的纳税申报表，或为客户索取退税，就是违反了或有收费的规则。

事务所可以向其非鉴证客户就其提供的非鉴证服务收取或有收费。例如，注册会计师担任举证专家时，其收费可以根据法庭判给原告的赔偿金额来确定；为发行债券提供咨询服务时，其咨询费用可以根据发行债券总额的百分比来确定。前提条件是他们不同时为相关客户提供审计服务或其他鉴证服务，否则仍被视为违反规则。

但是为了保持必要的独立性与客观性，禁止注册会计师在提供鉴证服务和纳税申报表服务中采取或有收费，还是很有必要的。因为事务所在提供其他服务时，竞争对手是没有或有收费限制的其他行业，所以，在事务所提供此类服务时仍然禁止其或有收费对事务所来说是不公平的。因此，只有在事务所为鉴证客户提供非鉴证服务时，为了保持其必要的独立性和客观性，才禁止其就非鉴证服务进行或有收费。

□ 佣金和介绍费

佣金是因向客户推荐或介绍第三者的产品或服务，或是向第三者推荐或介绍客户的产品或服务而支付的报酬。对佣金的限制，与或有收费规则类似。通常，注册会计师被禁止收取正在接受该会计师事务所鉴证服务的客户的佣金。收取其他客户的佣金和介绍费是允许的，但必须披露。与推荐或介绍会计师事务所的服务有关的介绍费不被视为佣金，因而不被禁止。然而，注册会计师服务的任何介绍费都必须进行披露。

佣金和介绍费的规则 从事公共业务的会员不得为了佣金而向客户推荐或介绍任何产品或服务，或者为了佣金而向其他人推荐或介绍该客户所提供的任何产品或服务，或者在该会员或该会员的事务所为客户执行下列服务时，收取佣金：

(a) 财务报表的审计或审阅；

(b) 当会员预期，或者能够合理地预期，第三者将使用该财务报表，且该会员的编表报告并没有披露缺乏独立性时，提供的财务报表编表服务；

(c) 预期财务信息的审查。

上述禁令的适用期间为：会员受聘提供上述各项服务的期间，以及上述各项服务所涉及的历史财务报表所包括的期间。

不受该规则禁止，可以提供服务并收取佣金的从事公共业务的会员，以及已经收取佣金或预期将要收取佣金的会员，应当将此事实披露给会员向其推荐或介绍产品或服务的个人或单位。这些产品或服务与收取佣金有关。将某注册会计师的服务推荐或介绍给某人或某单位而接受介绍费的会员，或为获得客户而支付介绍费的会员，应当向客户披露收取或支付介绍费的情况。

佣金和介绍费规则意味着，会计师事务所以收取佣金为基础协助客户出售不动产、有价证券或整个企业，不违反 AICPA 的行为规则，只要上述业务所涉及的客户不是接受该会计师事务所鉴证服务的客户。这一规则使会计师事务所可以通过向非鉴证服务客户提供多种以前被禁止的服务来获取利润。

AICPA 继续禁止对任何鉴证服务客户收取佣金，其原因在于需要保证会计师事务所的独立性。这一要求及其原因与前面在或有收费规则中讨论的要求及其原因是相同的。

□ 广告和招揽

为了促使注册会计师以职业方式行事，规则也禁止虚假、误导或欺骗性的广告或招揽行为。

广告和其他招揽方式的规则 从事公共业务的会员不得以虚假、误导或欺骗性的广告或其他招揽方式获得客户。禁止通过强迫、欺骗或骚扰等行为进行招揽。

招揽是指会计师事务所通过各种手段争取新客户，而不是接受自愿前来的新客户。例如，请潜在客户用午餐以便向他们介绍注册会计师的服务，为潜在客户开办关于现行税法变化的讲座，以及在电话簿黄页中刊登广告等。最后一例是广告，它只是招揽方式之一。

许多会计师事务所都已在全国性的商业杂志和地区性的报纸上刊登过设计极其考究的广告。会计师事务所经常找到那些正由其他事务所提供服务的客户，采用正式或非正式的表述来说服管理层变更会计师事务所，这已经是一种普遍的做法。目前，审计和其他服务的竞价非常普遍，并且常常具有高度竞争性。这些变化的结果是，现在一些公司通过比以前更频繁地变更审计师来减少审计成本。

审计质量是否已经受到这些变化的破坏？虽然最近的确发生了几个涉及明显审计失败的案例，但是注册会计师现有的法律责任、同业复核要求、PCAOB 的检查、SEC 和政府部门的潜在干预，都促使审计保持高质量。

组织形式和名称

会计师事务所的组织结构已在第2章中讨论过。行为规则规定了允许的组织形式，禁止会员采用误导性的事务所名称执业。在州法律许可的条件下，可以采用以下六种组织形式中的任何一种：独资事务所、一般合伙事务所、一般公司、职业公司（PC）、有限责任公司（LLC）和有限责任合伙事务所（LLP）。这六种组织形式均已在第2章讨论过。

组织形式和名称的规则 会员只能以州法律或法规允许的、其特征符合理事会决议规定的组织形式从事公共会计业务。

会员不得采用误导性的事务所名称从事公共会计业务。事务所一名或多名前任所有者的姓名可以在继任事务所中继续使用。

除非事务所的每一名所有者都是AICPA的会员，否则事务所不得自称是“AICPA会员”。

在下列条件下，允许非注册会计师拥有会计师事务所的所有权：注册会计师必须拥有事务所绝大多数的经济利益和表决权；对于所有由事务所提供的财务报表鉴证服务、编表服务以及《审计准则说明书》或《会计与审阅业务准则说明书》规定的其他服务，必须由注册会计师承担最终责任。

近期的发展情况是一些公司并购了会计师事务所。在这种情况下，会计师事务所可以成为为客户提供鉴证服务的子公司。这些挂名式实务结构也是允许的，但AICPA理事会的一个决议清楚地说明：为了保护公众利益，注册会计师对他们鉴证工作的行为拥有与传统业务结构相同的职责。

会计师事务所可以使用任何名称，只要该名称不是误导性的。大多数事务所都使用一名或多名所有者的名字作为事务所的名称。事务所的名称中包含五名或更多所有者的名字的情况也不少见。会计师事务所还可以使用商业名称，尽管这在实务中并不常见。诸如“Marshall审计公司”或“芝加哥税务专家”之类的名称，只要不是误导性的，就是允许的。

玷辱信誉行为

由于对注册会计师以职业方式作出的行为有特别的要求，因此，《职业行为守则》有一条禁止玷辱职业信誉行为的特别规则。如表4-4所示，这条规则适用于所有会员，包括在企业工作的会员和其他会员。虽然在该规则及其解释中没有确切定义玷辱信誉的行为，但下面是包含在解释中的一些要求：

玷辱信誉行为的规则 会员不得作出任何玷辱职业信誉的行为。

酗酒、行为不检点或其他大多数人认为不符合职业要求的行为是否构成玷辱信誉的行为？也许不是。确定什么行为构成职业行为，仍然是每个职业人员的职责。

对于什么行为是玷辱信誉的行为，AICPA章程提供的指南要比《职业行为守则》更加明确。章程规定，若会员犯有以下四种罪行之一，无须进行定罪听证，就可以取消其AICPA会员资格：（1）被判处一年以上监禁；（2）注册会计师作为个人所得税纳税义务人，有意漏报任何应依法申报的个人所得税；（3）注册会计师为自己或客户编制虚假的或欺诈性的所得税申报表；（4）蓄意帮助客户编制和陈述虚假的或欺诈性的所得税申报表。注意，四项中有三项涉及会员或其客户的所得税事项。

玷辱职业信誉行为的规则解释确定了几种被认为是玷污信誉的行为。例如，在对注册会计师提出归还要求后，他们仍然保留客户的记录就是一种玷辱信誉的行为；又如，只要发现会员违反了联邦、州或地方反歧视法律，该会员就可被认为有玷辱信誉的行为。此外，对政府单位和联邦赞助接受者的审计，除了遵循一般公认审计准则之外，还必须遵循政府审计准则。当会员接受了需要向监管机构报告的业务，如向SEC报告的业务，会员除了遵循一般公认审计准则的要求之外，还必须遵循该监管机构的其他要求。没有经过AICPA的同意而征集或公布注册会计师同意考试的试题也是不允许的。

玷辱职业信誉行为的规则适用于所有的注册会计师，即使对那些不从事公共会计业务的注册会计师也适用。例如，如果因为其过失，致使、许可或指使他人在某单位的财务报表和记录中作出重大虚假和误导的分录，而会员又没有纠正存在重大虚假和误导信息的财务报表，或者会员签署、允许或指导他人签署包含重大虚假和误导信息的文件，则该会员就实施了玷辱职业信誉的行为。再如，如果会员为了向政府部门、SEC或其他监管机构报告而编制财务报表或相关信息，会员除了遵循会计准则要求外，还应当遵循这些组织的要求。

□ 职业行为守则的分类系统

修订后的AICPA《职业行为守则》的编号系统为“ET部分X. XXX. XXX”。标注的开头部分的个位数表示《职业行为守则》的第几部分。序言的内容以0开头，正文第1，2，3部分分别以数字1，2，3开头。后面的两串数字分别表示段落和款项。例如段落1.200是有关审计师独立性的段落，标注ET段落1.295.105是指独立性部分中非鉴证服务的第295段，105是有关咨询服务的款项。如果某段落在《职业行为守则》的两处及以上出现，表明该段落也适用于不从事公共业务的会员，段落的编号是一致的。例如《职业行为守则》的三个部分都有玷辱信誉行为的规则，标注方式分别为1.400.001，2.400.001以及3.400.001。

表4-4是对行为规则的总结。

表4-4 行为规则总结

行为规则		适用范围			规则总结
编号	主题	从事公共业务的会员	在企业工作的会员	其他会员	
100	诚信和客观性	√	√		在执行任何职业服务过程中，会员均应保持客观性和诚信，避免利益冲突，不能蓄意歪曲事实或使自己的判断屈从于他人。
200	独立性	√			从事公共业务的会员在提供职业服务过程中，应当保持理事会指定团体颁布的准则所要求的独立性。
300	一般准则	√	√		对于所有服务，会员都应当遵循理事会指定团体制定的下列职业准则和解释：(1) 会员只从事那些以其职业胜任能力能够合理预期完成的职业服务；(2) 运用应有的职业谨慎；(3) 针对所有业务都应该有充分的计划和督导；(4) 获取充分的相关资料，为所有结论或建议提供合理基础。
310	遵循准则	√	√		执行审计、审阅、编表、管理咨询、税务或其他职业服务的会员，应当遵循理事会指定团体颁布的准则。
320	会计原则	√	√		会员在出具有关某单位遵循一般公认会计原则的报告时，应当遵循理事会指定团体颁布的职业审计报告准则。
400	玷辱信誉行为	√	√	√	会员不得作出任何玷辱职业信誉的行为。

续表

行为规则		适用范围			规则总结
编号	主题	从事公共业务的会员	在企业工作的会员	其他会员	
510	或有收费	√			如果从事公共业务的会员也提供审计、审阅，或财务报表编报或预期财务报表审查服务，那么该会员就不能为了或有收费而执行其他任何职业服务。从事公共业务的会员也不能为了或有收费而为任何客户编制原始的或修订的纳税申报表或索取退税。
520	佣金和介绍费	√			如果从事公共业务的会员也为客户提供审计、审阅，或财务报表编报或预期财务报表审查服务，那么该会员就不得向该客户收取或支付佣金或介绍费。对于不禁止佣金或介绍费的情况，会员必须向客户披露此类费用的存在。
600	广告和其他招揽方式	√			从事公共业务的会员不得以虚假、误导或欺骗性的广告或其他招揽方式获得客户。禁止通过强迫、欺骗或骚扰等行为进行招揽。
700	客户机密资料	√			除了规则包括的四种特殊情况外，从事公共业务的会员，未征得客户特别同意，不得泄露客户的任何机密资料。
800	组织形式和名称	√			会员只能以州法律或法规允许的、其特征符合理事会决议规定的组织形式从事公共会计业务，且不得采用误导性的事务所名称从事公共会计业务。

4.8 执行

未能遵循行为规则可能会被AICPA开除会籍。这本身虽然不妨碍注册会计师继续从事公共会计业务，但肯定是一种严厉的社会处罚。除了行为规则以外，AICPA章程还规定，因触犯刑律而被判处一年以上监禁的会员，或因各种税务事项而被定罪的会员，将被自动中止或开除AICPA会籍。

□ AICPA职业道德部的行动措施

AICPA职业道德部负责调查各种违反《职业行为守则》的行为，并作出纪律处分。职业道德部主要根据执业人员、其他人员、州注册会计师协会或政府部门的申诉开展调查。如果会员被政府机构或诸如SEC和PCAOB之类的有权监管会计人员的其他组织处罚，则协会无须对此进行调查即自动地对该会员执行处罚。

纪律处分主要有两种级别：对不严重并可能是无意违反守则的行为，职业道德部的纪律处分只限于要求会员进行补救或改正。例如，出于无意而未能保证一个小型审计客户在其财务报表中作出所有的披露，从而违反了《职业行为守则》中会计原则的规则。职业道德部可能要求该会员参加一定时长的后续教育课程，以提高其技术胜任能力。第二个级别的纪律处分由联合评议委员会（Joint Trial Board）作出。该委员会有权对各种违反职业道德的行为作出中止或开除会籍的处分。一般来说，该委员会所作的处分还要在AICPA网站中的纪律处分部分公布，具体内容包括被中止或开除会籍的注册会计师的姓名、地址和事由。

□ 州会计委员会的行动措施

比开除 AICPA 会籍更为重要的是，与 AICPA 一样，全美 50 个州的会计委员会也颁布了它们的行为规则。由于各州都向每个执业人员颁发注册会计师执业执照，因此，执业人员严重违反各州会计委员会制定的行为规则，将会导致失去注册会计师资格证书和执业执照。尽管这种情况极少发生，但吊销资格证书和执业执照，会迫使从业人员离开公共会计界。大多数州都采用 AICPA 的行为规则，但也有些州制定了更为严格的规则。例如，某些州仍然保留了对广告和其他招揽方式的限制。

□ PCAOB 的执行行动措施

除了 AICPA 和州会计委员会的执行行动措施以外，上市公司的审计师还要遵守 PCAOB 的相关规定。如果发现可能违反《萨班斯-奥克斯利法案》、PCAOB 或者 SEC 规则的情形，PCAOB 有权对提供上市公司业务的事务所注册会员及其相关人员进行调查和惩戒。一旦确定情况属实，PCAOB 将进行处罚，包括中止或取消事务所的注册资格、暂停或禁止个人在从事上市公司业务的事务所继续服务，以及罚款等。PCAOB 还可能要求会计师事务所改进质量控制，包括额外的培训或者其他补救性措施等。

本章小结

对于会计师事务所提供的审计服务和其他保证服务的需求，取决于公众对职业界的信任。本章讨论了道德在社会中的作用和注册会计师特有的道德责任。

注册会计师的职业活动受 AICPA 的《职业行为守则》的指导和约束，上市公司的审计师还要接受 PCAOB 和 SEC 的监督。注册会计师所有道德责任中最重要的是对独立性的需要。行为规则及其解释为有关允许的经济利益和其他利益提供了指南，以帮助注册会计师保持独立性。其他行为规则的制定也是为了保持公众对职业界的信任。注册会计师的道德责任通过 AICPA 对其会员实施，并通过州会计委员会对领取执照的注册会计师实施。

练习题

4-1 Josephson 协会描述的六个核心道德价值标准是什么？其他道德价值标准的来源有哪些？

4-2 解释道德困境问题的含义。人们如何解决道德困境问题？

4-6 为什么审计师的独立性如此重要？

4-9 许多人认为如果依靠客户的管理层支付审计费用，注册会计师是不能真正独立的。请描述两种可以减少这种形式不独立的方法。

4-10 接受一个业务后，注册会计师发现客户所在行业比他了解的更富有技术性，他对一些经营领域不具有胜任能力。该注册会计师的选择有哪些？

4-11 假如审计师与客户达成一项协议，审计费用将取决于完成该业务所需要的天数。这是否违反《职业行为守则》？或有收费的职业道德规范的实质是什么？该规范的理由又是什么？

4-12 假设允许广告和竞争性投标，指出并解释哪些因素有助于保持高质量的审计。

选自注册会计师考试的选择题

4－17 下列问题是关于审计师独立性的，选择最佳答案。

a. 一般公认审计准则要求审计师保持独立性的意义是（ ）。

(1) 在审计过程中，审计师必须对客户没有任何偏见

(2) 在审计过程中，审计师必须采取批评的态度

(3) 审计师的唯一义务是对第三者的义务

(4) 审计师可以在其客户业务中拥有直接的所有权利益，只要该利益是不重要的

b. 根据美国证券交易委员会的要求和《萨班斯-奥克斯利法案》，以下哪些服务可以提供给上市公司审计客户（ ）。

(1) 为财务报告主体提供税务服务

(2) 内部审计外包

(3) 不涉及避税的税收筹划

(4) 簿记和其他会计服务

c. 审计师努力达到形式上的独立性，以便（ ）。

(1) 遵循外勤工作的一般公认审计准则

(2) 达到实质上的独立性

(3) 保持公众对职业界的信任

(4) 保持不偏不倚的精神状态

4－18 下列是可能违反美国注册会计师协会《职业行为守则》的问题，选择最佳答案。

a. 注册会计师在确定审计费用时，下列哪种情况违反了美国注册会计师协会的《职业行为守则》（ ）。

(1) 审计费用根据注册会计师关于客户财务报表的报告能否获得银行贷款的批准来确定

(2) 审计费用根据破产诉讼结果来确定

(3) 审计费用根据所提供服务的性质和注册会计师的专业能力来确定，而不是根据该业务实际耗用的时间来确定

(4) 审计费用根据以往审计费用的支付来确定

b. 美国注册会计师协会的《职业行为守则》规定：除非客户同意，注册会计师不能披露在执业过程中获得的客户机密资料。注册会计师在以下哪种情况下违反了该规定（ ）。

(1) 向有意购买注册会计师业务的另一会计师披露客户机密资料

(2) 根据法庭所签发传票的要求而披露客户机密资料

(3) 根据职业准则的要求，为了履行注册会计师的职责而披露客户机密资料

(4) 在美国注册会计师协会授权的同业复核过程中披露客户机密资料

c. 注册会计师扣留客户记录，以此来强迫客户多支付审计费用，是一种（ ）。

(1) 美国注册会计师协会的《职业行为守则》没有说明的行为

(2) 可接受的行为，如果州法律批准的话

(3) 美国注册会计师协会的《职业行为守则》禁止的行为

(4) 违反一般公认审计准则的行为

讨论题

4－21 下列情况涉及非审计服务条款。说明提供非审计服务是否违反了美国注册会计师协会或是证券交

易委员会——包括《萨班斯-奥克斯利法案》关于独立性方面的要求——的相关规定。对你的答案作出解释。

a. 给上市公司提供簿记服务，该服务已得到该公司审计委员会的预先批准。

b. 经公司审计委员会预先批准，给上市公司客户提供内部审计服务。

c. 为非上市公司客户提供与另一家非上市公司合并的会计方面的建议。

d. 给非上市公司提供簿记服务，源文件由客户准备并授权。

e. 给非审计客户的上市公司提供内部审计服务。

f. 给非上市公司执行由管理层设计的财务信息系统。

g. 给上市公司客户推荐避税措施，并已得到该公司审计委员会的预先批准。

4-22 下列各种情况均涉及可能违反美国注册会计师协会《职业行为守则》的问题。对于每一种情况，请说明适用行为规则的哪一条，并说明是否违反了该规则。

a. 注册会计师 Emrich 为同一个非上市客户提供税务服务、管理咨询服务和簿记服务并执行审计。该事务所较小，由一个人同时提供所有的服务。

b. 注册会计师 Steve Custer 设立了一家意外事故和火灾保险代理机构以补充他的审计服务和税务服务。对于属于该保险代理机构的任何事情，他都不使用自己的姓名，因此他聘请了一位极具胜任能力的经理 Jack Long 来管理这一机构。Custer 经常要求 Long 若客户有迹象表明保险不足，就应该与管理层一起检查其保险的充分性。他认为在客户保险不足时告之此事实可以为客户提供有价值的服务。

c. 7 家西雅图小型会计师事务所通过参与事务所之间的工作底稿复核方案面临一些审计信息问题。根据该复核方案，每家事务所指派两名合伙人复核包括参与该方案的另一家会计师事务所的纳税申报表和财务报表等审计工作底稿。在每次复核结束时，编制审计工作底稿的审计师和复核者举行一次会议，讨论该审计的优点和缺点。在复核开始之前，他们没有得到审计客户的授权。

d. Franz Marteens 是一位注册会计师，但不是合伙人，已在 Robert & Batchelor 会计师事务所工作了三年。他拥有该事务所一家审计客户 25%的股票，但没有参与该客户的审计，相对于他的财富总额来说，该股票的金额是不重要的。

e. 一位非审计客户要求注册会计师 M. Wilkenson 协助安装局域网，Wilkenson 没有这类工作的任何经验，并对该客户的计算机系统一无所知，因此，他得到了一位计算机咨询专家的协助。该咨询专家没有从事过公共会计业务，但 Wilkenson 信任他的专业技能。由于该工作的高度技术性，Wilkenson 没有能力检查该咨询专家的工作。

f. 注册会计师 Sarah Milsaps 在为一位客户编制个人所得税申报表时发现，对于捐赠和利息的扣除金额异常大。当她要求客户提供资料以支持这些扣除时，对方的回答是："不要问我任何问题，我不会对你撒谎。" Milsaps 根据从该客户那里获得的资料完成了该申报表。

g. 注册会计师 Roberta Hernandez 是一家在南美几个国家拥有重大经营业务但总部设在美国的公司的主计长。公司业务分部所在国家的政府的一些规定要求公司提交根据国际准则编制的财务报表，Roberta 负责监督公司财务报表的公布，并确认公司的财务报表是根据国际财务会计准则编制的，但是，她所使用的准则并不是国际会计准则理事会发布的。

h. 注册会计师 Archer Ressner 在 Ressner & Associates 会计师事务所年度圣诞晚会上待的时间过长。在回家的路上，他驾车闯红灯被警察逮住。警察发现他喝醉了。在陪审团审判中，Ressner 因酒后驾车而被判有罪。由于不是初犯，他被判入狱 30 天，并被吊销驾驶执照 1 年。

4-26 下列问题与审计师的独立性有关：

要求：

a. 为什么独立性对审计师来说非常重要？

b. 比较注册会计师独立性与其他职业人员（如律师）独立性的重要性。

c. 简述形式上的独立性与实质上的独立性之间的区别。

d. 假如会计师事务所的一位合伙人拥有一家大型审计客户的两只股票，他又是该业务的合伙人。就其财富总额来说，该股票所有权是不重要的。那么：

(1) 他违反了《职业行为守则》吗？

(2) 该所有权是否有可能影响该合伙人的实质上的独立性？

(3) 在行为规则中为何对股票所有权有如此严格的规定？

e. 讨论下列各种情况怎样影响实质上的独立性和形式上的独立性，并评价禁止审计师这样做的社会后果。

(1) 在客户公司中的股票所有权。

(2) 为审计客户执行审计的一个人同时为该客户提供簿记服务。

(3) 配偶是客户公司的首席财务官。

(4) 连续10年由同一家会计师事务所执行年度报表审计。

(5) 由管理层选择会计师事务所。

(6) 对客户的财务报表提出调整分录的建议，并为客户编制财务报表及其附注。

(7) 由独立于审计部的其他部门成员为审计客户提供复杂的金融工具估值服务。

f. 上述做法(1)～(7)中，哪种是美国注册会计师协会《职业行为守则》禁止的做法？哪种是《萨班斯-奥克斯利法案》或证券交易委员会有关规定禁止的做法？

第5章

法律责任

- 5.1 法律环境的变化
- 5.2 经营失败、审计失败和审计风险之间的区别
- 5.3 影响责任的法律概念
- 5.4 对客户的责任
- 5.5 习惯法下对第三者的责任
- 5.6 联邦证券法下的民事责任
- 5.7 刑事责任
- 5.8 职业界对法律责任的反应

学习目标

1. 了解注册会计师执业过程中所面临的诉讼环境。
2. 解释为什么财务报表使用者不能区分经营失败、审计失败和审计风险导致的法律诉讼。
3. 以与会计师责任相关的主要法律概念和术语为基础研究审计师的法律责任。
4. 阐述会计师对客户的责任和相关抗辩理由。
5. 阐述会计师在习惯法下对第三者的责任和相关抗辩理由。
6. 阐述会计师在联邦证券法下的民事责任和相关抗辩理由。
7. 指出哪些行为构成了会计师的刑事责任。
8. 说明职业界和注册会计师个人应该如何做以减少诉讼威胁。

引 例

一个诉讼案件的成本将抵销很多笔审计业务的净利润

Orange & Rankle是位于圣约瑟的一家会计师事务所，它审计了一家开发软件的小型高科技公司。该客户的绝大部分资本是由一家有40个有限责任合伙人的联合企业提供的。拥有这些股权的所有者都是一些见多识广、知识渊博的商人和专业人士，包括几名律师。

Orange & Rankle事务所连续四个年度对该公司进行审计，平均每年的审计费用大约是66 000美元。审计业务都由具有胜任能力的审计师出色地完成。事务所和随后复核审计业务的其他人都清楚，他们在每一方面都遵守了一般公认审计准则。

就在公司成立后的第五年中期，它制定的市场营销计划过于乐观的迹象开始凸显出来，公司要求追加资本或作出重大战略转变。有限责任合伙人对此作了表决，并拒绝追加资本。该公司最后经营失败并宣告破产，有限责任合伙人损失了他们在该公司的投资。他们随后对涉及该企业的所有各方都提起了诉讼，包括审计师。

在接下来的几年中，审计师一直在诉讼案中为自己进行辩护。他们参加了整个举证过程，聘用了审计方面的专家证人，提出了申诉等。他们不止一次设法进行和解，但原告不同意审计师提出的合理赔偿额。最后，在进入判决程序的第二天，原告同意按名义赔偿额达成和解。

原告显然知道审计师并无过错，但仍对他们提起了诉讼。不考虑在人员工时方面的损失、对他们信誉的可能损害以及由此产生的紧张和压力，仅事务所的实际现金支出总额就达500万美元。因此，这件审计师完全没有过错的诉讼案件的成本，是从该客户那里获得的平均年度审计费用的75倍多。

引例中Orange & Rankle会计师事务所的审计师，饱尝了苦果，法律责任及其后果对注册会计师是极其重要的。尽管事务所可以通过购买保险来减少赔偿损失，但保险费非常高，并且针对事务所的保险政策要求大额的免赔额。这种免赔政策实际上是大型事务所在为其几百万美元的损失进行自我保险。

本章法律责任的讨论和上一章职业道德的讨论，都特别关注注册会计师的运营环境。这一章我们主要对保护高道德标准的职业界信誉的重要性提供一个总体看法，强调在其他人认为会计师没有真正达到道德标准时会计师面临的后果，并表明注册会计师如何对其提供的职业服务承担法律责任。

本章将在概念层次，根据已有判决结果的注册会计师具体诉讼案件，聚焦讨论注册会计师的法律责任。同时也强调，在满足社会需要的同时，为使法律责任最小化，职业界和执业者个人可以采取的对策。

5.1 法律环境的变化

职业人员在其执业过程中，必须保持合理的谨慎水平。在习惯法下，审计职业人员有责任履行对客户明示或隐含的合同。如果审计师未能提供服务或在工作中未能恪守应有的谨慎，则他们要对客户承担过失或违约责任，在某些情况下，还要对除客户之外的其他主体承担责任。

尽管各州对第三者起诉审计师的标准各有不同，但最普遍的观点是，审计师对“已预见”将依赖财务报表的有限第三者应承担谨慎责任。除了习惯法以外，依据成文法，审计师还可能对第三者承担责任。《1933年证券法》《1934年证券交易法》《萨班斯-奥克斯利法案》包含的一些条款，都可以作为起诉审计师的依据。在极为罕见的情况下，审计师还可能承担刑事责任。只有证明审计师蓄意欺诈或伤害他人，才能判审计师犯有刑事罪行。

尽管职业界竭力应对注册会计师的法律责任，但无论是法律诉讼的数量还是赔偿原告的金额，都居高不下，在习惯法和联邦证券法下涉及第三者的诉讼也是如此。并不存在单一明了的原因能够解释这种趋势，但下列是一些主要因素：

- 财务报表使用者对公共会计师责任的了解日趋增加。
- SEC将保护投资者利益视为己任的意识日益加强。
- 由于企业规模扩大、业务全球化以及企业经营错综复杂，会计和审计业务更加复杂。
- 社会日益赞同受伤害的一方向有能力提供赔偿的一方提起诉讼，而不管错在哪方，连带责任原则（即通常所说的“深口袋理论”的责任概念）也日益深入人心。
- 全球经济衰退和经济艰难时期导致企业倒闭，促使利益相关者向他人寻求赔偿，包括外部审计师。
- 民事法庭在审理起诉会计师事务所的几宗大案中，均判事务所败诉，这便怂恿了律师以或有费用为基础提供法律服务。按照这一做法，受害人若胜诉，可以获得潜在利益，而败诉的损失却很小。
- 许多会计师事务所为了避免高昂的法律费用和公开的负面影响，宁愿在庭外和解，也不愿通过司法程序来解决。
- 法庭在理解和解释技术性会计和审计事项方面存在困难。

人们已经认识到，所有的社会成员都要承担针对会计师的诉讼成本。因此，近年来，已试图通过立法来控制诉讼成本，如不支持那些非善意的法律诉讼、使赔偿金更加符合相应的过错等。尽管如此，会计师的法律责任仍然重不堪言，同时，法律责任也是会计师事务所从事职业工作的一项重要考虑因素。

5.2 经营失败、审计失败和审计风险之间的区别

会计界和法律界的许多职业人员都认为，财务报表使用者对会计师事务所提起诉讼的一个主要原因，就是他们缺乏对两组概念的理解：

1. 经营失败与审计失败之间的区别
2. 审计失败和审计风险之间的区别

经营失败（business failure）是指企业由于经济或经营条件，如经济衰退、不当的管理决策或出现意料之外的行业竞争等，而无法归还贷款，或无法满足投资者的预期。**审计失败**（audit failure）是指审计师由于没有遵守一般公认审计准则的要求而发表了错误的审计意见。例如，审计师可能指派了不称职的助理人员去执行某些审计任务，他们未能发现被审计单位记录中存在的称职审计师应当发现的重大错报。审

计风险（audit risk）是指在经过充分审计后，被审财务报表事实上存在重大错报，审计师却认为财务报表是公允表达的并发表无保留意见的可能性。审计风险是不可避免的，因为审计师只是在测试基础上收集审计证据，而且发现精心掩盖的舞弊是极其困难的，因此，尽管审计师遵守了一般公认审计准则，仍有可能发现不了某项重大舞弊错报。

有很多会计职业人员都赞成，在绝大多数情况下，当审计未能发现重大错报并出具了错误的审计意见类型时，恰当的做法是质疑审计师在执行审计中是否恪守了应有的谨慎。在审计失败这种情况下，法律通常允许遭受损失的各方，获得因审计失败导致的部分或全部损失的补偿。但是，由于审计业务的复杂性，在实务中很难判断审计师何时没有恪守应有的谨慎。同时由于司法传统上的原因，不仅判断谁有权期望获得审计利益很困难，而且判断谁有权在审计失败中获得相应的补偿也很困难。尽管如此，审计师如果未能恪守应有的谨慎，通常就可能因此而承担责任，在某些情况下，会计师事务所还有可能遭受损失。

正如本章引例针对 Orange & Rankle 会计师事务所的诉讼中所强调的，当发生了经营失败而不是审计失败时，困难就产生了。例如，若某公司破产或无力偿还债务，则报表使用者通常会指控这是审计失败，特别是如果最近发表的审计意见表明财务报表是公允表达的，更是如此。更为严重的是，如果发生经营失败而随后又发现被审财务报表的确存在错报，那么，即使审计是根据审计准则执行的，使用者也会指控审计师存在过失。报表使用者和审计师之间存在的期望差距，导致使用者和审计师之间经常发生这种冲突。绝大多数审计师都认为，按照审计准则执行审计是对审计师的全部期望，但是许多使用者认为，审计师应保证财务报表的精确性，有些使用者甚至认为，审计师还应保证企业的财务生存能力。值得职业界庆幸的是，法庭继续支持审计师的观点。然而，遗憾的是，期望差距往往导致“莫须有”（unwarranted）的法律诉讼。职业界必须继续在有关审计师的作用和经营失败、审计失败、审计风险三者之间的区别方面教育报表使用者。但审计师必须认识到，指控审计失败的部分原因，是那些遭受经营损失的人希望从某种渠道获得赔偿，而不管错在哪方。

5.3 影响责任的法律概念

注册会计师应当对其公共会计工作的每个方面负责，包括审计、税务、管理咨询服务、会计和簿记服务等。例如，如果注册会计师由于过失而未能适当地为客户编制和申报纳税申报表，他就可能承担原本应由客户支付的罚金和利息以及纳税手续费，在一些州，法庭还可能对注册会计师处以惩罚性损害赔偿金。

绝大多数针对会计师事务所的重要诉讼案件都与已审财务报表或未审财务报表有关。本章讨论的内容也主要限于公共会计的这两个方面。首先，我们介绍几个与注册会计师法律诉讼有关的法律概念。

□ 谨慎人概念

会计职业界和法庭都认同，审计师不是财务报表的担保人或保险人，人们只能期望审计师以应有的职业谨慎执行审计，而不能期望他们尽善尽美。应有的职业谨慎标准通常又称为**谨慎人概念**（prudent person concept）。《克莱论民事侵权行为》（*Cooley on Torts*）一书将这一概念表述为：

- 每一个受雇为他人提供服务的人，都有责任在受雇期内，合理谨慎和勤勉尽责地运用其所具有的技能。如果某人受雇提供需要特殊技能的服务，那么他就会被认为，正如他已公开表明的那样，他已具备别人在相同服务中通常应具备的技能水平，如果他假装具备而又没被发现，事实上是欺骗了每一个依赖其公共专业而雇用他的人。但是，任何人，无论是否具备技能，都不能保证百分之百成功地完成他所承担的任务，而不出现任何过失或差错。他只能保证忠诚、正直，但不能保证绝无错误，他只能对雇主承担过失、不守信、不诚实的责任，但不对纯粹由于判断失误而导致的后果承担责任。

对他人行为的责任

一般来说，在针对某一合伙人或股东的民事诉讼案中，其他合伙人或职业公司股东要承担连带责任。但是，如果事务所是有限责任合伙（LLP）、有限责任公司（LLC）、一般公司或是有限责任职业公司，则与某一合伙人或股东有关的诉讼案责任不会延伸到另一名所有者的私人财产，除非其他所有者与引起此项责任的所有者的行动有直接关联。当然，事务所的全部资产都适用于诉讼案引发的损失赔偿。

根据代理法的规定，合伙人还可能要对他所依赖的其他人员的工作承担责任。审计师最可能依赖三种人，即雇员、受聘承担部分工作的其他会计师事务所和被要求提供技术性信息的专家。例如，如果某个雇员在审计中行为不当，则合伙人就要对该雇员的行为承担责任。

缺乏特免资料权

按照习惯法的规定，注册会计师无权以资料具有特免权为由，拒绝向法庭提供有关资料。审计师与客户之间的机密性讨论，也不得向法庭隐瞒。（正如第 4 章所述，审计记录中的资料可以被法庭以传票形式传唤。）

美国有几个州的法律认可客户和审计师之间的沟通具有特免资料权。即使这样，这些沟通在进行时也属于必须保守的机密。在有特免资料权法令的州，注册会计师有权拒绝出庭作证。但是，这种特免资料权不能扩展到联邦法庭。

影响注册会计师责任的法律术语

在进一步讨论注册会计师的法律责任之前，我们要先介绍几个影响注册会计师法律责任的习惯法术语。这些术语的定义如表 5－1 所示。建议回顾一下。当审计师未能充分执行审计，应承担的责任将依其过失程度予以确定，包括普通过失甚至舞弊。同时也要注意区分连带责任和单独责任、分担责任和比例责任，因为依据这两种责任基础所判定的赔偿金在数额上显著不同。一般来说，这两种赔偿方法适用于习惯法和联邦证券法下针对第三者责任的案件。对于向州法庭提起的诉讼，应根据州法律确定适用的赔偿方法。对于依据联邦证券法提起的诉讼，应适用分担责任和比例责任的赔偿方法，除非能证明被告注册会计师确实了解欺诈行为或参与了欺诈行为，在这种情况下应适用连带责任和单独责任。根据联邦成文法的规定，在分担责任和比例责任下，如果主要被告无力偿付，则赔偿金额可提高至依据注册会计师的过错程度按比例确定的金额的 150%。

表 5－1 影响注册会计师法律责任的术语

法律术语	说明
与过失和欺诈相关的术语	
普通过失	在特定情况下，某人缺乏人们期待的合理谨慎。评价审计师是否缺乏合理谨慎，应依据在相同情况下其他具有胜任能力的审计师将会怎样做。

续表

法律术语	说明
重大过失	某人缺乏人们期待的最起码的谨慎，相当于草率行为。一些州并不区分普通过失和重大过失。
推定欺诈	虽非蓄意欺诈或伤害他人，但存在极端的或不寻常的过失。推定欺诈也可以定义为草率行为。就审计业务来说，草率行为是指：审计师尽管不是蓄意欺诈报表使用者，但审计师明知没有执行充分审计，仍然发表了审计意见。
欺诈	对于发生的错报，既知道其虚假性，又进行蓄意欺诈。
与合同法相关的术语	
违约	合同的一方或双方当事人未能履行合同条款。例如，会计师事务所未能在商定日期提交纳税申报表。当事人之间由合同确立的关系称为合同关系。
第三受益人	不具有合同关系，却为合同签订方已知，并根据该合同拥有某种权利和利益的第三者。常见的例子是在资产负债表日有大额贷款尚未收回的银行，要求审计作为贷款协议的一部分。虽然审计业务约定书是客户和会计师事务所签订的，但是双方都知道银行将使用经审计的财务报表。
其他术语	
习惯法	不是经过政府部门立法，而是通过法院判例形成的各项法律。
成文法	经美国国会或其他政府部门通过的各项法律。其中，1933 年和 1934 年的证券法以及 2002 年的《萨班斯-奥克斯利法案》都是影响审计师的重要的成文法。
连带责任和单独责任	不考虑其他各方分担过错的程度，被告赔偿原告遭受的全部损失。例如，假设管理层有意错报财务报表，如果被审计单位破产了且管理层无力赔偿，则审计师可能要赔偿股东的全部损失。
分担责任和比例责任	赔偿由于被告的过失而给原告造成的那部分损失。例如，如果法庭判定，由于审计师在审计过程中的过失所造成的损失，在被告所造成的全部损失中占 30%，那么，会计师事务所将只赔偿损失总额的 30%。

□ 法律责任的来源

本章后面主要讨论审计师**法律责任**（legal liability）的四种来源：（1）对客户的责任；（2）习惯法下对第三者的责任；（3）联邦证券法下的民事责任；（4）刑事责任。

图 5-1 为每种法律责任类型举出了例子。接下来，我们将更详细地考察每种责任类型。

责任来源	潜在索赔的例子
对客户的责任	客户起诉审计师在审计过程中没有发现重大舞弊行为。
习惯法下对第三者的责任	银行起诉审计师没有发现借款人的财务报表存在重大错报。
联邦证券法下的民事责任	股东联合起诉审计师没有发现财务报表的重大错报。
刑事责任	联邦政府起诉审计师蓄意出具不正确的审计报告。

图 5-1　审计师法律责任的四种主要来源

5.4 对客户的责任

针对注册会计师的诉讼最常见的是客户提起的诉讼案件。此类案件内容涉及的范围很广，包括指控注册会计师未能在商定日期完成一项非审计业务，或是不恰当地退出审计业务，或是未能发现贪污行为（盗窃资产），或是违反对注册会计师的保密性要求等。通常情况下，这些案件涉及的金额相对较小，也常常不像涉及第三者案件那样受人关注。

典型的诉讼案件是指控审计师在执行审计中因过失而未能发现雇员的贪污行为。这种诉讼可以违约为由，也可以过失导致的民事侵权行为为由，或者同时指控这两种行为。以民事侵权行为为由较为常见，因为由其可获得的赔偿金额通常要高于以违约为由的赔偿金额。民事侵权行为的依据可以是普通过失、重大过失或欺诈，请参阅表5－1中有关三种过失的阐述。

涉嫌过失案件的关键问题常常在于如何确定所要求的谨慎程度。虽然人们普遍认为人无完人，即使职业人员也不例外，但绝大多数情况下，审计判断上的任何重大差错或错误至少会导致人们假定审计师有过失行为，因而职业人员不得不为之辩护。在审计环境中，没有遵守一般公认审计准则通常是认定过失的决定性证据。Cenco公司 v. Seidman & Seidman案就是会计师事务所因工作过失而引起的典型审计案例。此案指控审计师由于过失而未能发现舞弊行为，图5－2是对此案的详细介绍。在这个由Cenco公司管理层提起的法律诉讼中，审计师成功地抗辩，这不是审计师的过失，而是由于Cenco公司原管理层的欺诈性行为阻碍了审计师揭露其舞弊行为。

> 在1970—1975年间，Cenco公司管理人员，包括最高管理层，参与了一场虚夸公司存货价值的集体欺诈行为。这使得公司能够以较低的利率获得贷款并获得高于正常数额的火灾保险赔款。Cenco公司的一名雇员发现了这起欺诈案，并向SEC报告，之后，公司股东集体对Cenco公司、公司管理层和公司的审计师提起了诉讼。会计师事务所通过支付350万美元庭外和解了这起集体诉讼案。
>
> 后来，Cenco公司由新的管理层经营，他们以Cenco公司的名义，针对会计师事务所提起了第二次诉讼，指控事务所违约，有职业过失和欺诈。会计师事务所的主要抗辩理由是，审计师已经作出了勤勉的努力，追踪了所有欺诈迹象，但由于Cenco公司原管理层许多管理人员的联合努力，阻碍了他们发现该欺诈行为。会计师事务所认为，管理层的错误做法是反击指控的有效辩词。
>
> 第七巡回上诉法院经过审理，判定该会计师事务所在本案中不承担责任。虽然Cenco公司原管理层不再为公司工作，但审计师仍可以他们的错误做法作为反击违约、职业过失和欺诈指控的恰当理由。考虑到管理部门参与欺诈，不能认定会计师事务所有过失。

图5－2 Cenco公司 v. Seidman & Seidman案（1982年）——对客户的责任

在财务报表审阅业务或编表业务环境中，由于几乎没有公认准则用于评价工作，因此确定谨慎程度的问题就变得更加困难。图5－3中叙述了一个广为人知的涉及没有发现未审财务报表中存在欺诈行为的诉讼案例。尽管注册会计师从未被聘请执行对1136租户公司的审计，但注册会计师仍被指控对未能发现该客户一名经理采取的侵占资产行为承担责任。这种结果的原因之一在于客户和注册会计师之间对注册会计师所提供服务的准确性质缺乏清晰的了解。如图5－3中说明的，作为该案件的结果之一，就是要求客户和会计师事务所之间必须签订业务约定书。现在，会计师事务所和客户一般都要签订业务约定书，使它们针对所提供的服务、费用和时间安排等的协议正式化。即使没有书面协议，也能够形成合同关系（见表5－1中的违约定义），但业务约定书更清楚地确定了合同。

1136 租户案是一起涉及注册会计师未能发现未审财务报表中存在欺诈行为的民事案件。租户获得了大约 235 000 美元的赔偿。

一家会计师事务所接受一家房地产经营代理商的聘请，为 1136 租户公司编制财务报表、纳税申报表和房地产税摊销明细表，每年费用为 600 美元。财务报表要定期提交给各租户。报表中标明“未经审计”字样，并且还有一张封面，上面注明“本报表根据合作公司的账簿和记录编制，未经独立验证”。

就在聘约期内的 1963—1965 年，该公司经理贪污了大量属于合作租户公司的基金。租户以过失和违约而未能发现该欺诈行为为由，起诉该会计师事务所。

本案的核心问题有两个：第一，会计师事务所除了受聘办理一些记账工作之外，是否还受聘进行审计？第二，会计师事务所是否有过失？法院对上述两个问题都作出了肯定的判决。其理由是，事务所已执行了审计，因为事务所执行过“一些审计程序”，其中包括编制了一张名为“失踪发票”的工作底稿。如果注册会计师能对此继续追查，就极有可能发现这一欺诈行为。更为重要的是，法院认为，即使不把此项业务视为审计，注册会计师也有责任在履约过程中，追查任何潜在的、尚未发现的重要例外事项。

1136 租户案和其他涉及未审财务报表的类似案件，促使职业界取得了两项进展：

- AICPA 强烈建议，对所有业务，特别是那些未审计业务，会计师事务所与客户之间均应签订业务约定书。约定书应当清楚地明确业务的目的、注册会计师的责任和对注册会计师的任何限制。
- AICPA 成立了会计与审阅业务委员会（ARSC），作为一个重要委员会，负责为非公共公司未审财务报表业务制定指南。

图 5-3　1136 租户 v. Max Rothenberg 案（1967 年）——对客户的责任

□ 审计师对客户指控的抗辩理由

会计师事务所在被客户提起法律诉讼时，通常采用以下四种理由中的一个或多个进行抗辩：无服务义务、无过失行为、共同过失和缺乏因果关系。

无服务义务　**无提供服务义务**（lack of duty to perform）是指会计师事务所声称没有隐含或明确的服务合同。例如，会计师事务所可以声称，没有发现错报是因为事务所提供的是审阅服务，而不是审计服务。会计师事务所举证无服务义务的通常做法就是利用业务约定书。许多法律专家认为，签订合理的业务约定书是会计师事务所减少不利诉讼可能性的最重要手段之一。第 8 章将进一步讨论业务约定书。

无过失行为　审计中的**无过失行为**（nonnegligent performance）是指会计师事务所声称审计是根据审计准则执行的。只要审计的执行是恰当的，即使存在未被发现的错报，审计师也不承担责任。前面所讨论的谨慎人概念在法律上确定，人们不能期望会计师事务所的工作完美无缺。与此相似，审计准则也已清楚地明确审计是有局限性的，不能把审计作为发现所有错报的绝对保证。要求审计师发现所有重大错报，实质上就是把审计师当作财务报表精确性的保险人或担保人。法庭也并不要求那样。

共同过失　如果被审计单位自身的行为导致了索赔损失的基础，或者干预了审计的执行，如阻碍审计师发现引起损失的原因，会计师事务所就可以**共同过失**（contributory negligence）为由进行抗辩。假设被审计单位起诉会计师事务所由于过失而未能发现雇员盗窃现金。如果会计师事务所已经通知被审计单位（最好以书面方式）防止盗窃的内部控制存在薄弱环节，但管理层并没有加以改正，会计师事务所就可以共同过失为由进行抗辩。又假设会计师事务所不能确定某些应收账款已无法收回，同时在检查可回收性时，信贷经理对审计师撒谎并提供了伪造的凭证。在这种情况下，只要应收账款审计是根据审计准则执行的，就可以共同过失为由进行抗辩。

缺乏因果关系　为了在指控审计师的诉讼案中胜诉，被审计单位必须能够证明，审计师违反应有的谨慎准则和被审计单位遭受损失之间存在密切的因果关系。例如，假设审计师未能在商定日期完成审计工作，被审计单位指控这导致银行拒绝给一笔贷款进行展期，从而造成了损失。审计师的潜在抗辩理由可以是，银行拒绝给贷款展期是由于其他原因，比如被审计单位的财务状况正在恶化等。这种就是**缺乏因果关系**（absence of causal connection）的抗辩。

5.5 习惯法下对第三者的责任

除了被审计客户根据习惯法提起诉讼外，在习惯法下，注册会计师还可能对第三者承担法律责任。第三者包括现有的和潜在的股东、供货商、银行和其他债权人、雇员和顾客。如果他们的损失是由于信赖了误导性财务报表而导致的，则会计师事务所就可能要对第三者承担法律责任。当银行无法从一个已破产的顾客那里收回一笔大额贷款时，就可能会发生这种典型诉讼案件。银行可以声称在发放贷款时信赖了误导性已审财务报表，要求会计师事务所因未恪守应有的谨慎承担相应责任。

□ 厄特马斯原则

在涉及对第三者责任的审计案例中，具有树立先例的指导性案例是1931年发生的厄特马斯公司（Ultramares）v. Touche案，这个案例确立了**厄特马斯原则**（Ultramares doctrine）。请看图5-4对该案例所作的归纳。

> 一家没有偿债能力的公司（厄特马斯公司）的债权人信赖了已审财务报表，随后起诉会计师，指控会计师犯有过失罪和欺诈性错报罪。该公司伪造了应收账款，在原有650 000美元应收账款中增加了虚构的超过700 000美元的另一个项目。债权人声称，只要进行仔细调查，就能够发现这700 000美元属于欺诈性项目。而且，该公司的应付账款存在类似的欺诈性项目。
>
> 法庭认为，会计师的确存在过失，但判定会计师不应因无意过失对超出原合同约定范围之外的第三者承担责任，除非第三者是合同的主要受益人。法庭认为，只有就有关服务与会计师签订了合同的人，才有权起诉会计师在提供服务中有过失行为。

图5-4 厄特马斯公司v. Touche案（1931年）——对第三者的责任

在这个案件中，法庭认为，尽管会计师有过失，但他们不应对债权人承担责任，因为债权人不能被认为是主要受益人。在这里，主要受益人是指在执行审计之前已告知审计师的人（已知第三者）。厄特马斯案件的关键之处是债权人与审计师缺乏合同关系。这个案件确立了一个先例，通常称为“厄特马斯原则”，即普通过失不足以导致对第三者承担法律责任，因为第三者与审计师之间缺乏合同关系，除非第三者是主要受益人。然而，在厄特马斯案件的随后审判中，法庭指出，如果审计师存在欺诈或重大过失，审计师就应当对不是主要受益人的第三者承担法律责任。

□ 已预见的使用者

近年来，许多法庭拓宽了厄特马斯原则，通过引入**已预见的使用者**（foreseen users）的概念，允许第三者在更多的情况下获得赔偿。一般来说，已预见的使用者是审计师应该知道的将会依赖财务报表的有限使用者。例如，在资产负债表日在被审计单位有尚未收回贷款的银行就可能是已预见的使用者。根据这一概念，已预见的使用者视同为已知第三者。

尽管已预见的使用者的概念看起来简洁明了，但其实际应用并非如此，在不同的司法判决中也有不同的应用。目前出现了以下三种主要应用方法。

信贷联盟法 信贷联盟 v. 安达信公司案（1986年）是发生在纽约的一个案例。在该案中，贷款人对其借款人的审计师提起诉讼，声称信赖了借款人的财务报表而发放了贷款，却遭到借款人的拖欠。纽约州上诉法院支持了依厄特马斯原则所确立的关系人的基本概念，并指出审计师有责任：(1) 知道并打算使其工作结果被第三者用于特定用途；(2) 用其行为证明这种了解和意图。

《民事侵权行为新编》 绝大多数州采用的方法是引用《民事侵权行为新编》(Restatement of Torts)——一本权威性的法律原则简编——中所确立的规定。《民事侵权行为新编》的解释是，已预见的使用者必须是“合理的、有限的、可识别的使用者”，比如债权人，他们将依赖注册会计师的工作，即使注册会计师在工作时并不明确知道这些人。支持应用这一规定的指导性案例是 Rusch Factors v. Levin 案，如图 5-5 所示。

> 原告——债权人（Rusch Factors），要求被告——审计师对一家寻求贷款的公司进行财务报表审计。审计师对该公司的财务报表发表了无保留意见，表明该公司有偿债能力，但事实上，该公司并没有偿债能力。原告依据审计师的意见向该公司提供了贷款，随后遭受了损失，因此起诉审计师，要求进行赔偿。
>
> 本案中，审计师的抗辩理由是，与 Rusch Factors 没有合同关系。法庭判决原告胜诉。尽管法庭应当能够发现，厄特马斯原则有利于 Rusch Factors，因为它是主要受益人；但法庭选择以《民事侵权行为新编》为依据，声称：如果财务报表使用者是实际已预见的、有限的人，审计师就应当因审计中的普通过失而对这些报表使用者承担责任。

图 5-5 Rusch Factors v. Levin 案（1968年）——对第三者的责任

可预见的使用者 对第三受益人权利的最广义的解释是使用**可预见的使用者**（foreseeable users）的概念。根据这一概念，审计师应当能够合理预见的，很可能是财务报表使用者的任何使用者，都与具有合同关系的财务报表使用者享有同等的权利。这些使用者通常被称为无限制的使用者。尽管过去有相当多的州遵循这一方法，但现在仅有少数州还在使用这个方法。

表 5-2 概括了在习惯法下法院针对注册会计师的第三者责任的三种判决方法。尽管在习惯法下对第三者责任的不同观点已经引起了混乱，但变化趋势显然是远离可预见的使用者法，也就是从三种方法变为前两种方法。在 Bily v. 安永案（1992年）中，加利福尼亚最高法院驳回了下级法院对安永的判决，明显地支持了《民事侵权行为新编》中的原则。在这一判决中，法院声称：“审计师不对客户以外的其他人承担审计工作中一般性的谨慎责任。”并指出，根据可预见的使用者原则确定的审计师的潜在责任，显然已超出了其过错的合理范围。

表 5-2 习惯法下法庭针对第三者责任的判决方法

解释	法庭采用的方法与案例	第三者使用者的定义	事例
狭义 ↑	主要受益人/已识别的使用者 厄特马斯公司 v. Touche 案（1931年） 信贷联盟 v. 安达信公司案（1986年）	已告知审计师将要使用审计报告的使用者。	要求提供已审财务报表的银行贷款合同。
	已预见的使用者 Rusch Factors v. Levin 案（1968年）	能合理限定和确定将会依赖财务报表的使用者。	客户已经向其提供已审财务报表的银行或商业信贷者。
↓ 广义	可预见的使用者 Rosenblum, Inc. v. Adler 案（1983年）	应该能够合理预见可能运用财务报表的使用者。	之前与客户没有商业关系的商业信贷者。客户之前也没有向其提供过财务报表。

□ 审计师对第三者指控的抗辩理由

在抗辩第三者的指控时，审计师可用抗辩客户指控的四种理由中的三种进行抗辩：无服务义务、无过失行为和缺乏因果关系。共同过失理由通常不适用，因为第三者不可能共同参与错报财务报表。

在抗辩第三者的指控时，无服务义务的抗辩理由是指声称没有合同关系。合同关系作为恰当抗辩理由的适用程度以及这种抗辩理由的性质，很大程度上取决于各个州采用的已预见的使用者的方法以及具体的司法判决。

如果审计师在使用无服务义务进行抗辩时被法庭驳回，那么，在抗辩第三者的指控时，最好的抗辩理由是无过失行为。如果审计师是根据审计准则执行审计的，其他抗辩理由就没有必要。遗憾的是，审计师很难向法庭证明其无过失行为，尤其是在陪审员都是外行的情况下更是如此。

在抗辩第三者的指控时，缺乏因果关系通常是指使用者没有依赖财务报表。例如，审计师能够证明，贷款人在发放贷款时，依据的是与顾客之间持续的信贷关系而不是顾客的财务报表。在这种情况下，审计师在审计工作中存在过失的事实与之无关。当然，做好这一证明具有相当的难度。因为即使使用者在进行投资和信贷决策时没有考虑公司财务报表，他们也可能声称依赖了这些财务报表，所以，缺乏因果关系的抗辩理由很难成立。

5.6 联邦证券法下的民事责任

客户和第三者依据习惯法指控会计师的案件虽然有所增长，但在有关注册会计师法律责任的诉讼案中，增长最快的是联邦证券法下的民事责任诉讼案。集体诉讼的实用性以及从被告那里获得巨额赔偿变得相对容易，导致联邦证券法下的赔偿诉讼日渐流行。

也有一些原因使得人们更愿意选择联邦法院。例如，证券法中的几项条款强加给注册会计师相当严格的责任标准，联邦法院在可以依据这些严格标准的诉讼案中，往往判决原告胜诉。不过，最近的民事侵权行为修正法案的规定，可能有助于减少事务所在联邦法院中的不利局面。

□《1933 年证券法》

《1933 年证券法》(Securities Act of 1993) 是对注册表和招股说明书应列信息的规定。它只涉及公司发行新证券的报告要求。根据《1933 年证券法》，只有证券的初始购买者才能根据该法从审计师那里获得赔偿。可能的赔偿数额是证券的初始买价减去起诉时的证券价值。(如果起诉时证券已经售出，则使用者可以获得的赔偿数额为实际损失额。)

《1933 年证券法》给审计师施加了非同寻常的责任。《1933 年证券法》第 11 节规定了第三者和审计师的权利，归纳如下：

- 任何购买注册表中所述证券的第三者，都可以就注册表所含已审财务报表中的重大错报和漏报起诉审计师。
- 作为报表使用者的第三者，无须证明他们信赖了财务报表，也不必证明审计师在审计中是否有过失或欺诈行为。使用者只需证明已审财务报表中包含了重大错报或漏报。
- 作为抗辩，审计师有责任举证：(1) 在当时的情况下，已执行了充分的审计；或 (2) 原告全部或部分损失是由误导性财务报表以外的其他因素造成的。《1933 年证券法》是习惯法和成文法中举证责任在被告方的唯一法律。

此外，审计师还有责任确信，财务报表自公布之日起直至注册表生效之日止，都是公允表达的。这一期间可能是好几个月。例如，假设资产负债表日为 2015 年 12 月 31 日的财务报表，其审计报告日是 2016 年 2 月 10 日，而注册表的生效日期是 2016 年 11 月 1 日。在常规审计中，审计师必须复核截止于审计报告日 2016 年 2 月 10 日的交易。而对于依据《1933 年证券法》要求提交的报表，审计师还要负责复核截止于注册表生效之日2016年11月1日——额外的近九个月——的交易。

虽然这些规定对审计师来说有些苛刻，但是按《1933年证券法》进行的判例很少。最重要的判例是Escott等 v. BarChris建筑公司案（1968年）。如图5-6所述，会计师事务所执行资产负债表日后事项的复核时，要对其未尽《1933年证券法》所要求的应有的勤勉承担责任。这一案件直接导致了两个重大后果：

1. 修改了审计准则，要求审计师更加重视执行有关期后事项的审计程序。
2. 开始更加强调审计人员了解被审计单位业务特点和行业特征的重要性。

> BarChris公司于1961年向SEC提交了一套S-1注册表，申请发行可转换的次级债券，因此，该公司属于《1933年证券法》的适用范围。大约17个月后，BarChris公司宣告破产，债券购买人因此根据《1933年证券法》起诉会计师事务所。
>
> 本案中最重要的问题，特别是对审计师来说，是资产负债表日后事项的复核问题，称为对注册表S-1复核。法庭认为，会计师事务所的书面审计工作方案符合当时已有的审计准则。但是，法庭也对复核人提出了严厉的批评，因为他们没有建筑公司的审计经验，没有对管理当局的答复进行适当的追查。以下是法庭对本案判决意见中的重要部分：
>
> - 不能强求会计师达到比其职业界所认可标准更高的水平。法庭也不作这样的要求。但Richard的复核工作并没有达到职业准则的要求。他没有遵循会计师事务所书面审计方案所指示的工作步骤，也没有花足够的时间来完成这项重要工作。**更为重要的是，他过于轻易地满足于管理当局对他的询问所作的圆滑回答。**这并不是说他应当执行全面彻底的审计。但在他已复核过的资料中，确实存在足够危险的信号，要求作进一步的调查……仅靠提问并不总是充分的。（黑体字部分是增加的，名字是化名。）
>
> 在本案中，会计师事务所因为未尽《1933年证券法》所要求的应有的勤勉而被判定承担责任。

图5-6 Escott等 v. BarChris建筑公司案（1968年）——《1933年证券法》

□《1934年证券交易法》

在《1934年证券交易法》（Securities Exchange Act of 1934）下，审计师的责任常常集中在作为年度10-K格式报告的一部分提交给SEC，公开披露的年度报告中所包括的已审财务报表上。每一家证券在全国各地证券交易所或柜台交易的公司，都必须每年提交已审财务报表。显然，《1934年证券交易法》所要求的财务报表要远远多于《1933年证券法》所要求的财务报表。

审计师对季度信息（10-Q格式）或提交给SEC的其他报告信息，如以8-K格式提交的异常事项信息，也要承担潜在的法律责任。审计师必须对向SEC申报的10-Q格式报告进行及时复核，审计师也常常被要求复核其他报告中的信息，因而可能要对此承担法律责任。但是，涉及年度报告以外的其他报告的诉讼案为数极少。

□《1934年证券交易法》的10b-5规定

依《1934年证券交易法》对注册会计师责任的诉讼主要集中在10b-5规定上。第10节和10b-5规定通常被称为《1934年证券交易法》的反欺诈条款，因为它们的制定主要是为了防止证券交易时的欺诈。许多联邦法庭的判决都清楚地表明，10b-5规定不仅适用于证券的直接销售者，而且适用于会计师、证券承销商以及其他人。一般来说，会计师如果蓄意或草率地错报第三者要使用的信息，就可能会依据第10节和10b-5规定被判承担责任。

1976年发生的Hochfelder v. Ernst & Ernst案是一个涉及证券法和注册会计师责任的著名案例。美国最高法院裁定，要判定注册会计师因违反10b-5规定而承担责任，必须首先证实他是明知的和蓄意欺诈。

Hochfelder案的概况见图5-7。

> 本案涉及审计师侦查客户公司董事长欺诈的责任。Lestor Nay，芝加哥第一证券公司董事长，采用欺诈手段说服一些顾客投资于他的代管账户基金，并声称他们将获取高额的回报。但事实上，这些代管账户并不存在。Nay实际上将顾客资金挪作自用了。
>
> 这些交易的处理方式与第一证券公司与其顾客之间的正常交易不同。第一，与顾客的联系完全由Nay一人负责。第二，顾客交来的支票由Nay负责提款，并且根据Nay制定的“邮件规定”，这类邮件只能由他一人拆封。第三，代管账户既没有反映在第一证券公司的账簿记录中，也未反映在SEC的注册表中，与顾客的其他投资账户也没有联系。这一欺诈行为直到Nay自杀后才被发现。
>
> 顾客最初根据证券法10b-5规定向联邦地方法院提起诉讼，指控被告审计师——安永会计师事务所是本案的同谋和教唆犯，从而给原告造成损失。他们指控事务所没有执行恰当的审计，因此未能发现邮件规定和舞弊行为，但没有指控安永会计师事务所实施蓄意欺诈行为。由于这一诉讼仅仅是指控安永会计师事务所没有执行恰当的审计，因此法院驳回了诉讼，但是否可以仅以过失为由提起诉讼的问题并没有得到解决。
>
> 上诉法院驳回了联邦地区法院的观点。上诉法院认为，如果某人通过询问和披露就可以发现和防止欺诈行为，然而却没有这样做，那么他就应该对第三者违反10b-5规定而导致的损失承担同谋和教唆的责任。法院指出，由于安永会计师事务所与第一证券公司签订了合同，对第一证券公司进行审计，并且代该公司编制向SEC申报的反映其财务状况的年度报告，因此，根据习惯法和成文法的规定，事务所有责任调查第一证券公司内部控制的充分性。
>
> 美国最高法院又驳回了上诉法院的观点。最高法院认为，对10b-5规定的解释应当是“蓄意地欺骗、篡改或欺诈”。最高法院法官Powell在法院意见书中写道：
>
> - 在法律已如此明确地使用篡改和欺骗、诡计和图谋等术语——这些术语通常应理解为蓄意的错误行为——且司法历史也未反映出对这些术语的解释有扩大的迹象的情况下，我们极不愿意将这一条款的适用范围扩大到过失行为。
>
> 最高法院指出，在某些法律领域，为了判决承担责任，草率行为可以视为一种蓄意行为。这就使下述可能性依然存在，即在某些情况下，根据10b-5规定，草率行为可能足以被判承担责任。

图5-7 Hochfelder v. 安永案（1976年）——《1934年证券交易法》

许多审计师认为Hochfelder案中关于“明知和蓄意欺诈的要求”将显著减轻审计师的责任。然而，随后又发生了多起依据10b-5规定提起的诉讼案。早期的案件中，当审计师明知全部相关事实却作出不当判断时，原告很容易按符合明知和欺诈这一标准提起诉讼。在这些案件中，法院强调注册会计师已经知道这些相关事实。图5-8所描述的Solitron公司案就是一例。在这个案件中，上诉法院判定，审计师的草率行为违反了10b-5规定，足以判决审计师承担责任。然而，根据10b-5规定，在最近发生的两起案件Worlds of Wonder案（1994）和Software Toolworks案（1995）中，第九巡回法院的两项关键裁决认为，不当的判断并不是欺诈的证据。这种观点现在似乎在法庭上赢得了支持。

> Solitron是一家电子器械制造商，其股票在美国股票交易所发行。由于该公司涉及政府合同，因此合同评估委员会要对其超额利润进行评估。当委员会确定其利润过高时，管理层承认利润是有意高估的，以利于并购新的公司。在后来的法庭调查中，经另一家会计师事务所审计发现，该公司曾在两个不同年度里，采用高报存货的方法严重高估收益，幅度均达30%以上。
>
> 在初审时，陪审团认为，审计师应当对执行审计中的草率行为承担责任。但法官推翻了陪审团的结论，认为除非有证据表明会计师事务所确实了解这项错报，否则不能依据10b-5规定判定事务所对损害承担责任。草率行为并不足以构成损害。
>
> 在上诉时，第二巡回上诉法院认为，初审陪审团有足够的证据证明会计师事务所明知这项舞弊。因此，上诉法院又推翻了初审法官的结论，并维持了初审陪审团的有罪判决。
>
> 上诉法院还指出，草率行为的证据可能满足10b-5规定中的蓄意要求，但在本案中无须考虑草率程度，因为会计师事务所已经知道这项错报。

图5-8 Howard Sirota v. Solitron公司案（1982年）——《1934年证券交易法》

最高法院最近的裁决使得判定二级被告（如审计人员），对主要被告做出的虚假陈述或遗漏负责变得更加困难。在原来的案件中，审计人员和其他第三方被认定为欺诈的“从犯或支持者”而承担责任。但是，在 Denver 的中央银行（1994）案例中，最高法院裁定，10b-5 所规定的责任，没有延伸到那些参与财务报表舞弊行为但不是主要被告的“从犯或支持者”。随后，在 Janus Capital Group，Inc.（2011）案件的裁决中，最高法院进一步澄清，在根据 10b-5 规定提出的案件中，被告只有在他们是错误陈述的“制造者”时才需要承担责任。这些规定对会计师事务所的影响是，会计师事务所可能对其审计报告中的错报负责，但没有协助或教唆管理层作出财务报表错报因而不承担相关责任。为了证明审计报告有欺诈的意图，原告必须证明会计师事务所要么不相信他们自己的意见，或者缺乏形成意见的依据。尽管 10b-5 规定仍然是对审计师提起诉讼的基本依据，但是 Hochfelder 以及随后的法庭判决已经对审计师的责任有所限制。

□ 审计师的抗辩——《1934 年证券交易法》

审计师针对第三者依据习惯法提起的诉讼所采用的三个抗辩理由，也适用于依据《1934 年证券交易法》提起的诉讼，它们分别是无过失行为、无服务义务和缺乏因果关系。

如本节所述，依据 10b-5 规定提起的诉讼中，使用无服务义务这一抗辩理由是否会成功，要取决于司法判断。在 Hochfelder 案中，法庭裁定审计师明知和蓄意欺诈导致审计师承担责任。而在其他案件中，过失或草率行为就导致审计师承担责任。层出不穷的法庭解释可能会明确这一尚未解决的问题。

□ SEC 和 PCAOB 的制裁

与审计师法律责任密切相关的是 SEC 和 PCAOB 的制裁权力。在某些情况下，SEC 和 PCAOB 有权制裁执业人员，或者中止执业人员对 SEC 管辖的公司进行审计。SEC 的《实务规定》（Rules of Practice）和 PCAOB 的《委员会规定》（Rules of Board）使其有权暂时或永久地取消注册会计师或事务所对上市公司执业审计的权力，如果它们不具备适当的资格，或从事了不道德或不当的职业行为。

近年来，SEC 已暂时中止了许多注册会计师对 SEC 管辖客户执行任何审计业务的资格。类似地，SEC 也禁止了一批会计师事务所在一定期限内（如 6 个月）接受新的 SEC 管辖客户。SEC 还不时要求另一家会计师事务所对某大型会计师事务所的业务情况进行广泛复核。在某些情况下，SEC 还要求注册会计师及其事务所参加后续教育和改进实务。诸如此类的制裁，SEC 都将予以公布，并通常要在工商出版物上进行报道，使得那些当事人极其狼狈。

□《1977 年国外行贿法》

美国国会所采取的另一项重大影响会计师事务所及其客户的行动措施，就是通过了**《1977 年国外行贿法》**（Foreign Corrupt Practices Act of 1977）。该法规定，为了对业务施加影响以及为了获得或巩固业务而向外国官员行贿是违法的。这项禁止向外国官员付款的禁令适用于美国国内的所有企业，无论该企业是上市公司还是私人企业；也适用于在 SEC 登记注册的外国公司。

除了影响所有公司的反贿赂条款外，该法还规定，按《1934 年证券交易法》在 SEC 注册登记的公司需要满足附加要求。这些要求包括保持合理完整和正确的记录，保持健全的内部控制等。这一法律极大地影响了所有 SEC 管辖的公司，也潜在地影响了审计师，因为作为审计工作的一部分，审计师有责任复核和评价客户内部控制。虽然《1977 年国外行贿法》仍然有效，但其与会计记录和内部控制有关的条款大都被更为严厉的 2002 年《萨班斯-奥克斯利法案》取代。

□ 2002年《萨班斯-奥克斯利法案》

《萨班斯-奥克斯利法案》大大增加了上市公司及其审计师的责任。法案要求公司的首席执行官（CEO）和首席财务官（CFO）对向SEC提交的年度和季度财务报表作出保证。另外，正如第3章所讨论的那样，公司管理层必须提供他们对公司财务报告内部控制有效性的评估报告，审计师还要对管理层的这个评估报告和财务报告内部控制的有效性发表意见。这样一来，审计师的责任极有可能拓展至与其内部控制意见有关的法律责任。PCAOB有权制裁违背该法案的注册会计师。

表5-3归纳了习惯法下注册会计师因违约而对客户或其他人的责任，以及在1933年和1934年证券法下对第三者的责任。该表阐述了审计师在1933年证券法下为保护自己而肩负的重任，在习惯法和1934年证券法下对第三者的责任取决于审计师的过失程度，在习惯法下对第三者的责任还取决于法庭裁决和第三者是否为主要受益人或已知的财务报表使用者。

表5-3 审计师责任的总结

审计师涉嫌的行为	对客户的责任	习惯法下对第三者的责任	《1933年证券法》下对第三者的责任	《1934年证券交易法》下对第三者的责任
违约	Y	N/A	N/A	N/A
过失	Y	首要受益人——Y 其他第三方——取决于管辖权	N/A*	N
重大过失	Y	Y	N/A	Y——可能
推定欺诈/草率行为	Y	Y	N/A	Y——可能
欺诈	Y	Y	N/A	Y——可能

"Y"暗示审计师可能要为其涉嫌的行为对客户或第三者承担责任；
"N"表示审计师无须为其涉嫌的行为承担责任；
"N/A"表示审计师涉嫌的行为不适宜在习惯法下或证券法下作为其承担责任的依据。
*在《1933年证券法》下，审计师要对其重大错误或遗漏承担责任。

审计师可用的抗辩理由也归纳在表5-4中。如果审计师不能证明自己无服务义务，则最好的抗辩理由一般是无过失行为。

表5-4 审计师对习惯法下、1933年和1934年证券法下客户或第三者起诉的抗辩理由

审计师的抗辩理由	客户的起诉	习惯法下第三者的起诉	《1933年证券法》下的起诉	《1934年证券交易法》下的起诉
无服务义务	√	√	N/A	√
无过失行为（遵循审计准则的审计）	√	√	√*	√
客户或第三者的共同过失	√	N/A	N/A	N/A
缺乏因果关系	√	√	N/A**	√

"√"表示审计师以此作为抗辩理由；
"N/A"表示审计师一般不以此作为抗辩理由。
*在《1933年证券法》下，审计师必须证明在其审计执行过程中已尽了应有的勤勉。
**审计师可能要证明原告的损失不能归因于误导性财务报表。

5.7 刑事责任

注册会计师承担的第四种法律责任是**会计师刑事责任**（criminal liability for accountants）。根据联邦法律或州法律，注册会计师有可能被判刑事犯罪。用得最多的州法律是《统一证券法》，其内容与 SEC 规定部分相似。1933 年和 1934 年的证券法、《联邦邮政舞弊法》（Federal Mail Fraud Statute）和《联邦伪造报表法》（Federal False Statements Statute）是对审计师影响最大的相关联邦法律。上述所有法律都规定，有意参与虚假报表行为欺诈他人者均触犯刑律。另外，2002 年的《萨班斯-奥克斯利法案》规定严惩销毁或伪造记录以阻止或干涉联邦调查的行为。在《萨班斯斯-奥克斯利法案》下，变更或销毁记录的人可能要处以罚金和 20 年以下的监禁。这些条款在美国联邦政府 v. 安达信案（2002 年）后得以采用。图 5-9 对此案作了相应描述，在此案中，安达信因销毁和变更与其审计客户安然公司有关的记录被政府起诉妨碍司法公正。

在该案件中，美国政府指控安达信销毁与其安然公司审计有关的记录。从 2001 年 10 月 19 日安然通知安达信 SEC 开始询问安然的特殊目的实体的会计问题，到 2001 年 11 月 8 日 SEC 向安达信发出传票与之沟通安然工作事宜这段时间，安达信的员工销毁和删除了大量与安然有关的实物凭证和计算机文件。

安达信最终被判妨碍司法公正罪。这个定罪并不是以其销毁记录为基础的，而是基于其变更安然在 2001 年度第三季度盈余发放中与“安然特色”非再发性费用有关的备忘录，在这份备忘录上安然宣布损失 618 000 000 美元。

这一定罪的结果导致安达信不能再为美国上市公司提供审计服务。2005 年，美国最高法院推翻了这一定罪，因为当时给予陪审团的指示太具倾向性了。这种胜利充其量只是一种象征，因为在最初定罪时，安达信就已经停止营业了。

图 5-9 美国联邦政府 v. 安达信案（2002 年）——刑事责任

遗憾的是，已有几宗臭名昭著的刑事案件涉及了注册会计师。在指控注册会计师的刑事诉讼案中，先例性案例是发生于 1969 年的美国联邦政府 v. Simon 案。在本案中，三名审计师因向政府提供了客户的伪造财务报表而被起诉，并被判承担刑事责任。对这三名审计师来说，其后果是严重的。在 Simon 案后，还有三起重大的刑事案：

- 在美国联邦政府 v. Natelli 案（1975 年）中，两名审计师因对公司含有未充分披露信息的财务报表进行了鉴证，根据《1934 年证券交易法》而被判承担刑事责任。
- 在美国联邦政府 v. Weiner 案（1975 年）中，三名审计师被判在美国 Equity Funding 公司审计中犯有证券欺诈罪。由于欺诈行为涉及范围相当广泛而审计工作又过于粗糙拙劣，法庭认定审计师肯定知道该项欺诈行为，因此犯有蓄意同谋罪。
- 在 ESM 政府证券 v. Alexander Grant 公司案（1986 年）中，管理层向主管 ESM 公司审计业务的合伙人揭露了上年度已审财务报表存在重大错报。然而，该合伙人并没有按在该情况下的职业准则和事务所准则的要求进行追查，而是同意不说出这一问题，并期望管理部门能在本年度解决这一问题。最终，该合伙人因其在这项欺诈行为中的作用而被判承担刑事责任。

从以上四起案件中，我们应吸取以下几点深刻的教训：

- 在决定是否接受客户和确定工作范围时，调查管理层的正直性是非常重要的工作。审计准则为审计师调查新客户提供了指南。第 8 章将讨论这一指南。
- 正如第 4 章讨论的一样，参与业务的所有人员都保持独立性是非常重要的，涉及刑事诉讼案抗辩时尤其如此。
- 对关联方交易应作特别仔细的检查，因为其中可能存在潜在错报。关联方交易的审计要求将在第 8 章予以讨论。
- 在确定财务报表是否公允表达时，不能只依据会计原则，要在考虑全部相关事实的基础上分析报表的实质。
- 审计师明知错误而为之，其潜在后果将非常严重，因此潜在收益不能成为其行为正当化的理由。

5.8 职业界对法律责任的反应

为减少执业人员被指控的可能性，AICPA 和职业界作为一个整体可做之事很多：(1) 从没有成功的法律诉讼中寻求保护；(2) 改进审计以更好地满足使用者的需要；(3) 就审计的局限性教育使用者。

下面简短地讨论一些具体活动：

- 制定准则和规定。IAASB，AICPA 和 PCAOB 必须不断地制定和修订准则，以适应社会对审计需要的变化。例如，审计师侦查舞弊责任的审计准则的变化已经修订发布，以应对使用者对审计师工作的需要和期望。

- 反击诉讼。尽管从短期看，胜诉成本要高于庭外和解成本，但会计师事务所必须持续地反击那些“莫须有”的诉讼。

- 教育使用者。AICPA、事务所领导人、教育者等必须教育投资者和其他阅读财务报表的人员，使他们理解审计意见的含义以及审计师工作范围和性质。必须让使用者懂得，审计师并不担保公司财务记录的准确性和被审计单位的未来前景。还要教育使用者，使他们懂得会计和审计只是一种艺术，而不是一门科学，无法做到十全十美和绝对精确。

- 对行为不当的会员进行制裁。职业界必须约束和管理好它的成员。在处理注册会计师不当行为方面，AICPA 和 PCAOB 虽然已经取得不少进展，但对所谓的工作失误进行更为严格的检查仍是必要的。

- 为修订法律而游说。自 20 世纪 90 年代以来，州和联邦法律中的一些变化对职业界的法律环境产生了有利影响。绝大部分州已经修订了它们的法律，允许会计师事务所以不同的组织方式执业，包括为法律诉讼提供一些保护的有限责任组织。**《1995 年私人证券诉讼改革法》**(Private Securities Litigation Reform Act of 1995)(简称《改革法》) 和《1998 年证券诉讼统一标准法》(Securities Litigation Uniform Standards Act of 1998) 的通过以及在绝大多数案件中采用比例责任的方式显著降低了会计师在与证券相关的诉讼中的潜在损失。职业界应继续追求在州一级的诉讼改革，包括对非客户的法律责任应用严格的合同关系标准，以及在不涉及舞弊的所有案件中应用比例责任原则。

□ 注册会计师个人预防法律责任的措施

执业审计师个人也可采取一些具体行动，使其法律责任最小化。一些较为常见的做法是：

- 只与正直的客户交往。如果客户在处理顾客、雇员、政府部门或其他方面的事务中缺乏正直性，则出现法律问题的可能性就会增加。因此，会计师事务所需要一些程序，以评价客户的正直性，并且不与缺乏正直性的客户交往。

- 保持独立性。独立性不单指财务方面。独立性是要求采取一种超脱于客户利益的责任态度。许多诉讼案都是由于审计师过于相信客户的陈述，或是迫于客户的压力而引起的。审计师必须保持良好的怀疑态度。

- 了解被审计单位的业务。在一些案件中，审计师之所以未能发现错报，一个重要原因就是对客户的行业特点和经营业务缺乏了解。

- 执行高质量的审计。高质量的审计要求审计师收集适当的证据，并对其作出适当的判断。例如，审计师评价客户内部控制并修订取证计划以反映所发现的情况，改善审计以降低未能侦查错报和法律诉讼的可能性。

- 恰当地记录审计工作。编制全面的审计记录，可以帮助审计师组织和执行高质量的审计。如果审计师必须在法庭上为审计工作抗辩，则合格的审计记录（包括确定被审计单位与审计师各自责任的业务约定书和管理层声明书）就是很重要的证据。

- 保持职业怀疑态度。当提供给审计师的资料预示着存在问题，但他们没有识别出来时，审计师常常要承担相应的法律责任。审计师应当努力保持良好的职业怀疑，使他们对潜在错报保持警惕，这样，当存在错报时，他们就能够识别这些错报。

进行充分的保险以及选择能为会计师事务所所有者提供一些个人责任保护的组织形式，对注册会计师来说也是很重要的。一旦发生或可能发生诉讼，审计师应该咨询经验丰富的律师。

本章小结

本章通过强调注册会计师职业界面临的法律责任问题的重要性，深入考察了注册会计师工作中的环境问题。任何理智的注册会计师都不希望消除职业界对欺诈性行为或不称职行为应承担的法律责任。规避因经营失败而非审计失败导致的诉讼，以保持社会公众对审计职业界称职行为的信任是职业界的最高利益。为了更有效地避免承担法律责任，对于如何对其客户和第三者负责，注册会计师需要有充分的理解。清楚了注册会计师根据习惯法对其客户承担的责任、根据习惯法对第三者承担的责任、根据联邦证券法对第三者承担的责任和刑事责任，才能使注册会计师对那些可能让他们承担更大责任的问题有更多了解。注册会计师有多种方法保护自己免于承担法律责任，职业界也在勤勉地工作来寻找帮助注册会计师减少潜在职业法律诉讼的方法。职业界和整个社会有必要在审计师对公允表达应负责任的程度和社会所承担的审计成本之间进行合理的权衡。注册会计师、国会、SEC和法院等，都将对最终解决方案发挥持续重要的影响。

练习题

5-1 针对会计师事务所的法律诉讼不断上升。请你谈谈，会计师事务所面临的法律诉讼增加对注册会计师以及整个社会的正面和负面影响。

5-3 谨慎人概念如何影响审计师的法律责任？

5-4 讨论为什么许多会计师事务所愿意在庭外和解。这对职业界意味着什么？

5-5 共同过失意味着什么？在什么情况下，这极有可能是一个成功的抗辩理由？

5-6 注册会计师面临的一种常见诉讼是未能发现欺诈行为，请说明审计师对此类行为应当承担什么责任，并给出权威性的解释作为支持。

5-8 如果第三方身份是未知的而非已知的，根据习惯法，审计师的责任是否会受到影响？请作出解释。

5-10 区别审计师对客户的潜在法律责任、习惯法下对第三者的法律责任、证券法下的民事责任以及刑事责任。为每种法律责任类型列举一种审计师可能要承担法律责任的情况。

5-13 职业界能以什么方式作出积极回应并减少审计中的法律责任？

选自注册会计师考试的选择题

5-15 下列问题涉及在1933年和1934年证券法下的法律责任问题，选择最佳答案。

a. Major，Major & Sharpe会计师事务所是MacLain实业公司的审计师，承担了MacLain公司向社会公开发行1 000万美元证券的财务报表审计，Major对MacLain公司财务报表发表了无保留意见。在证券发行之后，这些财务报表被发现存在一些错报。Major因提供了包括由其审计的财务报表的注册表而被股票购买者起诉。在随后发生的MacLain投资者诉讼案中，Major将能够避免承担法律责任，如果（　　）。

（1）错报主要是由MacLain公司导致的

（2）能够证明，至少有一些投资者并没有实际阅读已审财务报表

（3）能够证明，在对MacLain公司财务报表的审计中已尽了应有的勤勉

（4）MacLain公司已经明确表示承担所有与证券公开发行有关的法律责任

b. Donalds & Company会计师事务所审计了由Markum证券公司提交给证券交易委员会的包括在年度报告中的财务报表。该审计在一些方面是不恰当的。Markum现在已经破产，不能满足其顾客的索赔要求。这些顾客根据《1934年证券交易法》的10b节和10b-5规定对Donalds提起了法律诉讼。下列哪项很有可能是Donalds的最佳抗辩理由（ ）。

（1）10b节不适用于他们

（2）他们不是蓄意验证虚假财务报表

（3）他们与这些信贷者不存在合同关系

（4）他们的业务约定书中已特别声明，拒绝承担由Markum公司欺诈行为导致的对任何方的任何法律责任

c. 关于审计师的法定法律责任，下面哪项陈述是正确的（ ）。

（1）与普通法相比，《1933年证券法》扩大了审计师的责任范围，而《1934年证券交易法》则缩小了这一范围

（2）刑事责任只适用于州法律

（3）审计师可以通过销毁可能暗示不正当行为的文件来回避责任

（4）根据《1933年证券法》，审计师的抗辩责任比《1934年证券交易法》更大

讨论题

5-20 Lauren Yost公司，一家中等规模的会计师事务所，接受委托审计Stuart供货公司。几个工作人员被指派去做这个审计项目，他们都参加了公司关于有效审计方法的模拟培训项目。在整个审计中，Yost的绝大部分时间花在现场计划审计、督导工作人员和复核他们的工作等方面。

该审计的主要部分需要验证存货实物盘点、成本和存货汇总。对于财务报表来说，存货是极其重要的，并且Yost得知存货已被作为第一城市国家银行巨额贷款的抵押物。在复核Stuart的存货盘点程序中，Yost告诉董事长，她认为对于存放于不同地点的存货不在同一天进行盘点的方法是极不妥当的。董事长解释说，由于人手不足和顾客偏好等原因，在同一天盘点所有存货是不切实际的。经过相当长时间的讨论后，Yost说，如果董事长愿意签署一项声明，说明其他方法都是不切实际的，她就同意接受这一做法。会计师事务所最终在每一个地点指派一个人审计存货盘点程序和进行实际盘点。有40多个存放地点。

18个月后，Yost发现最糟糕的情况发生了。董事长之下的管理层通过掩盖过时陈旧存货和因管理不当所引起的存货损失，串通一气高估了存货。通过在夜间将已盘点过的存货从其他存放地点运输到指定地点的方法错报存货。会计记录又难以发现这些非法转运。

Stuart供货公司和第一城市国家银行都起诉了Lauren Yost会计师事务所。

要求：

回答下列问题，对于任何结论都要解释你的理由：

a. 被Stuart起诉，Lauren Yost应当使用什么抗辩理由？

b. 被第一城市国家银行起诉，Lauren Yost应当使用什么抗辩理由？

c. Yost的抗辩能成功吗？

d. 如果是根据《1934年证券交易法》提起诉讼，这些问题或后果将会显著不同吗？

5-21 Bigelow，Barton & Brown会计师事务所正在迅速扩张。因此，它雇用了几个初级会计师，包括一个名叫Small的男子。该事务所合伙人对Small的工作结果越来越不满意，并警告他说，要是不提高他的工作成绩，他们就将被迫解雇他。

当时，Small受托从事几家客户的审计。为了避免被解雇，他决定减少或省略由合伙人编制的审计方案中所列的一些标准审计程序。该会计师事务所的客户之一，Newell公司正陷入严重的财务困境之中，并调整了一些正被Small审计的账户，以使财务状况看起来好一些。Small晚上在家里编制虚构的工作底稿，以支持他虚假完成的审计程序，事实上他并没有审查那些调整分录。该会计师事务所对Newell公司财务报表提交了无保留意见审计报告，然而财务报表却存在重大错报。几个信贷者信赖已审计的财务报表，从而对Newell公司增加了巨额贷款。

要求：

由于贷款者是信赖了错误的财务报表而增加了贷款，如果Newell公司无力偿还贷款，该会计师事务所将对这些贷款者承担法律责任吗？

5-22 Doyle & Jensen会计师事务所审计了Regal珠宝公司的会计报表。该公司是一家进口和销售优质珠宝的公司。审计完成后，审计师提供给Regal珠宝公司20份经验证的财务报表。会计师事务所从常规途径了解到，Regal珠宝公司需要这么多份审计师报告是为了提供给银行和其他潜在的贷款者。

资产负债表存在的问题是错报了大约800 000美元。由于只有600 000美元的净值，该公司已无偿债能力。Regal珠宝公司管理层伪造了账面记录，以避免破产。公司通过编造的500 000美元应收账款及将Regal珠宝公司事实上仅有空盒子的300 000美元的珠宝列示为存货，高估了资产。审计没有发现这些欺诈性分录。Thompson信赖了已审财务报表，向Regal珠宝公司提供了200 000美元的贷款。事后，他向Doyle & Jensen会计师事务所要求赔偿损失。

要求：

说明下列说法是正确还是错误，并阐述你的理由：

a. 如果Thompson声称并证明Doyle & Jensen会计师事务所有过失，他的损失就能够得到赔偿。

b. 如果Thompson声称并证明存在推定欺诈（也就是说，Doyle & Jensen会计师事务所存在重大过失），他的损失就能够得到赔偿。

c. Thompson与Doyle & Jensen会计师事务所不存在合同。

d. 除非能够证明Doyle & Jensen会计师事务所存在实际上的舞弊行为，否则Thompson就得不到赔偿。

e. Thompson是Doyle & Jensens会计师事务所与Regal珠宝公司所签订合同的第三方受益人。①

---

① 根据AICPA改编。

第2部分

审计过程

第2部分介绍了审计过程，并使读者能够将这几章中介绍的概念应用于所有审计领域。该部分介绍的审计计划理念将广泛运用于本书剩余部分的几乎所有章节，所以，必须掌握这部分介绍的内容，充分理解审计计划的重要性。

第6章和第7章阐述了审计师的责任和管理层的责任、管理层认定、审计目标、证据收集的一般概念。

第8章至第12章深入研究了审计计划的各个方面，包括风险评估、了解内部控制和审计师查找舞弊的责任。

第13章总结和整合了审计计划和审计证据。

在本书剩余章节中，我们以希尔伯格五金公司（Hillsburg Hardware Company）为例来阐述上述大多数概念。

第6章

审计责任和目标

学习目标

1. 解释财务报表审计和内部控制审计的目标。
2. 区分管理层对财务报表的责任与审计师验证这些财务报表的责任。
3. 解释审计师对于查找由于错误或舞弊导致的重大错报的责任。
4. 解释审计实施过程中保持职业怀疑的必要性。
5. 描述有效的职业判断过程的主要步骤。
6. 指出按照循环法分派审计工作的优点。
7. 说明为什么审计师通过审计交易类别和期末账户余额以及列报和披露来获得联合保证。
8. 区分管理层关于财务信息的三类认定。
9. 将与交易相关的审计目标与交易层次管理层认定联系起来。
10. 将与余额相关的、与列报和披露相关的审计目标分别与账户余额层次、列报和披露层次管理层认定联系起来。
11. 解释审计目标与审计证据收集之间的关系。

引例

骑虎难下：印度软件巨头涉案金额超过十亿美元的舞弊

在2003—2008年期间，萨蒂扬计算机服务有限公司（Satyam Computer Services Limited），一家总部位于印度海得拉巴的信息技术服务公司，曾为《财富》500强中超过1/3的企业提供过服务，当它宣布通过大规模舞弊来欺骗投资者时，印度股市一片混乱。该公司截至2008年9月第二季度财务报表列示的536亿卢比资产中有504亿卢比（折合10.4亿美元）是不存在的，公司董事长拉马林加·拉朱在宣布这一消息后辞职。

舞弊期间，萨蒂扬的高管通过伪造6 000多张虚假发票来夸大其营业收入，即超过10亿美元的收入从未提供过服务，甚至在某些情况下客户都是虚构的。管理层还编制了虚假的银行对账单，以反映虚假发票的付款情况和为虚构的现金余额提供证明。该公司还为某些员工提供了便利，这些员工拥有管理“超级用户”的登录标识和密码，被允许访问发票管理系统来记录假发票。这个过程允许将这些发票计入收入，但对萨蒂扬业务部门的负责人隐瞒了它们的存在，因为他们可能会否认提供过服务。

萨蒂扬的审计师发送了询证函，以核实银行余额的存在。然而，他们并没有按照审计准则的规定对这个过程进行监督控制。审计业务团队让萨蒂扬管理层将函证邮寄给银行，并将确认结果反馈给审计团队，而不是按照审计准则的要求直接与银行取得联系。

拉朱承认，他是故意维持虚构的收入和利润。如果被公众知晓公司的业绩不佳很可能会导致公司被收购，暴露舞弊行为。2009年1月7日，纽约证券交易所暂停了该公司在美国存托股票（ADS）的交易。当2009年1月12日恢复交易时，萨蒂扬的ADS股票价格下跌了近85%，收盘价为每股1.46美元。随之，印度政府通过解散萨蒂扬公司的董事会获得了对公司的控制权，然后选择了一家战略投资者来经营公司。

资料来源：1. “SEC Charges Satyam Computer Services with Financial Fraud,” april 5, 2011 (www.sec.gov); 2. SEC Litigation release 21915, april 5, 2011 (www.sec.gov); 3. PCaOB release No. 105-2011-002, april 5, 2011 (pcaobus.org/Enforcement).

萨蒂扬的故事说明了审计师未能实现公司财务报表审计目标的情况。本章将阐述审计的总体目标、审计师在执行审计中的责任和审计师应当实现的具体目标。没有对这些内容的理解，在审计过程中，计划和收集审计证据就不具有相关性。图 6－1 总结了五项内容，它们是理解证据收集的关键，也是用于确定具体审计目标的步骤。

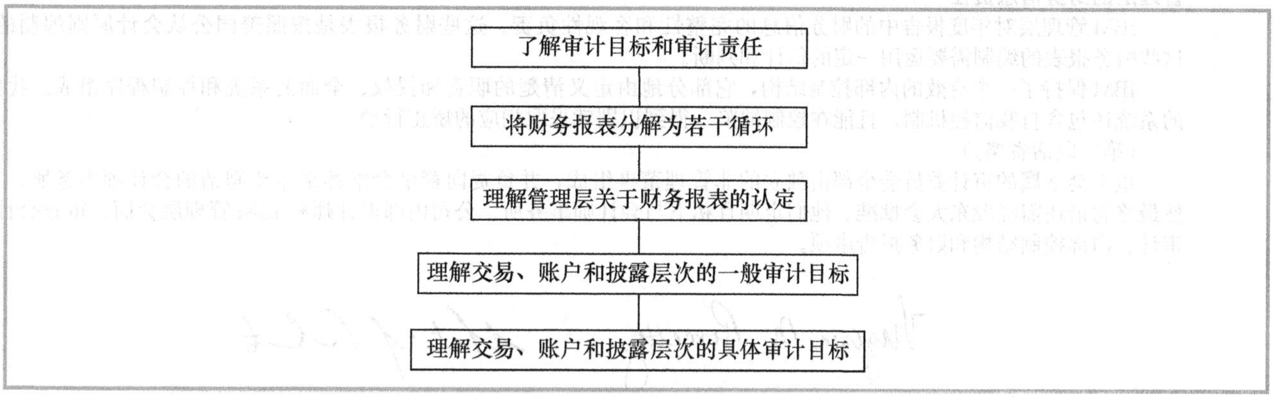

图 6－1　确定审计目标的步骤

6.1　财务报表审计目标

AICPA 审计准则的序言部分指出：

> 审计师对财务报表审计的目的，是就财务报表是否遵守适用的财务报告编制基础在所有重大方面公允表达发表意见。

审计准则的这一节强调了对财务报表发表意见。就上市公司来说，审计师还要遵循《萨班斯-奥克斯利法案》404 条款就财务报告内部控制出具报告。审计师收集证据的目的，就是使他们能够对财务报表在所有重大方面是否公允表达和财务报告内部控制是否有效形成结论，并出具恰当的审计报告。

如果审计师认为，财务报表没有公允表达，或者由于证据不足而无法形成结论，审计师有责任通过其报告向使用者说明这些情况。要是像萨蒂扬案那样，在审计报告出具后有事实表明，报表实际上并没有公允表达，则审计师很可能不得不向法庭或监管机构证明，他是以恰当的方式执行了审计并形成了合理结论。

6.2　管理层的责任

采用合理的会计政策、保持适当的内部控制、公允表达财务报表是管理层的责任，而不是审计师的责任。因为公司管理层经营日常业务，所以他们对公司交易和相关资产、负债和权益的了解要比审计师多。相反，审计师对这些事项和内部控制的了解仅限于在审计过程中所获得的情况。

许多上市公司的年度报告包括一份关于管理层责任及其与会计师事务所关系的报告书。图 6－2 是 IBM 公司的管理层报告的节选部分，该节选部分是年度报告的一部分。仔细阅读该报告，理解管理层对其责任的说明。

管理层对财务报表中表达（认定）完整性和公允性的责任，使他们有权决定哪些是必要的表达和披露项目。如果管理层坚持一些审计师认为不可以接受的财务报表披露，则审计师可以发表否定意见或保留意见，或者是退出审计业务。

IBM公司及其子公司管理层报告

管理层的财务信息责任

IBM管理层对年度报告中的财务信息的完整性和客观性负责。这些财务报表是按照美国公认会计原则编制的，这些财务报表的编制需要运用一定的估计和判断。

IBM保持了一个有效的内部控制结构，它部分地由定义清楚的职责和授权、全面的系统和控制程序组成。我们的系统还包含自我监控机制，且能在控制缺陷一得到识别就采取相应的矫正行动。

（第三段话省略。）

董事会下属的审计委员会全部由独立的非管理董事组成，并负责向董事会推荐来年要聘请的会计师事务所，当然最终聘请还需经股东大会批准。他们定期且私下与会计师事务所、公司内部审计师和IBM管理层会面，审查会计、审计、内部控制结构和财务报告事项。

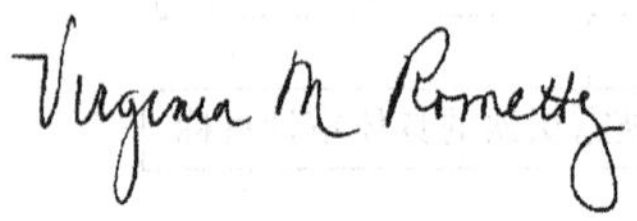

Virginia M. Rometty
董事长兼总裁和CEO
2015年2月24日

Martin J. Schroeter
副总裁兼财务总监
2015年2月24日

图6-2 IBM公司的管理层报告

《萨班斯-奥克斯利法案》要求上市公司的CEO和财务总监对提交给SEC的季度和年度财务报表予以保证。在签发这些报表时，管理层要保证财务报表完全遵循了《1934年证券交易法》的要求，内含于财务报表的信息在所有重大方面公允地表达了公司的财务状况和经营成果。《萨班斯-奥克斯利法案》规定，对于那些有意虚假保证这些报表的人，可以给予刑事处罚，包括巨额罚金或不超过20年的监禁。

6.3 审计师的责任

AICPA审计准则指出：

> 在执行财务报表审计工作时，审计师的总体目标是：
> （1）对财务报表整体是否不存在由于错误或舞弊导致的重大错报获得合理保证，以使审计师能够对财务报表是否在所有重大方面按照适用的财务报告编制基础编制并实现公允反映发表审计意见。
> （2）按照审计准则的规定，根据审计结果对财务报表出具审计报告，并与管理层和治理层沟通。

这一段阐述了审计师查找财务报表重大错报的责任。当审计师同时报告财务报告内部控制有效性时，还要负责识别财务报告内部控制中的重大缺陷。审计师对内部控制审计的责任将在第11章、第12章讨论。

这一段规定和准则中对审计师查找重大错报责任的相关论述包含了几个重要的术语。

重大错报与非重大错报 如果财务报表未更正的错误或舞弊总额很可能会改变或影响一个使用该报表的理性人的决策，这样的错报通常就被认为是重大的。尽管对重要性予以量化极其困难，但是审计师仍有责任就重要性水平基本标准的满意度获得合理保证。要求审计师负责查找所有不重要的错误和舞弊，成本极其高昂（也许是不可能的）。

合理保证 保证是对审计师完成审计工作时所获确信程度的度量。审计准则表明，合理保证是对财务报表不存在重大错报的一种高水平的保证，但不是绝对保证。合理而非绝对保证的概念表明审计师不是财务报表正确性的保险人和担保人。因此，遵循审计准则执行的审计也有可能查找不出财务报表中的重大错报。

审计师只对合理保证而非绝对保证负责的原因有：

1. 绝大部分审计证据来源于对总体（诸如应收账款或存货）样本的测试。抽样不可避免地包含一些不能发现重大错报的风险，并且测试的领域、测试的类型、范围和时间安排、测试结果的评价等都要求审计师进行大量的判断。即使审计师具有正直和诚信的品质，他们也可能在判断中犯错误和出差错。

2. 会计列报包含复杂的估计，这本身就涉及不确定性且会受未来事件的影响。因此，审计师所依赖的证据只具有说服力，而不是令人信服的。

3. 对于审计师来说，要查找舞弊性财务报表，即使可能，也是极其困难的，当管理层共谋时更是如此。

如果要审计师保证报表中的所有认定都正确，那么，所要求的证据类型和数量以及由此引起的审计履行成本将会大幅增加，从而使审计在经济上是不切实际的。即使这样，审计师也不可能在每一次审计中都发现所有的重大错报。当重大错报未能发现时，审计师最好的抗辩理由就是说明审计是遵循审计准则执行的。

错误与舞弊 审计准则将错报分成两类：错误和舞弊。这两类错报均有重大与不重大之分。**错误**（error）是指财务报表中的无意错报，**舞弊**（fraud）则是指故意错报。例如，在销售发票中单价和数量的乘积计算有误，在确定存货的成本与市价孰低时忽略了较为陈旧的原材料，就是错误的两个例子。

舞弊可以分成两类：**侵占资产**（misappropriation of assets）和**舞弊性财务报告**（fraudulent financial reporting）。前者通常称为贪污或雇员舞弊；后者通常称为管理舞弊。例如，雇员在销货时拿走货款而不记入收银机，就是侵占资产；为提高报告盈余而蓄意高估临近资产负债表日的销售额，则属于舞弊性财务报告。

□ 审计师对查找重大错误的责任

审计师要花费大量时间计划和执行审计，以便发现管理层及其雇员所犯的无意识错误。审计师可以发现各种各样的错误，如由于计算错误、遗漏、误解和误用会计原则，以及所作的不正确的摘要和说明而导致的错误。本书以后章节的绝大部分内容都将讲述审计师如何计划和执行审计，以便查出错误和舞弊。

□ 审计师对查找重大舞弊的责任

审计准则没有对审计师查找错误的责任与查找舞弊的责任进行区别。无论是哪一种情况，审计师都必须对报表是否不存在重大错报获得合理保证。准则也认识到，查找舞弊通常要比查找错误更困难，因为就像萨蒂扬案那样，实施舞弊行为的管理层或雇员总是试图掩盖其舞弊行为。但是，这些困难并不能改变审计师恰当计划和执行审计以查找源自错误或舞弊之重大错报的责任。

舞弊性财务报告导致的舞弊与侵占资产导致的舞弊 舞弊性财务报告与侵占资产之间存在重大区别。舞弊性财务报告通过提供不正确的财务信息供使用者决策使用，从而损害他们的利益。而资产被侵占，则会损害股东、债权人和其他人的利益，因为资产的合法所有人已无法再得到这些资产。

一般来说，舞弊性财务报告是管理舞弊，有时雇员并不知晓。管理层处在作出会计和报告决策的职位上，雇员并不知晓。例如，决定漏报一项有关未决诉讼的重要附注。

侵占资产通常是（但不总是）雇员而非管理层的舞弊，并且金额常常不重要。然而，也有过几起广为人知的雇员和管理层侵占巨额资产的案例。

侵占资产与侵占资产所导致的错报之间存在重要区别，试考虑以下三种情形：

1. 盗窃资产，再通过高估资产来掩盖盗窃行为。例如，从顾客那里收回的现金被盗，又没有贷记该顾客明细账户的应收账款，这项错报未被发现。

2. 盗窃资产，再通过低估收入或高估费用来掩盖盗窃行为。例如，现金销售收到的现金被盗，又没有记录这项交易，或者是一项对雇员未授权的支付记录为杂费支出，这项错报未被发现。

3. 盗窃资产，但侵占行为被发现。损益表和相关附注清楚地描述了这项侵占行为。

上述所有三种情况，都存在侵占资产的行为，但是只有第一、二种情况导致了财务报表的错报。第一种情况下，资产负债表被错报；第二种情况下，收入或费用被错报。

□ 审计师对发现违法行为的责任

在对财务报表不存在重大错报获取合理保证时，审计师需要考虑适用于被审计单位的法律法规框架。例如，在审计银行的财务报表时，审计师首先需要考虑银行监管机构，例如FDIC、美联储或者州银行委员会的监管要求。下列因素可能影响审计师发现违反法律法规导致重大错报的能力：

- 许多法律法规主要与经营活动相关，通常不影响财务报表，且不能被与财务报告相关的信息系统所获取；
- 违反法律法规可能涉及故意隐瞒的行为，如共谋、伪造、故意漏记交易、管理层凌驾于控制之上或故意向审计师提供虚假陈述；
- 某行为是否构成违反法律法规，最终只能由法院认定。

审计师的困难之一是决定法律法规对财务报表金额和披露产生怎样的影响。违反法律法规的行为对财务报表的影响越小，审计师在财务报表审计中越不容易知晓或识别。针对违反法律法规行为，审计师的责任取决于法律法规是否预期对财务报表中的金额和披露有直接影响。

对财务报表有直接影响的法律法规 某些法律法规的规定，例如税法和企业年金方面的法律法规，通常对决定财务报表中的金额和披露有直接影响。例如，违反联邦税法就会直接影响所得税费用和应付所得税。审计师应当就法律法规直接影响的重大金额和披露获取充分、适当的审计证据。例如，在审计所得税费用时，审计师应当与被审计单位的雇员进行讨论，并审查国税局在完成对客户的纳税申报表的审查后所出具的审查报告，从而识别是否存在严重违反联邦或州税法的行为。

对财务报表没有直接影响的法律法规 很多法律法规不会直接影响财务报表，但是遵守这些法律法规对被审计单位的经营活动至关重要。例如，遵守经营许可条件、联邦雇员安全规定以及环境保护要求等。

审计师应当实施下列审计程序，以识别可能对财务报表产生重大影响的违反其他法律法规的行为：

- 向管理层和治理层询问被审计单位是否遵守了这些法律法规；
- 检查被审计单位与许可证颁发机构或监管机构的往来函件。

在审计过程中实施的其他审计程序可能使审计师注意到怀疑存在的违反法律法规行为。但是，在没有识别出或不怀疑被审计单位违反法律法规的情况下，除执行上述工作外，审计师不必针对被审计单位遵守法律法规实施其他审计程序。

识别出或怀疑存在违反法律法规行为时实施的审计程序 如果注意到与识别出的或怀疑存在的违反法律法规行为相关的信息，注册会计师应当了解违反法律法规行为的性质及其发生的环境，并获取进一步的信息，以评价对财务报表可能产生的影响。

如果怀疑被审计单位存在违反法律法规行为，注册会计师应当就此与管理层（高于涉事管理人员的级别）和治理层（如适用）进行讨论。如果管理层或治理层不能提供充分的信息证明被审计单位遵守了法律法规，并且注册会计师根据判断认为怀疑存在的违反法律法规行为可能对财务报表产生重大影响，注册会计师应当考虑是否需要征询法律意见。注册会计师还应当评价违反法律法规行为对审计的其他方面可能产生的影响，包括对注册会计师风险评估和被审计单位书面声明可靠性的影响。

对识别出的或怀疑存在的违反法律法规行为的报告 注册会计师应当与治理层沟通审计过程中注意到

的有关违反法律法规的事项，但不必沟通明显不重要的事项。如果根据判断认为违反法律法规行为是故意和重大的，注册会计师应当就此尽快向治理层通报。如果识别出或怀疑存在违反法律法规行为，注册会计师还应当考虑是否有责任向被审计单位以外的相关机构或人员（例如监管机构）报告。

如果认为违反法律法规行为对财务报表具有重大影响，且未能在财务报表中得到充分反映，注册会计师应当发表保留意见或否定意见。如果因管理层或治理层阻挠而无法获取充分、适当的审计证据，以评价是否存在或可能存在对财务报表产生重大影响的违反法律法规行为，注册会计师应当根据审计范围受到限制的程度，发表保留意见或无法表示意见。

6.4 职业怀疑

审计准则要求，审计师应当恰当设计审计工作以合理保证发现财务报表中的重大错误和舞弊。在计划和实施审计工作时，审计师应当保持职业怀疑，认识到可能存在导致财务报表发生重大错报的情形，而不受以往对管理层、治理层正直和诚信形成的判断的影响。

职业怀疑的方面 **职业怀疑**（professional skepticism）包括两个主要内容：质疑的思维方式和对审计证据进行审慎评价。尽管审计师愿意相信他们所接受的客户是诚实正直的，保持质疑的思维方式有助于纠正审计师想要信任客户的自然偏向。质疑的思维方式意味着审计师会以“信任但要核实”的态度开展审计工作。而且，他们会获取和评价证据以支持财务报表金额和披露。职业怀疑还涉及对审计证据进行审慎评价，包括提出探索性问题和对存在矛盾之处保持警觉。当审计师做到以上两点时，整个审计过程中审计失败的风险也会大大降低。

职业怀疑的特征 一直以来，职业怀疑一直是审计准则的基本原则，但在实践中，保持职业怀疑仍然很难实施。比如，审计师也是人，因此他们容易受到自然偏见的影响，他们愿意去信任熟悉的人并且定期与他们交流。在审计环境中，审计师有时会说服自己，他们只接受他们可以信任并且具有高度诚信的被审计单位。因此，对于审计师来说，他们通常很难接受被审计单位缺乏胜任能力或者在整个审计过程中试图欺骗他们的可能性。尽管存在这些限制性因素，审计师仍然需要努力克服这些判断偏差，并且需要不断提醒自己保持适当的职业怀疑态度的重要性，以识别在审计过程中存在重大错报的风险。

关于职业怀疑的学术研究表明，职业怀疑有以下六个特征：

1. 质疑的思维方式——某种带有怀疑的探究倾向。
2. 暂停判断——在获得适当的证据之前暂缓判定。
3. 对知识的索求——某种深度探索知识并且希望得到证实的欲望。
4. 人际理解力——认识到人们内心的动机和观念往往会导致他们提供有偏见或误导性的信息。
5. 自主性——自我引导，自主独立，自我信念坚定，不轻易接受他人的主张。
6. 自尊——抵制说服和挑战假设或者结论的自信。

在整个审计过程中，对这六个要素的认识可以帮助审计师履行他们的责任，以保持适当水平的职业怀疑，提出正确的问题，并进一步探讨后续问题，直到审计师对答复感到满意为止。同时，在回答问题时，审计师要警惕受访者的不寻常行为，以便区分发现和未能发现财务报表重大错报的情形。

6.5 职业判断

为了帮助审计师在审计过程中作出职业判断时保持适当水平的职业怀疑，审计职业制定了职业判断框架，介绍了一个有效的决策过程，并引导审计师去意识到自己的判断倾向、思维误区和偏差。

职业判断的主要步骤 审计质量中心的《职业判断材料》列举了职业判断过程中的五个主要步骤，如图6-3所示，审计师在作出决策时需要遵守。

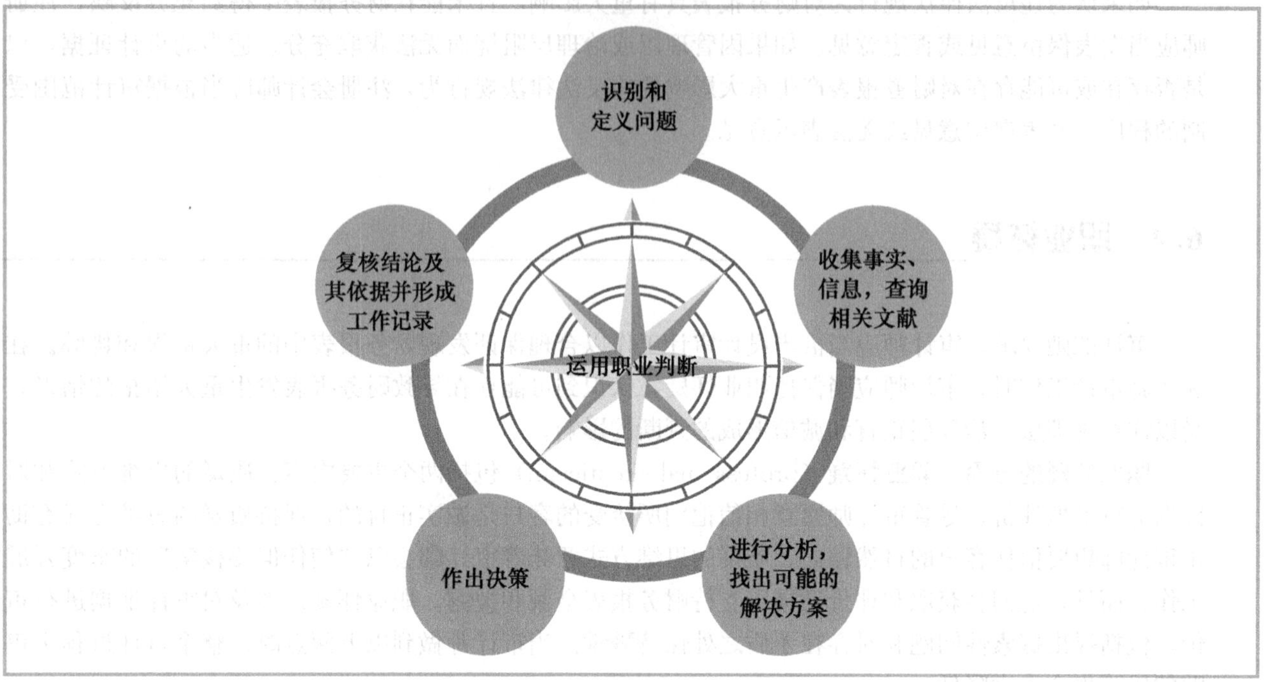

图6-3 有效判断的主要步骤

识别和定义问题 要作出有效的职业判断，首先要通过仔细分析情况及其对审计结果的潜在影响来识别和定义问题。不能识别正确的问题通常会导致错误的分析和不恰当的判断。花时间确定要处理的主要问题并且综合考虑对其他需要评价的重要问题的影响，都是得出适当结论的初始步骤的内容。在该步骤中，审计师需要考虑该问题对财务报表的影响，以及相关的复杂程度和不确定性，是否还存在需要考虑的其他相关问题，及其对计划审计程序的影响。例如，某个企业可能记录了一笔异常的销售交易，其中涉及与正常交易不同的条款。审计师可能会从与该交易相关的重要问题的第一想法中受益，例如，交易条款是否支持将其作为收入纳入财务报表，是否存在与相关应收账款估值相关的疑虑以及是否存在与异常性质相关的特殊披露要求。

收集事实、信息，查询相关文献 随着问题被定义后，审计师试图了解和问题相关的事实和可获取的信息。这可能包括通过与了解情况的被审计单位人员讨论，以获取有关交易、事件或者情形的关键输入和假设的事实和信息。收集事实信息时，除了评估信息的来源，审计师还应该对其他能证实事实或者与事实相矛盾的信息保持警惕。为了评估相关问题对财务报表审计的影响，审计师应当考虑与该问题相关的会计和审计准则及其规则。随着对该问题相关的事实情况的了解越来越多，审计师可能会决定是否需要鉴证对象专家来帮助作出判断。比如，审计师可能需要收集与异常销售交易相关的合同信息，以及与销售环节相关的产品或者服务交付的其他证明文件。为了更好地理解交易背后的商业本质，审计师可能想和管理层讨论交易相关事项，包括销售部门的管理人员，以便审计师按照GAAP的要求评价收入确认的恰当性时能够了解这些事实。

进行分析，找出可能的解决方案 职业判断的下一个步骤是根据收集到的事实信息以及相关的权威文献对问题进行分析。在分析过程中，审计师会考虑很多因素，比如他或她是否理解交易或事件的形式和实质，相关的权威文献是否被客户一贯应用于类似情况，审计师是否能够证实对于分析至关重要的事实和假设，以及审计师能否识别事实和信息中存在的矛盾或者不符。比如，审计师将确定与异常销售交易有关的事实和信息是否符合收入确认和相关财务报表披露的会计标准。审计师要考虑是否存在信息不完整或者与企业使用的信息（说明财务报表应包含该收入）不一致的情形，进而获取其他信息以解决不一致。

作出决策 完成了对事实和信息的分析后，审计师需要运用判断以作出决策。分析可能发现只有一种方案解决问题，或者根据情况合理判断有多种解决方案，需要审计师从中找出最优解决方案。在作出决策之后，审计师应当回顾一下，对判断过程进行评估，以确定判断过程中的所有关键活动都得到了恰当的执行。根据异常销售交易中获得的所有信息，审计师确定将该交易纳入财务报表是否符合会计准则。

复核结论及其依据并形成工作记录 当审计师以书面形式陈述其判断的依据时，可能会发现推断过程错误或者不完整因而缺乏说服力。这将指导审计师评价分析和判断过程中的哪些方面需要进一步考虑。形成工作记录的过程有助于审计师在评价推断过程和形成判断决策时更为客观全面。比如，针对异常销售交易以及该交易入账符合会计准则的结论，审计师就相关事实和信息形成工作记录，有助于审计师在形成关于会计处理是否适当的最终结论前，识别哪些方面还不够清楚或者缺乏说服力，需要进一步考虑。

图 6-3 所示的判断过程通常是迭代的，其中某些步骤可能需要以不同的方式合并、重复或者评价。

潜在的判断倾向、误区和偏见 审计师应当警惕可能影响决策过程的判断倾向、误区和偏见。所有人都容易犯一些常见的错误，影响他们作出正确判断的能力。许多研究已经发现了一些常见的判断倾向以及可以用来减轻其影响的策略。表 6-1 列出了四种常见的判断倾向以及规避这些倾向和减少偏差的相关策略。

表 6-1 减轻常见判断倾向的策略

判断倾向	避免或减轻倾向的策略
认同：倾向于更为看重与初始看法或偏好一致的信息	提出反例 考虑其他潜在的不认同或相互冲突的信息
过度自信：倾向于高估自己执行任务、准确评估风险或作出其他判断和决策的能力	质疑意见和专家 质疑基本假设
锚定：倾向于以初始值为起点，作出不充分的调整后进行评估	征求他人的意见 考虑管理层偏见，包括潜在的舞弊或重大错报
可获取性：倾向于考虑容易检索或容易获取的信息，认为这些信息更可靠、更相关	考虑为什么脑海中浮现一些想法 获取并考虑客观的数据 向他人进行咨询，提出相反的例子

知悉这些和其他潜在的判断误区有助于审计师采取措施去减轻它们的影响和增强职业怀疑。审计师还可以运用许多其他的方法以规避潜在的误区，比如重新评估结论或判断的形成过程、向他人解释判断的理由、进行自我反思，是否存在时间压力、自身利益和可能影响审计师决策过程的偏见。

6.6 财务报表循环

审计是通过将财务报表划分为较小的部分或分块来执行的。这种划分使审计更便于管理，也有助于将审计任务在审计小组的不同成员之间进行分派。例如，绝大多数审计师都把固定资产和应付票据划分为不同的部分。每个部分都分别但又不是完全独立地进行审计（例如，审计固定资产时可能会发现一笔漏记的应付票据）。在完成每一部分，包括该部分与其他部分之间的关系的审计后，将审计结果进行汇总。这样，就能够形成对财务报表整体的结论。

分派审计工作有多种不同方法。一种方法是将报表中的每一个账户余额都划分为一个单独的部分。但是，这种分派方法通常缺乏效率。它将导致对一些密切相关的账户，如存货账户和商品销售成本账户，也进行独立审计。

□ 对审计工作“分块”的循环法

对审计工作进行分块的一种常用方法，是将密切相关的一类交易和账户余额作为同一部分。这种方法叫作**循环法**（cycle approach）。例如，销售、销售退回、现金收入和坏账核销这四类交易均会引起应收账款的增减。因此，它们都属于销售与收款循环的构成部分。类似地，工薪交易和应计工资属于工资与人员循环的一部分。

思考一下交易在日记账中的记录方法，及其在总账和财务报表中的汇总方法，就能够理解采用循环法的逻辑。图 6－4 列示了这一流程。循环法将不同日记账中所记录的交易与那些交易产生的总账余额结合起来，因此从某种程度上说，它是一种实用的方法。

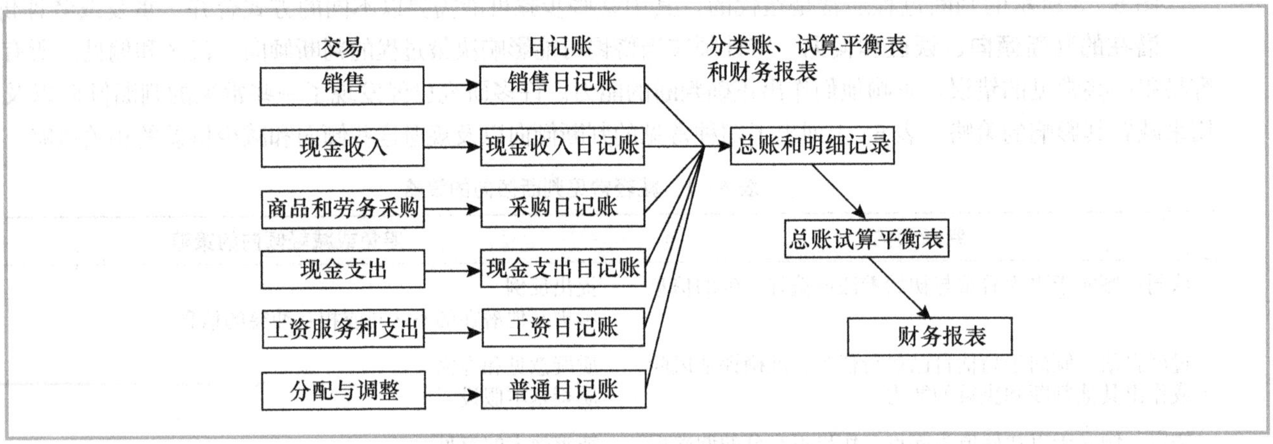

图 6－4　从日记账到财务报表的业务流程

本书所使用的循环列示如下，后面的章节将对其进行详细解释。注意，每一个循环都非常重要，它是本书剩余章节标题的组成部分。

- 销售与收款循环
- 采购与付款循环
- 工资与人员循环
- 存货与仓储循环
- 资本取得与返还循环

为了说明循环在审计中的应用，图 6－5 列示了希尔伯格五金公司 2016 年 12 月 31 日的试算平衡表。（由这一试算平衡表编制的财务报表可从中国人民大学出版社网站（www. crup. com. cn）本书所在页面下载。）试算平衡表用于编制财务报表，是每个审计的主要关注点。比较财务报表中通常还包含前一年的账户余额，但为了强调交易循环，图 6－5 中并没有列示这些数据。代表循环的字母列示在左栏每一账户的名称旁边。注意，每一账户至少对应着一个与其相关联的循环，只有银行存款和存货账户是两个或多个循环的组成部分。

希尔伯格五金公司试算平衡表

2016 年 12 月 31 日

单位：美元

循环代号	科目名称	借方	贷方
S，A，P，C	银行存款	827 568	
S	应收账款	20 196 800	
S	坏账准备		1 240 000
S	其他应收款	945 020	
A，I	存货	29 864 621	
A	预付费用	431 558	
A	土地	3 456 420	
A	建筑物	32 500 000	
A	计算机和其他设备	3 758 347	
A	家具和用具	2 546 421	
A	累计折旧		31 920 126
A	应付账款		4 719 989
C	应付票据		4 179 620
P	应计工资		1 349 800
P	应计工资税		119 663
C	应计利息		149 560
C	应付股利		1 900 000
A	应计所得税		795 442
C	长期应付票据		24 120 000
A	递延税款		738 240
A	其他应计应付款		829 989
C	股本		5 000 000
C	股本溢价		3 500 000
C	留存收益		11 929 075
S	销售收入		144 327 789
S	销售退回与折让	1 241 663	
I	商品销售成本	103 240 768	
P	工资和佣金	7 738 900	
P	销售人员工资税	1 422 100	
A	差旅费和招待费——销售人员	1 110 347	
A	广告费	2 611 263	
A	销售费和促销用品费	321 620	
A	销售会议费和培训费	924 480	
A	其他杂项销售费用	681 041	
P	管理人员工资	5 523 960	
P	管理人员工资税	682 315	
A	差旅费和招待费——管理人员	561 680	
A	计算机维护和用品费	860 260	
A	办公用品费	762 568	
A	邮费	244 420	
A	电话和传真费	722 315	
A	租金支出	312 140	
A	法律费和律师费	383 060	
A	审计费和相关服务费	302 840	
A	折旧费	1 452 080	
S	坏账费用	3 323 084	
A	保险费	722 684	
A	办公楼修理和维护费	843 926	
A	其他杂项办公费	643 680	
A	其他杂项一般费用	323 842	
A	资产销售利得		719 740
A	所得税	1 746 600	
C	利息费用	2 408 642	
C	股利	1 900 000	
		237 539 033	237 539 033

图 6－5 希尔伯格五金公司调整后试算平衡表

说明：左栏中的字母代表下列业务循环。

S：销售与收款循环 A：采购与付款循环 P：工资与人员循环 I：存货与仓储循环 C：资本取得与返还循环

希尔伯格五金公司使用的账户通过循环汇总在表6-2中，包括相关日记账和出现相关账户的财务报表。下列观察结果扩展了表6-2中所包含的信息：

表6-2 希尔伯格五金公司中的报表循环

循环	循环中包含的日记账（参见图6-4）	循环中包含的总账账户（参见图6-5）	
		资产负债表	损益表
销售与收款	销售日记账 现金收入日记账 普通日记账	银行存款 应收账款 其他应收款 坏账准备	销售收入 销售退回与折让 坏账准备
采购与付款	采购日记账 现金支出日记账 普通日记账	银行存款 存货 预付费用 土地 建筑物 计算机和其他设备 家具和用具 累计折旧 应付账款 其他应计应付款 应计所得税 递延税款	广告费——S 差旅费和招待费——S 销售会议费和培训费——S 销售费和促销用品费——S 其他杂项销售费用——S 差旅费和招待费——A 办公用品费——A 邮费——A 电话和传真——A 计算机维护和用品费——A 折旧费——A 租金支出——A 法律费和律师费——A 审计费和相关服务费——A 保险费——A 办公楼修理和维护费——A 其他杂项办公费——A 其他杂项一般费用——A 资产销售利得 所得税
工资与人员	工资日记账 普通日记账	银行存款 应计工资 应计工资税	工资和佣金——S 销售人员工资税——S 管理人员工资——A 管理人员工资税——A
存货与仓储	采购日记账 销售日记账 普通日记账	存货	商品销售成本
资本取得与返还	采购日记账 现金支出日记账 普通日记账	银行存款 应付票据 长期应付票据 应计利息 股本 留存收益 股利 应付股利	利息费用

S=销售费用；A=一般费用和管理费用。

- 希尔伯格五金公司所有总账账户和日记账在循环中至少要出现一次。对不同公司来说，其日记账和总账账户的数量和名称虽然不同，但都应包括在循环之中。
- 某些日记账和总账账户要在一个以上的循环中出现。如果发生这种情况，就意味着这些日记账要用来记录一个以上循环中的交易，并且也表明这些循环之间是有联系的。普通现金（银行存款）是最重要的总账账户，它出现在几个循环中，并影响这些循环。普通现金与大多数循环都有联系。

- 销售与收款是所列循环中的第一个循环，是大多数审计的关注重点。现金收入日记账中的应收账款回收是经营活动现金流入的主要方式。

- 资本取得与返还循环和采购与付款循环密切相关。采购与付款循环中的业务包括与生产经营有关的存货、用品和其他商品与劳务的购买。资本取得与返还循环中的业务与融资业务有关，例如发行股票或债券、支付股利、偿还债务。

虽然使用一些相同的日记账记录业务，但将资本取得与返还循环和采购与付款循环区别对待是有原因的：首先，资本取得与返还循环的业务与公司融资业务有关，而不是与经营业务有关；其次，资本取得与返还循环中的大多数账户只涉及少量的交易，但通常每笔交易都极其重要，因此需要进行大范围的审计。考虑到这两点，将这两个循环区别开来比较方便。

- 存货与仓储循环和其他各个循环都密切相关，制造业公司更是如此。存货的成本包括原材料（采购与付款循环）、直接人工（工资与人员循环）和制造费用（采购与付款循环、工资与人员循环）。产成品的销售则涉及销售与收款循环。对大多数制造业公司来说，由于存货都很重要，因此，通常以存货作为担保品来借款。在这种情况下，资本取得与返还循环也同存货与仓储循环相关。将存货与仓储循环作为一个单独的循环是因为考虑到这一循环与其他循环都有联系，而且对于大多数制造业和零售业公司来说，通常它又是一个相当重要且难以审计的部分。

□ 各循环之间的关系

图 6－6 说明了五个循环以及普通现金之间的关系。图 6－6 表明，除了公司成立和最后处置外，这些循环都没有起点与终点。公司从获得资本（通常以现金形式）开始。对于制造业公司，现金要用于采购原材料、固定资产和有关物资及劳务，以便生产存货（采购与付款循环）。为生产存货，现金还用于取得人工（工资与人员循环）。采购与付款循环和工资与人员循环在性质上类似，但因其功能上的差异有理由将它们划分为不同的循环。这两个循环的结果合并起来就是存货（存货与仓储循环）。随后是出售存货、开列账单和收回货款（销售与收款循环）。产生的现金用于支付股利和利息，并开始新的循环。服务业公司各循环之间的关系与此大体相同，只是没有存货，但一样有开列账单和收取账款。

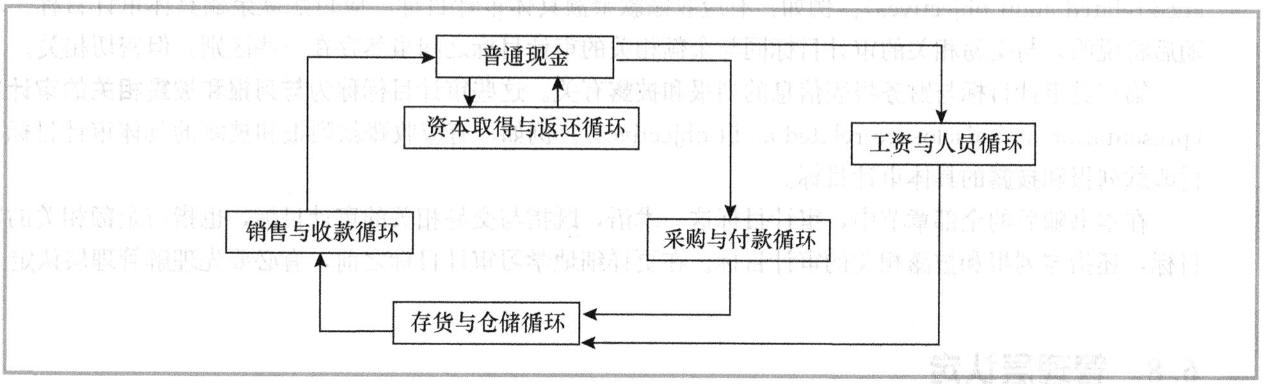

图 6－6　各业务循环之间的关系

业务循环在审计执行中非常重要。在审计过程中，绝大多数审计师都对各循环分别进行审计。尽管随时都要注意不同循环之间的关系，但为了有效管理复杂的审计工作，审计师必须比较独立地对各循环分别进行审计。

6.7 确定审计目标

审计师按照循环法执行审计，既要对构成期末余额的各类交易执行审计测试，也要对账户余额本身及相关的披露执行审计测试。图6-7通过列示确定应收账款期末余额的四类交易，说明了这一重要概念。假设应收账款期初余额为17 521 000美元，已在上一年经过审计，因此被认为是可靠的。如果审计师能够完全确信每一类交易都是公允表达的，那么，他就能够确信应收账款期末余额20 197 000美元也是正确表达的。但是，要求审计师对每一类交易的正确性都获得完全保证是不切实际的，因此，审计师对应收账款期末余额也只能获得低于完全保证的合理保证水平。在绝大多数审计中，通过对应收账款等账户的期末余额进行审计，总能提高总体保证水平。审计师已经发现，通常执行审计最有效的方法是，通过各类交易审计和相关账户期末余额审计获得一些联合保证。

应收账款（千美元）			
期初余额	$ 17 521		
销售收入	$144 328	$137 087	现金收入
		$ 1 242	销售退回与折让
		$ 3 323	核销坏账
期末余额	$ 20 197		

图6-7 影响应收账款余额的账户余额与交易

对于既定交易类别，必须在满足几项审计目标之后，审计师才能得出这类交易（业务）已适当记录的结论。本书以后章节中将这些审计目标称为**与交易相关的审计目标**（transaction-related audit objectives）。例如，销售交易有与销售交易相关的具体审计目标，销售退回与折让交易则有与销售退回与折让交易相关的具体审计目标。

同样，每一类账户余额也必须满足几项审计目标。这些审计目标称为**与余额相关的审计目标**（balance-related audit objectives）。例如，有应收账款余额具体审计目标、应付账款余额具体审计目标。本书随后将说明，与交易相关的审计目标同与余额相关的审计目标之间虽然存在一些区别，但密切相关。

第三类审计目标与财务报表信息的列报和披露有关。这些审计目标称为**与列报和披露相关的审计目标**（presentation and disclosure-related audit objectives）。例如，有应收账款列报和披露的具体审计目标、应付账款列报和披露的具体审计目标。

在本书随后的全部章节中，审计目标这一术语，既指与交易相关的审计目标，也指与余额相关的审计目标，还指与列报和披露相关的审计目标。在更详细地学习审计目标之前，有必要先理解管理层认定。

6.8 管理层认定

管理层认定（management assertions）是指管理层对财务报表中的各类交易、相关账户和披露所作的暗示性或明示性的陈述，绝大多数认定都是暗示性的。仔细阅读图6-5，我们可以发现希尔伯格五金公司的管理层认定：在资产负债表日，公司银行存款账户的现金为827 568美元。除非财务报表中另有披露，否则管理层认定：现金没有受到限制，可用于正常开支。管理层还认定：与现金有关的所有必须披露的都已准确披露且可理解。财务报表中的每一项资产、负债、所有者权益、收入和费用项目都有类似的认定。这些认定适用于各类交易、各账户余额以及各列报和披露。

管理层认定与公司所运用的财务报告编制基础（通常是美国的一般公认会计原则或国际财务报告准则）直接相关。这些认定是管理层在财务报表中记录和披露会计信息时所采用的标准的一部分。回顾第 1 章中的审计定义。该定义指出，审计是信息（财务报表）与既定标准（根据会计准则确立的各项认定）的比较。因此，要执行充分的审计，审计师必须理解这些认定。

□ PCAOB 的认定

PCAOB 审计准则指出，管理层对财务报表各种要素及相关披露的确认、计量、列报和披露作出明确或隐含的认定。PCAOB 将管理层认定分为五类：

- 存在或发生——上市公司的资产或负债在特定日期是存在的，记录的交易在期间内确已发生。
- 完整性——所有应当在财务报表中记录的交易和账户均已记录。
- 计价或分摊——资产、负债、所有者权益、收入、费用项目以恰当的金额包括在财务报表中。
- 权利和义务——在特定日期资产由上市公司拥有或控制，负债是上市公司应当履行的偿还义务。
- 列报和披露——财务报表各组成部分都作出了恰当的分类、描述和披露。

这些认定与接下来介绍的国际和 AICPA 审计准则中的认定基本类似。

□ 国际和 AICPA 的认定

PCAOB 准则提供了一套可适用于全部财务报表信息的认定。国际审计准则和 AICPA 审计准则将管理层认定进一步分成三大类：

1. 与审计期间交易类别和事项相关的认定。
2. 与期末账户余额相关的认定。
3. 与列报和披露相关的认定。

表 6-3 列示了 PCAOB 认定与国际审计准则和 AICPA 审计准则认定之间的关系。PCAOB 的前三个认定适用于交易类别和账户余额。列报和披露作为一类单独的认定。国际审计准则和 AICPA 审计准则将与交易相关的认定，同与账户余额相关的认定以及与列报和披露相关的认定区分开来，并且对 PCAOB 的计价或分摊认定进行了扩展，如表 6-3 所示。国际审计准则和 AICPA 审计准则将认定按照内容进行分组，这样可以清晰地看出表中每行认定如何适用于各种不同的类别。

与交易类别和事项相关的认定 针对交易，管理层有几个认定，这些认定也适用于会计记录中所反映的诸如记录折旧和确认养老金义务之类的其他事项。如表 6-3 所示，针对 PCAOB 审计准则中的计价或分摊认定，国际审计准则与 AICPA 审计准则提出了三个具体认定。准确性认定，是指交易是否按照正确的金额记录。分类认定，是指交易是否记录于恰当的账户。截止认定，是指交易是否记录于恰当的会计期间。

与账户余额相关的认定 如表 6-3 所示，国际审计准则和 AICPA 审计准则包括四个与账户余额相关的认定。与期末账户余额相关的认定有存在、完整性、计价和分摊，以及权利和义务，与 PCAOB 审计准则五类认定中的四个直接对应。

与列报和披露相关的认定 随着交易的日益复杂，关于这些交易的披露内容也日益增多，所以很有必要增加与列报和披露相关的认定。尽管 PCAOB 审计准则包括一个与列报和披露相关的总体性认定，国际审计准则和 AICPA 审计准则规定了四个具体认定，包括发生、权利和义务，完整性，准确性和计价，以及分类和可理解性。

表 6-3 各类管理层认定

PCAOB审计准则的认定	国际审计准则和AICPA审计准则的认定		
有关交易、账户余额以及列报和披露的认定	与交易类别和事项相关的认定	与账户余额相关的认定	与列报和披露相关的认定
存在或发生——资产或负债在特定日期是存在的，记录的交易在期间内确已发生。	发生——已记录的交易和事项已经发生且与被审计单位有关。	存在——记录的资产、负债和权益是存在的。	发生、权利和义务——披露的交易和事项已发生，且与被审计单位有关。
完整性——所有应当在财务报表中记录的交易和账户均已记录。	完整性——所有应记录的交易和事项均已记录。	完整性——所有应记录的资产、负债和权益均已记录。	完整性——所有应包括在财务报表中的披露均已包括。
计价或分摊——资产、负债、所有者权益、收入、费用项目以恰当的金额包括在财务报表中。	准确性——与已记录交易和事项有关的数额及其他数据已恰当记录。	计价和分摊——资产、负债和权益已恰当地包括在财务报表中，与之相关的计价与分摊调整已恰当记录。	准确性和计价——财务信息和其他信息已公允披露，且金额恰当。
	分类——交易和事项已记录于恰当的账户。		分类和可理解性——财务信息和其他信息已恰当地列报和描述，且披露内容表述清楚。
	截止——交易和事项已记录于正确的会计期间。		
权利和义务——在特定日期资产由上市公司拥有或控制，负债是上市公司应当履行的偿还义务。		权利和义务——记录的资产由被审计单位拥有或控制，记录的负债是被审计单位应当履行的偿还义务。	
列报和披露——财务报表各组成部分都作出了恰当的分类、描述和披露。	（详见国际审计准则和AICPA审计准则的列报和披露认定）。	（详见国际审计准则和AICPA审计准则的列报和披露认定。）	（详见上述认定。）

发生、权利和义务认定，涉及的是已披露的事项是否实际发生，是否属于被审计单位的权利和义务。例如，如果被审计单位披露该公司已经收购了另一家公司，则表明该收购行为已经全部完成。完整性认定，涉及的是所有需要披露的是否已经包括在财务报表中。例如管理层认定所有重大的关联方交易均已在财务报表中披露。准确性和计价认定，关注的是财务信息是否公允披露，对应的金额是否恰当。管理层对未设基金养老金债务数额和优先承担这些数额的披露就是此类认定的例子。最后，分类和可理解认定，涉及的是数额是否在财务报表及其附注中予以恰当分类，余额描述和相关披露是否可理解。例如，管理层认定存货分为完工产品、在产品和原材料是恰当的，与存货计价方法有关的披露是可理解的。

根据认定确定审计目标

只要审计师能够对表 6-3 所列内容考虑周全，也可以用其他不同的术语来表达管理层的这些认定。审计师应该考虑针对每一重大交易、账户以及列报和披露的所有认定的相关性。**相关的认定**（relevant assertions）的意思是账户是否公允表达，是否可用于评估重大错报风险以及审计程序的设计和执行。例如，计价可能对应收账款来说是一个相关认定，但对现金不是相关认定。

在识别相关认定后，审计师就可以确定针对每类认定的审计目标。审计目标从管理层认定中衍化而来并与其密切相关。这并不奇怪，因为审计师的主要责任就是确定管理层关于财务报表的认定是否合理。审计目标旨在为审计师提供一个框架，帮助他们收集充分、适当的证据，并根据业务既定情况确定应收集的恰当证据。在每一次审计中，审计目标总是相同的，但证据因实际情况不同而有所区别。

针对交易类别、账户余额、列报和披露确定审计目标，有助于审计师设计审计程序以获取与各认定相关的充分、适当的审计证据。例如，确定了交易准确性的审计目标以后，有助于审计师设计和实施审计程序以获取审计证据证明交易金额的准确性；确定了交易分类的审计目标以后，有助于审计师设计和实施审计程序以获取审计证据证明交易是否记录于恰当的账户。本章后续部分，将介绍与交易相关的审计目标、与账户余额相关的审计目标以及与列报和披露相关的审计目标。

6.9 与交易相关的审计目标

与交易相关的审计目标是从管理层认定中衍化而来并与其密切相关。必须把与交易相关的一般审计目标同每一类交易的与交易相关的具体审计目标区分开来。这里讨论的六个与交易相关的一般审计目标适用于各类交易，也可用更宽泛的术语来描述。与交易相关的具体审计目标同样适用于各类交易，但要用具体交易类别（如销售交易）的限定性术语来表述。只要审计师确定了与交易相关的一般审计目标，他们就能据以确定与所审交易相关的具体审计目标。

□ 与交易相关的一般审计目标

发生——已记录的交易确实存在 这一目标涉及已记录的交易是否确实发生。如果没有发生销售交易，但在销售日记账中记录了销售，就违反了发生目标。这一目标是审计师对应于管理层的交易类别发生认定而确定的。

完整性——存在的交易均已记录 这一目标涉及所有应当记入日记账的交易是否都已记入。如果发生了销售交易，但没有在销售日记账和总账中记录，就违反了完整性目标。这一目标对应于管理层的交易类别完整性认定。

发生目标和完整性目标强调的审计关注点是相反的；发生目标针对潜在的高估，而完整性目标则针对漏记的交易（低估）。

准确性——已记录的交易已按正确金额表达 这一目标涉及对交易进行会计处理所产生的信息的准确性，它对应于交易类别层次的准确性认定。对销售交易来说，如果发出商品的数量与账单上的数量不符，或是开账单时使用了错误的销售价格，或是账单中的乘积或加总有误，或是在销售日记账中记录了错误的金额，就违反了准确性目标。

理解准确性与发生、完整性之间的区别是很重要的。例如，如果已入账的销售交易不应记录，因为发出的商品是寄售商品，这就违反了发生目标，即使发票金额是准确计算的。又如，已入账的销售交易与发出商品的记录相符，但金额计算有误，这就违反了准确性目标，但没有违反发生目标。在完整性与准确性之间也存在同样的关系。

过账和汇总——已记录的交易已恰当地包含在源文件中，并已准确汇总 这一目标涉及将记录在日记账中的交易信息转入明细账和总账的准确性，它对应于交易类别的准确性认定。例如，如果销售交易记入了错误顾客的明细账，或在源文件中记录的金额有误，或从销售日记账过入总账的销售总额不正确，就违反了这一目标。因为交易从日记账过入明细账、总账，以及其他相关源文件一般都是由计算机环境下的会计系统自动完成的，所以，过账过程中的偶然人为错误风险极小。因此，一旦审计师能够确定计算机正在恰当地运行，就可以降低对过账过程错误的关注。

分类——被审计单位日记账中记录的交易已恰当分类 这个目标涉及的是交易是否包含在恰当的账户中，它对应于交易类别的分类认定。销售交易中分类错误的例子有：将现销记录为赊销，将出售经营性固定资产所得的收入记录为营业收入，将批发销售错记成零售等。

及时性——交易于正确日期记录 交易的及时性目标对应于截止管理层认定。如果交易没有在发生当天入账，就发生了及时性错误。例如，销售交易应当在发出商品当天入账。

与交易相关的具体审计目标

在与交易相关的一般审计目标确定之后，针对每一重大交易类别的具体审计目标就可以确定了。这些交易类别一般包括销售、现金收入、商品和服务的采购、工资等。每个与交易相关的一般审计目标至少应包括一个具体目标，除非审计师认为某一与交易相关的一般审计目标不具有相关性或在具体环境下不重要。

管理层认定和与交易相关的审计目标之间的关系

表6-4以希尔伯格五金公司为例，说明了管理层认定、与交易相关的一般审计目标和与交易相关的具体审计目标之间的关系。注意，除了准确性外，其他认定与目标之间是一一对应的。为了更好地为审计师在测试交易准确性中提供指南，准确性认定包含了两个目标。

表6-4 希尔伯格五金公司：管理层认定和与销售交易相关的审计目标

与交易和事项相关的管理层认定	与交易相关的一般审计目标	与销售交易相关的具体审计目标
发生	发生	已记录的交易的确是向实际存在的客户发货
完整性	完整性	存在的销售交易均已记录
准确性	准确性	已记录的交易与发货金额一致，且已正确地开单和记录
	过账和汇总	销售交易已恰当地包括在源文件中，且已正确汇总
分类	分类	销售交易已恰当分类
截止	及时性	销售交易记录于正确的日期

6.10 与余额相关以及与列报和披露相关的审计目标

与余额相关的审计目标和刚刚讨论的与交易相关的审计目标类似。它们也是由管理层认定衍化而来，为帮助审计师收集与账户余额相关的充分适当的审计证据提供框架，也有一般审计目标和联系具体账户的具体审计目标。

与余额相关的审计目标同与交易相关的审计目标之间存在两点区别：第一，如术语名称所示，与余额相关的审计目标适用于像应收账款和存货之类的账户余额，而与交易相关的审计目标则适用于各类交易，如销售交易和存货的采购等。第二，与余额相关的审计目标有八个，而与交易相关的审计目标只有六个。

从审计的执行方式来看，与余额相关的审计目标几乎总是适用于资产负债表账户的期末余额，如应收账款、存货和应付票据，但也有一些与余额相关的审计目标适用于损益表的某些账户。通常，这些账户涉及非常规交易和不可预测的费用，如法律费用、修理和维护费用。损益表的其他账户也与资产负债表账户密切相关，并同时进行测试，如折旧费用与累计折旧、利息费用与应付票据。

在审计师使用与余额相关的审计目标对账户余额进行审计时，他们收集证据是为了验证构成账户余额的细节，而不是验证账户余额本身。例如，在审计应收账款时，审计师要从客户那里获得应收账款源文件清单，并与总账余额核对相符，具体内容后文将进行讲述，在这里，我们只介绍如何将与应收账款余额相关的审计目标应用于清单上的顾客账户。

四个与列报和披露相关的审计目标主要针对的是财务报表附注中的信息，包括信息的准确性和可理解性。与列报和披露相关的审计目标，类似于与交易相关和与余额相关的审计目标，区别仅在于前者针对的是财务报表形式的信息列报以及相关的附注。

与余额相关的一般审计目标

下面简要讨论八个与余额相关的一般审计目标。在整个讨论过程中，我们要提及一份支撑性明细表，即由客户提供的明细表或电子文件，如前面所说的应收账款清单。

存在——所列金额确实存在 这一目标涉及已列入财务报表的金额是否确实应当列入。例如，如果不存在某顾客的应收账款，却在应收账款试算平衡表中列入了对该顾客的应收账款，就违反了存在目标。这一目标是审计师对应于存在管理层认定而确定的。

完整性——存在的金额均已列入 这一目标涉及所有应当列入的金额是否确实已经列入。如果存在对某顾客的应收账款，但没有在应收账款试算平衡表中列入对该顾客的应收账款，就违反了完整性目标。这一目标对应于完整性管理层认定。

存在目标和完整性目标强调的审计关注点相反。存在目标关注潜在的高估，而完整性目标则关注漏记的交易和金额（低估）。

准确性——已列入的金额是正确的 准确性目标是指所列入的金额是正确的。如果某项存货的结存数量错报，或单价错误，或是合计加总错误，都将导致被审计单位存货清单上的存货金额有误。上述每种情况都违反了准确性目标。准确性目标是对应于计价和分摊管理层认定的一部分。

分类——被审计单位明细表中所列金额已恰当分类 分类目标涉及确定被审计单位明细表中所列项目是否记入正确的总分类账户。例如，在应收账款明细表中，应收账款必须分为短期和长期两类，并且应收联营公司款、应收公司主管人员款、应收董事款必须同应收顾客款分开列示。分类目标也是对应于计价和分摊管理层认定的一部分。这一目标和与列报和披露相关的审计目标密切相关，余额只有在总分类账中进行恰当的分类，才能适当地在财务报表中得以列报和披露。

截止——接近资产负债表日的交易记录于恰当的期间 在进行账户余额的截止测试时，审计师的目标是确定交易是否记录于和列入恰当期间的账户余额中。最容易发生错报的交易是那些临近会计期末入账的交易。因为年度审计截止于资产负债表日，所以截止测试既可以作为对资产负债表账户验证的一部分，也可以作为对相关交易验证的一部分。但是为了方便起见，审计师通常在审计资产负债表账户时执行截止测试，因此我们才将截止作为一个对应于账户余额计价和分摊认定的与余额相关的审计目标。交易及时性目标涉及的是整年内交易记录的恰当性，而与余额相关的截止审计目标只与接近年末的交易有关。例如，在 12 月 31 日的年末审计中，2 月的发货记录在 3 月的销售中就是一个与交易相关的审计目标错误，而不是一个与余额相关的审计目标错误。

细节相符性——账户余额的细节应当与相关源文件金额一致，加总账户余额合计数并与总账金额合计一致 财务报表中的账户余额是由被审计单位编制的源文件和明细表中的明细余额支持的。细节相符性目标关注的就是明细表中所列的细节是否准确，加总是否正确，是否与总账一致。例如，应收账款明细表中的单项应收账款应当与应收账款源文件相同，其合计数应当等于总账控制的金额。细节相符性目标也是对应于计价和分摊管理层认定的一部分。

可实现价值——资产是以估计可实现的金额列示的 这一目标涉及账户余额是否已从历史成本减记至可实现净值，或者根据会计准则要求什么时候要以公允价值进行会计处理。例如，在应用这一目标时，应考虑对应收账款计提坏账准备的充分性以及对陈旧存货减值的充分性。这一目标仅适用于资产账户，也是对应于计价和分摊管理层认定的一部分。

权利和义务 对大多数资产来说，不仅要求其存在，还必须为被审计单位所拥有，只有这样才可以将它们列入财务报表。同样，负债也必须是被审计单位的义务。权利总是与资产相联系，而义务总是与负债相联系。这一目标是审计师对应于权利和义务管理层认定而确定的。

□ 与余额相关的具体审计目标

像与交易相关的审计目标一样，在确定与余额相关的一般审计目标之后，就能够据此确定财务报表中与每一账户余额相关的具体审计目标。每个与余额相关的一般审计目标都应有至少一个与余额相关的具体审计目标，除非审计师认为某一与余额相关的一般审计目标就所考虑的账户来说是不相关或不重要的。某个与余额相关的一般审计目标可能会有一个以上的相关具体审计目标。例如，对希尔伯格五金公司的存货项目来说，权利和义务这一与余额相关的一般审计目标，与其相关的具体审计目标就包括：（1）被审计单位对所列存货都拥有所有权；（2）除非另有披露，否则存货没有被用作抵押品。

□ 管理层认定和与余额相关的审计目标之间的关系

与余额相关的一般审计目标多于管理层认定，其目的是为审计师确定应收集哪些证据提供更多的指南。表6-5列示了管理层认定、与余额相关的一般审计目标、应用于希尔伯格五金公司存货项目的与余额相关的具体审计目标三者之间的关系。注意，除了计价和分摊认定之外，管理层认定与审计目标之间是一一对应的关系。由于计价问题的复杂性，以及为了更好地为审计师在测试计价中提供指南，计价和分摊认定包含了多个审计目标。

表6-5 希尔伯格五金公司：管理层认定和与存货余额相关的审计目标

与账户余额相关的管理层认定	与余额相关的一般审计目标	与存货余额相关的具体审计目标
存在	存在	所有入账的存货在资产负债表日都实际存在。
完整性	完整性	所有实际存在的存货都已盘点并列入了存货汇总表。
计价和分摊	准确性	被审计单位永续盘存记录中的存货数量与库存实物数量一致。 用于估计存货价值的价格在重要方面都正确。 单价与数量的乘积正确，详细数据汇总正确。
	分类	存货项目已恰当地分为原材料、在产品、产成品等。
	截止	年末采购截止是恰当的。 年末销售截止是恰当的。
	细节相符性	存货项目的合计数与总账一致。
	可实现价值	当存货可实现净值减少时，已减记存货价值。
权利和义务	权利和义务	被审计单位对列示的所有存货都拥有所有权。 存货没有被用作抵押品。

□ 与列报和披露相关的审计目标

与列报和披露相关的审计目标与前面所讨论的与列报和披露相关的管理层认定是一样的。适用于与余额相关的审计目标的概念同样适用于与列报和披露相关的审计目标。表 6－6 列示了与列报和披露相关的管理层认定、与列报和披露相关的一般审计目标和应用于希尔伯格五金公司应付票据项目的与列报和披露相关的具体审计目标三者之间的关系。

表 6－6　希尔伯格五金公司：管理层认定和与应付票据列报和披露相关的审计目标

与列报和披露相关的管理层认定	与列报和披露相关的一般审计目标	与应付票据列报和披露相关的具体审计目标
发生、权利和义务	发生、权利和义务	报表附注中描述的应付票据确实存在且是被审计单位的义务。
完整性	完整性	所有与应付票据有关的规定披露都已包括在报表附注中。
计价和分摊	计价和分摊	与应付票据有关的附注披露都是准确的。
分类和可理解性	分类和可理解性	应付票据已恰当地分为长、短期债务，且财务报表披露表述清楚。

6.11　如何实现审计目标

审计师必须获得充分、适当的审计证据，以支持财务报表中所有的管理层认定。这一工作是通过收集证据、支持与交易相关的审计目标和与余额相关的审计目标的一些适当组合来完成的。对比表 6－4 和表 6－5 可以发现，这两类审计目标之间存在很多重叠，但权利和义务只是与账户余额相关的认定，在交易相关的认定中无类似认定。与列报和披露相关的审计目标和与账户余额相关的审计目标密切相关，所以，审计师通常在考虑与余额相关的审计目标时，同时考虑与列报和披露相关的审计目标。

审计师必须确定适当的审计目标以及要收集的审计证据，以在每次审计中都实现这些目标。为此，审计师必须遵循一个审计过程，这一过程应该是一个定义明确的方法论，由它来组织审计以确保所收集的证据是充分、适当的，并确保所要求的审计目标均已明确说明和实现。如果被审计单位是一家加速编报上市公司，审计师还要计划实现与财务报告内部控制有效性报告有关的目标。PCAOB 准则第 5 号要求财务报告内部控制有效性的审计应该连同财务报表审计一起进行。本文所描述的审计过程有四个**具体阶段**（phases of the audit process），如图 6－8 所示，以下我们将对这四个阶段中的每一阶段作简短介绍。

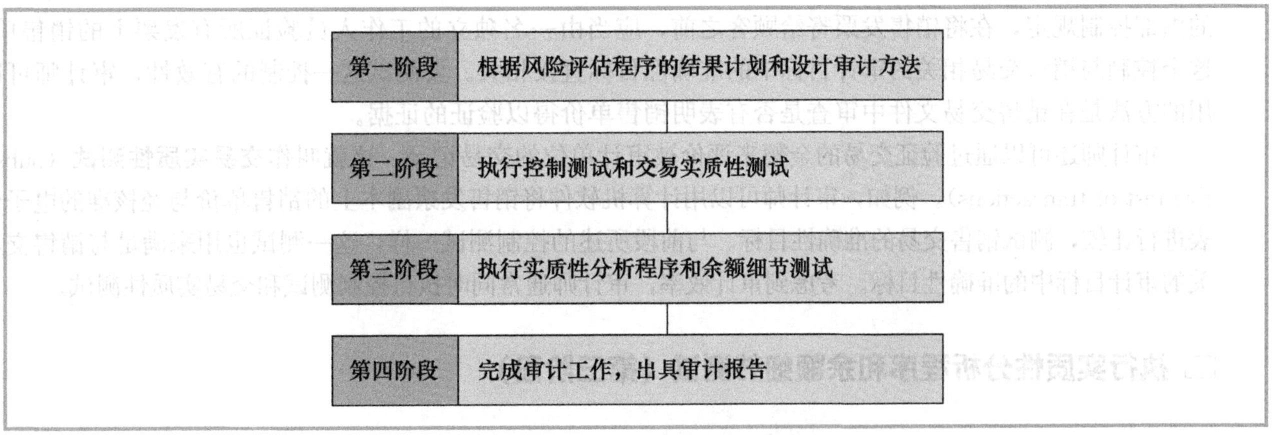

图 6－8　财务报表审计的四个阶段

□ 计划和设计审计方法（第一阶段）

对任何既定审计业务，审计师都可以采用多种方法来收集证据，以实现为被审财务报表发表意见的审计总体目标。审计师在选择审计方法时，要考虑两个最关键的问题：一是审计师履行职业责任必须收集的充分、适当的证据；二是应当使收集这些证据的成本最小化。其中，第一个问题是最重要的，但是，如果会计师事务所要保持其竞争力和盈利能力，成本最小化也是必须考虑的。如果不需要控制成本，作出证据决策就非常容易。审计师可以一直增加证据，而不考虑效率，直至他们可以充分肯定没有重大错报为止。

对充分、适当的证据和成本控制的双重考虑需要对业务进行计划。计划工作的结果应当产生一种成本合理的有效审计方法。计划和设计审计方法可以分成几个部分。这里简要介绍审计计划的三个重要部分，随后章节中将对它们进行讨论。

了解被审计单位及其环境 为了适当地评价财务报表中的重大错报风险，解释整个审计过程中所获信息，审计师必须了解被审计单位及其环境，包括了解经营战略和过程。审计师应该研究被审计单位的经营模式，执行分析程序并与竞争对手进行比较。审计师还必须了解被审计单位所在行业的任何独特会计要求，如在审计一家保险公司时，审计师就必须了解损失准备金是怎样计算的。

了解内部控制，评估控制风险 如果被审计单位在计算机运行和业务处理方面拥有有效的控制，财务报表的错报风险就会降低。正如第2章所述，在审计理论与实务中，一个最重要的和普遍被接受的理念就是：被审计单位内部控制的功能是产生可靠的财务信息和保护资产与记录的安全完整。审计师了解内部控制和评价其有效性的过程就称为评价控制风险。如果内部控制被认为有效，控制风险计划评估水平就可以降低，所需收集的审计证据数量就可以显著地小于内部控制不健全时的数量。

评估重大错报风险 审计师利用其对被审计单位行业和经营战略及其内部控制有效性的了解，评估财务报表的错报风险。这一评估结果将会影响审计计划和审计程序的性质、时间和范围。例如，如果被审计单位通过发展一个信用等级很低的新客户来拓展其销售，则审计师应该将应收账款的可实现价值的错报风险评估为高风险，并计划在这一领域扩展测试范围。

□ 执行控制测试和交易实质性测试（第二阶段）

当审计师认为内部控制有效，并为降低控制风险计划评估水平提出正当理由之前，他们必须对内部控制的有效性进行测试。用于这种测试的程序通常称为**控制测试**（test of control）。例如，假设被审计单位的内部控制规定，在将销售发票寄给顾客之前，应当由一名独立的工作人员验证所有发票上的销售单价。这个控制与销售交易相关的审计目标中的准确性目标直接相关。要测试这一控制的有效性，审计师可以采用的方法是在销售交易文件中审查是否有表明销售单价得以验证的证据。

审计师还可以通过验证交易的金额来评价被审计单位的交易记录，这就叫作**交易实质性测试**（substantive test of transactions）。例如，审计师可以用计算机软件将销售发票副本上的销售单价与经核准的电子价目表进行比较，测试销售交易的准确性目标。与前段所述的控制测试一样，这一测试也用来满足与销售交易相关的审计目标中的准确性目标。考虑到审计效率，审计师通常同时执行控制测试和交易实质性测试。

□ 执行实质性分析程序和余额细节测试（第三阶段）

第三阶段主要有两大类程序。**分析程序**（analytical procedures）通过比较和分析财务数据和非财务数据之间的相互关系来评价财务信息是否合理。当分析程序被用作证据以为账户余额提供保证时，则称作实质性分析程序。例如，审查销售日记账，寻找金额巨大的销售交易，并将各月销售总额与上年度相同月份进行比较，可以同时为销售交易准确性目标（与交易相关的审计目标）和应收账款准确性目标（与余额相关的审计目标）提供某种程度的保证。如果公司一直在使用错误的销售价格，就很可能会发生重大差异。

余额细节测试（test of details of balances）是专门用于测试财务报表余额中的金额错报的一种具体程序。与应收账款准确性目标（与账户余额相关的审计目标）相关的例子，就是直接向被审计单位的顾客寄发书面函证以确定错误金额。余额细节测试对审计的执行至关重要，因为由此获得的绝大多数证据都有独立于被审计单位的来源，因而质量很高。

□ 完成审计工作，出具审计报告（第四阶段）

审计师在完成为每一个审计目标和每一个财务报表账户及其相关披露确定的全部程序后，必须将所获得的信息综合起来，形成对财务报表是否公允表达的总体结论。这是一个极其主观的过程，它高度依赖于审计师的职业判断。在审计完成后，注册会计师必须出具一份审计报告，与被审计单位公布的财务报表附在一起。这些审计报告已经在第 3 章讨论过。

本章小结

本章讨论了管理层对财务报表和内部控制的责任，以及审计师对财务报表和财务报告内部控制有效性审计的责任。本章还讨论了管理层认定和相关的审计目标以及审计师为确定具体审计目标而将审计进行分块的方法。审计师随后要收集证据，以获得每一个审计目标均已实现的保证。实现销售交易和应收账款准确性目标的例子表明，审计师通过运用控制测试、交易实质性测试、分析程序和余额细节测试来收集证据，以便获得这一保证。在有些审计中，可能更强调这些测试中的某些测试，如分析程序和控制测试；而在另一些审计中，则可能更强调交易实质性测试和余额细节测试。

练习题

6-1 陈述财务报表审计的目标。简要说明，审计师是如何实现这一目标的？

6-3 区分舞弊性财务报告与侵占资产。讨论这两种类型的舞弊对财务报表公允表达分别会产生什么样的影响。

6-11 为什么销售收入、销售退回、折让、坏账、现金折扣、应收账款和坏账准备都包括在同一个循环中？

6-13 辨析一般审计目标与管理层认定之间的区别。为什么一般审计目标对审计师更有用？

6-16 什么是具体审计目标？解释它们与一般审计目标之间的关系。

6-17 确定“资产负债表日所有已入账的固定资产都存在”所对应的管理层认定和与余额相关的具体审计目标。

6-19 简述审计的四个阶段及其与财务报表审计目标之间的关系？

选自注册会计师考试的选择题

6-20 下列问题涉及审计师执行审计的原因，选择最佳答案。

a. 下列哪句话最好地说明了独立审计师对财务报表出具报告的理由（　　）。

（1）可能存在侵占资产行为，独立审计师很可能发现这些行为

（2）编制报表的公司与报表使用者之间可能存在不同利益

（3）可能存在账户余额错报，独立审计师的工作通常能够纠正这些错报

（4）内部控制可能存在设计缺陷

b. 因为存在重大错报风险，所以审计师应该以什么样的态度计划和执行审计（　　）。

（1）客观地判断

（2）独立正直

（3）职业怀疑

（4）不偏不倚地保护

c. 独立审计师收集审计证据的主要原因是（　　）。

（1）形成对财务报表的意见

（2）查找舞弊

（3）评价管理层

（4）评估控制风险

6-21　下列问题是关于错误与舞弊的，选择最佳答案。

a. 独立审计师有责任设计审计，以便为发现对财务报表可能有重大影响的错误与舞弊提供合理保证。根据审计准则中的定义，如果重要的话，下列哪项将被确定为舞弊（　　）。

（1）侵占一项资产或多组资产

（2）财务报表中会计数据的书写错误

（3）会计原则的误用

（4）在编制财务报表时，对已存在事实的误解

b. 审计师对于发现财务报表中的重大错误、舞弊，提供什么样的保证（　　）。

	错误	舞弊
（1）	有限的	消极的
（2）	合理的	合理的
（3）	有限的	有限的
（4）	合理的	有限的

c. 一项设计合理且执行恰当的审计不能发现涉及舞弊的财务报表重大错报，下列哪些看法能对此进行解释（　　）。

（1）对发现非故意错报有效的审计程序对发现通过合谋来隐瞒的舞弊错报无效

（2）审计是对发现重大错误提供合理保证，而对于舞弊并没有同样的责任

（3）评估控制风险时考虑的一些因素说明故意错报的风险较高，而非故意错报的风险较低

（4）审计人员没有考虑到影响账户余额审计风险的因素，而该账户余额对作为财务报表整体具有广泛性的影响

讨论题

6-25　下列是摘自一份公开的年度报告中的管理层报告部分。

管理层报告

财务报告内部控制的管理层报告

公司管理层有责任建立并维护充分的财务报告内部控制。本公司在总裁、首席执行官和首席财务官的监督下，建立和维护了为本公司对外财务报表遵循美国一般公认会计原则编制及财务报表本身的可靠性提供合理保证的财务报告内部控制。管理层使用COSO委员会制定的《内部控制——整合框架》中所提出的标准对公司财务报告内部控制的有效性予以了评估。管理层在总裁、首席执行官和首席财务官的监督和参与下，评估了至2016年12月31日止公司财务报告内部控制的有效性，并认为公司财务报告内部控制是有效的。

管理层对合并财务报表的责任

管理层也对本年报中的合并财务报表和其他相关信息的编制与内容负责。这些财务报表的编制遵循了美国一般公认会计原则，必要时还包含了一些管理层最佳估计和判断。

要求：

a. 这两部分管理层报告的目的是什么？

b. 关于管理层报告，审计师的责任是什么？

6-30 以下是关于销售和应收账款的管理层认定。

管理层认定

a. 所有的交易均在财务报表中适当地分类为应收账款和其他应收款，并已清晰表达。

b. 销售交易均已记录到适当期间。

c. 应收账款都已正确入账。

d. 销售交易已记录到适当的账户。

e. 所有要求披露的销售和应收账款信息都已披露。

f. 所有应收账款账户都已记录。

g. 应收账款都以正确的金额进行披露。

h. 销售业务以正确的金额入账。

i. 已记录的应收账款是存在的。

j. 关于销售和应收账款的披露与企业相关。

k. 已记录的销售业务都已发生。

l. 应收账款不存在扣押权或其他限制。

m. 所有的销售业务都已记录。

要求：

a. 解释管理层与交易类别和事项相关的认定、与账户余额相关的认定以及与列报和披露相关的认定之间的差异。

b. 对以上每一项认定，指出其是与交易类别和事项相关的认定还是与账户余额相关的认定或是与列报和披露相关的认定。

c. 指出管理层认定的具体名称。

6-32 下面是应用于现金支出审计的与交易相关的具体审计目标（a～f）、关于交易类别的管理层认定（1～5）和与交易相关的一般审计目标（6～11）。

与交易相关的具体审计目标：

a. 发生的现金支出交易已入账。

b. 已入账的现金支出金额是采购商品或接受劳务的金额并已正确入账。

c. 现金支出已适当地记入了应付账款源文件并已正确汇总。

d. 已入账的现金支出的商品和劳务已实际收到。

e. 现金支出交易已适当地分类。

f. 现金支出交易已在正确日期入账。

关于交易类别的管理层认定：

1. 发生
2. 完整性
3. 准确性
4. 分类
5. 截止

与交易相关的一般审计目标：

6. 发生
7. 完整性
8. 准确性
9. 过账和汇总
10. 分类
11. 及时性

要求：

a. 解释关于交易类别的管理层认定、与交易相关的一般审计目标及与交易相关的具体审计目标之间的区别以及它们之间的关系。

b. 对于每一个与交易相关的具体审计目标，指出其对应的管理层认定。

c. 对于每一个与交易相关的具体审计目标，指出其对应的与交易相关的一般审计目标。

第7章

审计证据

学习目标

1. 比较审计证据与其他职业中使用的证据。
2. 确定设计一个审计方案所必须作出的四类审计证据决策。
3. 详细说明决定证据说服力的特征。
4. 识别和运用在审计中使用的八类证据。
5. 了解分析程序的类别和使用目的。
6. 计算常用的财务指标。
7. 了解审计记录的目的。
8. 有条理地编制审计记录。

引例

CEO 承认其通过伪造文件隐瞒舞弊行为超过 20 年

Peregrine 金融集团（Peregrine Financial Group）的首席执行官 Russell Wasendorf，于拉斯维加斯举行精彩婚礼的 9 天后，被发现昏迷在车内，以及一根从排气管伸入车内的管子。截至周末，监管机构发现大约 2.15 亿美元的客户资金不见了，这家期货交易公司已申请破产清算，其高级办公室也关闭了。在车内发现了一张纸条，上面承认这位 CEO 舞弊长达 20 多年。

美国国家期货协会（NFA）派出一个审计小组审查 Peregrine 的账簿，并向 Peregrine 施压，要求其参与一个新的在线账户验证系统，这很可能使 Wasendorf 无法继续舞弊，因此曝光了诈骗案。Wasendorf 曾在一年前愚弄过 NFA，此前监管机构在一个周五收到报告称，Peregrine 的客户账户余额不足 1 000 万美元。接下来的周一，NFA 收到了一份据称来自银行的传真，显示该账户持有超过 2 亿美元的资金；后来的调查显示该传真是由 Wasendorf 发送的。

在 Wasendorf 车里发现的签名纸条中，他承认使用基本的计算机软件程序对银行对账单和银行的官方信件进行"非常令人信服的伪造"。为了防止其他 Peregrine 员工了解真实的银行余额，Wasendorf 坚持只有他才能打开银行的邮件。审计师通常直接与银行确认银行余额。然而，Wasendorf 向审计员提供了他控制的用于邮寄函证的邮箱的地址。

虽然 Wasendorf 的儿子是 Peregrine 的总裁，但 Wasendorf 声称他是唯一的舞弊实施者。他表示该计划是出于财务上的绝望，因为他无法获取资金。他承认拿走了调查人员声称失踪的 2.15 亿美元中的不到一半，调查人员继续追踪剩余的失踪资金。由于 Wasendorf 支持慈善事业，一些人呼吁对他宽大处理，但法官判处了最高 50 年的刑期。

资料来源：1. P. J. Huffstutter, "Peregrine Boss Wasendorf Gets 50 Years Jail for Fraud," Reuters (January 30, 2013) (www. reuters. com); 2. Jacob Bunge, Scott Patterson, and Julie Steinberg, "Peregrine CEO' s Dramatic Confession," *The Wall Street Journal* (July 14 - 15, 2012) (www. wsj. com); 3. Jacob Bunge, "Peregrine CEO Arrested," *The Wall Street Journal* (July 13, 2012) (www. wsj. com); 4. Azam Ahmed and Peter Lattman, "At Peregrine Financial, Signs of Trouble Seemingly Missed for Years," *The New York Times* (July 13, 2012) (www. nytimes. com).

任何审计的基础都是证据，这些证据由审计师收集和评价。审计师必须具备在每一项审计工作中收集充分适当证据的知识和技能，以满足职业标准的要求。正如在本章引例中所描述的，新技术能够提高审计证据的质量，但也可能引起新的问题。本章将讲述审计师作出的证据决策的类型、审计师可获得的审计证据以及这些证据在具体审计中的运用。

7.1 证据的性质

在第 1 章，审计证据被定义为审计师用来确定所审计信息是否按照既定标准表述的任何资料。这些资料使审计师相信财务报表是否公允表达的说服力存在很大差异。审计证据既包括具有高度说服力的资料，如审计师盘点有价证券的结果；也包括说服力较弱的资料，如被审计单位雇员对提问的答复。

□ 审计证据与法律证据和科学证据的对比

证据不仅被审计师运用，它也被科学家、律师和历史学家广泛运用。通过电视节目，大多数人都熟悉证据在判决被指控犯有抢劫等罪行的一方是否有罪的法律案件中是如何运用的。在法律案件中，有由法官执行的严密的证据规则，以保护无罪之人。在科学实验中，科学家获取证据以测试目标实验中所使用的假设，例如，为测试新药疗效的药物测试。类似地，收集证据也是审计师的大部分工作。虽然这些职业都依赖不同类型的证据，运用证据的环境和方式也是不同的，但是律师、科学家和审计师都要使用证据来帮助他们得出结论。

表 7－1 分别从做实验的科学家、起诉盗窃犯的律师、财务报表的审计师角度举例说明了证据的六个关键特征，共有六项比较基础。注意它们在三种职业中的异同点。

表 7－1　科学实验、法律案件、财务报表审计中的证据特征

比较基础	测试药物的科学实验	指控为盗窃犯的法律案件	财务报表审计
证据的用途	确定使用药物的疗效	确定被告是否有罪	确定报表是否公允表达
所用证据的特征	反复实验的结果	直接证据和证人及有关各方的证词	由审计师、第三方和客户形成的各类审计证据
评价证据的单位和个人	科学家	陪审团和法官	审计师
根据证据所得结论的肯定程度	从不肯定到接近肯定	排除合理怀疑来定罪	高水平的保证
结论的特征	推荐或不推荐使用该药物	当事人有罪或无罪	出具某种类型的审计报告
根据证据得出错误结论的典型后果	社会使用无效甚至有害的药物	罪犯没有受到惩罚或无辜者被判有罪	报表使用者作出错误的决策，审计师可能被起诉

7.2 审计证据决策

每位审计师所面临的主要决策之一，就是确定为判断被审计单位财务报表是否公允表达所需证据的适当类型和数量。关于收集什么证据、收集多少证据的决策有以下四个方面：（1）选用何种审计程序；（2）对选定的程序应选取多大的样本规模；（3）应从总体中选取哪些项目；（4）何时执行这些程序。

□ 审计程序

审计程序（audit procedure）是指在审计过程中针对所要获取的审计证据如何进行收集的详细指令。在设计审计程序时，通常要使用充分具体的术语，以使审计师在审计过程中能够更好地遵循这些指令。例如，以下就是一个验证现金支出的审计程序：

- 审查会计系统中的现金支出日记账，并用银行提供的现金支出日记账的支票处理在线信息核对收款人名称、金额和日期。

□ 样本规模

一旦选取了一项审计程序，样本规模可以是所测总体中的一个项目到所有项目不等。在上述验证现金支出的审计程序中，假设现金支出日记账中共记录了6 600张支票。审计师可能选取50张支票样本与现金支出日记账进行比较。对于每项审计程序，审计师都必须作出应测试多少个项目的决策。同一程序所需样本规模因具体审计对象而异，取决于客户的特征例如自动化控制的程度、该程序所需的保证程度等。

□ 选取的项目

在确定审计程序的样本规模之后，就必须确定应该测试总体中的哪些项目。例如，如果审计师决定从总体6 600张中选取50张已核销支票作为样本与现金支出日记账进行核对，可以采用几种不同的方法来选取应审查的支票。审计师可以：(1) 选择一周的支票，并检查前50张；(2) 选取金额最大的50张支票；(3) 随机选取支票；(4) 选取审计师认为最有可能出现差错的那些支票。审计师也可以综合上述方法选取所需支票。

□ 时间安排

财务报表审计通常覆盖一定的期间，例如一年，而审计通常又要在期末后几个星期或者几个月才完成。因此，可以在会计期间早期至期末结束后的很长一段时间内任意时点执行审计程序。从某种意义上说，时间安排决策受被审计单位对审计完成时间要求的影响。在财务报表审计中，被审计单位通常要求在年度结束后的1～3个月内完成审计工作。因为SEC要求所有上市公司视其公司规模大小，在会计年度结束后的60～90天内向SEC提交已审财务报表。另外，执行审计程序的时间安排还要考虑审计证据的有效性和审计小组的人力充足性。例如，审计师通常会尽可能把存货盘点的时间安排在接近资产负债表日的日期。

审计程序通常要把样本规模、选取项目和时间安排表达清楚。以下是对前述审计程序表述方式的修改，包括了所有四项审计证据决策（斜体字表示时间安排、选取项目和样本规模决策）：

- 取得*10月份*的现金支出日记账，从已核销支票中*随机选取40张*支票作为样本，将样本支票上的收款人名称、金额和日期与现金支出日记账进行核对。

□ 审计方案

审计方案（audit program）是指某一审计领域或整个审计的审计程序清单。审计方案总是包括一系列的审计程序，它通常包括测试的样本规模、选取项目和时间安排。一般来说，每一部分审计都有一份审计方案，其中包含多项审计程序。因此，应收账款、销售收入等都应有一份审计方案。例如，后文中表13-4就是一份包含了审计程序、样本规模、选取项目和时间安排的审计方案的例子。在这份审计方案的右侧还列示了每项程序所对应的与余额相关的审计目标，这些审计目标已在第6章介绍过。

7.3 证据的说服力

审计准则要求审计师收集充分、适当的证据以支持所发表的审计意见。由于受审计证据特征和执行审计活动的成本因素的影响，审计师不可能完全肯定其意见是正确的。但是，审计师又必须有高度保证相信其意见是正确的，审计师只有将整个审计工作中所获证据综合起来，才能决定如何有把握地出具一份审计报告。**证据说服力**（persuasiveness of evidence）的两个决定因素是适当性和充分性。

□ 适当性

证据的适当性（appropriateness of evidence）是对证据质量的一种度量，意思是证据在实现交易类别、账户余额以及相关披露等审计目标时的相关性和可靠性。如果证据被认为是高度适当的，那么它就能很好地帮助审计师判断财务报表是否公允表达。

注意，证据的适当性仅与选用的审计程序有关。扩大样本规模或选择不同的总体项目并不能提高审计证据的适当性。只有选用那些更具相关性或提供更可靠证据的审计程序才能提高审计证据的适当性。

证据的相关性 证据要可靠，必须与审计师正在测试的审计目标相关。例如，假设审计师怀疑被审计单位已发货却没有向顾客开发票（完整性目标）。如果审计师从销售发票副本中选取一个样本，并追查每张发票至相应的发货单，由此所获证据与完整性目标就不相关，因而该证据并不是该目标的适当证据。与完整性目标相关的程序应当是追查发货单样本至相应的销售发票副本，以确定每张发货单是否均已开票。因为货物的发送是用来确定一项销售是否已经发生和是否应该记录的常用标准，所以第二项审计程序是相关的。通过追查发货单至相应的销售发票副本，审计师能确定发货时是否向客户开票。在第一个程序中，审计师是从发票追查至相应的发货单，这不可能发现未记录的发货。

因为与某一审计目标相关的证据不见得与另一目标相关，所以，相关性只能结合具体审计目标来考虑。在前例中，当审计师从销售发票副本追查至相应的发货单时，所获得的证据与交易存在目标相关。大多数证据都与一个以上的审计目标相关，但并不是与所有审计目标都相关。

证据的可靠性 **证据的可靠性**（reliability of evidence）是指证据可以信赖或值得信赖的程度。与相关性一样，如果证据被认为是可靠的，那么它就能很好地帮助审计师判断财务报表是否公允表达。例如审计师盘点存货时，所得证据要比给审计师的一个管理层自己盘点的数据更可靠。

证据的可靠性（乃至证据的适当性）取决于以下六个特征因素：

1. 提供者的独立性。从被审计单位外部获取的证据要比从被审计单位内部获取的证据更可靠。例如，从银行、律师或顾客那里获取的外部证据，一般被认为比向被审计单位询问所得到的答复更可靠。类似地，来源于被审计单位组织外部的凭证被认为比来源于被审计单位内部并且从未离开过被审计单位组织的凭证更可靠。前者的例子如保险单，后者的例子如请购单。

2. 被审计单位内部控制的有效性。在被审计单位内部控制有效时所获取的证据，要比其内部控制薄弱时所获取的证据更可靠。例如，如果销售和开票业务的内部控制有效，那么审计师就能从销售发票和发货单中获取比相关内部控制不健全时更可靠的证据。

3. 审计师的直接了解。审计师通过实物检查、观察、重新计算和文件检查等直接获得的证据比间接获得的信息更可靠。例如，如果审计师计算销售毛利率，并与前期进行比较，所获得的证据就比依靠主计长的计算结果更可靠。

4. 信息提供者的资格。即使信息来源是独立的，但如果证据提供者不具备相应的资格，那么证据也是不可靠的。因而，与律师的沟通信息和银行函证的可靠性通常高于来自不熟悉企业环境之人的应收账款函证。同样，如果审计师不具备评价证据的资格，那么他直接获得的证据也不一定可靠。例如，如果审计师没有参加区分钻石和玻璃的培训，那么就不能提供关于钻石存在的可靠证据。

5. 客观程度。客观证据比那些需要经过大量主观判断才能确定其是否正确的证据更可靠。客观证据的例子包括应收账款和银行存款余额的函证，有价证券和现金的实物盘点，对应付账款明细表进行加总（合计）以确定合计数是否与总账余额相符。主观证据的例子包括客户律师对被审计单位未决诉讼的可能结果所书写的信函，在存货实物检查时对存货陈旧程度的观察，向被审计单位信用经理提出的关于非本期应收账款可收回性的询问。在评价主观证据的可靠性时，证据提供者的资格很重要。

6. 及时性。审计证据的及时性既可以指收集证据的时间，也可以指审计工作开展的期间。对资产负债表账户而言，证据的获取越接近资产负债表日，通常越可靠。例如，审计师在资产负债表日盘点有价证券所获得的证据就比两个月前的盘点更可靠。对损益表账户而言，从被审计的整个会计期间选取样本所获得的证据，比仅从其中一段期间选取样本所获得的证据更可靠。例如，从全年销售交易中随机选样，比仅从上半年销售交易中选取的样本更可靠。

□ 充分性

审计证据的充分性取决于所获证据的数量。**证据的充分性**（sufficiency of evidence）主要通过审计师选取的样本规模来衡量。对某一特定的审计程序而言，从100个样本中获得的证据显然要比从50个样本中获得的证据更充分。

在审计中，样本规模是否适当取决于多项因素。其中最重要的两项因素是审计师对错报的估计和被审计单位内部控制的有效性。例如，假设在对Jones Computer Parts公司的审计中，审计师认为，鉴于被审计单位所在行业的特征，存货过时的可能性相当高。那么在这样的审计中，审计师就要选取比存货过时的可能性小时更多的存货样本，以确定其是否过时。类似地，如果审计师认为，被审计单位对固定资产的记录存在有效的内部控制，那么在审计固定资产的取得时，就可以选取较小的样本规模。

除了样本规模以外，所测试的单个项目也会影响证据的充分性。若样本中既包含了金额大的项目，也包含了出现错报可能性高的项目和有代表性的项目，则所获证据通常被认为是充分的。相反，大多数审计师通常认为，要是样本中只包括总体中金额最大的项目，那么，除非这些项目构成了总体金额的大部分，否则，这样的样本是不充分的。

□ 综合影响

只有在综合考虑了适当性和充分性以及对之产生影响的各种因素的实际影响后，才能对证据的说服力作出评价。一个由独立第三方提供的大样本证据，如果与所测试的审计目标不相关，则不具有说服力。一个大样本证据，若其相关但不客观，同样不具有说服力。类似地，只有一两个适当的小规模样本证据，同样不具有说服力。审计师在确定证据的说服力时，必须评价适当性和充分性以及影响适当性和充分性的诸因素都得到满足的程度。

四项证据决策与决定证据说服力的两项质量特征之间存在直接关系，如表7-2所示。现以审计师验证财务报表中的一个主要项目——存货为例来说明这些关系。审计准则要求审计师合理保证存货项目没有重大错报。因此，审计师必须取得关于存货项目足够数量的相关和可靠的证据。这意味着审计师要决定为审计存货项目采用何种审计程序，还要确定恰当的样本规模和从总体中选取的项目以满足充分性要求。这四项证据决策综合起来，必须能够产生具有充分说服力的证据，使审计师确信存货在重大方面是正确的。存货审计方案部分地反映了这些决策的内容。实务中，审计师将四项证据决策用于具体审计目标以确定充分适当的证据。

表 7－2 证据决策与说服力之间的关系

审计证据决策	影响证据说服力的质量特征

审计程序和时间安排	适当性
	  相关性
	  可靠性
	    提供者的独立性
	    内部控制的有效性
	    审计师的直接了解
	    提供者的资格
	    证据的客观性
	    及时性
	      程序执行的时机
	      执行审计期间占整个期间的比例

样本规模和选取项目	充分性
	  足够的样本规模
	  选取恰当的总体项目

□ 说服力和成本

就既定审计进行证据决策时，必须同时考虑证据的说服力和成本。只用一类证据验证信息的情况极为少见。因此，在选取最佳的某种类型或某些类型的证据之前，必须考虑各种方案的证据说服力和成本。审计师的目标是，以尽可能低的总成本，获取充分数量的适当证据。但是，成本永远不能成为省去一项必要程序或不收集一个充足样本规模的充分理由。

7.4 审计证据的种类

审计师在决定采用哪些审计程序时，有八大类证据可供选择。这些类别也称为审计证据的类型。每一项审计程序总能获得以下证据类型中的一种或多种：

1. 实物检查。
2. 函证。
3. 文件检查。
4. 分析程序。
5. 询问被审计单位。
6. 重新计算。
7. 重新执行。
8. 观察。

图 7-1 阐述了审计准则、证据类型和四项证据决策之间的关系。审计准则为证据收集、资格和行为以及报告提供了广泛指南，证据类型指的是能收集到的广泛证据类型；审计程序包括四项审计决策并为收集证据提供了具体指令。

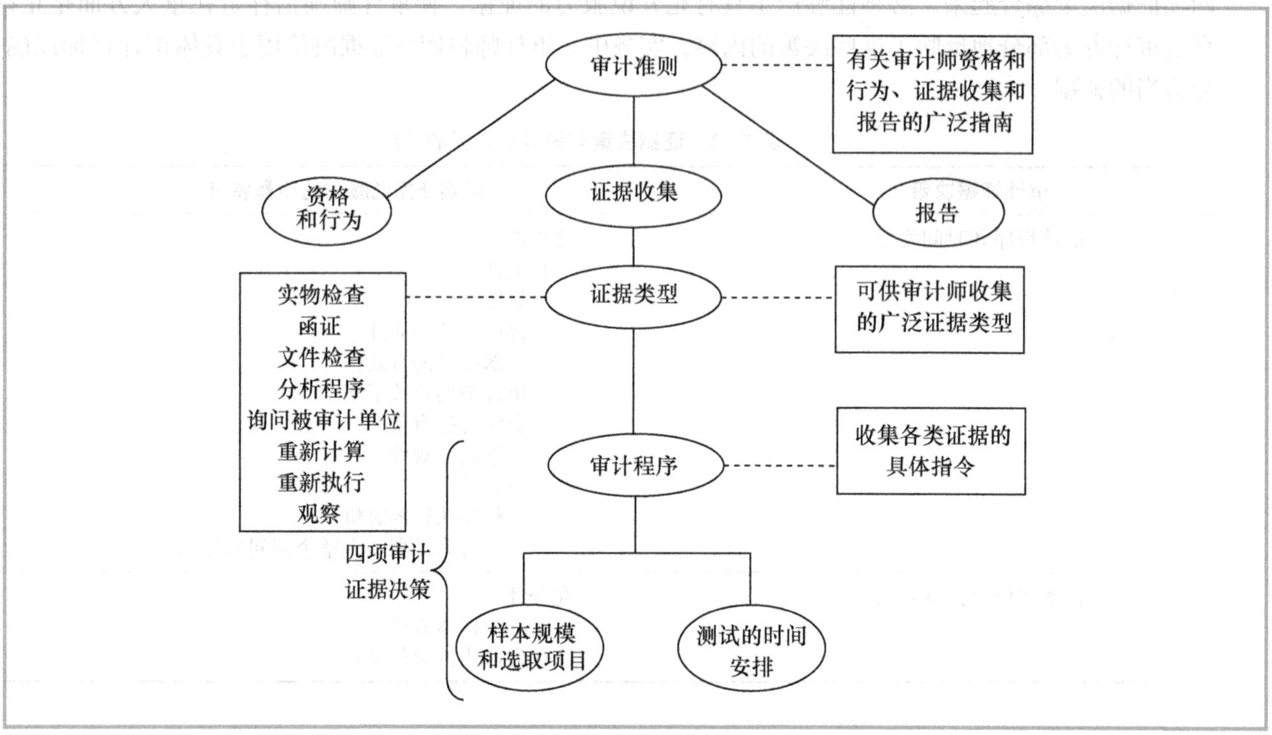

图 7-1　审计准则、证据类型和四项证据决策之间的关系

□ 实物检查

实物检查（physical examination）是审计师对有形资产所作的检查或盘点。大多数这类证据通常与存货和现金有关，但也适用于有价证券、应收票据和有形固定资产的验证。审计中，诸如有价证券和现金之类资产的实物检查与诸如已核销支票和销售凭证之类的文件检查有显著差异。如果被检查的对象，如销售发票，其本身没有价值，则这种证据就是文件检查证据。例如，支票在签发前是文件，签发以后变成了资产，核销以后又变成了文件。从正确的审计术语来看，只有当支票是一项资产时，才能对它进行实物检查。

实物检查是验证资产确实存在（存在目标）的直接手段，较少地用于确定存在的资产是否已记录（目标），它被认为是最可靠、最有用的审计证据类型之一。一般而言，实物检查是认定资产数量和规格的一种客观手段。在某些情况下，它还是评价资产状况和质量的一种有用方法。但是，要验证存在的资产确实为被审计单位所有（权利和义务目标），仅靠实物检查证据是不充分的，并且在许多情况下，审计师也没有能力去判断诸如陈旧或真实性（可实现价值）之类的质量因素。此外，一般也不能通过实物检查来确定为编制财务报表所作出的计价是否恰当（准确性目标）。

□ 函证

函证（confirmation）是指来自独立第三方针对审计师所要求回答的信息的准确性所作出的书面答复。

该答复可能是电子或纸质形式，此类要求是针对被审计单位的，并且被审计单位要求第三方直接把结果反馈给审计师。由于函证来自独立于被审计单位的第三方，因而是受到高度重视和经常使用的证据类型。但是，获取函证的成本相对较高，并有可能给提供者带来某些不便。因此，并不是在每一个适用函证的情况下都使用函证。

究竟是否应当使用函证，取决于在具体情况下对可靠性的要求以及替代证据的可获得性。习惯上，函证极少用于固定资产增加的审计，因为固定资产增加通过文件检查和实物检查便足以得到验证。同样，函证一般也不用于验证单位之间的具体交易，如销售交易，因为审计师能够通过检查文件达到这一目的。当然也有例外，假设审计师确定在年末前三天记录的两笔销售交易金额异常大，对这两笔交易进行函证是适当的。

只要可行和合理，美国审计准则都要求对应收账款进行抽样函证。审计准则之所以作出这种规定，其理由在于应收账款通常是财务报表中的一项重要余额，而函证又是一种高度可靠的证据。国际审计准则并没有对应收账款函证作出必要的要求，这也是美国和国际审计准则存在差异的一个例子。关于应收账款函证我们将在第 16 章予以讨论。

尽管对应收账款以外的其他账户并没有规定必须进行函证，但这类证据对于许多类型的信息验证都有用。经常需要函证的主要信息类型及函证来源如表 7－3 所示。

表 7－3　经常需要函证的信息

信息	来源
资产	
银行存款	银行
应收账款	顾客
应收票据	出票人
所拥有的寄销存货	代销商
存放在公共仓库的存货	公共仓库
人寿保险的退保金额	保险公司
负债	
应付账款	债权人
应付票据	贷款人
预收账款	顾客
应付抵押款	抵押人
应付债券	债券持有者
所有者权益	
流通在外的股票	登记机构和转让代理机构
其他信息	
保险总额	保险公司
或有负债	银行、贷款人和被审计单位的律师
债券协议	债券持有者
债权人持有的抵押物	债权人

□ 文件检查

文件检查（inspection）是指审计师检查被审计单位的凭证和记录，以证实财务报表所包含或应包含的信息。审计师所检查的文件是被审计单位用来有条理地为其经营管理提供信息的记录，它们可能是纸质的、电子的或其他介质的。由于被审计单位组织内的每一笔交易通常至少有一张凭证记载，因此有大量可获取的此类证据。例如，被审计单位通常对每一笔销售交易都保留一份顾客订单、一张发货单和一份销售发票副本。这些内容相同的凭证对审计师验证被审计单位所记录的销售交易的准确性是很有用的证据。因为审计师能以相对较低的成本获取这类证据，所以，文件检查是每一次审计中都广泛使用的一种证据类型，有时它甚至是可获取的唯一合理的证据类型。

凭证一般划分为内部凭证和外部凭证。**内部凭证**（internal document）是在被审计单位内部编制和使用，并且从未经过外部第三者的凭证。内部凭证的例子包括销售发票副本、雇员工时报告、存货验收报告。**外部凭证**（external document）是曾经由被审计单位外部某些人员经手的凭证，这些人员是所记录交易的一方当事人，但是该凭证目前由被审计单位保管或随时可以接触。在某些情况下，外部凭证产生于被审计单位外部，最后在被审计单位中完成。这类外部凭证的例子包括销售发票、已核销应付票据和保险单。有些凭证，如已核销支票，产生于被审计单位内部，然后流经被审计单位外部，最后又返回被审计单位。

审计师是否愿意把一张凭证作为可靠证据主要取决于：它是内部凭证还是外部凭证；如果是内部凭证，它是否在良好的内部控制环境下产生和传递。在内部控制薄弱的环境下产生和传递的内部凭证不可以作为可靠证据。凭证原件要比其复印件或传真更可靠。虽然审计师要考虑凭证的可靠性，但是他们很少去验证凭证的真实性，因此不能期待审计师能鉴别凭证的真伪，或者成为一个鉴别凭证真实性方面的专家。

由于外部凭证既经过了被审计单位又经过了交易的另一方，这就在某种程度上表明，交易各方对凭证上记录的信息和条件达成了一致。因此，一般认为外部凭证比内部凭证更可靠。有些外部凭证的填制非常谨慎，通常由律师或其他有资格的专家予以复核，因而此类凭证的可靠性极高，如财产权证明、地契、保险单、债务契约和合同等。

人们通常将审计师利用文件检查来验证已记录的交易或金额的过程称为**核证**（vouching）。例如，为了核证已记录的采购业务，审计师通过检查供应商发票和验收报告来验证采购日记账的记录，以满足发生目标。要是审计师从验收报告追查至采购日记账满足的是完整性目标，再称为核证就不适当了，这个过程应该是**追查**（tracing）。

□ 分析程序

按照审计准则的定义，**分析程序**（analytical procedures）是指通过分析财务数据与非财务数据之间的内在关系，对财务信息作出评价。例如，比较本年和上年的毛利率。分析程序被广泛地应用于实务中，并且要求在所有审计的计划阶段和完成阶段都必须执行。下面首先介绍分析程序的目的，然后进一步讨论各类分析程序的运用。

了解被审计单位所在行业和业务　作为审计计划工作的一部分，审计师必须了解被审计单位所在行业和业务。通过执行分析程序，将本年度未审信息与以前年度已审信息进行比较，得出相应的变化结果。这些变化可能会反映出一些重要趋势或特别事项，所有这些都将影响审计计划。例如，毛利率的持续下降可能表明被审计单位所在市场领域的竞争加剧，以及在审计过程中需要更加仔细考虑存货计价。再如，固定资产余额增加可能表明发生了一次重大采购，必须予以复核。

评价被审计单位的持续经营能力　分析程序通常是了解被审计单位是否陷入严重财务困境的有用工具。有些分析程序在评价经营失败可能性方面对审计师很有帮助。例如，若长期负债对净资产的比率高于正常水平，同时总资产利润率又低于平均水平，则暗示可能存在相当高的财务失败风险。这些情况不仅影响审计计划，而且如第3章所述，还可能表明被审计单位的持续经营能力存在重大不确定性，从而需要在审计报告中增加强调事项说明段。

暗示财务报表中可能存在错报　本年未审财务数据与用作比较的其他数据之间的重大未预期差异，通常称为**异常波动**（unusual fluctuations）。若未预期的重大差异的确存在，或预期的重大差异实际上并未发生，则存在异常波动。无论是哪种情况，产生异常波动的可能原因之一就是存在会计错报。因此，如果异常波动很大，审计师就必须明确原因，并要确信其原因是真实的经济事项，而不是一项错报。例如，在比较本年与上年的坏账准备与应收账款比率（即坏账准备计提比率）时，假设该比率下降，同时应收账款周转率也下降。综合这两项信息，则表明存在低估坏账准备的可能性。这种分析程序通常称为关注导向，因为它的结果是对可能发现错报的具体审计领域采取更为详细的审计程序。

提供支持账户余额的审计证据 在很多情况下，分析程序可用于提供证据以支持已记录的账户余额。如果存在可预期关系且作出预期时使用的数据可靠，则可以实施**实质性分析程序**（substantive analytical procedures），尽管不是强制性要求。在这种情况下，分析程序就是支持有关账户余额公允表达的实质性证据。根据账户的重要性、关系的可预期性、使用数据的可靠性等影响因素，实质性分析程序可以免除针对某些账户余额的细节测试。另外一些情况下，尽管细节测试必须实施，但样本规模可以减小，执行审计程序的时间也可以与资产负债表日相距较长。

□ 询问被审计单位

询问（inquiry）是指获取被审计单位对审计师提出的问题的书面或口头信息。尽管有相当多的证据是通过询问从被审计单位获得的，但这些证据通常不能作为结论性证据，因为它们不是来自独立的来源，并且可能偏向被审计单位的意愿。因此，在审计师通过询问取得证据后，通常有必要通过其他程序获取进一步的佐证信息（佐证证据是支持原始证据的其他证据）。例如，当审计师想要获得有关被审计单位记录和控制会计业务方法的信息时，他通常要先询问被审计单位内部控制是如何运行的。然后利用文件检查和观察执行审计测试，以确定交易是否按被审计单位所述方法进行记录（完整性目标）和授权（发生目标）。

□ 重新计算

重新计算（recalculation）指的是对被审计单位所作的计算予以再核对。再核对被审计单位的计算是为了测试被审计单位数学计算的准确性，包括计算销售发票和存货总额、加总日记账和明细账，以及核对折旧费用和预付费用的计算。审计师的相当部分的重新计算都是由计算机辅助审计软件完成的。

□ 重新执行

重新执行（reperformance）是指审计师对被审计单位会计系统中的会计程序或内部控制系统中的控制所作的独立测试。重新计算涉及的是再核对某一具体的计算，而重新执行是检查其他程序。例如，审计师可能会对比销售发票上的单价和经批准的单价清单上的单价；又如，通过追查，对出现多处的相同信息，核对它们的传递以验证信息是不是每次都按相同的金额记录。例如，审计师通常会执行有限的测试，以确定销售日记账上的信息是否包含在恰当的顾客档案中，应收账款明细账上的金额是否正确，在总账里是否进行了正确的汇总。

□ 观察

观察（observation）是指利用感官去评价被审计单位的经营活动。在整个审计过程中，审计师有很多机会运用视觉、听觉、触觉和嗅觉去评价各种各样的项目。例如，审计师可以通过参观厂房获得对被审计单位设备的总体印象，通过观看雇员从事会计工作来确定其职责履行是否恰当。观察本身并不能提供充分的证据，考虑到审计师就在现场，被审计单位的雇员很有可能会改变其平时的行为。他们可能会遵守被审计单位的政策，中规中矩地履行其职责，一旦审计师离开现场，一切又恢复如故。因此有了初步印象以后，还要有其他类型的佐证证据的支持。尽管如此，在大部分审计工作中，观察仍是有用的证据。

□ 各类证据的适当性

正如本章前文所述，决定审计证据适当性的特征是相关性和可靠性。表7-4列示了与决定证据可靠性的六个特征中的五个特征有关的八类证据。请注意：决定证据适当性的两个特征——相关性和及时性——并没有包括在表7-4中。表中的八类审计证据根据其来源和获得证据的时间，都有潜在的可能是相关的和及时的。从表7-4中我们还可以明显得出以下几点：

第一，被审计单位内部控制的有效性对大多数证据类型的可靠性都具有重要影响。例如，被审计单位内部控制有效时的内部凭证更加可靠，因为凭证可能更准确。同样，如果涉及数据生成的控制不能提供准确的信息，那么分析程序就不能成为可靠的证据。

第二，如果内部控制有效，那么实物检查证据和重新计算证据都可能高度可靠，但二者的用途却大相径庭。这也说明了两类完全不同的证据可能同等可靠。

第三，一种特定证据类型本身一般不足以提供满足任何审计目标所需的适当证据。

表7-4 各类证据的适当性

证据类型	决定适当性的标准				
	提供者的独立性	被审计单位内部控制的有效性	审计师的直接了解	提供者的资格	证据的客观性
实物检查	高（审计师执行）	不确定	高	通常都高（审计师执行）	高
函证	高	不适用	低	不确定——通常都高	高
文件检查	不确定——外部比内部更独立	不确定	低	不确定	高
分析程序	高/低（审计师执行/被审计单位答复）	不确定	低	通常都高（审计师执行/被审计单位答复）	不确定——通常低
询问被审计单位	低（被审计单位提供）	不适用	低	不确定	不确定——低到高
重新计算	高（审计师执行）	不确定	高	高（审计师执行）	高
重新执行	高（审计师执行）	不确定	高	高（审计师执行）	高
观察	高（审计师执行）	不确定	高	通常都高（审计师执行）	中等

□ 各类证据的成本

成本最高的两类证据是实物检查和函证。实物检查证据成本高，是因为在被审计单位盘点资产时通常要求审计师在场，而且常常安排在资产负债表日。例如，对存货的实物检查可能使多位审计师在相距较远的地区之间奔波。函证证据成本高，是因为审计师在函证的编制、寄送或电邮、回函收取，以及对未收到回函和例外事件的随后处理中，都必须执行仔细的审计程序。

文件检查、分析程序和重新执行的成本中等。如果被审计单位的雇员为审计师准备并组织好凭证和电子文档，使其方便使用，那么文件检查证据的成本就比较低。当审计师必须亲自寻找那些凭证时，文件检查证据的成本就非常高。即使在理想状况下，文件上的信息和数据有时很复杂，也要求作出解释和分析。就审计师来说，通常要花费大量的时间去阅读和评价被审计单位的合同、租赁协议和董事会会议记录。与实物检查和函证相比，分析程序的成本少得多。因此，大多数审计师喜欢尽可能地以分析程序代替详细测试。例如，计算和复核销售收入与应收账款的比率，比函证应收账款花费的成本少得多。如果通过执行分析程序可以减少甚至代替函证，则能大大节约审计成本。但分析程序的实施需要审计师决定采用哪些分析程序，并进行计算和评价结果。这样的工作通常也要花费相当多的时间。重新执行测试的成本取决于被测程序的性质。相比较而言，那些诸如比较发票上的单价和单价清单上的单价之类的重新执行不怎么费事，但像被审计单位银行存款余额调节表之类的重新执行就相当费事了。

成本最低的三种证据类型是观察、询问被审计单位和重新计算。观察常常与其他审计程序同步执行。例如，在存货的实物检查中，审计师很容易在盘点存货样本的同时，观察被审计单位的员工是否遵循了恰当的存货盘点程序。询问被审计单位这一程序在每一项审计中都广泛采用，并且通常成本较低。但有些询问的成本可能很高，譬如，从被审计单位那里取得记录整个审计过程中双方讨论内容的书面声明。重新计算的成本通常较低，因为它只涉及简单的计算和审计师认为便利时执行的追查。通常，许多这些测试都由计算机软件执行。

□ 审计程序中使用的术语

如前所述，审计程序是为了收集八种审计证据而通常采用的书面指令式的详细步骤。它们应当足够清晰，以便让审计小组成员了解他们所要做的工作。

通常要采用几个不同的术语来描述审计程序。表7-5列示和定义了这些术语。为了帮助读者理解这些术语，表7-5还举例说明了审计程序和对应的证据类型。

表7-5 术语、审计程序和证据类型

术语及其定义	审计程序举例	证据类型
审查——对凭证或记录进行的相当详细的研究，以确定有关的具体事实。	审查销售发票样本以确定收到的货物或服务是否合理，是不是被审计单位经营常用类型。	文件检查
查看——对文件或记录进行粗略的审查，以确定是否存在异常的、需要进一步调查的事情。	浏览销售日记账，寻找大额和异常交易。	分析程序
阅读——对书面信息的审查，以确定与审计有关的事实。	阅读董事会会议记录，并在审计记录中汇总与财务报表有关的所有信息。	文件检查
计算——由独立于被审计单位的审计师进行的计算。	计算存货周转率，并与以前年度的存货周转率进行比较，以测试存货的陈旧情况。	分析程序
重新计算——为确定被审计单位的计算是否正确所进行的计算。	重新计算销售发票副本样本的销售单价和数量，对总额和客户计算的结果进行比较。	重新计算
加总——加总一栏数字，确定其总额是否与被审计单位的记录一致。	加总一个月的销售日记账，对所有的总额与总账进行比较。	重新计算
追查——一条通常与文件检查与重新执行有关的指令。应该说明审计师要追查什么，从何处追查至何处。通常，包括追查术语的审计程序还包括第二条指令，例如计算或重新计算。	从销售日记账至销售发票，追查销售交易的一个样本，比较客户名称、日期和销售总额。 追查从销售日记账到总账账户的过账。	文件检查 重新执行
比较——对两个不同来源的信息进行比较。这条指令应该尽可能详细地说明进行比较的信息。	选取销售发票样本，将发票上注明的单价与经管理层授权的销售价格表进行比较。	文件检查

续表

术语及其定义	审计程序举例	证据类型
盘点——对在特定时点持有资产的确定。本术语应该仅仅与定义为实物检查的证据类型有关。	盘点100个存货项目样本，并把数量和说明与被审计单位的记录进行比较。	实物检查
观察——观察行为应该与定义为观察的证据类型有关。	观察两个存货盘点小组是否独立地盘点和记录存货成本。	观察
询问——询问行为应该与定义为询问的证据类型有关。	询问管理层是否在资产负债表日持有陈旧的存货。	询问被审计单位
核证——运用凭证验证已记录的交易或金额。	核证一个已记录的采购交易样本至发票和验收单。	文件检查

7.5 分析程序

分析程序是本章前面介绍的八类审计证据之一。因为执业实务中非常重视分析程序，贯穿于整个审计过程，所以本部分进一步讨论分析程序的应用，包括每种类型的举例。

分析程序在审计业务的三个阶段中都可以执行。

□ 审计业务中分析程序的目的

1. 在审计计划阶段，审计师必须执行分析程序，以帮助其确定审计程序的性质、范围和时间，发现在随后的审计中需要特别关注的重大事项。例如，在存货计价测试之前计算存货周转率，可以发现在执行相关测试时需要特别注意的问题。在审计计划阶段执行的分析程序一般都要运用高度综合的数据，而执行程序的复杂程度、范围和时机因被审计单位而异。对有些被审计单位，把上年和本年账户余额（使用未经审计的试算平衡表）进行比较可能就足够了。

2. 在审计测试阶段，审计师通常将分析程序作为检查账户余额的实质性测试来加以执行。这些实质性分析程序还常常与其他审计程序一并执行。例如，可以把本年每张保险单的预付比例与上年同类保险单进行比较，作为执行预付保险费测试的一部分。分析程序所能提供的保证取决于关系的可预测性、预期的准确性以及用于确定预期的数据的可靠性。如果审计师在审计测试阶段运用了实质性分析程序，则审计准则要求他们在工作底稿中记录制定实质性分析程序时形成的预期和影响因素。审计准则还要求审计师评估作出预期时使用数据的可靠性，包括信息的来源以及与信息编制相关的控制。

3. 在审计完成阶段，审计师也必须执行分析程序。此时这些测试作为对重大错报和财务问题的最后复核，可以帮助审计师对已审财务报表作出最后的“客观观察”。通常的做法是由一名合伙人在对工作底稿和财务报表作最后复核时执行分析程序，以识别审计中可能存在的疏忽。

上述讨论表明，分析程序的目的及其性质取决于审计中的运用阶段。审计计划阶段的分析程序，通常使用汇总数据以帮助了解被审计单位、识别错报的可能领域。相反的，用以提供审计证据的实质性分析程序需要更为可靠的证据，审计师通常使用分解数据以作出测试账户余额的预期值。

□ 分析程序的类型

作为审计证据，分析程序的有用性主要依赖于比较数据的合理性。审计师通常利用下列一种或多种分析程序，将被审计单位的余额和比率与预期的余额和比率进行比较。在每种情况下，审计师将被审计单位数据与下列数据进行比较：

- 同行业数据。
- 前期同类数据。
- 被审计单位的预期结果。
- 审计师的预期结果。

□ 被审计单位的数据与同行业数据比较

假设你在进行审计，取得了被审计单位及其所处行业平均水平的下列信息：

	被审计单位		行业	
	2016 年	2015 年	2016 年	2015 年
存货周转率	3.4	3.5	3.9	3.4
毛利率	26.3%	26.4%	27.3%	26.2%

如果我们只看表中所列示的被审计单位的两个比率，那么该公司看来是稳定的，没有明显的困难迹象。但是，如果审计师利用行业数据估计 2016 年的两个指标，则预计被审计单位的两个比率将会上升。虽然这两个比率本身可能并不说明什么重要问题，但本例说明了如何利用行业数据确定预期数据以帮助审计师提供关于被审计单位业绩和潜在错报的有用信息。例如，被审计单位可能失去市场份额，定价可能不具有竞争力，可能发生了不正常的成本，存货中可能有陈旧过时的成分或者在采购记录中含有错误。审计师需要确定后两项的发生对财务报表没有错报是否提供合理保证。

邓白氏、标准普尔和其他出版商收集了许多公司的财务信息，并分行业汇编了这些数据。许多会计师事务所购买这些出版物，用作审计中行业比较的依据。行业比较的最大优点是可以帮助审计师了解被审计单位的经营和预测财务失败的可能性，但在识别重大错报方面帮助较少。例如，风险管理协会（Risk Management Association）收集的财务信息是银行家和其他信贷主管人员用于评价公司能否偿还贷款的主要信息类型。审计师在评价被审计单位资本结构的相对强度、借款能力和财务失败的可能性时，这些信息同样有用。但是，审计工作运用行业比率进行比较的主要缺点是，被审计单位的财务信息特征与组成行业整体的公司财务信息特征存在差别。因为行业数据是宽泛的平均数，比较可能没有多大意义。通常情况下，被审计单位的经营范围与行业标准并不完全一致。此外，不同的公司采用不同的会计方法，也会影响数据的可比性。如果同一行业内的大多数公司都采用先进先出法对存货计价并采用直线法计提折旧，而被审计单位却采用后进先出法对存货计价、采用双倍余额递减法计提折旧，则此类比较可能就没有什么意义。但这并不意味着不用进行行业比较，而只是指出，在形成财务关系预期和解释结果时，必须注意这些问题。克服行业平均比较局限性的一种方法，是把被审计单位数据与行业内的一个或多个基准公司数据进行比较。

□ 被审计单位的数据与前期同类数据比较

假设某公司在过去四年中，毛利率一直保持在 26%～27%，但是本年为 23%。如果没有预计到毛利率会如此下降，则审计师应该予以关注。下降的原因可能是经济环境发生变化，也可能是财务报表中的错报引起的，如销售或采购的截止日错误、未记录销售、高估应付账款或存货成本差错。毛利率下降可能会使影响毛利率的一个或多个账户的所需证据增加。审计师应该确定这种下降的原因，以确信财务报表不存在重大错报。

宽泛意义上的分析程序允许审计师把被审计单位的数据与以前一个期间或多个期间的同类数据进行比较。下面是一些常见的例子：

比较本年余额与上年余额 执行这种测试最简便的方法之一，是在本年试算平衡表工作底稿中单设一栏，列示上年调整后的试算平衡结果。这样，审计师就能很容易地比较本年和上年余额，发现余额发生重大变化的账户，以便在审计开始时决定是否需要对这些账户给予额外的关注。例如，如果审计师发现物料用品费大幅上升，则应该查明是物料用品的耗用量增加还是错误分类引起账户错误，抑或是由物料用品存货的错报而引起的。

比较本年余额合计数的明细金额与上年余额合计数的明细金额 如果被审计单位本年度的经营没有发生重大变化，则构成财务报表中合计数的大部分明细金额也应基本保持不变。通过简单比较本期明细金额与前期同类明细金额，通常可以挖掘需要进一步检查的信息。进行明细金额的比较，既可以采取一段时间内的明细金额比较的方式，也可以采取一定时点上的明细金额比较的方式。前者常见的例子有比较本年和上年销售收入、修理费以及其他账户月度合计数；后者的例子有比较本年年末和上年年末的应付贷款的明细金额。

计算比率或百分比关系，并与以前年度比较 以上两段所介绍的与以前年度余额或明细金额的比较有两个缺点：第一，没有考虑经营活动的成长或衰减；第二，忽视了数据与数据之间的关系，比如销售收入与销售成本之间的关系。比率和百分比关系克服了这两个缺点。例如，毛利率就是审计师经常采用的百分比关系。

表7-6列示了几种比率和内部比较，用以说明比率分析的广泛应用。在所有情况下，都应该与同一被审计单位以前年度的计算结果进行比较。很多用于与以前年度相比较的比率同样可以用于与行业数据的比较。例如，审计师通常在用本年度的毛利率与以前年度比较时，还会与行业的平均毛利率进行比较。

表7-6 内部比较和关系

比率或比较	可能的错报
制造公司的原材料周转率	存货或销售成本的错报或原材料存货陈旧
销售佣金与销售收入净额之比	销售佣金的错报
销售退回与折让和销售总额之比	销售退回与折让的错误分类或未记录期后退回或折让
坏账费用与销售收入净额之比	坏账准备的错报
各单项制造费用占制造费用总额的百分比	制造费用总额中单项费用的重大错报

□ 被审计单位的数据与被审计单位的预期结果比较

大多数公司都为其经营活动和财务成果的各个层面编制**预算**（budgets）。由于预算反映了被审计单位对一定期间的预期，因此，审计师应该调查在预算与实际结果之间差异最显著的领域，因为这些领域可能包含潜在错报，而不存在差异的地方则可能暗示错报发生的可能性不大。例如，在地区、州和联邦政府部门的审计中，通常采用这种分析程序。

在把被审计单位的数据与其预算进行比较时，有两点要特别注意。第一，审计师必须评价预算是否切合实际。在某些单位，预算的编制敷衍了事，因而对形成预期毫无帮助。针对这一问题，与被审计单位的雇员就预算编制程序进行讨论可以提供更深刻的认识。第二，要注意客户的雇员篡改本期财务信息以接近预算的可能性。如果发生了这种情况，那么即使财务报表中存在错报，审计师在比较实际数据与预算数据时，也不会发现任何差异。评价控制风险和对实际数据执行审计细节测试，通常可以减少这一问题发生的可能性。

□ 被审计单位的数据与审计师的预期结果比较

把被审计单位的数据与预期结果进行比较的第二种常见类型，是由审计师计算预期余额，并与实际余额进行比较。在这类分析程序中，审计师根据某一账户与其他资产负债表账户或损益表账户之间的关系或者历史趋势进行推算，预测该账户应有的余额。

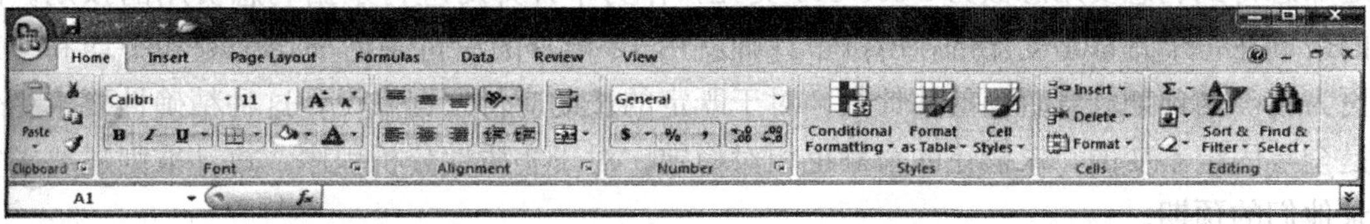

希尔伯格五金公司	编号：N-3　日期
利息费用的总体测试	编制：TM　2017 年 6 月 3 日
2016 年 12 月 31 日	核准：JW　2017 年 12 月 3 日

已记录利息费用的预期：

短期贷款：

月份	月末所欠余额①	利率②	
1	$ 5 900 000	5.50%	
2	6 368 000	5.50%	
3	6 824 000	5.75%	
4	7 536 000	5.75%	
5	5 208 000	5.25%	
6	3 748 000	5.50%	
7	2 800 000	5.25%	
8	2 490 000	5.50%	
9	2 092 000	5.25%	
10	1 708 000	5.50%	
11	5 062 000	5.75%	
12	4 180 000	5.50%	
合计	$53 916 000	66.00%	
月均	$ 4 493 000	5.50%	$ 247 115

长期贷款：

期初余额	$26 520 000③		
期末余额	24 120 000④		
	$50 640 000	8.5%⑤	
平均	$25 320 000	8.5%	2 152 200
审计师对利息费用的预期			2 399 315
总账上已记录的利息费用			2 408 642④
差异：高估（低估）			$ 9 327

结论：利息费用明显是公允表达的，已记录金额在预期金额的9 327美元(0.4%)之内。

标识和图例：
①月平均余额从每月总账中取得。
②根据审查每月未偿还的几个应付票据估计。
③与前一年的工作底稿一致。
④与2016年12月31日的总账和工作试算平衡表一致。
⑤与永久性档案中的长期负债明细表一致。

图 7－2　希尔伯格五金公司 2016 年 12 月 31 日利息费用的总体测试

假设在对一家宾馆的审计中，你能确定客房的数量、每间客房的收费标准和客房的平均入住率。利用这些数据，就能相对容易地估计客房的总收入，并与记录的收入进行比较，以测试所记录收入的总体合理性。有时，同样的方法还可用于估计这样一些账户，如大学学费收入（人均学费乘以招生人数）、工厂工资（总工时数乘以工资率）和材料销售成本（销售数量乘以单位材料成本）。

图 7-2 举例说明了审计师如何利用应付票据月末余额乘以长短期应付票据利率，独立计算应付票据的利息费用，并以此作为已记录的利息费用合理性的实质性测试的内容。要注意的是，审计师的这个实质性分析程序一开始是形成他们自己对短期应付票据应付利息的预期，再计算长期应付票据的估计利息，然后将之加总得到利息费用总额为 2 399 315 美元，作为审计师对应付票据利息费用的预期。因为短期应付票据的余额在每个月都是变化的，所以审计师就用 12 个月的应付票据平均余额和平均利率来计算，得到一个更为精确的预期利息费用的估计数。对于既定的长期应付票据来说，这种精确性要求更低，因为它的利率是全年固定不变的，未偿还的余额也相对稳定。对于实质性分析程序，审计准则还要求审计师要有效地记录他们的预期。

7.6 常用财务比率

审计师在计划和对已审财务报表进行最终复核时，执行的分析程序通常采用一些基本财务比率。这些比率对于了解被审计单位最近发生的事项和财务状况，对于从使用者的角度考察报表，都是有用的。基本财务分析可以有效地识别那些可能存在问题、需要进一步分析和进行审计测试的领域，以及那些审计师能够提供其他帮助的存在问题的经营领域。在运用这些比率时，进行恰当的比较是重要的。最重要的是与被审计单位以前年度、行业平均水平和相同年份的类似公司进行的比较。

比率和其他分析程序通常使用电子数据表和其他类型的审计软件来计算，在这个计算中，可以将被审计单位及其行业几年的数据整合在一起以进行比较。审计师可以将这些比率和试算平衡表联系在一起，以便在对被审计单位报表作调整分录时能自动更新。例如，存货变化和产品销售成本会影响很多比率，如存货周转率、流动比率、毛利率和其他反映盈利能力的比率。

接下来我们将介绍审计中经常使用的财务比率。以下利用希尔伯格五金公司 2016 年的财务报表，举例说明各种比率的计算。这些比率是根据图 6-5 的试算平衡表编制的。

□ 短期偿债能力

$$现金比率=\frac{现金+有价证券}{流动负债} \qquad \frac{828}{13\,216}=0.06$$

$$速动比率=\frac{现金+有价证券+应收账款净额}{流动负债} \qquad \frac{828+18\,957+945}{13\,216}=1.57$$

$$流动比率=\frac{流动资产}{流动负债} \qquad \frac{51\,027}{13\,216}=3.86$$

公司需要保持一个合理的流动性水平，以支付将要到期的债务。这三个比率是流动性的计量指标。通过检查这三个比率，可以确定流动性水平：现金比率对于评价偿还立即到期债务的能力是非常有用的；流动比率要求在债务能支付之前把诸如存货和应收账款之类的资产转换成现金；速动比率和流动比率最重要的差异在于流动比率把存货包含在流动资产中。

□ 流动性比率

$$\text{应收账款周转率}=\frac{\text{销售收入净额}}{\text{应收账款平均总额}} \qquad \frac{143\ 086}{[(18\ 957+1\ 240)+(16\ 210+1\ 311)]/2}=7.59$$

$$\text{平均收账天数}=\frac{365\text{天}}{\text{应收账款周转率}} \qquad \frac{365\text{天}}{7.59}=48.09\text{天}$$

$$\text{存货周转率}=\frac{\text{产品销售成本}}{\text{存货平均余额}} \qquad \frac{103\ 241}{(29\ 865+31\ 600)/2}=3.36$$

$$\text{平均销售天数}=\frac{365\text{天}}{\text{存货周转率}} \qquad \frac{365\text{天}}{3.36}=108.63\text{天}$$

如果一家公司没有足够的现金或类似现金的项目来偿还债务，则其偿债能力的关键就取决于公司将变现能力较差的流动资产转换成现金所需的时间。这可用流动性比率来衡量。

应收账款和存货的流动性比率，对审计师特别有用。应收账款周转率的变动趋势通常用于评价坏账准备的合理性。存货周转率的变动趋势用于识别潜在的存货陈旧过时问题。收账天数是从另一个角度来看平均应收账款周转数据。和存货周转率相比，平均销售天数同样如此。

□ 偿付长期债务的能力

$$\text{负债权益比率}=\frac{\text{负债总额}}{\text{权益总额}} \qquad \frac{13\ 216+25\ 688}{22\ 463}=1.73$$

$$\text{已获利息倍数}=\frac{\text{营业利润}}{\text{利息费用}} \qquad \frac{7\ 370}{2\ 409}=3.06$$

公司的长期偿债能力取决于其成功经营和为扩张筹措资金的能力，以及支付本金和利息的能力。这两个比率是债权人和投资者用来评价公司偿债能力的关键比率。

负债权益比率表明一家公司运用债务筹措资金的程度。这一比率太高，可能意味着公司已经用尽了借款能力，不再具有额外举债的能力。这一比率过低，可能意味着公司没有充分利用杠杆为所有者谋利。

支付利息的能力依赖于从经营活动中产生正的净现金流量的能力。因此，已获利息倍数反映公司在盈利趋势稳定的前提下，支付利息的宽裕程度。

□ 盈利能力比率

$$\text{每股收益}=\frac{\text{净收益}}{\text{平均发行在外普通股股份}} \qquad \frac{3\ 934}{5\ 000}=0.79$$

$$\text{毛利率}=\frac{\text{销售收入净额}-\text{产品销售成本}}{\text{销售收入净额}} \qquad \frac{143\ 086-103\ 241}{143\ 086}=27.85\%$$

$$\text{利润率}=\frac{\text{营业利润}}{\text{销售收入净额}} \qquad \frac{7\ 370}{143\ 086}=0.05$$

$$\text{资产报酬率}=\frac{\text{息前利润}+\text{所得税}}{\text{总资产平均余额}} \qquad \frac{5\ 681}{(61\ 367+60\ 791)/2}=0.09$$

$$\text{普通股股东权益报酬率}=\frac{\text{息前利润}-\text{优先股股利}}{\text{股东权益平均余额}} \qquad \frac{5\ 681-0}{(22\ 463+20\ 429)/2}=0.26$$

一家公司产生为支付债务、扩张和股利所需现金的能力，主要依赖于盈利能力。应用最广泛的盈利能力指标是每股收益。除此之外，还可以计算另外一些比率，以更深入地洞察经营活动。

毛利率表示抵减产品成本后可用于弥补所有费用的销售收入部分，它对于审计师评估销售收入、产品销售成本、应收账款和存货中的错报特别有用。

利润率类似于毛利率，但在计算时减去了产品销售成本和营业费用。该比率在评估营业费用和相关资产负债表账户中的错报时特别有用。

公司整体盈利能力的计量指标是资产报酬率和权益报酬率。这些比率表示一家公司每一美元资产和权益产生盈利的能力。

7.7 审计记录

审计准则规定**审计记录**（audit documentation）是审计业务过程中审计师所用审计程序、所获证据和所得结论的主要记录。审计记录应当包括审计师认为充分执行审计和为审计报告提供支持所必需的全部信息。尽管审计记录通常以计算机文件的形式保存，但也可将审计记录称为工作底稿。

审计记录的目的

审计记录的总体目的是为审计师按照审计准则执行充分审计提供合理保证。具体来说，由于审计记录从属于本年度的审计工作，因而它为计划审计工作提供了基础，为收集的证据和测试的结果提供了记录，为确定恰当类型的审计报告提供了信息，为督导人员和合伙人的复核提供了基础。

为计划审计工作提供基础 如果审计师要充分地计划本年度的审计工作，那么审计档案必须包括必要的参考资料。这些档案包括各种与计划有关的信息，如关于内部控制的描述性信息、具体审计领域的时间预算、审计方案和上一年度的审计结果。

为收集的证据和测试的结果提供记录 审计记录是证明审计师已按照审计准则执行了充分审计的主要记录手段。在必要时，审计师必须能够向监管机构和法庭证明：审计是经过周密计划和充分监督的；所收集的证据是充分适当的；考虑到已获得的审计结果，审计报告是恰当的。

当审计程序涉及交易或余额抽样时，审计记录应该能够确定所测试的项目。审计档案还应记录重大的审计结果或问题以及审计师的应对措施，以及所得结论的基础。例如，审计师应记录年末的具体交易以确定这些交易是否记录在恰当的期间。如果在这些截止测试中发现了错报，审计师还应记录为确定截止错报程度而执行的进一步程序、所涉账户之余额是否公允表达的结论，以及是否需要进行审计调整。

为确定恰当类型的审计报告提供信息 针对既定情形，审计师确定是否已经收集到充分适当的证据生成审计报告时，审计记录为帮助审计师作好这一决策提供了重要信息来源。针对所取证据，审计档案中的信息对审计师评价财务报表的公允表达一样有用。

为督导人员和合伙人的复核提供基础 审计档案是事务所督导人员复核助理人员工作所用的主要参考资料。督导人员的仔细复核也为审计得到恰当监督提供了证据。

审计记录除了直接与审计报告有关之外，通常还作为编制纳税申报单、提交给证券交易委员会的文件及其他报告的依据。它们还是就诸如内部控制缺陷或经营管理建议之类事项，向管理层以及审计委员会等治理层发表沟通建议书的信息来源。审计文件还是培训员工的参考资料，是计划和协调以后审计的辅助资料。

□ 审计档案的所有权

在审计过程中所编制的审计记录，包括由被审计单位为审计师编制的明细表，都是审计师的财产。任何其他人，包括被审计单位在内，只有在法庭将审计记录作为法律证据进行传唤时，才有法定权力审查审计记录。审计完成后，要求将审计档案保存在会计师事务所以供将来参考，并遵守与记录保管有关的审计准则。

□ 审计档案的保密性

AICPA 的《职业行为守则》说明了与客户保持保密关系的必要性。该规则规定：

- 未经客户允许，会员不得披露在执业过程中获取的任何机密资料。

在审计过程中，审计师获得了大量的机密资料，包括经理人员薪酬、产品定价和广告计划、产品成本信息。如果审计师将这些资料泄露给外部人员或禁止接触这些资料的被审计单位的雇员，那么他们与管理层之间的关系就会变得非常紧张。而且，让雇员接触审计档案还给他们篡改资料提供了机会。出于这些原因，审计师必须在任何时候都倍加小心，以保护审计记录。

□ 审计记录的保管要求

审计准则要求非上市公司的审计记录必须至少保管5年。《萨班斯-奥克斯利法案》要求上市公司的审计师以充分详细支持审计师结论的形式编制和保管与审计报告有关的审计文件和其他信息。这一保管期不得少于7年。该法案规定，7年内任何故意销毁审计记录的行为都要受到处以罚金和不超过10年的监禁等法律制裁。

SEC 的规则要求上市公司的审计师保管以下记录：

- 形成公司年度财务报表审计或季度财务报表审阅基础的工作底稿和其他信息。
- 与审计或审阅业务相关的备忘录、信函、通信、其他文件和记录（包括电子记录）。

这些规定显著地增加了上市公司审计记录的保管责任。例如，要求上市公司的审计师保管含有符合上述标准的信息的电子邮件信函。

□ 内容和组织

每个会计师事务所都建立了编制和组织审计档案的方法，新来的审计师必须遵循所里的方法。但本书所强调的是所有审计记录都普遍采用的一般性概念。

图7-3举例说明了一套典型审计档案的内容和组织。它们实质上包含了审计各个方面的内容。尽管不同的事务所遵循的方法可能各不相同，但为某项审计工作所准备的审计记录的类型，以及在审计档案中安排这些记录的方式，有一定的逻辑可循。从图中我们可以看到，审计档案以一般性信息（比如永久性档案中的被审计单位的基本数据）开始，以财务报表和审计报告结束，中间则是为审计测试提供支持的各种审计记录。

□ 永久性档案

永久性档案（permanent files）包括与本期审计有关的具有历史性或连续性的资料。这些档案为审计中需要年复一年持续关注的事项提供了便利的信息来源。典型的永久性档案包括以下内容：

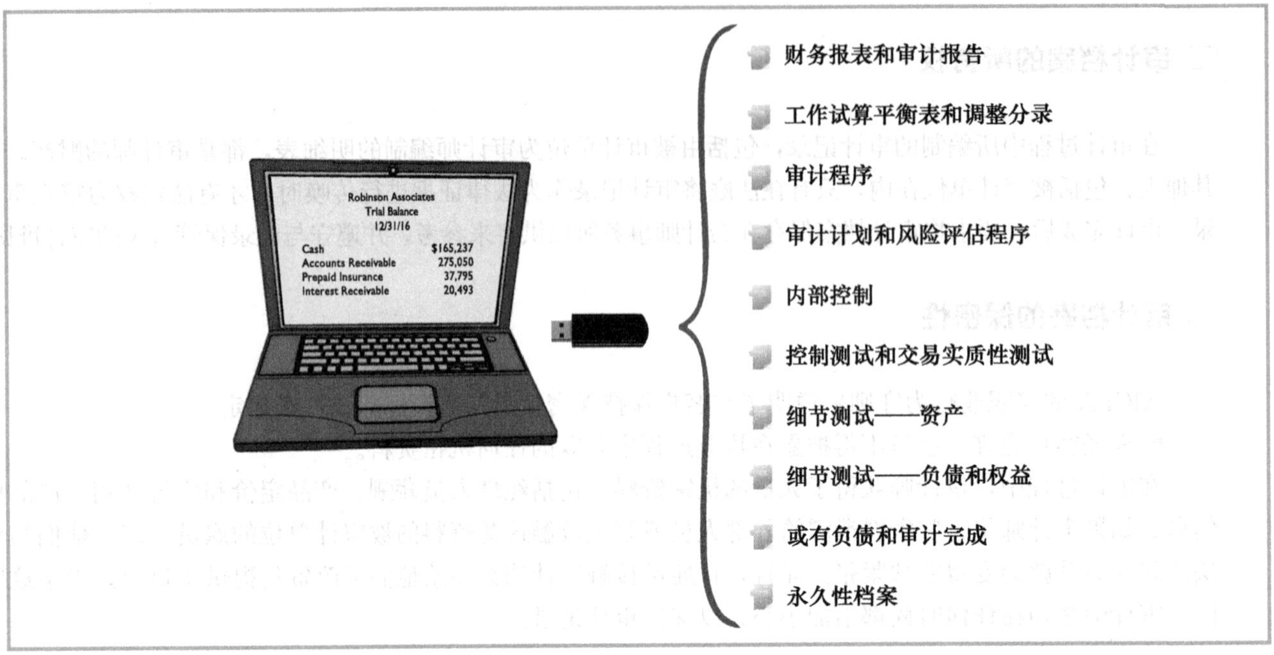

图7-3 审计档案的内容和组织

- 对连续审计有重要影响的被审计单位文件的摘录或复印件，如被审计单位的组建资料、章程、债券契约和合同。合同包括养老金计划、租赁合同、股票期权等。所有这些文件在有效期内对审计师都很重要。
- 对连续审计有重要影响的往年的账户分析表。这些账户包括长期负债、股东权益、商誉和固定资产等。在永久性档案中记录这些信息，审计师能够以可供复核的形式保留以前年度审计结果，把精力主要集中在分析本年余额的变动上。
- 与了解内部控制和评价控制风险有关的资料。这些资料包括组织系统图、流程图、调查问卷和其他内部控制信息，如内部控制中的控制点和控制缺陷。这些记录可以用作审计师记录对控制系统的了解的起点，因为控制系统的很多方面通常在各年之间是不变的。
- 以前年度审计中分析程序的结果。这些数据有审计师计算的各种比率和百分比，以及所选账户的年度总额或月度余额。这些信息有助于审计师确定本年的账户余额是否存在异常变动，从而对异常变动进行更广泛的审查。

许多会计师事务所将分析程序、对内部控制的了解和控制风险的评价结果作为当期档案而不是永久性档案。

□ 当期档案

当期档案（current files）包括适用于被审计年度的所有审计记录。每一个被审计单位都有一套永久性档案，而每一年的审计有一套当期档案。下面就是通常包含在当期档案中的信息。

审计方案 审计准则要求为每项审计业务编制一套书面审计方案。审计方案通常独立归档，以增进各个审计部分的协调与整合，但也有些事务所把各段审计的审计方案归入该段审计的审计记录之内。随着审计的进行，每一名审计师都为已经执行的审计方案标上记号或进行电子签章并注明完成日期。审计档案中包含设计完善并认真完成的审计方案，是高质量审计的表征。

工作试算平衡表 编制财务报表的基础是总账，所以，总账记录的金额是审计的焦点。审计师应尽早在资产负债表日后获取或编制总账账户名称及其年末余额表，这张表就称为**工作试算平衡表**（working trial balance)。有些软件程序可以帮助审计人员将被审计单位的总账期末余额下载到工作试算平衡表文件中去。

许多事务所采用与财务报表格式相同的审计工作试算平衡表。试算平衡表中每一个项目都由**导表**(lead schedule)来支持，导表由总账所属明细账的资料组成，其合计数就是试算平衡表中相应项目的数字。导表中的每一个明细账户又由证明已执行的审计工作和所取得的结论的恰当的明细表支持。以现金为例，图7-4说明了财务报表中所标明的现金项目、工作试算平衡表、现金导表和支持性审计记录之间的关系。从图中可以看出，财务报表中的现金项目金额与工作试算平衡表、现金导表明细数的合计相同。导表中的数字最初来自总账，已执行的审计工作导致的现金调整将列示在明细表中，反映在导表、工作试算平衡表和财务报表上。

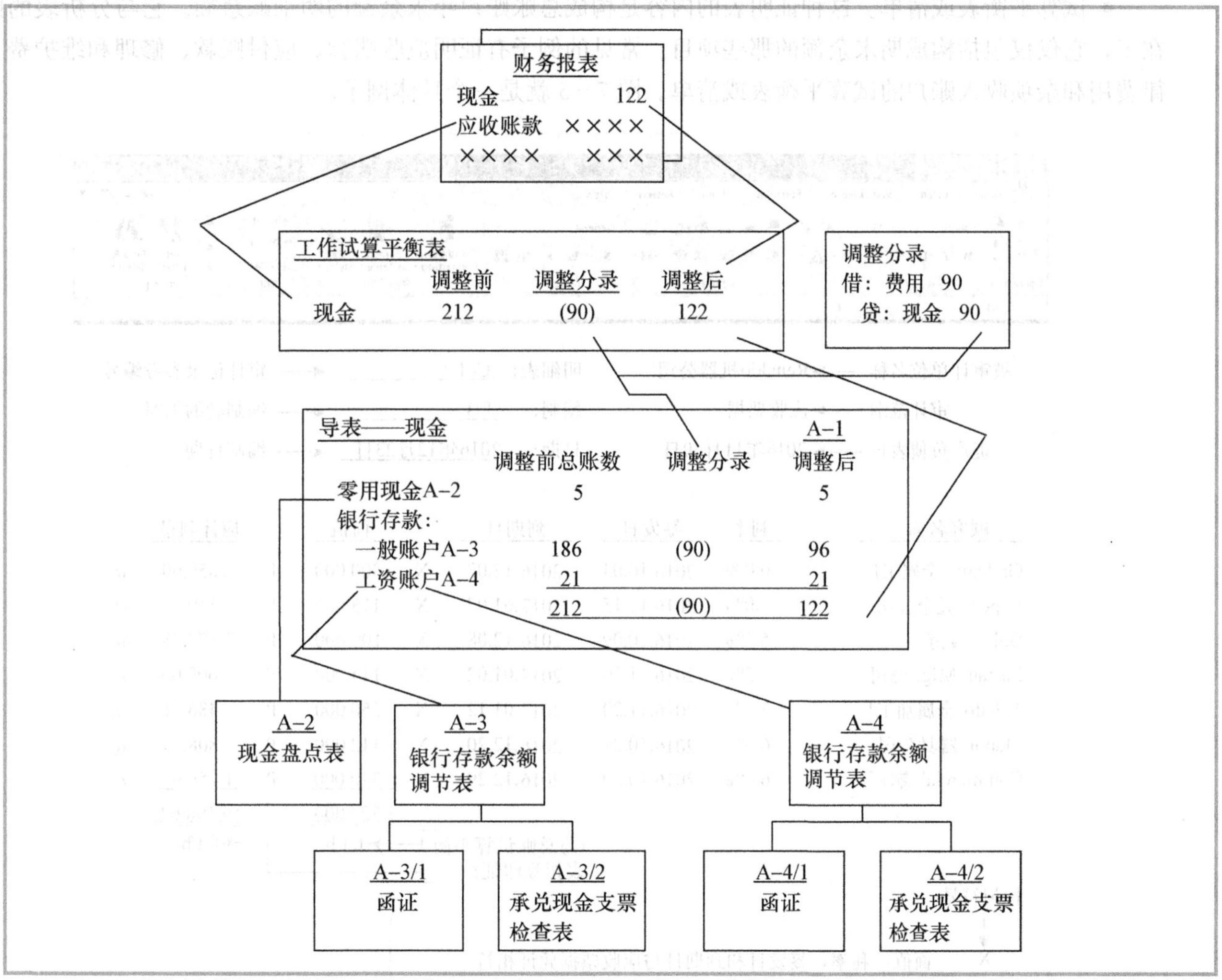

图7-4 审计记录与财务报表的关系

调整分录 当审计师发现在会计记录中存在重大错报时，财务报表必须予以更正。例如，如果被审计单位没有恰当地减少陈旧原材料的存货价值，那么审计师可以作一笔调整分录，反映存货的可实现价值。即使审计中出现的调整分录是由审计师编制的，这些分录也必须得到被审计单位的认可，因为管理层对报表的公允表达承担主要责任。图7-4列示了对一般现金账户所作的金额为90美元的调整。

只有那些对财务报表的公允表达有重大影响的调整分录才必须记录。一项错报是否应该调整，要根据其重要性确定。审计师应该记住，几项没有调整的不重大错报一旦合并起来，可能导致重大总体错报。因此，审计师通常在一张单独的工作底稿上汇总未记录的所有调整分录和重分类分录，作为确定它们累计影响的方法。

证明表（支持性表格） 审计记录中最大的部分是被审计单位或审计师编制的详细**证明表**（supporting schedules），以证明财务报表中各项目的具体金额。审计师必须针对具体审计情况采用适当的证明表以证明审计的充分性，并实现审计记录的其他目的。下面是几种主要的证明表。

- 分析表。分析表用来显示整个被审计期间特定总账账户的变动情况，从而把账户期初余额与期末余额联系起来。这种证明表通常用于有价证券、应收票据、坏账准备、厂场设备、长期负债和所有的权益类账户。这些账户的共同特征是年度内账户的变动情况很重要。在大多数情况下，分析表和其他审计档案具有交互参考价值。
- 试算平衡表或清单。这种证明表的内容是构成总账账户年末余额的明细账余额。它与分析表的区别在于，它仅仅包括构成期末余额的那些项目。常见的例子有证明应收账款、应付账款、修理和维护费、法律费用和杂项收入账户的试算平衡表或清单。图7－5就是一个具体例子。

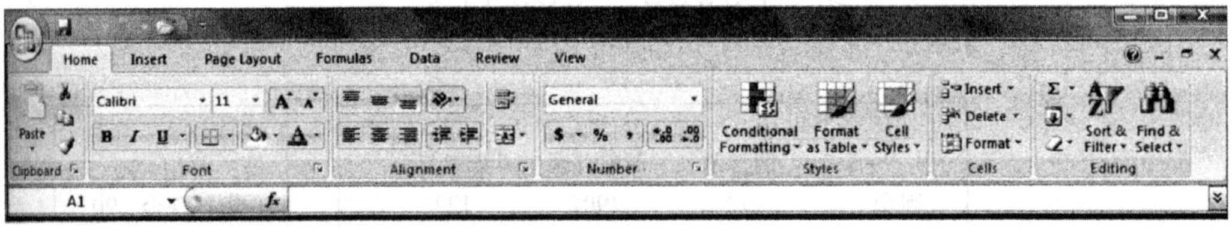

被审计单位名称 ⟶ Renaldo机器公司　　明细表：C-1 ⟵ 审计记录参考编号

审计范围 ⟶ 应收票据　　编制：J.B. ⟵ 编制者的缩写

资产负债表日 ⟶ 2016年11月30日　　日期：2016年12月23日 ⟵ 编制日期

顾客名称	利率	签发日	到期日		面值		应计利息	
Graham 金属工厂	6.0%	2016.10.04	2016.12.03	X	300 000	P	2 850.00	@
Lopez 五金公司	7.0%	2016.11.15	2017.01.07	X	178 000	P	519.17	@
Boise 铰链	5.5%	2016.10.09	2016.12.08	X	400 000	P	3 177.78	@
Eastam Mfg. 公司	7.5%	2016.11.10	2017.01.02	X	144 000	P	600.00	@
Toledo 金属加工厂	7.0%	2016.11.20	2017.01.12	X	250 000	P	486.11	@
Manor 器具公司	6.5%	2016.10.21	2016.12.20	X	112 000	P	808.89	@
Commercial 铜厂	6.0%	2016.10.30	2016.12.29	X	340 000	P	1 756.67	@
					1 724 000		10 198.62	
					f, t/b		f, t/b	

（与总账试算平衡表相互印证）

标记符号

X　面值、利率、签发日和到期日与应收票据凭证相符。

P　收到积极式函证。对列示的票面金额、签发日、到期日、利率和应计利息没有重大异议（w/p C-2）。

@　重新计算应计利息。没有不符之处。

f　加总。

t/b　追查，并与试算平衡表核对。

（对执行的审计程序的解释）

结论：2016年11月30日应收票据余额的表达是公允的。我与主计长就所有票据的收回问题进行了交谈。从交谈的情况来看，所有票据应该都能够收回。我认为没有必要提取损失准备。　J.B. ⟵ 审计师的结论

图7－5　恰当审计记录的共同特征

• 余额调节表。调节表用来证实具体金额，通常是将被审计单位记录上记载的金额与另一来源的信息联系起来考察。这种形式证明表的例子有：与银行对账单相联系的银行存款余额调节表，与顾客函证相联系的应收账款明细账余额调节表，与供应商的记录相联系的应付账款余额调节表。

• 实质性分析程序。本章已经讨论，实质性分析程序包括审计师对账户余额作出预期的记录证据，如图 7－2 所示。

• 程序汇总表。这种证明表汇总已执行的具体审计程序的结果。程序汇总表记录测试的范围、发现的错报以及审计师基于测试的结论。例如，应收账款函证结果汇总表、存货观察结果汇总表。

• 证明文件审查表。是指为了特定目的而专门设计的明细表，用以反映已执行的各种测试的情况，如控制测试和交易实质性测试所检查的记录。这些明细表仅仅用来记录所执行的测试和发现的结果，因而它们没有合计数，和总账没有联系。但是，这些明细表必须对所测试的目标得出明确肯定或否定的结论。

• 信息表。这种证明表包含不属于审计证据的信息。具体包括编制纳税申报单和证券交易委员会 10-K 表所需要的数据、时间预算、被审计单位提供帮助的工时等，这些信息有助于对审计业务的管理。

• 外部文件归纳。审计档案中有许多审计师收集的外部文件，如函证回函和被审计单位的合同复印件等。尽管它们并非真正意义上的明细表，但也应当像其他明细表那样编索引、归档并标明审计程序。

□ 审计记录的编制

正确编制证明表以记录所收集的审计证据、发现的结果及得出的结论，是审计工作的一个重要组成部分。记录的编制应该充分详细地为一位与审计工作无关的经验丰富的审计师，提供一个关于所执行审计工作的清晰轮廓，以及审计中所获得的证据及其来源和由此得到的结论。虽然审计记录的设计取决于审计目标，但审计记录应该具备一些共同特征：

• 每一份审计档案都应当恰当地用诸如客户名称、涉及期间、内容说明、编制人姓名缩写、编制日期、索引号等信息来加以识别。

• 审计记录应当编有索引，并能相互印证，以便组织和归档。图 7－4 就是一种索引的例子。现金导表用 A-1 索引，构成财务报表中的现金总额的总账账户索引号为 A-2～A-4。最后一级索引号是证明表的索引 A-3 和 A-4。

• 已完成的审计记录必须明确标明执行的审计工作。这可以用以下三种方式来完成：以备忘录的形式作书面说明；在审计方案中标注审计程序的缩写；在审计记录中的明细表上直接标注。使用**标记**（tick mark）的形式在表上直接标注，这些标记是记在明细表表体上的明细数旁边的书面符号。在表的底部必须明确说明这些标记的含义。

• 审计记录都应该包含充分的信息以实现其设计的目的。如果审计师要恰当地编制审计记录，就必须清楚地认识到自己的目的。例如，如果一张表要设计成反映某一资产负债表账户，如预付保险费的明细数和检查结果，那么表中的明细数与试算表中的明细数就应该是一致的。

• 审计记录应明确说明记录所涉及审计部分的结论。

恰当的审计记录应该具备的共同特征已在图 7－5 中作了说明。

审计师通常利用业务管理软件来组织和分析审计记录。审计师利用业务管理软件可以编制试算平衡表、导表、证明表和财务报表，还可以进行比率分析。这些软件还便于通过标识每个审计领域的执行和复核情况来跟踪审计进程。标记和其他解释，如复核人的注释，可直接输入计算机文件。此外，数据可以从其他应用程序导入或传送给其他应用程序。例如，可以把被审计单位的总账或税务资料下载到税务申报的商业软件包中。审计师还可使用局域网和成员共享软件程序，同时获得远程审计记录。

本章小结

每次审计的一个重要工作就是确定要收集的审计证据的适当类型和数量，审计中审计师通常使用八类审计证据。证据的说服力取决于证据的适当性和充分性，审计证据的适当性是由与其审计目标一致的相关性和可靠性决定的。

分析程序是通过计算比率或确定其他内在关系，与审计师的预期进行比较，以评价已记录的会计信息。分析程序在计划阶段的使用，是旨在了解被审计单位及其所处行业。分析程序还可用于整个审计过程，以识别可能的错报、减少细节测试、评价持续经营能力问题。鉴于其能够以较低的成本有效识别可能的错报，分析程序的运用日益广泛。此外，在计划阶段以及完成审计工作阶段，必须实施分析程序。

审计记录是每次审计中有效计划审计工作、提供所获证据和测试结果的记录、决定恰当审计意见和复核助理人员工作的关键组成部分。会计师事务所为了确保这些目标得以实现，各自制定了编制审计记录的政策和方法。高质量的会计师事务所能让人相信审计记录的编制是恰当的，且符合审计环境。

练习题

7-1 比较法律案件中的证据和财务报表审计中的证据的异同。

7-2 指出在每一次审计中必须作出的四项主要审计证据决策。

7-3 阐述审计程序的定义。为什么审计程序的表述要严谨？

7-5 解释为什么审计师只是提供财务报表正确性的合理保证，而不是让人们确信财务报表完全正确。

7-6 指出影响证据说服力的两个因素。这两个因素与审计程序、样本规模、选取项目和时间安排有什么关系？

7-7 函证定义中的特征是什么？区分函证和外部文件。

7-9 指出实施分析程序的最重要原因。

7-15 《萨班斯-奥克斯利法案》要求上市公司审计师对审计记录保留多长时间？

7-16 阐述永久性档案的定义，并列举其中包括的几类典型信息。审计师为什么不把永久性档案中的内容与本年审计记录放在一起？

7-18 在没有充分说明的情况下，审计师不能在审计记录中留下问题或例外事项的原因是什么？

7-20 解释审计业务管理软件的目的和好处。

选自注册会计师考试的选择题

7-21 下列问题与证据的说服力有关，选择最佳答案。

a. 在下列各种文件证据中，审计师认为哪种类型证据最可靠（ ）。

(1) 客户签发的销售发票，并由外部卡车司机的运输单证实

(2) 应付账款余额的函证，由审计师寄发，并且直接返回给审计师

(3) 公司签发并有收款人背书的支票，与银行对账单一起直接寄给审计师

(4) 客户主计长编制的审计明细表，并且由司库复核

b. 审计证据有不同的形式，有不同程度的说服力。下列哪个证据最不具有说服力（ ）。

(1) 采购发票

(2) 从客户处获得的银行对账单

(3) 审计师进行的计算

(4) 预先编号的销售发票

c. 关于审计证据的可靠性，以下哪种假定是正确的（ ）。

(1) 从外部间接获得的信息是最可靠的审计证据

(2) 令人信服而不仅仅有说服力的审计证据是可靠的

(3) 审计证据的可靠性是指所获佐证证据的数量

(4) 内部控制的有效性给审计证据的可靠性提供更多保证

7-23 下列问题与审计记录有关，选择最佳答案。

a. 下面哪项不是审计记录的主要目的（ ）。

(1) 协调审计工作

(2) 有助于编制审计报告

(3) 支持财务报表

(4) 为已执行的审计工作提供证据

b. 在审计过程中，要汇编相关数据并存入审计档案。审计档案主要是（ ）。

(1) 由客户拥有的对执行审计业务的审计师所得出的结论的记录

(2) 支持财务报表的证据

(3) 支持审计师的表述遵循了审计准则

(4) 用作下一年审计业务基础的记录

c. 虽然审计记录的数量、类型和内容会随着具体情况的变化而变化，但是，审计记录总体来说应该包括（ ）。

(1) 审计过程中经审计师检查的客户相关记录的复印件

(2) 负责该项审计的合伙人对助理审计师效率和胜任能力的评价

(3) 审计师对客户管理人员的效率和胜任能力的评价

(4) 取证过程中所采用的审计程序和执行的测试

讨论题

7-25 下面是审计师通常获得的记录示例：

1. 复制销售发票
2. 应收账款明细账
3. 采购发票
4. 总账
5. 不动产产权保险单
6. 应收票据
7. 银行对账单
8. 已核销工资支票
9. 已核销应付票据
10. 工资考勤卡
11. 采购申请
12. 组建资料
13. 验收报告（收到商品时编制的凭证）

14. 董事会记录
15. 已签署的W-4s（雇员扣款免税证明）
16. 汇款通知
17. 签署的租赁协议
18. 提货单副本

要求：

a. 对上述项目按照凭证类型进行分类：(1) 内部凭证或 (2) 外部凭证。

b. 解释外部凭证比内部凭证更可靠的原因。

7-26 下面是审计程序的例子：

1. 计算销售佣金费用与销售收入的比率，作为对销售佣金的测试。
2. 与信贷经理一起复核应收账款，评价它们收回的可能性。
3. 比较销售发票副本和销售日记账上的顾客名称和金额。
4. 获取银行证明客户有15 671美元的定期存款和500 000美元即期票据负债的书面声明。
5. 把销售日记账上的分录相加，确定它们是否正确加总。
6. 盘点存货项目，并在审计文件中记录存货金额。
7. 从客户律师处获取直接寄给会计师事务所表明"律师没有意识到任何未决诉讼"的信函。
8. 用存货成本乘以存货清单上的数量，测试计算是否准确。
9. 从保险公司获得寄给会计师事务所表明建筑物和设备的投保火险金额的信函。
10. 检查载有建筑物和设备的投保火险金额的保单。
11. 计算产品销售成本与销售收入之比，作为对本年毛利率相对于上年水平的总体合理性的测试。
12. 通过要求客户填写调查问卷，获取关于内部控制的信息。
13. 追查现金支出日记账上的合计数至总账。
14. 观察雇员盘点存货，以确定公司程序是否得到遵循。
15. 检查一件设备，确定大宗采购设备是否确实收到且在运行。
16. 检查公司记录，确定债券发行是否得到授权。
17. 获取管理当局声明没有未记录负债的信函。
18. 复核每个月的修理和维护费合计数，以确定是否存在某个月的费用合计数异常大的情形。

要求：

对上述项目按照八种证据类型进行分类：(1) 实物检查；(2) 函证；(3) 文件检查；(4) 分析程序；(5) 询问被审计单位；(6) 重新计算；(7) 重新执行；(8) 观察。

7-28 下面是为满足第6章中讨论的与交易相关的具体审计目标而执行的各种审计程序。第6章的与交易相关的一般审计目标也包括在内。

审计程序

1. 从验收报告追查至供应商发票和采购日记账的记录。
2. 加总7月份的销售日记账，并追查其金额至总账。
3. 审核费用凭证和相关的供应商发票，以供费用账户分类。
4. 观察现金收入的期初情况，以确定现金收入是否及时存入并记录。
5. 向应付账款职员询问关于核实供应商发票上的价格、数量和金额的程序。
6. 核证销售日记账中的记录至销售发票和相关的发货单。

与交易相关的一般审计目标

发生　　　　　　过账和汇总

完整性	分类
准确性	及时性

要求：

a. 确定用于每个审计程序的审计证据类型。

b. 确定与交易相关的一般审计目标或每个审计程序所满足的目标。

7-32 分析程序主要是通过研究财务与非财务数据之间的看似合理的关系来评价财务信息。分析程序种类不一，有简单的比较，也有涉及关系和数据元素的复杂模型的运用。它们包括已记录数据的比较或源自已记录金额的比率，还有审计师形成的预期。

要求：

a. 阐述分析程序的大致目的。

b. 审计过程中什么时候必须执行分析程序？解释为什么审计师会在审计的整个过程中大量运用分析程序。

c. 阐述审计师在实现审计目标时利用分析程序的结果减少细节测试内容的影响因素。

第 8 章

审计计划和重要性

- 8.1 计划
- 8.2 接受被审计单位并执行初步审计计划
- 8.3 了解被审计单位的业务和行业
- 8.4 执行初步的分析程序
- 8.5 重要性
- 8.6 财务报表整体的重要性
- 8.7 确定实际执行的重要性
- 8.8 估计错报并与初步判断值比较

学习目标

1. 了解审计计划的重要意义。
2. 作好受聘决策和初步审计计划。
3. 了解被审计单位的经营业务及所处行业的情况。
4. 执行初步的分析程序。
5. 把重要性概念应用于审计。
6. 对重要性的金额作出初步判断。
7. 计划审计工作时确定实际执行的重要性。
8. 运用重要性水平评价审计结果。

引例

安然陨落——有人了解它的业务吗?

安然公司——全美最大的能源批发公司——的破产，是美国历史上最大的公司破产案。尽管在陨落前安然公司曾以750亿美元的市值在《财富》500强中名列第7，但它很快就倒下了。其陨落始于2001年10月，当时安然公司管理层宣布了令人震惊的消息，季度亏损6.18亿美元，据说与神秘、隐蔽的内部人关联方关系有关。随后，2001年11月初，公司管理层被迫承认他们曾于1997年虚报近6亿美元的盈利。为此，他们必须重编过去4年的已审财务报表。2001年年底，该公司破产。

安然公司于1985年由两家天然气管道公司合并而成。该公司是放松监管的新型公用事业市场上从事天然气和电力交易的先锋。早些时候，安然从诸如管道之类的“硬资产”中赚钱。但到了20世纪90年代后期，安然80%的利润来自被称为“能源批发及服务”的更加模糊的业务。安然构筑了诸如天气证券的新市场。在2001年年初，关于安然公司业务的猜疑就已经出现。一位声誉卓著的投资银行家公开宣称，没有人能够解释安然到底是如何赚钱的。

在安然破产之后，许多人都想知道为什么这样的丑闻如此长时间都没有被侦查出来。许多人指出了安然令人难以置信的复杂业务结构及这些业务之间相互关联和模糊不清的财务状况。“我们这里所看到的是最复杂的财务报告的例子。他们不是非得撒谎。他们所做的就是用毫无意义的复杂事物让人困惑。”来自密歇根的美国国会议员John Dingell这样说道。有人甚至声称，即使是掌管该公司的人也从来不了解他们的业务框架，因为它太复杂了。

安然公司业务和财务报表的复杂性和不确定性也明显地愚弄了它的审计师。安然的审计师接连面临人们的攻击、集体诉讼和最终导致事务所解散的刑事指控。在2001年12月的国会听证会上，事务所的首席执行官承认，事务所的职业判断被证明出了差错，当关联实体应该合并时，却错误地让安然保持它们的独立。

从安然事件中人们可能要吸取一些教训。审计师要加强的工作之一就是了解被审计单位的业务和行业，以识别增加财务报表重大错报风险的重大经营风险，这相当重要。如果没有这个了解，那就几乎不可能识别哪家公司会是下一个安然。

资料来源：Based on Bethany Mclean,“Why Enron Went Bust”, *Fortune* (December 24, 2001), pp. 58-68.

正如引例所说的那样，安然公司复杂得令人眼花缭乱的业务结构，对其财务报表中的重大错报起了极好的掩护作用，使其持续几年都未被发现。由此可见，了解被审计单位的业务及行业情况是审计计划中极其重要的步骤之一。本章将对审计计划作出详细的阐述，其中包括了解被审计单位的业务和行业情况、制定总体审计计划和策略，以及对重要性作出初步判断。

8.1 计划

AICPA 审计准则的原则要求对审计工作进行充分的计划。

> 审计师应当充分计划审计工作，必须对所有助理人员予以适当的督导。

审计师对审计业务进行适当计划的三个主要原因是：使审计师能够根据具体环境获取充分、适当的审计证据；有助于保持合理的审计成本；避免与被审计单位产生误解。会计师事务所要想使法律责任降到最低，并维持其在商业界的良好声誉，就必须在审计中获取充分、适当的审计证据。保持合理的成本有助于事务所保持竞争力，避免与客户产生误解，对于维持良好的客户关系和促进以合理的成本完成高质量的工作都很重要。例如，假设审计师告诉被审计单位审计将在 6 月 30 日前完成，但实际上由于人员安排不充分，审计工作直到 8 月份才完成。被审计单位很可能会对事务所不满，甚至指控事务所违约。

图 8－1 列示了审计计划的八个主要组成部分。前七个部分都是为了帮助审计师制定最后一步计划——有效率和有效果的总体审计策略和审计方案。本章将介绍审计师计划阶段的前四个部分工作，后四个部分将在以后的章节介绍。

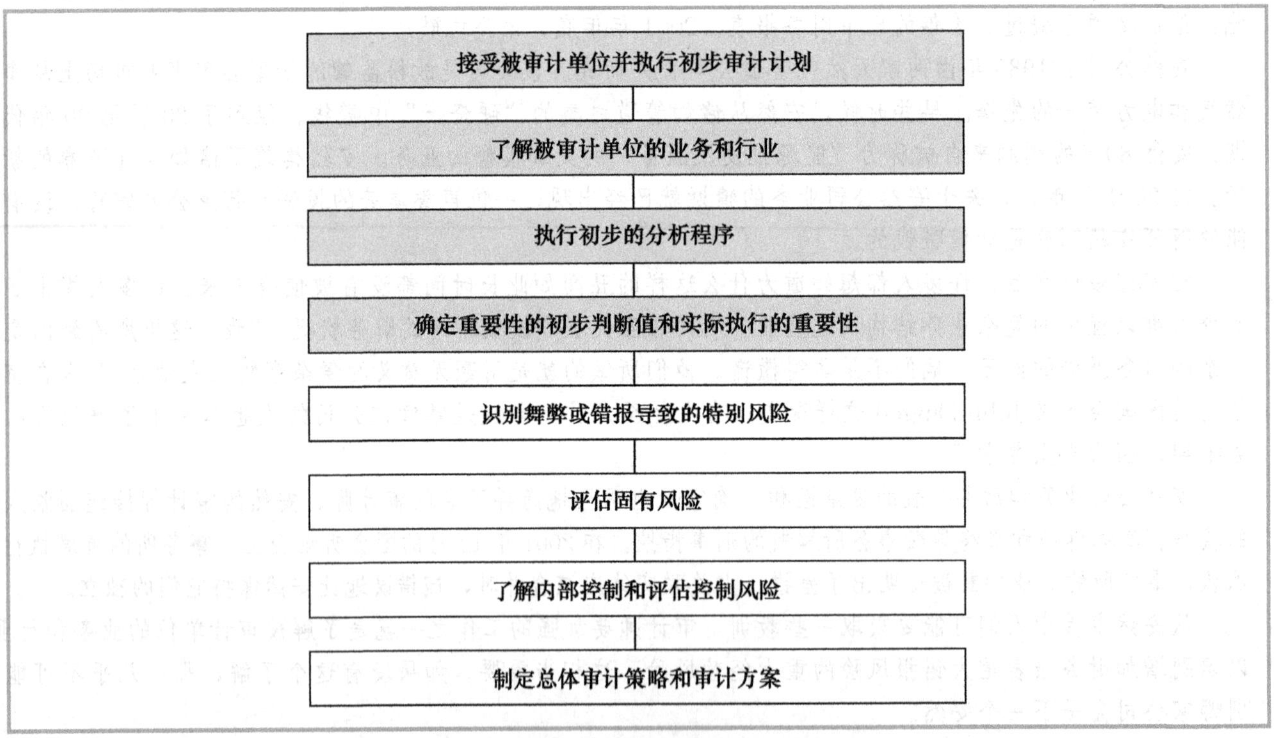

图 8－1　制定审计计划和设计审计方法

在开始论述之前，简要介绍三个风险词汇——可接受审计风险、被审计单位经营风险和重大错报风险。这些风险对审计的执行和审计成本都有重大影响。审计计划的许多前期工作都与获取帮助审计师评估这些风险的信息有关。

可接受审计风险（acceptable audit risk）衡量审计师愿意接受的、在审计完成并出具无保留意见审计报告后，财务报表仍存在重大错报的可能性程度。当审计师确定了一个较低的可接受审计风险时，意味着他想要对财务报表没有重大错报得到更高程度的确信。零风险意味着完全确定，100%的风险意味着完全不确定。

被审计单位经营风险（client business risk）是指被审计单位没有达到其目标或执行战略的风险。被审计单位的经营风险可能会因行业状况重大变化等因素、监管变化等事件而导致，或由于制定不恰当的目标或战略而导致。例如，审计师发现经济状况衰退对销售收入以及应收账款的可回收性产生不利影响。

重大错报风险（risk of material misstatement）是指财务报表在审计前存在由于舞弊或错误导致的重大错报的可能性。重大错报风险是财务报表（整体或单独账户）存在错报的可能性与被审计单位内部控制防止、发现和纠正错报的有效性的合并影响。沿用刚才的举例，经济状况衰退可能增加公司为达到销售目标而采取不当行为的可能性以及减少坏账计提的可能性，当被审计单位销售和应收账款回收的控制不足时尤其如此。

评价可接受的审计风险、被审计单位经营风险和重大错报风险是审计计划的一个重要部分，因为它们可以帮助确定所需的证据数和人员的分派。比如说，由于计价问题太复杂，存货审计的固有风险很高，那么，在对存货进行审计时就要收集更多的证据，并指派经验丰富的人进行该部分的测试。

8.2 接受被审计单位并执行初步审计计划

初步审计计划（initial audit planning）包括四项工作，它们都应该在审计开始时进行：

1. 审计师决定是否接受一位新客户或者继续与老客户续约。一般情况下，这项工作由一位有经验的可以作出重大决策的审计师完成。审计师对此应在发生无法弥补的重大成本之前早作决策。
2. 审计师识别客户想要或者需要审计的原因。这个信息可能影响计划过程的剩余工作。
3. 审计师就业务约定书中的条款获得与客户一致的理解，以免产生误解。
4. 审计师编制整体审计策略，包括审计人员的指派和所需要的审计专家。

□ 客户的接受和续约

尽管在激烈竞争的职业界，如公共会计职业界，取得和保持客户并不容易，但会计师事务所在决定接受客户时还是必须谨慎。事务所的法律责任和职业责任非常大，因此，那些缺乏诚信的客户，以及那些经常就审计恰当与否或审计收费与事务所发生争执的客户，带来的问题比带来的利益大。目前，一些会计师事务所拒绝接受某些高风险行业的客户，如软件技术公司、保健和意外保险公司，甚至不再与这些行业的现有客户续约。一些小型会计师事务所考虑到诉讼风险或事务所在PCAOB注册的成本，不接受上市公司的审计业务。单就可接受审计风险而言，在可接受审计风险低于会计师事务所可接受的底线时，若是新客户，审计师就不应该接受；若是现有客户，则应该停止继续为其提供服务。

调查新客户 在接受新客户之前，大多数会计师事务所都要对其进行调查，以确定是否接受该客户。对目标客户在业内的地位、财务稳定性和与前任会计师事务所之间的关系，应尽可能地作出全方位的评价。例如，许多会计师事务所在接受那些新型快速增长行业的客户时都非常谨慎。这些行业中有许多企业遭遇财务失败，因而会使会计师事务所承担很大的潜在责任。会计师事务所还要确定它自己是否拥有诸如行业知识之类的胜任能力来接受该项业务，以及能否满足所有的独立性要求。

对于以前曾由另一家会计师事务所审计的目标客户，审计准则要求新的（后任）审计师必须与前任审计师沟通。此规定的目的在于帮助后任审计师评价是否接受该项审计业务。例如，这种沟通可能会让后任审计师知道客户缺乏诚信，或者客户与前任审计师之间在会计原则、审计程序或收费上存在分歧。

提出沟通是后任审计师的责任，前任审计师被要求对后任审计师提出的信息需要给予答复。但是，《职业行为守则》中的保密原则要求前任审计师在与后任审计师沟通之前必须征得客户同意。在客户与前任审计师之间发生法律问题或争执的异常情形下，后者的回答可能是受限制的。如果客户不允许与前任审计师沟通，或是前任审计师没有提供全面的答复，那么，后任审计师在没有大量调查的情况下必须慎重考虑是否有必要接受该项业务。

即使目标客户以前曾由另一家会计师事务所审计，后任审计师也可以通过收集源自当地律师、其他注册会计师、银行和其他企业的信息进行一些其他调查。在有些情况下，审计师还可能雇请职业调查人员获取关于管理层关键成员的声誉和背景的信息。若该目标客户不曾有过审计师，或前任审计师没有提供有价值的信息，或在与前任审计师沟通过程中出现了一些问题征兆，则此等宽范围的调查是适当的。

AICPA审计准则还要求，审计师应当确定管理层在编制财务报表时采用的财务报告编制基础是不是恰当的。如果不存在恰当的财务报告编制基础，审计师就不具有对财务报表进行审计的适当标准。在确定财务报表所采用的财务报告编制基础的恰当性时，审计师需要考虑被审计单位的性质、法律法规是否规定了特定的财务报告编制基础等因素。常用的财务报告编制基础包括美国一般公认会计原则、国际财务报告准则（IFRS）等。

与被审计单位续约 许多会计师事务所每年都对现有被审计单位进行评价，以确定是否存在不再审计的理由。以前发生的诸如在审计的恰当范围、所出具的意见类型或收费方面的分歧，可能会导致审计师终止与被审计单位的审计关系。审计师也可能认为被审计单位缺乏诚信而不再与之续约。

即使上述情况不存在，会计师事务所也可能因为风险过大而决定不再为某一被审计单位继续审计。例如，会计师事务所可能认为，政府机构与被审计单位之间在管制冲突上存在很大风险，进而会导致被审计单位遭遇财务失败并最终使事务所面临法律诉讼。即使该业务有利可图，但长期风险可能超过执行此审计业务的短期利益。

对新客户的调查和对现有客户的重新评价，是确定可接受审计风险水平的关键组成部分。假设一个目标客户处于风险适当的行业，其管理层也守诚信、有口碑，但以冒进的财务风险而出名。如果会计师事务所确定的可接受审计风险相当低，则可能选择不接受该项审计业务。如果会计师事务所认为可接受审计风险低，但该客户仍然是可以接受的，则可能影响准备向该客户收取的费用。可接受审计风险低的审计通常导致较高的审计成本，这反映在较高的审计收费上。

□ 弄清客户审计的原因

影响可接受审计风险的两个关键因素是可能的财务报表使用者和这些使用者使用报表的意图。当报表的使用范围很广泛时，审计师应该收集更多的证据。对上市公司、债务广泛的公司和准备近期出售的公司的审计通常就是这种情况。

可以根据以前与被审计单位交往的经验和与管理层的讨论，来确定报表最可能的用途。在整个审计过程中，审计师还能获取被审计单位为什么需要审计以及财务报表的可能用途的其他信息，这些信息可能会影响审计师的可接受审计风险。

□ 获得与被审计单位一致的理解

被审计单位与会计师事务所都应该清楚地理解业务约定书的全部术语。审计准则要求审计师必须在业务约定书（engagement letter）上记录他们与被审计单位所取得的一致理解，包括业务目的、审计师和管理层的责任及业务的局限性。对于上市公司来说，根据《萨班斯-奥克斯利法案》的要求，其审计师的聘请由审计委员会负责，对于非上市公司来说，审计业务约定书一般是与管理层签订。图8-2例示了一份非上市公司审计的业务约定书。

Hilyer & Riddle 会计师事务所
佐治亚州梅肯市 31212

2016年6月14日

Chuck Milsaps 先生
Babb Clothing 公司总经理
Oakley 大街 4604 号 佐治亚州梅肯市 31212

尊敬的 Milsaps 先生：

我们已经收到要求对 Babb Clothing 公司财务报表，包括截至2016年12月31日的资产负债表、2016年度损益表、股东权益变动表和现金流量表进行审计。审计工作的目的是对财务报表发表意见。

我们按照美国一般公认审计准则（GAAS）的规定执行审计工作。准则要求我们计划和实施审计工作以对财务报表是否不存在重大错报获取合理保证。审计工作涉及实施审计程序，以获取有关财务报表金额和披露的审计证据。选择的审计程序取决于审计师的判断，包括对由于舞弊或错误导致的财务报表重大错报风险的评估。审计工作还包括评价管理层选用会计政策的恰当性和作出会计估计的合理性，以及评价财务报表的总体列报。

由于审计工作的固有限制，以及内部控制的固有限制，即使按照 GAAS 的规定计划和执行审计工作，仍然存在某些重大错报无法被发现的可能性。

在评估重大错报风险时，我们考虑与财务报表的编制并使其公允反映相关的内部控制，以设计恰当的审计程序，但目的并非对内部控制的有效性发表意见。但是，我们将以书面形式就审计工作中发现的与财务报表审计相关的值得关注的内部控制缺陷或者重大缺陷，与贵公司进行沟通。

审计工作的前提是，管理层认可并理解其应当承担的下列责任：

1. 按照美国一般公认会计原则编制财务报表，并使其公允反映。
2. 设计、执行和维护必要的内部控制，以使财务报表不存在由于舞弊或错误导致的重大错报。
3. 向我们提供必要的工作条件，包括：

a. 允许审计师接触与编制财务报表相关的所有信息（如记录、文件和其他事项）；

b. 应我们要求提供审计所需要的其他信息；

c. 允许审计师在获取审计证据时不受限制地接触其认为必要的内部人员。

作为审计工作的组成部分，我们将提请管理层提供与审计相关的书面确认函。

我们将为 Babb Clothing 公司编制联邦和州的所得税申报表，这也将构成2016年度我们对贵公司业务的一部分。

我们的收费将根据承担各级责任员工所需要的时间量来确定，并将随工作进程开出账单，另加实际垫付的费用。相关款项见票即付。我们初步估计审计费用为135 000美元，如果发生较大出入，我们将立即通知您。

在完成 Babb Clothing 公司财务报表审计工作后，我们将出具书面报告。该报告也会呈送 Babb Clothing 公司董事会。我们不对发表无保留意见提供保证。根据具体情况，我们将在必要时发表非无保留意见、增加强调事项段、其他事项段，或者解除业务约定。

如果认可财务报表审计业务约定条款（包括双方责任）并达成一致意见，请签署本函并寄还给我们。

您忠实的 Alan Hilyer
（合伙人）

收件人：Chuck Milspas
日期：2016年6月21日

图8-2 业务约定书

业务约定书可能还包括提供《职业行为守则》和法律法规许可的诸如纳税申报或管理咨询之类的其他服务的协议。它应当说明对审计师工作的任何限制、完成审计的截止日期、在获取记录和文件时被审计单位雇员应提供的帮助，以及为审计师编制的明细表。它通常还包括审计收费的协议。此外，业务约定书还是用来告知客户被审计单位审计师不能保证发现所有舞弊行为的手段。

业务约定书中的信息在审计计划工作中很重要，主要是因为它会影响测试的时机以及审计和其他服务耗用的时间。如果提交审计报告的截止期限是在资产负债表日后不久，那么审计的大部分工作就必须在年度结束前完成。如果出现一些意外情况，或者是不能获得被审计单位的帮助，则审计师就必须作出延长审计时间的安排。被审计单位对审计施加的限制可能会影响到执行的审计程序，甚至影响审计意见类型的选择。

□ 制定总体审计策略

在了解被审计单位的审计原因后，审计师应该制定一个初步的**审计策略**（audit strategy）。这个策略应考虑被审计单位的业务及其行业性质，以及重大错报风险较大的领域。审计师在编制初步审计计划时还要考虑诸如被审计单位办公地点的数量和被审计单位内部控制的有效性等其他因素。计划好的审计策略有助于审计师确定审计业务所需要的资源，包括人员配备。

配备审计人员 审计师必须为审计业务配备恰当的审计人员，以满足审计准则要求并提高审计工作效率。审计准则的一条基本原则指出：

> 审计师必须拥有充分的技术培训并精通业务地执行审计。

在指派审计人员时必须牢记这一准则，那些指派到该审计业务的人员必须了解被审计单位所在的行业。对于大型审计业务，可能要配备一名或多名合伙人以及其他不同级别的雇员执行审计。如果被审计单位的经营分布于世界各地，可能还要包括该事务所的其他成员所（甚至美国之外的成员所）的人员。除此之外，可能还需要配备某些技术领域的专家，如统计抽样、商业评估和计算机风险评估方面的专家等。而小型审计业务可能只配备一两名审计人员就可以了。

影响人员配备的主要因素是数年持续审计的经验。持续性有助于会计师事务所维持对所要求技术的熟悉程度，以及与被审计单位员工之间良好的人际关系。缺乏经验的助理审计人员经过几年的锻炼，很可能会变成该项业务中经验最丰富的非合伙人。

假设一家拥有大量电脑及其零部件存货的计算机生产厂，其存货的固有风险被评估为高风险。此时，执行存货审计的审计人员就应该具有存货审计的丰富经验，除此之外，审计师还必须对计算机制造业有较为深入的了解。如果事务所内部没有能够评估该公司存货是否陈旧过时的人，事务所就要聘请一个这方面的专家。

评价是否需要外部专家 如果某一审计业务需要专业知识，那么审计师必须要咨询相应的专家。审计准则制定了选择专家并复核其工作的规定。例如，请钻石专家评估钻石的重置成本，请精算师确定保险损失准备记录价值的恰当性。利用专家的另一个常见例子是向律师咨询关于合同和产权的法律解释，或者向商业评估专家咨询公允价值会计处理的事宜。

审计师应当充分了解被审计单位的业务，以确定是否需要聘请专家。审计师应当评价专家的职业资格，并了解专家工作的目标和范围。审计师还应当考虑专家与被审计单位之间的关系，包括可能有损专家客观性的情况。专家的使用并不影响审计师的审计责任，审计师在其审计报告中不得提及专家的工作，除非专家的报告导致审计意见的修正。

8.3 了解被审计单位的业务和行业

执行充分的审计必须深入了解被审计单位的行业和业务情况，并熟悉被审计单位的经营情况。审计准则的另一条原则规定：

审计师必须获得对被审计单位及其环境（包括内部控制）的充分了解，以评估财务报表源自错误或舞弊的重大错报风险，并设计进一步的审计程序的性质、范围和时间。

审计准则要求审计师实施询问管理层、分析程序等**风险评估程序**（risk assessment procedures），以了解被审计单位经营活动及其环境、评估财务报表重大错报风险。审计师可以利用这些信息，评价被审计单位经营风险和重大错报风险。一些因素增加了了解被审计单位业务和行业的重要性，它们分别是：

- 近来世界范围内的经济都严重衰微，这可能将大大增加被审计单位的经营风险。审计师需要了解被审计单位业务的性质，以知悉经济重大衰微对被审计单位财务报表的影响，以及对被审计单位持续经营能力的影响。
- 信息技术把被审计单位和其主要顾客、供应商连接起来。造成的后果是，审计师需要了解更多关于其主要顾客、供应商以及有关风险的知识。
- 被审计单位通常以合资企业或者战略同盟的形式在全球范围内扩展业务。
- 信息技术会影响被审计单位的内部进程，提高会计信息的质量和及时性。
- 人力资本和无形资产的重要性日益彰显，增加了会计的复杂性与管理层判断和估计的重要性。
- 许多被审计单位投资了价值可能受损的，诸如担保债务或异常的住房抵押贷款证券之类的复杂金融工具，它们的会计处理可能相当复杂，通常涉及可能会给被审计单位带来未预期财务风险的未知订约方。

图8-3是关于总体了解被审计单位的业务和行业的方法概览。其中的重要部分将在后面的章节加以论述。

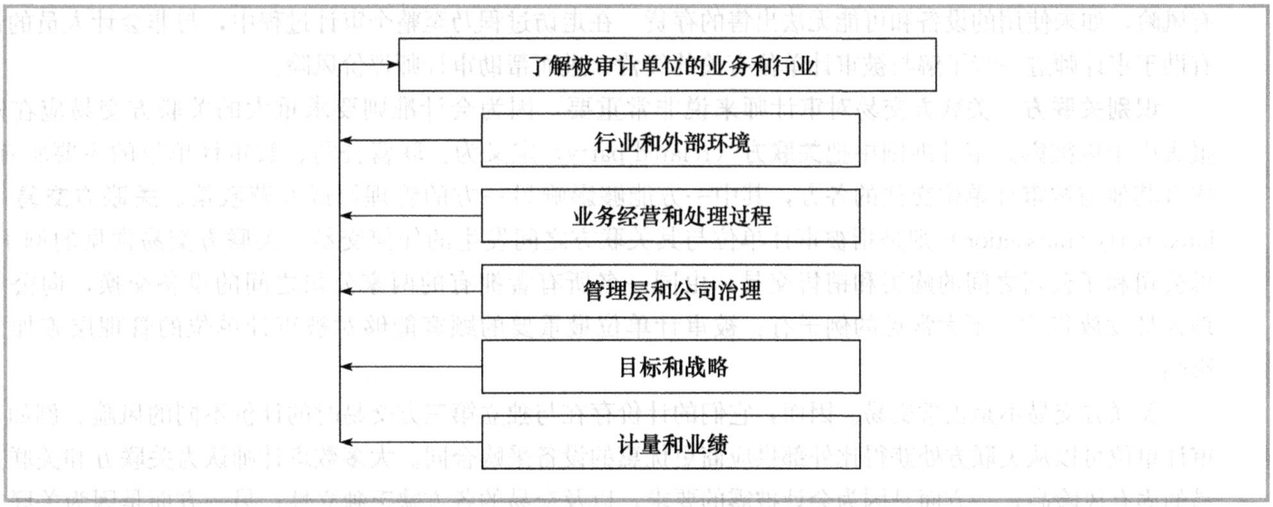

图8-3 了解被审计单位的业务和行业的总体系统

□ 行业和外部环境

获取对被审计单位所在行业的了解有三个主要原因。

1. 存在与具体行业相关的风险。这些风险影响审计师对被审计单位经营风险和可接受审计风险的评价，甚至可能使审计师拒绝接受诸如储蓄贷款业和健康保险业等较高风险行业的审计业务。

2. 某些行业的所有客户普遍具有的风险也很多。了解这些风险能帮助审计师在评估被审计单位经营风险和重大错报风险时确定其与被审计单位的相关性。这类风险的例子包括：时装业存货陈旧过时的固有风险，消费品信贷业应收账款收账的固有风险，意外保险业损失准备的固有风险。

3. 许多行业具有其独特的会计处理要求，审计师必须加以了解，以评价被审计单位的财务报表是否符合会计准则。例如，如果审计师对某市政府执行审计，他就必须了解政府会计和审计要求。建筑公司、铁路、非营利组织、金融机构以及许多其他组织都有其独特的会计处理要求。

在第5章所介绍的一些审计诉讼案例就是因为审计师没有充分了解被审计单位所在行业的交易特征，正如本章开篇引例所讨论的安然案件一样。审计师还必须了解被审计单位的外部环境，包括诸如经济的波动性、竞争程度和法规要求之类的情况。例如，公用事业公司的审计师必须了解该行业的独特管制会计要求。另外，审计师还要了解最近对该行业放松管制是如何导致该行业的竞争加剧的，以及公用事业对能源价格的敏感性是如何影响该类公司经营的。要编制有效的审计计划，这些公司的审计师就必须拥有评价外部环境风险的专业技能和知识。

□ 业务经营和处理过程

审计师应该了解诸如收入主要来源、关键顾客和供应商、资金来源和关联方信息等可能表明被审计单位经营风险较高的领域。例如，许多技术公司依靠一个或几个产品，这些产品可能由于新技术的出现和竞争加剧而变得过时。依赖几个主要顾客可能会导致坏账和存货过时，从而造成重大损失。

走访厂房和办公室 走访被审计单位的厂房有助于更好地了解被审计单位的业务和经营状况，因为它提供了直接观察经营活动和与主要雇员接触的机会。实地考察实物设施，有助于评价资产的实物保管情况，解释与在产品和工厂设备等资产有关的会计数据。有了这些第一手的了解，审计师可以更好地识别固有风险，如未使用的设备和可能无法出售的存货。在走访过程乃至整个审计过程中，与非会计人员的讨论有助于审计师进一步了解与被审计单位有关的经营，进而帮助审计师评价风险。

识别关联方 关联方交易对审计师来说非常重要，因为会计准则要求重大的关联方交易应在财务报表中予以披露。审计准则中把**关联方**（related party）定义为：联营公司、被审计单位的主要所有者，或者其他与被审计单位交往的各方，其中一方能够影响另一方的管理层或经营政策。**关联方交易**（related party transaction）则是指被审计单位与其关联方之间发生的任何交易。关联方交易常见的例子有：母公司和子公司之间的购买和销售交易，由同一名所有者拥有的两家公司之间的设备交换，向公司经理人员发放贷款。不太常见的例子有：被审计单位最重要的顾客能够对被审计单位的管理层施加重大影响。

关联方交易不是正常交易。因而，它们的计价存在与独立第三方交易时的计价不同的风险。例如，被审计单位可以从关联方处获得比外部供应商更优惠的设备采购合同。大多数审计师认为关联方和关联方交易的固有风险高，一方面是因为会计披露的要求，以及交易的各方缺乏独立性；另一方面是因为关联方交易为舞弊性财务报告提供了机会。

因为重大关联方交易必须予以披露（要求披露的内容包括关联方关系的性质，交易说明（包括金额）和与关联方之间互欠款项的数额），所以，在审计初期就应识别所有的关联方并记入永久性档案。将所有的关联方记入永久性档案和确保审计小组的所有审计师都已了解被审计单位的关联方，有利于审计师发现未披露的关联方交易。审计准则规定，审计师应当要求管理层识别被审计单位关联方，并且询问被审计单位是否与这些关联方发生交易，如发生，交易的类型和目的。审计准则还要求审计师询问管理层，并且实施其他程序以了解管理层建立的旨在识别、授权和批准关联方交易的控制。审计师还可以通过检查SEC存档材料、查阅股东名单以识别主要股东。

因为与关联方之间缺乏独立性，《萨班斯-奥克斯利法案》禁止涉及给上市公司董事或执行经理贷款的关联方交易。但是，银行和其他财务机构以市场利率给其董事或经理的正常贷款（如住房抵押贷款）是许可的。

□ 管理层和公司治理

因为确立被审计单位战略和业务处理的是被审计单位的管理层，所以审计师应该评估管理层的管理哲学和经营方式及其识别和应对风险的能力，因为这些因素会显著影响财务报表的重大错报风险。COSO 的研究报告——《舞弊性财务报告（1998—2007）》——结果表明，由 SEC 调查的欺诈性财务报告案件中，有 340 多家公司的首席执行官或财务总监被指控涉嫌舞弊，此类情况占所有案件的 90%以上。

公司治理包括公司的组织结构、董事会以及审计委员会的活动。一个有效的董事会有助于公司采取适当的风险策略，而审计委员会则是通过监督财务报告的过程，来减少过度激进会计处理的可能性。要获得对被审计单位公司治理结构的了解，审计师必须了解被审计单位董事会和审计委员会是如何执行监督的，包括考虑被审计单位的道德守则、评价被审计单位的会议记录。

道德守则 公司经常通过政策说明书和行为守则等来传递公司的道德价值和道德标准。为了遵循《萨班斯-奥克斯利法案》的要求，SEC 要求所有上市公司披露其是否采用了适用于首席执行官、首席财务官和主要的会计负责人或主计长等高管人员的道德守则。没有采用这一道德守则的公司必须披露没有采用道德守则这一事实，并说明理由。SEC 还要求公司及时披露对这一道德守则的修改，并披露守则的适用范围。审计师应该获得对道德守则的了解，检查这一表明治理制度及高管人员正直性和道德价值的道德守则的变化和适用范围。

会议记录 **公司会议记录**（corporate minutes）是董事会和股东大会的正式记录，这些记录包括关键的授权、在会议中所讨论的最重要议题的总结，以及董事会和股东大会作出的决策。会议记录中的一般授权包括对经理人员的薪酬支付、新签订的合同与协议、财产的购置、贷款和股利支付。其他与审计有关的信息包括对诉讼的讨论、即将进行的股票发行或潜在的并购。

审计师应该阅读会议记录，以获得授权和与执行审计有关的其他信息。审计师应该摘录相关部分或取得复印件并标明其中的重要内容，然后把这些信息存入审计档案。在审计结束前的某个时间，审计师必须跟踪这些信息，确信管理当局遵从了股东和董事会的决定。譬如，对批准的经理人员的薪酬，应追查至每个经理人员的工资记录，以测试实际支付的薪酬总额是否正确。同样，审计师应当把贷款的授权与应付票据进行比较，确定这些负债均已记录，关键条款已经披露。诉讼、即将进行的股票发行和并购信息可能需要包含在附注中。审计师还要增加对会议记录的复核，同时还要向审计委员会或董事会询问他们对可能影响其财务报告的事项的关注与警觉。

□ 被审计单位的目标和战略

战略是主体为实现组织目标所遵循的方法。审计师应该了解被审计单位与以下方面有关的目标：(1) 财务报告的可靠性；(2) 经营的效果和效率；(3) 对有关法律法规的遵守。

无论管理层如何勤勉尽责地工作，那些威胁他们实现目标的管理能力的经营风险还是存在的。鉴于此，审计师必须了解被审计单位的经营，以评价被审计单位的经营风险和财务报表中的固有风险。例如，产品质量通过销售下降、保证和产品债务请求权对财务报表产生重大影响。丰田公司在其几款最流行的车型涉及汽车油门和刹车之类的产品质量问题引发销售和股东价值大幅下降时，就遭受了源自经营风险的重大损失。

作为了解与被审计单位遵守法律法规有关的目标的一部分，审计师应熟悉合同和其他法律义务的条款。这包括各种合同，如长期票据和应付债券、股票期权、养老金计划、与供货商签订的供货合同、与政府签订的产品制造和交货合同、特许权合同、工会合同和租赁合同。大多数合同主要与审计的某个部分有关，实务中在细节测试的不同阶段应予以特别关注。例如，在审计未设偿债基金的养老金时，养老金计划的条款就要受到高度重视。审计师应当在审计初期复核和摘录合同，以便更好地了解被审计单位的前景，更好地评价固有风险。随后，作为具体审计领域的一部分，还要更加仔细地检查这些文件。

□ 计量和业绩

被审计单位的业绩评价体系包括管理层用于衡量目标实现进度的关键业绩指标。这些指标除了销售收入和净利润等财务报表指标，还包括由被审计单位及其目标设定的评价指标。这种关键业绩指标的例子有市场份额和人均销售收入、单元销售增长、网页的唯一访问者，以及零售商的同店销售收入、在一个国家的销售收入和每平方英尺销售收入。

如果被审计单位设立了不合理的目标，或其业绩评价体系鼓励激进的会计处理，那么财务报表错报的固有风险就有可能增加。例如，一家公司设立了在行业销售收入中占据第一市场份额的目标。如果管理层和销售人员是根据达到这个目标的程度获得报酬，那么在真正实现之前记录销售收入或记录不存在的销售收入的动机就会增强。在这种情况下，审计师可能要增加已评价的固有风险，并扩大与销售交易相关的发生审计目标的测试范围。

业绩评价包括比率分析和与关键竞争对手的比较。作为了解被审计单位业务的一部分，审计师应执行比率分析或复核被审计单位对关键业绩比率的计算。执行初步的分析程序是计划阶段的第三步，将在本章的后面部分论述。

8.4 执行初步的分析程序

第7章已经介绍，审计师应当执行初步的分析程序作为风险评估程序的组成部分，以更好地了解被审计单位经营活动和行业、评估被审计单位的经营风险。把行业或竞争对手作为基准与被审计单位的比率进行比较可以了解被审计单位的业绩。这种初步测试可以揭示与以前年度或行业平均水平进行比较，其比率的异常变化，这有助于审计师识别审计中需要进一步关注的错报风险增大的领域。

作为审计计划工作的一部分，我们以希尔伯格五金公司为例说明初步分析程序的运用。表8-1列示了审计师在审计计划阶段可能考虑的希尔伯格五金公司的关键财务比率，还有对应的行业信息。这些比率是根据该公司的财务报表计算的。希尔伯格公司在其年报中描述，该公司是一家五金批发分销商，产品分销给美国中西部地区独立的高质量五金商店。该公司是五金行业中一个善于找到其正确定位的供应商，整个五金市场都由像家得宝（Home Depot）和劳氏（Lowe's）这样的全国连锁店支配，希尔伯格五金公司的审计师视全国连锁店日趋激烈的竞争为该公司的特别经营风险。希尔伯格五金公司的市场由小型独立的五金商店构成。竞争加剧可能影响这些商店的销售收入和盈利能力，这同样可能影响希尔伯格五金公司的销售收入以及诸如应收账款和存货等资产的价值。审计师可能要利用比率信息来识别希尔伯格五金公司所面临的财务报表重大错报风险增加的领域。

尽管来自大型全国供应商的竞争日趋激烈，但盈利能力指标表明，希尔伯格五金公司的盈利情况还是相当好。虽然流动性指标和杠杆比率低于行业平均水平，但流动性指标表明公司的财务状况良好，杠杆比率也表明公司具有潜在借款的能力。由于希尔伯格五金公司的市场由小型独立的五金商店组成，因此该公

表 8-1 计划阶段的分析程序举例

选取的比率	希尔伯格 2016-12-31	行业 2016-12-31	希尔伯格 2015-12-31	行业 2015-12-31
短期偿债能力				
现金比率	0.06	0.22	0.06	0.20
速动比率	1.57	3.10	1.45	3.00
流动比率	3.86	5.20	4.04	5.10
清偿能力比率				
应收账款周转率	7.59	12.15	7.61	12.25
平均收账天数	48.09	30.04	47.96	29.80
存货周转率	3.36	5.20	3.02	4.90
平均销售天数	108.63	70.19	120.86	74.49
满足长期债务的能力				
负债权益比率	1.73	2.51	1.98	2.53
已获利息倍数	3.06	5.50	3.29	5.60
盈利能力比率				
毛利率	27.85	31.00	27.70	32.00
利润率	0.05	0.07	0.05	0.08
资产报酬率	0.09	0.09	0.08	0.09
普通股股东权益报酬率	0.26	0.37	0.24	0.35

司拥有比行业平均水平更多的存货，需要更长的时间收回应收账款。

在识别具体风险领域时，审计师可能关注流动性比率。存货周转率虽然得到了改善，但仍然低于行业平均水平。应收账款周转率急剧下降且低于行业最低水平。应收账款的收回和存货的陈旧过时可能会使审计师将固有风险评估为高，且在本年度的审计中很可能要予以额外的关注，这些领域在上年的审计中也可能受到了关注。

许多本年度与以前年度的可比较数据不限于通常可获取的行业数据。例如，本年度各类费用占销售收入总额的百分比可与上年度比较。同样，在多单位经营（例如连锁店）中，每个单位的数据都可与前期进行内部比较。

审计师经常编制一年或多年的**同比**（common-size）财务报表来反映账户余额的变化及其与比较基数（如销售收入）的关系。同比财务报表使得审计师可以比较不同公司或同一公司不同期间的数据，揭示变化趋势并洞察差异。图 8-4 是希尔伯格五金公司过去三年的同比损益表。当销售收入水平与以前年度相比发生变化时，审计师就应该计算损益表账户余额与销售收入的比率。希尔伯格的销售收入比上年显著增长。请注意产品销售成本与销售人员工资和佣金等也显著增长，但与销售收入的比例相对保持一致，这些结果是可以预期的。

对于广告费、坏账费用及办公楼修理和维护费的变化，审计师可能需要进一步的解释和佐证证据。

- 广告费与销售收入的比率增长了，一种解释是出现了新的广告活动。
- 坏账费用的绝对金额没有显著变化，但与销售收入的比率下降了，审计师必须收集其他证据以确定坏账费用和坏账准备是否被低估。
- 办公楼修理和维护费也增加了，如果客户发生了未预计的维修，那么该账户的波动不是异常的，审计师应该调查该账户的大额支出以确定其中是否包含了应当作为固定资产并予以资本化的支出。

希尔伯格五金公司同比损益表

（截至2016年12月31日的三年数据）

	2016年		2015年		2014年	
	初始（千美元）	净销售收入%	已审计（千美元）	净销售收入%	已审计（千美元）	净销售收入%
销售收入	144 328	100.87	132 421	100.91	123 737	100.86
减：退回与折让	1 242	0.87	1 195	0.91	1 052	0.86
销售收入净额	143 086	100.00	131 226	100.00	122 685	100.00
商品销售成本	103 241	72.15	94 876	72.30	88 724	72.32
毛利	39 845	27.85	36 350	27.70	33 961	27.68
销售费用						
工资和佣金	7 739	5.41	7 044	5.37	6 598	5.38
销售人员工资税	1 422	0.99	1 298	0.99	1 198	0.98
差旅费和招待费	1 110	0.78	925	0.70	797	0.65
广告费	2 611	1.82	1 920	1.46	1 790	1.46
销售费和促销用品费	322	0.22	425	0.32	488	0.40
销售会议和培训费	925	0.65	781	0.60	767	0.62
销售杂费	681	0.48	506	0.39	456	0.37
销售费用合计	14 810	10.35	12 899	9.83	12 094	9.86
管理费用						
管理人员工资	5 524	3.86	5221	3.98	5 103	4.16
管理人员工资税	682	0.48	655	0.50	633	0.52
差旅费和招待费	562	0.39	595	0.45	542	0.44
计算机维护和用品费	860	0.60	832	0.63	799	0.65
办公用品费	763	0.53	658	0.50	695	0.57
邮费	244	0.17	251	0.19	236	0.19
电话和传真费	722	0.51	626	0.48	637	0.52
租金支出	312	0.22	312	0.24	312	0.25
法律费和律师费	383	0.27	321	0.25	283	0.23
审计费和相关服务费	303	0.21	288	0.22	265	0.22
折旧费	1 452	1.01	1 443	1.10	1 505	1.23
坏账费用	3 323	2.32	3 394	2.59	3 162	2.58
保险费	723	0.51	760	0.58	785	0.64
办公楼修理和维护费	844	0.59	538	0.41	458	0.37
其他杂项办公费	644	0.45	621	0.47	653	0.53
其他杂项一般费用	324	0.23	242	0.18	275	0.22
管理费用合计	17 665	12.35	16 757	12.77	16 343	13.32
销售及管理费用合计	32 475	22.70	29 656	22.60	28 437	23.18
来自经营活动的盈利	7 370	5.15	6 694	5.10	5 524	4.50
其他收入和费用						
利息费用	2 409	1.68	2 035	1.55	2 173	1.77
资产销售利得	(720)	(0.50)	0	0.00	0	0.00
税前收益	5 681	3.97	4 659	3.55	3 351	2.73
所得税	1 747	1.22	1 465	1.12	1 072	0.87
净收益	3 934	2.75	3 194	2.43	2 279	1.86

图 8-4 希尔伯格五金公司同比损益表

8.5 重要性

执行初步的分析程序以后，审计计划阶段的第四步是对财务报表审计的重要性作出初步判断。审计师在确定出具恰当审计报告时，重要性是一个主要考虑因素。本章所讨论的重要性概念与第 3 章所讨论的有直接联系。审计准则将**重要性**（materiality）定义为错报的严重程度，单独或汇总起来，合理预期影响使用者依据财务报表作出的经济决策。

审计师的责任是确定财务报表是否存在重大错报。如果审计师认为存在重大错报，那么他就要提请客户注意，以便作出更正。如果客户拒绝更正报表，那么审计师就要根据错报的重要性程度发表保留意见或否定意见。因而，审计师必须彻底了解重要性的应用。

重要性依赖于根据财务报表进行决策的理性使用者。因此，审计师必须了解被审计单位报表的可能使用者，以及这些使用者将要进行的决策。例如，如果审计师知道财务报表成为整个企业的买卖协议的签订依据，那么他认为重要的金额会小于在其他类似审计业务中认为重要的金额。但在实务中，审计师可能既不知道使用者是谁，也不知道他们要作出哪些决策。因此，在实务中如何应用重要性是一个困难的职业判断。

在应用重要性时，审计师遵循五个紧密相关的步骤，如图 8－5 所示。审计师首先确定财务报表整体的重要性。其次确定**实际执行的重要性**（performance materiality），即审计的各个分块的重要性（交易类别、账户余额或披露）。这两个步骤见图 8－5 的第一个大括号，它们是审计计划的一部分，也是本章重要性讨论的主题。第三步贯穿于整个审计过程，它是审计师在每次审计中评价审计证据时，对审计各个分块的错报金额的估计。最后两个步骤是在业务完成阶段审计工作接近结束时进行的。这三个步骤见图 8－5 的第二个大括号，它们是评价审计测试结果的一部分。

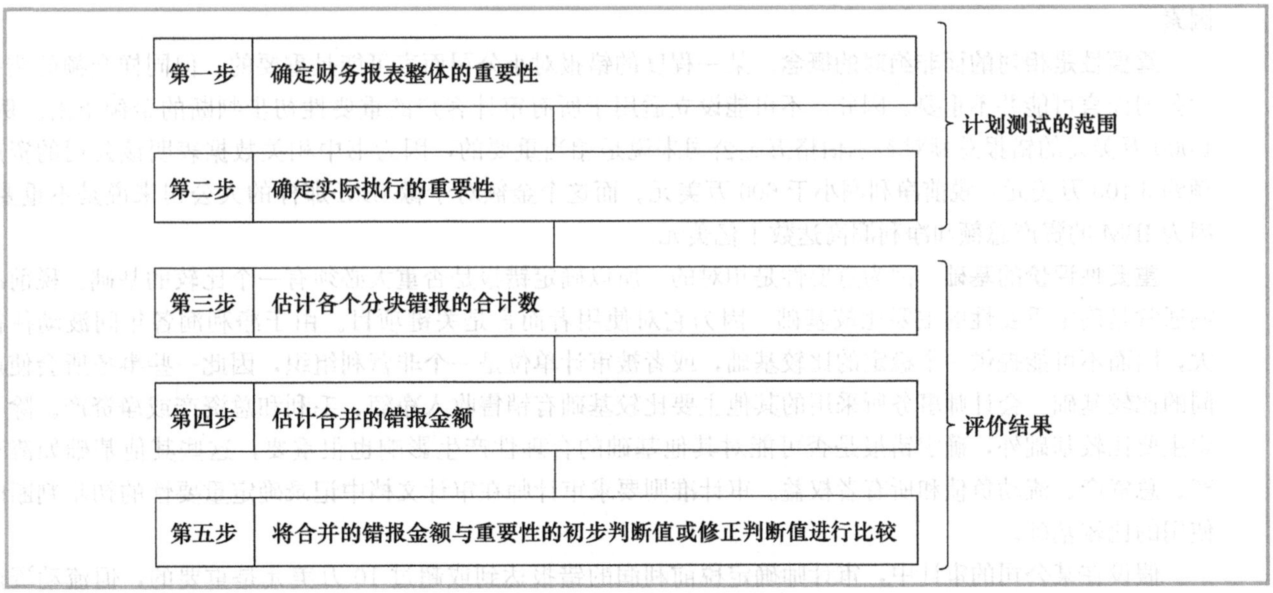

图 8－5　运用重要性概念的步骤

8.6 财务报表整体的重要性

审计准则要求审计师在审计初期制定其审计整体策略时，把财务报表中存在的被认为是重大错报的合并金额确定下来。我们把这个金额定义为**重要性的初步判断**（preliminary judgment about materiality）。它之所以被称为重要性的初步判断，是因为它是一种职业判断，并且将随审计过程中环境的变化而变化。这一判断必须记录在审计文档中。

因此，重要性的初步判断（图 8－5 中的第一步）是审计师认为报表中可能存在错报，而又不至于影响理性使用者决策的最大金额。这个判断是审计师作出的最重要决策之一，它需要相当强的职业判断力。

对重要性作出初步判断的目的是帮助审计师计划所要收集的恰当证据。如果审计师判断的金额低，那么就需要收集比这一金额高时更多的证据。让我们考虑一下本书通篇所用的希尔伯格五金公司的财务报表。你认为影响理性使用者决策的合并错报金额是多少？你相信 100 美元的错报将影响使用者的决策吗？如果是这样，那么为收集所需要的证据所花费的审计成本，可能超过希尔伯格五金公司管理部门所愿意支付的金额。你相信 1 000 万美元的错报重要吗？大多数有经验的审计师都会认为，在这种情况下，这个金额作为合并重要性水平太高了。

审计师在审计过程中常常要改变其对重要性的初步判断。如果真的如此，那么新的判断就称为对**重要性的修正判断**（revised judgment about materiality）。作出修正判断的原因可能包括，用来确定初步判断的某一个因素发生了变化；审计师认为初步判断太大或太小。例如，对重要性的初步判断通常在年末之前作出。在这种情况下，必须根据以前年度的财务报表或中期财务报表信息确定初步判断。这一判断要在获得本期财务报表后予以重新评价。还有的情况是，某些定性事项改变了被审计单位的某些情形，如债券的发行增加了一类财务报表使用者。

□ 影响重要性初步判断的因素

有几个因素会影响审计师对一套既定财务报表的重要性作出初步判断。下面讨论其中最重要的一些因素。

重要性是相对的而非绝对的概念 某一程度的错报对小公司而言可能是重要的，但同样金额的错报对大公司而言可能并不重要。因此，不可能设立适用于所有审计客户的重要性初步判断的金额指南。例如，1 000 万美元的错报总额对希尔伯格五金公司来说是相当重要的，因为书中相关数据表明该公司的资产总额约 6 100 万美元，税前净利润小于 600 万美元。而这个金额对于像 IBM 那样的大公司来说是不重要的，因为 IBM 的资产总额和净利润高达数十亿美元。

重要性评价的基础 因为重要性是相对的，所以确定错报是否重大必须有一个比较的基础。税前净利润通常是确定重要性的主要比较基础，因为它对使用者而言是关键项目。由于净利润各年间波动往往较大，因而不可能提供一个稳定的比较基础，或者被审计单位是一个非营利组织，因此一些事务所会使用不同的比较基础。会计师事务所采用的其他主要比较基础有销售收入净额、毛利和总资产或净资产。除了确定主要比较基础外，确定错报是否可能对其他基础的合理性产生影响也很重要，这些其他基础如流动资产、总资产、流动负债和所有者权益。审计准则要求审计师在审计文档中记录确定重要性的初步判断时所使用的比较基础。

假设在某公司的审计中，审计师确定税前利润的错报达到或超过 10 万美元是重要的，但流动资产的错报达到或超过 25 万美元才是重要的。审计师将 25 万美元既作为税前利润也作为流动资产重要性水平的初步判断就不合适了。因此，审计师必须制定计划，以发现对税前利润的影响超过重要性的初步判断 10 万美元的所有错报。由于大多数错报既影响损益表，也影响资产负债表，因此在大多数测试中采用 10 万美元的重要性水平。唯一影响流动资产的其他错报就是资产负债表账户的错误分类，如把长期资产错误分类为流动资产。因而，除了 10 万美元的重要性的初步判断外，审计师也需要用 25 万美元的重要性的初步判断值来制定流动资产错误分类的审计计划。

性质因素也影响重要性　即使金额相同，一些类型的错报也可能比其他错报对使用者更重要。例如：

- 涉及舞弊的金额通常被认为比相同金额的无意差错更重要，因为舞弊反映的是管理层或其他相关人员的诚实和可靠性问题。譬如，大多数使用者认为，存货的蓄意错报比相同金额的笔误更重要。
- 如果错报可能引发合同上的责任后果，那么这种情况下的错报可能是重要的，否则就不重要。例如，财务报表中的营运资本净额仅仅比贷款协议所规定的最低限额多几百美元。如果正确的营运资本净额低于规定的最低限额，就会导致违反贷款协议，从而严重影响流动负债和非流动负债的分类。
- 如果错报影响利润的变化趋势，那么这种情况下的错报可能是重要的，否则就不重要。譬如，如果过去五年中报告的利润每年递增3%，但是本年度的利润反而下降了1%，那么这种变化的趋势可能是重要的。又如，如果某项错报导致将亏损报告为盈利，则需要引起关注。

□ 指南举例

会计与审计准则都没有为执业人员提供具体的重要性指南。准则制定者担心的是：这样的指南可能被机械地加以应用，而不考虑影响审计师最终决策的各种复杂因素。因此，本章提供指南举例仅为说明重要性的应用。它们只是用来帮助你更好地理解在实际工作中如何应用重要性概念。指南是以某一会计师事务所采用的政策指南形式说明的，见图8-6。注意：指南是一些公式，其中使用了多个比较基础和百分比的范围。类似这样的指南需要大量的职业判断。

Berger&Anthony会计师事务所
印第安纳州加里市46405

政策说明　　　　Charles G. Berger
No. 321　　　　C. Joe Anthony
标题：重要性指南

在制定和应用重要性指南时，都要运用职业判断。下列政策作为一般性指南予以应用：

1. 财务报表中的合并错报金额如果超过6%，通常被认为是重要的。在不考虑定性因素的情况下，低于3%的合并错报金额可推断为不重要。当合并错报金额为3%~6%时，需要最多的职业判断以确定它们的重要性。

2. 3%~6%的错报，必须结合恰当的基础来衡量。很多时候，用于与错报进行比较的基础不止一个。在选择恰当的基础时建议采用下列指南：

a. 损益表。损益表中的合并错报金额通常应按税前营业利润的3%~6%来衡量。但在利润异常大或异常小的年份，3%~6%的指南就不恰当。如果某个年份的营业利润被认为不具有代表性，那么需要采用更具有代表性的利润指标取代它作为比较基础。譬如，可采用三年的平均营业利润作为比较基础。

b. 资产负债表。资产负债表中的合并错报金额通常应按流动资产、流动负债和总资产来评价。用流动资产和流动负债作为比较基础时，建议指南应为3%~6%，应用方法与损益表相同。但用总资产作为比较基础时，建议指南应为1%~3%，应用方法与损益表相同。

3. 在所有的审计中，定性因素都必须仔细评价。在许多情况下，它们比应用于损益表和资产负债表的数量指南更重要。必须对财务报表的使用目的和报表（包括报表附注）中的信息的性质进行仔细评价。

图8-6　重要性指南举例

□ 应用于希尔伯格五金公司

采用图8-6中的重要性指南，我们就可以估计希尔伯格五金公司重要性的初步判断值。指南如下：

重要性的初步判断值（四舍五入，千美元）

	最小值		最大值	
	百分比	金额	百分比	金额
营业利润	3	221	6	442
流动资产	3	1 531	6	3 062
总资产	1	614	3	1 841
流动负债	3	396	6	793

如果希尔伯格五金公司的审计师认为一般指南合理，则第一个步骤是评价定性因素是否对重要性的判断产生重大影响。如果没有这方面的影响，审计师就必须确定，若审计师在审计结束时认为税前营业利润的合并错报金额低于221 000美元，则报表被认为是公允表达的；若合并错报金额超过442 000美元，则报表被认为是没有公允表达；若合并错报金额介于221 000美元和442 000美元之间，则需要对所有实际情况进行更仔细的考虑。审计师然后对其他三个基础也按照相同的过程进行分析。

8.7 确定实际执行的重要性

实际执行的重要性，是指审计师确定的低于财务报表整体的重要性的一个或多个金额，旨在将未更正和未发现错报的汇总数超过财务报表整体的重要性的可能性降至适当的低水平。确定实际执行的重要性（图8-5中的第二步）非常必要，因为证据是按照审计的各个分块收集的，而不是按照财务报表整体收集的。实际执行的重要性水平有助于审计师确定应收集的恰当审计证据。实际执行的重要性与审计师拟收集证据的数量呈反向变动关系。例如，若应收账款的余额为100万美元，在应收账款中存在5万美元的错报就被认为重要时所需收集的证据，要比存在30万美元的错报就被认为重要时所需收集的证据更多。但是，如果审计师分配给审计各个分块的重要性与财务报表整体的重要性水平相同，则可能存在超出财务报表整体重要性水平的未发现错报。

很多审计师经常在测试时将实际执行的重要性设定为财务报表整体重要性初步判断值的一个标准百分比。实际执行的重要性通常设定为财务报表整体重要性的50%～75%。但是，不同的交易类别、账户余额或披露的实际执行的重要性各有不同，特别是在聚焦特定领域的情况下。例如，财务报表使用者可能希望对涉及CEO的关联方交易或者新近子公司收购的交易价格进行更加准确的披露，因此审计师需要在这些领域设定较低的重要性水平。此外，在确定实际执行的重要性时，还需要考虑总体的审计保证水平以及审计证据的成本，后面将进一步讲解。

本书将确定实际执行的重要性的过程，称为**将重要性的初步判断值分配至审计的各个分块**（allocation of the preliminary judgment about materiality）。在确定实际执行的重要性时，如果审计师没有使用标准百分比法并且考虑了审计保证水平和审计证据成本，则大多数实际工作者对重要性的分配都是依据资产负债表账户而不是损益表账户进行的。这是因为复式簿记系统使得大多数损益表错报都会对资产负债表产生相等的影响，例如2万美元的应收账款高估错报也就是2万美元的销售收入高估错报。因为大多数审计程序关注的是资产负债表账户，所以，应该把重要性分只分配给资产负债表账户。

实际执行的重要性是审计师根据职业判断作出的，反映审计师愿意接受的该部分的错报金额。例如，如果审计师决定把20万美元中的10万美元分配给应收账款，那么应收账款的可容忍错报就是10万美元。这就意味着，如果应收账款中的错报是10万美元或更低，那么审计师就愿意认为应收账款是公允表达的。PCAOB审计准则将该金额称为**可容忍错报**（tolerable misstatement），而AICPA审计准则将可容忍错报定义为实际执行的重要性在特定抽样程序中的应用。本章统一采用实际执行的重要性的提法而非可容忍错报，以与AICPA和IASB审计准则保持一致。

在把重要性分配给资产负债表账户时，有三个主要困难：(1) 审计师预计某些账户比其他账户存在更多的错报；(2) 高估和低估都要予以考虑；(3) 相关审计成本影响这种分配。

这三个困难在图8-7的分配中都得到了考虑。要注意的是，在审计结束阶段，审计师必须汇总所有的实际和估计错报，并把它与重要性的初步判断进行比较。在分配可容忍错报时，审计师应该尽其可能地执行有效审计。

	2016年12月31日余额（千美元）	实际执行的重要性（千美元）	
现金	828	6 (a)	
应收账款（净额）	18 957	265 (b)	
存货	29 865	265 (b)	
其他流动资产	1 377	60 (c)	
厂房设备	10 340	48 (d)	
资产总计	61 367		
应付账款	4 720	108 (e)	
应付票据——合计	28 300	0 (a)	
应计工资和工资税	1 470	60 (c)	
应计利息和应付股利	2 050	0 (a)	
其他负债	2 364	72 (c)	
缴入股本和超面值缴入股本	8 500	0 (a)	
留存收益	13 963	NA (f)	
负债和股东权益总计	61 367	884	(2×$442)

NA=不适用

(a) 小额实际执行的重要性，因为账户完全能够以低成本进行审计，并且预计不存在错报。

(b) 大额实际执行的重要性，因为账户金额大，需要广泛抽样审计该账户。

(c) 相对于账户余额来说大的实际执行的重要性，因为虽然实际执行的重要性大，但是账户能够以相对低的成本用实质性分析程序进行验证。

(d) 相对于账户余额来说小的实际执行的重要性，因为这些账户的大部分余额在土地和建筑物上，从上年至今没有变化，不需要进行审计。

(e) 中等大小的实际执行的重要性，因为预计存在比较大的错报。

(f) 不适用——留存收益是一个剩余账户，受其他账户存在错报净额的影响。

图8-7 希尔伯格五金公司的实际执行的重要性水平

□ 分配举例

图8-7说明了在希尔伯格五金公司审计中所采用的分配方法，以确定财务报表各个部分的实际执行的重要性。它汇总了希尔伯格五金公司的资产负债表，合并了某些账户，并列示了把442 000美元（营业利润的6%）的总体重要性水平进行分配的结果。Moore在希尔伯格五金公司审计中所采用的分配方法是根据Berger & Anthony会计师事务所制定的两项主观要求，并运用职业判断确定下来的。这两项主观要求是：(1) 任何一个账户的可容忍错报不能超过重要性的初步判断值的60%（442 000×60%=265 000，四舍五入至千位）；(2) 所有可容忍错报的合计数不能超过重要性的初步判断值的两倍（2×442 000=884 000）。

第一条要求的目的是防止审计师把全部重要性金额都分配给一个账户。例如，如果把整个重要性的初步判断值442 000美元都分配给应收账款，那么应收账款账户存在442 000美元的错报将是可以接受的。但是，在一个账户中存在如此大的错报是不可以接受的，即便可以接受，也不允许其他账户存在任何错报。

允许实际执行的重要性的合计金额超过总体重要性水平的原因有两个。第一，所有账户不可能都按照实际执行的重要性全额错报。例如，如果其他流动资产的实际执行的重要性是100 000美元，但审计那些账户后没有发现错报，这就意味着审计师把较小的实际执行的重要性分配给其他流动资产，甚至可以不分配。审计师所发现的错报通常低于实际执行的重要性。第二，某些账户可能高估了，另一些账户则可能低估了，致使相互抵销后的净额很可能低于重要性的初步判断。

请注意，在分配中，审计师关注的是各个资产负债表账户的错报对营业利润的合并影响。一个资产账户的高估与一个负债账户的低估对损益表具有相同的影响。反之，资产负债表中的错误分类，如将应付票据列为应付账款，将不会对营业利润产生影响。不影响损益表项目的重要性水平必须单独加以考虑。

图8-7还包括在确定每个账户实际执行的重要性时所遵循的基本原则。例如，分配给应付票据的实际执行的重要性水平比较低，即便它的余额与存货一样大。如果给这两个账户每个都分配132 500美元，那么审计存货时就需要收集更多的证据，而对应付票据的余额仍然必须进行函证。因此，把265 000美元都分配给存货账户，而不分配给应付票据账户，会更有效率。同样，给其他流动资产及应计工资和工资税都分配了60 000美元，这两个金额与这两个账户所记录的余额相比，相对较大。之所以这样分配，是因为仅仅采用成本低的分析程序就能够验证这两个账户存在的错报不超过60 000美元。如果把这两个账户的实际执行的重要性定得低一些，则必须采用成本更高的审计程序，如文件检查和函证。

在审计实务中，通常很难事先预测哪些账户最有可能存在错报，以及所存在的错报是高估还是低估。同样，审计不同账户余额的相对成本也通常难以确定。因而，把重要性的初步判断值分配给各账户是一项困难的职业判断工作。相应地，许多会计师事务所都制定了严格的指南和复杂的方法来进行这项工作。这些指南也有助于确保审计师在审计文档中适当记录财务报表整体的重要性水平、实际执行的重要性水平以及用以确定这些数额的基础。

总之，把重要性的初步判断值分配给资产负债表账户的目的在于帮助审计师确定资产负债表和损益表中各个账户应收集的恰当证据。分配的目标之一是在确保审计质量的情况下使审计成本最小化。无论怎样分配，当审计完成时，审计师都必须确信所有账户中的错报汇总金额小于或等于重要性的初步判断值（或修正判断值）。

8.8 估计错报并与初步判断值比较

应用重要性概念的前两个步骤在计划阶段进行（见图8-5），也是我们这一章介绍的主要内容。后三个步骤则与执行审计测试有关。后三个步骤将在以后章节详细地讨论。

当审计师对审计的各个分块执行审计程序时，应记录所有发现的错报。账户中的错报可以分为两种类型：已知错报和可能的错报。**已知错报**（known misstatements）是指审计师所确定的某一账户的错报数额。例如，在审计厂房设备时，经营性租赁的支出本应费用化，但审计师可能查出被审计单位对这种情况进行了资本化。**可能的错报**（likely misstatements）又有两种类型：一种是由审计师与被审计单位管理层就账户余额估计产生分歧引起的。例如，对应收账款的坏账准备或担保负债的估计分歧。另一种是审计师根据抽样审计结果对总体的错报推断。例如，假设审计师在测试存货成本时，在200个样本中发现被审计单位有6项错报。这些错报用于估计存货的错报总额（第三步），这一总额通常称为估计数或推断数，因为审计师审计的只是样本，而不是总体。每一个账户的推断错报金额都要汇总在工作表上（第四步），再把汇总的可能错报金额与重要性进行比较（第五步）。

表 8-2 举例说明了应用重要性的后三个步骤。为了简化起见，该表只列举了三个账户。现金账户中 2 000 美元的错报是已知错报，它与审计师发现的未记录的银行服务费有关。与现金账户中的错报不一样的是，应收账款和存货账户中的错报是基于样本推算出来的错报。例如，假设在存货审计中，审计师从总体 450 000 美元的存货中选取了 50 000 美元的样本，在样本中发现了 3 500 美元的高估净额。这 3 500 美元的错报就是已知错报。要计算总体 450 000 美元的存货中的可能错报的估计数，就要根据样本已知错报直接推断总体，再加上抽样误差的估计数。**错报直接推断估计数**（direct projection estimate of misstatement）的计算过程是：

$$\frac{\text{样本中的错报净额(3 500 美元)}}{\text{样本总额(50 000 美元)}} \times \begin{matrix}\text{总体记录的总额}\\\text{(450 000 美元)}\end{matrix} = \begin{matrix}\text{错报直接推断估计数}\\\text{(31 500 美元)}\end{matrix}$$

这里不再赘述应收账款错报直接推断估计数 12 000 美元的计算过程。

表 8-2　比较估计错报合计金额与重要性的初步判断值的范例　　单位：美元

账户	实际执行的重要性	估计错报额		
		已知错报加直接推断额	抽样风险估计	总额
现金	4 000	2 000	NA	2 000
应收账款	20 000	12 000	6 000	18 000
存货	36 000	31 500	15 750	47 250
估计错报总额		45 500	16 800	62 300
重要性的初步判断	50 000			

NA＝不适用。现金账户 100%审计，不抽样。

由于审计师仅仅选取了总体中的一部分作为样本，存在这些样本不能准确代表总体的可能，因此要求对**抽样风险**（sampling risk）进行估计（这部分内容将在第 15 章和第 17 章详细论述）。在上述简化举例中，抽样风险估计数假定为抽样所使用的账户（应收账款和存货）错报直接推断估计数的 50%。因为对现金账户不进行抽样审计，所以错报总额是已知的，没有抽样风险估计数。

把表 8-2 中的错报合并起来，可以看出三个账户的已知错报与错报直接推断估计数加起来为 45 500 美元。但是，整个抽样误差小于各个账户抽样误差之和。这是因为抽样风险估计代表了未审账户资料中所存在的最大错报。所有抽样账户都存在最大错报额是不可能的。

从表 8-2 可知，估计错报总计为 62 300 美元，超过了重要性的初步判断值 50 000 美元。而且，存在问题的主要领域是存货，估计错报额为 47 250 美元，远远大于实际执行的重要性 36 000 美元。因为估计合并错报超过了重要性的初步判断值，所以财务报表不能接受。审计师既可以执行追加审计程序来确定估计错报是否确实超过 50 000 美元，也可以要求客户对估计的错报进行调整。如果要执行追加的审计程序，应当把重点集中在存货领域。

如果存货净高估额为 28 000 美元（18 000 美元加上 10 000 美元的抽样风险估计），则审计师可能无须扩大审计测试，因为估计错报既满足了实际执行的重要性的测试（36 000 美元），也满足了重要性的初步判断值要求（18 000＋28 000＝46 000 美元＜50 000 美元）。实际上，存货的实际执行的重要性是有一些余地的，因为对现金和应收账款执行审计程序的结果表明，这两个账户估计的错报都在实际执行的重要性之内。如果审计师对各账户的审计是依次进行的，那么前面账户的审计结果就可以用来修正为其他账户确定的实际执行的重要性。例如，假定在前例中审计师在审计存货之前已经审计了现金和应收账款，则存货的实际执行的重要性就可以适当增加一点。

本章小结

审计计划的主要目的是获得对被审计单位经营和行业的了解，以帮助评估可接受审计风险、被审计单位经营风险和财务报表重大错报风险。图 8-8 概括了这一部分所讨论的审计计划的四项主要内容以及每一项主要内容的关键组成部分，并以希尔伯格五金公司为例，说明了针对一个老客户，事务所应该如何运用这些组成部分。

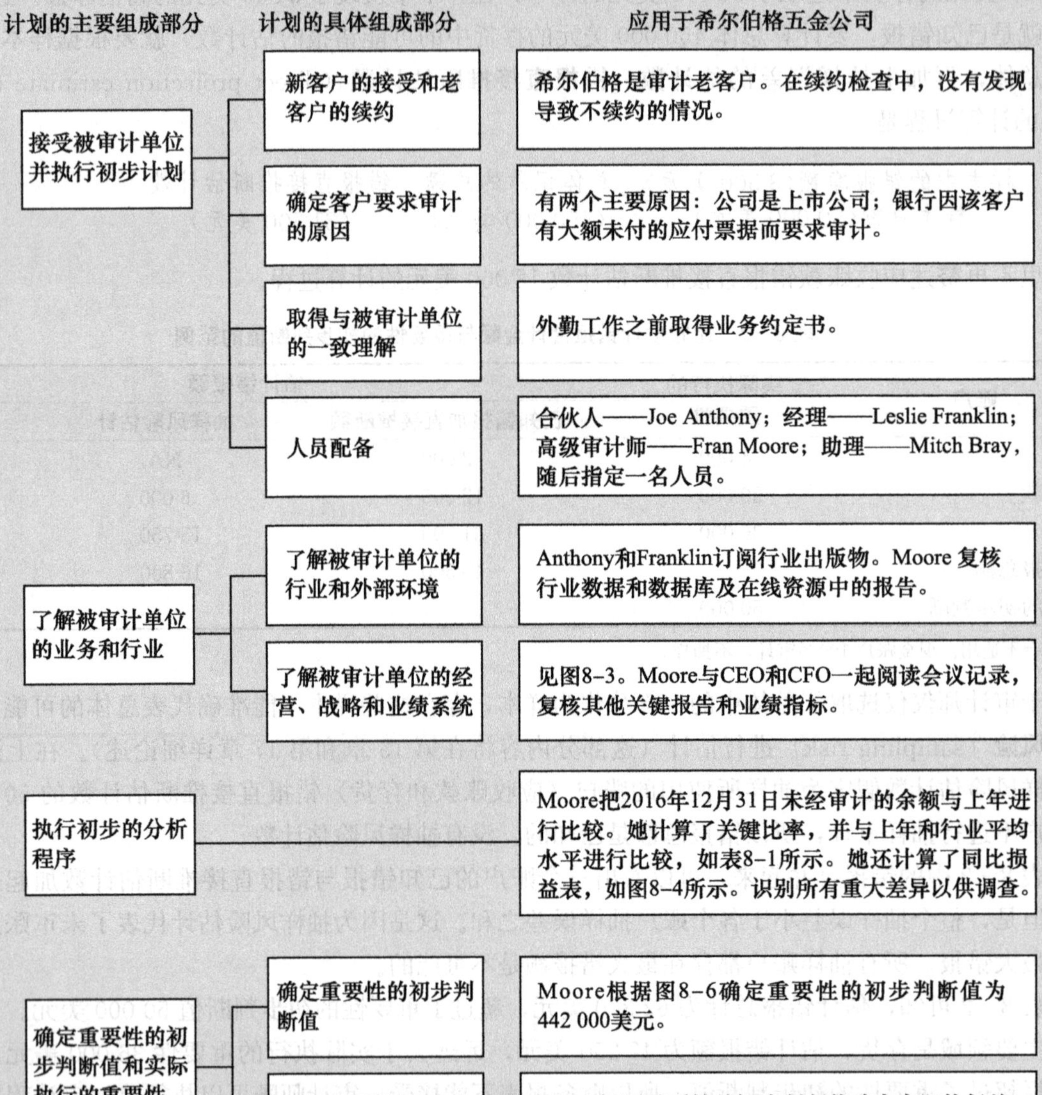

图 8-8　审计计划的主要组成部分：接受被审计单位并执行初步计划、了解被审计单位的业务和行业、执行初步的分析程序以及确定重要性的初步判断值和实际执行的重要性：以希尔伯格五金公司为例

在随后章节中，我们将继续讨论审计计划的其他四个部分内容，包括：识别舞弊或错误导致的特别风险（第 9 章和第 10 章）、评估固有风险（第 9 章）、了解内部控制和评估控制风险（第 11 章和第 12 章）、制定总体审计策略和审计方案（第 13 章）。

练习题

8-1 审计计划能给审计师哪些帮助？

8-2 当公司更换审计师时，后任审计师和前任审计师的职责是什么？

8-3 业务约定书的目的是什么？在业务约定书中应该包括哪些主要内容？

8-4 上市公司审计的委托人是谁？

8-5 解释审计师为什么必须了解被审计单位所在行业。审计师通常通过哪些渠道获得关于被审计单位所在行业的知识？

8-7 审计师经常试图获得客户行业的背景知识，以协助审计工作。获取这些知识如何帮助审计师区分过时存货和当前存货？

8-8 给关联方下定义。审计师对关联方和关联方交易的责任是什么？

8-10 近年来，全球经济经历了大萧条以来前所未有的衰退水平，欧元的不稳定持续导致股票和债券市场的波动。说明在审计计划时考虑目前经济形势的重要性。

8-12 识别在被审计单位董事会会议记录中可能与审计师有关的两类信息。解释在审计初期审阅会议记录的重要性。

8-13 指出被审计单位的三个目标。说明每个目标是如何影响审计师评估重大错报风险以及对证据收集的需要。

8-15 在执行审计的过程中，注册会计师 Gale Gordon 发现比率和趋势分析相对使用较少。在许多审计业务中，他计算了标准普尔的行业比率，并将其与行业标准进行比较。对于其中大多数的审计业务，被审计单位的业务情况与行业数据显著不同，被审计单位在解释所有差异时，将其自动归因于业务的独特性。当被审计单位在不同行业拥有多个分公司时，Gordon 发现比率分析并没有用。Gordon 如何能提高分析程序的质量？

8-17 阐述会计和审计中重要性一词的含义。重要性和审计报告中“获取合理保证”措辞之间存在什么关系？

8-18 解释为什么重要性虽然重要但在实务中应用起来很困难。

8-19 在对重要性作出初步判断时使用的基础是指什么？在对制造企业和政府部门进行审计时，选择的基础有何不同？

8-21 与独立实体相比，作为大型企业集团的一小部分，一家中型企业的审计工作将有怎样的不同？

选自注册会计师考试的选择题

8-26 下列问题与客户接受有关，选择最佳答案。

a. 如果注册会计师要对某客户执行第一次审计，则他们应该询问前任审计师。这是一个必要的程序，因为通过这一程序，前任审计师可能向后任注册会计师提供信息以有助于决定是否（　　）。

(1) 应该使用前任审计师的工作

(2) 公司采取轮换审计师的政策

(3) 前任审计师对公司内部控制的意见令人满意

(4) 应该接受该业务

b. 后任审计师很可能向前任审计师提出以下哪一个具体问题（　　）。

(1) 客户所属行业的特殊会计原则

(2) 客户内部审计工作人员的胜任能力

(3) 运用抽样程序的内在不确定性

(4) 就审计程序与管理层之间的分歧

c. 在接受新的审计业务时，下列哪种情况最有可能构成最大的风险（　　）。

(1) 员工需要重现安排以涵盖这个新客户

(2) 存在客户施加的范围限制

(3) 事务所必须雇用某审计领域的专家

(4) 客户的财务报告系统已经运行了10年

8-27 下列问题与重要性有关，选择最佳答案。

a. 下列关于重要性概念的论述，哪个是正确的（　　）。

(1) 重要性是根据AICPA的指南确定的

(2) 重要性仅取决于财务报表中与其他项目相关联的某项目的金额

(3) 重要性取决于一个项目的性质，而非金额

(4) 重要性是一项职业判断

b. 在计划阶段考虑重要性时，审计师认为错报总额为10 000美元会对企业损益表产生影响，但错报总额必须要达到20 000美元才会对资产负债表产生影响。通常，设计审计程序去检查错报时应该确定的总额是（　　）美元。

(1) 10 000

(2) 15 000

(3) 20 000

(4) 30 000

c. 被审计单位决定不更正审计师提出的低于整体重要性的调整，并且希望审计师根据未调整的数据出具报告。以下针对财务报表列报的相关陈述中，哪项是正确的（　　）。

(1) 财务报表不存在重大错报，财务报表附注不要求披露

(2) 财务报表不符合一般公认会计原则

(3) 财务报表中包含应导致保留意见的未调整错报

(4) 财务报表不存在重大错报，但财务报表附注要求披露被提议的调整

讨论题

8-38 Wexler Industries公司的损益表和资产负债表如下所示。

Wexler Industries公司合并损益表

单位：千美元

	截止年份		
	2016年3月31日	**2015年3月31日**	**2014年3月31日**
收入			
销售收入净额	8 351 149	6 601 255	5 959 587
其他收入	59 675	43 186	52 418
	8 410 824	6 644 441	6 012 005
成本和费用			
销售成本	5 197 375	4 005 548	3 675 369
销售、一般和管理费用	2 590 080	2 119 590	1 828 169
重组业务损失准备	64 100	—	—
利息费用	141 662	46 737	38 546
	7 993 217	6 171 875	5 542 084

续表

	截止年份		
	2016 年 3 月 31 日	2015 年 3 月 31 日	2014 年 3 月 31 日
持续经营税前收益	417 607	472 566	469 921
所得税	(196 700)	(217 200)	(214 100)
持续经营税后收益	220 907	255 366	255 821
中止经营损失准备，减所得税	(20 700)	—	—
净收益	200 207	255 366	255 821

Wexler Industries 公司合并资产负债表 单位：千美元

资产	2016 年 3 月 31 日	2015 年 3 月 31 日
流动资产		
现金	39 683	37 566
短期投资，2016 年包括 65 361 000 美元的定期存款，2015 年包括 181 589 000 美元的定期存款（按成本计价，近似于市价）	123 421	271 639
应收账款，减 2016 年 16 808 000 美元、2015 年 17 616 000 美元的坏账准备	899 752	759 001
存货		
产成品	680 974	550 407
原材料和用品	443 175	353 795
	1 124 149	904 202
递延所得税收益	9 633	10 468
预付费用	57 468	35 911
流动资产小计	2 254 106	2 018 787
土地、建筑物和设备，按成本计价，减累计折旧	1 393 902	1 004 455
对联营企业投资和杂项资产	112 938	83 455
商誉和其他无形资产	99 791	23 145
资产总计	3 860 737	3 129 842

负债和股东权益	2016 年 3 月 31 日	2015 年 3 月 31 日
流动负债		
应付票据	280 238	113 411
长期债务的流动部分	64 594	12 336
应付账款和票据	359 511	380 395
应付工资、奖金和带薪假工资	112 200	63 557
应交所得税	76 479	89 151
其他应计负债	321 871	269 672
流动负债小计	1 214 893	928 522
长期债务	730 987	390 687
其他非流动负债	146 687	80 586
递延所得税	142 344	119 715
股东权益		
已发行普通股，2016 年 51 017 755 股，2015 年 50 992 410 股	51 018	50 992
超面值缴入股本	149 177	148 584
累计外币折算调整	(76 572)	—
留存收益	1 554 170	1 462 723
库藏普通股，按成本计价，1 566 598 股	(51 967)	(51 967)
股东权益合计	1 625 826	1 610 332
负债和股东权益总计	3 860 737	3 129 842

要求：

a. 运用职业判断确定收益、流动资产、流动负债和总资产的重要性的初步判断。你的结论必须用百分比和金额进行说明。

b. 假设你把持续经营税前收益的5%的合并错报确定为本次审计的重要性水平。还假设你认为在财务报表中，每个账户具有相等的错报可能性，且每个错报都可能导致收益高估。按照你认为恰当的方式把重要性分配给这些财务报表。

c. 如b题所述，持续经营税前收益被用作计算 Wexler Industries 公司审计重要性水平的基础。论述在根据损益表计算重要性时，大多数审计师为什么使用税前净利润而不是税后净利润。

d. 现在，假设你决定把重要性的初步判断值的75%分配给应收账款、存货和应付账款，因为你认为其他账户具有低水平的重大错报风险。这会怎样影响审计中证据的收集？

e. 假设你完成了审计工作，并且认为审计结果符合流动资产、流动负债和总资产的重要性的初步判断，但收益错报的实际估计数超过你的初步判断。你又应该怎样做？

第 9 章

评估重大错报风险

- 9.1 审计风险
- 9.2 风险评估程序
- 9.3 考虑舞弊风险
- 9.4 识别特别风险
- 9.5 审计风险模型
- 9.6 评估可接受审计风险
- 9.7 评估固有风险
- 9.8 风险与证据及影响风险的各因素之间的关系
- 9.9 风险、重要性与审计证据之间的关系

学习目标

1. 定义审计中的风险。
2. 区分不同类型的风险评估程序。
3. 了解审计师评估由于舞弊导致的重大错报风险时考虑的重要问题。
4. 描述审计师识别特别风险的责任。
5. 描述审计风险模型及其组成部分。
6. 评估可接受审计风险。
7. 考虑固有风险评估的一些影响因素。
8. 阐述风险和审计证据之间的关系。
9. 阐述重要性与风险之间的相互关系，并说明它们是如何被整合到审计过程中的。

引例

发生了什么重大风险？

在过去的十年里，随着互联网的迅猛发展，开始出现新的广告方式向消费者推销产品和服务。WebXU成立于2010年，是一家总部位于加利福尼亚州的表演媒体公司，其收入来自广告商，这些广告商有意从参与的顾客那里寻找销售线索。广告商们在实时拍卖中竞价，以每次引导成本或每次拍卖成本为基础，了解哪些顾客对某一特定产品感兴趣。

2011年12月5日，位于拉斯维加斯的会计师事务所L. L. 布拉德福德有限责任公司，受聘审计WebXU公司2011年度财务报表。2012年4月9日，WebXU向SEC提交了其2011年度财务报表，其中包括L. L. 布拉德福德有限责任公司的审计意见，即WebXU的财务报表在所有重大方面均按照美国一般公认会计原则进行了公允反映。短短三年后，SEC撤销了WebXU证券的注册，此举是由于WebXU自从向SEC提交截至2012年12月31日的年度10-K表后再也没有提交任何定期报告。

PCAOB称，合作人未能正确评估WebXU 2011年度的财务报表重大错报风险，也未能有效制定审计计划，包括计划的风险评估程序和对重大错报风险的应对措施。根据PCAOB的说法，事务所“风险评估是在PCAOB准则允许的汇总数水平之上进行的”。例如，审计师评估了所有资产和负债的风险。因此，现金与商誉的风险评估是一样的。当时，与最近一次收购相关的商誉是WebXU资产负债表上的最大项目，约占报告资产的2/3。不到九个月后，WebXU就注销了其商誉的全部价值。

PCAOB也于2015年4月发布了针对该项目合伙人的纪律处分程序，对其进行了制裁，并自命令发布日起对其进行了一年的停职，同时还禁止其成为PCAOB注册公司的关联人。除了一年的暂停以外，项目合伙人还被要求在后续一年内也不得担任或监督另一个人担任项目合伙人或审计业务质量复核人。

资料来源：1. PCAOB Release No. 105 - 2015 - 007，April 1，2015（pcaobus. org）；2. SEC Release No. 73869，December 18，2014（www. sec. gov）.

审计报告中审计师的责任部分有两个重要术语直接与重要性和风险有关。

- 我们根据美国一般公认审计准则执行审计。这些准则要求我们计划并执行审计，以对这些财务报表是否不存在重大错报获得合理保证。

术语“获得合理保证”是想告诉使用者，审计师不是担保或确保财务报表公允表达。这一术语的言下之意是，即使审计意见是无保留的，也存在财务报表没有公允表达的风险。

术语“不存在重大错报”是想告诉使用者，审计师的责任仅限于重要的财务信息。重要性概念很重要，因为要求审计师对不重要的金额提供保证是不现实的。

第 8 章指出，考虑重要性是审计计划的组成部分。本章重点讲解风险评估，其对计划审计工作和设计审计方法非常重要。本章内容与前面讨论的审计师责任、交易循环、审计目标（第 6 章）以及重要性和审计计划（第 8 章）有密切联系。

本章将重大错报风险评估应用于第 6 章学习过的概念。第 8 章介绍了计划审计的前四个部分，本章将论述审计计划的第五、六部分。这两部分与审计师评估重大错报风险相关，包括特别风险和固有风险。当审计师评估风险时，要用到在计划的前四部分所获得和记录的许多信息。正如引例中 WebXU 的审计师，没有评估重大错报风险的后果是灾难性的。

9.1 审计风险

审计准则要求审计师了解被审计单位及其环境（包括内部控制），以评估被审计单位财务报表的重大错报风险。第 8 章我们已经介绍了审计师应该如何了解被审计单位的业务和行业以评估被审计单位的经营风险和重大错报风险。

审计师在执行审计时要接受一定程度的**风险**（risk）或不确定性。例如，审计师认识到证据的适当性、客户内部控制的有效性以及当审计完成时财务报表的公允表达都存在不确定性。一名高效率的审计师应认识到风险的存在，并以适当的方式处理这些风险。审计师面临的绝大部分风险都难以衡量，需要仔细考虑才能作出恰当的应对。由于风险评估是一个职业判断而非准确的度量，因此对这些风险作出恰当反应对实现高质量审计非常重要。

第 8 章讨论过，重大错报风险是指财务报表在审计前存在舞弊或错误导致的重大错报的可能性。重大错报风险是财务报表整体或单独账户易于发生错报的可能性与内部控制无法防止、发现和纠正错报风险的合并影响。重大错报风险分为两个层次：财务报表层次重大错报风险，以及某类交易、账户余额或披露的认定层次重大错报风险。审计准则要求，审计师应当评估两个层次的重大错报风险并且计划审计工作以应对评估的风险。

□ 财务报表层次重大错报风险

财务报表层次重大错报风险是指与财务报表整体广泛相关，并潜在地影响多项认定的风险。这种风险可能增加很多账户及其认定的重大错报风险，因此审计师考虑财务报表层次重大错报风险是很重要的。

很多总体层面的因素可能增加财务报表层次重大错报风险。例如，管理层缺乏诚信或胜任能力、董事会监督不力、会计制度和记录不完善可能增加认定层次重大错报风险，影响多个交易类别、账户余额或财务报表披露。此外，经济下滑或行业重大变动也会增加财务报表层次重大错报风险。

□ 认定层次重大错报风险

审计准则要求，审计师应当评估各类交易、账户余额以及列报和披露认定层次的重大错报风险，以确定进一步审计程序的性质、时间安排和范围。第 6 章指出，审计师针对认定制定审计目标、实施审计程序以获取有说服力的审计证据实现审计目标。因此，审计师通常就各类交易、账户余额以及列报和披露认定评估相关审计目标无法实现的风险。

认定层次重大错报风险由固有风险和控制风险两部分组成。固有风险，是指在考虑内部控制有效性之前，审计师评估的某认定易于出现错报的可能性。例如，复杂的计算或者金额来源具有高度不确定性的会计估计的账户，固有风险较高。控制风险，是指审计师评估的某一认定发生重大错报，但没有被内部控制及时防止或发现的可能性。例如，如果被审计单位内部控制程序未安排其他人员对所运用的复杂计算或重要估计进行独立审查或检验，则控制风险可能较高。固有风险和控制风险是被审计单位的风险，独立于财务报表审计而存在。本章后面将讨论固有风险和控制风险。

9.2 风险评估程序

第 8 章已经介绍，审计师实施风险评估程序以了解被审计单位及其环境（包括内部控制）、识别和评估由于舞弊或错误导致的重大错报风险。风险评估程序包括：

1. 询问管理层以及被审计单位内部其他人员；
2. 分析程序；
3. 观察和检查；
4. 项目组内部的讨论；
5. 其他风险评估程序。

总的来说，在审计计划阶段，设计并实施风险评估程序有助于审计师了解被审计单位及其环境（包括内部控制）以评估重大错报风险，如图 9－1 所示。但是风险评估程序本身并不能为形成财务报表审计意见提供充分、适当的审计证据。

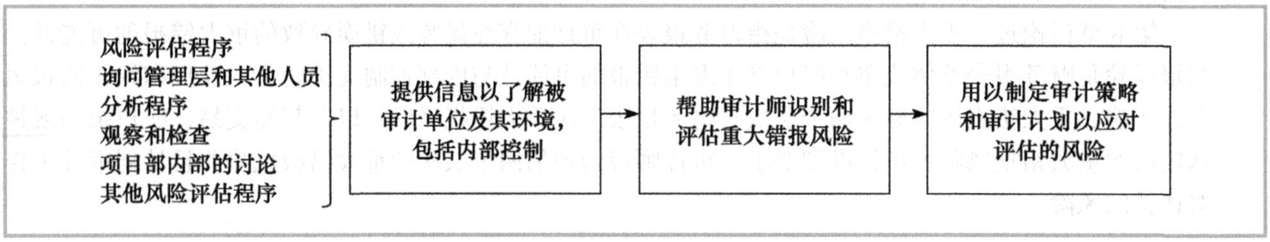

图 9－1 风险评估程序的作用

□ 询问管理层和被审计单位内部其他人员

管理层和被审计单位内部其他人员掌握重要信息，可以帮助审计师识别重大错报风险。审计师将与管理层和其他履行财务报告职责的人员密切联系，以了解被审计单位及其环境以及内部控制的设计和运行情况。除询问这些人员以外，审计准则还强调审计师可以通过询问被审计单位内部的其他不同层级的人员获取信息，或为识别重大错报风险提供不同的视角。

询问治理层，例如董事会或审计委员会，可能有助于审计师了解被审计单位的总体竞争环境、经营战略，从而为评估被审计单位总体经营风险提供重要线索。治理层通常参与重大的战略和经营决策，例如并购或拓展新的业务领域。因此，他们对企业内部情况更为了解，能够帮助审计师识别较高的重大错报风险。此外，询问治理层还可能有助于审计师了解董事会和其他人员提供的总体治理监督环境（内部控制的重要组成部分）。尽管 AICPA 建议审计师询问治理层以获取信息，PCAOB 审计准则要求审计师向审计委员会或类似机构询问重大错报风险信息。

同样，由于内部审计人员通常参与被审计单位的所有经营活动和运作，他们可能了解财务报表层次或认定层次重大错报风险的重要信息。大部分内部审计部门根据风险评估流程确定内部审计的范围、制定内部审计的计划。询问内部审计人员，有助于获取经营活动关键风险的信息，这些风险不仅影响财务报告活动，还可能影响法律法规的遵循情况，进而增加重大错报的可能性。由于大多数内部审计部门的主要工作是评估被审计单位与财务报告、经营活动、合规合法性相关的内部流程的有效性，因此，询问内部审计人员可以为评价内部控制的设计运行有效性提供有价值的信息。

审计师还可以通过询问被审计单位内部参与经营活动的不同岗位、不同级别的其他人员，获取有用信息。例如，帮助管理层处理法律事务或监管合规性要求的人员，可能了解相关情况，有助于审计师评估重大错报风险，特别是违反法律法规行为对财务报告的影响。其他人员，例如营销或销售人员、参与复杂异常交易的人员，可能有助于审计师评价收入确认的相关风险或者涉及应收账款估值的问题。

□ 分析程序

第 8 章已经介绍，审计师应当在每次审计中将初步分析程序用于审计计划阶段，以更好地了解被审计单位、评估经营风险。审计师实施分析程序有助于识别异常金额、比率或趋势，发现影响审计工作的异常交易或事项。将分析程序用作风险评估程序时，可能使用财务和非财务数据，并且通常是高度汇总的数据。因此，实施分析程序的结果可能仅初步显示是否存在重大错报。审计师应当将初步分析程序的结果与实施其他风险评估程序的结果一并考虑。第 8 章表 8-1 列示了初步分析程序在希尔伯格五金公司中的运用，表明了用于审计计划的分析程序在帮助审计师评估重大错报风险方面的有效性。

□ 观察和检查

第 7 章描述的审计证据类型包括观察和检查。观察程序获取的审计证据，通常涉及审计师查看相关人员正在从事的活动或执行的程序。例如，观察被审计单位的生产、向顾客发货等经营活动，走访被审计单位等，都有助于审计师了解被审计单位及其环境。此外，检查文件（如组织的战略计划、商业模式、组织结构图等），也有助于审计师了解组织架构、关键经营活动的流程以及管理层对日常运营的监督。

除了解经营活动及其环境外，审计师还观察被审计单位人员实施有关财务报告的重要流程，以帮助理解与财务报表整体或交易类别、账户余额、列报和披露相关的内部控制的设计。审计师经常将对过程的观察与检查书面文件和记录合并完成，例如，为了解财务报告内部控制的设计有效性，可以在检查订货单、销售发票的同时，观察相关支付报告的接收流程。观察和检查程序共同为审计师提供了解内部控制的基础，是审计师评估重大错报风险的重要基础。第 12 章将进一步讨论对内部控制的了解。

□ 项目组内部的讨论

审计准则要求项目合伙人和项目组其他关键成员应当讨论被审计单位财务报表存在重大错报的可能性。准则明确要求，这种讨论需要特别考虑由于舞弊或错误导致的财务报表重大错报的可能性。

项目合伙人与项目组其他关键成员之间的讨论，使经验较丰富的项目组成员（包括项目合伙人）有机会与项目组其他成员分享其对被审计单位及其环境（包括内部控制）的了解形成的见解。这种讨论能够使项目组成员就经营风险、财务报表由于舞弊或错误容易发生错报的领域以及发生错报的方式交换意见或者进行头脑风暴。通过项目组关键成员与项目合伙人的讨论，能够帮助全体项目组成员更好地了解在各自负责的领域中潜在的财务报表重大错报，理解各自实施的审计程序的结果可能如何影响审计的其他方面。

尽管审计准则要求项目组关键成员（包括项目合伙人）专门讨论财务报表由于舞弊容易发生错报的领

域以及发生错报的方式，这通常与财务报表由于错误容易发生错报的讨论同时进行。所有成员都参与到一项讨论中，并非总是可行的。例如，在大型全球审计业务中，项目组成员位于全球多个城市，要求所有成员参与到一项讨论中显然是不可行的。项目合伙人可以选择与负责各组成部分财务报表审计的成员进行讨论，同时委派领导层代表与其他人员进行讨论。无论采用何种方式，项目合伙人都有责任决定向未参与讨论的项目组成员沟通哪些事项。在大型复杂的审计业务中，项目合伙人可能需要编制一份沟通计划以确保以恰当的方式进行了重要讨论。

□ 其他风险评估程序

其他程序也有助于审计师评估重大错报风险。例如，客户接受或者保持评价过程中获取的信息，包括与前任审计师的讨论或者从新客户业务背景调查中获取的了解，都可能增强审计师对重大错报风险的认识。同样，为被审计单位提供其他业务（如税收相关业务）时获取的证据，也有助于了解特殊或异常的交易，表明重大错报风险较高。从外部来源获取的信息，例如分析师、信用评级机构的报告、贸易与经济方面的期刊、法规出版物等，有助于审计师评估重大错报风险。例如，审计师了解到新的监管要求，可能影响某行业内特定交易的会计处理。

9.3 考虑舞弊风险

审计师通过执行风险评估程序以评估由于舞弊或错误导致的重大错报风险，但未能发现因舞弊导致的重大错报风险往往高于未能发现因错误导致的重大错报风险。舞弊往往涉及实施者复杂精密的计划，例如伪造异常现金支付交易的批准和授权，或故意不在会计记录中记录交易。而且，从事舞弊行为的员工往往故意向审计师陈述虚假信息，可能通过与他人串谋来隐瞒交易。因此，识别由于舞弊导致的重大错报是比较困难的。

如第6章所述，审计师必须在计划和执行各项审计工作时保持职业怀疑，并认识到无论先前对于被审计单位管理层和治理层的诚信和诚实方面的经验如何，财务报表都可能存在重大错报。职业怀疑的应用包括两个组成部分：质疑的思维方式和对审计证据进行审慎评价。

为帮助审计师评估由于舞弊导致的重大错报风险，审计准则概述了审计师应当实施的程序以获取管理层考虑舞弊的信息。例如，审计师应询问管理层对财务报表可能存在由于舞弊导致的重大错报风险的评估，包括要求管理层描述其评估的频率以及考虑的舞弊风险范围，并且讨论管理层旨在识别、应对和监控组织内舞弊风险的流程。审计准则要求审计师向管理层和被审计单位内部的其他人员询问其是否知悉任何影响被审计单位的舞弊事实、舞弊嫌疑或舞弊指控，以及管理层是否就任何舞弊风险信息向治理层进行通报。

审计师在财务报表层次和各类交易、账户余额和披露的认定层次考虑由于舞弊导致的重大错报风险。审计师的风险评估贯穿于整个审计过程，因为审计师可能通过实施审计程序获取表明被审计单位存在舞弊行为的信息。由于许多备受瞩目的虚假财务报告案例涉及收入确认中的错报，审计准则要求审计师假定收入确认存在舞弊风险。因此，在大多数审计中，与收入交易相关的审计目标及其账户余额、列报和披露的相关风险被认为是特别风险。如果审计师认为该假定不适用于业务的具体情况，则必须将此结论记录于审计工作底稿。我们将在第10章讨论审计师对舞弊风险的考虑和应对措施。

9.4 识别特别风险

作为审计师评估由于舞弊或错误导致的重大错报风险工作的一部分，审计准则要求审计师根据职业判断确定识别出的风险是否为特别风险。**特别风险**（significant risk），是指注册会计师识别和评估的根据职业判断认为需要特别考虑的重大错报风险。识别由于舞弊或错误导致的特别风险是有效审计计划的核心要素。审计准则要求审计师了解被审计单位与特别风险相关的控制，以评价这些控制的设计和运行情况，而且必须针对可能存在特别风险的认定实施实质性测试。这将在第 12 章和第 13 章中作进一步讨论。

□ 非常规交易

特别风险通常与**非常规交易**（nonroutine tracsactions）有关，非常规交易是指由于金额或性质异常而不经常发生的交易。例如，通常通过公司在全国各地的商店销售产品的零售客户可能会决定向竞争对手出售位于配送中心的大量库存。该交易的条款可能基于重要的谈判，包括各种回购条款和担保，这些条款和担保增加了与收入确认和应收账款回收相关的重大错报风险。

非常规交易可能会增加重大错报的风险，因为这些交易往往涉及管理层更多的干预会计处理、对数据的收集和处理进行更多的人工干预、复杂的计算或会计政策，非常规交易的性质可能使被审计单位难以对由此产生的风险实施有效控制。关联方交易往往反映出这些特征，从而增加了它们被视为特别风险的可能性。

□ 需要重大判断的事项

特别风险还与需要作出重大判断的事项有关，因为这些事项可能包括作出的会计估计（具有计量的重大不确定性）。例如，客户可能参与了管理层过去从未做过的新型套期交易，由于客户对相关会计处理和估计过程的经验和专业知识缺乏从而增加了重大错报风险的可能性。

基于会计估计的交易类别或账户余额通常需要主观或复杂的重大判断，因为其基于对未来事件的假设。因此，这些类型的交易或余额经常被认定为特别风险。例如，与特殊重要的套期交易相关的公允价值会计处理可能被视为特别风险。

□ 舞弊风险

由于舞弊通常涉及隐瞒，因此很难发现由于舞弊导致的重大错报。因此，当审计师发现可能由于舞弊导致的重大错报风险时，审计准则要求审计师将该风险视为特别风险，从而执行对这些风险的必要程序。我们将在第 10 章进一步讨论这些程序。

9.5 审计风险模型

前面已经讨论过，审计师评估的认定层次财务报表重大错报风险由两部分组成：固有风险和控制风险。在审计师计划收集审计证据的程序时，主要应用**审计风险模型**（audit risk model）来考虑风险。这里只对此模型予以简单介绍，本章后续内容将会详细阐述。全面了解该模型对有效计划审计工作和本书以后各章的学习非常重要。

□ 用于计划目的的审计风险模型

审计风险模型帮助审计师决定各个循环应收集多少和哪些类型的证据。该模型通常表述为：

$$PDR = \frac{AAR}{IR \times CR}$$

式中，*PDR* 为计划检查风险；*AAR* 为可接受审计风险；*IR* 为固有风险；*CR* 为控制风险。

图 9－2 阐述了审计风险模型与第 8 章所讲的了解被审计单位业务和行业之间的关系。审计师应该运用审计风险模型进一步识别财务报表整体、具体账户余额、各类交易和披露层次以及最可能发生错报的披露中的潜在错报。

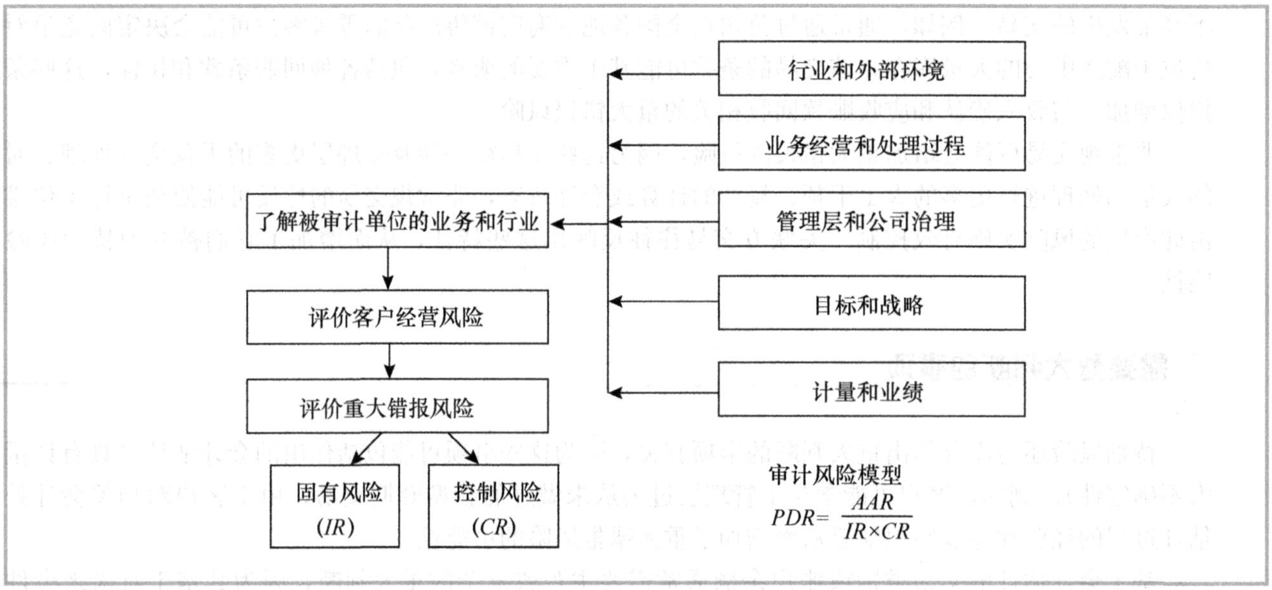

图 9－2　审计风险模型与了解被审计单位的业务和行业

□ 风险与证据举例

在论述审计风险模型各组成要素之前，表 9－1 提供了一个虚构公司的例子作为论述的参考框架。审计师评估财务报表层次和审计目标层次的重大错报风险。表 9－1 反映出审计师首先如何考虑交易（循环）层次的风险。审计师还考虑单独交易类别中各不同审计目标风险水平的差异。例如，销售发生认定的风险比销售准确性认定的风险更高。让我们逐条分析：

- 该表第一行说明了在不同循环中预计错报发生的频率和规模不同（A）。例如，工资与人员循环预计几乎没有错报，而存货与仓储循环则预计存在许多错报。原因可能是工资交易几乎千篇一律，而记录存货则高度复杂。
- 内部控制的有效性在五个循环中也被认为存在差异（B）。例如，工资与人员循环的内部控制被认为高度有效，而存货与仓储循环的内部控制则被认为效率低下。

- 审计师在结束所有五个循环的审计后，对于财务报表存在重大错报的愿意接受程度低（C）。审计师通常希望在审计结束后，每个循环存在错报的可能性都具有同等的低水平，以便发表无保留意见。
- 前面三项考虑因素（A，B，C）影响审计师关于欲收集证据的性质、时间和范围的恰当程度的决策（D）。例如，因为审计师预计在工资与人员循环中几乎不存在错报（A），并且内部控制有效（B），所以，计划收集的证据比存货与仓储循环少（D）。

表9-1 各循环证据需要量的差异举例

		销售与收款循环	采购与付款循环	工资与人员循环	存货与仓储循环	资本取得与返还循环
A	审计师在考虑内部控制之前对重大错报预期的评估（固有风险）	预期存在一些错报（中）	预期存在许多错报（高）	预期存在较少的错报（低）	预期存在许多错报（高）	预期存在较少的错报（低）
B	审计师对内部控制预防或发现重大错报有效性的评估（控制风险）	中等有效（中）	高度有效（低）	高度有效（低）	低效（高）	中等有效（中）
C	审计师对完成审计后仍然存在重大错报的愿意接受程度（可接受审计风险）	低接受程度（低）	低接受程度（低）	低接受程度（低）	低接受程度（低）	低接受程度（低）
D	审计师计划收集的证据量（计划检查风险）	中等水平（中）	中等水平（中）	低水平（高）	高水平（低）	中等水平（中）

下面我们举一个例子来进行讨论。例子中使用的数据是关于表9-1中的存货与仓储循环的。

$$IR=100\%$$
$$CR=100\%$$
$$AAR=5\%$$
$$PDR=\frac{0.5}{1.0\times1.0}=0.05 \text{ 或 } 5\%$$

需要注意的是，表9-1中对各风险因子的评估并没有采用数字的形式，虽然风险模型的评估既可采用量化形式，也可采用非量化形式，但是考虑到准确量化风险的难度，绝大多数会计师事务所都更愿意对风险予以非量化评估（如低、中与高）。

审计风险模型中的四种风险非常重要，应该进行详细论述。下面将对所有四种风险加以简要介绍，提供一个对风险的概览。可接受审计风险和固有风险将在本章后面部分更加详细地展开论述。控制风险将在第12章中详细介绍。

□ 计划检查风险

计划检查风险（planned detection risk）是指某一部分的审计证据没有发现超过可容忍错报之错报的风险。关于计划检查风险有两个关键之处。

第一，计划检查风险取决于审计风险模型中的其他三个风险因素。只有当审计师改变其他三个因素中的一个时，计划检查风险才会改变。

第二，计划检查风险决定了审计师计划收集的实质性证据的数量，这一数量与计划检查风险呈反向关系。如果计划检查风险降低，那么审计师需要收集更多的证据以满足降低了的计划检查风险。例如，在表9-1的D行，存货与仓储循环的计划检查风险低，导致计划的证据量多；工资与人员循环则正好相反。

在前面的数字举例中，计划检查风险为0.05的含义是，审计师计划收集证据，直到根据审计结果推断的错报超过可容忍错报的风险降到5%为止。如果控制风险是0.50而不是1.0，那么计划检查风险就是0.10，计划收集的证据量就可以相应减少。

□ 固有风险

固有风险（inherent risk）是用来衡量审计师在不考虑内部控制有效性的情况下，评估审计的某个分块存在由于错误或舞弊导致的重大错报的可能性程度。如果审计师认为存在错报的可能性高，那么他就会认为固有风险也高。在确定固有风险水平时不考虑内部控制，是因为它在审计风险模型中作为控制风险单独加以考虑。在表9-1的A行，采购与付款循环和存货与仓储循环的固有风险被评价为高，而工资与人员循环、资本取得与返还循环的固有风险被评价为低。这种评价一般都是以与管理层的讨论、对公司的了解和以前年度的审计结果为基础的。

固有风险与计划检查风险和计划证据量之间的关系是：固有风险与计划检查风险呈反向关系，与计划证据量呈正向关系。表9-1中的存货与仓储循环的固有风险水平高，导致计划检查风险比固有风险较低时低，从而需要更多的证据。本章后面部分将详细地考察固有风险。

对于固有风险较高的具体审计领域，除了增加审计证据外，通常要为该领域配备更有经验的审计人员，并且要更彻底地复核已完成的审计测试。例如，如果存货陈旧过时的固有风险相当高，那么会计师事务所就应该让有经验的审计人员对存货的陈旧过时情况执行更为广泛的测试，并且对审计结果进行更加仔细的复核。

□ 控制风险

控制风险（control risk）是用来衡量审计师评价被审计单位内部控制未能及时防止或发现审计某一分块的错报超过可容忍错报的可能性程度。例如，假设审计师认为内部控制完全不能防止或发现错报，就可能作出类似表9-1中B行存货与仓储循环的结论。审计师因此把控制风险水平定得很高，也许是100%。内部控制越有效，对控制风险评估的风险值就越低。

审计风险模型反映了固有风险和控制风险之间的密切联系。例如，40%的固有风险和60%的控制风险与60%的固有风险和40%的控制风险，对计划检查风险和计划收集的证据量的影响一样。在两种情况下，IR乘以CR导致审计风险模型中的分母都是24%。审计准则把固有风险和控制风险合并在一起统称为**重大错报风险**（risk of material misstatement）。审计师可以对重大错报风险作一个合并评估，也可以分别单独评估固有风险和控制风险。（请记住：固有风险是在考虑内部控制的效果前对错报的预计。）

和固有风险一样，控制风险与计划检查风险之间也是反向关系，而控制风险与实质性证据量之间则是正向关系。例如，如果审计师认为内部控制有效，那么计划检查风险水平就会增加，计划所需的证据量相应减少。审计师在内部控制有效时能够提高计划检查风险水平，因为有效的内部控制减少了财务报表存在错报的可能性。

在审计师将控制风险确定为低于100%之前，他们必须取得对被审计单位内部控制的了解；在了解的基础上，评价其功能发挥程度和测试内部控制的有效性。获取对被审计单位内部控制的了解是对所有审计师的要求，评价内部控制的功能发挥程度和测试内部控制的有效性只是在审计师评估内部控制风险低于最大值时，所要求进行的控制风险评估步骤。

上市公司的审计师决定大范围地依赖于被审计单位的内部控制，是因为他们必须测试被审计单位财务报告内部控制的有效性是否满足《萨班斯-奥克斯利法案》的规定要求。其他公司和其他企业的审计师也可能会依赖有效的内部控制，特别是在常规性交易处理含有高度自动程序时。如果内部控制很可能是无效的，且固有风险很高，则利用审计风险模型审计师可以确定降低计划检查风险，相应地增加计划所需证据量。我们将用第 11 章、第 12 章来讨论了解内部控制、评估控制风险，并评价它们对证据需要量的影响。

□ 可接受审计风险

可接受审计风险（acceptable audit risk）衡量审计师愿意接受的在审计完成并出具无保留意见审计报告后，财务报表仍存在重大错报的可能性程度。当审计师把可接受审计风险水平定得较低时，它意味着审计师希望有更大的把握确信财务报表不存在重大错报。零风险是指完全肯定，而 100%的风险则意味着完全不肯定。对财务报表准确性的完全肯定（零风险）在经济上是不可取的，而且就像第 6 章所讨论的那样，审计师不可能保证绝对没有错报。

审计师通常采用**审计保证**（audit assurance）（又称总体保证或保证程度）这一术语代替可接受审计风险。审计保证及其同义词都是可接受审计风险的余数，即 1 减去可接受审计风险后的差。例如，2%的可接受审计风险等同于 98%的审计保证程度。

我们可以设想一下存在大量审计的情况下，比如 10 000 次，就可以更容易地理解可接受审计风险这个概念。在这些审计业务中存在多少未被发现却不致对社会产生不利影响的重大错报呢？当然，这部分业务的比例可能低于 10%，可能更接近 1%或者是更少。如果审计师认为恰当的比例是 1%，那么可接受审计风险应该定为 1%，或者根据具体情况定得更低。

在审计风险模型中，可接受审计风险和计划检查风险之间呈正向关系，而与计划证据量之间呈反向关系。例如，如果审计师认为要降低可接受审计风险，则计划检查风险会相应降低，从而计划证据量就要增加。审计师通常会给可接受审计风险水平较低的被审计单位配备更有经验的审计人员，或者更加广泛地复核审计档案。

□ 审计风险模型中风险的区别

审计师对审计风险模型中四个风险因子的评估存在重大区别。可接受审计风险是指审计师基于被审计单位的具体因素所决定的事务所愿意承担的风险，该风险是指审计完成后财务报表仍存在错报的风险。对一个初次发行股票的被审计单位来说，审计师可能几乎不愿意接受风险（低水平的可接受审计风险）。下一节我们将讨论可接受审计风险的影响因素。固有风险和控制风险的具体情况要以审计师对被审计单位状况的预期或预测为基础。高固有风险的例子是两年未卖出的存货，低控制风险的例子是在资产保管与会计之间存在充分的职责分离。审计师不可能改变被审计单位的具体情况，但可以对其进行评估。固有风险在本章后面的部分予以讨论，控制风险将在第 12 章进行讨论。检查风险完全依赖于其他三个风险，它只有在审计师评估完这三个风险之后才能确定。

9.6 评估可接受审计风险

审计师必须对一项审计工作确定恰当的可接受审计风险水平，并且最好在计划过程中确定。审计师首先确定业务风险，然后利用业务风险修改可接受审计风险。

□ 业务风险对可接受审计风险的影响

业务风险（engagement risk）是在审计完成后，即使提交的审计报告是正确的，审计师或会计师事务所也可能遭受损失的风险。像第 8 章所讨论的那样，业务风险与被审计单位的经营风险密切相关。例如，如果被审计单位在审计结束后宣布破产，即使审计质量良好，针对会计师事务所的诉讼可能性仍相当高。

审计师对于是否应该在计划审计时考虑业务风险存在不同意见。因业务风险而修正证据的反对者认为，审计师不提供不同程度保证的审计意见，因而不应该因为业务风险提供更大或更小程度的保证。赞成者认为，当业务风险低时，对于法律责任大或者存在其他潜在影响审计的不利因素的领域，审计师收集额外证据、指派更有经验的人员和更彻底地复核审计工作是恰当的，只要保证程度没有下降到合理程度以下。

□ 影响可接受审计风险的因素

当审计师因业务风险修正证据时，通常是通过控制可接受审计风险来进行的。我们认为，在一般情况下，审计师均会要求一个合理的低水平可接受审计风险，但在某些特殊情况下，由于业务风险因素的存在，可能要求更低水平的可接受审计风险。研究表明，存在一些影响业务风险的因素，进而影响到可接受审计风险。这里只讨论其中的三个因素：外部使用者对财务报表的依赖程度；审计报告出具后，被审计单位发生财务困难的可能性；管理层的诚信。

外部使用者对报表的依赖程度 当外部使用者高度依赖财务报表时，应该降低可接受审计风险水平。这是因为，当报表被高度依赖时，如果财务报表存在未被发现的重大错报，就会造成巨大的社会损失。当重大错报给使用者造成的损失巨大时，更加说明了为增加证据所产生的成本是值得的。以下几个指标很好地反映了外部使用者依赖财务报表的程度。

- 客户的规模。一般而言，被审计单位的经营规模越大，财务报表使用越广泛。被审计单位的规模可用总资产或总收入来衡量，将对可接受审计风险产生影响。
- 所有权的分散程度。上市公司的财务报表通常比少数股东持有的非上市公司的财务报表拥有更多的使用者。这些公司的相关利益团体包括证券交易委员会、财务分析师和社会公众。
- 债务的性质和金额。相比债务较小时，当财务报表存在大额债务时，它们更有可能被现有或潜在债权人广泛使用。

审计报告出具后，被审计单位发生财务困难的可能性 如果被审计单位在审计完成后被迫宣告破产，或者遭受巨大损失，则审计师需要为审计质量进行辩护的可能性大于被审计单位没有财务困扰的情况。那些由于被审计单位破产或股价下跌而遭受损失的人，自然有一种起诉审计师的倾向。这可能源自他们确实认为审计师没有执行充分的审计；或者源自使用者弥补部分损失的欲望，而不管审计工作是否充分。

在审计师认为被审计单位财务失败或遭受损失的可能性大且业务风险相应上升的情况下，应该降低可接受审计风险水平。如果日后不利情况真的发生，审计师也能处于更有利的地位，成功地为审计结果进行辩护。这样做固然会增加审计证据量和审计成本，但与审计师面临上升的诉讼风险相比，还是值得的。

虽然审计师很难对财务失败的发生作出预测，但有些情况还是可以作为财务失败可能性高于常态的提示信号，例如：

- 流动性状况。如果被审计单位持续出现现金和营运资本短缺，那么表明它在未来支付方面存在问题。审计师必须评价流动性状况持续恶化的可能性和重要性。

- 以前年度利润（亏损）。如果公司几年内利润迅速下降或亏损迅速上升，则审计师应该认识到被审计单位可能遭遇的将来清偿债务能力上的问题。此外，结合留存收益的余额考虑利润的变化也很重要。
- 再融资的手段。当经营状况变得较差时，被审计单位越依赖于举债作为融资手段，发生财务困难的风险就越大。此外，检查固定资产是由短期贷款融资还是由长期贷款融资也很重要。短期内要求支付大量现金可能迫使被审计单位破产。
- 客户经营活动的性质。某些经营类型的风险天生就要高于其他类型。例如，在其他条件相同的情况下，依靠单一产品刚起步的技术性公司破产的可能性比生产多种食品的厂商大得多。
- 管理层的胜任能力。具有胜任能力的管理层对潜在财务困难能时刻保持警惕，并且会改变经营方式，使短期财务问题的影响降至最低。作为评价被审计单位破产可能性的一部分，审计师必须评价管理层的胜任能力。

审计师对管理层诚信的评价 在第8章论述对新签约的被审计单位的调查和对原有被审计单位的评价时曾经指出，如果被审计单位管理层的诚信有问题，则审计师应将可接受审计风险评估为更低的水平。管理层缺乏诚信的被审计单位，往往容易与股东、政府监管部门和顾客发生冲突；这种冲突反过来又引起使用者对审计质量的怀疑，并可能导致诉讼和其他纠纷。管理层的诚信值得怀疑的明显例子之一是被审计单位的关键管理人员曾犯有刑事罪。诚信值得怀疑的其他例子还有经常与前任审计师、美国国税局和证券交易委员会产生分歧。频繁更换关键财务人员和内部审计人员、经常与工会和雇员发生冲突，也可能表明被审计单位管理层的诚信有问题。

□ 作出可接受审计风险的决策

为了评估可接受审计风险，审计师必须先评估影响可接受审计风险的因素。表9-2举例说明了审计师用来评估已经讨论过的三个因素的方法。阅读表9-2后，可以容易地看出对每个因素的评估都高度主观，从而意味着整体评价也高度主观。对可接受审计风险的典型评价方法是分为高、中、低三个水平。把可接受审计风险评估为低水平，意味着这是一个有“风险”的被审计单位，从而需要收集更多的证据，配备更有经验的人员和更为广泛地复核审计记录。随着审计工作的开展，审计师将获得更多关于被审计单位的信息，从而有可能修正可接受审计风险水平。

表9-2 执业人员用来评估可接受审计风险的方法

因素	用来评估可接受审计风险的方法
外部使用者对报表的依赖程度	● 检查财务报表，包括附注。 ● 审阅董事会会议记录，确定以后的计划。 ● 审查上市公司的10-K表格。 ● 与管理层讨论融资计划。
财务困难的可能性	● 运用比率和其他分析程序分析财务报表，确定是否存在财务困难。 ● 审查历史的和预测的现金流量表，找出现金流入和现金流出的特征。
管理层的诚信	运用第8章所介绍的客户接受和续约的程序。

9.7 评估固有风险

把固有风险放入审计风险模型中是审计学最重要的原理之一。它意味着审计师应努力预测在财务报表中哪些部分最有可能存在错报，哪些部分最不可能存在错报。这个信息会影响审计师需要收集的证据总量、审计人员的分派和审计记录的复核。

□ 影响固有风险的因素

审计师必须评估构成固有风险的因素，并根据评估结果修正审计证据。审计师在评估固有风险时，应该考虑以下主要因素：

- 被审计单位的业务特征。
- 以前年度的审计结果。
- 初次审计还是重复审计。
- 关联方。
- 复杂或异常交易。
- 正确记录账户余额和交易所需要的判断。
- 总体构成。
- 与舞弊性财务报告有关的因素。
- 与挪用资产有关的因素。

被审计单位的业务特征 某些账户的固有风险会受到被审计单位业务特征的影响。例如，电子制造商的存货陈旧过时的可能性大于钢铁制造企业。诸如存货、应收账款和应收贷款、不动产、厂房和设备等账户的固有风险最可能因业务的不同而不同，而被审计单位的业务性质几乎对诸如现金、票据和应付抵押款等账户的固有风险没有影响。像第 8 章讨论的一样，在了解被审计单位的行业和业务以及评价被审计单位的经营风险的过程中获得的信息对评价这个因素很有用。

以前年度的审计结果 以前年度审计中发现的错报具有在本年审计中再次发生的极大可能性。这是因为，许多类型的错报具有系统性，并且组织从改变到完全消除这些错报，通常是缓慢进行的。因而，如果审计师在设计本年的审计程序时忽略了上年的审计结果，则被认为是工作疏忽。例如，如果审计师在以前审计中发现存货计价方面存在大量错报，那么这方面的固有风险可能较高，在本年审计中必须进行广泛的测试，以确定被审计单位系统中的缺陷是否已得到更正。如果审计师在过去几年对某个审计分块执行测试时都没有发现错报，那么在相关环境不变的条件下，应该可以降低固有风险。

初次审计还是重复审计 审计师在审计某一单位几年之后，就获得了关于错报可能性的经验和了解。反之，由于缺乏以前年度的审计结果，致使大多数审计师对初次审计较之对没有发现重大错报的重复审计采用较高的固有风险水平。大多数审计师在审计的第一年确定高水平的固有风险，随着经验的积累，固有风险水平可以逐步降低。

关联方 根据会计准则对关联方交易所下的定义，母子公司之间的交易、管理层和公司主体之间的交易，都属于关联方交易。因为这种交易不是发生在两个独立方之间的独立交易，所以存在较大的错报可能性，导致固有风险水平上升。第 8 章曾讨论过如何确定关联方的存在。

复杂或异常交易 被审计单位不经常发生的业务比日常业务更有可能被错误记录，因为被审计单位缺乏记录这些业务的经验。这样的例子包括：火灾损失、主要财产购置和源自终止经营的重组成本。通过了解被审计单位的业务和检查董事会会议记录，审计师可以对非常规业务的结果进行评估。

正确记录账户余额和交易所需要的判断 许多账户余额需要管理层作出大量的估计和判断。这样的例子有某些需要以公允价值记录的投资、坏账准备、陈旧过时的存货、质量保证负债、资产大修与部分重置业务和银行贷款坏账准备金。这些账户的记录需要更多的判断，它们发生错报的可能性也更大，所以审计师应该提高此类账户的固有风险。

总体构成 构成总体的单个项目通常也影响审计师对重大错报的预期。例如，审计师对于大部分欠款都远远超期的应收账款，比大部分欠款都未到期的应收账款，采用更高的固有风险水平。在类似于与联营公司之间的交易、应收经理人员款项、现金支出业务、拖欠几个月尚未收回的应收账款等的情况下，由于发生错报的可能性通常要高于普通业务，因此应该确定较高的固有风险水平，从而需要进行更加广泛的调查。

与舞弊性财务报告和挪用资产有关的因素 在第6章中，我们讨论了审计师评估舞弊性财务报告和资产挪用风险的责任。无论是在理论上还是在实务中，要将舞弊风险因素分解为可接受审计风险、固有风险或控制风险都很困难。例如，缺乏诚信和被怂恿错报财务报表的管理层不只是可接受审计风险中的因素之一，还影响到控制风险。相似地，影响管理层特征的其他几个风险因素，就像第10章将要讨论的那样，也是控制环境的一部分。这些因素包括反映管理层关于诚信、道德价值和允诺人胜其岗的整体认识的态度、行动和政策。

为了遵守审计准则的要求，对于审计师来说，评估风险并对其采取相应措施要比识别这些风险更重要。为此，许多事务所将对舞弊风险的评估从审计风险模型组成因子的评估中分离出来。

舞弊风险可以就整个审计予以评估，或者是针对具体交易层次、账户和目标进行评估。例如，存货容易被盗的特征只影响存货账户，而管理层有强烈的欲望迎合过度激进的盈余预期却可能影响整个审计。对于舞弊性财务报告风险和资产挪用风险而言，审计师将聚焦于舞弊风险增加的具体领域，并设计审计程序或改变审计的整体执行以应对这些风险。针对已识别舞弊风险的措施可能包括修正可接受审计风险、固有风险和控制风险的评估。舞弊风险的评估我们将在第10章集中讨论。

□ 作出固有风险决策

审计师必须评价影响固有风险的信息，并对每个循环、每个账户，在许多时候甚至对每个审计目标确定恰当的固有风险因素。某些因素，如初次或重复业务，将影响许多甚至是所有循环；而其他一些因素，如非常规业务，仅仅影响特定账户或审计目标。尽管职业界尚未制定如何确定固有风险的准则或指南，但我们相信审计师在进行这样的评价时一般都比较保守。例如，假设在对存货审计时，审计师注意到：(1)上年曾发现大量错报；(2)本年的存货周转率降低。在这种情况下，大多数审计师会把存货每一个审计目标的固有风险都确定为较高水平（有些会定为100%）。

□ 获取评估固有风险的信息

审计师在计划阶段就开始对固有风险进行评估，并且在整个审计过程中不断加以修正。第8章讨论了审计师如何收集与计划阶段固有风险评估有关的信息。例如，获取对被审计单位行业和业务的了解、走访被审计单位的厂房和办公场所、识别关联方。第8章讨论的这些和其他关于被审计单位及其环境的信息都直接与固有风险评估有关。另外，前面刚刚讨论过的影响固有风险的几个项目，如以前年度的审计结果和非常规交易等，应该单独予以评价以帮助评估固有风险。审计师在对某一审计对象执行各种测试的同时，也获得了通常会影响初步评估的其他信息。

9.8 风险与证据及影响风险的各因素之间的关系

图9-3总结了确定各项风险的因素、三种风险对确定计划检查风险的影响，以及所有四种风险因素

与计划所需审计证据之间的关系。图中“D”表示一种风险与计划检查风险或计划所需证据量之间是正向关系，“I”则表示反向关系。例如，可接受审计风险的上升导致计划检查风险的上升（D）和计划所需审计证据量的减少（I）。比较图9-3和表9-1可以看出，这两个图表的内涵是相同的。

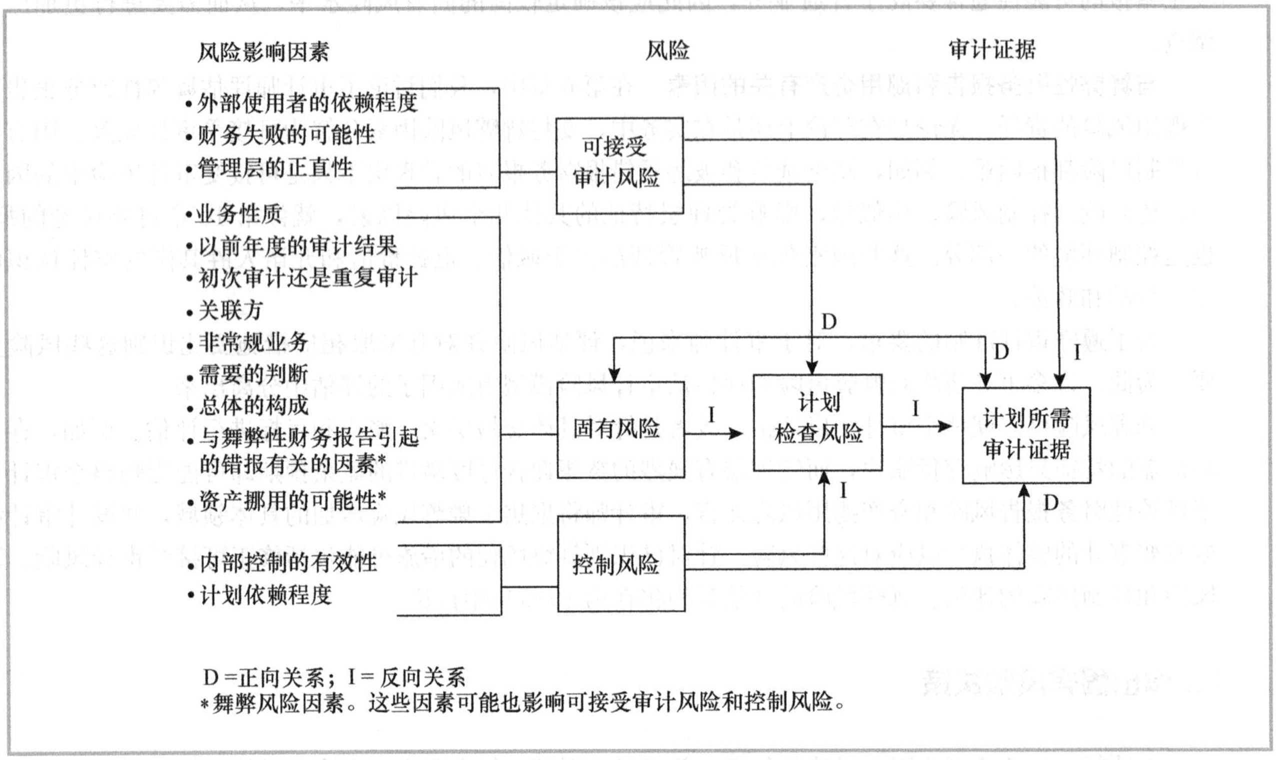

图9-3 风险影响因素与风险以及风险与计划所需证据之间的关系

审计师主要通过改变测试范围和审计程序类型（包括加强所用审计程序的不可预知性）来应对风险。除了修正审计证据之外，审计师还有其他两种方法改变审计工作以应对风险。例如：

1. 为审计业务配备更有经验的人员。会计师事务所应该为所有的审计业务配备称职的人员，而对可接受审计风险低的被审计单位，在配备人员时应予以特别关注，同时强调保持职业怀疑态度的重要性。在诸如存货之类具有高固有风险的审计领域，重要的是配备在存货审计方面有经验的人手。

2. 应该比平常更加仔细地复核审计业务。会计师事务所必须确保记录审计师的计划、证据收集和结论以及其他事项的审计文件得到了充分的复核。当可接受审计风险低时，通常要更广泛地进行复核，包括由没有被指派到该审计业务的人员所作的复核。如果某些账户的固有风险或控制风险高，复核者将花费更多时间，以确保证据是适当的并得到正确评估。

□ 各分块的审计风险

典型情况下，控制风险和固有风险按照每一个循环和账户分别确定，经常还具体到每一个审计目标，但不针对整个审计。因而，在同一次审计中，不同的循环、账户和目标可能有不同的控制风险和固有风险水平。例如，与存货有关的账户的内部控制，可能比与固定资产有关的账户的内部控制更有效。因此，针对存货的控制风险要比针对固定资产的控制风险低。影响固有风险的因素，如资产容易被盗的特性和非常规业务，在各账户之间也可能存在差异。因此，一般而言，审计师在同一次审计中给不同的账户确定不同的固有风险水平。

可接受审计风险水平一般由审计师在计划阶段设定，适用于每一个循环和账户，并保持不变。审计师之所以对审计的各个分块采用相同的可接受审计风险水平，是因为影响可接受审计风险的因素与整个审计有关，而不是与单个账户有关。例如，外部使用者的决策对财务报表的依赖程度通常与整个财务报表有关，而不仅仅是与一两个账户有关。

但在某些情况下，某一账户与其他账户相比宜采用较低的可接受审计风险水平。即使审计师决定对整个审计采用中等水平的可接受审计风险，但如果存货作为短期贷款的抵押物，审计师也可能决定把存货的可接受审计风险降至低水平。

某些审计师根据其审计结果认为财务报表使用者对财务报表每一分块应该有相同的保证水平，因而对审计的各个分块都采用与总体相同的可接受审计风险水平，而其他审计师则对各个分块采用不同的可接受审计风险水平。对各分块采用不同可接受审计风险水平的理由是，在既定的审计中，财务报表使用者可能会对某些账户予以更多的关注。为了在本章以及以后各章更好地阐述这一问题，我们将对审计中的每一分块使用同样的可接受审计风险水平。但要注意，针对不同的分块采用不同的可接受审计风险水平也是可行的。

与固有风险和控制风险一样，计划检查风险和所需证据量也是随不同循环、不同账户或不同目标而不同的。因为每一项审计业务的环境不同，所需证据的程度又要依据特定环境而定。例如，在一项审计业务中，由于存货的内部控制薄弱，又考虑到行业技术进步导致存货陈旧过时的可能性，可能需要对存货进行大范围测试。在同一项审计业务中，因为应收账款内部控制有效，账款迅速回笼，客户与其顾客之间关系良好，并且存在令人满意的以前年度审计结果，所以应收账款只需作极少量的测试。类似地，对同一项存货审计，由于存货很有可能陈旧过时，因而审计师可能把可实现价值的固有风险评估为较高；但由于只有购入存货，审计师可能会认为分类错报的固有风险低。

□ 将实际执行的重要性和风险与余额相关审计目标联系起来

虽然在实务中通常对每一个与余额有关的审计目标都评估固有风险和控制风险，但一般不把重要性分配给各个目标。审计师能够有效地把大多数风险与不同的目标联系起来。确定一项风险与一两个目标之间的关系也比较容易。例如，存货的陈旧性除了影响可实现价值目标外，不可能影响其他目标。比较困难的是确定如何把已分配给某个账户的重要性再依次分配给一两个目标，大多数审计师并不试图这样做。

□ 计量的局限性

应用审计风险模型的一个主要局限在于难以对模型组成要素进行计量。尽管审计师在计划中尽了最大努力，但是对可接受审计风险、固有风险、控制风险和由此确定的计划检查风险的评估都高度主观，最好的情况也只能是接近实际。例如，通过确定以前年度审计中发现的错报和被审计单位所在行业的技术进步等类似因素的影响来试图精确地评估固有风险，几乎是不可能的。

为了减少计量上的困难，许多审计师使用概括性和主观性的计量术语，如“低”“中”“高”。表 9-3 说明了审计师如何利用这种信息来确定应收集证据的恰当数量和类型。例如，在第 1 种情况下，审计师对某一账户或目标设定高审计风险，同时审计师认为财务报表中存在错报的风险低并且内部控制有效，因此把计划检查风险定为高是恰当的，其结果是需要的证据量少。第 3 种情况则正好相反。如果固有风险和控制风险都高，同时审计师又希望审计风险低，那么就需要大量证据。其他三种情况介于上述两种极端情况之间。

表9-3 风险和证据之间的关系

情况	可接受审计风险	固有风险	控制风险	计划检查风险	需要的证据量
1	高	低	低	高	少
2	低	低	低	中	中
3	低	高	高	低	多
4	中	中	中	中	中
5	高	低	中	中	中

根据既定的计划检查风险水平估计所需证据量同样困难。企图把检查风险降至计划水平的典型审计方案就是把各种审计程序合并起来使用，每一种审计程序都使用适用于不同审计目标的不同类型证据。由于审计师的计量方法存在模糊性，无法准确量化综合证据，故而只能主观地评价计划所需证据量是否足以满足低、中或高水平的计划检查风险的需要。计量方法足以让审计师确定，满足低水平的计划检查风险，比满足中或高水平的计划检查风险需要更多证据或多种类型的证据。但要确定证据具体多出多少，则需要大量的职业判断。

在应用审计风险模型时，审计师既要关注审计过度，也要留心审计不足，但大多数审计师更在乎后者。因为它可能使会计师事务所置身于法律责任的旋涡中，甚至丧失职业信誉。也正因为如此，审计师一般都比较保守地评估风险。例如，即使错报的可能性低，审计师也不会把控制风险和固有风险的水平评估在0.5以下。在这样的审计中，如果要把这些风险予以量化，则低风险可以定为0.5，中等风险可以定为0.8，高风险可以定为1.0。

□ 余额细节测试的证据计划工作表

审计师通过编制各种工作表把影响审计证据的因素和应收集的恰当证据联系起来。图9-4就是这样一张工作表，它反映的是希尔伯格五金公司应收账款的审计。第6章介绍的八个与余额有关的审计目标安排在工作表顶端的栏目中，下面的第一行和第二行分别是本章介绍的可接受审计风险和固有风险。应收账款实际执行的重要性列示在工作表的底部。审计项目经理Fran Moore在希尔伯格五金公司的审计中作出了以下认定：

- 实际执行的重要性。财务报表整体重要性的初步判断值设为442 000美元（约为营业利润7 370 000美元的6%）。她分配了265 000美元到应收账款的审计中（见图8-7）。
- 可接受审计风险。被审计单位虽为上市公司，但其财务状况良好，管理层行为正直，并且财务报表的使用者相对较少，所以Fran把可接受审计风险水平评估为高。虽然希尔伯格五金公司是一家上市公司，但它的股票没有被广泛持有或没有被分析师深度跟踪。
- 固有风险。考虑到收入的确认，Fran把存在和截止目标的固有风险设定为中，将可实现价值目标的固有风险也设定为中。这是因为，在过去的年份中，由于发现坏账准备被低估进行过审计调整。所有其他与余额有关的审计目标的固有风险都评估为低。

如果审计师只需考虑可接受审计风险、固有风险和实际执行的重要性这三个因素，那么在对希尔伯格五金公司的应收账款进行审计时，每一个与余额有关的审计目标的计划检查风险都大致相同。证据计划工作表表明，在作出最终证据决策前，其他因素必须予以考虑。这些因素将在以后章节介绍，并在介绍过程中列入证据计划工作表。

	细节相符性	存在	完整性	准确性	分类	截止	可实现价值	权利
可接受审计风险	中	中	中	中	中	中	中	中
固有风险	低	中	低	低	低	中	中	低
控制风险——销售								
控制风险——现金收入								
控制风险——其他控制								
交易的实质性测试——销售								
交易的实质性测试——现金收入								
实质性分析程序								
余额细节测试的计划检查风险								
余额细节测试的计划所需证据								

实际执行的重要性 265 000 美元

图 9-4　确定希尔伯格五金公司余额细节测试的证据计划工作表——应收账款

□ 修正风险和证据

审计风险模型主要是计划模型，因而在评价结果方面用途有限。如果审计师收集了计划所需证据，并且认为对各个风险的评价合理或比原来想象得要好，审计师就可以认为对该账户或循环已经收集了充分适当的证据。

如果审计师基于已收集的证据，认为原先低估了控制风险或固有风险，或者高估了可接受审计风险，就必须引起特别注意。在这种情况下，审计师应当采取以下措施：(1) 审计师必须修正对恰当风险的初步评估。审计师明知初步评估不恰当却不予更正，会违反应有的职业谨慎原则。(2) 审计师应当在不应用审计风险模型的情况下，考虑修正风险对证据需要的影响。如果把修正风险应用于审计风险模型，以确定修正的计划检查风险，就存在不能充分增加证据的危险。相反，审计师应当撇开审计风险模型，仔细评价修正风险的影响，恰当地修正证据。

例如，假设审计师函证应收账款，根据所发现的错报认为：原先把控制风险评估为低是不恰当的，则审计师应当提高控制风险的估计水平，仔细考虑这一修正对应收账款、销售与收款循环所需追加证据的影响。根据其追加测试的结果，审计师应该仔细评价在对应的环境下是否已经收集充分、适当的证据将审计风险降至可接受的水平。

9.9　风险、重要性与审计证据之间的关系

审计学中的重要性和风险概念密不可分。风险是对不确定性的计量，重要性则是对程度或规模的计量。两者结合起来，就是对特定程度金额的不确定性的计量。下面举例对这两个概念进行准确而又有意义的说明。审计师计划收集证据，以使没有发现超过可容忍错报 265 000 美元（重要性）的错报的风险只有 5%（可接受审计风险）。如果在说明中删除风险或重要性部分，那将是毫无意义的。只说明 5%的风险而不指出具体的重要性程度，意味着 100 美元错报或 100 万美元错报都是可以接受的。只说明 265 000 美元的错报而不说明具体的风险水平，则意味着 1%的风险或 80%的风险都是可以接受的。

实际执行的重要性、四类风险与计划所需审计证据之间的关系如图9-5所示。该图是对图9-4的拓展，包括了实际执行的重要性。注意实际执行的重要性不影响四种风险，四种风险也不影响实际执行的重要性，但是它们共同决定计划的证据。特别需要说明的是，实际执行的重要性并不是审计风险模型中的一部分，但只有联合实际执行的重要性和审计风险模型因素才能确定计划所需审计证据。

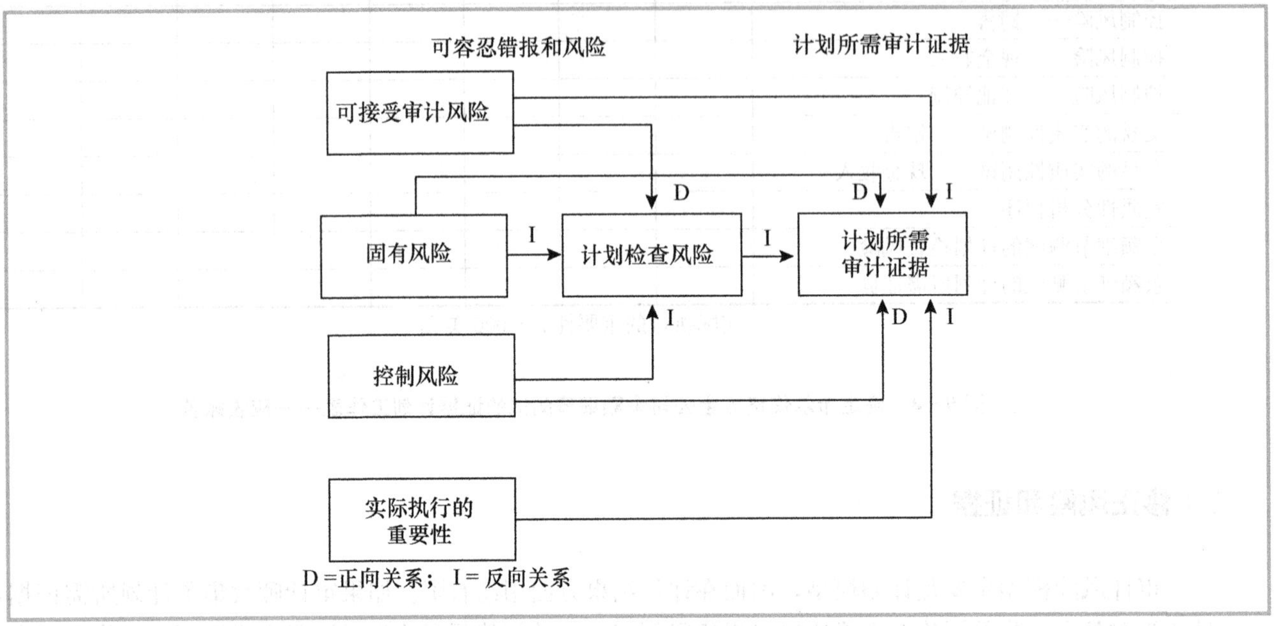

图9-5 实际执行的重要性、风险与计划所需证据之间的关系

本章小结

因为审计师发表的意见要说明财务报表是否不存在重大错报，所以审计计划阶段对财务报表层次和认定层次的重大错报风险进行有效评估非常重要。此外，审计师在执行审计时，愿意接受一定程度的不确定性。所以，对审计师来说，就必须像审计风险模型中所内含的理念一样去考虑风险，以最适当的方式有效处理这些风险。针对每一审计目标运用审计风险模型和实际执行的重要性，审计师可以确定为实现财务报表整体可接受审计风险水平所需要的审计证据。

练习题

9-1 第8章介绍了审计计划阶段的八个步骤，哪一步骤涉及风险评估？

9-2 为什么审计师要考虑财务报表层次的重大错报风险？

9-5 描述审计师在进行风险评估程序时所执行的程序类型。

9-12 什么构成重大风险？

9-15 解释计划检查风险增加或减少的原因。

9-17 解释固有风险为什么是按照审计的各个分块而不是按照总体审计来确定的。当某一分块的固有风险水平从中上升到高时，对审计师需要收集的证据量会产生什么样的影响？

9-19 解释术语可接受审计风险的含义及其与证据收集的关系。

9-20 解释可接受审计风险和审计师的法律责任之间的关系。

9-22 审计师并不能精确地计量审计风险模型中的各种风险。在没有风险精确计量方法的情况下，怎么做才能有意义地应用该模型？

9-23 列举审计师应该修正审计风险模型组成部分的情形，并说明相关修正对计划检查风险和计划所需证据的影响。

选自注册会计师考试的选择题

9-26 下列问题是关于审计风险模型的，选择最佳答案。

a. 一些像养老金和租赁之类账户的余额是经过复杂计算的结果，在这类账户中的重大错报的可能性往往被定义为（　　）。

（1）审计风险

（2）检查风险

（3）固有风险

（4）抽样风险

b. 当可接受检查风险水平降低时，审计人员可以做以下一项或多项操作，除了更改（　　）。

（1）审计程序的性质使程序更加有效

（2）审计程序的时间，可能在期末实施审计程序而非期中

（3）审计程序的范围，可能扩大样本规模

（4）审计程序提供的保障水平降低

c. 固有风险和控制风险与计划检查风险的区别在于它们（　　）。

（1）由审计程序的错误应用引起

（2）可以按照量化或非量化标准评估

（3）独立于财务报表审计而存在

（4）可能随审计师的谨慎考虑而改变

9-27 下列问题与审计风险和证据有关，选择最佳答案。

a. 下列哪项不用增加对充分适当审计证据的需要（　　）。

（1）可接受检查风险水平较低

（2）已评估的控制风险增加

（3）可接受审计风险较低

（4）已评估的固有风险降低

b. 一旦审计风险和重要性的可接受水平都确定为低水平，则审计师应该针对具体的账户计划更多的审计工作以（　　）。

（1）发现更小的错报

（2）发现更大的错报

（3）增加该账户实际执行的重要性

（4）增加该账户的固有风险

c. 基于收集到并已评价的证据，审计师决定提高控制风险计划评估水平。为了获取与计划审计风险水平一样高的全部审计风险水平，审计师可能会（　　）。

（1）降低检查风险

（2）增加重要性水平

(3) 减少实质性测试

(4) 增加固有风险

讨论题

9-29 下面是在第8章和本章所讨论的概念：

1. 重要性的初步判断
2. 控制风险
3. 舞弊风险
4. 固有风险
5. 重大错报风险
6. 已知错报
7. 某一审计分块错报估计合计数
8. 计划检查风险
9. 合并错报的估计数
10. 重大风险
11. 可接受审计风险
12. 重要性水平

要求：

a. 确定哪些概念是需要职业判断的审计计划决策。

b. 确定哪些概念是执行审计程序所产生的且需要职业判断的审计结论。

c. 审计开始后，在哪些环境下部分变更a题中的概念是可以接受的？审计工作已经完成95%以后，哪些概念是可以变更的？

9-32 阐述可接受审计风险的含义。解释为什么下面的陈述是正确的。

a. 在环境基本相同的情况下，会计师事务所应该尽量对所有被审计单位确定同等水平的可接受审计风险。

b. 当外部使用者高度依赖财务报表时，会计师事务所应当降低被审计单位的可接受审计风险水平。

c. 当业务风险较高时，会计师事务所应当降低被审计单位的可接受审计风险水平。

d. 不同的会计师事务所应当尽量对处在类似环境下的被审计单位确定相当接近的审计风险水平。

9-34 以下是涉及审计风险模型的六种情况，在存货审计中，该模型被用于计划审计证据的需要量。

风险	情况					
	1	2	3	4	5	6
可接受审计风险	高	高	低	低	高	中
固有风险	低	高	高	低	中	中
控制风险	低	低	高	高	中	中
计划检查风险	—	—	—	—	—	—
计划证据量	—	—	—	—	—	—

要求：

a. 分别解释这四类审计风险和计划的证据量中低、中、高的含义。

b. 使用低、中、高来完成以上表格中的计划检查风险和计划证据量。

c. 利用你对上述因素之间关系的了解，在其他三个因素保持不变的情况下，陈述改变以下五个因素对计划证据量（增加或减少）的影响：

(1) 可接受审计风险降低

(2) 控制风险降低

(3) 计划检查风险降低

(4) 固有风险降低

(5) 固有风险降低且控制风险以相同的数额增加

第 10 章

评估和应对舞弊风险

学习目标

1. 界定舞弊并区分舞弊性财务报告和侵占资产。
2. 描述舞弊三角理论和识别舞弊条件。
3. 了解审计师评估舞弊风险和侦查源自舞弊的重大错报的责任。
4. 识别公司治理和降低舞弊风险的其他控制环境因素。
5. 确定已识别舞弊风险的应对措施。
6. 确定具体舞弊风险领域并制定发现舞弊的程序。
7. 了解面谈技术以及怀疑舞弊存在时应采取的其他行动。
8. 描述应当在审计工作底稿中记录的舞弊风险评估信息。

引例

会计丑闻动摇公众信任

会计职业受到了责难。在整个漫长炎热的夏天，报纸充斥着公司会计丑闻的最新详情。美国最大、最受人尊敬的公司之一被发现明目张胆地通过会计规则操纵虚增盈余和资产，成千上万名投资者和雇员因此而遭受损失。国会的听证会也适时地对这一舞弊进行了审查。人们不禁要问“审计师，你在哪里?”一时间，会计职业又置身于改革立法者的巨大政治压力之下，以审计失败为中心的反面信息使得所有审计师陷于最为不利的视线之中。

这一年是1938年，这一公司会计丑闻就是Mckesson-Robbins事件，人们认为它对审计执行方式的影响比其后发生的任何丑闻都要大，包括安然和世通。

1924年，Philip Musica，一个犯过欺诈罪和坐过牢的辍学高中生，改头换面摇身变成拥有医学博士学位的F. Donald Coster，“Coster博士”掌控着Mckesson-Robbins公司，为抬高公司股价，他实施了大量的舞弊行为。Mckesson-Robbins公司通过虚报存货和销售，高估了1 900万美元的资产和盈余。Coster采取欺骗行径使得Mckesson-Robbins公司的审计师和投资公众相信公司拥有一批根本不存在的数百万美元的巨量药材存货。Coster伪造了大量的电话订货单、销售发票和其他凭证，所有这些都经过了Mckesson-Robbins公司的审计师的尽职复核，并成为这些虚构存货的证据。这一舞弊得逞的原因是，当时的审计准则允许审计师只限于复核记录和与管理层交谈，并没有强制要求审计师执行实物观察和核实存货。

在舞弊曝光后迅速召开的应急董事会期间，传来Coster畏罪自杀的消息。Mckesson-Robbins公司的一名外部董事——某投资银行合伙人，担心自己的责任，他对此消息的反应是，大声呼吁“让我们尽情地攻击他吧!”

资料来源：1. Michael Ramos, *Fraud Detection in a GAAS Audit*: *SAS No. 99 Implementation Guide*, AICPA (2003), p. ix; 2. Presentation by PCAOB Board Member Daniel L. Goelzer at Investment Company Institute's 2003 Tax & Accounting Conference, September 15, 2003 (www.pcaobus.org/News).

Mckesson-Robbins公司的典型舞弊事件向世人表明财务报表舞弊并不只是当下才出现的。在这一丑闻之后，审计职业界对此的反应是首次为审计程序制定正式的准则。这些准则要求审计师针对应收账款和存货必须分别执行函证程序和实物观察程序——这些程序今天仍是必需的，此外还有审计师发现舞弊的责任指南。

为应对不断发生的舞弊事件，美国国会在2002年颁布了《萨班斯-奥克斯利法案》，AICPA制定了具体的审计准则以应对舞弊风险的评估和舞弊的侦查。本章我们将讨论审计师评估舞弊风险和侦查源自舞弊的重大错报的责任，描述舞弊风险的主要领域，以及预防舞弊的控制和发现舞弊的审计程序。

10.1 舞弊类型

作为一个宽泛的法律概念，舞弊是指任何意欲剥夺另一个人或主体的财产或权利的有意欺骗的行为。在财务报表审计语境中，舞弊被看作有意的财务报表错报，其两大类型分别是舞弊性财务报告和侵占资产。这两个概念在第 6 章定义审计师侦查重大错报的责任时已作了相关介绍。

□ 舞弊性财务报告

舞弊性财务报告是一种意欲欺骗使用者的有意错报或者数额或披露上的有意遗漏。多数个案涉及的是数额的有意错报，而不是披露的有意错报，如世通就是将数十亿美元本应费用化的支出资本化为固定资产。数额上的省略与遗漏较为少见，但公司还是可能会通过隐藏应付账款和其他债务来高估收益。

尽管大多数舞弊性财务报告个案——要么高估资产和收益，要么隐藏负债和费用——都意图高估收益，但是，也有许多公司有意低估收益。就非上市公司来说，这样做的目的就是少缴所得税。也有很多公司在盈余很高时，为了提高未来盈余而储存盈余或自建“饼干罐储备”，有意低估收益。这些实务被人们称为收益平滑和盈余管理。**盈余管理**（earnings management）涉及的是管理层为了实现盈余目标而采取的有意行为；**收益平滑**（income smoothing）是盈余管理的一种形式，它指的是为了减少盈余波动在不同期间转移收入和费用。平滑收益的一种方法是在采购时少计存货或其他资产的价值，以在出售这些资产时产生更高的盈余。公司也有可能有意高估存货陈旧准备和可疑账目准备以实现更高盈余。

虽然涉及披露不充分的舞弊性财务报告较少发生，但还是有几个著名的舞弊性财务报告个案涉及不充分披露。例如，安然事件的一个重要问题就是安然公司是否充分披露了与其特殊目的实体有关的债务。E. F. Hutton，一个现已停业的代理公司，被指控有意在各家银行透支账号以增加利息盈余，这些透支在其资产负债表中作为负债列示，但并没有清楚表述这些负债的性质。

□ 侵占资产

侵占资产（挪用资产）是一种涉及盗窃公司资产的舞弊。在许多情况下（但不是全部），侵占资产所涉及的数额可能对财务报表来说并不重大。但盗窃公司资产也是公司管理层所关注的问题之一，而无论所涉数额重大与否，因为日积月累，蚁穴也能溃堤。

侵占资产这一术语一般用来表示涉及员工和单位内部的其他人的舞弊。根据美国注册舞弊审核师协会（Association of Certified Fraud Examiners，ACFE）的估计，虽然大多数这种舞弊都涉及外部主体，如顾客的小偷小摸、蒙受供应商的欺骗等，但是全美每一家公司都平均有 5%的收入被盗。

侵占资产一般是由公司底层的员工进行的。但是，在一些臭名昭著的案例中，公司高管也涉足资产挪用舞弊。鉴于公司高管拥有更大的权力并控制着公司资产，有公司高管涉足的资产挪用舞弊数额都比较大。在一个极端的实例中，泰科国际（Tyco International）的前首席执行官被证券交易委员会起诉盗窃公司 1 亿美元资产。注册舞弊审核师协会执行的一个调查研究发现，尽管舞弊性财务报告涉及的舞弊数额更大，但侵占资产是最常见的舞弊形式。

10.2 舞弊条件

审计准则描述了舞弊性财务报告和侵占资产的三大舞弊条件。如图 10－1 所示，这三大条件又被称为**舞弊三角**（fraud triangle）。

1. 动机/压力。管理层或其他职员有动机或压力进行舞弊。

2. 机会。环境为管理层或职员提供了舞弊机会。

3. 态度/合理化。态度、性格或已有的道德价值默许管理层或职员作出不诚实的行为，或者他们身处高压环境中致使其为实施不诚实的行为寻找合理借口。

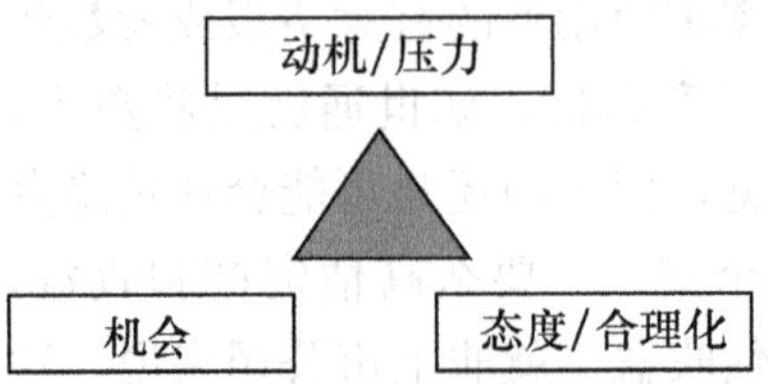

图 10－1 舞弊三角

舞弊性财务报告的风险因素

审计师揭露舞弊的重要考虑内容是确认增加舞弊风险的因素，即**舞弊风险因素**（fraud risk factors）。表 10－1 提供了舞弊性财务报告三大舞弊条件下的各个舞弊风险因素的例子。对于舞弊性财务报告和侵占资产，尽管舞弊三角中的三大条件相同，但风险因素不同。此处首先讨论舞弊性财务报告的风险因素，然后讨论侵占资产的风险因素。审计师在发现舞弊的过程中对风险因素的运用在本章稍后讨论。

表 10－1 舞弊性财务报告的风险因素举例

三大舞弊条件		
动机/压力	**机会**	**态度/合理化**
管理层或其他职员有动机或压力进行舞弊。	环境为管理层或职员提供了舞弊机会。	态度、性格或已有的道德价值默许管理层或职员作出不诚实的行为，或者他们身处高压环境中致使其为实施不诚实的行为寻找合理借口。
风险因素举例	**风险因素举例**	**风险因素举例**
财务状况的稳定性或获利性受到经济、行业或企业运行条件的威胁。例如消费者需求大幅下降以及产业或整个经济中经营失败增加。 管理层为偿还债务或符合其他债务合同要求而承担过大压力。 管理层或董事会成员的个人价值受企业财务状况的重大威胁。	重大会计评估中包括主观判断或难以证明的不确定事项。 低效的董事会或审计委员会监督财务报告。 高流动率或者低效的会计系统、内部审计或信息技术人员。	企业的交流和对企业价值实现的支持不当或低效。 对违反证券法或其他法律规范的事件的了解。 管理层向分析人员、信用人员及其他第三方作出的过分激进或不现实的预测。

动机/压力 公司操纵财务报告的一个普遍诱因是公司财务预期下降。盈余下降可能威胁公司的融资能力。公司还可能操纵盈余以符合分析师的预测或比较基准（如前一年度盈余），满足债务契约约束，或者人为抬高股票价格。在一些案例中，管理层可能仅为了维持他们的声誉而操纵盈余。图 10－2 列示了 KPMG 的调查结果，表明个人财务动机（特别是希望资助奢侈的生活方式）以及实现预定业务绩效目标的需求，是进行舞弊性行为的主要动机。

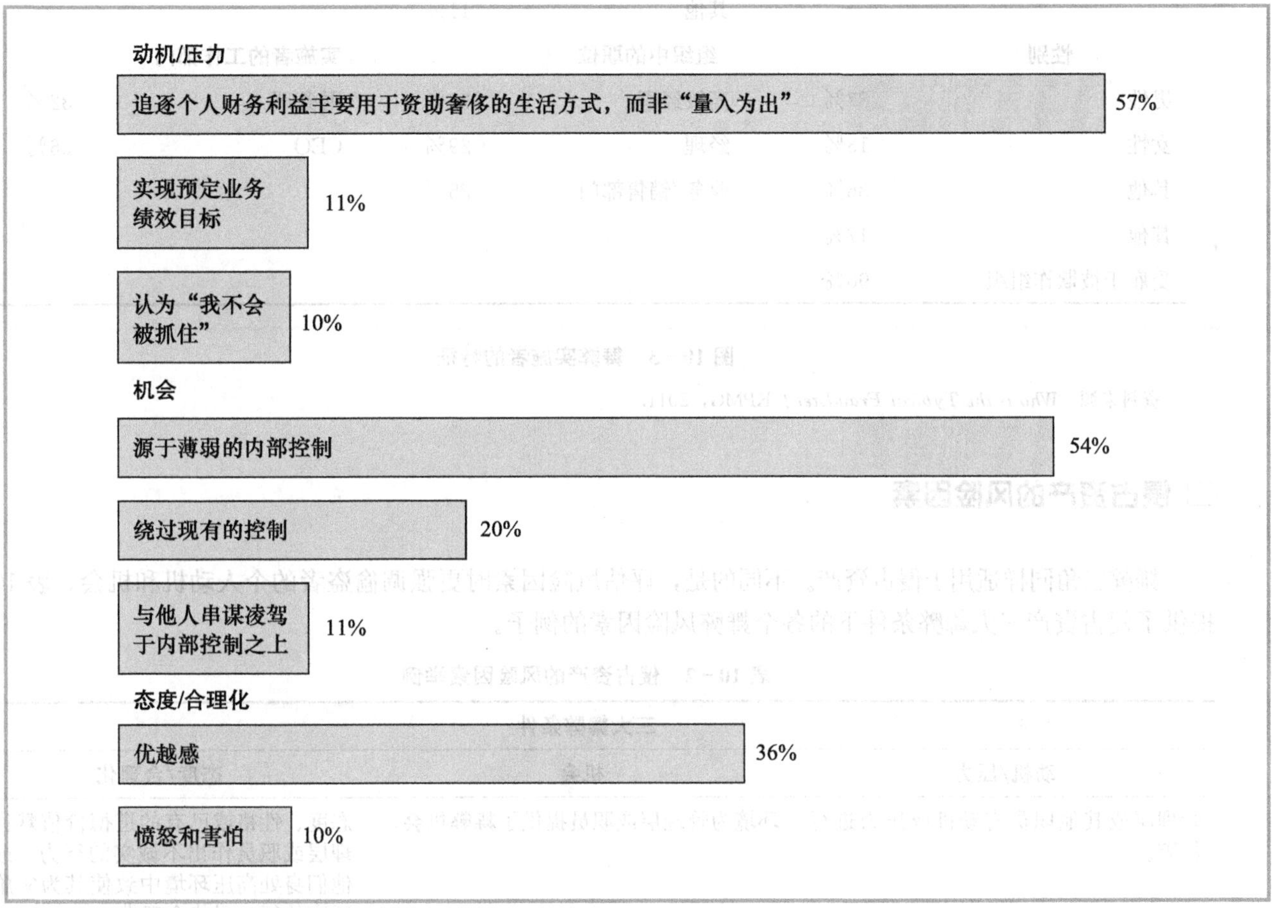

图 10－2 最常见的舞弊风险条件

资料来源：*Global Profiles of the Fraudster*，KPMG，2013.

机会 所有公司的财务报告都可能是被操纵的目标。然而，对于所在行业涉及重大判断和估计的公司，舞弊性财务报告的风险就更大。例如，在许多地点拥有不同存货的公司，其存货估价发生错报的风险更大。如果这些存货存在陈旧风险，则存货错报的风险进一步增加。

如果发生公司会计人员变动或在会计与信息处理中存在其他缺陷，错报的机会将更大。在舞弊性财务报告的许多案例中，公司审计委员会与董事会对财务报告过程的监督效用低下。薄弱的内部控制最有可能引起错报机会，如图 10－2 所示。

态度/合理化 高层管理者对财务报告的态度是评估舞弊性财务报告可能性的关键风险因素，如图 10－2 所示。如果首席执行官或其他高层人员明显忽视财务报告过程，比如，一贯作出过于乐观的预期或过分关注是否符合分析师的盈余预期，就很可能产生舞弊性财务报告。同时，管理层的性格或道德价值可能更容易使其认为舞弊行为是合理的。执行官的优越感是最常见的与态度、合理化相关的情形。图 10－3 汇总了 KPMG 发现的 348 个真实舞弊案例中舞弊实施者的情况。

舞弊实施者年龄	百分比	组织中工作年限	百分比	舞弊方式	百分比
36—45岁	41%	3—5年	29%	与他人串谋	61%
46—55岁	35%	6—10年	27%	单独行动	39%
其他	24%	10年以上	33%		
		其他	11%		
性别		**组织中的职位**		**实施者的工作部门**	
男性	87%	高级经理	35%	财务部	32%
女性	13%	经理	29%	CEO	26%
其他	36%	业务/销售部门	25%		
其他	17%				
受雇于被欺诈组织	90%				

图 10－3　舞弊实施者的特征

资料来源：*Who is the Typical Fraudster*? KPMG，2011.

□ 侵占资产的风险因素

舞弊三角同样适用于侵占资产。不同的是，评估风险因素时更强调偷盗者的个人动机和机会。表 10－2 提供了侵占资产三大舞弊条件下的各个舞弊风险因素的例子。

表 10－2　侵占资产的风险因素举例

三大舞弊条件		
动机/压力	**机会**	**态度/合理化**
管理层或其他职员有动机或压力进行舞弊。	环境为管理层或职员提供了舞弊机会。	态度、性格或已有的道德价值默许管理层或职员作出不诚实的行为，或者他们身处高压环境中致使其为实施不诚实的行为寻找合理借口。
风险因素举例	**风险因素举例**	**风险因素举例**
接触现金或其他资产的公司内部人员的个人财务负担使其产生侵占资产的压力。 管理层与接触资产的职员之间的敌对关系使职员产生侵占资产的动机。例如： ● 已知或预期的职员解雇。 ● 晋升、薪酬或其他报酬与期望不一致。	手头处理大量现金，或者存货体积小、价值高或需求大。 由于缺乏以下因素导致对资产的内部控制不充分： ● 适当的职责分离或独立核算。 ● 对接触资产岗位的应征者进行筛选。 ● 对接触资产的职员强制休假。	轻视监控或降低侵占资产风险的需要。 滥用职权凌驾于控制之上或怠于更改已知的内部控制缺陷。

动机/压力　财务压力是职员侵占资产的普遍诱因。职员有过多的财务负担、有毒瘾或赌博嗜好，可能会使其进行偷盗以满足个人的财务或其他需要。在其他情况下，对公司存有不满的职员进行偷盗可能认为这是理所应当的或把它当作对雇主的反击。

机会　所有公司都存在偷盗机会。然而，当公司拥有可接触现金、存货或其他有价资产，特别是资产体积小或容易携带时，偷盗机会更大。例如，俱乐部拥有大量的现金交易而极少有正式的应收账款记录。

类似地，偷取笔记本电脑比偷取台式电脑的频率要高出许多。

薄弱的内部控制为盗窃创造了机会。不适当的职责分工在实践中相当于给予职员偷盗的通行证。无论什么时候，只要职员监管资产或仅是临时接触资产同时又对这些资产进行会计记录，偷盗的机会就会永远存在。例如，如果存货保管人员同时管理存货记录，对他来说转移存货并调整会计记录以掩盖偷盗就非常容易。

舞弊在小型企业与非营利组织中更为普遍，因为这些组织更难进行适当的职责分工。然而，大型组织在关键领域也会出现分工不当。例如，巴林银行就由于其不适当的职责分工，致使一位交易员的行为令其损失超过10亿美元而倒闭。

态度/合理化 管理层对控制和道德守则的态度可能使得职员和管理人员将侵占资产行为合理化。如果管理层通过抬高商品价格或使用高压销售策略欺骗顾客，职员就会认为在费用或时间报告中作假也是可以接受的。

10.3 评估舞弊风险

审计准则向审计师提供了评估舞弊风险的指南。当审计师需要考虑大量信息（包括舞弊风险因素）时，必须保持一定程度的职业怀疑态度以识别和应对舞弊风险。正如第6章所述，审计师有责任通过计划和执行审计来获得发现由错误或舞弊导致的重大错报的合理保证以应对舞弊风险。

☐ 职业怀疑

正如第6章所述，审计准则指出，在运用**职业怀疑**（professional skepticism）时，审计师“既不能假设管理层是不诚实的，也不能假设其绝对诚实”。在实务中，保持这种职业怀疑态度比较困难，因为除了最近舞弊性财务报告的例子外，相比每年审计的财务报告数量来说重大舞弊并不频繁。大多数审计师在职业生涯中从来就没有经历过重大舞弊。再者，通过客户承接和持续评价程序，审计师已经拒绝了大多数缺乏诚信的潜在客户。

质疑的思维方式 审计准则强调不论审计师对舞弊发生的可能性及管理层诚信问题的看法如何，都要考虑被审计单位出现舞弊的可能性。在每次审计的计划阶段，审计业务小组都必须讨论在整个审计过程中为识别舞弊风险与正确评价审计证据而保持质疑的思维方式的需要。在动机或压力走向极端时，即便是诚实的人也能合理化其舞弊行为。

对审计证据的审慎评价 根据所发现的信息以及其他暗示可能由于舞弊引起重大错报的线索，审计师应该彻底调查这些问题，获取其他必要的证据，并向其他小组成员咨询。审计师要小心，不要合理化或假定错报是一个独立事件。比如说，如果审计师要查找适当反映下一年度销售额的本年销售额，审计师应该评价错报的原因，判断它是故意行为还是非故意行为，并考虑是否发生了其他此类差错。

☐ 评估舞弊风险的信息来源

图10-4总结了用于评估舞弊风险的信息，下面我们将进一步介绍该图顶部评价舞弊风险的五类信息来源。

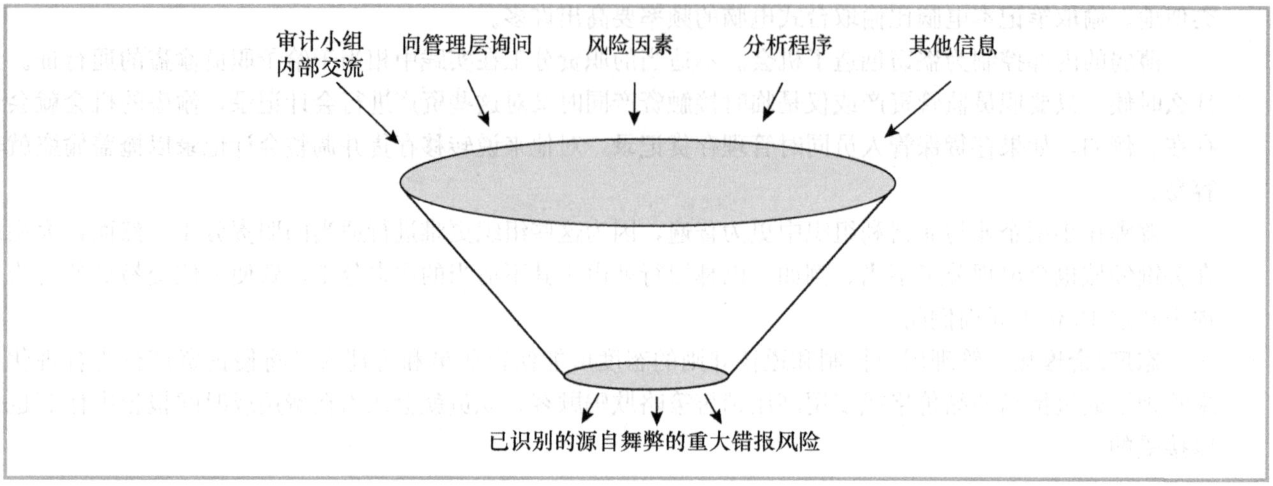

图 10-4　评估舞弊风险的信息来源

审计小组内部交流　审计准则要求审计小组（包括项目合伙人和项目组关键成员）进行讨论，同经验更为丰富的成员交流看法，并集体讨论有关以下问题的观点：

1. 他们如何认为被审计单位财务报表可能存在由于舞弊导致的重大错报，以及在财务报表的哪个部分存在此类重大错报——应该包括考虑导致被审计单位可能存在以下情况的已知的外部和内部因素：

- 促使管理层实施舞弊的动机或压力。
- 提供舞弊的机会，包括管理层凌驾于控制之上的风险。
- 提示管理层合理化舞弊的文化或环境。

2. 管理层如何编制与隐瞒舞弊性财务报告。

3. 被审计单位的资产是怎样被侵占的。

4. 审计师如何应对存在舞弊导致重大错报的怀疑。

对舞弊风险的这些讨论可能与关于被审计单位财务报表可能含有其他类型错报的讨论同时进行。本书第9章对此也作了相应的阐述。在讨论过程中，项目组不应受到以前对管理层、治理层正直和诚信形成的判断的影响，而应当提醒项目组在整个审计过程中保持职业怀疑，认识到由于舞弊导致的重大错报的可能性。

向管理层询问　审计准则要求审计师在每次审计中针对舞弊进行专门的询问。向管理层及公司内部其他人员进行询问为审计师获得其他未予交流的信息提供了机会。而且，他们对审计师询问的回复通常揭示了有关舞弊可能性的信息。

审计师向管理层进行询问的内容应包括管理层是否对公司内部的舞弊或疑似舞弊有所了解。审计师还应询问管理层评估舞弊风险的过程、管理层所识别的舞弊风险的性质以及为处理这些风险而执行的具体控制、关于舞弊风险的任何信息以及管理层已经向审计委员会报告的相关控制。

审计委员会通常被认为在监督管理层舞弊的风险评估与风险应对过程中起着积极的作用。审计师必须向审计委员会或其他治理层询问他们对舞弊风险的看法，以及他们是否对舞弊或可疑舞弊有所了解。对那些拥有内部审计部门的被审计单位，审计师也应询问内部审计师对舞弊风险的看法，以及他们是否在本年内执行了某些识别或发现舞弊的程序。

审计准则还要求审计师向被审计单位内与财务报告责任无关的其他人员进行询问。当在审计中接触被审计单位存货仓库管理人员或采购代理人员等职员时，审计师应询问已存在舞弊或可疑舞弊的情况。在整个审计过程中，向执行官及大量的其他职员进行询问为审计师了解舞弊风险提供了机会。当对询问答复不一致时，审计师应获取其他审计证据以解决这一问题，并支持或修正原有风险评估。

风险因素 审计准则要求审计师评价是否存在以下舞弊风险因素：实施舞弊的动机或压力，实施舞弊的机会或者存在合理化舞弊行为的态度或理由。审计师考虑的舞弊风险因素的相关举例已归纳在表10－1和表10－2中。舞弊风险因素的存在并不等同于舞弊存在，只意味着舞弊的可能性更大。审计师应结合评估舞弊风险的其他信息考虑这些因素。

分析程序 如第7章讨论的那样，审计师必须在审计计划与完成阶段执行分析程序，以帮助审计师识别暗示财务报表可能存在重大错报的非正常交易或事项。当分析程序的结果不同于审计师的预期时，审计师应结合其他信息评估那些关于舞弊可能性的结果以确定舞弊风险是否提高。

除了第8章介绍的比率分析外，审计师还可以执行财务报表的横向和纵向分析。在**横向分析**（horizontal analysis）中，将账户余额与过去期间的账户余额相比，并计算本期账户余额的变化率。图10－5就是一个运用于希尔伯格五金公司合并损益表的横向分析的例子。例如，销售比前一年增加了1 186万美元，增长率为9.0%（1 186/13 122.6）。在**纵向分析**（vertical analysis）中，财务报表数字要转换成百分比。图8－4中的同比财务报表就是运用于希尔伯格五金公司同比损益表的详细的纵向分析的例子，损益表中的每个数字都除以销售得到一个百分比。在资产负债表的纵向分析中，报表中的每一个数字都要除以资产总额得到一个用于分析的百分比。

希尔伯格五金公司损益表的横向分析 单位：千美元

	会计年度截至12月31日			
	2016	2015	变化额	变化率（%）
销售净额	143 086	131 226	11 860	9.0%
销售成本	103 241	94 876	8 365	8.8%
毛利	39 845	36 350	3 495	9.6%
销售、管理和行政费用	32 475	29 656	2 819	9.5%
营业收益	7 370	6 694	676	10.1%
其他收益和费用				
利息费用	2 409	2 035	374	18.4%
资产销售利得	(720)	—	(720)	N/A
其他收益/费用总净额	1 689	2 035	(346)	−17.0%
税前收益	5 681	4 659	1 022	21.9%
所得税准备金	1 747	1 465	282	19.2%
净收益	3 934	3 194	740	23.2%

图10－5 损益表的横向分析

由于舞弊性财务报告的发生经常涉及收入操纵，审计准则要求审计师对收入账户执行分析程序。其目的在于识别收入账户中可能暗示舞弊性财务报告的非正常或超预期的关系。例如，将基于已确认收入的销售金额与实际生产能力比较可能发现高于被审计单位生产能力的收入。审计师可以复核总分类账上的每月销售，也可以按生产线复核每季度或每月的销售。通过复核销售趋势，审计师可以识别非正常销售活动。例如，公司为了反转不适当记录的销售导致某个月的销售是负的。

其他信息 在审计师评估舞弊风险时，应考虑审计过程中或审计过程某阶段所获得的全部信息。审计师在计划阶段为评估重大错报风险而执行的大多数风险评估程序可能暗示舞弊风险提高了。例如，审计业务承接程序连同审计师审阅被审计单位季度财务报表所执行的询问和分析程序所获得的关于被审计单位管理层正直性和诚信的信息，以及在评估固有风险和控制风险时所考虑的信息，可能促使审计师考虑源自舞弊的错报的可能性。

□ 识别出的由于舞弊导致的重大错报风险

如图10－4所示，在计划阶段审计师评价所有来源收集到的信息以评估由于舞弊导致的重大错报风险。审计师应当在财务报表层次和各类交易、账户余额列报和披露的认定层次评估由于舞弊导致的重大错报风险。尽管对舞弊的评估是审计计划工作的组成部分，审计师对由于舞弊导致的重大错报风险的评估是持续性的、贯穿于整个审计过程，因为实施进一步审计程序可能获取新的信息、修正重大错报风险的评估结果。

第9章已经讨论，由于虚假财务报告通常包括收入金额的错报，如提前确认收入或记录虚假收入，因此审计准则要求审计师假定收入确认存在舞弊风险。基于这样的假定，审计师应当评价哪些类型的收入、收入交易或认定导致舞弊风险。如果认为收入确认存在舞弊风险的假定不适用于业务的具体情况，审计师应当形成相应的审计工作底稿。

如果审计师得出结论认为存在由于舞弊导致的重大错报，审计准则要求将其确认为特别风险。针对包括舞弊风险在内的特别风险，审计师应当了解与这些风险相关的内部控制，包括评价这些控制是否被恰当地设计和执行。下一部分将讨论公司治理和其他降低舞弊风险的控制因素。

10.4 公司治理对降低舞弊风险的监督

管理层有责任执行公司治理与控制程序，以使舞弊最小化。通过组合预防、阻止与发现方法可以降低舞弊风险。串谋与伪造记录的存在使得舞弊难以被发现，对企业来说，关注舞弊的预防和阻止通常更为有效，也更加经济。通过执行反舞弊方案和控制，管理层可以通过抑制有关机会来防止舞弊。通过交流舞弊侦查和惩罚政策，管理层可以阻止员工实施舞弊。

美国注册会计师协会制定的一项指南明确了预防、阻止与发现舞弊的三项行动：

1. 诚信道德与高尚的文化。
2. 管理层对舞弊风险的评价责任。
3. 审计委员会的监督。

接下来我们讨论这些要素。审计师应该对每一个要素都有完整的了解，以评估被审计单位所执行的抑制舞弊的活动。

□ 诚信道德与高尚的文化

研究表明，预防和阻止舞弊最有效的方式是执行基于公司核心价值观的反舞弊计划和控制。这些价值观创造了一个用以强化指导员工行为的可接受行为和预期的环境。这些价值观还有助于为员工的工作责任感提供诚信与道德文化基础。建立诚信道德与高尚的文化包括六个方面。

设置高层基调 管理层与董事会有责任在公司内对道德行为设定“高层基调”。管理层的诚信标准能在组织内强化员工的诚信标准。管理层不能自己做一套的同时又期望公司其他人员表现为另一套。通过管理层的行为与沟通，管理层可以彰显不诚实与不道德的行为是不允许的，即使此类行为的结果有益于本企业。

基于诚信正直的高层基调为更加具体的道德规范提供了基础，而这些道德规范又为允许及禁止的行为提供了更加具体的指南。表10－3列举了有效道德规范的关键内容。

表 10-3　行为守则要素的举例

行为守则要素	具体描述
组织的行为守则	组织及其雇员必须始终遵循适用的法律及法规，并实施和所有高于法律所要求的最低标准的商业行为。
雇员的一般行为	组织预期其雇员能够按商务行为行事，禁止非职业行为，例如在工作时酗酒、赌博、打架、诅咒。
利益冲突	组织希望其雇员能够尽职尽责、正直，能够遵循企业利益最大化目标，不利用他们的职务或所获得信息牟取私利。
外部行为、雇用和管理者	所有的雇员应负责建立组织的良好公众关系。雇员应该避免在组织外部实施产生过分需求和发生利益的行为。
与客户和供应商之间的关系	雇员应避免在与组织有契约关系的商业组织中投资或获取财务上的利益。
礼物、娱乐和恩惠	雇员不能接受那些能够或可能影响有利于任何与组织有商业关系的个体的企业决策的娱乐、礼物或个人恩惠。
回扣和秘密佣金	雇员不能接受任何形式的支付或补偿，组织薪酬政策授权的除外。
组织的资金和其他资产	能够接触组织资金的雇员必须遵守已规定好的记录、处理和保护资金的程序。
组织的记录和沟通	负责会计和记账的雇员不得伪造任何形式的记录和沟通，不论是内部的还是外部的。
处理好组织与外部人员的关系	在就不涉及组织商务的事项进行的沟通中，雇员必须仔细区分个人角色及其在组织中的职位。
促进沟通	针对所有与顾客、供应商、政府机构、公众和组织内部其他人有关的事项，组织的雇员必须尽力完整、准确、及时地取得沟通。
私密性和机密性	当处理关于顾客和其他与组织存在商务关系的个人的财务和个人信息时，雇员应该收集、利用和保留组织业务必需的信息。信息的内部接触仅限于那些有合法的商业理由来收集此信息的人。

资料来源：AICPA，*"CPA's Handbook of Fraud and Commercial Crime Prevention."* Copyright by American Institute of CPAs. All rights reserved. Used with permission.

创造一个积极的工作环境　研究表明，当员工对雇主有积极的情感，而不是感觉受到虐待、威胁或忽视，他们的错误行为明显更少发生。积极的工作环境可以促使员工提高道德水平，降低员工实施不利于公司的舞弊行为的可能性。

在作出明显有法律或道德寓意的决策之前，员工还应该能够获得源自单位内部的建议。包括所有在美上市的公司在内的许多组织都有为员工报告实际错误行为或者可疑错误行为、道德行为规范或道德政策的潜在偏离而设立的揭发（whistle-blowing）程序，有些组织还设立了热线电话，由观察和报告舞弊或不法行为的道德执行官或其他值得信任的独立个体直接负责或监督。

雇用与提拔恰当的人员　为了成功地防止舞弊，较好地运用公司的筛选政策可以减少雇用或提拔低诚信水平人员的可能性，尤其是那些掌管关键职位的人。有效的雇用和提拔政策可能包括对雇用或提拔的候选人进行背景调查。背景调查的内容主要有候选人的教育、工作经验以及包括性格和诚信在内的个人情况。当一个雇员被聘用之后，针对雇员遵守公司道德价值和行为守则的情况进行持续评价可以减少舞弊的可能性。

培训　所有的新雇员都应接受关于公司对雇员道德行为期望的培训。应告知雇员有责任报告实际的或可疑的舞弊以及他们对此的适当行为。另外，谨防舞弊的培训应该与雇员的具体工作责任相适应。例如，对采购代理和销售代理的培训就要有所区别。

道德守则遵守确认书　大部分公司都要求雇员定期确认他们履行了道德规范的职责，要求雇员陈述他们理解了公司对他们的期望，遵守了公司道德规范，并且没有背离道德规范的行为。这些确认书有助于强化道德规范，也有利于阻止雇员实施舞弊或其他背离道德的行为。通过对披露以及无应答情况的跟踪，内部审计人员或其他人可能发现一些重大事件。

惩处机制 雇员必须了解他们没有遵循公司道德规范应负的责任。违反道德规范，不论程度大小，都应受到惩处。应该清楚地告知所有雇员，遵守道德规范或其他道德标准是很重要的，也是公司所期望的。通过观察所有背离道德规范的行为以及对此采取适当和一致的反应措施，公司可以有效地阻止舞弊。

□ 管理层对舞弊风险的评价责任

如果不存在实施与隐瞒舞弊行为的可乘之机，舞弊也不大可能发生。管理层有责任识别和度量舞弊风险，采取行动抑制已识别的风险，并对预防和发现舞弊的内部控制进行监控。

识别和度量舞弊风险 有效的舞弊监督发端于管理层对以下理念的认识：舞弊是有可能发生的，在良好的环境下每个员工都有可能实施不诚实行为。这种认识有助于提高管理层执行舞弊预防、阻止和发现措施及控制的可能性。注册舞弊审查师协会发布的《职务舞弊与滥用国别报告》揭示了18种常见控制在所有类型舞弊中对公司遭受损失的中位数的影响，以及舞弊被发现之前持续时间的影响。该报告将实施控制与未实施控制的公司进行对照，比较由于舞弊导致的损失的金额和持续时间，发现采用18种常见控制中任何一种的公司，其由于舞弊遭受的损失远低于未采取控制的公司。图10-6反映采用反舞弊控制以后由于舞弊导致的损失的金额和持续时间的下降程度。

控制	舞弊导致损失中值下降的百分比	舞弊持续时间中值下降的百分比
反舞弊政策	35.5%	50.0%
《职业行为守则》	50.0%	33.3%
专设的反舞弊部门、职能或团队	39.0%	50.0%
员工支持计划	55.0%	22.2%
外部财务报表审计	32.8%	25.0%
外部财务报告内部控制审计	42.8%	37.5%
正式的舞弊风险评估	44.0%	47.9%
员工的反舞弊培训	39.0%	50.0%
经理或执行官的反舞弊培训	40.5%	38.1%
热线电话	40.5%	50.0%
独立的审计委员会	20.0%	41.7%
内部审计部门	44.4%	41.7%
工作轮换/强制休假	33.3%	40.0%
管理层审查	51.9%	45.8%
管理层认可财务报表	34.8%	37.5%
主动的数据监督/分析	59.7%	50.0%
举报奖励	25.9%	33.3%
突击审计	43.3%	50.0%

图10-6 反舞弊控制在舞弊威慑方面的影响

资料来源：1. *The Fraud Resistant Organization: Tools and Techniques to Deter and Detect Financial Reporting Fraud*, The Center for Audit Quality, 2014; 2. *Report to the Nations on Occupational Fraud and Abuse*, Association of Certified Fraud Examiners, 2014. Provided courtesy of The Center for Audit Quality.

抑制舞弊风险 管理层负责设计和执行程序及控制以抑制舞弊风险。管理层为了降低舞弊的动机和机会，可能会改变易于发生舞弊的经营活动和工作流程。例如，管理层可以将某些管理职能外包，如把公司的现金收入职能从公司个人负责转换为银行保险柜系统。还可以在公司层面执行其他程序和控制，例如对雇员的舞弊风险培训，以及强化雇用和晋升政策。

监控舞弊预防程序和控制 对于高舞弊风险领域，管理层应该定期评价是否实施了反舞弊程序和控制及其实施是否有效。例如，管理层对业务单元或分支机构的财务结果进行的审阅与评价增加了财务操纵结果被发现的可能性。

内部审计在确保反舞弊程序和控制有效运行的监控活动中起着重要作用。内部审计活动不仅可以阻止舞弊，还可以发现舞弊。内部审计师通过检查和评价抑制舞弊风险的控制活动，可以帮助阻止舞弊行为；执行那些可能发现舞弊性财务报告和侵占资产的审计程序，对发现舞弊也有所帮助。

审计委员会的监督

审计委员会对监督组织的财务报告和内部控制过程负有主要的责任。为了履行好这一责任，审计委员会要考虑管理层凌驾于控制之上的可能性，监督管理层的舞弊风险评估过程、反舞弊方案和控制。审计委员会通过强化管理层的舞弊零容忍度，有助于创造一个关于诚实和道德重要性的有效高层基调。作为董事会的子委员会，审计委员会对降低舞弊风险负有最终责任，如图10-7所示。

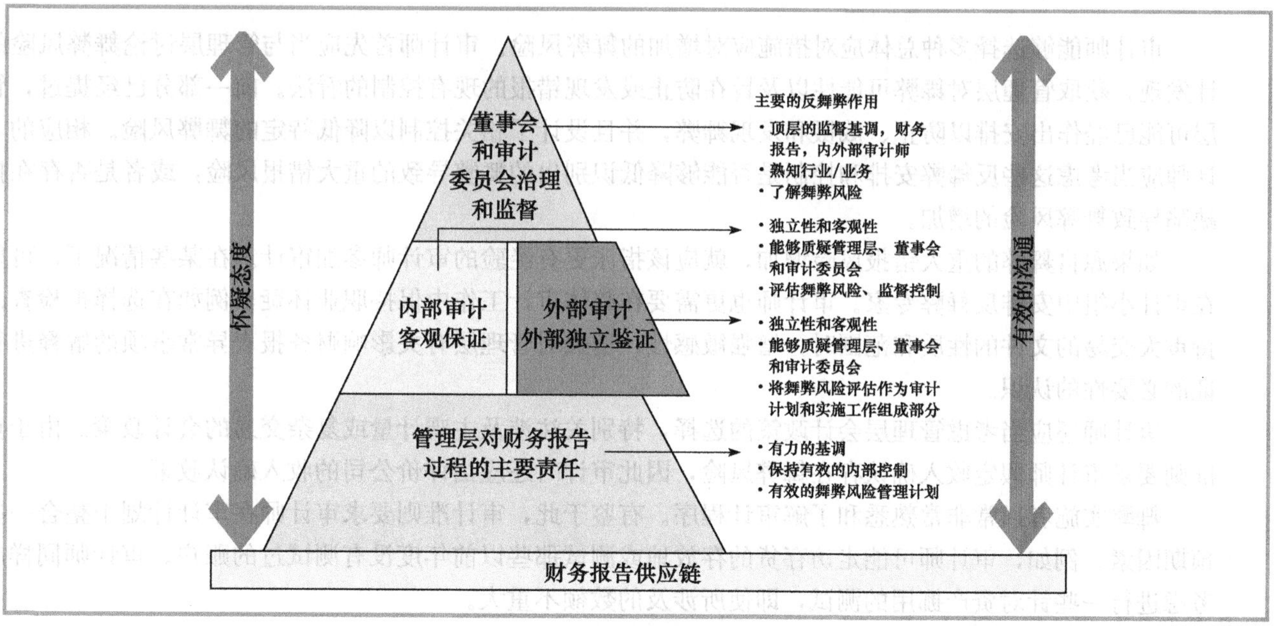

图10-7 抑制舞弊风险的责任

资料来源：*Deterring and Detecting Financial Reporting Fraud: A Platform for Action*，provided courtesy of The Center for Audit Quality，2010. Reprinted with permission.

审计委员会的监督也被公司高管视为公司舞弊的一道防线。例如，为了提高发现公司高管参与员工舞弊或隐瞒舞弊的任何企图的可能性，具体的监督可能包括：

- 内部审计的关键发现结果直接向审计委员会报告；
- 道德执行官定期报告所收到的揭发材料；
- 报告其他关于道德行为缺失或可疑舞弊的情况。

鉴于审计委员会在建立适当的高层基调和监督高管行为方面的重要作用，PCAOB审计准则要求上市公司的审计师评价公司董事会和审计委员会的有效性，并将这一评价作为对被审计单位财务报告内部控制有效性评价的一部分。作为这一评价的一部分，审计师可能要考虑审计委员会和管理层之间的独立性，以及在管理层和审计委员会之间对审计委员会责任的认识的一致程度。外部审计师可以通过观察审计小组、审计委员会和内部审计之间关于审计委员会监督财务报告过程之责任的相互认识获得更深层的理解。PCAOB审计准则规定，审计委员会的监督无效至少可以看作一个重大缺陷，甚至可以看作被审计单位财务报告内部控制存在重大弱点的强烈信号。

10.5 舞弊风险的应对

当识别出舞弊导致的重大错报风险后，审计准则要求审计师在三个层次应对风险：总体应对措施，认定层次应对措施，与管理层凌驾于控制之上的风险相关的应对措施。有些舞弊风险的应对措施与整体审计业务管理相关，例如项目组的人员类型安排，另一些应对措施与具体认定相关，例如旨在评价收入交易记录时点的程序。鉴于管理层凌驾于控制之上的风险在所有企业普遍存在，还需要采取措施予以应对。

□ 舞弊风险的总体应对措施

审计师能够选择多种总体应对措施应对增加的舞弊风险。审计师首先应当与管理层讨论舞弊风险的审计发现，获取管理层对舞弊可能性以及旨在防止或发现错报的现有控制的看法。前一部分已经提过，管理层可能已经作出安排以防止、威慑和发现舞弊，并且设计了相关控制以降低特定的舞弊风险。相应的，审计师应当考虑这些反舞弊安排和控制是否能够降低识别出的舞弊导致的重大错报风险，或者是否存在控制缺陷导致舞弊风险的增加。

如果源自舞弊的重大错报风险增加，就应该指派更有经验的审计师参加审计。在某些情况下，可能要在审计小组中安排反舞弊专家。审计师也更需要在整体审计工作中保持职业怀疑，例如在选择拟检查的支持重大交易的文件的性质和范围时，增强敏感性；增强对管理层有关影响财务报表异常事项的解释进行印证的必要性的认识。

审计师还应当考虑管理层会计政策的选择，特别关注涉及主观计量或复杂交易的会计政策。由于审计准则要求审计师假定收入确认存在舞弊风险，因此审计时还应当评价公司的收入确认政策。

舞弊实施者通常非常熟悉和了解审计程序。有鉴于此，审计准则要求审计师在审计计划中整合一些非预期因素。例如，审计师可能走访存货的存放地或测试那些以前年度没有测试过的账户。审计师同样应该考虑进行一些针对资产挪用的测试，即使所涉及的数额不重大。

□ 认定层次舞弊风险的应对措施

如果识别出认定层次舞弊风险，审计师需要根据所审账户和所识别的舞弊风险类型设计恰当的审计程序以应对具体舞弊风险。例如，鉴于截止或收款渠道不畅而增加了对收入确认的关注，审计师可以检查接近期末的不正常活动的销售日记账，并审阅销售合约。

针对认定层次的舞弊风险，审计师的应对措施包括改变审计程序的性质、时间安排和范围。改变拟实施的审计程序的性质，以获取更可靠和更相关的审计证据。例如审计师可能决定对特定资产进行实地检查而非仅依靠对这些资产相关资料的检查。调整实施程序的时间安排。例如，审计师可能选择在期末实施实质性程序而非针对期中数据实施审计程序。调整审计程序的范围，为应对认定层次舞弊风险获取更多的审计证据。例如，在测试销售交易时扩大样本规模。在本章的后面我们将介绍针对具体舞弊风险领域所应采取的审计程序。

□ 针对管理层凌驾于控制之上的风险应对措施

管理层逾越控制的风险几乎在所有审计中都存在。考虑到管理层即使在内部控制运行有效的情况下也可以通过凌驾于控制之上实施舞弊的独特性，审计师必须在每次审计中都执行应对管理层逾越控制的风险的审计程序。在具体审计中，审计师必须执行的审计程序主要有以下三类。

检查会计分录和其他调整以寻找源自舞弊的可能错报的证据 舞弊经常源自对财务报表中所报告数据的调整，即使存在有效的财务报告内部控制。审计师应首先了解被审计单位的财务报告过程和关于会计记录及其他调整的控制，向涉及财务报告过程的员工询问会计处理和其他调整的不当或异常活动。有些企业管理层使用电子表格软件来调整由会计系统生成的财务信息，这些“上层调整”已被用于操纵财务报表。所以，审计准则要求测试会计分录和对财务报表的其他调整。测试的范围受控制的有效性和询问结果的影响。

检查会计估计确认是否存在偏见 舞弊性财务报告常常是通过有意地错报会计估计来完成的。审计准则要求审计师在检查被审计单位的本期会计估计时，考虑潜在的管理偏见。要求审计师追溯以前年度的重大估计，以确定可能暗示潜在偏见的被审计单位的处理或者管理层的判断和假设是否发生变化。例如，以前年度的管理层的会计估计可能集中在可接受范围的最大值域内，而本期又可能在最小值域内。

会计准则越来越强调以公允价值计量资产。虽然市场价格为某些资产的公允价值计量提供了便利，但是，公允价值的确定往往取决于估计和判断，这为操纵报表提供了机会。

评价经营基本原理，识别重大异常交易 审计准则强调了解被审计单位的经营基本原理，识别外在看似正常的重大异常交易。审计师应该了解重大交易的目的，以评价交易是否与舞弊性财务报告有关。例如，被审计单位可能从事了融资交易以避免在资产负债表上反映负债。审计师应该确定针对异常交易的会计处理是否与当时的情形相适应，与此交易有关的信息是否已在财务报表中充分披露。

□ 更新风险评估程序

审计师就由于舞弊导致的重大错报风险的评估应该持续地贯穿于审计整个过程，并与审计师的其他风险评估程序协调一致。审计师在具体审计中应该关注以下事项：

- 会计记录中的分歧；
- 证据之间的冲突或是缺少的审计证据；
- 审计师和管理层之间的关系有问题或异常；
- 来自实质性测试或最后复核阶段分析程序的结果暗示存在以前未发现的舞弊风险；
- 就审计过程中的含糊或难以置信的证据或者与其他证据不一致的证据所作的询问的反应。

10.6 具体的舞弊风险领域

根据被审计单位所在行业的不同，有些账户特别容易被操纵或者发生舞弊。接下来的部分将讨论具体的高风险账户，包括舞弊预警信号。但即使审计师已经了解了一些预警信号，舞弊也是难以发现的。不过，有了预警信号和其他舞弊侦查技术，就增加了审计师识别舞弊导致的错报的可能性。

□ 收入和应收账款的舞弊风险

收入与相关的收入账户和现金账户尤其容易受到操纵和被盗。一个由 COSO 发起的研究发现，半数以上的财务报表舞弊涉及收入和应收账户。类似地，因为销售经常产生现金或是很快转变成现金，现金也是非常容易发生盗窃的项目。

针对收入的舞弊性财务报告风险 由于财务报告舞弊经常涉及收入的确认，因此 AICPA 和 SEC 发布了收入确认指南。审计准则特别要求审计师在大多数审计中将收入的确认确定为一个舞弊风险。

多种原因使得收入容易被操纵，更重要的是，收入几乎总是损益表中最大的账户，因此，即使只是收入的一个小比率错报，仍可能对收益产生重大影响。收入高估错报通常会导致净收益同量增加，因为相关的销售成本通常不会被虚构确认或早于收入确认。收入容易被操纵的另一个原因是在很多情况下难以确定收入确认的时间。

操纵收入的三种典型做法是：虚构收入、提早确认收入和收入调节操纵。

虚构收入 最惊人的收入舞弊形式涉及虚构收入。也许你还记得最近几宗涉及虚构收入的案件，但这种舞弊并不是什么新方式。第 5 章描述的厄特马斯案就涉及在总分类账中虚构收入分录。

舞弊实施者经常竭尽全力地隐瞒所虚构的收入。美国权益基金公司案所涉及的舞弊活动就是虚构保单，这一舞弊事实隐瞒了近十年的时间（1964—1973 年），涉及几十人。舞弊实施者通过用虚假文件制造合作伙伴来虚构保单。

提前确认收入 公司经常提前确认收入以满足盈余或销售预测。**提前确认收入**（premature revenue recognition）是指在会计准则的收入记录规范要求的时间之前确认收入。应该将提前确认收入与截止错误区分开来，截止错误是指无意中将交易记录在不正确的期间。最简单的收入提前确认形式是将本应记录在下一期的销售记录在本期销售中。

舞弊性提前确认收入的一种方法是开单-持有（bill-and-hold）销售。销售一般在发货时确认，但在开单-持有销售中，销售是在发货前确认的。另一种方法涉及修改销售协议条款的单方协议。例如，某一重要客户同意在期末"购买"大宗存货，但是单方给予了更优惠的价格且对客户未售商品给予不严格的商品退回，则确认收入就不合适。在一些情况下，单方协议的结果是按照会计准则该交易不足以确认为销售。

两个著名的提前确认收入实例是 Bausch & Lomb 公司案和施乐公司案。在 Bausch & Lomb 案中，公司所发出的货物并不是客户订购的货物，且予以客户不严格的退货条款，许可客户在销售完那些货物后付款。施乐公司案中涉及的收入确认问题更复杂，在融资性设备租赁中包括销售、融资和服务。因为立即确认了销售，所以施乐公司试图最大化分摊至该交易销售方面的成本。

收入调节操纵 最普遍的收入调节方法涉及销售退回与折让。公司可能会向审计师隐藏销售退回以高估净销售和收益。如果销售退回被作为存货实物的一部分予以清点，则可能增加所报告的收益。在这种情况下，通过存货的实物盘点，确认了资产的增加，但没有减少相关的应收账款。

公司也可能会低估坏账费用，其中部分原因是坏账费用的确认要求较高的职业判断。公司可能会通过低估坏账准备来减少坏账费用。因为坏账准备的确认取决于应收账款的账龄和数额，所以一些公司可能会改变应收账款的账龄，以使其看起来更接近当期。

收入舞弊的预警信号 存在许多潜在的预警信号或征兆暗示收入舞弊。其中最有用的是分析程序和文件偏误。

1. 分析程序。执行分析程序通常能够预示收入舞弊的存在，特别是计算毛利率和应收账款周转率。虚构收入会高估毛利率，如果相关的销售成本没有确认，那么提前确认收入也会高估毛利率。虚构收入还会低估应收账款周转率，因为虚构的收入还包括在未收回的应收账款中。表 10－4 列示了 Regina Vacuum 公司销售收入、销售成本和应收账款数据的对比，还包括舞弊前一年和前两年的对比。请注意，表中最近两年较高的毛利率和较低的应收账款周转率可以帮助人们认识到该公司虚构应收账款。

表 10－4 虚构应收账款对财务比率的影响——以 Regina Vacuum 公司为例

	会计年度截止日：6 月 30 日		
	1988 年	1987 年	1986 年
销售收入	$ 181 123	$ 126 234	$ 76 144
销售成本	(94 934)	(70 756)	(46 213)
毛利	86 189	55 478	29 931
毛利率	47.6%	43.9%	39.3%
年末应收账款	51 076	27 801	14 402
应收账款周转率*	3.55	4.54	5.29

* 应收账款周转率＝销售收入/年末应收账款

在一些舞弊中，管理层可能会利用分析程序的结果来虚构收入，例如，使当期的毛利率与上一期的毛利率大致相同。在这种舞弊中，分析程序一般不能用作舞弊预警信号。

2. 文件偏误。不论舞弊实施者如何费尽心机，虚构的交易几乎都没有合法交易的资料证据支持。例如，在臭名昭著的 ZZZZ Best 舞弊案中，价值数百万美元的保险赔偿合同只有一两页纸的协议，缺少大量诸如许可证之类的细节支持材料和证据，这些佐证性材料通常都应附在此类合同后。

审计师应该关注凭证中的异常标记和更改之处，并依靠原始的而不是复印的凭证。因为舞弊实施者总是企图掩盖舞弊，即使样本中只有一笔异常的交易，都应该视为必须对之进行调查的舞弊潜在信号。

挪用收入 虽然挪用现金收入没有收入舞弊报告那么严重，但这对于企业来讲是成本高昂的，因为此类舞弊直接导致资产的损失。典型的现金挪用涉及不记录销售或调整客户应收账款来隐瞒这一盗窃行为。

1. 不记录销售。最难侦查的舞弊之一就是源于销售的现金已经收讫但又没有记录销售。要是以赊账形式向客户发货，此类舞弊还较为容易发现。追查发货凭证至销售日记账的销售分录和所有发货凭证的会计处理可以验证所有的销售是否均已记录。

要验证所有的现金销售是否均已记录就要难得多，尤其是当不存在发货单和支持销售的客户应收账款时对销售完整性的验证。在这种情况下，要验证所有的销售是否均已记录，需要其他的凭证证据。例如，零售企业要求所有的销售都必须记录在收银机中，所记录的销售能够与收银机中的销售总额相核对。如果销售不记录在收银机中，则要侦查此类舞弊几乎是不可能的。

2. 销售记录后的现金收入盗窃。销售记录后的现金收入盗窃是很难匿藏的。要是客户的支付款项被盗，常用的未支付账目清单很快就可以发现这一舞弊。鉴于此，舞弊实施者要匿藏这一舞弊，就必须利用以下三种方式中的一种来减少客户应收账款数目：(1) 确认销售退回或折让；(2) 注销客户的应收账款；(3) 将其他客户的付款用作该客户的付款，这也称为截留挪用。

挪用收入的预警信号 小额销售和相应的现金收入盗窃可以由设计为最小化舞弊机会的内部控制很好地加以预防与发现。对于大额舞弊的侦查就必须利用分析程序和其他的比较分析。

□ 存货的舞弊风险

存货账户通常是许多公司财务报表中的最大账户，也是审计师认为难以验证其存在性和估价的账户。因为该账户很容易被那些想实现一定财务报告目标的管理层操纵，而且存货通常容易被交换，所以也容易发生侵占和盗窃。

针对存货的舞弊性财务报告风险　虚构存货已经成为几个主要的舞弊性财务报告案件的核心问题。许多大公司的存货复杂多样且存放地点众多，这就使其很容易在存放地点之间被转移，增加了存货测试的难度。

尽管要求审计师核实存货实物的存在情况，但审计测试只是在抽样基础上进行的，且不对所有存货存放地点进行测试。在许多涉及虚构存货的案件中，审计师都是预先通知被审计单位要进行测试的存货存放地点。结果是被审计单位可以轻而易举地将存货从其他存放地点转移至被测试的存放地点。

存货舞弊的预警信号　与涉及应收账款的舞弊类似，有许多潜在的预警信号或征兆预示着存货舞弊的存在。可以用分析程序来侦查存货舞弊。

分析程序，尤其是其中的毛利率和存货周转率，通常有助于发现存货舞弊。虚构存货会导致销售成本低估和毛利率高估，还会降低存货周转率。表10－5根据Crazy Eddie公司舞弊案列示了虚构存货对存货周转率的影响。请注意，高估毛利率并不一定表明存在虚构存货，但存货周转率显著降低是一个存在虚构存货的信号。

表10－5　虚构存货对存货周转率的影响——以Crazy Eddie公司为例

	截至1987年3月1日的会计年度末	截至1986年3月2日的会计年度末	截至1985年3月3日的9个月末
销售收入	$ 352 523	$ 262 268	$ 136 319
销售成本	(272 255)	(194 371)	(103 421)
毛利	80 268	67 897	32 898
毛利率	22.8%	25.9%	24.1%
年末存货	109 072	59 864	26 543
存货周转率*	2.50	3.20	5.20**

* 存货周转率＝销售成本/年末存货

** 存货周转率以每年的销售成本为基础。

□ 购买和应付账款的舞弊风险

虽然远不及涉及存货或应收账款的舞弊频繁，但涉及应付账款的舞弊性财务报告还是相当普遍的。有意低估应付账款一般可以导致购买和销售成本的低估以及净收益的高估。涉及购买的重大资产侵占也可能以向虚构供应商付款的形式出现，或者以回扣和与供应商的其他非法协议的形式发生。

针对应付账款的舞弊性财务报告风险　很多公司可能都会竭力低估应付账款并高估收益，这可通过延迟到下一期记录应付账款或记录虚构的应付账款减少来实现。

所有年底前收到的采购都必须记录为负债。如果公司有预先连续编号的接收报告，则对此的验证是很容易的。但如果接收报告没有预先编号或是有意在会计处理中隐瞒接收报告，审计师就很难验证所有的负债是否均已记录。在这种情况下，诸如财务比率的异常变动之类的分析程序就可能预示着应付账款被低估。

很多公司通常都与其供应商签订了复杂的协议，这些协议可以通过广告信用和其他折让的形式减少应付账款。这些协议通常不会记录为采购交易。有些公司利用虚构的应付账款减少来高估净收益。因此，在应付账款数额重大时，审计师应该认真阅读被审计单位与其供应商之间的协议，并确信所审财务报表确实反映了协议实质。

采购与付款循环中的资产侵占　采购领域中最常见的舞弊是向虚构的供应商付款和把现金存入虚构的

账户。针对这类舞弊的预防可以通过只允许向已批准的供应商付款和由得到授权的人员在具体支付前仔细检查支持采购的记录来完成。在其他资产侵占案件中，可能是应付账款职员或其他员工盗窃了签发给合法供应商的支票，再将与购买者有关的支付记录传递给供应商。这类舞弊的预防可以通过取消防止用于支持多重支付的支持性记录来实现。

□ 其他领域的舞弊风险

虽然有些账户总是比其他账户更容易被操纵，但是几乎每个账户都有可能被操纵。接下来我们将介绍一些其他的账户，这些账户一样具有舞弊性财务报告和资产侵占的风险。

固定资产 对于很多公司来说，固定资产都是一个大余额账户，且通常都要根据判断才能确定估价。鉴于此，固定资产就有可能成为一个操纵对象，对于那些不存在大宗应收账款和存货的公司来说更是如此。例如，公司可能将修理或其他经营性支出资本化为固定资产。如果审计师检查了固定资产增加的支持证据，就可以很容易地发现这类舞弊。尽管如此，在以往的舞弊性财务报告案件中，例如世通公司，仍然涉及资产的不适当资本化问题。

考虑到固定资产的价值和可交换性，固定资产也一样可能成为盗窃目标。对于那些方便携带（如笔记本电脑）的固定资产来说更是如此。为了降低固定资产被盗的可能性，无论何时都应对固定资产尽可能地做好保护工作，刻上标记或以其他形式打上永久性标记，还要定期盘存。

无形资产 无形资产例如商誉、专利额版权，主要基于会计估计，需要对组织未来获得的经济利益作出主观假设。因此，它们的估计容易受到管理层的操纵。例如商誉的估价取决于管理层就可能的减值作出关键假设。为应对有关无形资产的舞弊风险，审计师通常利用专家的工作（例如企业估值专家），以帮助其评价有关管理层入账金额的审计证据。

工资费用 工资很少成为舞弊性财务报告的特别风险领域，但是很多公司都可能通过记录过量的存货人工成本来高估存货和收益。公司的人工可能会用于建造固定资产，在这种情况下，过量的人工成本也可能资本化为固定资产。重大的额外福利，比如退休金，也可能被操纵。

涉及资产侵占的工资舞弊很少见，即使发生，所涉数额通常也不重大。两个主要的舞弊领域是虚构员工和高估具体员工的工时。人力资源部和工资职能部门的分离一般可以防止虚构员工的舞弊行为。利用打卡钟或核准工资工时一般都可以预防工时的高估。

10.7 怀疑存在舞弊时的责任

舞弊通常是通过收到匿名信或者偶然发现的，也有可能是通过内部控制或内部审计侦查出来的。图 10-8 列示了最常见的舞弊侦查途径与方法的结果统计。由图 10-8 可以看出，外部审计师只能发现较小比例的舞弊，而当舞弊对财务报表存在重大影响时被外部审计师发现的比例更高。

□ 对可能是舞弊结果的错报作出反应

在整个审计过程中，审计师要持续地评价所收集的证据和其他观察，以判断是否表明存在由于舞弊导致的错报。审计师必须认真评价审计中发现的所有错报是否有舞弊的迹象。若存在舞弊疑虑，审计师应该收集进一步的信息以确定舞弊是否真的存在。通常情况下，审计师都会在一开始向管理层和其他人作进一步的咨询。

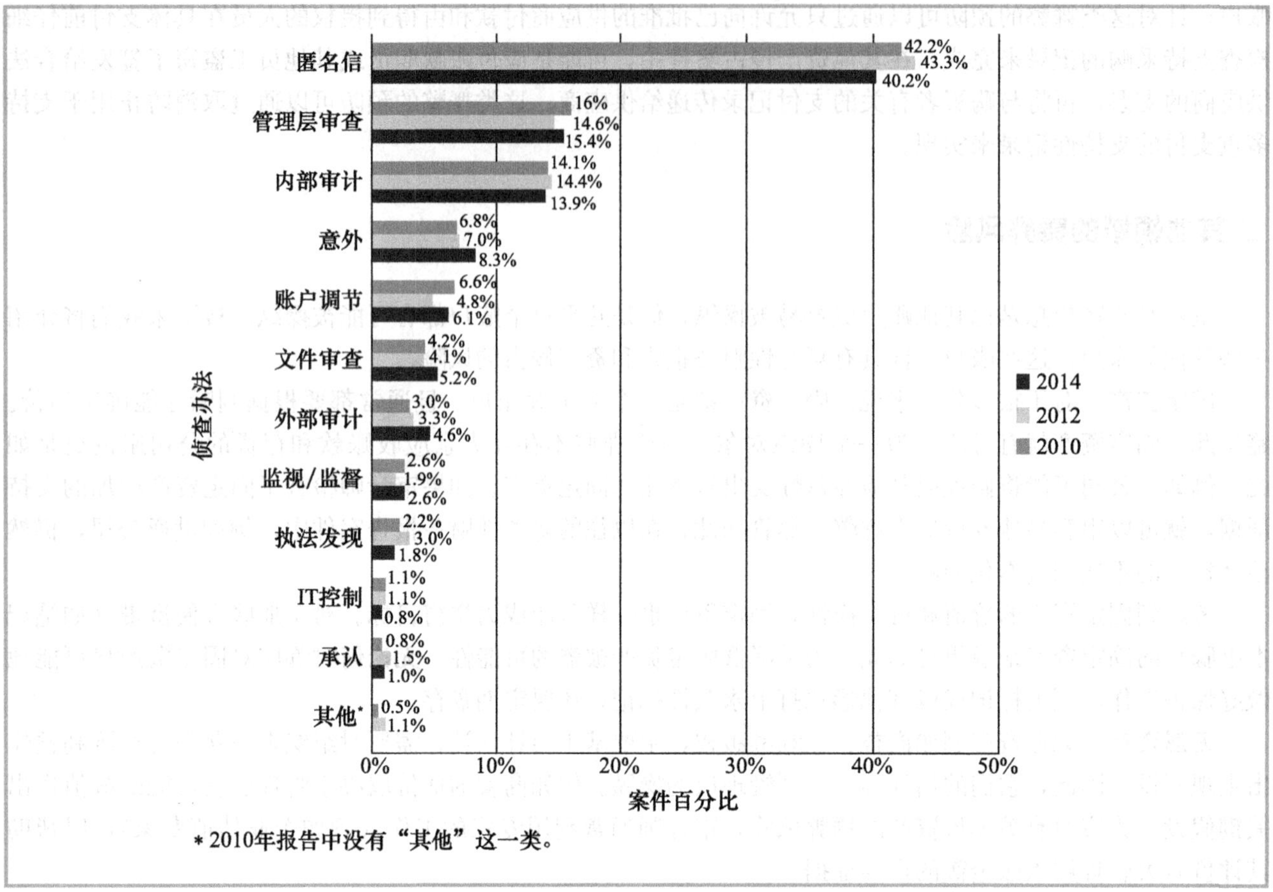

图 10-8 舞弊侦查方法

资料来源：*Report to the Nation on Occupational Fraud and Abuse*，Association of Certified Fraud Examiners，2014.

运用询问 如本书第7章所述，询问可能是最有效的审计证据收集技术。访谈可以使审计师澄清未观察到的问题，以及观察访谈对象的语言和非语言反应。访谈还有助于审计师识别文件检查或函证中所忽略的问题，审计师还可以在访谈中根据访谈对象的反应修正问题。

作为一种审计证据技术，询问的使用应该与其目的相匹配，做到询之欲寻、问之欲求。鉴于此，审计师可能会问一些不同类型的问题，改变访谈的语音语调。此外，在考虑管理层对询问的反应时，审计师还应当运用职业怀疑。根据审计师的目的，他们可以使用以下三种询问中的一种或多种。

1. 询问的类型。审计师使用**信息型询问**（informational inquiry）获取与审计师未曾获取的事实和细节有关的信息，这些信息通常是关于过去或当期事项或过程的信息。当审计师需要收集关于方案和控制或其他涉及错报或审计中未发现的舞弊嫌疑的进一步证据时，他们就经常需要使用信息型询问技术。审计师通过提出一些不限答案的问题，可以有效地运用询问技术获得事件、过程和背景的细节信息。

审计师用**评估型询问**（assessment inquiry）进一步证实或否定以前的信息。在评估型询问中，审计师通常一开始就提出宽泛、不限答案的问题，回答者可以提供详尽的答复，而审计师又能根据其答案提出更多具体的问题。评估型询问的一种普遍用法是通过询问其他员工来证实在这之前对管理层询问的结果。

质问型询问（interrogative inquiry）经常被用来确定个体是否欲行欺骗或故意忽略事实、事件或情形之关键信息的披露。通常情况下，被询问者出于自卫都会自觉不自觉地掩盖自己对具体事实、事件或情形的认识与了解；若真如此，质问型询问的结果就往往与实际相冲突。所以，在使用质问型询问时，审计师通常问一些直接给出“是”与“否”的答案的具体问题。质问型询问一般都由审计小组中经验丰富并熟悉被审计单位业务的高级人员执行。

2. 评价对询问的反应。为了使询问有效，审计师需要具备聆听与评价问题答复的技能。一般地，询问对象最初会忽略有用的信息，有效的后续跟进问题通常可以获取用以评价舞弊是否存在的更好信息。良好的察言观色能力可以增强审计师的询问技术。

3. 聆听技术。对审计师来说，在整个询问过程中有效地聆听询问对象的回答是非常关键的。审计师应该通过保持眼神的交流、点头示意或以其他的方式表示理解等，保持注意力集中。审计师同时也要尝试避免所提供的信息是预先准备好的。一个好的聆听者同时也要利用沉默来思考所提供的信息，并优先考虑和回顾所听到的信息。

4. 观察行为举止。善于询问的审计师在聆听被询问者的同时，会评价其语言和非语言上的暗示。语言上的暗示，如表 10-6 所示，可能表明回答者紧张、缺乏了解甚至欺骗。除了观察语言上的暗示外，运用询问也允许审计师观察询问对象的非语言上的行为暗示。资深的调查者知道不自在的被询问者在回答问题时，往往表现出很多如表 10-7 所示的非语言上的行为暗示。

表 10-6 观察询问过程中语言上的暗示

语言暗示的例子	暗示
大量使用修饰语，如“基本上”“通常”“经常”“正常情况下”等。	审计师需要进一步询问来判断这些修饰语的使用是否暗示着所审查的过程或情形存在偏差。
回答问题时频繁更改陈述。	资深的审计师会意识到更改措辞表明对方对自己的回答也不确定或想拖延时间。
使用“嗯”“好”“告诉你事实”等停顿性语言。	审计师应该警惕这些停顿，这经常表明被询问者在犹豫或没办法回答问题。
健忘或承认紧张，比如“我有点紧张”“我真是想不起来了”。	当这些持续发生时，审计师应该注意到欺骗的可能性。
宽容的态度，比如“这取决于环境”；极端的反应，比如“这是我记得最深刻的”。	不诚实的人往往能以宽容的态度对待舞弊的人。
不愿意结束面谈。	诚实的人基本上做好结束面谈的准备，而试图欺骗的人尝试延长面谈程序，让审计师相信他们讲的是事实。

资料来源：Based on “Association of Certified Fraud Examiners (ACFE) Fraud Manual,” The Association of Certified Fraud Examiners (www.acfe.org). Reprinted by permission of The Association of Certified Fraud Examiners.

表 10-7 观察询问过程中非语言上的暗示

非语言暗示的例子	暗示
身体上的障碍——被询问者可能会： ● 用他们的手、钢笔、铅笔、纸等堵住嘴。 ● 交叉手臂或腿。 ● 发出转移注意力的声音，比如敲打手指。 ● 离审计师远点，通常靠近门或窗，努力保持一定的距离。	当被询问者对特定问题觉得不自在时，他可能设置一些非语言上的障碍，试图与审计师保持一定的距离。
压力的信号——被询问者处于压力下时可能： ● 表现出口干。 ● 频繁地舔嘴唇、咽口水或清嗓子。 ● 坐立不安，跺脚或晃腿。 ● 脸上流汗或变红。 ● 避免眼神交流。	大部分人都会因撒谎而产生压力，这可能会在他们的身体上表现出来。

资料来源：Sawyer's Internal Auditing, 5th Edition, copyright 2003.

诚然，并不是每一个表现出这些行为的人都是对审计师的询问感到不自在的人。关键是要分清个人的行为什么时候开始表现得跟平常不一样。经验不足的审计师应该注意对方什么时候行为开始发生异常，并在对这些行为作出任何反应之前，与审计小组中的高级人员讨论自己所观察到的结果。

针对舞弊嫌疑的其他反应 当审计师怀疑可能存在舞弊时，审计准则要求审计师获取额外的证据以确定是否发生了重大舞弊。如前文所述，审计师通常采用询问方法作为信息收集的一部分。

1. 审计软件分析。审计师通常利用诸如 ACL 或者 IDEA 之类的审计软件来确定舞弊是否存在。例如，可以利用软件工具来搜寻重复的销售发票编号或核对销售发票和发货记录数据库的数据，寻找虚构的收入交易，确保所有的销售都有发货证据支持。类似地，这些工具能够有效地搜寻凭证序号中的断号，这种断号就可能表示与负债和费用账户完整性目标相关的错报。审计师使用包括诸如 Excel 一类的基础电子表格在内的审计软件为进一步的审计测试在子分类中挑选交易或账户余额。例如，审计师可能使用电子表格选项挑选超过一定数额的交易，或者是含有诸如非标准账户序号或异常账户余额之类的其他异常特征的交易（例如，全是整数数额的交易对某些行业来说是不太正常的）。

审计师也会使用如 Excel 等基础电子表格工具在分解层次上执行分析程序。例如，可以将销售按销售地点、产品类型、月销售额等进行分解以执行进一步的分析程序。总计层面上不易观察的异常趋势可能在将这些数据作进一步的细化后得以发现。

2. 扩大实质性测试。审计师可能会扩大其他审计程序以应对已确认的高舞弊风险。例如，如果存在更改销售合同以提前确认收入的风险，审计师可能会修改应收账款函证要求，以从函证对象处获得关于交易具体条款的更详尽的信息，如支付、转托管、还款政策条款等。在一些情况下，审计师可能要函证具体某一笔交易而不是整个应收账款余额，特别是年末所记录的大额交易。

通常情况下，那些需要管理层的主观估计的账户发生舞弊的风险较高。为了应对管理层在估计账户余额时（如存货陈旧减值准备）使用不适当的假设，审计师可能要运用专家工作以帮助评价关键假设的准确性和合理性。例如，审计师可能会借助存货方面的专家评价电子方面存货的陈旧情况，借助商务评估专家评价针对某些投资市场估价假设的合理性。

3. 其他审计方面的暗示。审计准则也要求审计师考虑审计其他方面的暗示。例如，涉及小额备用金的现金侵占舞弊，对审计师来说通常是不重要的，除非这件事情涉及更高的管理层，此时则可能暗示存在关于管理层诚信的基础问题。这可能暗示审计师需要重新评价舞弊风险的评估以及对审计证据的性质、时间和范围的影响。

当审计师认为可能存在舞弊时，审计准则要求审计师和适当层次的管理层讨论这个问题以及他们进一步调查所要采取的审计方法，即使这个问题可能被认为不重要。适当层次的管理层应该至少比所涉管理层的等级高一级，例如高级管理层和审计委员会。如果审计师认为高级管理层也有可能涉及舞弊，则应该直接与审计委员会讨论。

舞弊的发现也会影响上市公司财务报告内部控制的审计报告，PCAOB 审计准则规定，凡涉及被审计单位高层的舞弊，不论数额大小，都对审计师就财务报告内部控制发表意见产生重大影响（第 12 章讨论）。即使高层舞弊导致的错报金额很小也是如此。如果舞弊涉及管理高层，那就是一个重大缺陷，审计师就应该对被审计单位财务报告内部控制发表否定意见。

有时，审计师确定源自舞弊的重大错报风险对被审计单位的内部控制也有影响。在一些情况下，审计师应该将管理层的反舞弊程序和控制视为未能抑制这种舞弊风险的缺陷。如果审计师认为这些缺陷是重大缺陷或者重大弱点，则他们还要就此事与被审计单位的管理层和治理层（如审计委员会）进行沟通。在上市公司的财务报告审计中，审计师还要像第 12 章所阐述的那样，在财务报告内部控制审计过程中考虑这些缺陷。

向被审计单位管理高层和审计委员会之外的其他人披露可能的舞弊并不是审计师常规责任的一部分。如第 4 章所述，职业道德规范禁止审计师作此类披露，否则审计师就可能因违背保密原则而承担相应的法律责任。

审计师的审计程序结果可能表明源自舞弊的重大错报风险是如此之高，以致审计师需要考虑解除审计业务约定。解除与否取决于被审计单位管理层的正直性以及在整个调查过程和采取适当行动中被审计单位管理层和董事会的勤勉尽责程度及合作态度。

10.8 记录舞弊评估

审计准则要求审计师记录以下与审计师对源自舞弊的重大错报考虑有关的事项：

- 在审计计划阶段，审计项目组成员就被审计单位财务报表存在重大舞弊可能性进行讨论所得出的重要结论。
- 为获取识别与评估重大舞弊风险所需的必要信息而执行的程序。
- 已识别的财务报表层次和认定层次具体重大舞弊风险以及审计师应对这些风险的描述。
- 收入确认不存在重大不当行为风险的结论的理由。
- 为应对管理层凌驾于控制之上的风险所执行的程序结果。
- 表明需要执行其他审计程序或其他应对措施的其他情况与分析性关系，以及审计师所采取的行动。
- 与管理层、审计委员会或其他人员就舞弊所进行的沟通的性质。

本章小结

本章主要阐述了财务报表审计中审计师考虑的两种舞弊：舞弊性财务报告和侵占资产。审计师有责任对发现源自舞弊或错误的重大错报获得合理保证。本章阐述了审计中审计师评价舞弊风险的信息收集方式，以及在考虑被审计单位管理层的反舞弊方案和控制之后的舞弊风险应对措施。通过一般舞弊技术的介绍，强调了舞弊高风险领域，提供了一些应对这些风险领域的有效审计程序。

若通过审计怀疑存在舞弊，则应该收集其他证据，这通常通过询问程序来实现，同时审计师还有责任就舞弊嫌疑或已发现的舞弊与被审计单位的管理层和审计委员会进行沟通。上市公司的审计师在其就被审计单位财务报告内部控制发表意见时，还必须考虑他们的舞弊风险评估（包括任何舞弊嫌疑）对这一意见的影响。

练习题

10-1 定义舞弊性财务报告，并举两个例子。

10-2 定义侵占资产，并举两个例子。

10-3 对于三个舞弊条件：动机/压力、机会、态度/合理化，各举一例说明舞弊性财务报告的风险因素。

10-5 审计小组在其计划审计工作时就舞弊风险的讨论应考虑些什么？

10-6 当审计师收集信息以评估舞弊风险时，要求其对公司人员进行询问，此时审计师必须询问哪些人？

10-8 说明企业行为守则的目的，并确定一个具有代表性的行为守则中具体解决的项目，举三例说明。

10-10 在公司内设计并执行反舞弊程序和控制中，管理层与审计委员会的责任有何不同？

10-12 如果存在管理层逾越控制的可能性，则审计师应该采取哪三项行动？

10-15 列出审计师在获取舞弊嫌疑的其他信息时使用的三种询问方式并说明其目的。

10-16 当询问者具有欺骗行为时，指出三种可能观察到的语言和非语言的暗示。

10-17 你已确定了公司的会计主管有舞弊嫌疑，针对这一发现，你应该做什么？在审计上市公司时，这一发现可能会如何影响你对该公司内部控制的报告？

选自注册会计师考试的选择题

10-19 下列是有关舞弊风险因素和舞弊风险评估的问题。

a. 以下哪种情况很可能会促使审计师关注企业财务报表中源自舞弊的重大错报风险（　　）。

(1) 企业所在行业面临消费者需求下降

(2) 收银员没有被担保

(3) 内部审计人员直接接触董事会和企业管理层

(4) 董事会积极监督企业财务报告政策

b. 以下哪种情况很可能会促使审计师提高企业财务报表中源自舞弊的重大错报风险（　　）。

(1) 在折旧计提没有提足前，财产和设备经常被亏损出售

(2) 企业记录与函证回复存在异常差异

(3) 每月的银行存款余额调节表经常有几笔未达账项

(4) 计算机汇总的例外报告中出现数字错误

c. 以下哪项陈述反映了审计师发现舞弊的责任（　　）。

(1) 审计师有责任发现员工的错误和简单的舞弊行为，但是并不负责发现涉及员工串通或管理层凌驾于控制之上的欺诈行为

(2) 审计师应当计划审计工作，以发现偏离 GAAP 而导致的舞弊

(3) 审计师没有发现舞弊的责任，除非运用审计准则时发现了舞弊

(4) 审计师应当设计审计工作，以合理保证发现对财务报表产生重大影响的错误和舞弊

10-20 下列是关于审计师对舞弊可能性反应的问题。

a. 如果在审计过程中已经识别出了一些舞弊风险，则审计师对该项可能的舞弊的反应是（　　）。

	已识别的风险因子	审计师对已识别的风险因子的反应
(1)	是	是
(2)	是	否
(3)	否	是
(4)	否	否

b. 如果对财务报表发表意见的独立审计使得审计师认为存在源自舞弊的重大错报，则审计师首先应该（　　）。

(1) 要求管理层调查以确定舞弊是否已发生

(2) 做必要的调查以确定舞弊是否已发生

(3) 考虑对审计其他方面的影响，并就此事与适当级别的管理层进行沟通

(4) 考虑舞弊是不是雇员未遵循现存控制的结果

c. 以下哪项最不可能向审计师表明存在被审计单位管理层凌驾于控制之上的情况（　　）。

(1) 编制及时性的内部财务报告方面出现多次延误

(2) 管理层没有对已知的内部控制缺陷进行修正

(3) 计算机的例外报告中总是出现差异

(4) 本年有两位新的会计主管

10－21 下列问题涉及具体审计领域和账户上的舞弊风险。

a. 销售账户上所收到的现金被挪用。下列哪种行为可以掩盖这一挪用结果且被审计师发现的可能性很小（ ）。

(1) 低估销售日记账

(2) 高估应收账款统驭账户

(3) 高估应收账款明细记录

(4) 低估现金收入日记账

b. 审计师发现客户当年的应收账款周转率显著低于上年。这种趋势可能表明（ ）。

(1) 客户最近紧缩了信用政策

(2) 雇员恰在年底前偷盗了存货

(3) 本年记录了虚假赊销

(4) 这两年雇员一直重复记录应收账款

c. 对于由许多项目组成的存货，售价从 1 美元到 10 美元不等，还有几项上百美元的，以下哪种内部控制最有可能发现贵重存货的偷盗行为（ ）。

(1) 只对贵重项目采取永续盘存制，并对永续盘存制记录的有效性进行定期审核

(2) 委托独立会计师事务所对管理层就存货控制活动的设计和运行有效性的认定进行审计并报告

(3) 将贵重的存货放在独立的仓库中，并将标识牌连续编号

(4) 对于这些贵重存货的请购要求有授权人员的签名

讨论题

10－23 在计划审计工作中，审计师获得了下列信息：

1. 在具有不同经营环境和文化的辖区内边境上设立并营运了一个重大经营项目。
2. 管理层根据重要性概念再次尝试将模棱两可或不恰当的会计处理合理化。
3. 公司的会计主管工作非常努力，即便是在晚上和周末也不放松，并且他在两年内没有休假。
4. 公司董事会的大多数董事独立于管理层。
5. 资产和收入的确认与计量以涉及缺乏支持的主观判断和不确定性的重大估计为基础。
6. 公司勉强能够达到交易所挂牌和债务合约的要求。
7. 高度竞争和市场饱和威胁着公司财务业绩。
8. 新的会计准则导致其审计报告解释段中包含了该公司与行业其他公司一致性的问题。
9. 公司管理层和内部审计人员流动率低。

要求：

a. 请指出以上各信息是否暗示舞弊风险有所增加。

b. 如果以上信息表明舞弊风险有所增加，则舞弊条件（动机/压力、机会、态度/合理化）中哪项最有可能满足？

10－24 财务报表审计中的舞弊风险评估是一项难度很大的职业判断工作，审计准则要求审计师执行多项审计程序以收集评估舞弊风险的信息。假如你是 Spencer 公司的财务报表审计计划的负责人，有两名助理人员协助你做初步审计计划工作，并向你请教以下问题。

要求：

简要总结你对这两名助理人员问题的回答：

a. 审计工作小组的头脑风暴会议的目的是什么？

b. 参加头脑风暴会议的人员应该有哪些？什么时候举行该会议？

c. 这两名助理人员在该会议中的作用是什么？

d. 根据审计准则，审计师发现舞弊的责任是什么？

e. 有关本次头脑风暴会议的工作底稿中审计师必须记录哪些内容？

10-25 艺术欣赏团经营着一个供社区娱乐的营利性博物馆。

当博物馆向公众开放时，雇了两个人收入场费，非会员每人每次5美元。艺术欣赏团的会员出示证件允许免费进入。

每天结束时，由两名雇员中的一名将收到的现金交到司库，司库当面点清现金并放进保险箱。每周五下午，司库同一名雇员将保险箱中所有的现金送存银行，收回有效的存款通知单，作为每周会计记录的基础。

艺术欣赏团董事会认为有必要提高其入场费现金方面的内部控制。董事会认为安装旋转门、设立售票亭或其他改变博物馆格局的措施的成本大大超过其所带来的收益。然而，董事会还是认为入场票的销售必定是改进其成果的不可缺少的部分。

艺术欣赏团董事会要求Smith审查其入场费现金方面的内部控制，并提出改进建议。

要求：

a. 指出Smith应该识别的目前入场费现金收入方面的内部控制的缺陷，并对所确定的缺陷提出相应的改进建议。按下面的图表格式回答问题。①

缺陷	建议
1. 没有做好付款顾客编号方面的基础工作	1. 在支付入场费时，出售预先编号的入场票

b. 如果有的话，指出哪些缺陷会增加资产侵占的可能性。

c. 如果有的话，指出哪些缺陷会增加舞弊性财务报告的可能性。

10-29 Kowal制造公司雇用大约50名生产工人，其工资程序如下：

工厂领班面试申请员工，面试后确定是否雇用他们。员工被雇用后，他们要准备W-4文件（雇员扣款免税证明）并交给领班。领班将新雇员的小时工资写在W-4文件的下角，然后将文件交给工资核算员作为通知这名工人已被雇用。领班口头建议工资部门更改小时工资。

工厂的入口时钟附近的一个盒子里有空白的考勤卡。每个工人在星期一早上都要拿考勤卡，用铅笔填上姓名，记下每天上下班时间。到周末，工人们将卡放入厂门口旁的盒子里。到星期一早上，工资核算员就会从盒子中拿走已填完的考勤卡。然后由一名工资核算员用计算机系统记录这些工资，系统记录了工资核算员所录入的工资日记账的所有信息，并且自动更新工人收入的记录和总账。如果工人没有交考勤卡，系统就会自动删除其工资。

工资支票不直接存入工人的银行账户，而是由会计主管亲笔签名并交给领班。领班将支票发给工厂工人，并安排如何把支票发给没来的工人。会计主管负责编制工资银行存款余额调节表，同时还要编制各季度和年度的工资税报表。

要求：

a. 列举上述程序中最大的缺陷，并说明该缺陷可能导致的错报。

b. 对于每一种增加舞弊可能性的缺陷，指出可能的舞弊是侵占资产还是舞弊性财务报告。②

① 根据AICPA改编。

② 根据AICPA改编。

第 11 章

内部控制与 COSO 框架

学习目标

1. 描述有效内部控制的三个基本目标。
2. 比较管理层维护内部控制的责任以及审计师评价和报告内部控制的责任。
3. 解释COSO内部控制框架中的五个构成要素。
4. 解释一般控制和应用控制如何降低信息技术风险。
5. 指出信息技术系统的类型及其对内部控制的影响。

引 例

网络攻击：一个新的事实

2014年11月下旬的一天，早上6点，当索尼电影公司的首席执行官迈克尔·林顿接听电话的时候，他完全没有意识到正在酝酿的一场危机将会多么严重。林顿被告知，索尼的计算机系统遭到了黑客攻击，受损程度尚不清楚。最终索尼管理层会意识到，他们在早期低估了网络攻击的严重性，随着事态的发展，问题的严重性渐渐浮现。

索尼不得不关闭其位于加利福尼亚的索尼影业公司的所有计算机系统，以及海外办事处的计算机系统。该公司无法再通过电子邮件或语音邮件进行通信，只能求助于人工系统。根据《纽约时报》的一篇文章，"大量文件被盗，内部数据中心被清除干净，75%的服务器被摧毁"的事实令人深省。黑客们开始在网上发布信息，包括尚未发行的电影，以及来自林顿账户的数千封电子邮件。

公司的财务报告系统也遭到了破坏。2015年1月23日，索尼公司报告称，由于11月的网络攻击，他们将无法在股市截止日期前公布其第三季度收益。他们预计，索尼影业计算机系统的一部分仍将处于离线状态，至少要到下年2月才会恢复，这意味着会计师将无法最终确定其下属一家子公司的财务业绩。

美国联邦调查局参与了调查，最终，美国当局得出结论，某国政府参与了网络攻击，目的是阻止电影《采访》(The Interview) 向公众发布。这为世界各地的公司敲响了警钟，让它们认识到在线安全威胁的现实情况和严重程度。

资料来源：1. Michael Cieply and Brooks Barnes, "Sony Cyberattack, First a Nuisance, Swiftly Grew Into a Firestorm," *The New York Times* (December 30, 2014) (www.nytimes.com); 2. Takashi Mochizuki and Megumi Fujikawa, "Sony Hacking Attacks Delay Earnings Report," *The Wall Street Journal* (January 23, 2015) (www.wsj.com).

本章开篇的索尼公司案例说明了内部控制以及了解潜在威胁的重要性。内部控制的缺陷可能引起导致财务报表重大错报的重大损失。正如安然和世通公司财务报告中的问题一样，一些公司的财务报告问题也揭示了严重的内部控制缺陷。为了应对这一问题，《萨班斯-奥克斯利法案》404条款要求美国上市公司的审计师除了对被审计单位的财务报表发表审计报告之外，还要评价与报告被审计单位财务报告内部控制的有效性。随后世界各地也制定了类似的法规，如广为人知的日本J-《萨班斯-奥克斯利法案》就强制要求日本公司的管理层和审计师报告内部控制。

在本章和下一章，我们将继续讨论审计计划工作，重点介绍内部控制的作用。首先讨论内部控制框架以及计算机信息系统环境下特有的控制。下一章将讨论有效的内部控制如何减少财务报表审计中所需的证据。为支持审计风险模型中控制风险因素的评价，审计师必须了解内部控制并收集相关证据以支持这一评价。本章的大部分内容都是描述上市公司审计师是如何收集证据并结合财务报表审计中的控制风险评估为财务报告内部控制有效性报告提供基础的。

11.1　内部控制的目标

内部控制由一系列政策和程序组成，这些政策和程序为管理层实现公司目标提供了合理保证。这些政策和程序通常称为控制，它们共同构成了企业的**内部控制**（internal control）。管理层在设计其有效内部控制时一般有三个总体目标。

1. 报告的可靠性。该目标与内外部财务报告以及非财务报告相关，本章重点讨论外部财务报告的可靠性。正如第 6 章讨论的那样，管理层负责为投资者、债权人和其他使用者编制财务报表，他们既有法律责任又有职业责任确保按照诸如美国 GAAP 和 IFRS 之类的会计框架的报告要求公允表达这些信息。有效内部控制的目标就是履行这些财务报告责任。

2. 经营的效果与效率。公司的所有控制是为了鼓励公司既有效果又有效率地使用其资源，以使公司目标最大化。这些控制的一个重要目标是确保决策所用的与公司经营有关的财务与非财务信息的准确性。

3. 法律法规的遵循性。404 条款要求所有的上市公司管理层对外公开一份关于财务报告内部控制有效性的报告，除了 404 条款的法律规定以外，上市公司、非上市公司和非营利组织还要遵循许多其他法律法规。有些与会计间接相关，如环境保护法和民法；有些与会计紧密相关，如所得税法和反舞弊法规条款。

管理层为实现以上三个目标，必须设计相关的内部控制。在财务报表审计和内部控制审计中，审计师关注的是有关财务报告可靠性的控制，以及对财务报告有重大影响的法律法规的遵循控制。

11.2　管理层和审计师的内部控制责任

就内部控制方面的责任来说，管理层和审计师的责任是有区别的。管理层要负责建立、维护企业的内部控制，404 条款还要求他们对外公开内部控制运行有效性的报告。与之相对的是，审计师的责任包括了解和测试财务报告内部控制。SEC 还要求大型上市公司的审计师每年出具一份关于内部控制运行有效性的审计报告。

□ 管理层建立内部控制的责任

管理层而非审计师必须建立和维持企业内部控制。这一概念与管理层而非审计师按照 GAAP 或 IFRS 之类的可适用的会计框架编制财务报表的责任要求相一致。以下两个关键概念构成了管理层设计与执行内部控制的基础——合理保证和固有局限。

合理保证　企业应该建立能对财务报表公允表达提供合理但非绝对保证的内部控制。管理层在权衡控制的成本与效益之后设置内部控制。合理保证是指内部控制不能及时防止或发现重大错报的概率是极小的。

固有局限　不论内部控制设计和执行得多么完善与认真，也不能指望它完全有效。即使管理层能设计出理想的制度，制度的有效性仍取决于具体执行人员的能力和可信赖性。例如，假设认真地建立了一个存货清点程序，并要求两位员工独立清点。如果两位员工都没有理解操作指南或清点粗心，那么存货的数量很可能是错误的。即使清点是正确的，管理层也有可能为了提高报告盈余而凌驾于程序之上指使员工增加存货数量。同样，员工也可能为了掩盖其盗窃行为而故意多计存货数量。两位或更多的员工盗窃资产或错报记录的行为称为**串谋**（collusion）。

□ 管理层遵循 404 条款的报告责任

《萨班斯-奥克斯利法案》404（a）条款要求所有上市公司的管理层公布一份包含以下内容的内部控制报告：

- 一份管理层负责建立与维护充分的财务报告内部控制结构与程序的声明；
- 一份关于财务报告程序与内部控制结构截至公司会计年度末运行有效性的评估报告。

管理层还必须确定用以评价内部控制的框架，美国大多数企业所使用的内部控制评价框架都是 Treadway 委员会下属 COSO 委员会（Committee of Sponsoring Organization）的《内部控制——整合框架》（Internal Control—Integrated Framework）。该整合框架于 1992 年首次发布，2013 年进行了更新。在世界其他国家中还存在其他的内部控制框架，如英国财务报告理事会的《风险管理、内部控制和相关的财务和经营报告指南》（Guidance on Risk Management，Internal Control and Related Financial and Business Reporting）和加拿大的《控制评估指南》（Guidance on Assessing Control，CoCo）。

管理层对其财务报告内部控制的评估主要有两个组成部分：首先，管理层必须评价财务报告内部控制的设计；其次，管理层必须测试这些控制运行的有效性。

内部控制的设计 管理层必须评价是否适当地设计了防止或发现财务报表重大错报的具体控制。管理层应该主要关注那些针对财务报表重大账户和披露的认定的控制，包括评价重大交易是如何开始、授权、记录、处理和报告的，以识别和确定这个交易流程中可能由于错误或舞弊而导致重大错报的关键点。

控制运行的有效性 另外，管理层必须测试控制运行的有效性。这种测试的目标是确定这些控制是否按其设计运行、执行控制的人员是否拥有必要的授权以及是否具有有效执行这些控制的胜任能力。管理层的测试结果必须予以记录，并能为管理层就会计年度末控制运行有效的认定提供基础。管理层必须披露内部控制中的任何重大缺陷，哪怕只有一个重大缺陷，管理层也必须推定其财务报告内部控制是无效的。

美国 SEC 要求管理层将其对财务报告内部控制的报告包括在每年向 SEC 提交的 10-K 表中。图 11－1 列示了一个管理层遵循 404 条款规定和 SEC 相关规则的内部控制报告的例子。

> Marble 公司的管理层负责建立和维护充分的财务报告内部控制。Marble 公司的内部控制系统设计为公司管理层和董事会就其对外财务报表的编制和公允表达提供合理保证。
>
> Marble 公司的管理层已经评价了公司财务报告内部控制至 2016 年 12 月 31 日的有效性。在这个评价过程中，所使用的评价标准是 Treadway 委员会下属 COSO 委员会发布的《内部控制——整合框架》，根据我们的评估，我们认为截至 2016 年 12 月 31 日，公司的财务报告内部控制就这些标准而言是有效的。
>
> Marble 公司的独立审计师已经对我们就公司财务报告内部控制的评估报告出具了审计报告，这一报告的具体内容见下一页。
>
> 2017 年 2 月 15 日
>
> 总经理：Fred Narsky　　　　首席财务官：Karen Wilson

图 11－1　404 条款下管理层对其财务报告内部控制报告的示例

□ 审计师了解内部控制的责任

鉴于其重要性，明晰项目修订后的 AICPA 审计准则序言中专门有一条要求审计师“了解被审计单位及其环境（包括内部控制），识别和评估由于错误或舞弊导致的重大错报风险。”审计准则要求审计师在每次审计中都要了解与审计相关的内部控制。审计师对内部控制的关注点主要集中在与财务报告可靠性相关的控制以及对交易种类的控制上。本章后面将简要讨论审计师的相关责任，下一章作具体阐述。

与财务报告可靠性相关的控制 审计师主要关注的控制是管理层对内部控制关注的第一点——财务报告的可靠性。如果财务报告内部控制都不充分，则财务报表不可能按照 GAAP 或 IFRS 公允表达。与被审计单位不同，审计师更少关注那些影响被审计单位经营效率和效果的控制，因为这些控制不会影响财务报表的公允表达。但是，审计师不应该忽略影响内部管理信息的控制，如预算和内部绩效报告。这几类信息通常是管理层日常经营过程中所使用的重要信息来源，还是帮助审计师决定财务报表是否公允表达的重要证据来源。针对这些内部报告的控制不健全，这些报告作为审计证据的价值就会受损。

对交易种类的控制 审计师主要重视的是对交易类别的控制而不是对账户余额的控制。其原因是会计系统输出（账户余额）的正确性取决于输入和加工（交易）的正确性。例如，如果给顾客开出的账单中的售出产品、发货数量或者销售单价错误，则销售收入和应收账款都将出现错报。如果存在适当的控制以确保开单、现金收入、销售退回与折让以及坏账注销等的正确性，则应收账款余额就有可能是正确的。因为重视的是交易种类，所以在评价被审计单位财务报告内部控制时，审计师主要关注的是第 6 章所讨论的与交易相关的审计目标。

审计师即使重视与交易相关的控制，也必须了解账户余额、列报和披露的内部控制。例如，与交易相关的审计目标一般对两个与余额相关的审计目标（可实现价值、权利和义务）没有影响，它们也不可能对四个列报和披露目标有影响。审计师很可能要单独评价管理层是否对这两个与余额相关的审计目标和四个列报和披露审计目标执行了相应的内部控制。

审计师对报告内部控制的责任

404（b）条款要求审计师报告财务报告内部控制的有效性。正如第 1 章讨论的一样，美国国会在 2010 年 7 月通过了《多德-弗兰克法案》，其结果只要求在美上市的大型公司的审计师报告财务报告内部控制的有效性。

为了对这些控制发表意见，审计师应该了解所有重大账户余额、交易层次、披露和财务报表的相关认定的控制，并对其执行控制测试。我们将在本章后面以及本书其他几章详细地讨论这些控制测试，审计师对内部控制的报告也将在第 12 章予以讨论。

11.3 COSO 报告中的内部控制要素

COSO 报告《内部控制——整合框架》于 1992 年首次发布，目前是美国和全世界最为广泛接受的内部控制框架。该框架最初制定以后，商业和经营环境越来越全球化、复杂化、技术驱动。利益相关者更加希望提升内部控制的透明度和责任感，包括财务报告以外的其他报告目标（例如公司责任目标和可持续发展目标）的控制。COSO 在 2013 年更新了该框架以使其更加适合当前的商业环境。该框架的总体结构保持不变，更新后的框架提供了原则导向的方法，为设计和执行有效的内部控制制度提供了补充指导。

COSO 框架描述了管理层为其控制目标的实现提供合理保证而设计和执行的五个要素。每个要素都包含了许多控制，但是审计师只关注那些用来防止或发现财务报表重大错报的控制的设计。COSO 报告中的内部控制要素包括：（1）控制环境；（2）风险评估；（3）控制活动；（4）信息与沟通；（5）监控。

如图 11-2 所示，COSO 以立方体的方式反映了三个控制目标、五个内部控制要素以及组织结构之间的直观关系。

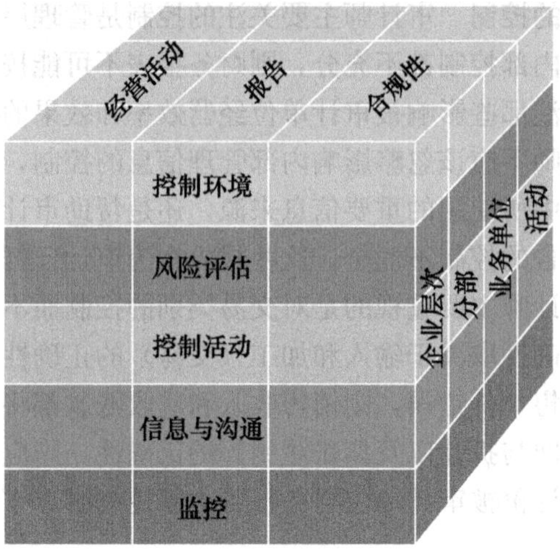

图 11-2 COSO 内部控制目标与要素

在每一个 COSO 要素内，更新后的框架包括了核心控制原则（总计 17 条），为支持各组成要素提供具体指导。COSO 原则适用于各种类型的企业和每一个内部控制目标：报告、经营活动以及合规性。为确保内部控制的有效性，必须设计并实施全部 17 条原则。在逐个讨论内部控制要素的同时将具体介绍这些原则。

□ 控制环境

控制环境（control environment）由行为、政策和程序组成，这些行为、政策、程序反映了高级管理层、董事和企业所有者就控制对企业重要与否的认识。如图 11-3 所示，控制环境是其他四个要素的保护伞。如果没有一个有效的控制环境，其他四个要素不论其质量如何，都不可能形成有效的内部控制。有效控制组织的关键在于其管理层对控制的态度。如果高层管理人员认为控制很重要，那么组织的其他人员自然也会意识到这一点，从而能认真地遵守各项控制。相反，如果组织内的成员都很清楚控制并不是高层管理人员所关心的问题，则管理层的控制目标几乎不可能有效实现。

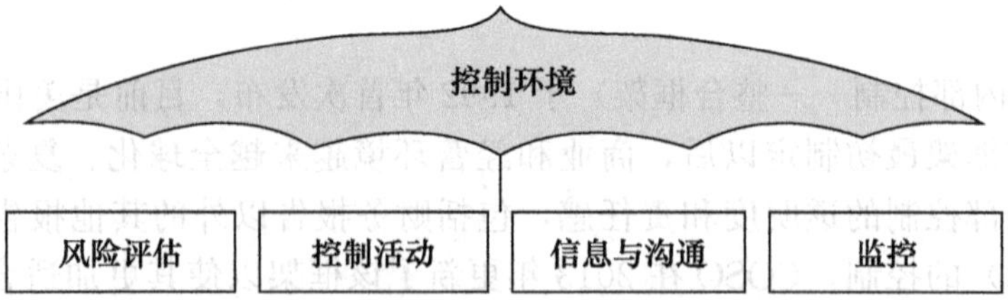

图 11-3 内部控制的五个构成要素

与控制环境相关的五条基础原则包括：对诚信和道德价值观的承诺，董事会独立于管理层并对内部控制进行监督，建立恰当的组织结构和报告关系，对吸引、培养和保留具备胜任能力的人才作出承诺，让员工担负起内部控制的责任。为了解和评价控制环境，以下是审计师应该考虑的最重要的子要素。

诚信和道德价值观 诚实正直和道德价值是企业道德和行为标准及其在实际中如何被传递和加强的结

果。它们包括管理层为消除或减少可能促使雇员从事不诚实、不合法或不道德行为的动机和欲望而采取的措施，还包括通过政策陈述、道德规范和典型事例等形式向雇员传递的企业价值和行为准则。

管理层通过自身行为向雇员提供了关于内部控制重要性的清晰信号，例如，管理层是偏好风险还是厌恶风险？销售和利润是否不切实际，雇员是否被鼓励采取激进行为以满足这一目标？管理层是由一个或几个"大腹便便、刻薄小气的家伙"控制，还是由"正直、正义的人"控制？了解管理层的这些管理哲学和管理风格，有助于审计师了解管理层对内部控制的态度。

董事会或审计委员会的参与 董事会是公司治理有效的关键，因为它对确保管理层执行适当控制和财务报告过程负最终责任。一个有效的董事会应独立于管理层，并且其成员要参与并检查管理层的活动。虽然董事会将内部控制的执行责任委派给管理层，但是它必须对管理层建立的内部控制进行定期的独立评价。另外，一个积极客观的董事会能有效地减少管理层忽视现行控制的可能性。

为协助董事会的监督，董事会通常设置一个审计委员会负责对财务报告过程的监督。审计委员会还对外部及内部审计师保持持续沟通负有责任，包括批准上市公司审计师提供审计和非审计服务。这有助于审计师和董事会对管理层的诚实正直或管理层所采取的行为的适当性进行讨论。

审计委员会相对于管理层的独立性及其在财务报告方面的知识，被认为是它有效评价内部控制和管理层编制的财务报表的能力的重要决定因素。《萨班斯-奥克斯利法案》要求（美国）国内证券交易所（NYSE 和纳斯达克）强化对上市公司审计委员会的监督。对此的反应是，这些交易所将禁止这些公司发行任何证券，如果其审计委员会：(1) 不是完全由独立董事组成的；(2) 不完全负责聘请和解雇公司审计师；(3) 没有建立接受和处理关于会计、内部控制或审计事项的投诉（如匿名揭发）的程序；(4) 没有能力从事独立建议和其他咨询业务；(5) 成立不适当。

除了美国之外，其他国家和地区也存在类似的规定，比如，欧盟第 8 号指令要求每一家上市公司都要建立至少由一名独立且具有会计或审计知识的董事组成的审计委员会。PCAOB 审计准则要求审计师评价审计委员会对被审计单位对外财务报告和财务报告内部控制的监督有效性。

许多非上市公司也建立了有效的审计委员会。对于其他非上市公司来说，公司治理可能由所有者、合伙人、托管人或者诸如财务或预算委员会之类的管理委员会提供。他们负责监督企业战略发展方向以及企业包括财务报告和披露在内的受托责任。他们又被审计准则称为**治理层**（those charged with governance）。

组织结构 被审计单位的组织结构规定了责任和权力的现行等级。如图 11-2 中的 COSO 立方体所示，组织结构包括企业层次、分部、业务单元及其活动，以及这些层级实施的内部控制。通过了解被审计单位的组织结构，审计师能了解企业业务的管理和职能部门，进而洞察控制的执行方式。

对胜任能力的承诺 胜任能力是完成个人工作任务的必备知识和技能。对胜任能力的承诺包括管理层对具体工作所需能力水平的考虑，以及如何将这些能力水平转换成对技能和知识的具体要求。只要雇员具有胜任能力并诚实可靠，即使缺少其他控制，编制的财务报表仍具有可靠性。即使存在大量的其他控制，缺乏能力或不诚实的雇员也可能会将整个内部控制弄得一塌糊涂。诚实、能干的雇员即使缺少其他控制的支持，也能够高水平地执行工作。然而，即使人员是胜任和诚实可信的，但要注意金无足赤、人无完人。例如，人们可能变得烦躁或不满，个人问题会破坏他们的业绩或改变他们的目标。考虑到胜任、诚实可靠的雇员在提供有效控制方面的重要性，雇员的雇用、评价、培训、晋升和报酬成为内部控制的一个重要部分。

受托责任 管理层和董事会负责传达预期，并且促使员工承担内部控制的责任。此过程的有效性取决于以上讨论的各子要素。例如，管理层必须设定恰当的基调、设立恰当的组织结构和报告关系、提供激励机制，以使员工履行受托责任、担负相关的内部控制责任。

□ 风险评估

风险评估（risk assessment）是指对影响组织目标实现的风险进行识别和评估的过程。与风险评估相关的四条核心原则包括：为识别和评估与其目标相关的风险，组织应当作出清晰的目标设定；组织应当确定如何管理风险；组织应当考虑潜在的舞弊行为；组织应当监督可能影响内部控制的变化。此外，还要考虑与信息技术相关的具体风险，因为忽视这些风险可能导致巨大损失，正如引例中索尼公司遭到的网络攻击。如果 IT 系统失效，组织可能瘫痪，无法检索信息或者因为运行错误而导致使用的信息失真。鉴于 IT 风险的重要影响，本章后面将作进一步讨论。

对财务报告的风险评估是管理层对与报表按照适当的会计准则编制有关的风险的识别与分析。例如，某公司由于技术的迅猛发展，常常以低于存货成本的价格出售产品，那么设置适当的控制以应对存货高估的风险对该公司来说就是非常重要的。类似地，前期目标没有实现、雇员素质、公司经营地点的分散、核心业务工艺流程的重要性和复杂性、新信息技术的引入，以及新的竞争者的进入等都可能是导致风险增加的因素。一旦确认了一项风险，管理层就要估计该项风险的重要性，评价风险发生的可能性，并采取必要的具体措施将风险降至可接受的水平。

管理层的风险评估与第 9 章所讨论的审计师的风险评估有所不同，但又紧密相关。管理层的风险评估是制定和执行内部控制的组成部分，旨在减少错误和舞弊。审计师评价风险的目的在于确定审计所需要的证据。如果管理层能有效地评价风险并采取相应措施，则审计师应收集的审计证据一般比管理层没有识别和应对重要风险时所收集的证据要少。

□ 控制活动

控制活动（control activities）是指除包括在其他四个控制要素中的政策和程序，这些政策和程序有助于确保被审计单位为实现其目标而对风险采取必要的控制活动。与控制活动相关的三条核心原则包括：设定控制活动以将风险降至可接受的水平；制定信息技术一般控制；建立恰当的政策、程序和要求。所有企业都存在大量类似的控制活动，包括人工和计算机系统内嵌的控制（自动化控制）。控制活动一般包括下列五种类型：

（1）充分的职责分离。

（2）交易和活动的适当授权。

（3）充分的凭证和记录。

（4）对资产和记录的实物控制。

（5）对执行的独立核查。

充分的职责分离 旨在防止舞弊和错误而充分将**职责分离**（separation of duties）的四项一般原则对审计师尤为重要。

1. 资产保管与会计相分离。为了使公司资产免于被盗，不应由临时或永久保管资产的人员来记录该项资产。若一人同时肩负这两项职责，则此人为获取私利而处置资产并调整会计记录以免除其责任的风险就会很高。例如，如果出纳收取现金并登记现金收入和销售的分录，他就有可能私吞货款，并且通过漏记销售或虚列贷方发生额的方法调整相关账户。

2. 交易授权与相关资产保管相分离。防止交易授权人员控制相关资产以降低资产挪用的可能性是明智之举。例如，同一个人不应该既授权对供应商货款的支付，又审批该项付款支出。

3. 经营责任与记录责任相分离。为确保信息中立，记录工作通常由向会计主管报告的独立部门承担。

如果企业的每个部门或分支机构都监督各自记录和报告的生成，就不可避免地存在改变其经营成果以粉饰其报告业绩的倾向。

4. 信息技术职责与使用者部门相分离。随着信息技术系统复杂程度的增加，授权、记录和保管职责的分离变得模糊不清。例如，销售部门可以进入在线的顾客订单。计算机以顾客信用限额与源文件的比较为基础对销售授权，并将所允许的销售记入销售循环的日记账。因此，计算机在销售交易的授权和记账中起着重要作用。为弥补这些责任的潜在重叠，将主要的信息技术职能部门与关键使用者部门相分离对公司来说是非常重要的。在这个例子中，信息技术部门承担设计、控制包括销售授权和过账的会计软件程序的责任，而信息技术部门以外的公司信用部门具有更改顾客信用限额源文件信息的资格。

交易和活动的适当授权 要使控制符合要求，则每项交易都必须适当授权。如果组织中的一些人能够随意地取得和耗用资产，则会出现完全混乱的局面。授权可以是一般授权或特别授权。**一般授权**（general authorization）是指管理层制定各部门应遵循的政策，下属部门通过在政策规定的权限内批准各项交易来执行的授权。产品销售固定价格表、顾客信用限额以及固定再订货点的制定都属于一般授权。

特别授权（specific authorization）适用于个别交易。管理层通常不愿对一些交易制定一般授权政策，而偏好于逐笔授权，销售经理对二手车公司所作的销售交易授权就是一个例子。

授权与批准之间也存在重大差别。授权是对一般类别交易或特定交易的政策决定，批准则是对管理层一般授权决定的执行。例如，假设管理层制定了当存货储存量少于三周的供应量时就进行订货的一项授权政策，就是一般授权。当有关部门订货时，由负责维持永续记录的职员批准订单，以表明符合授权政策的要求。在计算机执行交易一般授权的情况下，由计算机执行存货储存量与再订货点源文件的比较，并根据比较结果决定是否向供应商源文件中的授权供应商呈报购货订单。在这种情况下，计算机利用源文件的预先授权信息从事一般批准的职能。

充分的凭证和记录 凭证和记录是登记和汇总交易的载体，包括销售发票、购货单、明细账、销售日记账和员工工时卡等多种项目。许多凭证和记录以计算机文件的形式而不是纸质形式保存。凭证必须充分，以合理保证对所有资产都进行适当控制以及所有交易都已正确记录。例如，如果验收部门在原材料入库时填写了一份电子验收报告，则应付账款部门能够通过与验收报告的信息进行对比，来验证供货发票上的数量和说明，例外事项由应付账款部门解决。

凭证和记录的恰当设计和使用必须遵循一定的相关原则。凭证和记录应当：

- 预先连续编号，以防止凭证和记录的丢失，同时便于在日后需要时查找，预先连续编号的凭证和记录对完整性这一交易相关的审计目标有重要影响。
- 在交易发生时或发生后尽快编制，以减少及时性目标发生错误。
- 尽可能设计成多用途的形式，以减少凭证的种类。例如，设计得当的电子发货凭证能够作为仓库向发货部门发货、通知向顾客开出反映一定数量商品的账单、选择正确的开票日期、更新永续存货记录等工作的依据。
- 设计便于正确填制的格式。可以通过表格和在记录内设置内部检查来实现。例如，计算机屏幕提示框可以提供关键信息的在线数据条目，以便于按照授权和批准进行录入。类似地，屏幕控制可以验证信息的录入，比如，当某账户编号与账户源文件中的编号不一致时，无效的总分类账户的编号就会被自动拒绝。

科目表是与凭证和记录紧密相关的一种控制。**科目表**（chart of accounts）将交易分成具体的资产负债和损益表科目。如果科目表能够正确或明确地描述每个科目应当记录的交易类型，则有助于防止分类错误。

对资产和记录的实物控制 保护资产和记录对维持充分的内部控制尤为关键。如果资产没得到保护，就可能被盗。如果记录没有有效的保护，也有可能被盗或被破坏。上述情况一旦发生，会计处理和正常经营将会遭到严重破坏。如果公司电算化程度高，保护其计算机设备、程序和数据文件就特别重要。数据文件是公司的记录，如果被破坏，则重建的成本高昂，甚至无法重建。

保护资产和记录的最重要的措施就是实物预防。例如，利用仓库储存存货以防被盗。如果仓库由胜任的员工控制，则进一步减少了存货被盗的可能性。除了非现场备份计算机软件和数据文件外，消防设施和保险库也是保护货币和有价证券的重要措施。

对执行的独立核查 最后一种控制活动是对其他四种控制活动进行仔细和连续的评价，通常叫作**独立核查**（independent checks）或内部验证。独立核查产生的原因是除非有一个经常性的核查机构，否则，内部控制随时都有可能发生变化。除非有人观察并评价他们对控制的执行情况，否则人们很可能忘记或者故意不遵守程序，或者敷衍了事。但是，无论控制效果如何，都不可能杜绝舞弊行为和无意错报的发生。

执行内部验证人员的主要特征是，他们必须独立于负责编制数据的人员。最节约的内部验证就是按前面已讨论的方式进行职责分离。例如，如果由独立于会计记录和现金收支的人员编制银行存款余额调节表，则无须追加过多的额外成本就能提供一个有效的验证。

会计系统电算化可以设计成囊括内部验证程序的系统。例如，如果系统内没有与购货发票一致的购货订单编号或验收报告编号，则计算机会阻止支付该项购货费用。由于大量采用信息技术实施控制活动，必须在整体系统或企业层面对大量影响 IT 服务总体安全和功能的风险进行管理。组织需要实施 IT 一般控制以应对这些风险，本章随后将进行介绍。

□ 信息与沟通

企业会计**信息与沟通**（information and communication）系统的目的在于发起、记录、处理以及报告企业的交易，维护相关资产的可说明性。与信息与沟通相关的核心原则说明了组织内外部沟通时使用相关、优质的信息以支持内部控制发挥作用的重要性。会计信息与沟通系统包括一些子要素，它们一般由各类交易构成，如销售、销售退回、现金收取、购货等。对于每一类交易，会计系统必须符合第 6 章所阐述的所有与交易相关的管理层认定。例如，销售会计系统的设计要保证企业所有发出的货物都能正确地作为销售予以记录（完整性和准确性认定），并在适当期间的财务报表中加以反映（截止认定），销售会计系统还必须避免重复登记销售以及发货并未发生却记录销售（发生认定）。

□ 监控

监控（monitoring）活动是管理层对内部控制的执行进行持续或定期评价，以便确保各项控制按其设计运行，以及根据情况的变化进行适应性修正。评价和修正所需信息源于多种渠道，包括对现行内部控制的研究、内部审计师报告、控制活动的例外情况报告、诸如银行监管机构等监管者报告、经营人员的反馈，以及顾客对账单费用的投诉等。

对于许多公司，特别是大型公司，建立一个内部审计部门是有效监督内部控制运行结果的重要手段。为确保该部门工作的有效性，它必须独立于业务和会计部门，并直接向最高管理层或董事会下设的审计委员会等企业高层权力机构报告工作。

除了在监控企业内部控制方面的作用外，完备的内部审计人员还可以通过向外部审计师提供直接的帮助从而减少外部审计成本。PCAOB 审计准则界定了审计师在遵循 404 条款对被审计单位内部控制进行报告时，可以使用的内部审计人员工作的范围。审计准则为外部审计师获得有关内部审计师胜任、正直和客观的证据提供了指南，如果这些证据的结果是正面的，则外部审计师就可以在许多方面依赖内部审计师的工作。

前面各部分讨论的 COSO 框架下的内部控制的五类要素汇总于表 11－1，其中有些要素对企业的内部控制系统有普遍影响，因此，在 PCAOB 审计准则中它们又被称为**企业层面的控制**（entity-level controls）。这些例子包括控制环境中的董事会和审计委员会，企业的风险应对以及监控下的内部审计角色。

表 11－1 COSO 框架下的内部控制要素

内部控制		
构成要素	要素说明	原则
控制环境	反映最高管理层、董事以及企业所有者对内部控制及其重要性的整体态度的行动、政策和程序。	● 诚信和道德价值观。 ● 董事会或审计委员会的参与。 ● 组织结构。 ● 对胜任能力的承诺。 ● 受托责任。
风险评估	管理层对以诸如 GAAP 或 IFRS 之类的适当的会计框架为基础编制的财务报表相关风险的识别和分析。	● 设立明确目标以识别与目标相关的风险。 ● 确定如何管理风险。 ● 考虑舞弊的可能性。 ● 监控变化。
控制活动	管理层建立的用以实现财务报告目标的政策和程序。	● 设定控制活动以将风险降至可接受的水平。 ● 制定信息技术一般控制。 ● 建立恰当的政策、程序和要求。
信息与沟通	用来发起、记录、处理和报告企业交易及维护相关资产受托责任的方法。	● 使用相关、高质量的信息以支持内部控制的运行。 ● 在内部沟通信息，包括内部控制的目标和责任。 ● 与外部相关方沟通内部控制的相关信息。
监控	管理层对内部控制执行情况的持续和定期评价，以确保控制按设计运行，并在必要时进行修正。	● 定期进行评价。 ● 与能够采取纠正措施的相关方沟通识别出的控制缺陷。

11.4 信息技术特有的内部控制

技术可以加强公司的内部控制制度，但也可以带来挑战。为了解决与技术依赖相关的风险，组织通常实施特定的 IT 控制。审计准则描述了 IT 系统的两类控制：一般控制和应用控制。

一般控制（general controls）适用于 IT 职能的所有方面，包括 IT 管理，IT 职责的分离，系统开发，访问硬件、软件和相关数据的物理和在线安全，意外紧急情况下的备份和应急计划，以及硬件控制。由于一般控制通常应用于整个实体范围内，并影响许多不同的软件应用程序，因此审计师会评估整个公司的一般控制。

应用控制（application controls）通常在业务流程层面使用，并应用于交易处理，例如对销售或现金收入处理过程的控制。审计师必须对拟降低评估的控制风险的每一类交易或账户的应用控制进行评估，因为在不同的交易类别和账户中，应用控制是不同的。只有当一般控制有效时，应用控制才可能有效。

图 11－4 说明了一般控制和应用控制之间的关系。椭圆表示为所有应用控制有效性提供保证的一般控制。有效的一般控制可减少椭圆外方框中确定的风险类型。

表 11－2 描述了六类一般控制和三类应用控制，每类都有具体的例子。让我们更详细地考察这些一般控制和应用控制的类别。

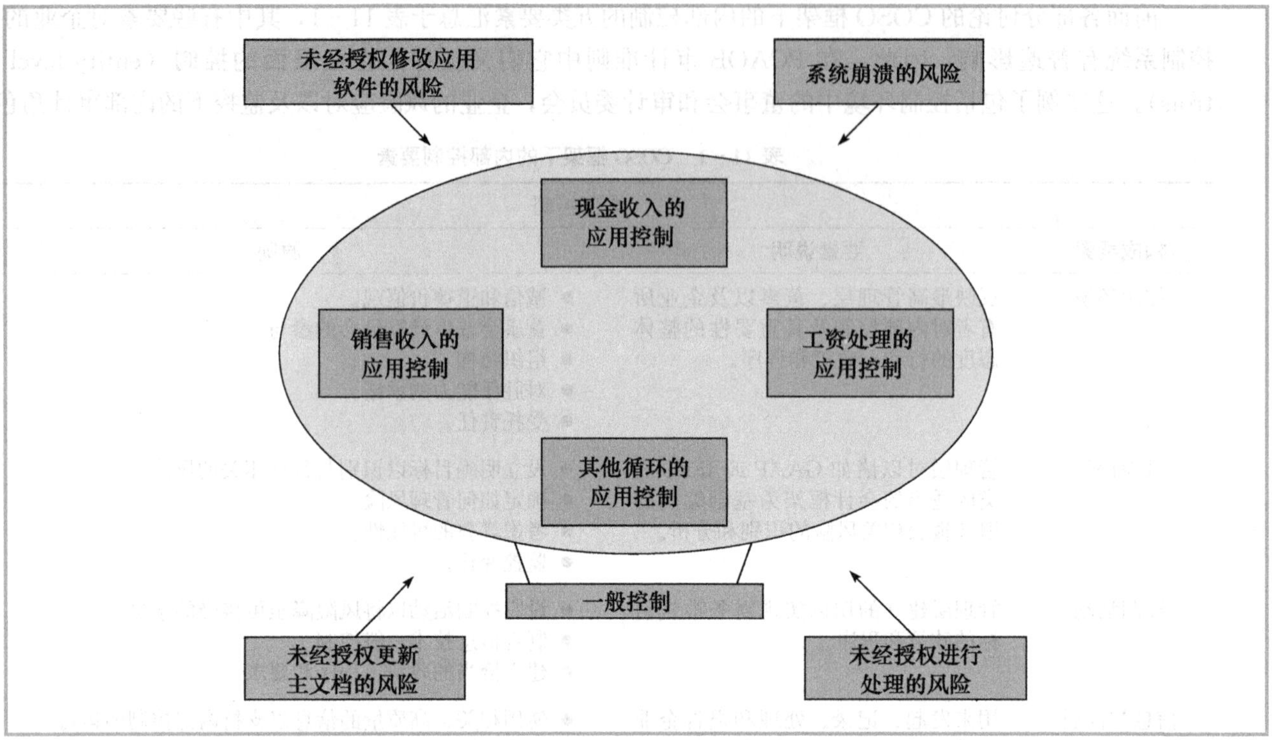

图 11-4 一般控制与应用控制之间的关系

表 11-2 一般控制和应用控制的分类

控制类型	控制分类	控制举例
一般控制	IT 职能的管理	首席信息官或 IT 经理向高层管理者和董事会报告。
	IT 职责的分离	编程、操作和数据控制的职责是分开的。
	系统开发	程序员团队、用户和系统分析师开发并彻底测试软件。
	物理和在线安全	限制对硬件的访问，密码和用户 ID 限制了对软件和数据文件的访问，加密和防火墙保护数据和程序不受外部的影响。
	备份和应急计划	每年编制备份计划并定期做全面测试。
	硬件控制	内存故障或硬盘故障会导致监视器出现错误消息。
应用控制	输入控制	预格式化屏幕提示数据输入人员输入信息。
	过程控制	合理性测试审查用于处理销售业务的销售单价。
	输出控制	销售部门对销售交易进行处理后的审查。

□ 一般控制

类似于控制环境对内部控制其他组成部分的影响，六类一般控制对企业范围内所有 IT 职能都有影响。考虑到对应用控制的影响，审计师通常在审计工作的早期评价一般控制。

IT 职能的管理 董事会和高层管理者对信息技术的态度影响着整个组织中人们对信息技术重要性的认识。他们的监督、资源分配和对关键 IT 决策的参与都能够表明 IT 对组织的重要性。在复杂的环境中，管理层可以建立 IT 指导委员会来帮助了解组织的技术需求。在不太复杂的组织中，董事会可能依赖首席信息官（CIO）或其他 IT 高级经理的定期报告来保证管理层及时获取信息。相反，如果管理层将技术问题分配给级别较低的员工或外部顾问时，相当于传达了一个 IT 并非高优先级问题的隐含信息。其结果往往是人手不足、资金不足、IT 职能控制不力。

IT 职责的分离　有的企业通过让计算机执行任务，将传统的保管、授权和记录职责结合起来。为了应对这种由计算机同时执行多个程序的风险，控制良好的组织将 IT 内部的关键职责分离开来。例如，将 IT 职责分离以防止同时拥有授权和交易记录权限的 IT 人员隐瞒偷盗资产的行为。图 11－5 列示了一种理想的职责分离情况。理想的情况下，IT 管理、系统开发、运营管理和数据控制的职责应按如下方式分开：

- IT 管理　CIO 或 IT 经理应负责监督 IT 职能，以确保活动的执行符合 IT 战略计划。安全管理员应监督所有对硬件、软件和数据文件的物理和网络访问权限，并调查所有安全漏洞。
- 系统开发　系统分析员不仅负责每个应用系统的总体设计，还负责协调 IT 人员（负责编程应用程序或获取软件应用程序）和 IT 外部主要系统用户（如应收账款人员）对 IT 系统进行开发、采购和更改。程序员为每个新的应用程序绘制流程图，准备计算机指令，测试程序并记录结果。

程序员不应该拥有输入数据或计算机操作的权限，以避免他们利用对系统的了解谋取个人利益。应只允许他们使用程序和数据的测试副本进行工作，以便他们只能在经过适当授权后对软件进行更改。

- 运营管理　计算机操作员按照 CIO 制定的工作表，负责计算机的日常操作。他们还监督着计算机控制台，以获取有关计算机效率和故障的信息。

管理员负责控制计算机程序、交易文件和其他计算机记录和文档的使用。管理员只有在得到授权的情况下才把它们交给操作人员。例如，只有在计划处理时，程序和交易文件的操作权限才会交给操作员。同样，管理员只有在得到高层管理者的批准后才向程序员发布测试副本。网络管理员还影响 IT 操作，因为他们负责规划、实现和维护对服务器网络的操作，这些服务器将用户链接到各种应用程序和数据文件。

- 数据控制　数据输入输出的控制人员独立于验证输入质量和输出合理性的操作人员。对于那些使用数据库来存储由记账和其他功能共享信息的组织，数据库管理员负责共享数据库的操作和访问安全。

当然，职责分离的程度取决于组织的规模和复杂程度。在许多小公司中，将职责分离到图 11－5 所示的程度是不现实的。例如，一些实体从第三方供应商采购会计系统，或通过互联网访问应用程序。因此，他们可能没有专门从事系统开发或图书管理员职能的工作人员。

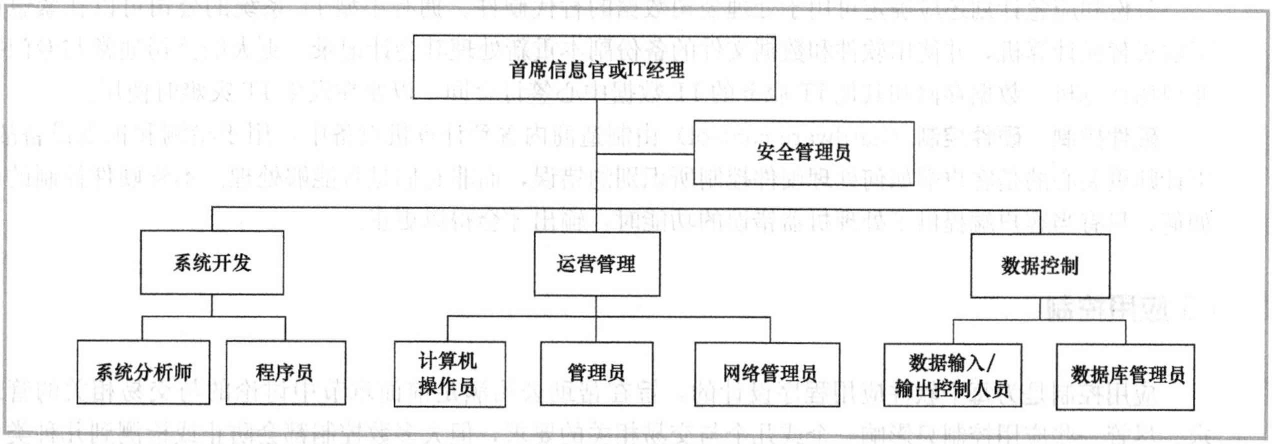

图 11－5

系统开发　系统开发包括：

- 采购软件或者开发能够满足组织需求的定制软件。应用恰当软件的关键是组建包含 IT 和非 IT 人员的团队，包括软件的关键用户和内部审计师。这种组合增加了信息需求以及软件设计和应用中出现的问题得到适当解决的可能性。用户参与的举措也会让关键用户更好地接受软件。

- 测试所有软件以确保新软件与现有硬件和软件兼容，并确定硬件和软件是否能够处理所需的交易量。
- 无论软件是购买的还是内部开发的，使用真实的数据对所有软件进行广泛的测试是至关重要的。公司通常使用以下两种测试方法中的一种或多种进行测试：

1. 试点测试：组织中的一部分应用新系统，而其他地方继续依赖旧系统。
2. 并行测试：新旧系统在组织中所有地方同时运行。

所有新的和经修改的软件都需要恰当的系统文档。成功测试并建立系统文档之后，软件将以有序的方式移交给管理员，以确保经过授权的软件才是最终被接受的授权版本。

物理和在线安全 对计算机的物理控制以及对在线软件和相关数据文件的接触限制降低了未经授权更改程序和不正确使用程序和数据文件的风险。一个组织为保护计算机、网络、程序和数据免受未经授权的访问而采用的信息技术和内部控制过程通常被称为**网络安全**（cybersecurity）。安全计划应采用书面形式，并受到监督。安全控制包括物理控制和在线访问控制。

- 物理控制 对计算机设备的恰当物理控制限制了对硬件、软件和备份数据文件的访问。物理上限制的未经授权常见示例包括键盘入口、徽章输入系统、安全摄像头和安全人员的使用。更复杂的控制只允许在读取员工指纹或扫描员工视网膜并与批准的数据库匹配后进行物理和在线访问。其他的物理控制包括温度和湿度的监测，以确保设备正常运行，并安装灭火设备以减少火灾损害。
- 在线访问控制 使用正确的用户ID和密码以控制对软件和相关数据文件的访问，能够减少对软件应用程序和数据文件进行未经授权更改的可能性。可以安装单独的附加安全软件包，如防火墙和加密程序，以提高系统的安全性。（本章后面将讲解防火墙和加密程序。）

正如索尼影业的引例所指出的，由于网络攻击可能对组织造成严重损害，在线安全正成为管理层和董事会日益关注的焦点。

备份和应急计划 电源故障、火灾、过热或潮湿、水损坏，甚至蓄意破坏都可能对使用它的企业造成严重后果。为了防止断电期间的数据丢失，许多公司依赖于电池备份或现场发电机。对于更严重的灾难，组织需要详细的备份和应急计划，例如关键软件和数据文件的非现场存储，或者外包给专门从事安全数据存储的公司。

备份和应急计划还应确定可用于处理公司数据的替代硬件。拥有小型IT系统的公司可以在紧急情况下购买替换计算机，并使用软件和数据文件的备份副本重新处理其会计记录。更大的公司通常与专门提供非现场计算机、数据存储和其他IT服务的IT数据中心签订合同，以便在发生IT灾难时使用。

硬件控制 **硬件控制**（hardware control）由制造商内置到计算机设备中，用于检测和报告设备故障。审计师更关心的是客户端如何处理硬件控制所识别的错误，而非它们是否能够处理。不管硬件控制的质量如何，只有当客户端提供了处理机器错误的功能时，输出才会得以更正。

□ 应用控制

应用控制是为每个软件应用程序设计的，旨在帮助公司满足前面章节中讨论的与交易相关的管理要求。尽管一些应用控制只影响一个或几个与交易相关的要求，但大多数控制都会防止或检测到几种类型的错报。其他应用控制涉及账户余额、列报和披露认定。

应用控制可以由计算机或客户端人员完成。当由客户端人员完成时，称为**人工控制**（manual controls）。人工控制的有效性既取决于执行控制的人员能力，也取决于他们在执行控制时的谨慎程度。例如，当信贷部门人员审查超过客户授权信贷限额的信贷销售异常报告时，审计师可能需要评价该人员的评估能力，并测试异常报告的准确性。当控制由计算机完成时，它们被称为**自动化控制**（automated controls）。

由于计算机处理的性质，只要设计得当，自动化控制也能够实现控制的一贯运行。

应用控制分为三类：输入控制、处理控制和输出控制。尽管每一类控制的目标是相同的，但实现这些目标的程序大不相同。接下来更仔细地了解一下。

输入控制 **输入控制**（input controls）旨在确保输入计算机的信息是经过授权的、准确的和完整的。它们之所以重要，是因为 IT 系统中的大部分错误都是由数据输入错误造成的。当然，不管信息处理的质量如何，输入错误都会导致输出错误。为手动系统开发的典型控制方法在 IT 系统中仍然很重要，例如：

- 管理层对交易的授权。
- 对输入源文件的充分准备。
- 配备有能力的人员。

针对 IT 的控制包括：

- 输入屏幕得到了充分的设计以带有预先格式化的交易信息提示。
- 可用软件选项的下拉菜单列表。
- 计算机对输入准确性进行验证测试，例如根据客户主文件验证客户编号的正确性。
- 在第三方进行电子商务类应用程序执行交易输入初始部分时，实施在线输入控制，如客户和供应商。
- 即时纠错程序，提供对输入错误的早期检测和纠正。
- 在错误记录文件中记录错误，供数据输入人员后续跟进。

对于将类似业务分组的 IT 系统，使用财务批次总数、哈希总数和记录计数总数有助于提高输入的准确性和完整性。批量输入控制的描述见表 11－3。例如，将数据输入之前要计算的记录计数与要输入的供应商发票数量和系统处理的供应商发票数量进行比较，将有助于确定在数据输入过程中是否忽略或输入了多次发票。

表 11－3 批量输入控制

控制	定义	示例
财务总数	批中所有记录中的字段汇总，有意义的合计，如美元或金额	所有供应商发票的总金额
哈希总数	批中所有记录中的代码汇总总计，它们并非有意义的合计数	要支付的供应商发票的所有供应商账号的总和
记录计数	批记录汇总数	要处理的供应商发票总数

处理控制 **处理控制**（processing controls）在处理交易数据时防止并检测错误。一般控制，特别是与系统开发和安全相关的控制，为最小化处理错误提供了必要的控制。特定的应用程序处理控制通常被编入软件程序中，以防止、检测和纠正处理错误。处理控制的示例如表 11－4 所示。

表 11－4 处理控制

处理控制类型	描述	示例
验证测试	确保特定类型的交易适用于对应的处理程序	最近处理的购买业务的交易代码是否与预定库存的代码匹配？
顺序试验	确定提交给处理程序的数据的顺序是否正确	在处理之前，薪水输入的交易文件是否按部门顺序排序？
算术精度测试	检查处理数据的准确性	净工资加上预扣税款的总和是否等于总工资？
数据合理性检验	确定数据是否超过预先指定的数量	员工一周的工作量是超过 60 小时还是总工资超过 1 999 美元？
完整性测试	确定记录中的每个字段都已完成	每个员工是否包括员工编号、姓名、正常工作时间、加班时间、部门编号等？

输出控制　输出控制（output controls）的重点是在处理完成后检测错误，而非防止错误发生。最重要的输出控制是由了解输出的人对数据进行的合理性审查。用户通常可以识别错误，因为他们知道大致正确的数量。检测输出错误的几种常见控制包括：

- 将计算机生成的输出与人工控制得到的总数进行核对。
- 将处理的数目与提交处理的数目进行比较。
- 抽取某个将事务输出的结果与输入源文档进行比较。
- 验证处理的日期和时间以识别无序处理。

对于敏感的计算机输出（如薪水支票），可以通过要求员工在收到支票前出示员工身份证或直接存入员工预先批准的银行账户来改进控制。此外，访问存储在电子文件中或通过网络（包括 Internet）传输的敏感输出通常受到密码、用户 ID 和加密技术的限制。

11.5 IT 基础设施对内部控制的影响

实际上，所有实体，包括小型家族企业，都依赖 IT 来记录和处理业务交易。由于信息技术的进步，即使是小企业也使用带有商业会计软件的个人计算机进行会计核算。随着企业的成长和信息需求的增加，它们通常会升级自己的 IT 系统。会计功能使用的复杂 IT 网络、数据库、互联网（包括云计算）和集中的 IT 功能现在已经司空见惯。内部控制的类型将根据 IT 系统的类型和复杂性而有所不同，下面我们将简要讨论其中的一些系统。

对于大多数企业来说，使用连接台式机、中端计算机、大型机、工作站、服务器和打印机等设备的网络很常见。**局域网**（local area networks，LAN）在一个建筑或一个小的建筑物群内将设备连接起来，仅在公司内使用。局域网通常用于使用网络系统软件从一台计算机或工作站传输数据和程序，该软件允许所有设备一起工作。**广域网**（wide area networks，WANS）连接更大地理区域内的设备，包括全球业务。

在网络中，用于处理交易的应用软件和数据文件包含在连接在一起的几台计算机上。从桌面计算机或工作站访问应用程序的权限由网络服务器软件或其他云计算技术接口管理。即使是小公司也可以将多台计算机服务器连接在一个网络上，而大公司可能在数十个地点拥有连接在一起的数百台服务器。网络通常拥有由设备和程序构成的多种组合，这些组合可能没有标准的安全选项。当购买设备和软件、维护、管理、物理安全维护的责任由关键用户组而非一个集中化的 IT 功能承担时，可能会出现跨网络的设备兼容性不足。有时，当网络由不兼容安全功能的设备组成时，在线安全可能会受到损害。

数据库管理系统（database management system）允许客户端创建包含可对多个应用程序共享信息的数据库。在非数据库系统中，每个应用程序都有自己的数据文件，而在数据库管理系统中，许多应用程序共享文件。客户使用数据库管理系统，通过整合各职能部门的信息，减少数据冗余，提高对数据的控制，并为决策提供更好的信息。例如，客户数据（如客户的姓名和地址）可以在销售、信贷、会计、营销和发货功能中共享，从而为所有用户提供一致的信息，并显著降低成本。公司经常使用**企业资源规划**（enterprise resource planning system，ERP）系统将整个组织内的数据库管理系统集成到一个会计信息系统中。ERP 系统在组织的会计和非会计业务功能之间共享数据。例如，客户订单数据可以被会计部门用来记录销售、被生产部门用来满足增加的生产需求、被采购部门用来订购额外的原材料以及被人力资源部门用来安排劳动力计划。

当数据集中在数据库管理系统中而得以消除了重复的数据文件时，控制通常会得到改进。然而数据库管理系统也会产生内部控制风险。当多个用户（包括非会计人员）可以访问和更新数据文件时，风险会增加。为了应对未经授权、不准确和不完整数据文件的风险，公司必须实施适当的数据库管理和访问控制。随着数据在单个系统中的集中，它们还必须确保定期正确地备份数据。

使用电子商务系统进行电子交易的公司将其内部会计系统与客户和供应商等外部方的系统连接起来。因此，一家公司的风险在一定程度上取决于其电子商务合作伙伴的风险识别和管理。为了管理这些相互依赖的风险，公司必须确保在与其业务伙伴以电子方式开展业务之前，业务伙伴管理好自身的 IT 系统风险。第 1 章中讨论的一些保证服务提供了有关业务合作伙伴 IT 系统可靠性的客观信息。电子商务系统的使用也会使敏感的公司数据、程序和硬件面临被外部各方的潜在拦截或破坏风险。为此，公司使用防火墙、加密技术和数字签名以降低这些风险。

防火墙（firewall）保护数据、程序和其他 IT 资源，防止未经授权的外部用户通过网络（如 Internet）访问系统。防火墙是一种硬件和软件系统，通过控制验证外部用户、授予授权用户访问权限、拒绝未授权用户访问权限和将授权用户引导到请求的程序或数据来监督和控制电子商务通信流。随着网络攻击的频率和严重程度的增加，防火墙变得越来越复杂。

加密技术（encryption techniques）在信息传输和存储时保护电子通信的安全。计算机加密将标准消息或数据文件更改为编码（加密）的消息或数据文件，要求电子消息的接收者或加密数据文件的用户使用解密程序对消息或数据进行解码。公钥加密技术是经常用到的加密技术，其中一个密钥（公钥）用于对消息进行编码，另一个密钥（私钥）用于对消息进行解码。公钥将分发给电子商务系统的所有授权用户。私钥只分发给有权限解码消息的内部用户。

为了验证以电子方式开展业务的贸易伙伴的有效性，公司可以依赖外部认证机构，外部认证机构使用**数字签名**（digital signatures）来验证公钥的来源。可信的证书颁发机构向从事电子商务的个人和公司颁发数字证书。数字签名包含持有者的姓名及其公钥。它还包含证书颁发机构的名称、证书的到期日期和其他特定的信息。为了保证完整性和真实性，每个签名都由证书颁发机构维护的私钥进行数字签名。

许多客户将部分或全部 IT 需求外包给一个独立的组织而非建立内部 IT 中心。该独立组织通常被称为**计算机服务中心**（service center），包括**应用服务提供商**（application service provider，ASP）和**云计算环境**（cloud computing environment）。云计算是一种计算机资源部署和采购模型，它使组织能够通过 Internet 连接从任何位置获取 IT 资源和应用程序。依靠于这样的安排，实体的全部或部分 IT 硬件、软件和数据可能位于一个与其他组织共享并由第三方供应商管理的 IT 服务中心。云计算的名字来源于在系统图中使用云形状的符号来表示复杂的 IT 基础设施。

小公司经常将他们的薪资处理职能外包，因为薪资处理在公司之间有着共同的合理标准，而且有许多可靠的薪资处理服务提供商。公司还将其电子商务系统外包给外部网站服务提供商，包括如上所述提供云计算服务的提供商。与所有外包决策一样，公司的 IT 外包决策建立在成本效益的基础上。

当外包给计算机服务中心时，客户提交输入数据，服务中心收费处理这些数据，然后返回商定的输出和原始输入。对于薪酬处理服务，公司将时间记录、支付率和 W-4s 的数据提交给服务中心。服务中心每周返回工资单、日记账和输入数据，每年年底返回 W-2s。服务中心负责设计计算机系统并提供足够的控制，以确保处理的可靠性。

外包可以从内部控制的角度对公司提出挑战。管理层负责内部控制的设计和运行有效性，这包括外包给服务提供商的控制。管理层在选择服务提供商时，需要考虑服务提供商的道德和诚信，以及其内部控制的设计和运行有效性，并对其进行定期评估。

本章小结

本章着重讨论内部控制，包括与计算机信息系统有关的内部控制和COSO框架。在下一章中，我们将此框架作为讨论审计师与内部控制相关责任的基础。为了依靠客户的内部控制得出基于其财务报表的内部控制报告，并减少财务报表审计的计划审计证据量，审计师必须首先了解内部控制的五个组成部分。了解客户控制环境的设计、风险评估、控制活动、信息与沟通、监督活动以及内部控制组成部分是否已实施的信息，有助于审计师评估每个与交易相关的审计目标的控制风险。

练习题

11-1 在财务报表和财务报告内部控制的审计中，描述审计师考虑的三个内部控制基本目标。

11-2 按照《萨班斯-奥克斯利法案》404条款的要求，在内部控制报告中，管理层应当评价内部控制的哪两个方面？

11-4 在执行上市公司的整合审计中，PCAOB准则中所规定的审计师对于被审计单位内部控制的职责有哪些？

11-5 当审计师执行程序了解被审计单位的内部控制时，审计师必须评估内部控制的哪两个方面？

11-6 管理层应识别用于评价财务报告内部控制有效性的框架。美国上市公司广泛使用的是什么框架？

11-8 列出销售领域的具体控制活动并分别举例说明。

11-17 解释一般控制的有效性是如何影响自动化应用控制的有效性的。

选自注册会计师考试的选择题

11-20 下列是关于内部控制的一般性问题，选择最佳答案。

a. 下列哪项不是影响被审计单位内部控制结构潜在有效性的固有限制（　　）。

（1）职责不相容

（2）判断失误

（3）管理层凌驾于内部控制之上

（4）员工串谋

b. 反映管理层、董事会和业主关于内部控制的整体态度的行为、政策和程序与以下哪个内部控制要素相关（　　）。

（1）控制环境

（2）信息与沟通

（3）风险评估

（4）监控

c. 供应商账户由应付账款部门的三个职员在每周五予以调整。应付账款监督人员在调整后的周一对已作调整的应付账款予以复核，以确保这些事项得以执行。该监督人员所做的工作是以下内部控制要素中的哪个要素（　　）。

（1）控制活动

（2）信息与沟通

（3）风险评估

（4）监控

讨论题

11-25 下列是发生在一家从事零售和批发新鲜食品杂货店中的错报。

1. 在年末最后一天，一卡车装满了牛肉准备出发，该批牛肉仍包含于存货中。但由于发货单的开票日期是当年的最后一天，因此，该批牛肉又包括在当年的销售中。

2. 由于价格源文件的价格错误，开给顾客的销售发票上使用了错误价格。

3. 即使没有收到商品，也根据供应商发票付款。没有要求应付账款软件应用系统在付款以前输入有效的验收报告编号。

4. 验收部门的职工私自拿走牛肋肉。当收到一批牛肉时，验收部门填写验收报告并送到会计部门确认实际收到的牛肉数量。与此同时，有两块牛肋肉装进了一位职工的轻型卡车，而没存入单位的冰柜。

5. 应付账款处理人员通过在已批准的供应商源文件上虚增一个供应商的地址将付款私吞。

6. 在零售食品杂货的实物盘点过程中，一个柜台人员对一些商品作出了错误说明，记下的是错误的实物数量。

7. 由于不知道羔羊肉的成本上周已上涨，一位销售人员以低于成本的价格售出了一车羔羊肉。

8. 同一批货物付了两次款。第二次付款的原因是供应商在付款到期的 2 周后寄来了一个原件的副本。

要求：

a. 针对每项错报，识别缺失的一项或多项控制。

b. 针对每项错报，识别未能实现的与交易相关的管理层认定。

c. 针对每项错报，建议一项可能阻止或侦查该错报的控制。

11-26 下列职责分离的目的在于为 Meridian Paint 公司（小型批发商）提供可能最好的控制。

+1. 批准客户信用源文件中的客户的赊销。

+2. 输入发货和开票信息给客户开票，在销售日记账中记录销售，更新应收账款源文件。

+3. 打开邮件和编制现金收入的清单。

+4. 输入现金收入数据编制现金收入日记账和更新应收账款源文件。

+5. 逐日记录现金存款。

+6. 将现金存款逐日送存银行。

+7. 收集工资工时卡并输入数据编制工资支票，以及更新工资日记账和工资源文件。

+8. 签发工资支票。

+9. 归集普通现金支出和工资现金支出的支持凭证。

+10. 签发普通现金支付的支票。

+11. 输入信息为支票签字，在现金支出日记账中记录支票，更新适当的源文件。

+12. 给供应商邮寄账单，给职工分发工资支票。

13. 注销支持凭证，防止再次使用。

14. 在每月末更新总分类账，并复核所有非预期余额的账户。

15. 核对控制账户与应收账款源文件，复核期限超过 90 天的账户。

16. 通过打印应收账款源文件逐月编制客户对账单，然后将对账单寄给客户。

17. 以应付账款源文件逐月调整供应商对账单。

18. 调整银行存款余额。

要求：

你将在 Robert Smith，James Cooper 和 Mohini Singh 之间分配 1～18 项与会计相关的职责。假设标有“+”号的职责占用相同的时间，必须在 Smith 与 Cooper 之间等分，这两位职工的胜任能力相同。Singh 是公司的董事长，不愿执行标有“+”号的职责，只执行其他职能中最重要的两项。

第12章

评估控制风险和报告内部控制

学习目标

1. 了解与记录内部控制。
2. 通过把关键控制和控制缺陷与交易相关审计目标联系起来评估控制风险。
3. 描述控制测试的设计和执行。
4. 了解控制风险如何影响检查风险和实质性测试的设计。
5. 了解对审计师报告内部控制的要求。
6. 描述非上市和小规模上市公司内部控制评价、报告和测试的特征。

引例

计算机执行工作不等于是正确的

Foster Wellman 的审计客户 Manion 百货公司，安装了一个软件程序，用于处理和记录客户应收账款。在评估这些账款的可收回性时，账龄是有用的，因为它表明了客户的账户有效期。

由于 Wellman 不知道账龄合计的计算是否正确，他决定使用 Manion 公司的审计软件重新计算账龄，并使用该公司的应收账款数据文件的电子副本来测试账龄。他认为，如果使用该公司的审计软件得出的账龄结果与它的实际账龄相一致，他就有证据证明 Manion 公司的账龄是合理的。

当 Wellman 发现以上两者的结果存在重大差异时，他感到震惊。Manion 公司的 IT 部门经理 Rudy Rose 调查了这个差异，发现是程序员的错误导致了这个软件的设计缺陷。这一结果使得 Wellman 大幅增加了对坏账准备账户期末余额的测试，最终 Manion 公司对坏账准备账户进行了重大审计调整。

12.1 获得和记录对内部控制的了解

我们在前一章讨论了 COSO 内部控制框架的要素，以及如何将信息技术与内部控制制度进行整合。本章将讨论审计师在审计计划阶段如何获得和记录对内部控制的了解，并且评估控制风险。开篇有关 Manion 公司过度信赖计算机生成的应收账款账龄准确性的事例，说明了控制测试的重要性，以及运用审计软件的效率性和效果性问题。人们通常认为“信息是正确的，因为它是计算机生成的”。不幸的是，审计师有时也依赖计算机未经测试准确性的输出，他们忘记了一点，即计算机只能按照设计执行工作。在得出信息可靠性的结论之前，审计师必须按照了解和测试人工控制的相同方式，对计算机控制进行了解和测试。

在财务报表审计中，审计师需要了解与审计相关的控制，以识别和评估重大错报风险。在大型上市公司的整合审计中，了解内部控制和控制测试的程度，必须足以使得审计师除审计计划阶段评估重大错报之外，还能够对财务报告内部控制的有效性发表意见。因此内部控制审计业务所需要的了解程度超过财务报表审计业务。

图 12-1 提供了了解内部控制和评估控制风险的概览。该图列示了这一过程的四个阶段，本章将逐个讨论这四个阶段。

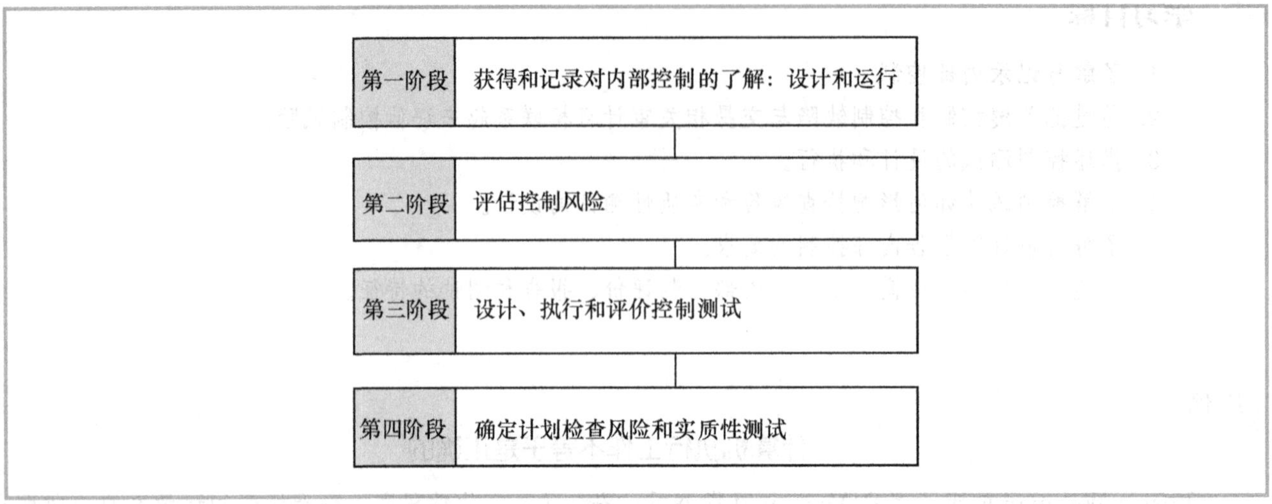

图 12-1　了解内部控制和评估控制风险的过程

□ 获得和记录对内部控制的了解

审计准则要求审计师在每次审计中都获得被审计单位内部控制的了解，并记录其了解的情况。这一了解无论是对于财务报告内部控制的审计还是对于财务报表的审计都是必备要求。管理层的记录是获得这一了解的主要信息来源。

作为风险评估程序的一部分，审计师要使用**了解程序**（procedures to obtain an understanding），这一程序涉及收集关于内部控制设计和控制是否得以执行的证据。审计师一般使用第7章介绍的八类证据中的四类来获得对内部控制设计和执行的了解，这四类证据是：文件检查、询问被审计单位的员工、观察员工执行控制的过程，以及通过跟踪贯穿于会计系统整个过程的一个或多个交易重新执行控制。

审计师一般使用三种记录方式获得并记录其对内部控制设计的了解：文字说明法、流程图法和内部控制调查表法。因为 SOX 法案的 404 条款要求管理层评估和记录有效财务报告内部控制的设计，所以，他们一般都已经编制好了相关记录。审计师单独使用或组合使用文字说明法、流程图法和内部控制调查表法这三种方法，以记录其对内部控制的了解。下面将阐述这三种方法。

文字说明法　**文字说明法**（narrative）是对被审计单位内部控制的书面说明。对会计系统和相关控制的适当文字说明具有以下四个特征：

1. 会计系统中每份凭证和记录的来源。例如，文字说明应该表达顾客订单的来源，以及销售发票产生的方式。

2. 发生的全部处理过程。例如，如果通过计算机程序以发货数量乘以源文件中的标准价格确定销售额，则应该说明销售额的确定方式。

3. 系统中每份凭证和记录的处置。凭证的归档、寄给顾客或销毁都应当加以反映。

4. 与评估控制风险相关的控制迹象。通常包括职责的分离（现金记录与现金收支相分离）；授权与批准（如赊销的批准）；内部验证（如单位销售价格与销售合同的比较）。

流程图法　内部控制**流程图**（flowchart）是对被审计单位的凭证及其在单位内部有序流动过程的一种符号和图形表达。一个完备的流程图具有与文字说明相同的四个特征。

流程图的优点主要在于它能提供被审计单位系统的概况，能够帮助审计师识别控制以及被审计单位系统中的缺陷。与文字说明法相比，流程图法有两个优点：便于阅读和更新。文字说明法和流程图法很少同时用来说明同一个系统，因为二者表述的是一样的信息。

内部控制调查表法　内部控制调查表（internal control questionnaire）是对每个审计领域的控制提出一系列的问题，作为识别内部控制缺陷的一种方法。在大多数情况下，对提出的问题给予“是”或“否”的回答，“否”表示内部控制可能存在缺陷。使用调查表的主要优点在于它能在审计一开始时就比较迅速地涉及每个审计领域。其主要缺陷是只能对被审计单位系统的构成部分进行单个审查，而不能提供一个概况。此外，标准的调查表对一些审计客户不适用，尤其是小型客户。

图 12－2 列示了希尔伯格五金公司销售与收款循环内部控制调查表的一部分。该调查表的设计运用了六个与交易相关的审计目标。注意每个目标（A～F）都是应用于销售审计目标（图中阴影部分）。其他审计领域的调查表均是如此。

客户：希尔伯格五金公司　　审计日期：2016 年 12 月 31 日

审计师：MSW　完成日期：2016 年 9 月 30 日　复查：JR　完成日期：2016 年 10 月 1 日

目标（阴影）和问题 销售	回答 是	 否	 N/A	备注
A. 已记录的销售确实已向真实客户发货。				
1. 对客户的赊销是否经过负责人批准，以及改动赊销限额源文件的行为是否受到限制？	√			由董事长 Chulick 批准。
2. 销售记录是否有授权的发货凭证和批准的客户订单支持？	√			Pam Dilly 审查所附的凭证。
3. 开票、记录销售与收取现金的职责是否充分分离？	√			
4. 销售发票是否预先编号并已作说明？		√		预先编号但未作说明。需要额外的实质性测试。
B. 发生的销售交易已记录。				
1. 是否保留发货记录？	√			
2. 发货凭证的控制方式是否确保对所有的发货都能开票？	√			
3. 发货凭证是否预先编号并已作说明？	√			
C. 发货的数量已记入销售，并正确开票和入账。				
1. 发货凭证的数量与销售发票的数量是否有独立的核对？	√			
2. 所用价格清单是否经过核准？改变价格源文件的行为是否受到限制？	√			
3. 是否给客户按月寄送对账单？	√			
D. 销售交易已适当记入源文件，并且已正确汇总。				
1. 计算机是否自动将交易记入应收账款源文件和总账？	√			
2. 应收账款源文件与总账是否按月进行调整？	√			由会计 Euna 调整。
E. 销售已正确分类。				
1. 已记录的销售与科目表是否有独立的核对？			√	所有销售都是赊销，并且只有一个销售科目。
F. 销售收入在正确日期记录。				
1. 发货凭证日期与记录日期是否有独立的核对？		√		每周审核不匹配和未记录的发货人。

图 12－2　销售循环的部分内部控制调查表

这些方法也能用于了解IT一般控制。审计师对IT人员和关键用户进行访谈；查看系统文档，例如流程图、用户手册、程序修改请求以及系统测试的结果，并且查看IT人员填写的具体调查问卷。大多数情况下，审计师在了解一般控制时会采用上述几种方法，因为每种方法可以提供不同的信息。例如，对首席信息官的访谈和系统分析员的访谈，能够提供有关整个IT部门运行、软件开发程度、会计应用软件带来的硬件变化等有用信息，以及所有的计划修改信息等。查阅程序的修改请求以及系统测试结果，有助于识别应用软件的程序变化。调查表法有助于审计师识别特定的内部控制。

调查表和流程图的结合使用是了解被审计单位内部控制的设计、识别控制点和控制缺陷较为理想的方法。一方面，流程图提供被审计单位的概况；另一方面，调查表提示审计师各种应存在的控制。如果使用得当，这两种方法的结合可以为审计师提供很好的系统说明。

□ 评价内部控制的执行

除了了解内部控制的设计，审计师还必须评价所设计的内部控制是否得以执行。在实务中，了解内部控制的设计和执行是同时进行的，以下是常用的方法。

更新和评价审计师以前同被审计单位交往的经验 公司的大多数审计都是年复一年地由同一个会计师事务所执行的。除了初次审计外，审计师开始审计工作之前，都拥有以前年度获得的有关被审计单位内部控制的大量信息。这些信息对确定以前不能有效运行的控制是否已经得到改善特别有用。

询问被审计单位的员工 审计师应该询问管理层、监督部门和员工，要求他们解释各自的职责。仔细询问适当的人员有助于审计师评价员工是否已经理解他们的职责，是否如被审计单位的控制记录中那样执行控制。

审核凭证和分录 内部控制的五个要素都会产生大量的凭证和记录。通过审核已完成的凭证、记录以及计算机文件，审计师能够评价流程图和文字说明中所描述的信息是否得到执行。

观察被审计单位的活动和经营 在审计师观察被审计单位的员工执行他们的常规会计和控制活动（包括填制凭证和记录）时，可以进一步提高审计师对控制执行情况的理解和认识。

执行会计系统的穿行测试 在**穿行测试**（walkthrough）中，审计师选取一张或几张反映交易类型的原始凭证，然后沿着整个会计处理过程对它（们）进行跟踪。在会计处理过程的每个阶段，审计师要询问、观察活动并检查已完成的凭证和记录。穿行测试十分便于结合观察、文件检查和询问程序一起执行以确保管理层设计的内部控制得以执行。

12.2 评估控制风险

审计师获得对内部控制设计和执行的了解，以对重大错报风险整体评估一部分的控制风险进行初步评估。如第9章所讨论的那样，审计师利用这一控制风险的初步评估计划每一重大交易类别的审计。但是，在一些情况中，审计师可能获知控制缺陷是重大的，以致被审计单位的财务报表可能不具可审性。例如，如果管理层缺乏诚信或者会计记录不充分，大多数审计师不会承接该业务。

□ 确定所了解的信息是否支持控制风险的评估

在获得对内部控制的了解后，作为重大错报风险评估的一部分，审计师应进行初步的**控制风险评估**(assessment of control risk)。这种评估是审计师对内部控制既不能防止重大错报的发生，也不能在重大错报发生时发现并改正它们的一种预期。

绝大多数审计师评估控制风险的起点都是评价企业层面的控制。从性质上来说，像内含在控制环境、风险评估和监控要素中的企业层面的控制，对每一个交易循环中的绝大多数交易类别都有重大影响。例如，一个无效的董事会，或管理层未能采取任何措施识别、评估或管理风险，都有可能潜在影响大多数交易相关审计目标的相关控制。因此，审计师一般在评价交易的具体控制之前先评价企业层面的控制。

同样，在评价自动化应用控制或依靠 IT 输出的人工控制之前，审计师应当评价 IT 一般控制的有效性。无效的一般控制可能导致所有系统应用出现重大错报，而无论单个应用控制的质量高低。例如，如果发现数据文件的保管不当，审计师可能认为依赖该数据的交易类别存在数据丢失的重大风险。另一方面，如果一般控制有效，审计师能够更加信赖其功能取决于 IT 环境的应用控制。

在审计师确定企业层面的控制设计及其运行情况后，就要对每一循环中的每一主要交易类别的各个审计目标进行初步的控制风险评估。例如，在销售与收款循环中，交易类别总是涉及销售、销售退回与折让、现金收入以及计提坏账准备和坏账的注销等。审计师还要对影响资产负债表账户和每一循环中的列报和披露的审计目标的控制进行初步的风险评估。

□ 利用控制矩阵评估控制风险

许多审计师在交易层次的控制风险评估过程中都使用**控制风险矩阵**（control risk matrix），其目的是为每一审计目标的控制风险评估提供一种便利的方法。图 12－3 列示了希尔伯格五金公司销售交易审计目标的控制风险矩阵。尽管图 12－3 只列示了与交易相关审计目标的控制风险矩阵，但是审计师也可以利用相似的控制风险矩阵来评价与账户余额相关以及与列报和披露相关的审计目标。接下来我们主要讨论这种矩阵的填列。

识别审计目标　评估的第一步就是识别适用于评估的交易类别、账户余额、列报和披露的审计目标。例如，就交易层次而言，这一步可以通过将前面所介绍的与交易相关的具体审计目标的一般形式运用于被审计单位的每一主要交易类型来完成。例如，审计师可能在对销售发生目标进行评估的同时又对其完整性进行单独评估。希尔伯格五金公司销售交易审计目标列示于图 12－3 的顶部。

识别现有控制　接下来，审计师要利用了解内部控制所获得与记录的信息识别完成交易相关具体审计目标的控制。对于审计师来说，做好这一工作的一种方式是识别实现每一目标的具体控制。例如，审计师可以利用自己对被审计单位系统的了解识别可能防止审计目标中的错误或舞弊发生的控制。类似地，可以就其他所有目标做同样的工作。对审计师来说，利用五类控制活动（职责分离、适当的授权、充分的凭证和记录、资产和记录的实物控制以及对执行的独立核查）作为剩余控制也是很有帮助的。例如，是否存在职责分离？这种分离是如何实现的？交易是否得到适当的授权？会计处理是否有预先连续编号的凭证？关键的源文件是否有严格的授权规定？

审计师应该识别和考虑预期对实现与交易相关的审计目标有最大影响的控制，这些控制通常称为**关键控制**（key controls）。只考虑关键控制的原因是，它们足以实现这些审计目标，并且可以提高审计效率。希尔伯格五金公司的关键控制列示于图 12－3 中。

将控制与相关的审计目标相联系　每个控制实现一个或多个审计目标，这可从图 12－3 与交易相关的审计目标中看出。这个矩阵表可用来显示每个控制是如何实现一个或多个与交易相关的审计目标的。在这个例子中，表格中的 C 表示部分或全部实现审计目标。类似的控制风险矩阵也可用于与账户余额相关以及与披露相关的审计目标。例如，在希尔伯格五金公司审计中，被审计单位向客户邮寄对账单实现了三个审计目标，这可从图 12－3 每个 C 所在行描述的控制中获知。

	内部控制	销售审计目标					
		已记录的销售确实已向真实客户发货（发生）	发生的销售交易已记录（完整性）	发货的数量已记入销售，并正确开票和入账（准确性）	销售交易已适当记入源文件，并且已正确汇总（过账和汇总）	销售已正确分类（分类）	销售收入在正确日期记录（及时性）
控制	由计算机通过核对授权的赊销限额自动批准赊销（C1）	C					
	销售记录以已核准的发货单和已批准的客户订单为依据（C2）	C		C			
	开票、记录销售和收取现金之间进行职责分离（C3）	C	C		C		
	发货单每日转给开票人，并于次日开票（C4）	C					C
	每周对发货单预先编号并予以说明（C5）		C				C
	核对发出的各批数量总额与入账的数额（C6）	C	C	C			
	使用经批准的价目表源文件来确定单价（C7）			C			
	对销售交易进行内部核对（C8）					C	
	每月向所有的客户寄送对账单（C9）	C		C	C		
	计算机自动将交易过账到应收账款的明细记录和总分类账（C10）				C		
	按月调整应收账款源文件与总分类账（C11）				C		
缺陷	对销售发票多记录的可能性缺乏内部验证（D1）	D					
	缺乏测试及时记录的控制（D2）						D
	估计控制风险	中	低	低	低	低*	中

*由于没有现金销售，不存在分类问题。

C=控制；D=重大缺陷或重大弱点

说明：该矩阵是根据一份内部控制调查表编制的，其中一部分包括在图12-2以及流程图和审计师了解内部控制的其他记录中。

图12-3 销售交易的控制风险矩阵——希尔伯格五金公司

确定和评价控制缺陷、值得关注的缺陷和重大缺陷 作为控制风险和财务报表重大错报可能性评价的一部分，审计师必须评价内部控制设计中是否存在关键控制的缺失。审计准则将内部控制缺失界定为三个层次：

1. 控制缺陷。如果控制的设计或运行在其指定程序的正常执行过程中不能使公司的员工及时地防止或发现错报，就存在**控制缺陷**（control deficiency）。如果某一必要的控制不存在或设计不当，就是控制设计缺陷；如果某一设计良好的控制不能按其设计运行，或者执行该控制的人不具备相应的能力或没有得到对应的授权，就是控制运行缺陷。

2. 值得关注的缺陷。如果存在一个或多个严重程度逊于重大缺陷但其重要性程度足以引起负责监督公司财务报告的人员关注的控制缺陷，就表明存在一个**值得关注的缺陷**（significant deficiency）。

3. 重大缺陷。如果单独一个重大缺陷，或者连同其他重大缺陷，有合理可能致使控制不能及时防止或发现财务报表重大错报，那就表明内部控制存在**重大缺陷**（material weakness）。

要确定一个或多个内部控制缺陷是不是一个重大缺陷，就必须从以下两个方面对其进行评价：可能性和重大性。图 12－4 横轴表示的是重大缺陷的错报可能性，纵轴表示的是这些错报的重要性。如果一个值得关注的缺陷或多个值得关注的缺陷有合理可能导致重大错报（重大性），就应该视为一个重大缺陷。

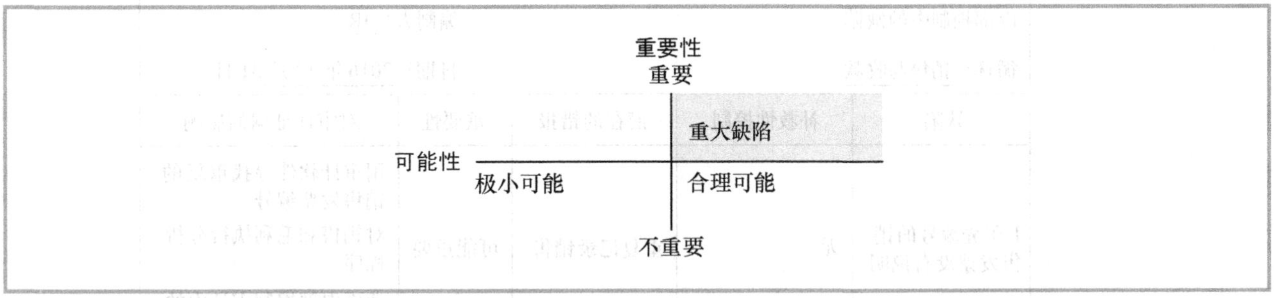

图 12－4　评价值得关注的控制缺陷

资料来源：Michael Ramos，"Section 404 Compliance in the Annual Report，" *Journal of Accountancy*，October 2004，pp. 43－48.

□ 识别缺陷、值得关注的缺陷和重大缺陷

可以用五步法来识别缺陷、值得关注的缺陷和重大缺陷：

1. 确定现有的控制。因为出现缺陷和重大缺陷是由于缺乏健全的控制，所以审计师首先必须了解现有的控制。识别现有控制的方法前面已作了讨论。

2. 识别关键控制的缺失。内部控制调查表、流程图以及穿行测试有助于识别控制的缺失，以及错报可能性增加的原因。如图 12－3 所示的控制风险矩阵也是一种确定是否不存在或几乎不存在防止或发现错报的控制的有用方法。

3. 考虑补救性控制的可能性。**补救性控制**（compensating control）是指内部控制系统中存在可以弥补关键控制缺失的控制。一些小型企业中所有者的积极参与就是一种补救性控制。如果存在补救性控制，原本存在的缺陷可能就不再是值得关注的缺陷或重大缺陷。

4. 确定是否存在值得关注的缺陷或重大缺陷。如果存在值得关注的缺陷或重大缺陷，就应该评价错报发生的可能性及其重要性。

5. 确定可能导致的潜在错报。这一步的目的是识别由于值得关注的缺陷或重大缺陷的存在可能导致的具体错报。值得关注的缺陷或重大缺陷的重要性与潜在错报发生的可能性和重要性呈正向关系。

图 12－5 列示了希尔伯格五金公司销售与收款循环内部控制的记录。其中包括两个缺陷，都不是重大缺陷。第一个缺陷与事先编号的销售发票相关，是值得关注的缺陷。

将控制缺陷与相关的审计目标联系起来　与各项内部控制一样，每个值得关注的缺陷或重大缺陷都可与一个或多个审计目标相关联。在图 12－3 希尔伯格五金公司这一例子中，有两个控制缺陷，它们分别只与一个交易相关的审计目标相关。这两个控制缺陷在图中相应目标栏用"D"标示出来了。

针对每一相关审计目标评估控制风险　识别出控制、控制缺陷并将其与交易相关的审计目标联系起来后，审计师就能针对每一个交易相关的审计目标来评估控制风险，这是内部控制评价中的关键决定。审计师可以运用前述的所有信息对每一交易相关的审计目标进行主观的控制风险评估。这种评价的表示方式有多种，有一些审计师用"高""中""低"来表示，另一些审计师则可能用诸如 1.0，0.6 或 0.2 之类的数字来表示。

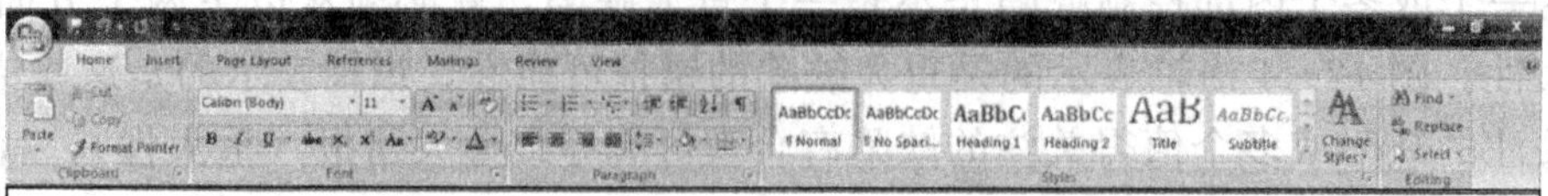

客户：希尔伯格五金公司　　　　表号：P－3

内部控制中的缺陷　　　　编制人：JR

循环：销售与收款　　　　日期：2016年12月31日

缺陷	补救性控制	潜在的错报	重要性	对审计证据的影响
1.预先编号的销售发票没有说明	无	重复记录销售	可能重要	用审计软件寻找重复的销售发票编号 对销售和毛利执行分析程序 考虑内部控制审计中的相关结果
2.发货凭证的日期与记录日期没有独立核对	每周审核不匹配和未记录的发货人	不适用	不适用	不适用

图12－5　内部控制的缺陷

另外，控制风险矩阵也是这种评估的有用工具。如图12－3所示，审计师通过检查相关控制和控制缺陷的每一栏，以及询问“这些控制无法防止或发现并纠正的可能性如何”“值得关注的缺陷或重大缺陷的结果如何”，就希尔伯格五金公司与销售交易相关的每一个审计目标进行控制风险评估。如果这种可能性低，则控制风险就低。如图12－3所示，希尔伯格五金公司与销售交易相关的所有审计目标，除了存在和及时性目标的控制风险为中等以外，其他目标的控制风险都被评估为低。

这一评估并不是审计中对控制风险的最后评估，在进行整合审计结束阶段的最后评估前，审计师还要执行控制测试和实质性测试。这些程序的结果要么支持前述初步评估，要么促使审计师改变初步评估。在某些情况下，管理层会在审计师执行重大测试前更正一些值得关注的缺陷和重大缺陷，以降低控制风险。

在对销售和现金收入交易的控制风险作出初步评估之后，审计师能够完成第9章所介绍的证据计划工作表中的三个控制风险行。如果控制测试的结果不支持控制风险的初步评估，审计师必须相应地调整这个工作表。或者，审计师直到控制测试完成时，再填列工作表中的这三个控制风险行。图15－6列示了希尔伯格五金公司已经填列的这三个控制风险行的证据计划工作表。

12.3 控制测试

本章分析了审计师如何结合具体审计目标的内部控制、控制缺陷来评价每一具体目标的控制风险。本节将讨论审计师如何测试用来支持控制风险评估的控制。例如，图12－3中审计师所依赖的支持中等或较低控制风险的每个关键控制都必须由充分的控制测试来支持。下面将讨论财务报告内部控制审计和财务报表审计中的控制测试。

□ 控制测试的目的

评估控制风险要求审计师考虑内部控制的设计与运行，以便评价它们是否有效地实现了与交易相关的审计目标。在了解阶段，审计师通过了解所执行的程序，已经收集了一些既能表明控制的设计又能证明各种控制已付诸实施的证据。在一些情况下，审计师可能没有收集到将估计控制风险降至足够低的水平的充分证据。因此，要使用具体的控制作为降低估计控制风险的依据，审计师就必须获得有关它们在整个审计期间或审计期间内至少绝大多数时间得以有效执行的具体证据。为支持较低估计控制风险而对控制的有效性进行的测试程序称为**控制测试**（test of controls）。

当控制的测试结果支持审计师对控制设计和运行的预期时，他们可以将控制风险的初步评估作为估计控制风险。但是，如果控制的测试结果表明控制没有得到有效运行，审计师就必须重新考虑估计控制风险。例如，测试结果可能表明在年度中减少了一项控制的运用，或者执行该项控制的人员经常出现错报。在这种情形下，审计师应使用一个更高的估计控制风险，除非审计师能确定存在同一具体审计目标的补救性控制，并发现此类控制是有效运行的。当然审计师还必须考虑那些没有有效运行的控制对审计师的内部控制报告的影响。

□ 控制测试的程序

审计师可利用四类程序证明内部控制的运行有效。管理层的内部控制测试可能包括同样的四类程序。这四类程序如下：

1. 询问被审计单位的适当雇员。虽然询问不是证明控制有效运行的有力证据来源，但也是一种适当的证据形式。例如，审计师通过询问控制计算机资料室的人员和控制在线安全密码指令的人员，就可以确定未经授权的人是否真的接触不到计算机文件。

2. 审查凭证、记录和报告。许多控制都留下了清晰的书面证据线索。例如，假设收到顾客订单时，将其用来编制顾客的销售订单，以此为依据批准赊销（见图 12－3 的第一和第二项关键控制）。顾客订单附在销售订单的后面，作为进一步处理的授权。审计师审查凭证以确信凭证完整且匹配适当，并且上面有必要的签字。

3. 观察与控制相关的活动。其他一些控制活动并不会留下证据线索。这就表明不可能获得控制是否得以执行的审查证据。例如，职责的分离取决于人员所从事的具体任务，通常没有关于分离情况的证据（见图 12－3 的第三项关键控制）。对于不留下书面证据的控制，审计师一般应在年度的多个时点观察它们的执行情况。

4. 重新执行被审计单位的程序。还有一些控制活动虽然有相关的凭证和记录，但是它们的内容并不能满足审计师评价控制是否有效运行的目的。例如，假设一项内部验证是被审计单位的一名雇员将销售发票上的价格与核准价格清单进行核对，但是这一工作并没有在销售发票中进行记录（见图 12－3 的第七项关键控制）。在这种情况下，审计师应实地重新执行这一程序，看是否能够取得合理的结果。在本例中，审计师通过将销售价格追踪到交易发生时有效的核准价格清单来重新执行程序。如果没有发生错报，审计师就能推测这一程序是按其设计运行的。

□ 程序范围

控制的测试程度取决于控制风险初步评估水平。如果审计师想要一个更低的估计控制风险水平，就测试的控制数量和每一个控制的测试范围两个方面来说，都要进行更广泛的测试。例如，如果审计师想要采用一个较低的估计控制风险水平，那么在进行凭证审查、观察和重新执行等程序时都应选取一个较大的样本规模。

测试的范围还取决于控制运行的频率以及执行方式是人工还是自动化。例如，有些财务报告控制仅在年度执行或季末执行，而有些控制每天都执行。对于人工控制，审计师选取交易样本并且测试该控制是否有效运行。例如，如果被审计单位在批准向供应商付款之前，人工比较了订购单、验收报告和供应商发票的话，审计师将从整个年度选取已记录的采购样本，验证这些凭证已经正确地核对并且付款已经过审批。由于人工控制是由人员执行的，可能出现偶然的错误或者操纵。对于自动化的控制，只要程序设计准确且未发生变动，自动化控制将会一贯执行直至应用程序发生变化。以采购业务为例，可以采用自动化而非手工方式，完成订购单、验收报告和供应商发票之间的比对。因此，只要一般控制和自动化的应用控制有效，审计师有理由仅测试一笔交易而非选取多个交易进行验证。因此，控制测试的范围有所不同。审计师可以采用下列一种方法确定自动化控制的设计和执行是否恰当以及运行的有效性。本章后面讨论较复杂IT环境下的内部控制时，将对这些方法作进一步阐述。

对以前年度审计证据的依赖 在审计师计划使用以前年度审计中获得的关于内部控制运行有效性的证据时，审计准则要求审计师至少每三年对这些内部控制运行的有效性进行测试。如果审计师确定某一控制自上次测试以来已经发生了变化，则他们应该在本期审计中对之进行测试。要是以前测试过的控制有许多没有发生变化，根据审计准则，审计师应该在每年审计中测试一部分控制，以确保三年内对这些控制进行轮换测试。

与特别风险有关的控制测试 特别风险是指审计中审计师认为需要特别考虑的风险。若审计师的风险评估程序识别了特别风险，且计划依赖这些控制以支持估计控制风险低于100%，则要求审计师在本期审计中，测试抑制此类风险的控制的运行有效性。风险越高，审计师应该获得的关于控制运行有效性的审计证据就越多。

短于整个审计期间的测试 对于管理层就财务报告内部控制至本会计年度末有效的评估报告，PCAOB审计准则要求审计师执行足够的控制测试以确定至年末控制运行是否有效。审计师的控制测试时间取决于控制的性质和被审计单位使用这些控制的时间。对于运用于整个会计期间的控制来说，实务中一般是在期中对之进行测试，随后审计师还要确定测试后控制所发生的变化，并确定所有变化的含义。与财务报表编制有关的控制只发生在季末或年末，所以必须在季末或年末对其进行测试。

□ 控制测试与了解程序之间的关系

控制测试和了解程序之间存在较大范围的重叠。二者都包括询问、文件检查和观察等程序。这些常用程序在两个阶段中的运用存在两点主要区别。

1. 在了解内部控制时，这些程序作为了解内部控制的构成部分用于识别的所有控制。而在进行控制测试时，只有当通过了解程序不能满足评估控制风险时才运用这些程序。

2. 了解内部控制的程序只对一项或几项交易进行，或者在某一时点上作出观察。控制测试则涉及较大样本量的交易（可能是20～100项），并且观察要在多个时点上进行。

对关键控制来说，除了重新执行以外，控制测试实质上就是了解内部控制相关程序的扩展。因此，当审计师在整合审计一开始就计划获得较低的估计控制风险水平时，会将这两种程序结合起来同时进行。表12-1详细地解释了这些概念。如表12-1所示，一种选择是分别执行这两种程序。最小量的程序用来获得对内部控制设计和运行的了解，然后执行进一步的控制测试。另一种方法是，组合表中各栏的所有程序，并同时执行它们。第二种方法所收集的证据量是一样的，但是所收集的证据更充分。

控制测试的样本规模适当性的确定是一个重要的审计决策，有关这一主题的讨论详见第15章。

了解外包制度中的内部控制 如果被审计单位使用服务机构为其处理交易，例如提供工资处理服务或者提供投资交易处理，审计师在了解这些业务的内部控制时就会出现困难。很多控制位于服务机构，而服务机构是一个独立的企业，所以审计师不能假定这些控制是充分的。审计准则要求，如果服务机构的应用涉及重要财务数据的处理，审计师应当考虑了解服务机构的控制并对其进行测试。例如，很多有关工资交易审计目标的控制，内置于工资处理服务公司而非被审计单位维护和支持的软件程序之中。

表 12-1 评估的控制风险与程序范围之间的关系

程序类型	评估的控制风险	
	高水平：了解程序	低水平：控制测试*
询问	是——广泛	是——部分
文件检查	是——交易穿行法	是——运用抽样
观察	是——交易穿行法	是——多次
重新执行	否	是——运用抽样

*在上市公司的整合审计中，审计师很可能组合运用了解程序和控制测试这两种程序，并同时执行它们。

在了解服务机构内部控制并作测试时，审计师应当采用与评价被审计单位内部控制相同的标准。对内部控制的了解程度，取决于制度的复杂性以及为降低控制风险所需要的控制信赖程度。如果是上市公司内部控制审计业务，对内部控制的了解程度，还取决于与交易相关的审计目标的关键控制位于服务机构的数量范围。如果审计师形成结论认为，服务机构的积极参与是开展审计工作的唯一途径，则需要了解服务机构的内部控制并且运用测试数据和其他方法进行控制测试。

对服务机构注册会计师的信赖 近年来，越来越多的服务机构聘请会计师事务所了解和测试服务机构的内部控制（通常称为“服务机构控制”或“SOC”），并向所有客户及其独立注册会计师发布 SOC 报告。该独立评估的目的是向服务机构的客户提供合理保证，服务机构的一般控制和应用控制是充分的，不需要客户的审计师再次进行审计。如果服务机构拥有众多客户，且每家客户要求由自己的独立审计师对服务机构的内部控制进行了解，会给服务机构造成不便且成本高昂。

鉴证准则为审计师（服务机构审计师）针对服务机构内部控制出具报告提供了指导，审计准则为使用服务机构的被审计单位的审计师（被审计单位审计师）使用服务机构审计师的报告提供了指导。服务机构审计师可能出具两类报告：

- 报告管理层对服务机构系统的描述以及控制设计的适当性（称为第一类报告）；
- 报告管理层对服务机构系统的描述以及控制设计和运行的适当性（称为第二类报告）。

第一类报告有助于审计师了解内部控制以计划审计工作。但是，审计师还需要获取控制运行有效性的审计证据以评估控制风险，特别是上市公司的财务报告内部控制审计业务。这些控制运行有效性的证据来源于：

- 服务机构审计师的第二类报告，其中包含控制运行有效性的测试；
- 对被审计单位有关服务机构活动的内部控制进行测试；
- 被审计单位审计师在服务机构进行恰当的测试。

如果被审计单位审计师决定信赖服务机构审计师的报告，应当询问服务机构审计师的声誉。审计准则指出，被审计单位审计师不应在被审计单位财务报表的审计意见中提及服务机构审计师的报告。

12.4 确定计划检查风险和设计实质性测试

我们集中讨论了审计师如何评价每个与交易相关的审计目标的控制风险以及如何用控制测试支持控制风险评估。即使直到审计师完成财务报表审计后才完成财务报告内部控制的审计，上述活动的完成对于财务报告内部控制的审计来说也是充分的。

审计师利用控制风险评估和控制测试结果来确定计划检查风险和财务报表的相关实质性测试。审计师通过结合控制风险的评估与受主要交易类型影响的账户余额相关的审计目标以及四个列报和披露审计目标，来确定计划检查风险和相关的实质性测试。要运用审计风险模型来确定每个与余额相关审计目标的适当检查风险水平。与交易相关的审计目标和与余额相关的审计目标的关系，以及财务报表余额实质性测试审计程序的设计和选择，将在第13章中举例讨论。

12.5 审计师的内部控制报告

了解内部控制和评估控制风险的工作的一部分是，要求审计师就某些事项与被审计单位的治理层取得沟通。关于控制的这一信息和其他建议也通常被称为与管理层的沟通。

□ 与治理层的沟通和管理建议书

与治理层的沟通 审计师如果已经意识到被审计单位内部控制中存在重大缺陷、重大弱点，他们就必须就这些事项以书面的形式与被审计单位的治理层取得沟通。这一沟通对象往往是审计委员会和管理层。及时地取得沟通可以帮助管理层在提交其内部控制评估报告之前处理和应对内部控制中的缺陷。在一些情况下，内部控制缺陷可以尽早地予以更正和修改，这样一来，管理层和审计师都可以得出结论，认为内部控制直到资产负债表日都是有效运行的。无论情况如何，这些沟通必须在审计报告出具后60天内进行。图12-6给出了非上市公司审计中的报告举例。

Johnson & Seygroves 注册公共会计师事务所
2016 Village Boulevard
Troy, Michigan 48801

2017年2月12日

Airtight Machine公司审计委员会

(雅典大街1729号，密歇根州48801)

在遵循美国一般公认审计准则计划和执行对Airtight Machine公司2016年度及截止于2016年12月31日的财务报表的审计时，我们把Airtight Machine公司的财务报告内部控制（内部控制）作为财务报表审计而不是公司内部控制有效性审计的审计程序的设计基础。相应地，我们不对该公司内部控制有效性发表审计意见。

我们对内部控制的考虑仅限于上段所述目的，同时无须识别内部控制中可能是重大缺陷或重大弱点的所有缺陷。但是，正如下一段所述，我们发现了一些我们认为是值得关注的内部控制缺陷。

如果控制的设计或运行使得管理人员或雇员在正常执行其所派任务时，不能及时防止或发现错报，就表明存在控制缺陷。值得关注的缺陷是指一个缺陷单独或者连同其他缺陷，对被审计单位遵循一般公认会计原则可靠地生成、授权、记录、处理或报告财务数据产生的不利影响程度逊于重大缺陷但其重要性程度足以引起公司治理层关注的控制缺陷。我们认为以下缺陷是被审计单位内部控制中值得关注的缺陷：

> 对顾客姓名、产品数量、发货数量、适用价格以及销售发票和贷项通知单中的相关数字合计等关键数目缺乏独立验证。其结果是这些情况所导致的错误可能会发生且一直得不到更正，并对已记录的销售净额、应收账款余额产生负面影响。考虑到Airtight Machine公司的平均销售额非常大，我们认为这是一个值得关注的缺陷。

对这一信息我们只打算与被审计单位的管理层和董事会沟通并供其使用，不打算与除这些特定主体之外的任何人进行沟通，也不让其他主体使用这些信息。

您真诚的伙伴：Johnson & Seygroves

图12-6 关于内部控制值得关注的缺陷的说明书

管理建议书　除以上事项外，审计师通常会观察到被审计单位不太重要的内部控制事项和经营管理有待改进的情况。这些事项信息也应和被审计单位进行交流与沟通。实现这种目的的沟通形式通常是一份单独的信函，称为**管理建议书**（management letter）。虽然审计准则对管理建议书不作要求，但是，审计师通常将其作为一种审计的增值服务来准备。

□ 404 条款的报告要求

404（b）条款的报告要求规定审计师要根据自己对内部控制的评估和测试，对加速编报上市公司的财务报告内部控制出具审计报告。如第 3 章所讨论的那样，审计师可能单独发表财务报告内部控制的审计报告和财务报表的审计报告，或者将其组合在一起。组合报告的一个例子可以查阅图 3－4。

内部控制审计报告的范围只限于对内部控制重大缺陷的识别获得合理保证。因此，审计师不需要设计审计程序以发现那些单独或组合在一起仍不是重大缺陷的缺陷。前文我们已经讨论过了缺陷、值得关注的缺陷和重大缺陷的区别。

□ 意见类型

无保留意见　当以下两个条件同时得到满足时，审计师应该对被审计单位的财务报告内部控制发表无保留意见：(1) 年末不存在已识别的重大缺陷；(2) 审计工作范围没有受到限制。

否定意见　如果存在一个或多个重大缺陷，审计师就必须对内部控制的有效性发表否定意见。审计师对内部控制有效性发表否定意见的最常见的情况是，管理层在其报告中确定了内部控制的重大缺陷。

保留意见或者无法表示意见　范围限制要求审计师对财务报告内部控制发表保留意见或无法表示意见。在财务报告内部控制审计中存在范围限制，或者其他使得审计师不能获得充分证据的情况下，导致审计师不能确定财务报告内部控制是否存在重大缺陷时，就要发表这两种意见中的一种。

审计师内部控制有效性的意见是针对会计年度截止日，因此审计师鉴证的是内部控制在该日期而非整个会计年度的有效性。如果在会计年度截止日之前发现重大缺陷，只要该重大缺陷得到修正，并且测试了修正后的控制确信其得到了有效的设计、实施和运行，审计师仍然可以发表非无保留意见。

因为财务报表的审计和财务报告内部控制的审计是整合在一起进行的，所以，审计师在出具财务报告内部控制的审计报告时，必须考虑财务报表审计中执行的审计程序的结果。例如，假设审计师已经确定财务报表中存在一个最初没有被审计单位内部控制所识别的重大错报，对此发现结果的反应很可能是以下四个之一：(1) 因为财务报表中存在重大错报，所以，审计师应该考虑该错报是否暗示存在重大缺陷。确定这一错报是否事实上就是一个重大缺陷或者值得关注的缺陷涉及审计师的职业判断，并取决于这一错报的性质和金额大小。(2) 如果被审计单位在公布报表前调整报表以更正这一错报，则审计师仍可对财务报表发表无保留意见。(3) 管理层很可能变更其内部控制报告，以确认内部控制没有有效地运行。(4) 审计师必须对财务报告内部控制发表否定意见，如果这一缺陷被认为是一个重大缺陷。

如果被审计单位财务报告内部控制存在重大缺陷，那么审计师就应该对被审计单位财务报告内部控制的有效性发表否定意见。图 12－7 举例说明了这种意见单独报告中的重大缺陷定义段和意见段。如果被审计单位管理层的内部控制评估报告中没有提及这一重大缺陷，那么审计师的报告还应该提及这一重大缺陷并说明在管理层的评估中没有提及它。

独立注册会计师事务所报告

【重大缺陷定义段】

重大缺陷是指财务报告内部控制中存在的、有合理可能致使控制不能及时防止或发现公司中报或年报中的重大错报的一个或者多个缺陷。

【意见段】

我们认为，鉴于上述这一重大弱点对控制标准目标的实现的影响，Kincanon公司没有依据COSO发布的《内部控制——整合框架》（2013版框架）中的既定标准到2016年12月31日为止在所有重大方面都保持有效的财务报告内部控制。

Kellum & Kellum有限责任公司

Brentwood，Tennessee

2017年2月2日

图12-7　404条款下存在重大缺陷的内部控制报告（部分）*

*引言段、范围段、内部控制定义段和内部控制固有局限段以及提及财务报表审计意见的段落使用标准措辞，没有列示出来。描述该重大缺陷性质的说明段也没有列示出来。

12.6　非上市公司和小型上市公司内部控制的评价、报告和测试

本章大部分概念同样适用于大型上市公司（加速申报人）、小型上市公司以及非上市公司。接下来我们将介绍和讨论非上市公司和小型上市公司内部控制评价、报告与测试的不同之处，这些企业不受404（b）内部控制审计条款的约束。

1. 报告要求。在非上市公司和非加速申报人的审计中，没有审计被审计单位财务报告内部控制的要求。因此，审计师对内部控制的关注只集中于执行高质量的财务报表审计所需关注的范围。近期AICPA审计准则委员会将鉴证准则指南变更为审计准则，为受聘于非上市公司、执行与财务报表审计整合在一起的财务报告内部控制设计及执行有效性审核的审计师提供了指南。在鉴证准则下，非上市公司的整合审计方法与PCAOB审计准则的整合审计方法一致。

2. 要求的内部控制范围。公司的规模对内部控制的性质和具体控制的执行有重大影响。很明显，在小企业中是很难实现充分的职责分离的，同时期待小企业拥有内部审计师也是不合理、不现实的。但是，只要对内部控制的各要素进行仔细的分析，就会清楚地发现其中的大多数要素都适用于大型企业和小企业。即使不能像大型企业那样形式化为政策手册，小企业也一定要拥有：（1）具有与职权一致的胜任能力和正直诚信的雇员；（2）交易授权、执行和记录的程序；（3）充分的凭证、记录和报告；（4）对资产和记录实施某种程度的实物控制；（5）对控制执行的有限程度的独立核查。

3. 需要了解的范围。审计准则要求审计师获得对内部控制的充分了解，以评价财务报表层次和相关认定层次的重大错报风险，进而设计有效的审计程序。在实务中，内部控制了解程序因被审计单位的不同而差异很大。对于小型公司来说，如果审计师认为没有恰当设计和实施控制或控制没有有效运行，审计师应该将控制风险评估结果设定为最高，并设计和执行细节的实质性测试。对于大型的非上市公司来说，审计师对内部控制的了解可能与在上市公司审计中的了解一样。

4. 评估控制风险。在对非上市公司的控制风险评估中，最重要的特征是当某一目标或多个目标的控制不存在或无效时，将与这些控制相关的目标的控制风险评估为最高。因为对于上市公司，人们会预期它们对所有重大的交易和账户都应该有有效的内部控制，在上市公司财务报表审计中，控制风险初始假定是

低的。所以，上市公司的审计师在对控制风险的初步评价中不太可能将控制风险设定为最高。

5. 所需控制测试的范围。当审计师鉴于控制不充分或单独实施实质性程序效率更高，而将控制风险设定为最高时，不需要执行控制测试。如果审计师将其控制风险评估为低于最高值，审计师就要设计和执行控制测试和实质性程序的组合测试，以获得财务报表公允表达的合理保证。测试范围的差异如图 12－8 所示。

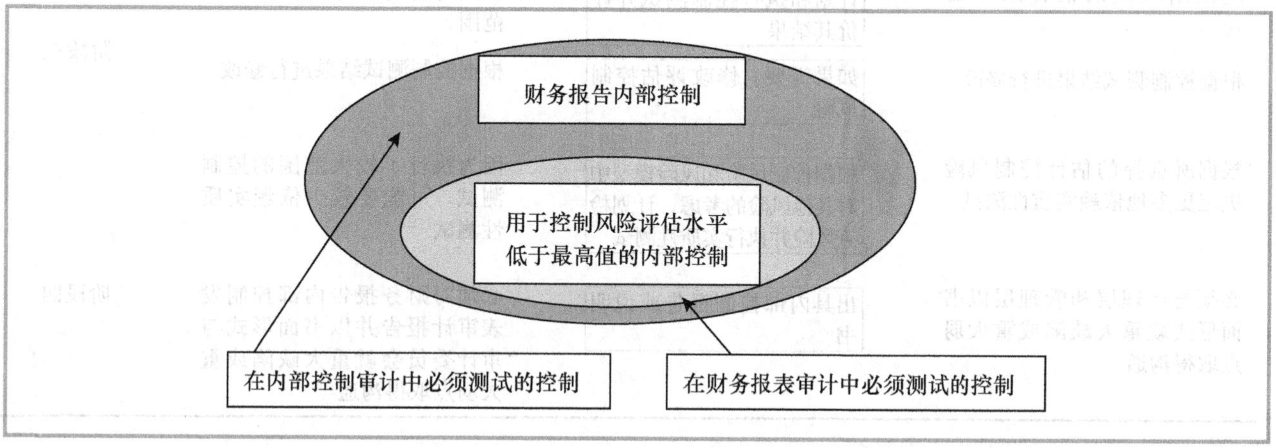

图 12－8 内部控制审计中的控制测试与财务报表审计中的控制测试的范围区别

本章小结

本章主要介绍了管理层和审计师遵守 SOX 404 条款和 PCAOB 的规定，在财务报表和财务报告内部控制整合审计中了解、评价并测试内部控制的责任。为了依赖被审计单位的内部控制以对其财务报告内部控制出具报告和减少财务报表审计中的计划所需证据，审计师必须了解内部控制的五个要素。对被审计单位控制环境、风险评估、控制活动、信息与沟通、监控活动的设计以及有关这些内部控制要素是否得以运行信息的了解，能够帮助审计师评价每个与交易相关的审计目标的控制风险水平。

因为非上市公司和小型上市公司不需要遵守 404（b）条款和 PCAOB 的规定报告财务报告内部控制，所以，本章还介绍了非上市公司审计的特征。对于非上市公司来说，审计师可以根据被审计单位的内部控制情况和成本效益的考虑，选择将控制风险评估为更高的水平。

在财务报表和内部控制整合审计中，了解一般控制为审计师信赖自动化的应用控制、减少关键自动化控制的测试范围提供了基础。审计师的部分控制测试可以由计算机完成，通常有助于提升审计工作的效率和效果。

审计师对财务报表和财务报告内部控制的整合审计以及财务报表审计中的控制风险评估过程可具体参见表 12－2。

表 12－2 对内部控制了解和控制风险评估的概述

财务报表审计		财务报表和财务报告内部控制整合审计	
充分审计财务报表	获得对内部控制的了解：设计和运行	充分审计财务报告内部控制	阶段一
随控制的程度和有效性以及审计师对控制的计划依赖而变化	在每一交易类别的目标层次上确定控制风险 三个层次 高　中　低	除非存在重大缺陷或重大弱点，否则将所有目标的控制风险确定为低	阶段二

续表

财务报表审计		财务报表和财务报告内部控制整合审计	
随控制风险的估计水平而变化	计划和执行控制测试并评价其结果	扩大对所有目标的控制测试范围	阶段三
根据控制测试结果进行修改	如果需要，修改评估控制风险	根据控制测试结果进行修改	
根据所选择的估计控制风险决定更多地依赖实质性测试	根据控制风险和风险模型中对其他风险的考虑，计划检查风险并执行实质性测试	因为执行了较大范围的控制测试，可能要较少依赖实质性测试	
必须与治理层和管理层以书面形式就重大缺陷或重大弱点取得沟通	出具内部控制报告或说明书	必须对财务报告内部控制发表审计报告并以书面形式与审计委员会就重大缺陷或重大弱点取得沟通	阶段四

练习题

12-1 审计师有关了解内部控制的责任是什么？在上市公司与非上市公司中，这些责任有什么区别？

12-3 什么是内部控制的穿行测试？穿行测试的目的有哪些？

12-5 区别内部控制的值得关注的缺陷和重大缺陷。根据PCAOB准则，存在值得关注的缺陷将如何影响审计师的内部控制审计报告，存在重大缺陷又将如何影响审计师的内部控制审计报告？

12-6 区别上市公司整合审计中审计师的控制测试责任和非上市公司审计中审计师的控制测试责任。

12-8 风险评估程序识别出了几个风险，审计师认为属于特别风险。同时存在一些旨在降低这些风险的内部控制。请描述在当期审计中审计师如何考虑这些控制的责任。

选自注册会计师考试的选择题

12-16 下列是关于内部控制缺陷的问题，选择最佳答案。

a. 以下哪项是内部控制运行缺陷的例子（　　）。

(1) 公司没有员工遵守的行为守则

(2) 出纳有能力在线将呆账录入应收账款账户

(3) 每月调整公司间账户的员工不了解在这些账户中可能出现的错报性质

(4) 管理层没有识别和评估复发事项的程序

b. 内部控制的重大弱点是以下哪种控制缺陷（　　）。

(1) 有可能或极有可能负面影响公司可靠地生成、授权、记录、处理和报告财务报表

(2) 导致内部控制不能合理可能地防止或发现财务报表重大错报

(3) 缺少必要的控制或控制设计不当

(4) 降低公司经营效率和效果

c. 上市公司审计师识别出了内部控制的重大弱点，则他（　　）。

(1) 不能对财务报表发表无保留意见

(2) 必须对财务报告内部控制发表保留意见或无法表示意见

(3) 仍可以对财务报告内部控制发表无保留意见

(4) 必须对财务报告内部控制发表否定意见

12-17 下列是关于财务报表审计中的控制风险评估的问题，选择最佳答案。

a. 审计师的控制测试表明在测试的大规模交易样本中，现金支出缺少所要求的批准。以下哪项是审计师最不应有的做法（ ）。

(1) 审计师决定与治理层沟通这一缺陷

(2) 审计师决定提高计划检查风险

(3) 审计师决定不再选择更多的审计样本

(4) 审计师决定针对现金支出执行范围更为广泛的实质性测试

b. 审计师运用估计控制风险以（ ）。

(1) 评价被审计单位内部控制的效果

(2) 识别固有风险最高的交易和账户余额

(3) 表明计划和评价目的的重要性是否合理

(4) 确定财务报表各认定的可接受检查风险水平

c. 根据已收集和评估的审计证据，审计师决定在最初计划的水平上增加估计控制风险。要实现与计划审计风险水平（可接受审计风险）大体相同的审计风险水平（已实现的审计风险），审计师将（ ）。

(1) 增加固有风险

(2) 增加重要性水平

(3) 减少实质性测试

(4) 降低计划检查风险

讨论题

12-20 下列各项内部控制摘录于会计师事务所用于评价工资与人员循环控制风险的内部控制标准调查表。

1. 工资造册以前，要求部门领导或领班批准工时卡。

2. 为编制工资单开始输入数据以前，核算所有预先编号的工时卡。

3. 计算机根据输入的工时和职员源文件的信息计算工资总额和净额，工资会计人员已双重复查作为测试基础的数字的准确性。

4. 适当作废和保存所有无效和损坏的工资结算单。

5. 人力资源政策要求审查新职员的求职申请，包括审查职员的背景、前任雇主和推荐信。

6. 工资会计软件应用系统不接受职员源文件中不存在的职员的有关数据输入。

7. 编制工资单的人员不再执行其他与工资相关的职责（工时记录、分发工资单）或接触工资数据源文件或现金。

8. 停职通知必须用书面形式，并附有停职理由的文件证明和适当领导的批准。

9. 所有没有分发给职员的工资支票和电子付款单都保存于财务部门并做跟进。

10. 通过密码授权给人力资源部门的具体人员在线增加职员或改变工资源文件的支付率。

要求：

a. 针对每项内部控制，识别控制所应用的具体控制活动种类（例如充分的凭证和记录或对资产和记录的实物控制）。

b. 针对每项内部控制，识别控制所适用的与交易相关的审计目标。

c. 针对每项内部控制，如果控制存在并有效，识别可能防止的具体错报。

d. 针对每项控制，列出由于缺乏这项控制而可能导致的具体错报。

e. 针对每项控制，确定审计师为揭示由于该控制缺失而导致的错报应该采用的一项审计测试。

12-22 下列是制造业公司内部控制的部分说明：

1. 当Clark为他的机器制造厂订购材料时，他送给验收部门一份订购单的副本。在运送材料到达时，验收员Smith在这份订购单上记录收到的货物。记录结束以后，Smith将这份订购单送给会计部门，会计部门再根据订购单来记录所购材料和应付账款。然后用叉车将材料运到仓库。额外的购买登记在仓库记录中。

2. Generous Motors公司每天有几百名职工用身份卡记录上班时间。这些时间记录上的数据被用于编制人工成本分配记录、工资日记账、电子支付和工资支票。财务主管Angela Lee核对工资日记账与工资记录表，并在工资支票上签字，然后将它们返回给计算机部门的主管Charles Strode。工资支票和工资通知单由Strode分发给职工。

3. Connor化妆品公司的最小分公司雇用了分公司经理Mary Cooper和她的销售助理Janet Hendrix。公司用银行账户支付费用。该账户保留在"Connor化妆品——特别账户"下。支付费用时，支票必须由Mary Cooper或Connor化妆品公司的财务主管John Winters签字。Cooper验收注销的支票和银行对账单。她自己核对分公司的账户以及在自己的记录中存档注销的支票和银行对账单。她还定期编制现金支出报告，并把它们送到母公司办公室。

要求：

a. 运用本章所讨论的方法，列出上面每种情形下内部控制的缺陷。

b. 针对每个缺陷，尽量具体列出可能导致的错报种类。

c. 你将如何改善以上三家公司的内部控制？①

① 根据AICPA改编。

第 13 章

总体审计策略与审计方案

学习目标

1. 使用五类审计测试确定财务报表是否公允表达。
2. 选择适当的审计测试类型。
3. 了解审计证据组合的概念及其在不同情况下的变化。
4. 制定审计方案。
5. 比较与交易相关的审计目标和与余额相关的审计目标。
6. 了解与证据相关的关键术语。
7. 整合审计过程的四个阶段。

引 例

审计策略的改变带来了回报

Lakeisha Jackson 是大型区域公共会计师事务所 Probert and Reed 的主管审计师。在她完成对 Simpson——一家大型私人服装制造商的审计时，其业务经理 Jason Locke 宣布他即将离开公司。合伙人 Susan Reed 告诉 Jackson，她将成为下一年的业务经理。Reed 对她说："我希望你为明年的审核做一些早期计划。客户希望我们能把费用的增长保持在最低限度。我想看看我们如何调整审计方法以减少审计时间，但保持甚至提高审计质量。"

Jackson 花了几个小时检查审核文件和时间预算。她想："当 Susan 看到这些时间要算在客户身上时，我想知道她是怎么看待改变审计策略这个主意的，"尽管如此，她还是有一些想法。她发现大部分时间都花在了应收账款的库存目录和账单上。此外，由于 Simpson 拥有大量固定资产，大量时间也花费在了清点固定资产上。Simpson 拥有出色的控制能力，并且最近投资了他们的库存核算系统，其中包括可使跟踪库存更为便捷的新型手持式扫描仪。他们已经开始使用库存的周期盘点，但仍然在多个仓库进行了人工的完整年底库存盘点。尽管 Probert and Reed 已按照审计标准的要求对 Simpson 的内部控制系统有了了解，但他们对控制系统仅进行了少量的检测，并采取了实质性的审计方法。Jackson 在备忘录中总结了她提出的修改建议，但在将其发送给 Reed 之前，她花费了一整天去重新评估她的建议。

当 Reed 收到备忘录时，一开始，她很吃惊。Jackson 的建议并不涉及弥补边缘缺点和调整一些样本大小。但是，Reed 越想越觉得这些建议是有意义的。首先，Jackson 建议应更大程度地依赖对库存和销售的控制。大多数控制都是自动化的，公司的信息风险专家可以协助进行测试。Jackson 还建议取消对库存的年末实物盘点，并应依靠周期盘点。此外，她建议 Simpson 可以只依靠周期盘点来测试其库存核算记录的准确性。对于应收款，Jackson 提出了对销售进行测试控制并执行实质性分析程序的建议。这可以大大减少小于实质性业绩的账户样本量。最后，Jackson 建议用实质性分析程序代替详细的折旧测试。

在第二年 Reed 的工作结束时，她看着审计档案，露出了微笑。Simpson 一直以来都是事务所的好客户，审计策略的改变使她更加确信财务报表的编制是合理的，即使算上制定计划的时间，完成这项工作的总时间也大大减少了。更重要的是，客户满意度也提高了。任期即将结束时，Reed 会见了 Simpson 的首席财务官 Chris Palmer。Palmer 说："我们本以为自己还没准备好只使用周期盘点，但你的建议鼓励了我们，现在我们已做好了准备。"他进一步指出："这是我们进行过的最为顺利的年底结算和审计。"

任期结束时，Reed 会见了 Jackson："你知道，在采纳你去年提出的所有建议时，我是有些紧张的，但它们的效果都很好。"Jackson 笑了，觉得自己有点紧张。"哦，差点忘了告诉你，"Reed 补充说，"合伙人刚刚投票让你升职了，这个决策从 7 月 1 日开始生效。"Jackson 回想起最初的聘用计划，很高兴她没有建议采用与上年相同的审计方法。

本章将讨论审计计划阶段的第八个也是最后一个步骤，这是关键的一步，因为在这一步骤，审计师将制定整个审计方案，包括审计程序、样本规模、选取样本的项目以及时间安排。本章开头将介绍在制定总体审计策略与审计计划和方案中进行正确决策的重要性，同时还要考虑审计证据的有效性和审计过程的效率。

本章首先讨论总体审计策略，即在五种测试类型中选择一个组合从而有效地审计，包括讨论各类测试之间的相互替代和每项测试的成本。审计师在确定了最有效且成本最低的测试组合后，就要制定详细的审计方案，这将在本章后面部分论述。接下来我们将讨论审计过程第一阶段（包含了所有审计计划步骤）与其他三个阶段的关系。

13.1 测试的种类

在编制总体审计策略时，审计师可使用五类**测试方法**（types of tests）来确定财务报表是否公允表达。审计师利用风险评估程序评估重大错报风险（用第 9 章讨论的固有风险和控制风险的组合表示）。其他四类测试表示为应对已识别风险而执行的**进一步审计程序**（further audit procedures）。所有审计程序都属于这五类测试中的一类或几类。

图 13－1 列示了四类进一步审计程序与审计风险模型的关系。如图 13－1 所示，执行控制测试为的是支持已降低的估计控制风险，而实质性分析程序和余额细节测试满足的是计划检查风险的水平。交易实质性测试同时影响控制风险和计划检查风险，因为审计人员用它来测试内部控制的有效性和交易余额。

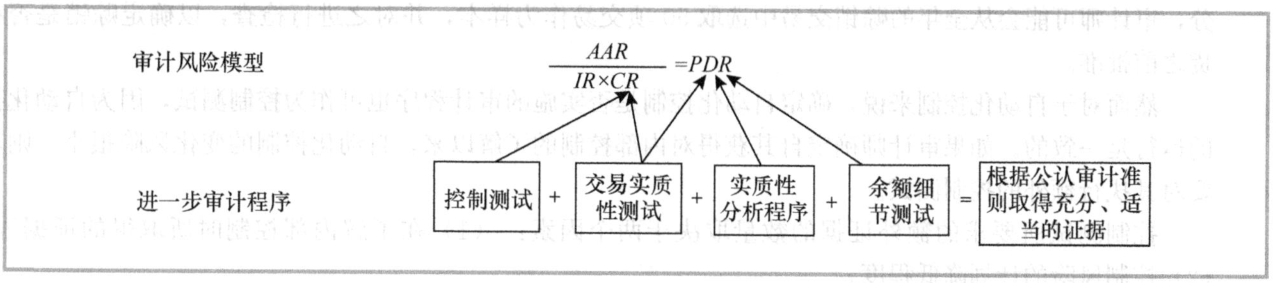

图 13－1 进一步审计程序与审计风险模型

□ 风险评估程序

审计准则要求审计师获得对被审计单位及其环境（包括内部控制）的了解，以评估被审计单位财务报表的重大错报风险。在第 8 章我们介绍了审计师如何执行程序了解被审计单位的业务和行业，以评估重大错报风险。第 9 章和第 10 章进一步介绍了审计师如何执行程序评估固有风险和控制风险。第 12 章举例说明了审计师如何执行程序获得对控制的了解以评估控制风险。这些了解被审计单位及其环境（包括内部控制）的程序整合在一起就是审计师的风险评估程序。

执行风险评估程序是为了评估财务报表的重大错报风险。审计师执行控制测试、交易实质性测试、实质性分析程序以及余额细节测试来应对审计师对重大错报风险的评估结果。这四类进一步审计程序组合在一起为审计师的意见提供了基础，如图 13－1 所示。

审计师的风险评估程序的一个主要部分就是获得对内部控制的了解。**了解内部控制程序**（procedures to obtain an understanding of internal control）在第 12 章已作介绍，该程序主要考虑内部控制的设计和执行，用以评估每个交易相关审计目标的控制风险。

□ 控制测试

审计师了解内部控制，主要是为了评估每个交易相关审计目标的控制风险。例如，将销售交易记录金额正确性的控制风险评估为低水平，而将其存在目标的控制风险评估为中等水平。当审计师认为控制政策和程序的设计有效并得到有效运行时，他就将控制风险估计在反映这种评估的水平上。为了获得充分、适当的审计证据以支持这一评估结果，审计师应该执行**控制测试**（tests of controls）。

控制测试既可以是人工控制也可以是自动化控制。这些测试包括以下证据类型（注意前三个程序与用于获得对内部控制的了解是一样的）：

- 询问被审计单位的适当员工；
- 检查凭证、记录和报告；
- 观察与控制有关的交易活动；
- 重新执行被审计单位的程序。

作为程序的一部分，审计师执行系统穿行测试以获得了解，帮助他们确定控制是否到位。穿行测试一般用于一笔或几笔交易，在整个处理过程中跟踪这一（些）交易。例如，审计师选择一笔销售交易来对赊销批准的过程进行系统穿行测试，然后跟踪赊销批准的整个过程，从销售交易发生到批准赊销为止。

用以了解内部控制的程序通常并不足以提供关于控制运行有效的充分、适当的证据。控制测试用于确定具体控制是否有效，并通常会选取一个样本进行测试。例如，作为赊销批准过程运行有效性测试的一部分，审计师可能会从全年的赊销交易中选取50项交易作为样本，并对之进行检查，以确定赊销是否在发货之前批准。

然而对于自动化控制来说，确定自动化控制是否实施的审计程序也可作为控制测试，因为自动化控制的运行是一致的。如果审计师确定自其获得对内部控制的了解以来，自动化控制的变化风险很小，则不需要对其执行额外的控制测试。

控制测试所要求的额外证据的数量取决于两个因素：（1）在了解内部控制时所取得的证据程度；（2）控制风险的计划降低程度。

图13－2表明控制测试在销售与收款循环中连同其他测试为审计意见提供充分、适当证据的作用。我们用未带阴影、内注“执行TOC”字样的圆圈来表示。为简化起见，我们作了两项假定：第一，销售与收款循环中只包括销售和现金收入两项交易和三个总账余额；第二，现金和应收账款的期初余额上年度已经审计，并被认为是正确的。

如果审计师可以验证销售和现金收入这两项交易已正确记入日记账和过入总账，就能认定应收账款的期末余额和销售收入的本期发生额是正确的（审计师在得出现金账户期末余额正确的结论前需对现金支出交易进行审计）。审计师可以通过执行控制测试来证明这一点。如果在销售和现金收入两项交易中设置了相应的控制，审计师就可以执行控制测试来确定该循环中六项与交易相关的审计目标是否得到满足。下面将讨论的交易实质性测试同样会影响对销售和现金收入交易的审计保证。

为说明典型的控制测试，我们沿用图12－3中所列的希尔伯格五金公司的控制风险矩阵，对于图12－3中所列的11个控制点，表13－1分别列示了对其有效性所要执行的控制测试。

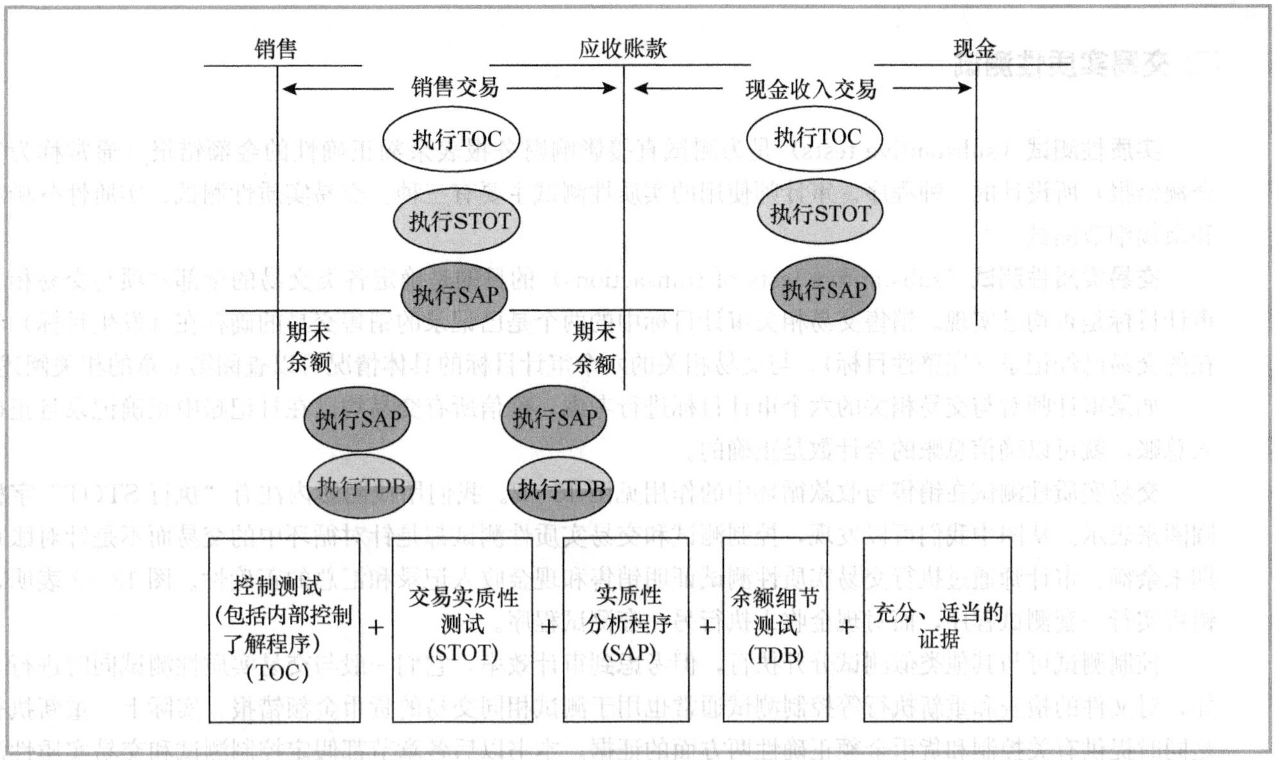

图 13－2 所有审计测试在销售与收款循环中的作用

表 13－1 控制测试举例

关键控制举例	典型的控制测试
由计算机核对授权的赊销限额自动批准赊销（C1）	检查销售发票样本并将顾客订单与授权赊销限额进行比较（重新执行）
销售记录以已核准的发货单和已批准的顾客订单为依据。(C2)	审查一份销售发票副本的样本，查明是否每张发票都以所附已核准的发货单和已批准的顾客订单为依据（文件检查）
开票、记录销售和收取现金之间进行职责分离（C3）	观察负责经手现金的雇员是否不负责会计工作，并询问他们各自的职责（观察和询问）
发货单每天转给开票人，并于次日开票（C4）	观察发货单是否每日转给开票人并观察何时开票（观察）
每周对发货单预先编号并予以说明（C5）	说明销售发票副本和发货单的顺序号并逐一查至销售日记账（文件检查和重新执行）
核对拨出的各批数量总额与入账的数量（C6）	审查某一天的批处理发货单，重新加总发运数量，将总数追查至输入报告的调节表（重新执行）
使用经批准的价目表源文件来确定单价（C7）	检查销售发票样本，将其单价与经授权的计算机价目表核对。全年对价格文件中的变化进行复核，看是否经恰当批准（重新执行和文件检查）
对销售交易进行内部核对（C8）	审查凭证以进行内部验证（文件检查）
每月向所有的顾客寄送对账单（C9）	观察某个月的对账单是否已寄出，并向负责此项工作的雇员询问（观察和询问）
计算机自动将交易过账到应收账款的明细记录和总分类账（C10）	用审计软件来追查是否将销售交易过账到应收账款明细记录和总账中（重新执行）
按月调整应收账款源文件与总分类账（C11）	审查按月调整的证据，测试调整的准确性（文件检查和重新执行）

□ 交易实质性测试

实质性测试（substantive tests）是为测试直接影响财务报表余额正确性的金额错报（通常称为货币金额错报）所设计的一种程序。审计师使用的实质性测试主要有三种：交易实质性测试、实质性分析程序和余额细节测试。

交易实质性测试（substantive tests of transactions）的目的是确定各类交易的全部六项与交易相关的审计目标是否均已实现。销售交易相关审计目标中的两个是已记录的销售交易的确存在（发生目标）和存在的交易已经记录（完整性目标）。与交易相关的六个审计目标的具体情况可以查阅第 6 章的相关阐述。

如果审计师对与交易相关的六个审计目标进行考虑，确信所有交易均已在日记账中正确记录且正确过入总账，就可以确信总账的合计数是正确的。

交易实质性测试在销售与收款循环中的作用见图 13－2。我们用浅阴影内注有“执行 STOT”字样的圆圈来表示。从图中我们可以发现，控制测试和交易实质性测试都是针对循环中的交易而不是针对账户的期末余额。审计师通过执行交易实质性测试证明销售和现金收入记录和汇总的正确性。图 13－2 表明，对销售实行一套测试程序，而对现金收入执行另一套测试程序。

控制测试可与其他类似测试分开执行，但考虑到审计效率，它们一般与交易实质性测试同时进行，例如，对文件的检查和重新执行等控制测试通常也用于测试相同交易的货币金额错报，实际上，重新执行总是同时提供有关控制和货币金额正确性两方面的证据。本书以后各章节都假定控制测试和交易实质性测试同时进行。

□ 实质性分析程序

如第 7 章所述，**分析程序**（analytical procedures）是将记录的金额与审计师确定的预期结果进行比较。审计准则要求审计师在计划阶段和完成阶段必须执行分析程序。在实施阶段虽然没有要求审计师必须执行分析程序，但在此阶段审计师可以对账户余额执行分析程序。在账户余额审计中，**实质性分析程序**（substantive analytical procedures）的两个主要目的是：（1）暗示财务报表中可能存在的错报；（2）提供实质性证据。

在计划阶段所执行的分析程序一般不同于测试阶段所执行的分析程序。例如，即使在计划阶段审计师已经计算了毛利率，但使用的可能是中期报告数据，所以，在对期末余额进行测试时，审计师将会运用全年数据重新计算这一比率。如果审计师认为分析程序表明可能存在错报，就需要执行额外的分析程序或修改余额细节测试程序。

如果审计师通过分析程序进行预期并得出结论，即被审计单位相关账户的余额是合理的，就可以相应减少余额的详细测试程序或缩小样本规模。审计准则规定，当执行分析程序获取关于账户余额的证据时，分析程序是一种实质性测试（指的是实质性分析程序）。审计师验证账户余额时愿意在多大程度上依赖实质性分析程序取决于一些因素，这些因素主要包括审计师形成的预期的精确性、重要性水平和错报风险。

实质性分析程序在销售与收款循环中的作用见图 13－2。我们用深阴影内注有“执行 SAP”字样的圆圈表示。注意审计师不仅对销售和现金收入交易执行实质性分析程序，还对循环中账户的期末余额执行实质性分析程序。

□ 余额细节测试

余额细节测试（tests of details of balances）关注资产负债表账户和损益表账户的期末余额，但大多数余额细节测试更侧重于资产负债表账户。例如，向顾客函证应收账款余额，对存货作实物检查，审查供货人的月对账单以核实应付账款等，都是余额细节测试的例子。这种对期末余额的测试非常重要，因为这种测试所取得的证据大多来自独立于被审计单位的渠道，被认为具有高度的可靠性。跟交易的测试一样，审计师的余额细节测试必须满足每一个重大资产负债表账户的所有与账户余额相关的审计目标。这些目标在第 6 章已经详细阐述过。

图 13－2 说明了余额细节测试在销售与收款循环中的作用，我们用半浅半深阴影内注“执行 TDB”字样的圆圈表示。审计师对销售收入和应收账款这两个账户的期末余额执行余额细节测试，其中包括应收账款余额的函证、销售交易的截止测试。这些测试的范围取决于对上述账户执行的控制测试、交易实质性测试和实质性分析程序的结果。

余额细节测试有助于确定与其相关账户的货币金额的正确性，因此属于实质性测试。例如，函证用于测试应收账款货币金额的错报，因此是实质性测试。再如，存货和库存现金的盘点同样也是实质性测试。

□ 各类测试汇总

图 13－2 总结了审计师如何通过使用四类进一步审计程序应对运用风险评估程序所确认的重大错报风险，以获得销售与收款循环审计的审计保证。控制测试有助于审计师评估循环中对交易的控制是否充分有效地支持已降低的估计控制风险，并进一步允许减少实质性测试。控制测试也是大型上市公司财务报告内部控制审计报告的基础。交易的实质性测试重点强调日记账和过入总账的交易记录是否正确，实质性分析程序强调交易和总账余额的总体合理性。余额细节测试把重点放在总账的期末余额上。

结合图 13－2 中的各种测试，审计师获得的有关销售与收款循环中的交易及账户的总体保证程度，要高于其他任何一种测试所能取得的保证程度。审计师提高任何一种测试的保证程度，都可以使总体保证程度得到提高。

13.2 选择将要执行的测试种类

一般情况下，审计师在审计过程中会用到五种测试，但依所处情况不同，可能会将重点放在一定类型的测试程序上。前文已经说过，审计师在所有的审计中都必须执行风险评估程序，同时还要执行其他四类审计程序，以应对所确认的重大错报风险，为审计师的意见提供基础。要注意的是，财务报告内部控制审计中只执行风险评估程序（尤其是内部控制了解程序）和控制测试。

审计师对测试类型的选择受到很多因素的影响，主要包括八种证据的可获得程度、每种测试的成本、内部控制的有效性以及固有风险的存在；这些因素均会影响审计师的测试类型组合。因为后两个因素在前文已经作了相关讨论，下面我们主要讨论前两个因素。

□ 进一步审计程序证据类型的可获得性

四类进一步审计程序中的每一种都只能获取某几类证据（如函证、文件检查等）。表 13－2 概括列示了进一步审计程序与证据之间的关系。从表中我们可以总结出以下几点：

- 余额细节测试的证据类型（总共 6 种）比其他任何一种测试都要多。
- 只有余额细节测试涉及实物检查和函证。
- 每种测试中都要询问被审计单位。
- 除实质性分析程序外，文件检查可用于各种测试。
- 除实质性分析程序外，重新执行可用于各种测试。作为穿行测试或控制测试的一部分，针对没有充分记录证据支持的控制，审计师可能会重新执行有关控制。
- 在执行交易实质性测试时重新计算以验证交易数额的准确性，在执行余额细节测试时重新计算以验证账户余额的准确性。

表 13－2 进一步审计程序和证据类型之间的关系

进一步审计程序	证据类型							
	实物检查	函证	文件检查	观察	询问	重新执行	分析程序	重新计算
控制测试（包括内部控制了解程序）			√	√	√	√		
交易实质性测试			√		√	√		√
实质性分析程序					√		√	
余额细节测试	√	√	√		√	√		√

□ 相关成本

在决定选择哪些测试以获得充分证据时，获得证据的成本是一项需要考虑的重要因素。各类测试的成本由低至高排列如下：

- 实质性分析程序；
- 风险评估程序，包括了解内部控制的程序；
- 控制测试；
- 交易实质性测试；
- 余额细节测试。

实质性分析程序成本最低，因为进行计算和比较相对来说比较容易。通常只需要简单地比较两三个数字，就可以获得大量有关潜在错报的信息。但是，如果将实质性分析程序作为账户余额的主要证据，或者用于减少余额细节测试，审计师必须作出足够准确的预期以支持账户余额。这可能需要比较复杂的计算，并且获取证据以支持预期。

风险评估程序，包括了解内部控制的程序，要比其他审计程序的成本低，因为审计师可以较容易地执行询问和观察以及计划分析程序。另外，检查像被审计单位经营运行和过程以及管理和治理结构概要记录之类的程序要比其他审计测试的成本低得多。

因为控制测试也涉及询问、观察和检查，所以它们的成本要低于实质性测试的成本。但是，控制测试所要求的测试范围更大，以获得控制运行有效的证据，尤其是在涉及重新执行时，所以其成本要比风险评估程序高得多。通常审计师可以利用审计软件快速地执行大量的控制测试，这种软件在被审计单位的计算机会计系统中测试其具体控制，例如，在电算化应收账款系统中，计算机会自动比较计划销售量、现有应收账款余额及对该客户的赊销限额，从而授权对该客户的销售。

交易实质性测试的成本要高于除重新执行之外的其他控制测试的成本，因为它需要做重新计算和追查的工作。然而，在电算化环境下，审计师可以迅速对大量交易执行实质性测试。

余额细节测试的成本几乎总是远高于其他任何一种测试。例如，寄发函证和清点资产都需要花费较高的成本。由于余额细节测试的成本太高，审计师在制定审计计划时，总是尽量地少用这一程序。

当然，每类证据的成本都会随不同情形而发生变化。例如，审计师盘点存货的测试成本（存货余额实质性测试）通常取决于存货的类型、金额、存置地点、项目数以及被审计单位存货内部控制的有效性。

□ 控制测试与实质性测试的关系

为更好地了解控制测试与实质性测试的性质，应对这两者进行比较。控制测试的例外情况只是表明有可能会出现影响财务报表金额的错报的情形，而交易实质性测试或余额细节测试中的例外情况则肯定说明财务报表存在错报。控制测试中的例外情况通常被称为控制测试偏差。

从第 12 章的有关介绍中，我们知道有三类控制缺陷：缺陷、值得关注的缺陷和重大缺陷。当控制测试偏差被视为值得关注的缺陷或重大缺陷时，审计师很可能就会因此认为财务报表中存在重大金额错报。审计师也应该对此执行交易实质性测试或余额细节测试，以确定重大金额错报是否确实发生。

举例来说，假定被审计单位的相关控制规定由一名雇员独立验证每张销售发票上的数量、单价和金额，验证完毕后，该雇员需在销售发票副本上签字，表明已执行了这项手续。这一控制测试的审计程序是从销售发票副本中抽取样本，检查是否有负责验证数据的雇员的签字。如果有相当数量的副本上没有签字，审计师就要考虑其对财务报告内部控制审计的影响，并在财务报表审计中执行实质性测试。例如，可将对销售发票副本的测试扩大为对单价、金额及其关系的验证（交易实质性测试），或者扩大应收账款函证的样本规模（余额实质性测试）。当然，即使控制没有有效运行，销售发票仍可能是正确的，尤其是在负责开票的雇员工作负责并胜任此项工作时。

另一方面，如果发票上都有签字或只有少许发票上没有签字，可以认为控制是有效的，相应地可以减少交易实质性测试和余额细节测试。当然，审计师还是有必要执行一些重新执行和重新计算等实质性测试，来为审计师提供关于发票上没有签字并不是因为该雇员没有执行控制或草率地执行控制的合理保证。由于需要重新执行，许多审计师都倾向于在控制测试一开始就采用重新执行程序，其他审计师则倾向于在有迹象表明需采用重新执行程序时才执行这类实质性测试程序，然后再确定所需要的总样本规模。

□ 实质性分析程序与其他实质性测试的关系

与控制测试类似，实质性分析程序同样只是表明有可能存在影响财务报表金额的错报。某账户与其他账户关系的异常波动，或某账户与非财务信息关系的异常波动，可能表明存在重大错报而不必然提供重大错报的直接证据。当通过实质性分析程序发现异常波动时，应执行交易实质性测试或余额细节测试来确认错报是否已实际发生。如果审计师执行了实质性分析程序，认为该错报的可能性很低，则可减少其他实质性测试。对于小额账户和只有很小概率存在错报的账户，例如，很多材料和费用准备账户，如果审计师认为这些账户已经合理表达，则他们可以对这些账户只执行实质性分析程序。

□ 控制测试与实质性测试之间的权衡

控制测试和实质性测试可以相互替代。审计师要在计划阶段决定是否把控制风险水平估计在最大值之下；如果他们将控制风险水平估计在最大值之下，就必须执行控制测试以确定估计控制风险是否得到支持。（但在财务报告内部控制审计中，审计师必须执行控制测试。）如果控制测试结果可以支持估计控制风险水平，则审计风险模型中的计划检查风险水平就可增加，计划的实质性测试就可以因此而减少。图13－3说明了在不同内部控制有效性水平下，实质性测试和控制风险评估（包括控制测试）之间的关系。

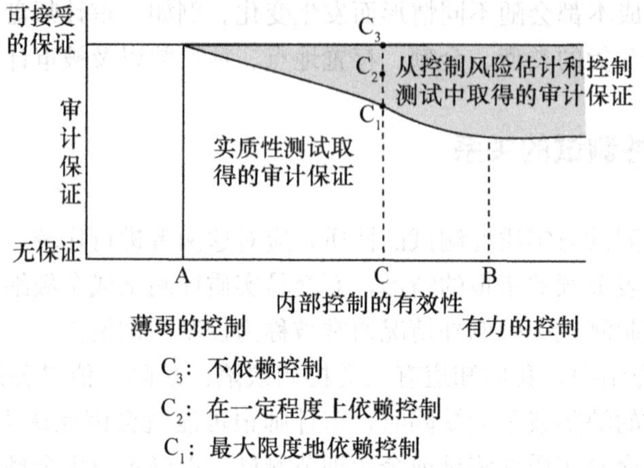

图13－3 在内部控制有效性的不同水平上，从实质性测试和控制测试中所取得的不同水平的审计保证

图13－3中的阴影部分是控制风险评估和控制测试所能提供的最大保证程度。例如，在A点左侧，任何一点的估计控制风险水平都是1.0，因为审计师根据其风险评估程序初始估计内部控制是无效的。在B点右侧，任何一点的控制风险水平都无法再进一步降低，因为会计师事务所已确定了允许采用的最低估计控制风险水平。注意在图13－3中，不论从控制风险评估和控制测试中所获得保证的水平如何，财务报表审计都需执行实质性测试程序。因为财务报表审计和财务报告内部控制审计是整合在一起的，所以，加速编报公司的审计最有可能以B点来表示。

作为风险评估程序的一部分，审计师的内部控制了解程序为审计师对内部控制的初始评估提供了基础。假如审计师确定内部控制的设计是有效的，具体控制也得到了执行，审计师就可在图13－3的阴影部分中选取与审计师决定支持的估计控制风险水平一致的那个点。举例说明，假定审计师认为内部控制有效点为C点，执行C_1水平的控制测试可以支持最低水平的估计控制风险。审计师可能通过执行控制测试确定C点的初始估计控制风险得不到支持且内部控制运行无效，此时审计师可能要将估计控制风险水平修正为最大值（C_3点），审计保证也只能通过实质性测试获得。这两点之间的任意点，比如C_2，表示此时来自控制测试的审计保证小于C_1点所代表的最大保证水平。如果选择C_2点，控制测试所提供的审计保证程度为C_3-C_2，实质性测试提供的审计保证程度为$C-C_2$，审计师将在控制测试和实质性测试的相对成本的基础上选择C_1点、C_2点或C_3点。

13.3 证据组合

选择使用测试的类型和在多大范围内执行这些测试程序，在不同的内部控制有效水平及固有风险水平下可能千差万别。在同一审计中，不同循环之间应用这些测试的范围也存在差异。为应对风险评估程序所确定的风险获得充分适当的证据，审计师要运用四类进一步程序的组合。这种组合通常又称为**证据组合**（evidence mix），表13－3列示了审计中的四种不同的证据组合。在每一组合下，均假定已收集了充分适当的证据。在每次审计中，审计师都应该能够根据表13－3中的证据组合描述被审计单位的基本情况。

表 13－3　证据组合的差别

	控制测试	交易实质性测试	实质性分析程序	余额细节测试
审计 1	E	S	E	S
审计 2	M	M	E	M
审计 3	N	E	M	E
审计 4	M	E	E	E

E＝大量测试；M＝中等测试；S＝少量测试；N＝不进行测试。

分析审计 1　该被审计单位是一家大型公司，有复杂的内部控制和较低的固有风险。因此，审计师执行了大量的控制测试，并在很大程度上信赖被审计单位的内部控制以减少实质性测试，同时还执行了大范围的实质性分析程序以减少其他实质性测试。因此，交易实质性测试和余额细节测试都被降到最低。由于重点放在控制测试和实质性分析程序上，所以可以相对低成本地执行该审计。这种审计可能反映了上市公司财务报表与财务报告内部控制整合审计中的证据组合。

分析审计 2　该被审计单位是一家中型公司，有一些内部控制和固有风险。因此，审计师决定除广泛地执行实质性分析程序外，将其他所有测试的数量定为中等水平。如果发现了具体的固有风险，就要执行更大范围的测试。

分析审计 3　该被审计单位为一家中型公司，但几乎没有有效的控制，固有风险水平高。可能管理层认为建立更好的内部控制不符合成本效益原则。由于内部控制不充分，我们假定该公司是一家非上市公司。对于一个非上市公司来说，控制是不充分的，信赖内部控制也是不恰当的，所以不进行控制测试。审计师要将重点放在余额细节测试和交易实质性测试上，同时还执行一些实质性分析程序。由于实质性分析程序可提供有关重大错报出现概率的证据，因此执行实质性分析程序通常可相应减少其他实质性测试。如果审计师预期会找出账户余额存在的重大错报，另外执行分析程序就不符合成本效益原则。由于细节实质性测试量较大，因此审计成本较高。

分析审计 4　该项审计原计划采用审计 2 中的方法，但是，审计师在执行交易实质性测试和实质性分析程序时，发现了大量的控制测试偏差和重大错报，为此，审计师认定被审计单位的内部控制是无效的。应执行大量的余额细节测试以补偿其他各测试得出的不可接受的结果。该项审计成本很高，因为虽然执行了控制测试和交易实质性测试，但无法据以减少余额细节测试。

13.4　设计审计方案

在审计师通过执行风险评估程序确定了每种类型测试的重点后，必须为每类测试设计具体的审计程序。各种审计程序整合起来形成了审计方案。在大多数审计中，项目经理要向高级经理就证据组合提供建议。在证据组合被批准后，就要由项目经理负责准备审计方案，或者对现有的方案进行修改，以满足所有审计目标。他需要考虑证据组合、固有风险、控制风险、任何已确认的舞弊风险，以及上市公司整合审计的需要等因素。项目经理在执行审计程序或将其分派给助手执行之前，也须经过高级经理批准。

我们将重点讨论审计程序设计，以满足与交易相关和与余额相关的审计目标，但要注意，审计师对审计程序的设计也要满足与列报和披露相关的审计目标。除了在计划阶段执行的包含风险评估程序的审计方案外，大多数的审计方案都设计为三个部分：控制测试和交易实质性测试、实质性分析程序以及余额细节测试。

每一交易循环可能还分别有一套工作方案。例如，在销售与收款循环中，审计师可能会：(1) 对销售和现金收入交易执行控制测试和交易实质性测试；(2) 对整个循环执行实质性分析程序；(3) 对现金、应收账款、坏账费用、坏账准备以及其他应收款执行余额细节测试。

□ 控制测试和交易实质性测试

控制测试和交易实质性测试的审计方案通常包括一段说明，用来记录执行风险评估程序中获得的对内部控制的了解。审计方案还包括了解内部控制和评估控制风险时对所执行程序的说明。审计师使用这一信息制定控制测试和交易实质性测试的审计方案。图 13-4 列示了设计这些测试的方法。图 13-4 中的前三步工作已在第 12 章中作了说明。审计程序包括控制测试和交易实质性测试两方面，并且因估计控制风险水平的不同而有所区别。在控制有效且估计控制风险水平较低时，程序在很大程度上侧重于控制测试，但同时也会包括一些交易实质性测试。如果将估计控制风险评估为最大值，假定是小型上市公司审计或者是非上市公司审计，则只采用交易实质性测试。

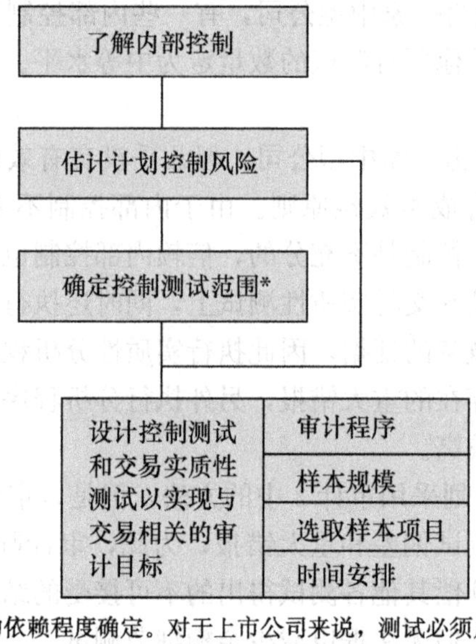

* 控制测试的范围由计划对控制的依赖程度确定。对于上市公司来说，测试必须足以对财务报告内部控制发表意见。

图 13-4 控制测试和交易实质性测试的设计方法

审计程序 控制测试和交易实质性测试的设计方法侧重于实现第 6 章所述的与交易相关的审计目标，审计师可采用下述"四步法"来降低计划估计控制风险水平。

1. 将与交易相关的审计目标应用于测试的所有交易，比如销售交易。
2. 对每项与交易相关的审计目标，识别可以降低控制风险水平的关键控制点。
3. 为所有可以降低初始估计控制风险水平的内部控制（关键控制）设计恰当的控制测试。
4. 对每个与交易相关的审计目标有关的潜在错报类型，在考虑内部控制缺陷和第三步控制测试的预期结果之后，设计恰当的交易实质性测试。

图 13-5 总结了设计控制测试和交易实质性测试的四步法。

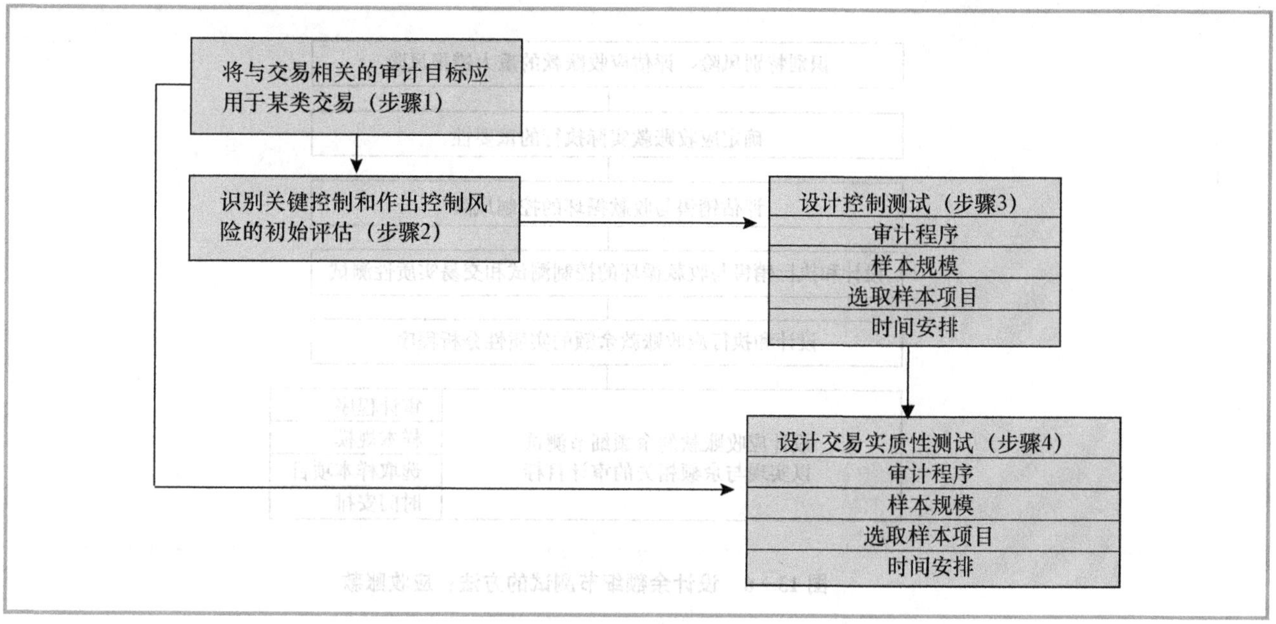

图 13－5　设计控制测试和交易实质性测试的四步法

□ 实质性分析程序

因为执行实质性分析程序的成本较低，所以许多审计师在各种审计业务中都执行实质性分析程序。在实质性测试（如对应收账款的审计）中执行分析程序，要比在审计计划阶段执行分析程序的关注点更集中、整体范围更广。审计师很可能会利用整合信息以提高其预期的精确性。例如，在计划阶段，审计师可能会针对总销售收入计算毛利率。在对应收账款的实质性测试中，审计师可能会按月或按行业，或同时按两个标准计算毛利率。使用月份数据计算的分析程序在检查错报方面比利用年度数据更有效。按行业进行的比较，比在公司范围内进行的比较更有效。

如果销售收入和应收账款预期与非财务信息有关，审计师经常会运用这些非财务信息执行分析程序。例如，如果票面收入是以专业机构（如律师事务所或其他提供专业服务的机构）向客户提供服务的工作小时数为计算基础的，那么可将票面工作时数与票面平均费率相乘来计算收入。

当审计师计划使用分析程序为账户余额提供实质性保证时，计算中所使用的数据必须具有充分的可靠性。这对所有的数据都很重要，特别是对非财务数据。例如，如果审计师使用票面工时和票面平均费率来估计总收入，那么他必须确定这些数据的合理可靠性。

□ 余额细节测试

在设计余额细节测试审计程序时，审计师要以第 6 章所述的与余额相关的审计目标为导向。例如，审计师如果要验证应收账款，则计划的审计程序必须足以实现与各项余额相关的审计目标。在对余额细节测试制定计划以实现这些目标时，许多审计师都效仿图 13－6 所示的应收账款的余额细节测试设计方法，这些程序的设计通常是整个审计计划过程中最困难的部分。这类程序的设计带有很强的主观性，需要运用大量职业判断。

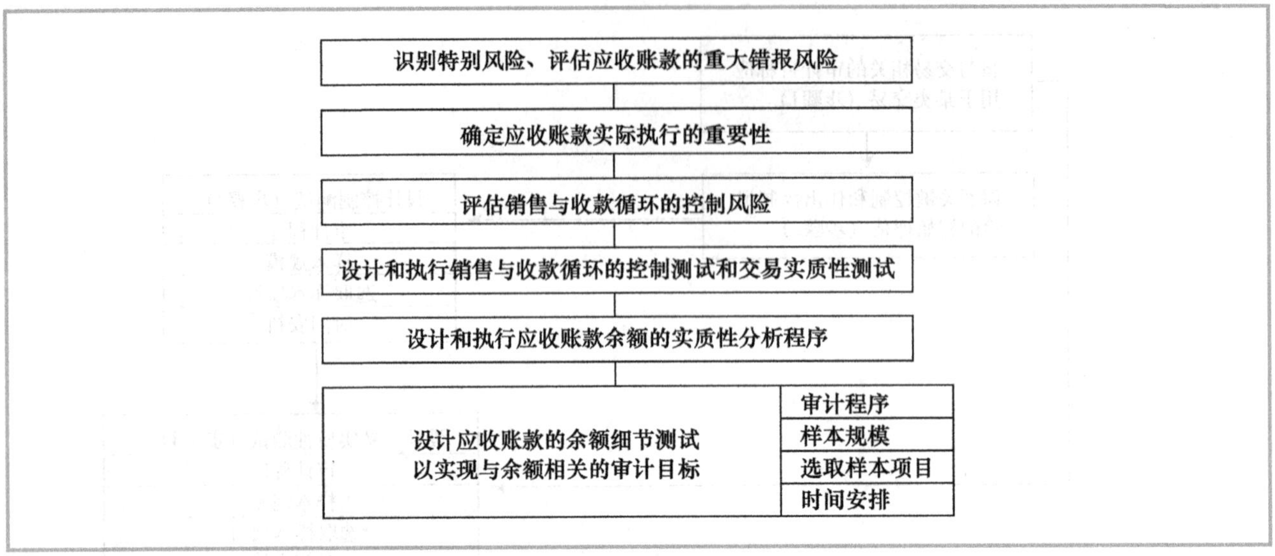

图 13-6　设计余额细节测试的方法：应收账款

下面我们将讨论图 13-6 所示的余额细节测试审计程序设计中的关键决策。

识别特别风险、评估应收账款的重大错报风险　作为对被审计单位业务和行业了解的一部分，审计师应确定被审计单位的重要经营风险，以评估这些风险是否导致特别风险或者增加了财务报表的错报风险。如果识别出由于舞弊或错误导致的特别风险，审计师应当识别被审计单位旨在降低该风险的内部控制，并且设计实质性程序以确信特别风险是否导致重大错报的发生。审计师还应当在评估固有风险或控制风险时对增加的重大错报风险予以考虑。这些风险也将影响证据的适当程度。

通过了解表明本年度财务报表存在错报可能性较高领域的被审计单位的历史、环境和经营，可以对固有风险作出评估。第 9 章已经讨论过影响固有风险的因素。对应收账款来说，这些因素包括应收账款的构成、客户交易的性质、初次审计等。对某账户余额估计的固有风险水平越高，所需收集的证据就越多。

固有风险也可以延伸至各项与余额相关的具体审计目标。例如，由于被审计单位所处行业的经济状况不佳，审计师认为应收账款发生坏账（可实现价值目标）的风险较高，而应收账款其他各项目标的固有风险仍可能较低。

确定实际执行的重要性　审计师必须为整个审计确定重要性的初步判断值，并且将其分配到各账户余额，以确定每一个重大账户的实际执行的重要性。实际执行的重要性越低，所需要的细节测试就越多；反之亦然。有些审计师还进一步把实际执行的重要性分配给各项与余额相关的审计目标，但大多数审计师不这样做。

评估销售与收款循环的控制风险　在应收账款审计中，控制风险的评估方法可同时用于销售交易和现金收入交易。有效的控制可以降低控制风险，从而减少交易实质性测试和余额细节测试。反之，不健全的控制会增加所需要的实质性证据。

设计和执行销售与收款循环的控制测试和交易实质性测试　设计控制测试、交易实质性测试和分析程序时，一般要先预测它们将要取得的结果，这些预测结果将会影响余额细节测试的设计。例如，一般来说，在控制风险被评估为低水平时，审计师会计划执行更大范围的控制测试。这就使得审计师可以执行更少的应收账款余额的实质性测试。

设计和执行应收账款余额的实质性分析程序　审计师对诸如应收账款之类的账户执行实质性分析程序，有两个目的：（1）识别账户余额中的可能错报；（2）减少细节测试。实质性分析程序的结果直接影响余额细节测试的范围。

设计应收账款的余额细节测试以实现与余额相关的审计目标　计划的余额细节测试应包括审计程序、样本规模、选取样本项目和时间安排，必须为每个账户及各账户内的每一项与余额相关的审计目标选择和设计审计程序。

审计师在设计余额细节测试时所面临的困难之一，就是要在控制测试、交易实质性测试和实质性分析程序尚未执行之前，预测它们的测试结果。之所以要预测这些结果，是因为审计师在计划阶段就应当设计余额细节测试，而恰当的设计又取决于其他测试的结果。在计划余额细节测试时，审计师一般先对控制测试、交易实质性测试和实质性分析程序进行预测，不会发现或极少发现例外情况。如果控制测试、交易实质性测试和实质性分析程序的实际结果与预测结果不一致，则余额细节测试的设计就要随着审计的进展而改变。

图 13－7 总结了前面讨论的应收账款余额细节测试的设计方法。图中左边是图 13－5 中所讨论的控制测试和交易实质性测试的设计方法。此图表明，控制测试和交易实质性测试会对余额细节测试的设计产生影响。图中右边阴影部分反映了余额细节测试的设计和影响这一决策的因素。

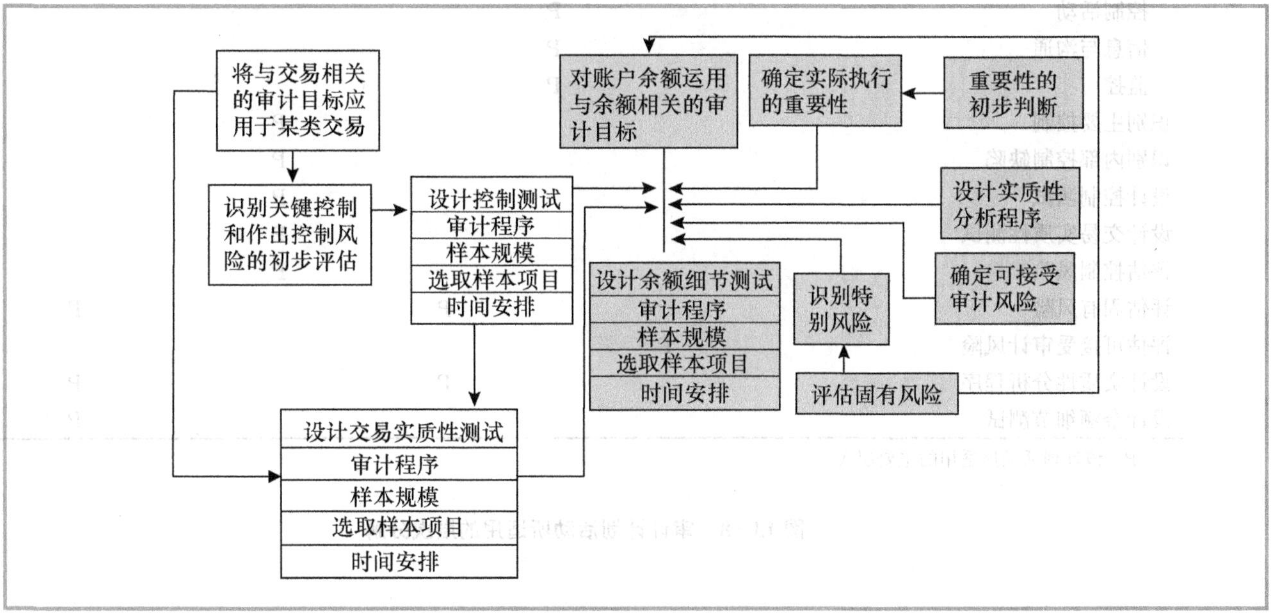

图 13－7　余额细节测试的设计方法

审计中最困难的部分之一就是如何恰当地运用影响余额细节测试的因素。这些因素都具有主观性，各因素对余额细节测试的影响也同样是主观的。例如，如果固有风险从中等水平降到低水平，就意味着可以减少余额细节测试，而审计师要确定固有风险水平降低对审计程序、样本规模、选取样本项目和时间安排的具体影响，就要运用一定程度的职业判断。

□ 计划活动的层次分解

第 6 章至第 13 章所讨论的多种计划活动可以依据活动的性质分成不同的层次。图 13－8 列示了主要的计划活动及其通常适用的层次。分解层次的范围从整个审计业务直到与每个账户余额相关的审计目标。例如，了解有关被审计单位业务和所在行业背景信息的风险评估程序就与整个审计相关。审计师一般首先利用在评估业务整体可接受风险时所获得的信息，然后利用针对具体审计目标之固有风险执行的风险评估程序所获得的关于被审计单位及其行业的信息。随着审计过程的发展，审计师可能在余额细节测试决策中利用这些信息。类似地，审计师可能首先评估审计整体的舞弊风险，然后考虑所存在的任何舞弊风险是否会影响具体账户的舞弊风险、审计程序，以及受其影响的账户余额细节测试的样本规模。

计划活动	层次				
	整个审计业务	循环	账户	与交易相关的审计目标	与余额相关的审计目标
接受被审计单位并执行初步审计计划	P				
了解被审计单位的业务和行业	P				
识别特别风险	P				
确定重要性的初步判断值	P				
确定实际执行的重要性			P		
了解内部控制：					
控制环境	P				
风险评估		P			
控制活动		P			
信息与沟通		P			
监控		P			
识别主要控制				P	
识别内部控制缺陷				P	
设计控制测试				P	
设计交易实质性测试				P	
评估控制风险				P	
评估固有风险			P		P
评估可接受审计风险	P				
设计实质性分析程序			P		P
设计余额细节测试					P

P＝该计划活动所适用的主要层次。

图 13－8 审计计划活动所适用的层次分解

□ 审计方案举例

审计准则要求审计师运用书面审计方案。表 13－4 是应收账款审计方案中的余额细节测试部分。该表所采用的格式将审计程序和与余额相关的审计目标联系起来。注意，大多数审计程序可以实现一个以上的审计目标。同样，实现每个审计目标都需要一个以上的审计程序。考虑了特别风险、固有风险、控制风险以及其他计划阶段问题以后，审计软件可以帮助审计师选择适当的审计程序并将之组织成审计方案。审计师可依据需要增删审计程序，大多数审计程序的样本规模、选取样本项目和时间安排也是可以改变的。

表 13－4 中列示的审计方案是在考虑了所有影响余额细节测试的因素后，根据有关固有风险、控制风险、控制测试、交易实质性测试和实质性分析程序结果的几个假设制定的。如果这些假设存在严重错误，则必须修订计划审计方案。例如，接近审计结束时执行的分析程序可能表明一些与余额相关的审计目标中存在潜在错报，这就要求审计师修改审计计划以收集额外的证据。

表 13-4 应收账款的余额细节测试审计方案

余额细节测试审计程序	样本规模	选取样本项目	时间安排	应收账款与余额相关的审计目标：细节相符性	存在	完整性	准确性	分类	截止	可实现价值	权利和义务
1. 取得应收账款账龄试算表，将各账户追查至源文件，加总表内数据并追查至总账。	追查 20 个项目，加总两页和全部小计数	随机选取	I	√							
2. 分析坏账准备和坏账费用；测试其正确性，审查坏账注销的授权手续，并追查至总账。	全部	全部	Y	√	√	√	√			√	
3. 对应收账款进行直接函证，对未回函的项目采用替代手续验证。	50	最大的 10 项和随机选择的 40 项	I		√		√	√	√		√
4. 检查会计期间内的应收账款统驭账户。调查大额或异常的分录以及没有正常日记账来源的分录的性质，并检查其依据。调查年末销售额的重大增减情况。	NA	NA	Y		√		√	√	√		√
5. 检查所有已出售或已抵押的应收账款。	全部	全部	Y								√
6. 调查应收账款的可收回性。	NA	NA	Y							√	
7. 检查应收关联方和雇员款、贷方余额、异常项目和期限在一年以上的应收票据的清单。	全部	全部	Y		√			√			
8. 确定结账日是否采用了恰当的截止程序，以保证销售、现金收入和贷项通知单均记入了正确的期间。	销售和现金收入交易 20 项；贷项通知单 10 项	年末前后各占 50%	Y						√		

I=期中；Y=年末；NA=不适用。
询证函于 10 月 31 日寄出。

□ 与交易相关的审计目标和与余额、列报和披露相关的审计目标之间的关系

前文已经论述，余额细节测试的设计需实现与各账户余额相关的审计目标，如果与交易相关的审计目标通过控制测试或交易实质性测试得以实现，那么就可以相应减少余额细节测试的范围。我们还要理解每个与交易相关的审计目标和每个与账户余额相关的审计目标之间的联系。表 13-5 从总体上反映了这些关系。该表表明，即使与交易相关的审计目标都已实现，审计师仍需主要依靠余额的实质性测试来实现以下与余额相关的审计目标：可实现价值、权利和义务。

其他各项与余额相关的审计目标也可能需要执行一些余额的实质性测试，这取决于控制测试和交易实质性测试的结果。

本章着重强调了为实现与交易相关的审计目标所执行的审计程序和为实现与余额相关的审计目标所执行的审计程序之间的关系。审计师还要执行相关的审计程序，以获得对第 6 章所阐述的四个与列报和披露相关的审计目标的保证。审计师获得关于列报和披露相关审计目标之证据的方法与本章所阐述的方法一致。审计师执行控制测试和实质性测试以获得有关那些披露中所含信息和金额的所有审计目标均已实现的保证。

表 13-5 与交易相关的审计目标和与余额相关的审计目标之间的关系

与交易相关的审计目标	与余额相关的审计目标	关系的性质	解释
发生	存在或完整性	直接	如果某类交易会导致相关账户余额增加（例如销售交易会使应收账款增加），则发生交易审计目标和存在余额审计目标之间就具有直接关系。 如果某类交易会导致相关账户余额减少（例如现金收入交易会使应收账款减少），则发生交易审计目标和完整性余额审计目标之间就具有直接关系。
完整性	完整性或存在	直接	见上述存在目标的说明。
准确性	准确性	直接	—
过账和汇总	细节相符性	直接	—
分类	分类	直接	—
及时性	截止	直接	—
	可实现价值	无	对可实现价值的内部控制很少与各类交易有关，但赊销的核准过程会影响测试程度。
	权利和义务	无	对权利和义务的内部控制很少与各类交易有关。

13.5 与证据相关的关键术语汇总

前几章陆续阐述了七个与证据相关的术语。为了让读者更好地理解每一个术语及其区别，我们将它们汇总在表 13-6 中。下面对这些术语进行简要阐述。

审计过程阶段 表 13-6 第一列中的四个**审计过程阶段**（phases of the audit process），是如第 6 章所述审计师组织审计的主要方式。图 13-9 列示了这四个过程的关键组成部分。

审计目标 在审计师对既定交易类型或账户余额得出公允表达的结果前，必须满足相应的审计目标，其中与交易相关的审计目标有六个，与余额相关的审计目标有八个，还有四个与列报和披露相关的审计目标，这些目标全部列示在表 13-6 中。注意：所有与交易相关的审计目标都在第二阶段处理，与余额相关的审计目标都在第三阶段处理，与列报和披露相关的审计目标在第四阶段处理。

测试类型 本章前文阐述的审计师用以确定财务报表是否公允表达的五种审计测试列示在表 13-6 的第三列。注意：分析程序在第三和第四阶段使用，要记住计划分析程序也在第一阶段作为风险评估程序的一部分予以执行，同时分析程序还要求在最后阶段必须执行，这也是还要将之纳入第四阶段的原因。在第四阶段执行余额细节测试明显有点不正常，表中所示第四阶段仍要执行余额细节测试以及在这一阶段审计师还要实现与列报和披露相关的审计目标的原因，我们将在第 23 章予以解释。

证据决策 审计师对证据收集的四个决策列示在表 13-6 的第四列。除实质性分析程序外，所有的证据决策都要用于每一种测试。

证据类型 审计师收集的八种证据类型列示在表 13-6 的最后一列。这些证据类型之间的关系汇总在表 13-2 中。

表 13-6 五个与证据相关的术语之间的关系

审计过程阶段	审计目标	测试类型	证据决策	证据类型
计划和设计审计方法（第一阶段）		风险评估程序 ● 了解被审计单位的业务和行业 ● 了解内部控制 ● 计划分析程序	● 审计程序 ● 时间安排	文件检查 询问被审计单位 分析程序
执行控制测试和交易实质性测试（第二阶段）	与交易相关的审计目标 ● 发生 ● 完整性 ● 准确性 ● 过账与汇总 ● 分类 ● 及时性	了解内部控制和控制测试	● 审计程序 ● 样本规模 ● 选取样本项目 ● 时间安排	文件检查 观察 询问被审计单位 重新执行 重新计算
		交易实质性测试	● 审计程序 ● 样本规模 ● 选取样本项目 ● 时间安排	
执行实质性分析程序和余额细节测试（第三阶段）	与余额相关的审计目标 ● 存在 ● 完整性 ● 准确性 ● 分类 ● 截止 ● 细节相符性 ● 可实现价值 ● 权利和义务	实质性分析程序	● 审计程序 ● 时间安排	实物检查 函证 文件检查 询问被审计单位 重新执行 分析程序 重新计算
		余额细节测试	● 审计程序 ● 样本规模 ● 选取样本项目 ● 时间安排	
完成审计工作和出具审计报告（第四阶段）	与列报和披露相关的审计目标 ● 发生、权利和义务 ● 完整性 ● 准确性与估价 ● 分类与可理解性	分析程序	● 审计程序 ● 时间安排	分析程序 文件检查 询问被审计单位
		余额细节测试	● 审计程序 ● 样本规模 ● 选取样本项目 ● 时间安排	

13.6 审计过程总结

图 13-9 列示了整个审计过程的四个阶段。表 13-7 是一个结账日为 12 月 31 日的审计过程中每个阶段各种测试的时间安排。

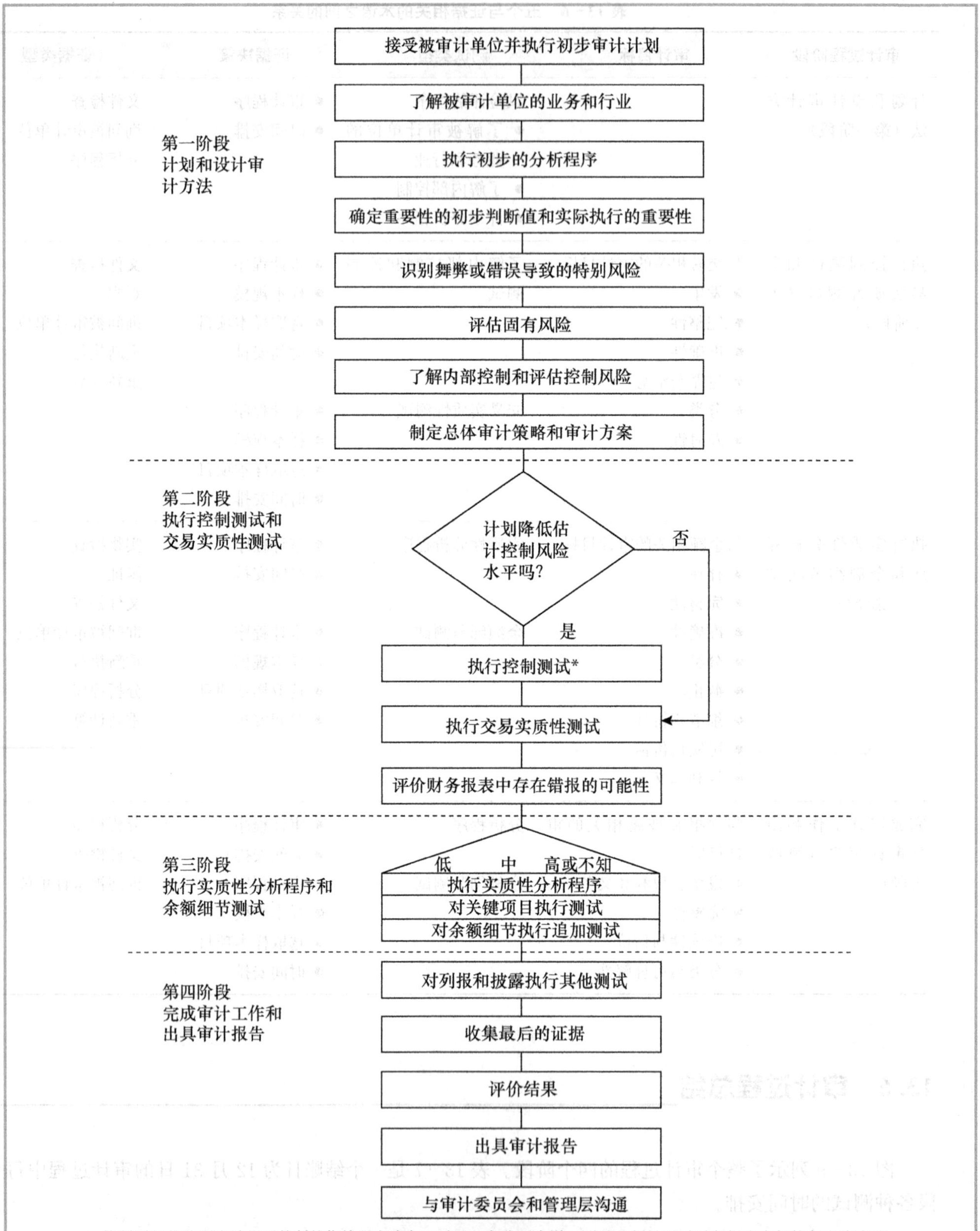

* 控制测试的范围由计划对控制的依赖程度确定，对于上市公司来说，测试必须足以对财务报告内部控制发表意见。

图 13－9 审计过程汇总

表 13－7 测试的时间安排

第一阶段	计划和设计审计方法，更新对内部控制的了解，更新审计方案，执行初步的分析程序。	2016 年 8 月 31 日	
第二阶段	对审计年度前 9 个月的情况进行控制测试和交易实质性测试。	2016 年 9 月 30 日	
第三阶段	函证应收账款，观察存货。	2016 年 10 月 31 日	
	执行截止日测试，索取其他各类函证。	2016 年 12 月 31 日	资产负债表日
	执行实质性分析程序，完成控制测试和交易实质性测试，执行大部分余额细节测试。	2017 年 1 月 7 日	结账日
第四阶段	执行支持列报和披露相关审计目标的程序，汇总结果，收集最后的证据（包括分析程序），完成审计。	2017 年 2 月 15 日	审计报告日
	出具审计报告。	2017 年 2 月 25 日	

□ 第一阶段：计划和设计审计方法

审计师使用在与接受被审计单位并执行初步审计计划、了解被审计单位的业务和行业、执行初步的分析程序（图 13－9 的前三栏）有关的风险评估程序中获得的信息，以评估可接受审计风险、识别特别风险。审计师还要利用对重要性水平、可接受审计风险、固有风险和控制风险进行的评估和已识别的由于舞弊或错误导致的特别风险，制定总体审计策略和审计方案。

在第一阶段末，审计师应该有一个明确的整体审计的总体审计策略和审计方案。

□ 第二阶段：执行控制测试和交易实质性测试

在这一阶段，要执行控制测试和交易实质性测试。第二阶段的目标是：（1）对有助于审计师评估控制风险（即将其降到最大值以下）的具体控制，取得证明它们的证据。财务报告内部控制整合审计也是如此。（2）取得证明交易货币金额正确性的证据。

前一个目标通过执行控制测试来实现，后一个目标则通过执行交易实质性测试来实现。这两种测试多数是对同一交易同时进行。在认为控制无效或者发现控制偏差时，可以在本阶段或第三阶段扩展实质性测试，同时考虑整合审计中这些对审计师就被审计单位财务报告内部控制发表审计意见的影响。

由于控制测试和交易实质性测试的结果是决定余额细节测试范围的主要因素，因此，它们通常要在结账日之前的两三个月执行。这有助于审计师根据此前测试的异常结果修订余额细节测试的审计方案，以及在结账日后尽快完成审计工作。这种方法也可以应用在上市公司的审计中，以使管理层有机会及时更正控制偏差，让审计师能够对年前新执行的控制进行测试。审计师在接近年末时更新其控制测试以验证这些控制的运行继续有效。

对于高度复杂的电算化会计系统，审计师经常在整个年度中实施控制测试和交易实质性测试，以识别重大或异常交易，确定被审计单位的计算机相关软件是否有所变化，这一方法常常称为连续审计，且常用于财务报表和财务报告内部控制的整合审计中。

□ 第三阶段：执行实质性分析程序和余额细节测试

第三阶段的目标是进一步取得充分适当的证据，以确定财务报表余额和附注是否公允表达。该阶段审计工作的性质和范围，在很大程度上取决于前两个阶段的工作结果。

第三阶段的审计程序主要有两类：(1) 评价交易和余额整体合理性的实质性分析程序；(2) 用来测试财务报表账户余额中货币金额错报的余额细节测试。

如表13-7所示，结账日前后都要执行分析程序。由于分析程序成本较低，因此，审计师通常都尽可能地采用它。审计师往往早在年度结束之前就对初步数据执行分析程序，用以制定审计计划和指导具体领域的审计测试。但是一般要等到客户编制完财务报表之后，计算比率和进行比较才有可能带来最大效益。在理想条件下，实质性分析程序最好在余额细节测试之前进行，用来确定余额测试的范围。它们可以与余额测试同时进行，也可在完成审计阶段执行。

表13-7还说明，余额细节测试一般在最后执行。在某些审计中，所有的余额细节测试都在结账日后进行。但是，如果被审计单位希望在结账日后尽快公布财务报表，则应当将耗费时间较多的余额细节测试安排在期中进行，并在年度结束前再补充一些工作，以便将审定的期中余额调整为期末余额。余额的实质性测试如果在年度结束前执行，所提供的保证程度将会较低，因此，除非内部控制有效，否则一般不在年度结束前执行。

□ 第四阶段：完成审计工作和出具审计报告

在前三个阶段的工作完成以后，审计师还有必要收集一些有关列报和披露相关审计目标的补充证据，总结审计结果，提出审计报告，以及进行其他形式的沟通。如图13-9所示，这一阶段的工作包括多个部分。

对列报和披露执行其他测试 正如第6章所述，审计师还要收集有关列报和披露相关审计目标的审计证据。审计师为支持四个列报和披露相关审计目标而执行的审计程序类似于为支持交易和账户余额相关审计目标而执行的审计程序。例如，管理层执行内部控制，以确保所有要求的披露均已披露、披露中所涉及的数额和其他信息均准确。审计师对这些控制的测试为支持完整性和准确性等列报和披露相关审计目标提供了证据。审计师还要执行实质性测试以获取充分、适当的审计证据支持附注中所披露的信息反映了实际发生的交易和余额，代表了支持发生、权利和义务审计目标的义务。大部分关于列报和披露相关审计目标的审计测试都在前三个阶段执行，其他补充测试应在第四阶段执行。

在审计的最后阶段，审计师执行与或有负债和期后事项有关的审计程序。或有负债是必须在被审计单位报表附注中予以披露的潜在负债，审计师必须确信该披露是完整和准确的。期后事项是在资产负债表日后财务报表和审计报告公布日前偶然发生的、对财务报表有影响的事项。审计师要对引起注意的影响财务报表的任何期后事项设计具体的复核程序。或有负债和期后事项的相关阐述安排在本书第23章。

收集最后的证据 除了第一阶段和第二阶段对各循环取得证据以及第三阶段对各账户取得证据之外，有必要在完成阶段对财务报表整体收集一些证据。这些证据包括执行最后的分析程序、评价持续经营假设、取得被审计单位管理层的声明书，以及阅读年度报告中的信息以证实其与财务报表一致。

出具审计报告 所出具的审计报告类型取决于收集到的证据和审计发现的问题。第3章已讨论了各种不同情况下应出具的报告类型。

与审计委员会和管理层沟通 审计准则要求审计师就内部控制的值得关注的缺陷与被审计单位审计委员会或管理层进行沟通。审计准则还要求审计师在审计完成时或完成后不久，就其他一些事项与被审计单位治理层（如审计委员会或类似指定团体）取得沟通。除此之外，审计师还常常给管理层提出改善经营管理的建议，尽管审计准则对此并没有作出强制性规定。

本章小结

本章总结了有关审计计划流程的讨论。前面几章介绍了审计师如何实施风险评估程序以了解被审计单位的业务和行业、评估重大错报风险（包括舞弊风险和其他特别风险）。审计师还需要了解内部控制以评估控制风险。接下来，审计师利用风险评估程序获取的信息，设计进一步审计程序，包括控制测试、交易实质性测试、实质性分析程序以及账户余额的细节测试。证据组合反映在不同业务中，审计师需要根据风险评估结果以及各种测试的相关成本考虑重点采用的测试类型。审计师选择证据组合的目的，是获取充分、适当的审计证据并尽可能最小化成本。然后，审计师选择拟实施的特定程序，编写审计方案。该方案包含收集审计证据以支持审计师意见的所有具体指令。

练习题

13-1 风险评估程序的目的是什么？与其他四种审计测试有何不同？

13-4 说明证实下列控制有效性的测试程序：计算雇员收益用的是经批准的工资率。说明确定经批准的工资率是否确实用于计算雇员收益的交易实质性测试程序。

13-8 对以下陈述进行评价："由于销售与收款循环测试是每一项审计业务中的重要部分，因此我将尽可能在审计接近尾声时对其进行测试。到那时函证、截止日期测试和其他程序都已完成，我对被审计单位的交易及其内部控制的了解要深入一些。"

13-9 Ferguson公司的审计师确定对销售与收款循环的两个控制进行测试，一个是确定计划账面销售不超过应收账款源文件中客户信用限额的计算和验证；另一个是负责应收账款的人员在记录销售日记账之前核对装运单、销售发票和客户订货单。请说明对软件程序和源文件变化的一般控制将如何影响审计师对这两个控制进行测试的范围。

13-10 针对第7章讲述的八类审计证据类型，分别确定是否适用于风险评估程序、控制测试、交易实质性测试、实质性分析程序和余额细节测试。

13-14 指出图13-4中所示的设计控制测试和交易实质性测试的方法与图13-6中设计余额细节测试的方法之间有何关系？

13-19 为什么审计师认为在全年范围内而不是等到年末才执行审计测试更可行？列举几个可在年末前收集的证据。

选自注册会计师考试的选择题

13-20 以下问题是关于审计测试的，选择最佳答案。

a. 以下哪项通常可以决定审计师将分析程序作为一项实质性测试或者对交易和账户余额执行实质性测试（　　）。

（1）高度整合数据的可获得性

（2）该测试有很好的效率和效果

（3）将测试的时间安排在资产负债表日后

（4）审计师熟悉行业趋势

b. 审计师可能会面临没有发现会计处理过程中的重大错报的风险，为最小化这类风险，审计师应主要依赖于（　　）。

（1）实质性测试

(2) 控制测试
(3) 内部控制
(4) 统计分析

c. 审计师评价内部控制的理论逻辑方法有以下四步：

Ⅰ. 确定应能防止和发现错误与舞弊的内部控制。

Ⅱ. 识别控制缺陷以确定它们对所用审计程序的性质、时间和范围的影响，并向被审计单位提出建议。

Ⅲ. 确定是否制定了所需的内部控制程序，那些程序的执行是否令人满意。

Ⅳ. 考虑可能出现的错误和舞弊类型。

这四步的顺序为（　　）。

(1) Ⅰ，Ⅱ，Ⅲ，Ⅳ
(2) Ⅰ，Ⅲ，Ⅳ，Ⅱ
(3) Ⅲ，Ⅳ，Ⅰ，Ⅱ
(4) Ⅳ，Ⅰ，Ⅲ，Ⅱ

13-21 以下问题是关于控制测试的，选择最佳答案。

a. 为支持审计师的控制风险低于最大值的初始估计水平，审计师需要执行以下哪类审计程序以确定内部控制是否有效运行（　　）。

(1) 余额细节测试
(2) 交易实质性测试
(3) 控制测试
(4) 趋势与比率测试

b. 执行控制测试的首要目标是（　　）。

(1) 获得关于被审计单位内部控制全年在一致性基础上有效运行的合理保证
(2) 获得充分适当的证据从而为审计师的意见提供合理基础，不需要额外的证据
(3) 获得关于财务报表中信息披露合理充分的保证
(4) 知晓和了解被审计单位制定的程序和方法

c. 什么情况下控制测试最容易被忽略（　　）。

(1) 账户余额反映了许多交易
(2) 评估的控制风险低于最大值
(3) 了解内部控制表明控制政策和程序有可能是无效的
(4) 审计师希望提高可接受检查风险水平

讨论题

13-23 以下是某审计方案的11个审计程序：

1. 讨论现金支出交易员的职责，观察他是否负责现金的管理或编制银行存款余额调节表。
2. 检查供应商发票和其他支持性文件以确定维护修理账户中的大额数目是否应资本化。
3. 询问应付账款监督人员是否对计算机生成的收款报告及未与卖方发票核对的订货单每月进行复核。
4. 加总出应付账款试算平衡表余额并将其与总账中有关数据进行比较。
5. 就应付账款余额直接向供应商函证。
6. 考虑在现金支出日记账中核对顺序以确定是否有遗漏。

7. 检查供应商发票以证明应付账款的期末余额。

8. 将工资税费账户的余额与以前年度进行比较，考虑工资税率的上升。

9. 检查内部审计师每月在银行存款余额调节表上的签字，以确定是否对调节表进行复核。

10. 检查供应商发票与其他文件以支持采购日记账中所记录的交易。

11. 将佣金率与收入总额相乘并将结果与佣金进行比较。

要求：

a. 说明以上各程序是属于控制测试、交易实质性测试、实质性分析程序还是余额细节测试。

b. 指出每一审计程序的证据类型。

13-25 以下是各类循环中的审计程序：

1. 检查销售发票，用于获取价格、数量和金额的内部验证证据。

2. 从被审计单位的永续盘存记录中选择一些存货，并在公司仓库中检查这些存货。

3. 利用计算机软件对现金支出日记账进行加总和交叉核对，并在总账中追查这一金额。

4. 在采购日记账中选取会计分录样本，将其每一项在相关的供应商发票中进行追查以确定其是否存在。

5. 检查资产负债表日前后发生的采购交易记录以确定是否将其记入了合适的期间。

6. 询问负责赊销经理编制的过期账项试算表中所列各项应收账款能否收回。

7. 计算每一主要产品的存货周转率并与以前年度比较。

8. 就应付票据余额、利息率和抵押品向债权人函证。

9. 利用审计计算机软件加总应收账款试算表并将总额与总账中相关数额进行比较。

要求：

a. 为每一审计程序确定审计的交易循环。

d. 为每一审计程序确定审计证据的类型。

c. 识别每一审计程序是属于控制测试还是实质性测试。

d. 识别每项实质性测试程序是属于交易实质性测试、余额细节测试还是实质性分析程序。

e. 对每项控制测试或交易实质性测试程序，指出与交易相关的审计目标和已满足的目标。

f. 对每项实质性分析程序或余额细节测试程序，指出与余额相关的审计目标和已满足的目标。

13-26 以下是采购与付款循环中常见的内部控制，对每项控制独立考虑。

1. 应付账款部门签发支票支付采购款前，将有关订购单和验收报告附于将要支付的供应商发票上，某雇员将发票和验收报告及采购订单上的数量进行比较，将发票价格与采购订单上的价格进行比较，重新计算金额，重新加总，检查发票上的账户编号以确定是否将其适当地归类。做完这些工作后，在发票上签字。

2. 每月末，某会计人员对本月所有收到的预先编号的验收报告（证明收到货物的相关文件）记账，并将每一报告追查至相关的供应商发票和采购日记账分录。此会计人员不检查所收到商品的数量和相关证明。

3. 负责现金支出交易的人员禁止管理现金。即使他有丰富的专业技能和充足的时间，也需另派人员调节银行存款账户。

4. 会计主管签发支票前，检查支票的附属凭证，并在供应商发票上签字表明认可。

5. 会计主管签发支票后，秘书为防止重新使用，在附属凭证上写下支票编号和签发支票的日期。

要求：

a. 对每项内部控制，说出控制要实现的与交易相关的审计目标。

b. 对每项内部控制，列出审计师测试控制有效性时执行的一种控制测试。

c. 对每项内部控制，列出审计师确定财务报表错报是否发生所执行的一种实质性测试。

13-27 以下有关采购与付款循环的内部控制选自某标准内部控制问卷调查。

1. 所有采购都必须要求有经批准的请购单。

2. 预先编号的收货单作为采购交易的支持性凭证，编号后作相应会计处理。
3. 在登入采购日记账前核对验收报告的日期与供应商发票。
4. 账户分类由编制人员以外的其他人员复核。
5. 支票签发后或电子资金划拨批准后，注销所有的支持性凭证。
6. 有权签发支票的人员将支票支持性凭证和电子资金划拨批准上的数据进行对比。
7. 供应商发票在支付前要重新计算。
8. 所有支票由所有者或经理签发。
9. 支票签发后，由所有者或经理或由他们监督的另一个人邮寄。
10. 应付账款源文件每月更新、结出余额并与总账进行调节。

要求：

a. 对于每一项控制，指出可适用五类控制活动（充分的职责分离、适当的授权、充分的凭证和记录、对资产和记录的实物控制、对执行的独立核查）中的哪类。

b. 对于每一项控制，说明适用的与交易相关的审计目标。

c. 对于每一项控制，写出测试控制有效性的一种审计程序。

d. 对于每一项控制，识别可能的错报，假定控制不存在或没有发挥作用。

e. 为每一项可能的错报，指出确定错报是否存在的一种实质性测试程序。

13-31 Angela Walsh 是一名新任职的审计师。在她前三次的审计业务中，她被委派执行采购与付款的控制测试以及应付账款余额细节测试。下面简要说明每次审计采用的方法：

审计1：被审计单位是一家中等规模的公司。对采购与付款执行了广泛的控制测试及实质性分析程序。很少执行年末应付账款余额的余额细节测试且并未进行函证（测试应付账款不需要函证）。

审计2：被审计单位也是一家中等规模的公司。对采购与付款也执行了广泛的控制测试。但是直到上述测试完成后，才执行额外的交易实质性测试。尽管并未对年末应付账款余额进行函证，但执行了广泛的测试。

审计3：虽然审计师了解被审计单位的内部控制，没有对采购与付款执行控制测试，但是，广泛地执行了交易实质性测试，对年末应付账款进行函证也是测试的一部分。尽管该公司的规模比前两家要小，但是花费在应付账款测试的总体审计时间比前两家公司要长。

Angela 对这三项审计业务的审计方法不一致而感到困惑，并认为审计方法和拟收集的审计证据数量取决于负责本次审计业务的合伙人。

要求：

a. 将下列描述与上述三项审计业务相联系：

(1) 本次审计业务计划广泛依赖于控制，但是在控制测试之后控制风险增加。

(2) 可能是对上市公司进行的审计并且也是最有效的审计。

(3) 本公司的控制无效并且也有可能存在舞弊风险。

b. 还有哪些因素能够解释这三项审计业务中采购与付款和应付账款审计方法的不同？

c. Angela 的主管能够做些什么来提高她对每一项业务总体审计策略的理解？

13-32 以下是某会计年度末即7月31日对某公司的部分审计。

1. 了解内部控制并估计控制风险。
2. 对应付账款执行实质性分析程序。
3. 函证应付账款。
4. 为采购与付款循环及工资与人员循环执行控制测试和交易实质性测试。
5. 为应付账款执行其他的余额细节测试。

6. 测试检查期后事项。
7. 接受客户。
8. 出具审计报告。
9. 设置可接受审计风险，对重要性水平和实际执行的重要性作出初始判断。

要求：

a. 指出以上各活动属于哪一个审计阶段。
b. 按照一项典型审计工作的顺序对以上步骤进行排序。
c. 指出以上各项哪些是 7 月 31 日前可以频繁执行的审计工作。

第 3 部分

审计过程在销售与收款循环中的应用

该部分的四章将介绍如何将第 2 部分所学的审计概念应用于销售、现金收入、相关损益表和资产负债表账户审计。

为理解审计在实务中是如何进行的，应了解审计概念在具体审计领域是如何运用的。销售与收款循环是我们所关注的审计概念具体运用的第一个领域，因为这个循环是每次审计的一个重要部分，且好懂易做。

第 14 章旨在使读者学习销售与收款循环的销售、现金收入和其他交易种类的控制测试和实质性测试审计程序的设计方法。

第 15 章讨论控制测试与交易实质性测试的非统计抽样和统计抽样方法。

第 16 章阐述销售与收款循环应收账款和其他账户的账户余额的审计程序设计方法。

第 17 章讲述审计抽样，重点介绍余额细节测试的审计抽样。

第 14 章

销售与收款循环审计：控制测试和交易实质性测试

学习目标

1. 识别销售与收款循环中的账户和交易种类。
2. 描述销售与收款循环的经营活动及其相关的凭证与记录。
3. 了解销售内部控制，设计与执行其控制测试及交易实质性测试。
4. 将销售交易控制方法运用到销售退回与折让的控制中去。
5. 了解现金收入内部控制，设计与执行其控制测试和交易实质性测试。
6. 将销售与收款循环的控制方法运用到注销不可收回应收账款的控制中去。
7. 了解控制测试和交易实质性测试对余额细节实质性测试的影响。

引例

选择很简单——信赖内部控制

City Finance公司是设法脱离某“四大”会计师事务所匹茨堡办事处的最大客户。它是一家金融服务公司，在美国与加拿大拥有近千个办事处及海外业务处。该公司每年的记录中含有100多万项应收账款，并处理数百万项销售和其他交易。

该公司的计算机中心位于一间环境受到控制的房间，里面装有几台大型主机和许多其他辅助性设备。公司拥有两套在线系统，其中一套是备用系统，因为一旦系统出现故障，就将影响公司所有分支机构的运作。

公司拥有一套非同寻常的审查与平衡系统，其分支机构的交易记录每天都根据数据处理控制进行调整；反过来，这些记录每月都与外部银行对账单相核对。无论什么时候，只要这种调整过程显示出现了一个重大的不平衡情况，就将启动相关程序以尽快解决这类问题。有一个大型内部审计部门负责进行任何需要的特别调查工作。

City Finance公司是一家上市公司，它必须在其会计年度结束后的60天内按SEC的10-K格式要求报送报告。此外，公司也希望在年度结束后尽快公开报告其年度收益和年度报告。这样一来，就迫使会计师事务所尽快完成审计工作。

按照PCAOB第5号准则的要求，审计师必须对财务报表和财务报告内部控制执行整合审计。在City Finance公司的审计案例中，毫无疑问，审计师必须大范围地依赖整合审计的内部控制以及大范围地对财务报告内部控制进行测试。即使没有审计准则的要求，若不大范围地依赖关键控制，想要在报告截止日前完成审计也是非常困难的。坦言之，如果City Finance公司没有良好的内部控制，会计师事务所将会承认，这家公司的财务报表审计无法进行。

引例中City Finance公司的情况说明，对于在销售与收款循环中广泛依赖内部控制的审计，可能需要审计师扩大内部控制测试和交易实质性测试的范围。在其他不涉及加速申报上市公司的审计中，正如第12章所述，审计师则可能几乎不依赖于内部控制，但他们仍需要了解销售与收款循环的内部控制。重要的是，审计师应该知道什么时候广泛地依赖于内部控制，什么时候又不能依赖于内部控制。本章研究销售与收款循环中每类交易的控制风险估计、控制测试及交易实质性测试。

在开始研究控制风险估计、控制测试和交易实质性测试的设计之前，有两个主题需要论及：其一，了解一个典型的公司销售与收款循环交易的种类和账户余额。这些在前面已讨论过，但这里要回顾一下。其二，由于销售与收款循环审计有相当一部分涉及凭证和记录，理解本循环所使用的典型凭证与记录也是必要的。

14.1　销售与收款循环中的账户和交易种类

销售与收款循环审计的总体目标是评价受本循环影响的账户余额是否依会计准则公允列报。销售与收款循环所包括的典型账户在图 14-1 中用 T 型账户列出。当然，这些账户可能随所涉及的具体被审计单位及其所在行业的不同而不同。对服务业、零售业和保险公司而言，其性质和账户名称上有一些差别，但关键概念是相同的。为了给理解本章的内容提供一个参考性框架，假定我们讨论的对象为一家批发性商业企业。

图 14-1 表明了会计信息在销售与收款循环各账户中的流向。从图中可知，销售与收款循环主要有以下五类交易：

1. 销售（现销与赊销）。
2. 现金收入。
3. 销售退回与折让。
4. 坏账冲销。
5. 坏账准备。

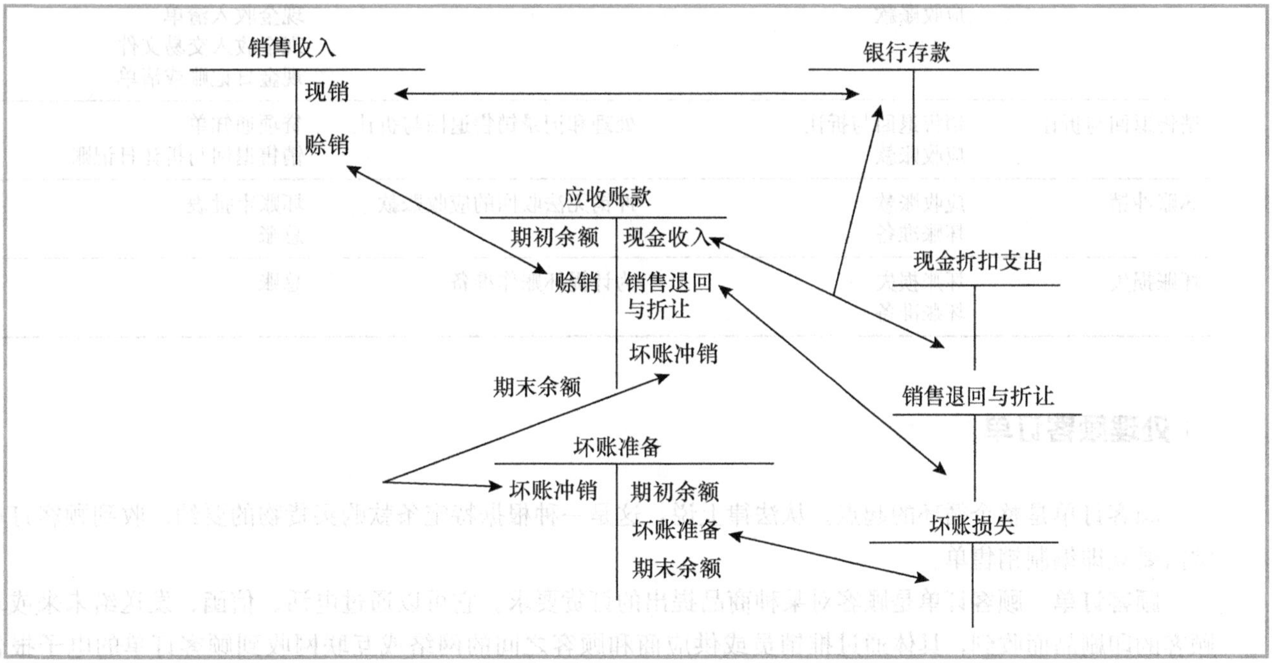

图 14-1　销售与收款循环账户

图 14-1 还表明，除现销以外，其他每笔交易的最终金额都包含于两个资产负债表账户中的某个账户：应收账款或坏账准备。为简便起见，假定现销和赊销有相同的内部控制。

14.2　销售与收款循环中的经营活动及相关凭证与记录

销售与收款循环（sales and collection cycle）涉及商品和服务可供销售之后将其所有权转移至顾客所必需的决策和过程。这往往从获得顾客订单开始，到原材料或服务转化成应收账款，最终转化成现金为止。

销售与收款循环有八项基本经营活动，列示在表 14-1 的第三栏。它们在销售与收款循环五类交易的记录中都会出现。在“业务功能”下前四项功能用以记录销售，而其他每种交易只涉及其中一项功能。本部分将逐一说明这八项功能，并描述每项功能中的典型凭证与记录，这些凭证与记录已在表14-1的第四栏列示。在审计师估计控制风险、设计控制测试和交易实质性测试之前，有必要了解每个企业中的这些业务功能及其凭证与记录。

表14-1 销售与收款循环中的各种交易、账户、业务功能和相关的凭证和记录

交易种类	账户	业务功能	凭证与记录
销售	销售收入 应收账款	处理顾客订单 批准赊销 装运货物 开单给顾客并登记销售账	顾客订单 销售单 顾客订单或销售单 发货单 销货发票 销售交易文件 销售日记账或清单 应收账款源文件 应收账款试算表 月对账单
现金收入	银行存款（现金收入的借方） 应收账款	处理和记录现金收入	汇款通知单 现金收入清单 现金收入交易文件 现金日记账或清单
销售退回与折让	销售退回与折让 应收账款	处理和记录销售退回与折让	贷项通知单 销售退回与折让日记账
坏账冲销	应收账款 坏账准备	冲销无法收回的应收账款	坏账审批表 总账
坏账损失	坏账损失 坏账准备	为计提坏账作准备	总账

□ 处理顾客订单

顾客订单是整个循环的起点。从法律上说，这是一种根据特定条款购买货物的要约。收到顾客订单通常需要立即编制销售单。

顾客订单 顾客订单是顾客对某种商品提出的订货要求。它可以通过电话、信函、发送给未来或现有顾客的印刷品而收到，具体通过推销员或供应商和顾客之间的网络或互联网收到顾客订单的电子报告来获得。

销售订单 销售订单是一种用以沟通顾客所订购货物的规格、数量及其他相关信息的凭证。它通常用于表示赊销的批准和发货的审批。

□ 批准赊销

在货物装运之前，必须要有一个被适当授权的人对顾客的赊销进行审批。赊销审批工作不力经常导致坏账过多和应收账款的无法收回。销售单上赊销批准的标记常用作发货的批准。在许多公司中，计算机根据顾客源文件保持的预先批准的赊销额，自动地批准一项赊销。只有当建议的销售单总额加上该顾客的已有赊销额小于顾客源文件的赊销限额时，计算机才允许销售进行。

□ 装运货物

这项关键功能是本循环中公司出让其资产的起点。大多数公司在货物装运时确认销售。发货单在装运货物时编制，由计算机基于销售订单自动生成，通常为一式多份，是向顾客开出适当账单的重要凭证。保持永续存货记录的公司也经常根据运输信息更新永续盘存记录。

发货单 发货单即在发出货物时编制的，用以表明所发货物的规格、装运的数量及其他相关资料的凭证。发货单的正联寄给顾客，一份或几份副本则保存起来。它同样用作向顾客开出账单的依据，它可以是电子形式的也可以是纸质的。

提货单也是发货单的一种，它是承运方与售货方之间有关货物收发的书面契约。通常提货单仅包括所装运货物的箱数或磅数，而不包括数量与规格等完整细节。（在本书中，我们假定提货单包括了全部细节。）

提货单通常在货物装运后电子化传递，并自动生成相关销售发票以及销售日记账。许多公司使用存货条形码由计算机记录存货出库。这种信息便于更新存货源文件的永续存货记录。

□ 开单给顾客并登记销售交易

由于给顾客开出的单据是顾客获得货款金额通知的手段，因此必须正确及时地完成该单据。开单最重要的是：(1) 要确信所有已装运的货物均已开单（完整性）；(2) 不重复开单（发生）；(3) 每次数额均正确（准确性）。

单据上的数额取决于顾客已装运货物数量的批准价格，该数额考虑了包括运费、保险费和付款条件等。

在大多数系统中，顾客账单包括电子记录或一式多份的销售发票，以及销售交易文件、应收账款源文件和销售与应收账款总账源文件的实时更新。会计系统利用这类信息生成销售日记账，再与现金收入和其他多项贷方一起，编制应收账款试算表。

销售发票 销售发票是用来表明所售货物的规格、数量、价格、运费、保险、付款条件和其他相关资料的凭证或电子记录。销售发票是向顾客说明销售金额与付款日期的一种方法，其原件送达顾客，其余副本则保存起来。一般情况下，计算机在输入顾客编号、数量、目的地和销售条件后自动生成销售发票。计算机运用输入的信息及存货源文件的价格来计算发票小计和销售总额。

销售交易文件 销售交易文件是一份由会计系统对某一时期，如一天、一周或一个月的所有销售交易进行处理并由计算机生成的文件。它包括进入会计系统的所有信息和每笔交易的具体信息，如顾客名称、日期、数量、账户类别、销售员和佣金率。该交易文件也包括销售退回与折让，有时销售退回与折让有单独的交易文件。

销售交易文件中的信息常视公司的需要，用于编制其他各种记录、列表或报告，具体可能包括销售日记账、应收账款源文件以及特定账户余额或部门的交易记录。

销售日记账或清单 一般来说，销售日记账或清单是由包括每笔交易的顾客名称、日期、数量和账户类别的销售交易文件产生的列表或报告（如某一部门或生产线）。通过它可以分清某笔销售是现销还是赊销。日记账或清单可对任何期间进行记录，但通常是一个月。通常情况下，日记账或清单包括该期间所有账目的总额。记录在日记账或清单中的同一交易也同时过到总分类账中，并且如果该交易是赊销，还须过到应收账款源文件中。日记账或清单同样可以包括销售退回与折让，或为这些交易设置单独的日记账或清单。

应收账款源文件 应收账款源文件是用于记录每个顾客每笔销售、现金收入、销售退回与折让，保持该顾客应收账款余额记录的一种文件。该文件根据销售、销售退回与折让及现金收入等计算机交易文件进行更新。该文件中的单个账户余额总和应等于应收账款总账余额。打印输出的应收账款源文件应当分别标明每个顾客的应收账款期初余额、各笔销售交易、销售退回与折让、现金收入、期末余额。

本书中使用的"源文件"一词既指计算机文件，也指文件的打印输出资料，有时它也称为应收账款明细账或明细表。

应收账款试算表 应收账款试算表指列示某一时点上每个顾客所欠企业货款的一份清单，直接根据应收账款源文件编制而成。大多数试算表采取账龄试算表的形式，用以显示按天数分类的（比如，短于30天、30～60天等）每个顾客的各项应收账款的余额和账龄。

月对账单 月对账单是通过邮件或电子方式寄给每个顾客以表明其应收账款的期初余额、每笔销售的数额和日期、已收现金、已签发的贷项通知单、月末余额等的凭证。事实上，它是应收账款源文件中顾客部分的一个副本。

□ 现金收入的处理与记录

前四项功能是将货物转移到顾客手里、正确开单以及在会计记录中反映这一信息的不可或缺的功能。销售与收款循环中的其余四项功能包括现金的收取与记录、销售退回与折让、坏账冲销和计提坏账准备。

现金收入的处理与记录包括现金的收取、存储和记录。现金包括货币、支票和电子转账。其中最需关注的是现金被盗的可能性。现金被盗有可能发生在其进入记录之前或之后。在处理现金收入时，最需要注意的是，现金必须以正确的金额及时存入银行并记录在现金收入交易文件中，并据以登记现金收入日记账和更新应收账款及总分类账源文件。

汇款通知单 汇款通知单是一种随销售发票邮寄给顾客并能与货款一同返还给销售方的凭证。它用于注明顾客名称、销售发票编号和货款收到时的发票金额。汇款通知单用作收到付款的记录，以便立即存入收到的支票，并加强对资产保管的控制。如果顾客未能将汇款通知单与其货款一同寄回，则一般应由负责收取邮件的人在拆开邮件时编制一份汇款通知单。

现金收入清单 现金收入清单是由不负责记录销售、应收账款或现金且不能接触会计记录的人员，在收到现金时所编制的一份清单。它通常用于验证收到的现金是否被记录，是否以正确的金额及时存入银行。

许多公司与银行签约以帮助其处理来自顾客的现金收入。有些公司使用加密邮箱制度，即顾客将支付的款项邮寄到由银行持有的地址。银行负责拆开所有内含款项的邮件，记录在邮箱地址收到的顾客所有付款，并及时将收据存入公司银行账户。在其他情况下，付款通过电子资金划拨的方式由顾客银行账户划拨到公司银行账户上。在客户利用信用卡购买商品时，信用卡的发行人利用电子资金划拨将资金划拨到公司的银行账上。就加密邮箱制度和电子划转资金而言，银行提供信息给公司，用以在公司会计记录中编制现金收入分录。

现金收入交易文件 现金收入交易文件是通过会计系统对某一期间，如一天、一周或一个月所有现金收入交易进行处理后，由计算机生成的文件。它与销售交易文件包含同样类型的信息。

现金收入日记账或清单 现金收入日记账或清单是从包括任一期间所有交易的现金收入交易文件中产生的一种报告。相同交易及其相关信息应该同时记录在应收账款源文件和总分类账中。

□ 销售退回与折让的处理与记录

顾客对所购货物不满意时，销售方通常会同意接受货物的退回或给予货款减让。此时，公司通常要编制退回货物的验收报告，并将其送回仓库保管。退回与折让记录在销售退回与折让交易文件和应收账款源文件里。为了保持控制和方便记录，通常要对销售退回与折让签发贷项通知单。

贷项通知单 贷项通知单是用来表明由于货物退回或折让而使顾客货款减少的一种凭证。它通常采用与销售发票相同的格式，但是作为减少而不是增加应收账款的依据。

销售退回与折让日记账　用于记录销售退回与折让的日记账，与销售日记账的职能基本相同。许多公司不为此类业务单设日记账，而是将其记录在销售日记账中。

□ 坏账冲销

无论信用部门如何努力，还是有些顾客不能支付货款。当公司认为某笔款项不可收回时，就必须将其冲销。一般情况下，这种情形通常是发生在顾客登记破产或将款项交给托收机构时。正确的会计处理需要对这些无法收回的应收账款进行调整。

坏账审批表　坏账审批表是一种用来表明批准某些应收账款冲销为坏账的内部使用凭证。

□ 计提坏账准备

因为公司不能预期 100%收回其销售产生的应收账款，所以会计准则要求它们为其预期不能收回的数额记录坏账费用。绝大多数公司都是在月末或每季度末记录这一事项。

14.3　设计销售与收款循环的控制测试与销售交易实质性测试的方法

本章前面部分介绍了销售与收款循环中的账户余额、交易种类、经营活动及相关的凭证记录。以此为基础，现在将研究销售与收款循环五类交易的控制测试和交易实质性测试的设计。尽管本章重点关注交易的控制，审计师还需要了解余额以及列报和披露的控制，尤其是在财务报表与财务报告内部控制的整合审计中。

图 14－2 列示了了解销售内部控制和设计销售控制测试及交易实质性测试的方法。该方法已在第 13 章作了一般介绍，这里将把它们具体应用于希尔伯格五金公司的销售和现金收入中。

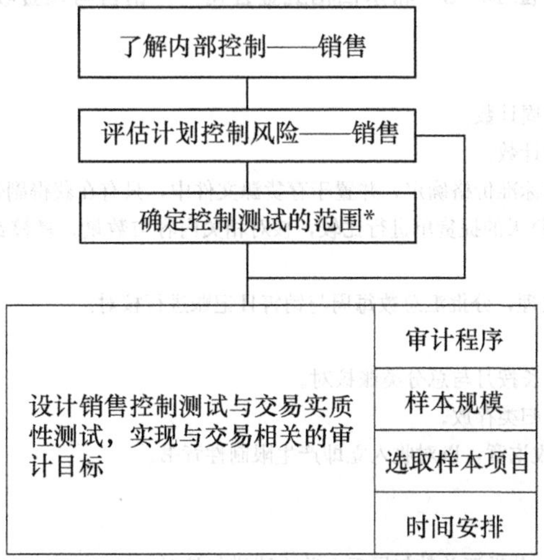

* 控制测试的范围是由计划对内部控制的依赖所决定的。对于上市公司来说，控制测试必须足以使审计师对财务报告内部控制发表审计意见。

图 14－2　设计销售控制测试与交易实质性测试的方法

□ 了解内部控制——销售

如第 12 章所述，为了了解销售的内部控制审计师会研究客户的流程图或其他控制文件，使用内部控制问卷对客户进行询问，并对销售交易进行穿行测试。图 14－3 将列示希尔伯格五金公司的销售和现金收入流程图，用于说明控制测试和交易实质性测试的审计程序设计。

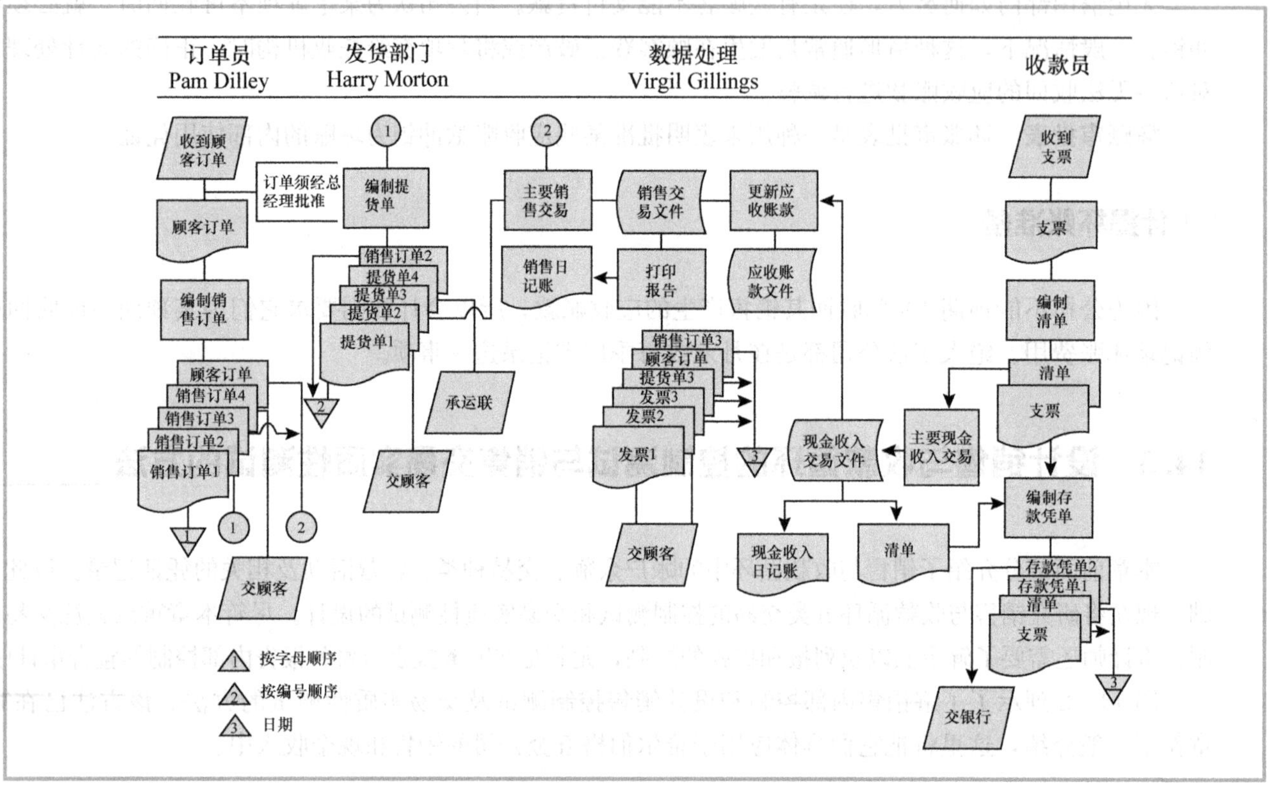

图 14－3　希尔伯格五金公司——销售与现金收入流程图

说明：

1. 所有函件都送给公司总裁。
2. 所有销售订单号码由主计长按周计数。
3. 所有提货单号码由主计长按周计数。
4. 销售发票上的销售额基于清单标准价格确定，并置于存货源文件中，只有在获得副销售经理的批准时才能加以改变。
5. Pam Dilley 将销售发票副本与每天的提货单进行比较，核对相关内容与数量，复核销售发票小计和加总的合理性，并在将原件寄给顾客之前在发票副本上签字。
6. 销售每天由 Pam Dilley 分批处理，分批汇总数每周与销售日记账进行核对。
7. 对账单按月寄送给顾客。
8. 应收账款源文件的总数由主计长按月与总分类账核对。
9. 未支付发票与已支付发票分开归类存放。
10. 收款员在收到的支票上加盖收讫章，以对收入立即产生限制性背书。
11. 无现金销售。
12. 款项每天送存银行。
13. 现金收入由收款员分批处理，分批汇总数与周现金收入账进行核对。
14. 银行账单由主计长按月调节。
15. 所有坏账损失及坏账的注销由主计长签字后，报总经理核准。
16. 财务报表由主计长按月打印，并由总经理复核。
17. 每天复核的所有错误在更正后立即由主计长复核，并在同一天进行更正。

□ 评估计划控制风险——销售

审计师运用了解内部控制所获得的信息来估计控制风险。这种估计包括四个基本步骤。

1. 审计师需要一个估计控制风险的框架。各类交易的框架都是六个与交易相关的审计目标。图 12-3 列示了希尔伯格五金公司的销售情况。这六个审计目标对所有销售交易来说都是一样的。

2. 审计师必须识别销售交易的关键控制及其弱点，这些都已列示在图 12-3 中。不同审计中的关键控制与缺陷是不相同的。希尔伯格五金公司的控制点及其缺陷可从图 14-3 和图 12-2 的内部控制核对表中识别出来。

3. 识别关键控制及其缺陷之后，审计师就需要将它们与审计目标联系起来。这些内容同样列示在图 12-3 标有 C 和 D 的适当栏目中。

4. 审计师通过评价每个审计目标的关键控制和缺陷来评估每个审计目标的控制风险。这个步骤至关重要，因为它影响到审计师对控制测试与实质性测试的决策，这也是一个高度客观的决策。图 12-3 的底端"估计控制风险"栏目列示了审计师对希尔伯格五金公司所作的结论。

我们现在开始讨论销售交易的关键控制活动。了解这些控制活动有助于识别销售交易关键控制及其缺陷。

充分的职责分离 适当的职责分离有助于防止各种由于错误和舞弊而导致的有意或无意的错报。为预防舞弊，负责把销售和现金收入交易信息输入计算机的任何人都不能接触现金。同样，应将赊销批准功能与销售功能分离开来，因为批准赊销可以抵消销售人员不顾高额坏账损失而将销售量达到最大的自然倾向。同样应该将负责内部核对的职能与录入原始数据的职能分离开来。例如，批控制总数与销售汇总表钩稽的核对、应收账款源文件与其总分类账余额的核对，都应该由独立于这些录入销售与现金收入交易的人员进行。

适当的授权 审计师主要关注三个关键点的授权：(1) 赊销必须在销售发生之前进行适当授权；(2) 货物只有在适当授权之后才能装运；(3) 包括基础付款条件、运费和折扣在内的价格必须得到授权。

前两个控制是防止通过将货物发运给虚构的顾客或那些未能支付货款的顾客而损失公司资产，价格授权则确保销售是按公司政策规定的价格计费。授权应针对每一笔交易单独进行，或者针对某一类具体交易予以一般授权。一般授权通常由计算机自动生成。

充分的凭证与记录 由于每个公司都有一套独特的生成、处理和记录交易的系统，因此审计师可能会发现很难评价其程序是否达到了最佳控制效果；然而，充分的记录程序则是大多数与交易相关的审计目标的基础。例如，某些公司在顾客下订单时就自动编制了预先编号的一式多份销售发票。这类凭证的副本用于批准赊销、授权装运、记录发货数量和开单给顾客。在此系统下，只要定期清点所有发票，就不会发生未开票给顾客的事情，但是，必须要有相关的控制以确保见到发货单才记录销售。在有的系统下，销售发票是在发货完成之后开出的，除非存在某种补偿性控制。在许多组织中，所有的销售文档都是电子文档，而非纸质文档。

预先编号的凭证 销售凭证的预先编号主要是为了防止漏开发票或漏记销售及重复开票或重复记账。当然，除非其能得到适当的说明，否则预先编号的凭证也不见得能发挥多大作用。为了有效地使用这一控制，在每次发货开单后，开票员把所有的装运凭证副本按连续编号归档，再由其他人定期清点所有编号并调查所有丢失凭证的原因。

按月寄送对账单 按月寄送对账单是一项有用的控制，因为如果相关余额不正确，就会鼓励顾客对此作出反应。这个对账单应该由不负责经手现金或处理销售和应收账款记录的人员控制，以避免有意不寄送对账单。为获得最大效果，账户余额中所有争议都应该直接交给不负责处理现金或记录销售或应收账款的指定管理人员处理。

内部稽查程序 计算机程序或独立职员应审查销售交易的处理和记录，以实现六个与交易相关的审计目标。这类程序的例子有：对预先编号凭证的数字顺序进行清点，审查凭证编制的准确性，复核对异常或错误事项的报告情况等。

□ 确定控制测试的范围

审计师在识别关键控制及其弱点之后，就要使用类似于图12-3的矩阵评估控制风险，对于加速申报上市公司的审计来说，审计师必须对关键控制执行广泛的控制测试，并评价控制缺陷对审计师就财务报告内部控制发表审计意见的影响。在非加速编报公司和非上市公司的审计中，控制测试的范围主要依赖于控制的有效性和审计师为降低控制风险而对内部控制的依赖程度。在确定对内部控制的依赖程度时，审计师也要权衡与实质性测试的潜在减少量相比，执行控制测试所增加的成本。一个更低的估计控制风险水平将要求更多的控制测试以支持更低的控制风险，这一结果伴随着检查风险的增加和实质性测试量的减少。

回顾第9章和第10章，审计准则要求审计师假设收入确认存在舞弊风险。任何已识别的舞弊风险都被视为特别风险，审计准则要求审计师了解与所有特别风险相关的内部控制。如果审计师计划信赖对特别风险的控制，那么审计师应该测试这些控制的运行有效性。

□ 设计销售控制测试

对于每一个关键控制来说，必须设计一个或多个控制测试以验证其有效性。在大多数审计中，根据控制的性质来确定控制测试的性质相对比较容易。例如，如果内部控制是在顾客得到批准赊销之后在顾客订单上签字，那么内部控制测试就是要审查顾客订单上有没有适当的签字。

表14-2的前三栏说明了希尔伯格五金公司的销售控制测试的设计。第三栏列示了第二栏中每个关键控制的控制测试。请注意此表是按照交易审计目标来组织的。例如，发生目标的第二个关键控制是“销售记录以已核准的发货单和已批准的顾客订单为依据”。其控制测试是“审查销售发票副本是否有提货单和顾客订单作为依据”。为了进行这项测试，审计师应该以销售发票为起点，审查销售发票的支持凭证，而不是按相反的方向来进行。如果审计师从发货单追查至销售发票，就是对完整性目标的测试。本节随后将讨论测试的方向问题。

正如列示于表14-2第三栏所示，为了实现完整性目标，销售控制的一项常用测试是清点各种凭证的顺序号。例如，清查发货单的序号、追查每一个发货单至销售发票副联和销售日记账，以提供完整性目标的证据。

为了同时提供发生和完整性目标的证据，审计师可以清点选自销售日记账中的销售发票的顺序号，注意有无漏掉的或重复的号码或在正常顺序号之外的发票。假定审计师选取了第18100～18199号的销售发票。如果这100张发票均已被记录，就部分地实现了完整性目标。如果发票号码中没有任何发票号码的重复记录，则发生目标也可以得以满足。正如表14-2所示，希尔伯格五金公司缺乏防止销售发票重复记录的内部验证，这是一个控制缺陷。

对职责分离适当与否的控制测试通常限于审计师对控制活动的观察和与有关职员的讨论。例如，可以通过观察开票员收到邮件拆封时或将现金存入银行时是否有接触现金的权限。通常还有必要向有关职员询问他们的职责内容是什么，以及他们的职责是否与既定政策存在偏离。例如，负责向顾客开单的职员有可能声称其从未接触过现金，但进一步的讨论可能表明，出纳休假时，其代行了出纳的职责。

表 14－2　销售交易的审计目标、现有的关键控制、控制测试、缺陷和交易实质性测试汇总表——希尔伯格五金公司

与交易相关的审计目标	现有的关键控制*	控制测试**	缺陷*	交易实质性测试**
已入账的销售交易是向存在的顾客发货（发生）	由计算机通过核对授权的赊销限额自动批准赊销（C1）。 销售记录以已核准的发货单和已批准的顾客订单为依据（C2）。 核对发出的各批数量总额与入账的数额（C6）。 每月向所有的顾客寄送对账单（C9）。	审查顾客订单获取赊销批准的证据（13e）。 审查销售发票副本是否有提货单和顾客订单作为依据（13b）。 审查批处理总数以审查数据控制员的签名（8）。 观察对账单是否按月寄出（6）。	对销售发票被重复记录的可能性缺乏内部验证（D1）。	审查销售日记账、总账、应收账款源文件或试算表以发现大额或异常项目（1）。 清点销售发票编号的顺序（12）。 从销售日记账分录追查至其支持性凭证，包括销售发票副本、提货单、销售单和顾客订单（13）。
发生的销售交易已记录（完整性）	每周对发货单预先编号并予以说明（C5）。 核对发出的各批数量总额与入账的数额（C6）。	清点发货单的顺序（10）。 审查批处理总数以审查数据控制员的签名（8）。		追查选取的发货单至销售日记账以确保每笔交易均已记录（11）。
发货的数量已记入销售，并且正确开票和入账（准确性）	销售记录以已核准的发货单和已批准的顾客订单为依据（C2）。 核对发出的各批数量总额与入账的数额（C6）。 使用经批准的价目表源文件来确定单价（C7）。 每月向所有的顾客寄送对账单（C9）。	审查销售发票的支持性凭证（13b）。 审查批处理总数以审查数据控制员的签名（8）。 审查批准的价格清单的正确性及其适当授权（9）。 观察对账单是否按月寄送（6）。		追查销售日记账中的分录至销售发票（13b）。 重新计算销售发票上的价格和小计数（13b）。 追查销售发票上的明细数至： ● 发货单（13c）； ● 销售单（13d）； ● 顾客订单（13e）。
销售交易已适当记入源文件，并且已正确汇总（过账和汇总）	计算机自动将交易过账到应收账款源文件和总分类账（C10）。 按月调整应收账款源文件和总分类账（C11）。 每月向所有的顾客寄送对账单（C9）。	审查应收账款源文件与总分类账相调节的证据（7）。 审查应收账款源文件与总分类账相调节的证据（7）。 观察对账单是否按月寄出（6）。		追查从销售日记账中选取的销售发票至应收账款源文件，测试其数量、日期和发票号码（13a）。 使用审计软件加总和交叉加总销售日记账，并追查其总额至总分类账（2）。
销售已正确分类（分类）	对销售交易进行内部核对（C8）。	审查凭证集以进行内部验证（13b）		审查销售发票副本以确保账户的适当分类（13b）。
销售收入在正确日期记录（及时性）	每周对发货单预先编号并予以说明（C5）。	清点发货单的顺序（10）。	对及时性记录测试缺乏控制（D2）。	将销售日记账的日期与销售发票副本和提货单中的日期进行比较（13b 和 13c）。

* 控制（C）和缺陷（D）取自图 12－3 的控制矩阵。控制 C3 和 C4 未在此矩阵中列示。
** 控制测试和交易实质性测试后括号内的数字指的是图 14－6 审计工作方案执行格式中的审计程序。

表 14－2 中的几项控制测试可以利用计算机来进行。例如，审计师可试着发起已超过顾客信用限额的销售订单来测试通过计算机的信用授权是否恰当，如果该项控制有效，则计算机将会拒绝该项输入；通过尝试输入不存在的顾客编号，可以对销售的发生进行类似的测试，此时计算机应拒绝输入不存在的顾客编号，这一关键控制将降低虚假销售的可能性。

设计销售交易的实质性测试　在设计交易的实质性测试决策中，有些程序无论在什么情况下都可以执

行，而另一些程序则要视控制的充分性和控制测试的结果而定。表 14-2 第五栏的交易实质性测试主要与第一栏的与交易相关的审计目标相关，这些测试被设计用来确定在交易中是否存在与该目标有关的任何金额错报。所使用的审计程序受到与该审计目标相关的内部控制及其测试的影响。实际执行的重要性、以前年度的审计结果及重大错报风险也会影响所使用的审计程序。

为销售交易确定适当的交易实质性测试程序是比较困难的，因为这些审计程序在很大程度上随具体环境的变化而变化。交易实质性测试程序按照表 14-2 所列与销售交易相关的审计目标的顺序进行讨论。需要注意的是，有些审计程序可以实现多个审计目标（例如审计程序 13b 就对应于三个审计目标）。

审计准则指出，如果识别出一个特别风险，审计师应当实施实质性程序以应对该风险。如果应对重大风险的方法仅包括实质性程序，则该程序应包括细节测试。因此，为了解决收入确认舞弊风险的假设，许多审计师对交易进行实质性测试，以测试记录的收入交易。许多审计师也会执行实质性分析程序，以检验所记录收入的合理性。但是，请注意，实质性分析程序不能成为应对与收入有关的特别风险的唯一实质性证据，除非审计师已经测试了旨在减轻风险的控制运作有效性。

以下段落讨论了根据控制的有效性以及是否识别出特别风险，对每个与交易相关的余额目标可能执行的交易审计程序进行的实质性测试。

已记录的销售已发生 为完成这个目标，审计师需要关注三种错报的可能：(1) 记录在日记账里的销售没有发货；(2) 销售交易重复记录；(3) 发货给不存在的顾客并作销售入账。

前两种错报可能源于错误，也可能源于舞弊，而第三种类型的错报总是源于舞弊。这些错报的潜在后果是重大的，因为它将导致资产和收益的高估。

与舞弊性高估相比，销售额的无意高估更容易被发现。销售额的无意高估一般也会导致应收账款的高估，这通常可以由被审计单位按月向其客户寄送对账单这一控制程序发现。年末的无意错报一般可以通过审计师的函证程序发现。就舞弊行为而言，行为者会试图隐瞒高估，使其难以被审计师发现。在这些情况下，就有必要通过交易的实质性测试程序来发现高估的销售交易。

发生目标的适当交易实质性测试取决于审计师认为什么地方可能会发生错报。许多审计师只有在他们认为一项控制缺陷存在时，才会为发生目标执行交易实质性测试，因此交易实质性测试的性质取决于下列潜在错报的性质：

1. 无发货的销售记录。审计师可以通过追查从销售日记账中选取的几笔分录，以确信存在发货单的相关副本和其他支持性凭证。如果审计师怀疑有虚构发货单副本的可能性，就必须追查永续存货记录中的金额，以确信存货是否减少。

2. 销售交易重复入账。对于重复销售交易，可以通过复核一组按顺序编号的已入账销售交易，来发现是否有重复号码。审计师也可以通过测试发货单的适当注销来达到同一目的，适当注销减少了发货单被用作另一销售记录的可能性。

3. 向虚构的顾客发货。这类舞弊通常只有在记录销售交易的人同时能够批准发货时才可能发生。当内部控制存在不足时，很难发现诸如向公司其他存放点发货的虚构发货。为了测试不存在的顾客，审计师可以追查销售发票上顾客的信息至顾客源文件。这些收入舞弊通常又称为虚假销售。

另外一种可以侦查出前述三种类型的销售交易错报的方法是，追查应收账款源文件中的贷方至其源头。如果该应收账款实际上已收现或货物被退回，则当初肯定发生过销售交易。如果贷方发生额是注销一笔坏账，或登记一项贷项通知单，或者直到审计时应收账款仍未收回，就必须仔细追查发货单和顾客订单等凭证，因为上述这些情况都可能预示存在不当的销售交易。审计师必须审查发货单和顾客订单，以确定是否存在足够的证据支持销售交易的确发生过。

发生的销售交易均已记录 由于在销售交易审计中资产与收益的高估要比其低估受到更大的关注，同时，高估也意味着更大的风险来源，因此，许多审计中，并不对完整性审计目标进行实质性测试。如果控制不充分，不存在从发货单到销售日记账的独立内部稽查，则进行实质性测试还是有必要的。

测试未开单发货的有效程序是从装运部门文件中选取发货单追查至销售发票的副本和销售日记账。为运用这种程序进行有意义的测试，审计师必须确信，所有发货单都已包括在装运部门的文件中。诸如ACL或IDEA之类的普通审计软件工具都可用来有效地识别电子记录序号中的重号和跳号。

测试的方向　审计师必须了解从原始凭证追查至日记账和从日记账逆查至原始凭证之间的差别。前者用于测试遗漏的交易（完整性目标），而后者则用于测试虚构的交易（发生目标）。

如图 14－4 所示，在测试发生目标时，起点是日记账，从日记账中选取销售发票号码样本并追查至销售发票副本、发货单和顾客订单。在测试完整性目标中，可能的起点是发货单。选取发货单样本，然后追查至销售发票副本及销售日记账以测试漏掉的交易。

在为发生和完整性目标设计审计程序时，追查凭证的起点是很重要的。这就是所谓的**测试方向**（direction of test），图 14－4 对此进行了说明。例如，如果审计师关注的是发生目标，但以错误的方向（从发货单至日记账）追查，就会存在严重的审计缺陷。在测试其他四个与交易相关的审计目标时，测试方向通常无关紧要。例如，销售交易准确性可能通过从销售发票副本追查至发货单来进行，也可以倒过来进行。

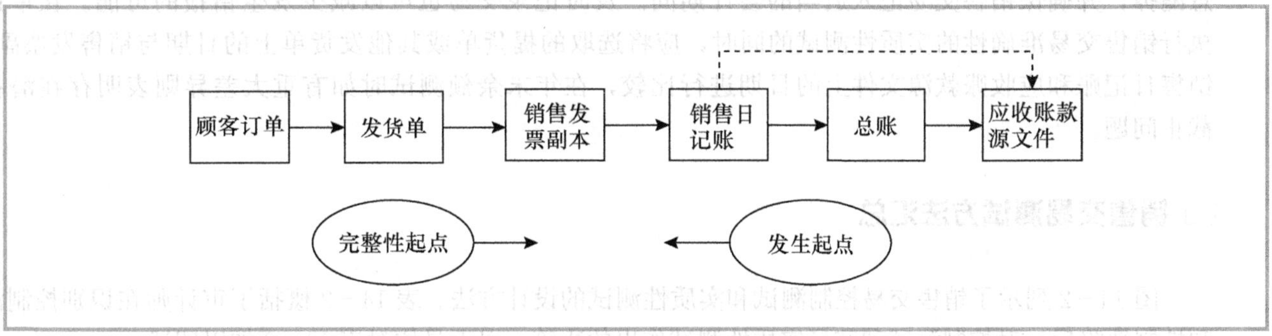

图 14－4　销售交易的测试方向

销售交易均已正确记录　销售交易的正确记录涉及：(1) 装运订购货物的金额；(2) 就装运货物的金额正确开单；(3) 在会计记录中正确记录开出的金额。

审计师通常在每次审计中都要通过重新计算会计记录中的信息和核对其他凭证上的信息，对金额正确性的三个方面进行实质性测试，以确保它们都准确无误。审计师一般核对销售发票副本上的价格与批准的价目表，重新计算其金额小计与加总数，核对列示在销售发票上的详细资料与发货单规格、数量和顾客身份。通常审计师还要将顾客订单和销售单的信息与这些信息进行核对。

将准确性目标的控制测试和交易实质性测试进行比较，可以作为健全有效的内部控制存在时，审计时间是如何节约的极好例证。显然，为此目标的控制测试所花时间甚少，因为它只涉及审查签字或其他证据的内部验证。假设 IT 一般控制是有效的，如果针对发票数量、价格等的核查控制是自动化的，则可以进一步减少测试。如果控制是有效的，交易实质性测试的样本规模可以减少，因此执行低成本的控制测试可以节约大量的审计成本。

销售交易已适当记入源文件并已正确汇总　适当地将所有销售交易都包括在应收账款源文件中很重要，因为这些记录的准确性影响顾客收回应收账款的能力。类似地，销售日记账也必须正确汇总并过到总分类账中去，以确保财务报表的正确性。在大多数审计中，通常要执行一些数字正确性的测试，例如加总日记账，并将合计数和明细数追查至总账和源文件，以审查销售交易处理中是否存在错误或舞弊。此类测试的程度由内部控制的质量决定。普通审计软件可以有效地测试电子日记账和记录的准确性。

从销售日记账追查至源文件是实现其他相关审计目标的一般程序的一部分，但加总销售日记账及追查总额至总账则是作为独立的审计程序来进行的。

过账和汇总与其他相关交易审计目标之间存在区别，其原因是过账和汇总包括加总日记账、源文件记录和总分类账并从其中一个追查至其他。

当加总和比较限定于这三个记录时，与交易相关的审计目标是过账和加总。当从凭证追查至日记账、源文件或总账，或者反过来时，其目标就是其他五个审计目标中的一个，具体是什么目标则要看验证的是什么。例如，审计师核对销售发票副本与销售日记账或源文件中的数额时，就是一个针对准确性目标的程序。当审计师从销售日记账中的分录追查至其源文件时，则是一个过账和汇总程序。

记录的销售交易已正确分类 与其他交易循环相比，销售交易循环中涉及是否正确使用总账的问题较少，但审计师仍然需要关注交易是否记入正确的总分类账中。当有现销和赊销时，要注意现销不能借记应收账款账户，收到应收账款时不能贷记销售收入账户。同样重要的是，不能把经营资产如建筑物的出售归类为销售交易。对那些使用多个销售分类如公布分部损益表的公司来说，适当的分类至关重要。

作为准确性测试的一部分，审计师一般会对销售交易是否适当分类进行测试。审计师审查支持性凭证以确定既定交易是否被适当分类，并将其与实际已入账的账户进行比较。

销售交易记录于正确的日期 销售交易应在装运发生后尽可能早地开票和入账以防止销售交易被无意漏掉，并确保销售交易记入适当的会计期间。及时记录交易也可以减少发生错报的可能。在审计师执行销售交易准确性的实质性测试的同时，应将选取的提货单或其他发货单上的日期与销售发票副本、销售日记账和应收账款源文件上的日期进行比较，在年末余额测试时如有重大差异则表明存在潜在的截止问题。

□ 销售交易测试方法汇总

图14-2列示了销售交易控制测试和实质性测试的设计方法。表14-2概括了审计师在识别控制测试和控制缺陷后，对控制测试和交易实质性测试作出的决策。以下具体对表14-2加以阐述。

与交易相关的审计目标（第一栏） 表中的审计目标来自以前章节所制定的框架。尽管某些内部控制能实现多个审计目标，但最好还是单独考虑每个目标，以更好地估计控制风险。

现有的关键控制（第二栏） 销售内部控制主要设计用来实现六个与交易相关的审计目标。如果为实现任何一个审计目标的内部控制不健全，与该审计目标有关的错报概率就会增加，而不管其他审计目标的控制效果如何。（确定现有控制的方法已在第12章讨论过。）

第二栏里的控制点是审计师在审计初期识别的，这里的控制点来自图12-3控制风险矩阵中的控制点。如果某项控制点在控制风险矩阵中有多个C，则该控制点将出现在表14-2的多个行中。

控制测试（第三栏） 就第二栏中的每个控制点而言，审计师都要设计一项控制测试以验证其有效性。可以看出，表14-2中的控制测试直接与内部控制有关，而对每项控制来说，应该至少有一个控制测试与之对应。

缺陷（第四栏） 审计师识别的控制缺陷表明缺乏有效控制。审计师应该通过考虑可能发生的潜在错报和可能的补偿性控制来评估控制缺陷。在财务报表审计中，审计师对内部控制缺陷的应对是，扩大实质性测试以确定该缺陷是否已导致重大错报。

交易实质性测试（第五栏） 这些测试的目的是确定销售交易中是否存在金额错报。表14-2中交易的实质性测试与第一栏中的目标相关。

对于审计师来说，了解表14-2中各栏之间的关系非常重要。

- 第一栏包括了六个审计目标。各类交易的一般审计目标都相同，但具体审计目标则随销售、现金收入或其他各类交易的变化而变化。

- 第二栏列示为每个审计目标的一个或多个示例性内部控制。每项控制都与一个或多个审计目标相关。
- 第三栏中包括测试第二栏所列内部控制的控制测试。除非控制测试所测试的是一个具体的控制，否则就没有意义。该表中第二栏的每项控制至少在第三栏中有一项控制测试与之对应。但是审计师可以针对一个既定控制确定运用多个控制测试。
- 第四栏列示的是内部控制缺陷。它们是指缺乏有效的内部控制并已确定使用同样的控制识别方法。
- 最后一栏所列示的常用交易实质性测试，是支持第一栏中具体审计目标的证据。交易实质性测试并不直接与关键控制或控制测试相关，但是交易实质性测试的范围部分取决于存在的关键控制、控制测试的结果，以及针对具体交易相关审计目标的任何内部控制缺陷。

□ 设计和执行格式的审计程序

表 14－2 中提供的资料旨在帮助审计师设计审计方案，以实现在给定情况下的交易相关审计目标。这种方法可以帮助审计师设计一个效率与效果兼备的审计方案，以应对具体审计中的具体重大错报风险。

在既定情况下，适当审计程序设计完以后，就可以付诸行动了。但是，如果按表 14－2 所述的形式来执行审计程序，则审计很可能效率低下。在将**审计方案的设计格式**（design format audit program）转化为**审计方案的执行格式**（performance format audit program）的过程中，需要将其和审计程序结合起来。这将达到以下目的：

- 消除重复程序。
- 确保在审查某个凭证时，能够同时完成对该凭证的所有审计程序。
- 使审计师能够以最有效的顺序来执行这些程序。例如，通过加总日记账和复核其中的异常项目，审计师可以在执行细节测试时获得更好的判断。

图 14－6 列示了希尔伯格五金公司销售和现金收入交易审计方案的执行格式。该图概括了表 14－2 和表 14－3 中的审计程序。图 14－6 中的审计程序的序号与表 14－2 和表 14－3 的控制测试和交易实质性测试的序号是对应的，括号中的序号有助于我们理解这两张表与图 14－6 之间的关系。

14.4　销售退回与折让

在处理贷项通知单时，与交易相关的审计目标和客户控制错报的方法与处理销售交易基本相同，但有两点区别。其一是重要性。在大多数情况下，销售退回与折让并不是重要的审计领域，所以在审计时常常被完全忽略了。

其二是目标的侧重点不同。就销售退回与折让而言，主要侧重点通常在于所记录交易的发生目标，其目的在于揭露通过虚构销售退回与折让来掩盖应收账款收现的转移行为。（尽管销售退回与折让的审计重点通常是测试已入账交易的发生目标，但在测试账户余额以确定销售退回与折让是否在年末被低估时，完整性目标就显得尤为重要。）

当然，其他目标也不容忽略。但由于销售退回与折让的审计目标和方法与销售基本相同，此处不再详述。读者应能运用相同的逻辑，以确定适当的控制、进行控制测试和交易实质性测试，以验证其金额的正确性。

14.5 设计控制测试和现金收入交易实质性测试的方法

设计用于销售交易的控制测试与交易实质性测试的方法同样可运用于现金收入。类似地，现金收入控制测试和交易实质性测试的审计程序也可以根据销售交易所使用的相同框架来设计，当然，适用于现金收入相关的审计目标是不同的。在既定的与交易相关的审计目标下，审计师遵循以下过程：（1）针对每一个审计目标确定关键的内部控制；（2）针对每个内部控制确定支持降低控制风险的控制测试程序；（3）对每个目标的金额错报设计交易实质性测试。

正如所有其他审计领域一样，控制测试取决于审计师已识别的内部控制、可降低的估计控制风险的程度，以及被审计单位是否为上市公司。

图14-5是希尔伯格五金公司的现金收入控制风险矩阵，它根据图14-3中的销售与现金收入流程图编制而成。

	内部控制	现金收入交易相关的审计目标：已记录的现金收入与公司实收金额一致（发生）	已收现金均已记录在现金收入日记账（完整性）	已存现金数额与所收现金数额一致（准确性）	现金收入已恰当记入应收账款源文件并正确汇总（过账和汇总）	现金收入交易已恰当分类（分类）	现金收入已在正确日期记录（及时性）
控制	各日记账单独与银行账调整（C1）	C		C			
控制	编制现金收入清单（C2）		C				
控制	授权支票背书（C3）		C				
控制	对现金收入批处理总数与计算机汇总报告进行比较（C4）	C	C	C			
控制	按月给顾客寄送对账单（C5）		C	C	C		
控制	现金收入交易的内部稽查（C6）					C	
控制	逐日记录现金收入（C7）						C
控制	交易结果由计算机自动过账到应收账款明细账和总账（C8）				C		
控制	逐月调整应收账款源文件和总账（C9）				C		
缺陷	现金清单未与已记录的现金收入核对		D				
	估计控制风险	低	中	低	低	低	低

C=控制；D=值得关注的缺陷或重大缺陷。

图14-5 希尔伯格五金公司控制风险矩阵——现金收入

希尔伯格五金公司与现金收入交易相关的审计目标的关键内部控制、常用的控制测试程序和常用的交易实质性测试程序都列示在表 14-3 中，该汇总表的格式与前述销售交易汇总表（表 14-2）的格式相同。图 14-6 综合列示了销售与现金收入的控制测试和交易实质性测试的审计方案的执行格式。

表 14-3 现金收入交易相关的审计目标、现有的关键控制、控制测试、缺陷和交易实质性测试汇总表——希尔伯格五金公司

与交易相关的审计目标	现有的关键控制*	控制测试**	缺陷*	交易实质性测试**
已记录的现金收入与公司实收金额一致（发生）	会计人员独立调节银行账户（C1）。 对现金收入批处理总数与计算机汇总报告进行比较（C4）。	观察银行存款账是否独立调节（3）。 审查批处理总额的文件中是否有资料控制员的签字（8）。		复核现金收入日记账、总账和应收账款源文件或试算表的大额或异常项目（1）。 从现金收入日记账分录追查至银行对账单（19）。 编制现金收入验证单（18）。
已收现金均已记录在现金收入日记账（完整性）	编制现金收入清单（C2）。 授权支票背书（C3）。 对现金收入批处理总数与计算机汇总报告进行比较（C4）。 按月给顾客寄送对账单（C5）。	观察现金收入清单（4）。 观察收到支票后是否立即背书（5）。 审查批处理总额的文件中是否有资料控制员的签字（8）。 观察是否按月给顾客寄送对账单（6）。	现金收入清单未与已记录的现金收入核对（D1）。	获得现金收入清单，追查现金收入日记账，测试顾客名称、数量和日期（15）。 将现金收入清单与存款单副本进行核对（16）。
已存现金数额与所收现金数额一致（准确性）	会计人员独立调节银行账户（C1）。 对现金收入批处理总数与计算机汇总报告进行比较（C4）。 按月给顾客寄送对账单（C5）。	观察银行存款账是否独立调节（3）。 审查批处理总额文件中是否有资料控制员的签字（8）。 观察是否按月给顾客寄送对账单（6）。		获得现金收入清单，追查现金收入日记账，测试顾客名称、数量和日期（15）。 编制现金收入验证单（18）。
现金收入已恰当记入应收账款源文件并正确汇总（过账和汇总）	交易结果由计算机自动过账到应收账款明细账和总账（C8）。 对应收账款源文件和总账进行每月对账（C9）。 按月给顾客寄送对账单（C5）。	审查是否对应收账款源文件和总账进行核对（7）。 审查是否对应收账款源文件和总账进行核对（7）。 观察是否按月给顾客寄送对账单（6）。		从现金日记账中的所选分录追查到应收账款源文件，测试相关日期和金额（20）。 从应收账款源文件中所选贷项追查到现金收入日记账，测试相关日期和金额（21）。 使用审计软件加总或交叉加总销售日记账，并追查其总额至总账（22）。
现金收入交易已恰当分类（分类）	现金收入交易的内部核对（C6）。	检查内部核对的证据（15）。		审查能支持现金收入正确分类的凭证（17）。
现金收入已在正确日期记录（及时性）。	应设置逐日记录现金收入的程序（C7）。	在某个时点观察是否存在未记录现金（4）。		将每份银行对账单的存款日期与现金收入日记账和现金收入预列账中的日期进行比较（16）。

* 控制（C）和缺陷（D）取自图 14-5 现金收入控制矩阵。

** 控制测试和交易实质性测试后括号内的数字指的是图 14-6 审计方案执行格式中的审计程序。

希尔伯格五金公司销售与现金收入的控制测试和交易实质性测试的审计方案
（样本规模与样本项目从略）

普通

1. 复核日记账与源文件以发现异常交易和金额。
2. 使用审计软件加总和交叉加总销售和现金收入总额，并追查总数至总账。
3. 观察会计师是否调整银行存款账户。
4. 观察是否编制现金收入清单和存在未记录的现金。
5. 观察现金收入是否使用了限制性背书。
6. 观察是否按月寄送对账单。
7. 观察会计师是否将文件中的总额与总账进行核对。
8. 审查批处理总额文件中是否有资料控制员的签字。
9. 审查存货源文件的经批准的价格清单，以确定是否准确和经过适当授权。

发货

10. 清点发货单上的编号顺序。
11. 追查所挑选的发货单至销售日记账以确定它们是否均已入账。

开票与记账

12. 清点销售日记账中的销售发票编号顺序。
13. 追查所选销售日记账中的销售发票号码至：

a. 应收账款源文件，测试金额、日期和发票号码。

b. 销售发票副本，审查日记账所记录的总金额、日期、顾客名称和账户分类；审查计价、小计与加总数；审查所附凭证上是否有内部验证标记。

c. 提货单，测试顾客名称、产品规格、数量和日期。

d. 销售订单副本，测试顾客名称、产品规格、数量、日期和内部验证标记。

e. 顾客订单，测试顾客名称、产品规格、数量和赊销批准。

14. 从销售日记账中选取已记录的销售交易追查其支持性原始凭证，包括销售发票副本、提货单、销售订单和顾客订单。

处理现金收入及其记录

15. 取得现金收入清单，并追查其金额至现金收入日记账，测试名称、金额与日期及内部验证。
16. 将现金收入清单与存款单副本进行核对，测试名称、金额、日期。追查现金收入日记账中的总额至银行对账单，测试存款中的延迟现象。
17. 审查现金清单，确定其账户分类的适当性。
18. 编制现金收入验证表。
19. 从现金收入日记账中的现金收入分录追查至银行对账单，测试存款的日期和金额。
20. 从现金收入日记账选取分录，追查至应收账款源文件中的分录，测试日期和金额。
21. 从应收账款源文件中选取贷项金额追查至现金收入日记账，测试日期与金额。

图 14－6　希尔伯格五金公司：控制测试和交易实质性测试的审计方案（执行格式）

在销售交易审计中已经详细讨论过内部控制、控制测试和交易实质性测试，加上针对现金收入的方法类似于销售，所以，在现金收入部分就不再讨论。但是，对那些较易发生误解的审计程序还须进行详细的解释。

审计师在现金收入审计中的基本职责之一，就是识别内部控制中会增加舞弊可能性的缺陷。以表 14－3 中的解释为例，审计的侧重点将放在那些主要为侦查舞弊而设计的审计程序上，对其中有些审计程序未加讨论，只是因为其目的和运用方法可以从程序的说明中得到清楚的解释。

□ 确定所收现金是否入账

审计师最难发现的现金侵占行为就是，现金在记入现金收入日记账或其他现金清单之前——特别是在销售和现金收入同时记录时——就已被盗。例如，如果杂货店职员收到现金后没有将现金收入记入现金登记簿，则要发现这种盗窃行为是极其困难的。为防止此类舞弊行为，许多公司都采用表 14－3 中第二项目标所列的内部控制。当然，这种类型的内部控制取决于经营性质。例如，在一家零售商店，负责销售商品的职员要收取现金，并将收到的现金款项放入收款机；而在另一家公司，所有现金都要在销售交易发生几周后通过邮寄方式收到，这两者是不一样的。

正常的做法是，从预先编号的汇款通知单或现金收入清单追查至现金收入日记账和应收账款明细账，这就是记录实际收到现金的实质性测试。只有在现金收到的同时就填写现金登记磁带或某些其他预先准备的清单的情况下，这种类型的测试才有效。

□ 编制现金收入验证单

用以测试所收现金收入是否存入银行存款账户的一种有用的审计程序就是编制**现金收入验证单**（proof of cash receipts）。在此类测试中，将一定期间如一个月内现金收入日记账总额与同期实际存入银行的数额进行核对。由于受在途存款和其他一些项目的影响，两者之间可能存在一些差异，其数额却可以得到调节和比较。这个审计程序对发现没有记入日记账或延迟存入银行的款项没有用，但是它能帮助揭露未存入银行的现金收入、未入账的存款、直接存入银行账户的贷款及其他类似的错误。通常，只有在内部控制存在缺陷时，才使用这种有些费时的审计程序。在少数控制极其薄弱的情况下，可能需要编制期限为全年的现金收入验证单。

□ 发现应收账款挪用的测试

应收账款的挪用（lapping of accounts receivable）是指将收回的应收账款推迟入账以隐瞒现金短缺的一种行为。这种盗用公款的行为通常由处理现金并将其输入计算机的职员所为。该职员会推迟记录从一个顾客处收回的现金收入，以掩盖另一现金收入短缺，这样依次又将来自第三个顾客的现金收入推迟几天入账以进行掩盖。职员必须持续通过重复的挪用来掩盖现金短缺、替代其所盗用的现金或寻找其他隐瞒现金短缺的方式。

这种盗用公款的行为可以较容易地通过对既处理现金又将现金账登入计算机的职员的职责分离和强制性休假政策来予以防范。可以将汇款通知单上列示的名称、金额和日期与现金日记账分录和相关存款单副本进行核对来发现此类盗用公款行为。由于这种程序相对费时，因此它通常只有在内部控制存在缺陷时，以及对盗用公款有确切的怀疑时才使用。

14.6　坏账的审计测试

和销售退回与折让一样，审计师在应收账款坏账冲销审计时，主要关注是否存在通过将已收回的应收账款作为坏账冲销来掩盖其现金盗用情况（发生交易相关审计目标）。预防这种类型错报的主要控制是由指定层次的管理人员适当授权批准坏账的冲销，而且这种批准只有在对已被顾客拒付账款的原因进行彻底调查之后才能进行。

通常，坏账冲销交易的验证不需要花太多的时间。一种典型的程序是对相关人员的批准手续进行审查。对坏账样本来说，通常要做的是，审查客户档案中有关该笔款项确实无法收回的文件。在某些情况下，审计师还要审查诸如邓白氏公司提供的信用报告。审计师在确认普通日记账中坏账冲销分录的正确性之后，还要选择几个项目追查至应收账款源文件，以测试坏账冲销是否已经适当记录。

可实现价值是应收账款重要的余额相关审计目标，因为应收账款的可回收性往往是一个重大问题。理想情况下，客户应建立若干控制措施，以减少坏账的可能性。我们已经讨论过应由合适的人进行信用审批。其他两项控制措施是：（1）定期编制基于账龄的应收账款试算表，供适当的管理人员审查和跟踪。（2）制定无法回收坏账时的核销政策。

坏账费用的估计是销售与收款循环的第五类交易，它与坏账准备账户之间的关系紧密。但是，由于坏账的估计要以年末应收账款的余额为基础，审计师对不能收回的账款的估计是应收账款余额细节测试的一部分，所以我们将在第16章详细讨论。

14.7 控制测试与交易实质性测试结果的影响

控制测试与交易实质性测试的结果对其后的审计工作尤其是对账户余额的细节测试有着重要影响。就销售与收款循环而言，受控制测试与交易实质性测试影响最大的是应收账款、现金、坏账费用和坏账准备账户的余额。

此外，如果对测试结果不满意，则有必要对销售、销售退回与折让、坏账注销及现金收入处理等进行额外的实质性测试。加速编报公司的审计师还必须考虑不满意的控制测试结果对财务报告内部控制审计的影响。

无论是上市公司的审计还是非上市公司的审计，完成控制测试与交易实质性测试之后，必须分析例外情况，以确定其原因及其对评估的控制风险的影响，而控制风险的评估又可能影响审查风险，进而影响其后的实质性测试。例外情况分析的方法与内容将在下一章进行详细说明。

销售与收款循环中交易实质性测试与控制测试结果最重要的影响，是其对应收账款函证的影响。函证的类型、样本规模及测试的时间均受其影响。这些测试对应收账款、坏账费用和坏账准备的影响将在第16章予以说明。

图14-7列示了销售与收款循环中的主要账户及用来对这些账户进行审计的测试类型。此图已在上一章介绍过，这里再次提及只是为了进一步的复习。

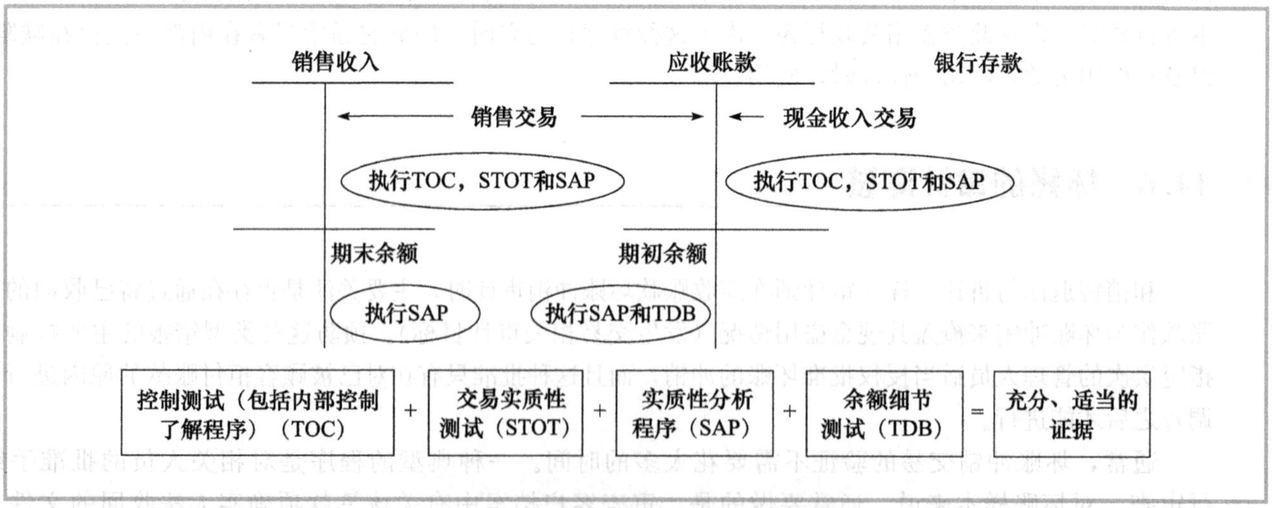

图14-7 销售与收款循环的审计测试类型

本章小结

本章涉及对销售与收款循环五类交易中的每一项交易的控制测试和实质性测试的设计问题。销售与收款循环中的交易种类包括销售交易、现金收入交易、销售退回与折让、不可收回应收账款的注销及坏账费用。

从理论上说，交易的控制测试与实质性测试的设计方法对五类交易中的每一项都是一样的，包括以下步骤：

- 了解内部控制。
- 估计计划控制风险。
- 确定控制测试的范围。
- 设计交易的控制测试与实质性测试以实现与交易相关的审计目标。

在为每类交易设计控制测试时，审计师重点测试计划依赖的、据以降低控制风险的内部控制。首先，如果存在内部控制，则审计师要识别每个与交易相关的审计目标的内部控制。其次，评估每个目标的控制风险，然后审计师据此确定必须执行的控制测试的范围。

如果审计师要对财务报告内部控制有效性进行报告，那么必须执行广泛的控制测试，为其报告提供基础。对于非加速编报公司和非上市公司的审计来说，执行控制测试的决定要基于内部控制的有效性和审计师打算依赖它们降低控制风险的程度。

审计师也为每类交易设计实质性测试，以确定交易的货币金额是否被正确记录。与控制测试一样，交易实质性测试也是针对每个审计目标来设计的。

针对每个审计目标及各类交易设计控制测试和交易实质性测试以后，审计师需要将审计程序组织成审计方案的执行格式。该计划的目的在于帮助审计师有效完成审计测试。

练习题

14-4　BestSeller 公司通过公司网站销售小说和非小说图书，顾客通过该网站提供他们的姓名、地址、信用卡卡号和有效期来订购图书。请问，该公司应该执行怎样的内部控制来确保将图书递送给有支付能力的顾客？该公司又应该在何时确认销售收入？

14-9　审计师验证销售退回与折让的方法与用以验证销售交易的方法之间的差异是什么？解释出现这种差异的原因。

14-10　解释审计师通常强调现金审计中侦查舞弊的原因。这与审计师的审计责任是否一致？请解释。

14-11　列出与交易相关的旨在验证现金收入的审计目标。针对每一个目标，列举一个有助于客户减少错报的内部控制。

14-15　哪些审计程序最可能用于验证应收账款作为坏账而注销？指出这些审计程序中每一个程序的目的。

14-17　说明应收账款函证与控制测试和交易实质性测试结果之间的关系。

选自注册会计师考试的选择题

14-19　下列问题涉及销售与收款循环内部控制，选择最佳答案。

a. 没有有效的发货单编号，会计系统不会将销售交易过账至销售日记账。这个控制与以下哪个销售交易相关审计目标最相关（　　）。

（1）准确性

（2）发生

（3）完整性

（4）过账与汇总

b. 根据所售商品的条形码，会计系统自动获得商品的单价。这个控制与以下哪个销售交易相关审计目标最相关（　　）。

（1）准确性

（2）发生

（3）完整性

（4）过账与汇总

c. 下列哪项内部控制能够最有效地防止漏记现金收入（　　）。

（1）有人负责调节银行存款和现金收入账

（2）记录在现金收入日记账的交易即时过入应收账款源文件

（3）向顾客寄发月对账单并由独立于现金保管和记录的人员处理之间的任何差异

（4）每日将现金收入存入银行

d. 销售与收款循环中的一个关键控制是，现金保管与账簿记录的职责分离。与这项控制直接相关的审计目标是验证（　　）。

（1）已记入现金日记账中的所有现金收入是合理的

（2）现金收入已适当分类

（3）已记录的现金收入产生于合法的交易

（4）所有存在的现金收入均已记录入账

14-20 对下列类型的错报（a～d）中的每一项，选出能防止该项错报的控制。

a. 下列哪项控制最能有效防止销售人员以较高的备抵坏账额来放大销售量（　　）。

（1）负责销售授权与注销坏账的员工不能接触现金

（2）由无权注销坏账的员工掌管发货单和销售发票

（3）履行信用批准的员工与销售分开

（4）由独立于信用授权的员工负责调节应收账款明细账户，使之与统驭账户一致

b. 金额为5 200美元的销售发票正确，但由于失误，以2 500美元记入销售日记账和应收账款源文件。顾客仅汇了2 500美元，该金额出现在其月对账单上（　　）。

（1）独立复核销售发票的编号、价格、折扣、小计和加总数

（2）对顾客的月对账单进行验证并由一位不编制对账单的负责人来寄送

（3）使用现金清单与事先确定的总数来控制过账

（4）由顾客和其他代理人所作出的未经授权的汇款扣减，由一位与应收账款无关的员工进行及时调查

c. 2016年12月的发货直到2017年1月初才予以记录（　　）。

（1）系统自动分配发货单编号并确保不重复发号

（2）货物一离开码头，系统就生成一个发货单和相关的销售发票，且自动记录在销售日记账里

（3）在销售交易登录之前，系统要求一个由发货部门提供的有效的发货单编号

（4）该系统防止在没有客户订单的情况下，在装运日期之前创建发货单

14-21 下列问题涉及销售与收款循环的审计证据，选择最佳答案。

a. 审计师正进行销售交易的实质性测试。其中一个步骤是，将应收账款源文件的一个贷方分录逆查至其支持性销售发票副本。审计师打算通过这个步骤获得（　　）。

（1）销售发票表示存在的销售交易

(2) 所有销售均已记录

(3) 所有销售发票均已适当过至顾客账户

(4) 应收账款源文件中的贷方分录都有适当的销售发票支持

b. 下列哪项审计程序在对高估的赊销测试中最有效（　　）。

(1) 从销售日记账追查到总账的销售账户的过账样本

(2) 从销售日记账追查至发货文件验证销售记录样本

(3) 编制应收账款账龄分析表

(4) 追查原始销售订单样本至销售日记账中的销售记录

c. 为了确定批发性商业实体有关收入循环的内部控制是否运行有效，能够最大限度地减少漏开销售发票的情形，审计师很可能会从下列哪项为代表的总体中选择交易样本（　　）。

(1) 销售订单

(2) 客户订单

(3) 装运单据

(4) 销售发票

讨论题

14-25　下列各项是销售与收款循环通常运用的控制测试和实质性测试审计程序：

1. 清点发货单序号，审查其中每一个是否附有销售发票副本。
2. 清点销售发票副本，审查其中每一个是否附有发货单副本。
3. 将发货单上项目的数量和规格与相关销售发票副本核对。
4. 追查现金日记账中记录的销售交易至相关应收账款源文件，并核对有关的客户名称、日期和金额。
5. 审查销售退回是否由被授权的职员核准。
6. 复核现金收入账上的清单以确定现金是否按日登记。
7. 将现金清单上记录的现金收入与现金收入日记账及按月的银行对账单进行调节。

要求：

a. 识别上述每一项审计程序是控制测试还是交易实质性测试。

b. 阐述每项审计程序所实现的是六个审计目标中的哪一个。

c. 识别每个审计程序所使用的审计证据种类，如函证与观察。

14-27　下列审计程序是在 Marvel Wholesale Distributing 公司的年度审计中所遇到的情况。

顾客订单由销售订单部门取得。一位职员计算订单的大约金额并送至信用部门审批。信用审批加盖在订单上并将其送至会计部门。此时使用计算机生成两份销售发票。订单归档在顾客订单文件里。

销售发票的顾客联保存在一个尚未结束的文件里，该文件等待订单已发货的通知。销售发票的发运联则流经仓库，而装运部门则有一个分支部门拥有放行与发运商品的权限。装运部门职员收集单据，手工编制一式三份的提货单：原件寄送给顾客，第二联随同货物装运，第三联按序归档在提货单文件里。销售发票发运联则随同由于缺乏可供商品所致的变化送交给会计部门。

会计部门职员将所收到的销售发票发运联与未完文件中的销售发票顾客联进行核对。两联上金额进行核对，价格则与已批准的价目表进行核对。然后将顾客联邮寄给顾客，发运联则送交给数据处理部门。

会计部门的数据处理员将销售发票发运联输入计算机，然后再据以登记销售日记账和更新应收账款源文件。按编号顺序将发运联归档在销售发票文件里。

a. 为确定内部控制是否有效运行而最大限度地减少销售发票未能过账到顾客应收账款源文件的情况，审计师将从有关总体中选择样本，该总体由下列哪项所代表（　　）。

(1) 顾客订单文件

(2) 提货单文件

(3) 顾客应收账款源文件

(4) 销售发票文件

b. 为确定内部控制是否有效运行而最大限度地减少未对货运开票的情况，审计师将从有关总体中选择交易样本，该总体由下列哪项所代表（　　）。

(1) 顾客订单文件

(2) 提货单文件

(3) 顾客应收账款源文件

(4) 销售发票文件

c. 为收集顾客账户中未收回项目代表了现存交易的应收账款审计证据，审计师将从有关总体中选取项目样本，该总体由下列哪项所代表（　　）。

(1) 顾客订单文件

(2) 提货单文件

(3) 顾客应收账款源文件

(4) 销售发票文件①

① 根据AICPA改编。

第 15 章

审计抽样在控制测试与交易实质性测试中的应用

- 15.1　代表性样本
- 15.2　统计与非统计抽样和概率与非概率选样
- 15.3　样本选取方法
- 15.4　偏差率抽样
- 15.5　非统计审计抽样的应用
- 15.6　统计审计抽样
- 15.7　属性抽样的应用

学习目标

1. 解释代表性抽样的概念。
2. 区分统计抽样与非统计抽样、概率选样与非概率选样。
3. 选取代表性样本。
4. 界定和描述偏差率审计抽样。
5. 在控制测试及交易实质性测试中使用非统计抽样。
6. 界定和描述属性抽样和抽样分布。
7. 在控制测试与交易实质性测试中使用属性抽样。

引 例

有时孤立的例外只是冰山一角

David Chen 是一位经验丰富的审计助理，负责太阳能电池板制造商 Sol Systems 的审计工作。在对销售交易进行控制测试时，他发现拟选取测试的一笔销售交易缺少发货信息。当被问及丢失的文件时，会计主管暗示这是一个单独的记录错误。一小时后，他向 Chen 提供了货运单据，看来是有效的。由于这是样本中唯一有问题的，Chen 认为，根据事务所制定的抽样计划，测试结果将被视为可接受，即使该交易被视为例外。尽管如此，这笔交易的金额还是相当大的，Chen 担心原始文件无法获取。

Chen 向经验丰富的上司 Cindy Hubbard 咨询了该问题。她最初的反应是接受文件，这样 Chen 就可以继续进行其他测试。但考虑了几分钟后，她要求 Chen 进一步调查这笔交易。Chen 发现应收账款未收到回款。然而，已作出会计分录贷记应收账款。通过一系列会计分录，应收账款最终作为资产记入长期资产账户。他检查了涉及该客户的其他交易，发现它们的处理方式相同。

Hubbard 把调查结果上报给了项目合伙人。该公司的法务审计师发现，Sol Systems 涉嫌大规模欺诈，虚报销售收入和盈利。于是事务所解除了业务约定，并向 SEC 报告了他们的调查结果。Chen 比其余审计助理早一年被提拔为高级审计师。

第 14 章讨论了销售与收款循环的控制测试和交易实质性测试的设计。其中许多程序都涉及抽样的使用。正如 Sol Systems 审计案例所述，恰当地应用审计抽样是审计中具有挑战性的一部分。本章讨论控制测试和交易实质性测试的非统计和统计抽样。本章的讨论基于销售与收款循环，但抽样概念同样适用于其他循环。

审计准则将审计抽样定义为：对具有审计相关性的总体中低于百分之百的项目进行选择和评价，使得审计师预期所选择的项目能够代表总体，从而为针对总体得出结论提供合理基础。

15.1 代表性样本

当审计师从总体中选取一个样本时，其目的就是获取一个**代表性样本**（representative sample）。代表性样本就是其特征与总体大致相同的样本。这意味着作为样本的项目，其与非样本的项目类似。例如，假定被审计单位的一个内部控制要求职员将发货单附在每张销售发票副本上，但这个程序有近 3%的时间没有遵循。如果审计师选取 100 张销售发票副本样本，发现有三张丢失，则该样本就具有很好的代表性。如果在样本中发现两个或四个这种项目，那么该样本就具有合理的代表性。如果没有或有更多的丢失项目，该样本就没有代表性。

实务中，审计师并不知道一个样本是否具有代表性，甚至在所有测试完成之后也是如此。（唯一知道样本是否具有代表性的方法是随后对整个总体进行审计。）然而，审计师可以通过在样本设计、选样和评估时小心行事，来提高样本具有代表性的可能性。有两个事项可能导致样本不具有代表性：抽样误差与非抽样误差。这些误差发生的风险被定义为抽样风险和非抽样风险。

抽样风险（sampling risk）是由于样本不具有总体代表性而使审计师得到错误结论的风险。抽样风险是抽样本身内在、固有的一部分，缘于其测试的样本量少于整个总体。例如，当总体的偏差率为 6%时，审计师认为控制是无效的。假定审计师鉴于 100 个样本项目中包括了两个偏差而接受了这一总体，然而这一总体的实际偏差率为 8%，则审计师错误地接受了这一总体，因为其所选样本不能充分地代表总体。

控制抽样风险的方式有两种：（1）调整样本规模；（2）使用适当的抽样方法从总体中选取样本。

增加样本规模将减少抽样风险，反之亦然。一种极端的情况是，一个包括总体全部项目的样本是没有抽样风险的。另一种极端是，一两个项目的样本抽样具有较高的抽样风险。

使用适当的抽样方法可以增加样本具有代表性的可能性。这不能消除甚至不能减少抽样风险，但它的确允许审计师测量与既定样本规模相关的风险，如果他们使用统计方法进行抽样和予以评价的话。

非抽样风险（nonsampling risk）是审计师由于与抽样风险无关的原因而得出错误结论的风险。产生非抽样误差的两个原因是，审计师未能识别偏差和使用了不恰当或无效的审计程序。

审计师未能识别出一项例外，可能是因为疲劳、厌烦或对所要搜寻的东西缺乏了解。在前面的例子中，有三个发货单没有附在销售发票副本上，如果审计师认为没有例外存在，就有一个非抽样误差。对该误差的一个无效的审计程序是，审查发货单副本以确定每张凭证上是否附有销售发票副本，而不是检查销售发票副本。在这种情况下，审计师以发货单而不是销售发票副本为起点，其测试方向是错误的。审计程序的仔细设计、适当的指导、监督和复核是控制非抽样风险的一些方式。

15.2　统计与非统计抽样和概率与非概率选样

在讨论获得代表性样本的选样方法之前，必须先了解统计抽样与非统计抽样及概率选样与非概率选样之间的区别。

□ 统计抽样与非统计抽样

审计抽样方法可以分为两大类：统计抽样与非统计抽样。它们的相似之处在于都涉及三个步骤：（1）计划抽样；（2）选取样本与执行测试；（3）评估结果。

计划抽样的目的在于，确保审计测试能以一种提供预期抽样风险、将非抽样风险减至最小的方式进行。选取样本就是决定如何从总体中选取样本项目，审计师只有在样本项目选出后才执行对应的审计程序。评估结果就是根据审计测试得出结论。

假定审计师从总体中选取 100 张销售发票副本的样本，测试其中的每一个以确定是否有发货单附于其上，并确定有三个偏差。让我们来看看每一步的工作：

工作	步骤
• 确定需要100个样本	1. 计划样本
• 确定从总体中选取哪100个项目 • 对100个项目中的每个项目执行审计程序，并确定存在三个偏差	2. 选取样本并执行测试
• 当样本有3%的偏差率时，对总体的可能偏差率得出结论	3. 评估结果

统计抽样（statistical sampling）不同于非统计抽样，是因为通过数学规则的运用，它允许在计划抽样（步骤1）和评估结果（步骤3）中量化抽样风险。（你或许记得统计学教程中在95%的置信度上计算统计结果。95%的置信度表明存在5%的抽样风险。）

在**非统计抽样**（nonstatistical sampling）中，审计师不必量化抽样风险。相反，恰当设计的非统计样本，如果考虑了与恰当设计统计样本时的相同因素，则可以提供同样有效的结果。

□ 概率选样与非概率选样

概率与非概率选样是运用审计抽样的第二个步骤（即从总体中选取样本项目）的一部分。**概率选样**（probabilistic sample selection）是选取样本的一种方法，即每个总体项目都有一个已知的概率被选取，且具体选样是随机的。审计师在具体运用时要非常细心，后面我们就要讨论几种概率选样方法。**非概率选样**（nonprobabilistic sample selection）是这样一种选取样本的方法，即审计师运用职业判断而不是概率方法来选取样本项目。同样也有几种非概率的样本选取方法。

□ 统计抽样与非统计抽样在实务中的应用及样本选取方法

审计准则允许审计师使用统计或非统计抽样方法。然而，这两种方法的运用都必须遵循职业谨慎原则。必须仔细遵循抽样过程的所有步骤。运用统计抽样时，样本必须是概率样本，同时要运用适当的统计评价方法结合样本结论计算抽样风险。通过运用概率选样作出非统计评价同样也是可接受的，但是不能用统计方法来评价非概率选样。下面讨论几种不同的选取方法。

15.3 样本选取方法

审计人员可以使用许多技术来选择样本。然而，只有概率技术在统计抽样时适用。概率抽样方法包括以下几个方面：

1. 简单随机选样。
2. 系统选样。
3. 概率规模比例选样。

非概率（判断性）样本选择方法包括下列各项：

1. 任意选样。
2. 整群选样。

即使使用非统计抽样，审计师也可以使用概率方法。我们将从概率选样方法开始逐一进行讨论。

□ 概率选样方法

统计抽样要求采用概率选样以量化抽样风险。就概率性样本而言，除了选择使用下列各种概率选样法外，审计师对样本项目的选取不需运用判断。

简单随机选样　简单随机选样（random sample）是指，总体中每个构成要素都有相等的机会构成样本。简单随机选样适合不需要强调一类或多类总体项目的情形。例如，审计师想要对被审计单位本年的现金支出进行抽样，为此他可以从现金支出日记账中选取 60 个项目构成一个简单随机样本，然后对这 60 个项目执行适当的审计程序并得出结论，再以结论推及本年所记录的所有现金支出交易。

要获得一个简单随机样本，必须运用能使总体中的所有项目均有相同机会被选取的方法。假设全年有 12 000 笔现金支出交易，则简单随机样本就必须是 12 000 笔交易中的每笔交易都有被选为样本的同等机会的样本。这可以通过获得 1～12 000 之间的随机数来完成。如果随机数是 3895，则审计师将选取并测试现金日记账的第 3 895 笔交易。就随机样本的 100 个项目而言，总体中的每一个项目都有同等的机会被选取。

审计师经常使用电子表格程序、随机数生成程序和通用审计软件三种计算机选样技术中的一种来生成随机数。图 15－1 列示了在希尔伯格五金公司的审计中，运用电子表格程序从销售发票中随机选样的情况。在本例中，审计师希望从编号自 3689～9452 的销售发票总体中选取 50 个项目构成样本。该程序仅需要审计师输入所选样本的参数即可。它在形成随机数方面具有极大的灵活性，可以生成随机的日期或数据组（如页号与行号），还可以按排列次序或选择的次序输出结果。

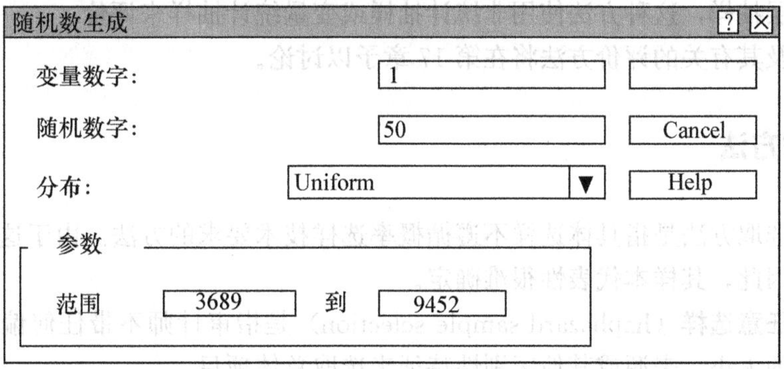

选取随机数				升序排列数			
5890	4635	5440	5715	3773	5019	5841	8338
4269	4955	9312	8159	3787	5101	5890	8395
7127	3787	8338	4117	3876	5166	6037	8664
8871	5332	9402	4833	3924	5332	6145	8787
8787	5666	5166	4058	3951	5419	6375	8871
9213	6880	9174	5754	3997	5440	6376	8935
3773	5749	3997	6496	4058	5666	6496	9174
6037	5832	7752	6635	4117	5715	6635	9213
8664	5738	8395	5841	4269	5738	6880	9294
4488	8935	9294	9371	4488	5749	7127	9312
5101	6375	6376	3924	4635	5754	7752	9371
3951	6145	5419	5019	4833	5832	8012	9402
3876		8012		4955		8159	

图 15－1　随机数的计算机生成——希尔伯格五金公司

随机数可以通过放回或不放回抽样来获得。在放回抽样中，总体中的一个要素可以不止一次地包含在样本中；在不放回抽样中，一个项目只在样本中出现一次。所以，在不放回抽样中，一个项目只能在样本中出现一次。尽管这两种选样方法符合统计理论，但审计师很少使用放回抽样。

系统选样 **系统选样**（systematic sample selection）（也称为系统抽样）中，审计师首先计算区间，然后根据区间规模系统地选取样本项目。区间是根据总体规模除以预期样本项目数量来确定的。例如，如果销售发票的范围是从652～3151且预期样本项目规模为125，则区间就是20((3 151－651)/125)。现在审计师必须在0～19（区间规模）之间选取一个随机数字以确定样本的起点。如果随机选的数字是9，则第一个样本项目就是第661号销售发票（652＋9）。余下的124个项目是681(661＋20)，701(681＋20)，以此类推直到第3141号。

系统选样的优点是使用方便。在大多数总体中，系统性样本都能够快速取得，这种方法自动地将数字按顺序排列，而且便于编制适当的记录。

系统选样的主要问题在于可能出现偏见。由于系统选样的方式是一旦样本中的第一个项目选定，所有其他项目就自动生成了。如果所关注的样本属性如可能的控制偏差在总体中是随机分布的，这还不会引起任何问题；然而，在某些情况下，样本属性可能不是随机分布的。例如，如果一项控制偏差发生在月份的某一时段或是某一类型的凭证，则系统性样本就极有可能比随机样本更不具有代表性。因此，使用系统选样时，必须考虑总体数据中可能引起样本偏见的模式类型。

概率规模比率选样与分层选样 在许多审计中，选择样本时侧重于选取含有较大记录金额的总体项目是有利的。有两种方法可用于获取这种样本。第一种方法是选取总体中那些被选概率与其记录金额成比例的项目。这种方法称为概率规模比率选样（PPS），这种方法使用非统计抽样或货币单位抽样来评价。侧重于总体中较大项目的第二种方法通常是将总体按规模分成亚总体，再从较大的亚总体中选取较大的样本。这被称为分层抽样，这种方法使用非统计抽样或变量统计抽样来评价。

这两种方法及其有关的评价方法将在第17章予以讨论。

□ 非概率选样方法

非概率样本选取方法是指具体选样不遵循概率选样技术要求的方法。由于这些方法不是以严格的数学概率为基础的，因此，其样本代表性很难确定。

任意选样 **任意选样**（haphazard sample selection）是指审计师不带任何偏见地选取样本，即审计师不考虑样本项目的大小、来源或其他区别性特征来选取总体项目。

任意选样最严重的缺陷在于，在选样中难以完全保持不带偏见。由于审计师所受的训练及“无意识偏见”，某些总体项目要比其他总体项目更有可能被选入样本。

整群选样 在**整群选样**（block sample selection）中，审计师在一个分块中选取一个项目，然后依次在剩下的分块中选取项目。例如，从3月份第三周的销售日记账中按顺序选取100笔交易构成样本。100个项目的样本也可以从5个分块中各选取20个项目、从10个分块中各选取10个项目、从50个分块中各选取2个项目或从100个分块中各选取1个项目组成。

一般来说，只有在群数量合理多时，使用整群选样才是恰当的。如果群数量较少，取得没有代表性的样本的概率就会很大。如雇员流动、会计系统的变化和行业的季节性变化等，都有可能产生此类问题。例如，在前例中，从3月份第三周的销售日记账的10个分块中选取10个项目不如从10个不同月的销售日记账的10个分块中选取10个项目适当。

尽管任意选样与整群选样似乎要比其他选样方法缺少逻辑性，但在数据性质使得概率方法的使用更加困难的情况下，它们仍是有用的。例如，假定审计师想要从应收账款源文件中的贷方项目追查至现金收入日记账和其他经批准的原始凭证，以测试应收账款源文件中的虚构赊销。此时，任意选样或整群选样要比其他选样方法简便。然而，就控制测试与交易实质性测试所涉及的大多数非统计抽样应用而言，审计师通常更倾向于运用概率选样法来增加选取代表性样本的可能性。

15.4　偏差率抽样

控制测试与交易实质性测试的审计抽样主要用于确定控制是否有效运行，以及错报金额是否低于可容忍限度。为此，审计师估计总体中所关注的特征或**属性**（attribute）的项目所占的比例。这个比例称为**发生率**（occurrence rate）或**偏差率**（exception rate）。例如审计师可能认为，销售发票内部验证的偏差率大约为 3%，就意味着 100 张销售发票中平均有 3 张没有进行适当验证。

审计师一般会关注会计信息总体中下列类型偏差的发生率：(1) 偏离被审计单位既定控制的偏差；(2) 交易数据总体中的金额错报；(3) 账户余额细节总体中的金额错报。

对于前两种与交易相关的偏差来说，了解这个偏差率特别有用。因此，审计师在执行控制测试与交易实质性测试时，广泛运用测量发生率或偏差率的审计抽样技术。对第三种类型的偏差，因为必须对偏差是否重要作出判断，所以审计师通常需要估计偏差的总金额。若审计师想要知道错报的总金额，必须使用测量金额，而不是偏差率或发生率的方法。

样本偏差率旨在作为对总体偏差率的估计。它意味着，对于既定样本，样本偏差率是审计师对总体偏差率的“最佳估计”。不论是无意会计错误还是其他任何原因，“偏差”一词应该理解为对既定控制及非金额性数量情况的偏离。而“偏离”一词是指背离既定控制的偏差具体类型。

例如，假定审计师想要确定销售发票副本没有附发货单的百分比。因为审计师不能检查每一张发票，所以，还是不知道没有附上发货单的凭证实际百分比。审计师就要取得销售发票副本的样本，并确定样本发票中没有附发货单的百分数。据此审计师可以认为，样本偏差率是总体偏差率的最佳估计。

由于偏差率是以样本为基础的，因此样本偏差率与总体实际偏差率极有可能不同。这一差异就是抽样误差。审计师关注对抽样误差的估计和这种估计的可靠性，也就是抽样风险。假设审计师确定，有 3%的样本偏差率，抽样误差是 1%，抽样风险是 10%。审计师就在错误风险为 10%（即有 90%的概率是正确的）的情况下，确定总体偏差率的区间估计为［2%，4%］(3%±1%)。

在审计抽样的具体运用中，为确定偏差率，审计师主要关注的是寻找一个最可能的偏差率，而不是置信区间的范围。因此，审计师特别关注区间估计的上限，这个上限就被称为控制测试和交易实质性测试中估计的或**计算的偏差率上限**（computed upper exception rate，CUER）。在上例中，审计师可能认为，在抽样风险为 5%的条件下，丢失发货单的计算偏差率上限是 4%。也就是说，审计师认定，在偏差率超过 4%的风险为 5%的条件下，总体偏差率不会超过 4%。在确定计算的偏差率上限之后，审计师就能在具体审计目标内考虑这一计算的偏差率上限。例如，在测试丢失的发货单时，审计师必须确定，4%的偏差率是不是发生目标可接受的控制风险水平。

15.5　非统计审计抽样的应用

我们现在就来考察非统计审计抽样在测试交易的控制偏差与金额错报中的运用。本章后面将考察统计抽样。在开始之前，有必要对一些关键术语和其他术语进行界定（见表 15-1）。这些术语也可运用于统计抽样中。

表 15-1 审计抽样中使用的术语

术语	定义
与计划有关的术语：	
特征或属性	在运用中被测试的特征
可接受的信赖过度风险（ARO）	在实际总体偏差率大于可容忍偏差率时，审计师仍然认为某项控制有效或金额错报率可容忍，此时所愿意接受的风险
可容忍偏差率（TER）	审计师所容许的总体偏差率，且仍然使用计划阶段确立的估计控制风险和（或）交易中的错报金额
估计的总体偏差率（EPER）	审计师在测试开始前期望在总体中发现的偏差率
初始样本规模	计划时在考虑上述因素之后确定的样本规模
与评价结果相关的术语：	
偏差	样本项目属性的例外
样本偏差率（SER）	样本中的偏差数除以样本规模
计算的偏差率上限（CUER）	在既定的 ARO 下，总体中偏差率的最高估计

审计师首先决定是否将非统计抽样应用于抽样所适用的属性。如前所述，控制测试和交易实质性测试的抽样有三个阶段：（1）计划样本；（2）选择样本并执行审计程序；（3）评价结果以决定总体的可接受性。这三个阶段包括 14 个明确的步骤。为了保证审计和抽样要求都得到适当运用，审计师必须仔细遵循这些步骤。下面以希尔伯格五金公司为例来说明这些步骤。

计划样本：

1. 明确审计测试的目标。
2. 确定是否运用审计抽样。
3. 定义属性与偏差情况。
4. 定义总体。
5. 定义抽样单位。
6. 确定可容忍偏差率。
7. 确定可接受的信赖过度风险。
8. 估计总体偏差率。
9. 确定初始样本规模。

选取样本与执行审计程序：

10. 选取样本。
11. 执行审计程序。

评价结果：

12. 根据样本推断总体。
13. 分析偏差。
14. 决定总体的可接受性。

□ 明确审计测试的目标

测试目标必须根据所测试的交易循环加以明确。一般地，控制测试与交易实质性测试的目标是：（1）测试控制的运行是否有效；（2）确定交易中是否含有金额错报。

在销售与收款循环的测试中，这些测试的目标通常是测试销售与现金收入内部控制的有效性和确定销售与现金收入交易是否含有金额错报。审计测试的目标通常作为审计方案设计的一部分工作来确定，相关内容已在第 14 章讨论过。希尔伯格五金公司销售与收款循环的审计方案见图 14-6。

□ 确定是否运用审计抽样

审计抽样是在审计师计划根据样本来推断总体结论时使用的。审计师应该检查审计方案和确定使用审计抽样的具体审计程序。为便于阐述，我们假定有下列审计程序：

1. 复核销售交易以确定大额和异常金额（分析程序）。
2. 观察应收账款管理员的职责是否与处理现金的职责分离（控制测试）。
3. 审查销售发票副本样本以确定：
a. 赊销已由信用经理批准（控制测试）。
b. 所附发货单的存在性（控制测试）。
c. 具有账户编号表（控制测试）。
4. 选取发货单样本并追查每张凭证至相关销售发票副本（控制测试）。
5. 将每张销售发票的金额与相关发货单上的金额进行核对（交易实质性测试）。

审计抽样不适用于这个审计方案中的前两个审计程序。第一个是抽样对其不合适的分析程序。第二个是不存在用来执行审计抽样的记录的观察程序。审计抽样对余下三个程序都适用。表 15-2 列示了对希尔伯格五金公司适用的审计抽样的销售循环审计程序表。

表 15-2 审计程序——希尔伯格五金公司

程序	说明
发货	
10. 清点发货单序号。	可以通过选取一个随机样本并清点所选发货单来执行。需要确定一组单独的随机数，因为这里使用的抽样单位与其他测试中所用的不同。
11. 追查所选发货单至销售日记账以确信它们均已记入。	预期没有偏差，在 10%的 ARO 水平下，6%的 TER 就考虑予以接受。选取样本规模为 40 的样本，针对所有 40 个样本项目追查发货单至销售日记账。每一个测试都没有偏差。其结果可考虑接受。此例测试部分没有进一步的信息。
给顾客开单和在会计记录中记录销售交易	
12. 清点销售日记账中的销售发票序号。	销售交易记录的审计程序（12～14）是唯一一个包含于本章通篇示例说明的审计程序。
13. 追查销售日记账中的销售发票副本序号至： a. 应收账款源文件，以测试金额、日期和发票序号。 b. 销售发票副本，以检查日记账中所记录的总金额、日期、顾客名称和账户分类；检查计价、小计和合计；审查所附凭证上是否有内部验证标记。 c. 提货单，以测试顾客名称、产品规格、数量和日期。 d. 销售订单副本，以测试顾客名称、产品规格、数量、日期以及内部验证的标记。 e. 顾客订单，以测试顾客名称、产品规格、数量、日期以及对赊销的批准。	
14. 追查销售日记账记录的销售交易至其支持性凭证文件，包括销售发票副本、提货单、销售订单和顾客订单。	

说明：随机选样与统计抽样对图 14-6 中的九个一般审计程序并不适用。高级统计技术如回归分析可用于分析程序结果。除了审计程序 18，随机选样可以用于 12～21 的现金收入程序。随机选样也可以用于程序 2。

□ 定义属性和偏差情况

当使用审计抽样时，审计师必须仔细定义所要测试的特征（属性）及偏差情况。除非事先对什么构成一项属性进行了准确界定，否则执行审计程序的职员就没有相关指南以识别偏差。

审计抽样所关注的属性与偏差情况直接来自审计师已决定使用的具体审计程序。表15-3列示了希尔伯格五金公司的开单功能审计的程序12～14，以及在这些程序中审计师所关注的九种属性以及每种属性的偏差情况。销售发票样本用来验证这些属性。样本项目属性的不存在将被视为该属性的一个偏差。凭证丢失和不重要的错报都导致了偏差，除非审计师在偏差情况中予以具体说明。

表15-3 定义的属性——希尔伯格五金公司开单功能的测试

属性	偏差情况
1. 销售日记账中销售发票序号的存在性（程序12）	销售日记账中没有销售发票号码的记录
2. 销售源文件中的金额和其他数据与销售日记账分录一致（程序13a）	销售源文件中记录的数量与销售日记账中记录的数量不一致
3. 销售发票副本中的金额和其他数据与销售日记账分录一致（程序13b）	发票上的顾客名称和科目号码与销售日记账中记录的资料不符
4. 计价、小计和合计数已验证的证据（签字和正确金额）（程序13b）	缺少表明计价、小计与合计得到验证的签字
5. 提货单上的数量和其他数据与销售发票副本和销售日记账一致（程序13c）	发运货物的数量与销售发票副本上的数量不符
6. 销售订单上的数量和其他数据与销售发票副本一致（程序13d）	销售订单上的数量与销售发票副本上的数量不符
7. 顾客订单上的数量和其他数据与销售发票副本一致（程序13e）	顾客订单上的产品号码和规格与销售发票副本上的信息不符
8. 赊销已获授权批准（程序13e）	缺少表明赊销得到批准的签字
9. 对销售日记账中所记录的销售交易而言，归档的原始凭证包括销售发票副本、提货单、销售单和顾客订单（程序14）	销售发票副本和顾客订单没有附提货单。

□ 定义总体

总体代表了审计师希望推断其属性的数据总体。审计师可以定义包括其所预期的数据资料的总体，但定义总体之后，就必须从其定义的整个总体中抽样。在选取样本之前，审计师要测试总体的完整性目标和细节相符性目标，以确保所有总体项目都适当地符合选样需要。

审计师可能只对已经抽样的总体进行推断。例如，在执行销售交易的控制测试和交易实质性测试时，审计师一般将总体定义为全年所记录的销售交易。如果审计师仅从一个月的交易中选取样本，由此而对全年销售发票得出的结论则是无效的。

审计师必须事先仔细定义总体，并与审计测试目标保持一致。而且，在某些情况下，可能有必要对一套既定审计程序定义多个总体。例如，在对希尔伯格五金公司的销售与收款循环的审计中，表15-2中的审计程序12～14的测试方向是，从销售日记账中的销售发票追查至记录源。相比之下，审计程序10和11的测试方向是从发货单至销售日记账。因此审计师就定义了两个总体：一个是发货单总体，另一个是销售日记账中的销售发票总体。

□ 定义抽样单位

审计师根据总体定义和审计测试的目标定义抽样单位。抽样单位是一种与审计师生成的随机数相对应的物理单位，审计过程中通常将确定抽样单位作为审计测试的起点。就销售与收款循环来说，抽样单位一般是销售发票或发货单的序号。例如，如果审计师想测试销售的发生，适当的抽样单位就是记录在销售日记账中的销售发票。如果目标是确定顾客订单上描述的货物数量是否正确地发货和开票，就有可能将抽样单位定义为顾客订单、发货单和销售发票副本，因为审计测试方向与这一审计程序无关。

表 15－2 中的审计程序 14 是对已记录销售交易发生目标的测试。因此，适当的抽样单位就是销售发票副本。审计程序 11 的适当抽样单位是发货单，因为该程序是测试存在的销售交易均已记录（完整性）。无论是销售发票副本还是发货单，对审计程序 13a～13e 都合适，因为这些都是非方向性测试。

审计师可以将抽样单位定义为销售发票副本，以执行审计程序 12，13，14。审计程序 10 和 11 仍然必须运用发货单样本予以单独测试。

□ 确定可容忍偏差率

可容忍偏差率（tolerable exception rate，TER）的确定需要审计师作出职业判断。可容忍偏差率是审计师容许的所测试控制的总体偏差率，它仍然使用在计划时所确立的估计控制风险和（或）交易错报金额。例如，假定审计师认为表 15－3 中属性 8 的可容忍偏差率为 9%，就意味着审计师认定，即使销售发票副本中有 9%没有经过赊销批准，根据审计计划的估计控制风险，该赊销批准控制仍然是有效的。

在确定 TER 时，审计师需要考虑控制的拟依赖程度以及控制对审计的重要性。如果只有一个内部控制来支持目标的低控制风险评估，则属性的 TER 将低于多个控制支持同一目标低控制风险评估的情形。控制偏差增加了会计记录中重大错报的风险，但不一定导致错报。例如，没有适当批准证据的付款可能已得到适当授权和记录。因此，控制测试的可容忍偏差率通常高于相对应的货币错报可容忍偏差率。

可容忍偏差率对样本规模有重要影响。一个较低的可容忍偏差率要比一个较高的可容忍偏差率需要一个更大的样本量。例如，对前例中的属性 8 来说，可容忍偏差率从 9%降到 6%时的样本量就要大得多。因为针对重大账户一般都使用较低的可容忍偏差率，所以，审计师需要更大的样本规模，以获得关于内部控制有效或不存在金额错报的充分证据。

多数审计师都运用某些预先印制好的表格来对每次抽样进行记录。图 15－2 给出的是普遍使用的表格的例子。该表的上端包括目标、总体以及对样本单位的定义。

表 15－3 中审计程序 12～14 为每项属性测试使用的可容忍偏差率都是基于审计师对偏差重要情况的判断来确定的。正如图 15－2 所示。

- 对于属性 1 来说，因为未能记录销售发票可能会产生重大影响，所以，选择最低的可容忍偏差率 4%。
- 对于属性 2～5 来说，不正确的开单和记录交易具有潜在重要性，但发票的金额不可能都有错报，因此，审计师为每个属性选择 5%的可容忍偏差率。
- 属性 6～9 具有较高的可容忍偏差率，因为就审计而言，其重要性不高。

客户：希尔伯格五金公司　　年末：12/31/2016
审计领域：开单的控制测试与交易实质性测试　　总体规模：5 764
确定的审计目标：审查销售发票副本和相关凭证以决定该系统是否按其意图和审计方案中描述的那样运行。
精确界定总体（如果有层还要包括分层）：1/1/2016—12/31/2016 的销售发票。第一张发票序号＝3689，最后一张序号＝9452。
定义抽样单位、总体项目的组织和随机选样程序：销售日记账中按顺序记录销售发票序号；计算机生成随机数。

属性描述	审计计划				实际结果			
	EPER	TER	ARO	初始样本规模	样本规模	偏差数	样本偏差率	计算的样本误差
1. 销售日记账中的销售发票序号的存在性（程序 12）	0	4	低	75				
2. 销售源文件中的金额和其他数据与销售日记账分录一致（程序 13a）	1	5	低	100				
3. 销售发票副本中的金额和其他数据与销售日记账分录一致（程序 13b）	1	5	低	100				
4. 计价、小计和合计数已验证的证据（签字和正确金额）（程序 13b）	1	5	低	100				
5. 提货单上的数量和其他数据与销售发票副本和销售日记账一致（程序 13c）	1	5	低	100				
6. 销售订单上的数量和其他数据与销售发票副本一致（程序 13d）	1	7	低	65				
7. 顾客订单上的数量和其他数据与销售发票副本一致（程序 13e）	1.5	9	低	50				
8. 赊销已获授权批准（程序 13e）	1. 5	9	低	50				
9. 对销售日记账中已记录的销售交易而言，归档的原始凭证包括销售发票副本、提货单、销售订单和顾客订单（程序 14）	1	7	低	65				

抽样结果的使用意图：
1. 对审计计划的影响。
2. 向管理层提供的建议。

图 15－2　抽样数据表：希尔伯格五金公司开单功能测试

□ 确定可接受的信赖过度风险

只要抽取样本，审计师就存在对总体作出错误结论的风险。审计师推断的控制有效性比实际的控制有效性更高的风险即为信赖过度风险。信赖不足风险是审计师错误地认为控制有效性不如实际有效的风险。

信赖不足影响审计效率。控制无效的错误结论可能导致评估控制风险和实质性测试的不必要增加。相反，过度信赖控制会影响审计的有效性，因为信赖无效控制会导致实质性测试的不适当减少。

审计师通常更关心信赖过度风险，因为会影响审计的有效性。**可接受的信赖过度风险**（acceptable risk of overreliance，ARO）衡量了当实际总体偏差率大于 TER 时，审计师愿意接受的控制有效风险（或者可容忍错报率）。

ARO 代表审计师对抽样风险的衡量。假如 TER 是 6%，ARO 可能是高的，而实际总体偏差率是 8%，这种情况下的控制就不可接受，因为实际总体偏差率 8%大于可容忍偏差率。当然，审计师并不知道实际的总体偏差率。ARO 高，就意味着即使控制实际上是无效的，审计师仍然愿意在完成所有测试以后，承担一个相对较大的风险来作出控制是有效的结论。如果本例中审计师发现控制有效，他就过度信赖了内部控制（即采用了低于正当水平的估计控制风险）。

在根据具体情况选择合适的 ARO 时，审计师就必须运用其最佳的职业判断。由于 ARO 是审计师所愿意承担的风险，因此审计师的主要考虑是作为账户余额细节测试程度的基础，计划降低估计控制风险的程度。在加速编报上市公司的审计中，审计师通常将 ARO 评估为低水平，因为审计师需要确信内部控制的有效性足以支持其对被审计单位财务报告内部控制的审计意见。在非加速编报上市公司和非上市公司审计中，ARO 的适当水平以及控制测试的范围取决于估计的控制风险。在那些大范围地依赖内部控制的审计中，控制风险将评估为低水平，因而 ARO 也是低水平。相反，如果审计师计划只在有限的范围内依赖内部控制，控制风险将评估为高，ARO 也将评估为高。

就非统计抽样而言，审计师一般用高、中、低而不是百分比来计量 ARO。而在统计抽样中，审计师一般使用百分比来计量 ARO，比如 5%和 10%。较低的 ARO 意味着控制测试比较重要，并与较低的估计控制风险和已减少的余额实质性测试一致。如图 15-2 所示，在希尔伯格五金公司的开单功能审计中，所有属性的 ARO 值都评估为低，是因为该公司是一个加速编报的上市公司，而且审计师的控制测试必须为其就被审计单位财务报告内部控制发表的审计意见提供基础。因此，审计师要求对控制信赖过度的风险很低。换句话说，审计师需要更高的保证，因此需要更大的样本量来支持较低的信赖过度风险。

与 TER 一样，ARO 与计划样本规模之间存在反向关系。如果审计师对 ARO 评估由高变为低，计划样本规模一定是由小变为大。ARO 表示审计师错误地接受控制为有效的风险，要降低这种风险就要扩大样本规模。

表 15-4 和表 15-5 提供了设定 TER 和 ARO 的说明指南。这些指南不应理解为就是宽泛的职业标准，它们只是会计师事务所发给其职员的一般指南形式。

表 15-4　非统计抽样的 ARO 和 TER 指南：控制测试

计划减少余额细节的实质性测试	判断	指南
评价控制风险。应考虑： 需要为加速编报上市公司的财务报告内部控制单独发表一个审计意见。 实质性测试的性质、范围和时间（即估计控制风险水平越高，计划的实质性测试就越多；反之亦然）。 用于控制测试的证据的质量（即证据的质量越低，估计控制风险水平就越高；反之亦然）。	• 最低的估计控制风险水平 • 中等的估计控制风险水平 • 较高的估计控制风险水平 • 估计控制风险水平为 100%	• 较低的 ARO • 中等的 ARO • 较高的 ARO • ARO 不适用
内部控制所影响的交易和有关账户余额的重要性。	• 高度重要的余额 • 重要的余额 • 不重要的余额	• TER 为 4% • TER 为 5% • TER 为 6%

说明：指南应当承认，基于不同审计的考虑，ARO 可能会有变化，以上是应遵守的最保守的指南。

表 15-5 非统计抽样的 ARO 和 TER 指南：交易实质性测试

计划减少余额细节测试的程度	了解内部控制和控制测试的结果	交易实质性测试的 ARO	交易实质性测试的 TER
大量	优秀*	高	基于对有关账户重要性考虑的百分比或金额
	良好	中	
	不良	低	
中等	优秀*	高	基于对有关账户重要性考虑的百分比或金额
	良好	中	
	不良	中—低	
少量**	优秀*	高	基于对有关账户重要性考虑的百分比或金额
	良好	中—高	
	不良	中	

说明：指南也应承认，基于不同审计的考虑，ARO 可能会有变化。以上是应遵守的最保守的指南。
* 在这种情况下，内部控制及有关证据均为良好，不大可能执行交易实质性测试。
** 在这种情况下，很少关注内部控制，可能无须执行控制测试和交易实质性测试。

□ 估计总体偏差率

事先估计总体偏差率是为了计划适当的样本规模。如果**估计总体偏差率**（estimated population exception rate，EPER）低，一个相当小的样本规模就可以满足审计师的可容忍偏差率，因为此时只需要不太精确的估计。

审计师通常使用上一年的审计结果来估计 EPER。如果以前年度的审计结果无法取得或被认为不可靠，审计师就在当年总体中选取一个较小的初步样本进行估计。这种估计精确与否无关紧要，因为最终是用本年度的样本偏差率来估计总体特征的。如果使用初步抽样，则只要遵循了适当的样本选取程序，该样本就可以包括在最终样本中。例如，在希尔伯格五金公司的审计中，图 15-2 为每个属性确定的估计总体偏差率是基于以前年度的结果，并根据人事的变化说明作了细微修改。

□ 确定初始样本规模

有四个因素决定着审计抽样中的**初始样本规模**（initial sample size）：总体规模，TER，ARO 和 EPER。总体规模并不如其他因素那样重要，通常可以忽略，特别是对于大规模总体。非统计抽样中，审计师运用职业判断而不是统计公式来决定样本规模。影响样本规模的三个主要因素确定下来后，审计师就可以确定一个初始样本规模了。之所以称为初始样本规模，是因为实际样本中的偏差必须在有可能知道样本是否足以达到测试目标之前加以评价。

样本规模对各因素变化的敏感性 为了对审计中基于抽样的概念获得适当理解，应该先了解决定样本规模的四个因素中任何一个变动而其他各因素保持不变时对样本规模的影响。表 15-6 说明了四个因素中每个因素单独增加的影响；每个因素减少的影响与此相反。

表 15-6 因素变化对样本规模的影响

变化类型	对初始样本规模的影响
提高 ARO	减少
增加 TER	减少
提高 EPER	增加
增加总体规模	增加（影响甚小）

有两个因素的结合能对样本规模产生最大影响：TER 减去 EPER。其差额就是计划样本估计值的精确度。精确度越小，也就是估计值的精确度越高，所要求的样本量也越大。作为一个极端情况，假设 TER 为 4%，EPER 为 3%，此时的精确度就是 1%，此时需要一个大规模样本。现在假设 TER 为 8%，EPER 为 0，则精确度就是 8%，此时的样本规模就很小，但如果在审计样本的过程中没有发现偏差，也足以让审计师确信实际偏差率低于 8%。

图 15-2 总结了在希尔伯格五金公司的审计中，对测试的属性 1～9 所选取的样本规模的差异。为属性 2～5 选取了最大的样本（100），这是精确度的要求所致。就这些属性而言，TER 与 EPER 之间的差异最小，因此所需要的样本规模比属性 6～9 更大一些。尽管属性 1 的 TER 与 EPER 之间的差异与属性 2～5 的差异相似，但其 EPER 为 0 就足以对较小的 75 个项目的样本规模提供依据。因为属性 7～8 的精确度估计得更小（TER 减 EPER 的值更大），因此其样本规模只需 50 个项目即可。

□ 选取样本

审计师在计算出审计抽样运用的初始样本规模后，就必须从总体中选取项目以构成样本。选取样本必须运用本章前面讨论过的概率选样或非概率选样中的方法。为确保被审计单位改变样本项目的可能性减至最小，审计师不能在样本项目选取前太早通知他们，同时应控制好被审计单位所提供的凭证。此外，应该多选取几个额外的样本项目以替代最初样本中的无效项目。

希尔伯格五金公司审计程序的随机选样是简洁明了的，除为不同的属性选取不同规模的样本外，这个问题可以通过为所有 9 个属性选取 50 个项目的随机样本，然后为除属性 7 与 8 之外的其他属性额外增加 15 个项目，再在此基础上为属性 1 额外选取 10 个项目、为属性 2～5 额外选取 25 个项目来解决。

图 15-1 说明了希尔伯格五金公司使用计算机产生的随机表选取最初 50 个项目的过程。

□ 执行审计程序

审计师通过审查样本中的每个项目来执行审计程序，以确定它是否与所定义的属性一致，同时记录发现的所有偏差。当审计抽样的审计程序都执行完毕后，每种属性都会有一个样本规模和偏差数。

作为记录这些测试与提供信息以供复核的方法，审计师通常都使用抽样结果表。有些审计师喜欢采用包括样本中所有项目清单的表格，其他审计师则喜欢只记录所识别的偏差情况。图 15-3 使用了后一种方法。

□ 根据样本推断总体

根据实际样本结果可以容易地计算出**样本偏差率**（sample exception rate，SER）。SER 等于偏差的实际数目除以实际样本规模。图 15-3 汇总了对属性 1～9 的测试所发现的偏差数，例如，审计师发现属性 1 的偏差数为 0，属性 2 的偏差数为 2，因此，属性 1 的 SER 为 0(0÷75)，属性 2 的 SER 为 2%(2÷100)。

在控制测试和交易实质性测试的样本时，审计师应评估抽样风险。然而，当使用非统计抽样时，不能直接度量抽样风险。评估抽样风险的方法是从可容忍偏差率中减去样本偏差率，以找到计算的抽样风险估计（TER－SER），并评估其是否足够大，以得出实际总体偏差率是否可接受的结论。例如，如果审计师为一个属性抽取 100 个项目的样本，并且没有发现异常（SER＝0），TER 为 5%，那么计算出的抽样风险估计为 5%(TER 5%－SER 0)。如果审计师发现了四个例外情况，那么计算出的抽样风险估计将为 1%(TER 5%－SER 4%)。与第二种情况相比，第一种情况下的实际总体偏差率很可能小于或等于可容忍偏差率。因此，大多数审计师可能会发现基于第一个样本结果的总体是可接受的，而基于第二个样本结果的总体是不可接受的。审计师对计算出的抽样风险估计是否足够大的考虑也取决于所使用的样本量。如果上一个例子中的样本量只有 20 个项目，则审计师可能信心不足，无法确信未发现偏差就表明实际总体偏差率不超过 TER。

希尔伯格五金公司

样本项目属性检查表

编制人：MSW

年末：2016 年 12 月 31 日　　编制日期：2016 年 11 月 15 日

确定所要选取的项目	属性 √＝偏差情况										
发票序号	1	2	3	4	5	6	7	8	9	10	11
3787					√						
3924				√				√			
3990				√							
4058		√		√							
4117								√			
4222					√						
4488								√			
4635				√	√						
4955						√		√			
4969				√							
5101								√			
5166								√			
5419								√			
5832								√			
5890								√			
6157		√		√							
6229				√							
6376								√			
6635					√						
7127				√							
8338								√			
8871				√							
9174								√			
9371				√							
偏差项目个数	0	2	0	10	4	1	0	12	0		
样本规模	75	100	100	100	100	65	50	50	65		

图 15-3 样本项目属性检查表

如果 SER 超过样本设计使用的 EPER，则对审计师而言，假定样本结果不支持计划估计控制风险水平通常是适当的。在这种情况下，总体中的实际偏差率超过 TER 的风险，就可能高得不能接受。

希尔伯格五金公司的 SER 和计算的抽样风险估计（TER－SER）总结在图 15－4 中。

客户：希尔伯格五金公司　　年末：2016 年 12 月 31 日

审计领域：开单的控制测试与交易实质性测试　　总体规模：5 764

确定的审计目标：审查销售发票副本和相关凭证以决定该系统是否按其意图和审计方案中描述的那样运行。

精确界定总体（如果有层还要包括分层）：2016 年 1 月 1 日—12 月 31 日的销售发票。第一张发票序号＝3689，最后一张序号＝9452。

定义抽样单位、总体项目的组织和随机选样程序：销售日记账中按顺序记录销售发票序号；计算机生成随机数。

属性描述	审计计划				实际结果			
	估计总体偏差率(EPER)	可容忍偏差率(TER)	可接受的信赖过度风险(ARO)	初始样本规模	样本规模	偏差数	样本偏差率	计算的抽样风险估计(TER－SER)
1. 销售日记账中销售发票序号的存在性（程序 12）	0	4	低	75	75	0	0	4.0
2. 销售源文件中的金额和其他数据与销售日记账分录一致（程序 13a）	1	5	低	100	100	2	2	3.0
3. 销售发票副本中的金额和其他数据与销售日记账分录一致（程序 13b）	1	5	低	100	100	0	0	5.0
4. 计价、小计和合计数已验证的证据（签字和正确金额）（程序 13b）	1	5	低	100	100	10	10	SER 超过 TER
5. 提货单上的数量和其他数据与销售发票副本和销售日记账一致（程序 13c）	1	5	低	100	100	4	4	1.0
6. 销售订单上的数量和其他数据与销售发票副本一致（程序 13d）	1	7	低	65	65	1	1.5	5.5
7. 顾客订单上的数量和其他数据与销售发票副本一致（程序 13e）	1.5	9	低	50	50	0	0	9.0
8. 赊销已获授权批准（程序 13e）	1.5	9	低	50	50	12	24	SER 超过 TER
9. 对销售日记账中所记录的销售交易而言，归档的原始凭证包括销售发票副本、提货单、销售订单和顾客订单（程序 14）	1	7	低	65	65	0	0	7.0

抽样结果的使用意图：

1. 对审计计划的影响：经过属性 1，3，6，7 和 9 的测试，对于既定的样本误差限额，控制可以认为是有效的。鉴于属性 2，4，5 和 8 的测试结果，需要进一步强调函证、坏账准备、截止测试和计价测试。

2. 对内部控制报告的影响：样本误差的限额太小，而且属性 2，4，5 和 8 的 SER 超过了 TER。这些结果都要与被审计单位管理层沟通，以使其在年前有机会更正控制缺陷。如果管理层及时更正了控制缺陷，审计师还应该在年前对之进行测试以便对被审计单位的财务报告内部控制发表审计意见。

3. 向管理层提供的建议：各项偏差情况都需要与管理层进行讨论。需要对纠正销售发票的内部验证和改进赊销批准的方法提出具体建议。

图 15－4　属性抽样数据表：希尔伯格五金公司开单功能测试

□ 分析偏差

除了为每种属性确定 SER 并评价实际而又未知的总体偏差率是否可能超过 TER 外，还有必要分析具体偏差情况，以确定产生这些偏差的内部控制缺陷。偏差可能由雇员的粗心、误解指令、故意不执行控制程序及许多其他因素引起。偏差及其原因对系统的质量评价有重大影响。例如，如果在测试销售发票的内部验证时，发现所有的例外情况都发生在平时负责执行测试的雇员休假时，就会影响审计师对内部控制的评价及随后的调查工作。这与偏差源自正规雇员的不胜任而导致的影响不同。

希尔伯格五金公司的偏差分析列示于图 15－5 中。

客户：希尔伯格五金公司
偏差情况分析表
年末：2016 年 12 月 31 日

编制人：MSW
日期：2016 年 11 月 15 日

属性	偏差数	偏差的性质	对审计的影响及其他说明*
2	2	两个错误都过入了错误的账户，且数月之后仍未归还，金额分别是 2 500 美元和 7 900 美元。	由于抽样风险太小（例如 TER-SER），因此需要额外的实质性测试，扩大函证程序的范围，全面复核账龄较长的账款余额。
4	10	有 6 处没有内部验证的签字。 有 2 处使用了错误的单价，但错误都小于 200 美元。 有一处运费没有收费，有一处计价错误的金额是 5 000 美元。 有一处发货没有要求支付（在最后四处偏差情况中，有三处有内部验证的签字）。	鉴于上述结果，让一名独立的被审计单位的雇员重新核对一个有 500 张销售发票副本的样本。同时，扩大应收账款的函证范围。
5	4	每个偏差情况都是销售发票副本上的日期比发货单日期晚几天。	通过将已入账的销售交易与发货单进行核对，执行大量的销售截止测试。
6	1	有 112 张销售订单，但经发货和开票的只有 106 张。产生差异的原因是永续存货源文件标明结存了 112 个项目，而实际只有 106 个。发货不足的比例小于 25%时，系统不会延期交货。	无须扩大控制测试和交易实质性测试，这个系统的运行有效。
8	10	赊销未经批准，其中有四次是对新顾客的。与 Chulick 讨论此事，对方回答由于工作太忙，无法批准所有的赊销交易。	大范围扩大年末评价坏账准备的程序。包括编制年度结束后现金收入清单以及所有尚未收回的应收账款的清单，以确定年末应收账款的可收回性。

*这一栏记录的是关于对财务报表审计影响的结论。应该针对这些控制缺陷与管理层沟通，以使得有机会在年前更正这些缺陷。如果管理层及时地更正了这些缺陷，为对财务报告内部控制表示意见，审计师应该在年前对这些已更正的控制缺陷进行测试。

图 15－5 偏差情况分析表

□ 决定总体的可接受性

在根据样本推断总体时，如果样本偏差率小于计划样本时的预期偏差率，审计师认为该差额足够大，只要对偏差原因进行仔细分析，并且没有迹象表明内部控制可能存在重大问题，就可以按计划用所测试的控制来降低估计控制风险。

如图 15－4 所示，属性 2，4，5 和 8 的 SER 超过了 EPER。计算出的抽样风险备抵太小，使得审计师得出结论认为测试结果不可接受。此时，审计师必须遵循以下四个行动过程中的一个。

修正 TER 或 ARO　这一方法只有在审计师认为最初的有关设定太保守时才可采用。但无论是放宽 TER 还是放宽 ARO，在审计师接受法庭调查或某委员会的审查时，都难以为其进行辩护。因此审计师必须仔细考虑之后才能更改这些要求。

扩大样本规模　如果实际样本偏差率不增加，样本规模的增加就有减少抽样误差的可能。当然，如果选取了额外项目，则样本偏差率可能增加，也可能会减少。如果审计师认为初始样本规模不具备代表性，或者必须获得控制运行有效的证据，增加样本规模是适当的。若审计师要对财务报告内部控制表示意见，或者控制与诸如应收账款或存货之类的重要账户余额有关，就有可能发生这种情况。

修正估计控制风险　如果控制测试和交易实质性测试并不支持计划的估计控制风险，则审计师应该向上修正估计的控制风险。这可能会导致审计师增加对交易实质性的测试和余额细节测试。例如，如果验证销售发票价格、合计数和金额的内部验证程序的控制测试表明这些程序未被适当遵循，则审计师应该增加销售交易金额准确性的实质性测试。如果交易实质性测试结果仍不能接受，审计师就必须增加应收账款账户的余额细节测试。

审计师对是增加样本量还是修正估计控制风险水平的决策必须在权衡成本与效益的基础上进行。如果不扩大样本量，就需要调增估计控制风险水平，从而需要增加实质性测试。增加的控制测试成本必须与增加实质性测试的成本进行比较。如果扩大后的样本仍然产生不可接受的结果，则必须增加实质性测试。

对于加速编报的上市公司而言，审计师必须评价控制缺陷，以确定这些缺陷对审计师就财务报告内部控制的审计意见的影响。如果缺陷构成了一项重大缺陷但在年前得以更正，审计师就要对已更正的控制进行测试。如果审计师不能对已更正的控制进行测试，或不能找到对应补偿性控制且缺陷又被认定为重大弱点，则审计师应该对财务报告内部控制表示否定意见。

与审计委员会或管理层沟通　不管偏差的性质如何，这个行动与前面讨论过的其他任何三个过程之一结合起来都是理想的。当审计师确定内部控制的运行无效时，就应该及时通知管理层。如果这些测试是在年前执行的，就可以使管理层有时间在年前更正缺陷。职业规范要求审计师以书面的形式与诸如审计委员会之类的治理层进行沟通，无论是内部控制中的重大缺陷还是重大弱点。

如图 15-4 所示，在希尔伯格五金公司的审计中，属性 2，4，5 和 8 的结果是不可接受的。因为所测试的交易只包括希尔伯格五金公司所记录的截至 2016 年 10 月 31 日的交易，就这些缺陷及时与该公司管理层沟通，可以使他们及时更正审计师注意到的控制缺陷，也为审计师在年前就更正的控制及时予以测试提供了便利，以实现其对财务报告内部控制审计的目的。

图 15-5 最后一栏总结了无论控制缺陷是否更正，审计师所采取的进一步行动。对属性 6 不需要进一步的行动，因为它的 SER 与 TER 之间存在较大差异。对每个属性所得到的结论总结在图 15-4 的底部。

□ 记录和计划取证

审计师需要对所执行的程序、选取样本和执行测试所使用的方法、测试中发现的结果和得出的结论保持充分的记录。记录对统计和非统计抽样同等重要，它可用以评价所有测试的综合结果。再者，如有可能，它还是审计师为其审计进行抗辩的基础。图 15-2 至图 15-6 说明了实务中使用的一般记录类型。

	细节相符性	存在	完整性	准确性	分类	截止	可实现价值	权利
可接受审计风险	中	中	中	中	中	中	中	中
固有风险	低	中	低	低	低	中	中	低
控制风险（销售）	低	中	低	高	低	中	高	不适用
控制风险（现金收入）	低	中	低	低	低	低	不适用	不适用
控制风险（额外控制）	无	无	无	无	无	无	无	低
交易实质性测试（销售）	良好结果	良好结果	良好结果	公允结果	良好结果	不可接受结果	不适用	不适用
交易实质性测试（现金收入）	良好结果	良好结果	良好结果	良好结果	良好结果	良好结果	不适用	不适用
实质性分析程序								
余额细节测试的计划检查风险								
余额细节测试的计划审计证据								

实际执行的重要性：265 000美元

图15-6　希尔伯格五金公司余额细节测试的计划取证工作表——应收账款

希尔伯格五金公司审计中决定应收账款余额测试的计划取证工作表列示在图15-6中。完成交易的控制测试与实质性测试之后，审计师应该完成计划取证工作表中3～7栏的项目（表中第1，2栏已在第9章阐述）。第3～5行用于记录销售、现金收入和额外控制的控制风险。图15-6中的控制风险估计与希尔伯格五金公司控制风险矩阵中的计划估计一致，并作如下修正：

- 销售的金额准确性目标的控制风险高，因为属性4的测试结果不令人满意（程序13b）。
- 基于属性8（销售交易的信用授权）的测试结果，销售的可实现价值目标的控制风险高（13e）。
- 现金收入的发生（完整性）目标与应收账款的完整性（存在）目标有关。

最后，注意在图15-6中，除了销售的金额准确性和截止目标外，所有交易实质性测试结果都是令人满意的。再查阅图15-5就可以发现：

- 由于属性2（程序13a）发现的偏差，只有金额准确性目标的交易实质测试结果是公允的。
- 由于属性5（程序13c）不令人满意的结果，截止目标的结果不能接受。

非统计抽样涉及的所有步骤总结在图15-7中。尽管该图采用的是非统计抽样，但其中的第14个步骤也同样可以运用到下面将要研究的统计抽样中。

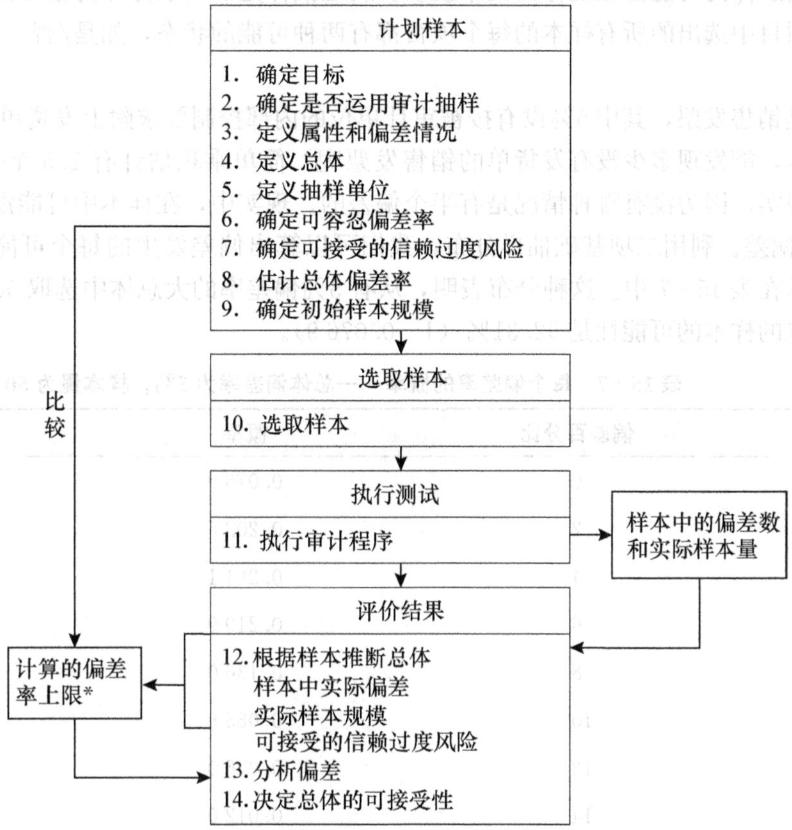

* 许多审计师运用非统计方法来计算可容忍偏差率减去样本偏差率的差额，并评价该差额是否足够大。

图 15 - 7　审计抽样步骤的汇总

15.6　统计审计抽样

控制测试与交易实质性测试使用得最多的统计抽样是**属性抽样**（attributes sampling）。（本文在使用“属性抽样”一词时，是指属性统计抽样。非统计抽样中也有属性，即总体中被测试的特征，但属性抽样是一种统计方法。）

□ 属性抽样与非统计抽样的区别

控制测试与交易实质性测试中运用的属性抽样与非统计抽样之间的相似性要多于它们之间的差异性。两种抽样都可使用前面所讨论的 14 个步骤，方法也基本相同。重要的差别之处在于，计划样本规模的计算运用了产生于统计概率分布的有关表格，估计的偏差率上限的计算使用的是类似表格。

□ 抽样分布

统计推断是以抽样分布为基础的。**抽样分布**（sampling distribution）是指能够从有某些具体参数的总体中取得的，具有特定规模的所有可能样本结果的频率分布。概率分布的存在使得审计师能够对任何样本代表其项目所属总体的可能性程度作出概率说明。属性抽样是以二项分布为基础的。二项分布是这样一种分布：从总体项目中选出的所有样本的每个项目都有两种可能的状态，如是/否、黑/白，或控制偏差与无控制偏差。

假定总体是销售发票，其中5%没有按被审计单位的内部控制要求附上发货单。如果审计师选取50张销售发票的样本，能发现多少没有发货单的销售发票呢？简单乘积估计有2.5个偏差（50乘以5%），但是这个数字不现实，因为没有哪种情况是有半个偏差的。现实中，在样本中可能没有发现偏差，也可能发现10个以上的偏差。利用二项基础抽样分布，我们可以算出偏差发生的每个可能次数的概率。本例总体的抽样分布列示在表15－7中。这种分布表明，从有5%偏差率的大总体中选取50个项目的样本，获取具有至少一个偏差的样本的可能性是92.31%（1－0.076 9）。

表15－7 每个偏差率的概率——总体偏差率为5%，样本量为50

偏差数	偏差百分比	概率	累计概率
0	0	0.076 9	0.076 9
1	2	0.202 5	0.279 4
2	4	0.261 1	0.540 5
3	6	0.219 9	0.760 4
4	8	0.136 0	0.896 4
5	10	0.065 6	0.962 0
6	12	0.026 0	0.988 0
7	14	0.012 0	1.000 0

每个总体偏差率和样本规模都有唯一的抽样分布。从偏差率为5%的总体中选取规模为100个项目的样本，其分布就不同于从偏差率为3%的总体中选取规模为50个项目的样本。

诚然，审计师并不会从未知总体中重复选取样本。他们从一个未知总体中选取一个样本，并得到该样本的具体偏差数。但抽样分布的知识使得审计师可以对总体作出有效的统计推断。例如，如果抽取50张销售发票的样本来测试所附的发货单，发现了一个偏差，审计师就可以对照如表15－7概率表所示，获知该样本从偏差率为5%的总体中选取出来的概率为20.25%，而从其他偏差率的总体中抽出的概率则为79.75%。通过对照表15－7中的累计概率栏，审计师还可以指出该样本来自偏差率大于5%的总体的概率是27.94%，来自偏差率小于或等于5%的总体的概率是72.06%（1－27.94%）。由于其他总体偏差率的概率分布的计算都可以以此类推，因此通过对照查看累计概率分布就可对进行抽样测试的未知总体得出较为具体的统计结论。这些抽样分布是审计师在属性抽样中使用概率分布表的基础。

15.7 属性抽样的应用

非统计抽样中所讨论的步骤同样适用于属性抽样，本节只就两者之间的区别进行重点讨论。

计划样本

1. 确定审计测试的目标。属性抽样与非统计抽样相同。
2. 决定是否运用审计抽样。属性抽样与非统计抽样相同。
3. 定义属性和偏差情况。属性抽样与非统计抽样相同。
4. 定义总体。属性抽样与非统计抽样相同。

5. 定义抽样单位。属性抽样与非统计抽样相同。

6. 确定可容忍偏差率。属性抽样与非统计抽样相同。

7. 确定可接受的信赖过度风险。确定这一风险的要义对统计抽样与非统计抽样是相同的，但两者的量化方法不同。在非统计抽样中，大多数审计师用低、中、高来计量可接受的风险，而运用属性抽样的审计师则对之赋予具体数值，如 10%或 5%等。导致这一差别的原因是，审计师在计划用统计方法确定样本规模和评价结果时，需要对风险赋予具体数值。

8. 估计总体偏差率。属性抽样与非统计抽样相同。

9. 确定初始样本规模。确定初始样本规模的四个因素对统计抽样与非统计抽样都是相同的：总体规模、可容忍偏差率、估计控制风险过低的可接受风险和估计总体偏差率。属性抽样是利用根据统计公式开发的专门计算机程序或专门的样本量表来确定样本规模的。

如果使用审计软件确定样本规模，审计师输入总体规模、TER、ARO 和 EPER 的数值，软件根据上述抽样分布输出适当的样本规模结果。审计师也可以使用表 15－8 所示的表格，这些表格来自 AICPA 的《审计抽样指南》。前一张表列示的是 ARO 为 5%的样本规模，后一张表列示的是 ARO 为 10%的样本规模。

表 15－8　确定属性抽样的样本规模

EPER（%）	ARO 为 5%										
	TER（%）										
	2	3	4	5	6	7	8	9	10	15	20
0.00	149	99	74	59	49	42	36	32	29	19	14
0.25	236	157	117	93	78	66	58	51	46	30	22
0.50	313	157	117	93	78	66	58	51	46	30	22
0.75	386	208	117	93	78	66	58	51	46	30	22
1.00		257	156	93	78	66	58	51	46	30	22
1.25		303	156	124	78	66	58	51	46	30	22
1.50		392	192	124	103	66	58	51	46	30	22
1.75			227	153	103	88	77	51	46	30	22
2.00			294	181	127	88	77	68	46	30	22
2.25			390	208	127	88	77	68	61	30	22
2.50				234	150	109	77	68	61	30	22
2.75				286	173	109	95	68	61	30	22
3.00				361	195	129	95	84	61	30	22
3.25				458	238	148	112	84	61	30	22
3.50					280	167	112	84	76	40	22
3.75					341	185	129	100	76	40	22
4.00					421	221	146	100	89	40	22
5.00						478	240	158	116	40	30
6.00								266	179	50	30
7.00									298	68	37

续表

EPER (%)	ARO 为 10%										
	TER（%）										
	2	3	4	5	6	7	8	9	10	15	20
0.00	114	76	57	45	38	32	28	25	22	15	11
0.25	194	129	96	77	64	55	48	42	38	25	18
0.50	194	129	96	77	64	55	48	42	38	25	18
0.75	265	129	96	77	64	55	48	42	38	25	18
1.00	398	176	96	77	64	55	48	42	38	25	18
1.25		221	132	77	64	55	48	42	38	25	18
1.50		265	132	105	64	55	48	42	38	25	18
1.75		390	166	105	88	55	48	42	38	25	18
2.00			198	132	88	75	48	42	38	25	18
2.25			262	132	88	75	65	42	38	25	18
2.50			353	158	110	75	65	58	38	25	18
2.75			471	209	132	94	65	58	52	25	18
3.00				258	132	94	65	58	52	25	18
3.25				306	153	113	82	58	52	25	18
3.50				400	194	113	82	73	52	25	18
3.75					235	131	98	73	52	25	18
4.00					274	149	98	73	65	25	18
5.00						318	160	115	78	34	18
6.00							349	182	116	43	25
7.00								385	199	52	25
8.00									424	60	25

说明：1. 本表假定适用于大总体。
2. 本表不包括总体偏差率高估，且未报告超过500的样本规模。
3. 表中一些栏内，尽管估计总体偏差率不同，但样本规模相同，这是制表方式造成的。属性抽样的样本规模可利用总体中偏差的预期个数计算，但审计师用估计总体偏差率计算更方便。例如，在ARO为5%的表的15%可容忍偏差率这一列中，大多数估计总体偏差率的初始样本规模为30。一个偏差除以30，是3.3%。因此，对所有大于0且小于3.3%的估计总体偏差率来说，初始样本规模都一样。

资料来源：AICPA Audit Sampling Audit Guide，March 1，2014（www.aicpa.org）.

样本量表的使用　使用样本量表来决定初始样本规模有四个步骤：

（1）选择与ARO相应的表格。

（2）选定表上端的TER。

（3）选定表左端栏的EPER。

（4）找到TER列与EPER的交点。交点处的数值即为初始样本规模。

例如，在希尔伯格五金公司中，假定审计师在ARO为5%的水平下，若与总体中的资料（表15-3中的属性6）不同的次数没有超过7%（TER），打算减少销售订单与发票之间一致的估计控制风险。根据过去的经验，设定总体估计偏差率为1%，利用ARO为5%的样本量表，定位TER为7%的行，向后读至总体估计偏差率为 1%的列的交叉点，确定初始样本量为 66。

对这个审计而言，66 是个足够大的样本吗？只有等到测试执行完毕之后，才能对此作出回答。如果样本中的实际偏差率结果比 1%大，审计师就不能认为该项内部控制有效，其理由随着我们讨论的继续进行自然就会清楚。

总体规模的影响　在前面的讨论中，在决定样本规模时总体规模被忽略了。统计理论表明，在属性抽样运用的大多数类型的总体中，在确定样本规模时都很少关注总体规模。因为大多数审计师都是对相当大的总体运用属性抽样，而为较小的总体减少样本规模。这里不再讨论。

选取样本并执行审计程序

10. 选取样本。统计抽样与非统计抽样在选取样本中的唯一差异就是统计抽样必须使用概率方法。对属性抽样既可使用简单随机抽样，又可使用系统选样。

11. 执行审计程序。属性抽样与非统计抽样对此相同。

评价结果

12. 根据样本推断总体。在属性抽样中，审计师要计算某一特定 ARO 下的精确度上限（CUER），它也是利用根据统计公式编制的专门计算机程序或专门的属性抽样评价表来计算的。表 15－9 举例说明了这种计算方法。表中有两张"单限表"，即它们只代表某一 ARO 下的偏差率上限。

表 15－9　属性抽样结果评价表

ARO 为 5%											
样本规模	实际已发现的偏差数										
	0	1	2	3	4	5	6	7	8	9	10
20	14.0	21.7	28.3	34.4	40.2	45.6	50.8	55.9	60.7	65.4	69.9
25	11.3	17.7	23.2	28.2	33.0	37.6	42.0	46.3	50.4	54.4	58.4
30	9.6	14.9	19.6	23.9	28.0	31.9	35.8	39.4	43.0	46.6	50.0
35	8.3	12.9	17.0	20.7	24.3	27.8	31.1	34.4	37.5	40.6	43.7
40	7.3	11.4	15.0	18.3	21.5	24.6	27.5	30.4	33.3	36.0	38.8
45	6.5	10.2	13.4	16.4	19.2	22.0	24.7	27.3	29.8	32.4	34.8
50	5.9	9.2	12.1	14.8	17.4	19.9	22.4	24.7	27.1	29.4	31.6
55	5.4	8.4	11.1	13.5	15.9	18.2	20.5	22.6	24.8	26.9	28.6
60	4.9	7.7	10.2	12.5	14.7	16.8	18.8	20.8	22.8	24.8	26.7
65	4.6	7.1	9.4	11.5	13.6	15.5	17.5	19.3	21.2	23.0	24.7
70	4.2	6.6	8.8	10.8	12.7	14.5	16.3	18.0	19.7	21.4	23.1
75	4.0	6.2	8.2	10.1	11.8	13.6	15.2	16.9	18.5	20.1	21.6
80	3.7	5.8	7.7	9.5	11.1	12.7	14.3	15.9	17.4	18.9	20.3
90	3.3	5.2	6.9	8.4	9.9	11.4	12.8	14.2	15.5	16.9	18.2
100	3.0	4.7	6.2	7.6	9.0	10.3	11.5	12.8	14.0	15.2	16.4
125	2.4	3.8	5.0	6.1	7.2	8.3	9.3	10.3	11.3	12.3	13.2
150	2.0	3.2	4.2	5.1	6.0	6.9	7.8	8.6	9.5	10.3	11.1
200	1.5	2.4	3.2	3.9	4.6	5.2	5.9	6.5	7.2	7.8	8.4

续表

ARO 为 10%											
样本规模	实际已发现的偏差数										
	0	1	2	3	4	5	6	7	8	9	10
20	10.91	18.1	24.5	30.5	36.1	41.5	46.8	51.9	56.8	61.6	66.2
25	8.8	14.7	20.0	24.9	29.5	34.0	38.4	42.6	46.8	50.8	54.8
30	7.4	12.4	16.8	21.0	24.9	28.8	32.5	36.2	39.7	43.2	46.7
35	6.4	10.7	14.5	18.2	21.6	24.9	28.2	31.4	34.5	37.6	40.6
40	5.6	9.4	12.8	16.0	19.0	22.0	24.9	27.7	30.5	33.2	35.9
45	5.0	8.4	11.4	14.3	17.0	19.7	22.3	24.8	27.3	29.8	32.2
50	4.6	7.6	10.3	12.9	15.4	17.8	20.2	22.5	24.7	27.0	29.2
55	4.2	6.9	9.4	11.8	14.1	16.3	18.4	20.5	22.6	24.6	26.7
50	3.8	6.4	8.7	10.8	12.9	15.0	16.9	18.9	20.8	22.7	24.6
55	3.5	5.9	8.0	10.0	12.0	13.9	15.7	17.5	19.3	21.0	22.8
70	3.3	5.5	7.5	9.3	11.1	2.9	14.6	16.3	18.0	19.6	21.2
75	3.1	5.1	7.0	8.	10.4	12.1	13.7	15.2	16.8	18.3	19.8
80	2.9	4.8	6.6	8.2	9.8	11.3	12.8	14.3	15.8	17.2	18.7
90	2.6	4.3	5.9	7.3	8.7	10.1	11.5	12.8	14.1	15.4	16.7
100	2.3	3.9	5.3	6.6	7.9	9.1	10.3	11.5	12.7	13.9	15.0
125	1.9	3.1	4.3	5.3	6.3	7.3	8.3	9.3	10.2	11.2	12.1
150	1.6	2.6	3.6	4.4	5.3	6.1	7.0	7.8	8.6	9.4	10.1
200	1.2	2.0	2.7	3.4	4.0	4.6	5.3	5.9	6.5	7.1	7.6

说明：本表以百分比的形式提供了计算的偏差率上限，并假定适用于大总体。样本规模 200 以上的未在表内列示。

资料来源：Data from AICPA Audit Sampling Audit Guide，March 1，2014（www. aicpa. org）.

属性抽样评价表的使用　运用此表计算 CUER 需要按以下步骤进行：

（1）选择与 ARO 相对应的表。该 ARO 应该与用于确定初始样本规模的 ARO 相同。

（2）在表的上端找出审计测试中发现的实际偏差数。

（3）在表的最左边一栏找到实际样本量。

（4）沿合适的实际偏差数所在的列向下阅读找出与其合适的样本规模所在行的交点。交点的数值即为精确度上限。

为说明评价表在希尔伯格五金公司中的应用，假定实际样本规模为 70，属性 6 的偏差数为 1，则在 ARO 为 5%的情况下，计算的偏差率上限为 6.6%。换言之，这一结果表明，在 ARO 为 5%时，属性 6 的计算的偏差率上限为 6.6%。这是否又意味着，若是全面测试总体，其实际偏差率就是 6.6%呢？不是，因为实际偏差率是未知的。这一结果的含义只是，假定审计师认为实际偏差率上限不超过 6.6%，则这一判断有 95%的可能是正确的，有 5%的可能是错误的。

有可能存在一个并不等于选定的属性抽样评价表中数量的样本。此时，通常运用插值法来计算出适合使用评价表的样本规模。

假定这两张表适用于一个非常大的总体，这就会导致比小总体更保守的精确度上限。由于总体规模对样本规模的影响通常都很小，因此可以忽略不计。

13. 分析偏差。属性抽样与非统计抽样相同。

14. 决定总体的可接受性。决定总体的可接受性的方法对属性抽样与非统计抽样基本上相同。属性抽样是一种统计抽样方法，因此审计师可以量化抽样风险估计和偏差率上限。就属性抽样而言，审计师对每个属性都将 CUER 与 TER 进行比较。在确定总体可接受性以前，根据实际样本结果确定的精确度上限必定小于或等于两者均基于相同的 ARO 确定的 TER。在前面给出的例子中，审计师已经确定，愿意在 5%的 ARO 和 6.6%的精确度上限基础上，接受 7%的总体偏差率，这就符合抽样的要求。在这种情况下，只要对偏差率的起因进行仔细分析，若并无迹象表明控制的某一方面可能存在预先未曾考虑到的重大问题，就可以按计划用所测控制来降低估计的控制风险。

在精确度上限大于 TER 时，审计师需要采取具体行动。非统计抽样中讨论的四种行动同样适用于属性抽样。

图 15-8 列示了对希尔伯格五金公司运用属性抽样测试图 15-3 中属性 1～9 的已完成的抽样记录。该表大部分信息与图 15-4 所列示的非统计抽样信息一致。二者关键的区别在于，计划审计时，审计师确定 ARO 的初步样本规模的职业判断不同，使用实际测试结果对计算的偏差率上限不同。需要注意的是，在属性抽样运用中（见图 15-8），对 ARO 的判断是量化的（5%），这一判断是与利用表 15-8 针对每一属性确定初步样本规模，估计总体偏差率和可容忍偏差率是同时进行的。图 15-8 中计算的偏差率上限是以样本偏差率和所测试的实际样本规模为基础，利用表 15-9 来确定的。

客户：希尔伯格五金公司　　年末：12/31/2016

审计领域：开单的控制测试与交易实质性测试　　总体规模：5 764

确定的审计目标：审查销售发票副本和相关凭证以决定该系统是否按其意图及审计方案中描述的那样运行。

精确界定总体（如果有分层，包括分层）：1/1/2016—12/31/2016 的销售发票。第一张发票序号＝3689，最后一张序号＝9452。

定义抽样单位、总体项目的组织和随机选样程序：销售日记账中按顺序记录销售发票序号；计算机生成随机数。

属性描述	审计计划				实际结果			
	估计总体偏差率	可容忍偏差率	可接受的信赖过度风险	初始样本规模	样本规模	偏差数	样本偏差率	计算的偏差率上限
1. 销售日记账中销售发票序号的存在性（程序 12）	0	4	5	74	75	0	0	4.0
2. 销售源文件中的金额和其他数据与销售日记账分录一致（程序 13a）	1	5	5	93	100	2	2	6.2
3. 销售发票副本中的金额和其他数据与销售日记账分录一致（程序 13b）	1	5	5	93	100	0	0	3.0
4. 计价、小计和合计数已验证的证据（签字和正确金额）（程序 13b）	1	5	5	93	100	10	10	16.4
5. 提货单上的数量和其他数据与销售发票副本和销售日记账一致（程序 13c）	1	5	5	93	100	4	4	9.0
6. 销售订单上的数量和其他数据与销售发票副本一致（程序 13d）	1	7	5	66	70	1	1.5	6.6
7. 顾客订单上的数量和其他数据与销售发票副本一致（程序 13e）	1.5	9	5	51	50	0	0	5.9
8. 赊销已获授权批准（程序 13e）	1.5	9	5	51	50	12	24	＞20
9. 对销售日记账中所记录的销售交易而言，归档的原始凭证包括销售发票副本、提货单、销售订单和顾客订单（程序 14）	1	7	5	66	65	0	0	4.6

抽样结果的使用意图：

1. 对审计计划的影响：经过属性 1，3，6，7 和 9 的测试，对于既定的样本误差限额，控制可以认为是有效的。鉴于属性 2，4，5 和 8 的测试结果，需要进一步强调函证、坏账准备、截止测试和计价测试。

2. 对内部控制报告的影响：属性 2，4，5 和 8 的 CUER 超过了 TER。这些结果都要与被审计单位管理层沟通，以使其在年前有机会更正控制缺陷。如果管理层及时更正了控制缺陷，审计师还应在年前对之进行测试，以便对被审计单位的财务报告内部控制发表审计意见。

3. 向管理层提供的建议：各项偏差情况都需要与管理层进行讨论。需要对纠正销售发票的内部验证和改进赊销批准的方法提出具体建议。

图 15-8　属性抽样数据表：希尔伯格五金公司开单功能测试

□ 职业判断的需要

统计抽样偶尔遭到的一个批评是，其减少了审计师对职业判断的运用。本章对非统计抽样与属性抽样所讨论的14个步骤的比较表明，这种批评是没有说服力的。就属性抽样的应用适当性而言，其大多数步骤都有必要使用职业判断。例如，初步样本规模的选择主要依赖于TER，ARO和EPER。前两个步骤的选择需要高水平的职业判断，后者则需要仔细的估计。类似地，对属性抽样整体应用充分性的评价，包括样本规模的充分性，也需要以高水平的职业判断为基础。

本章小结

本章介绍了代表性样本，讨论了统计与非统计抽样、概率与非概率选择之间的区别。我们还阐述了用在控制测试和交易实质性测试中的偏差率抽样的14个步骤，并以希尔伯格五金公司为例说明了偏差率的非统计和统计属性抽样。

练习题

15-5 解释放回抽样和不放回抽样的区别。审计师通常采用哪种方法？原因是什么？

15-12 解释下列术语的定义：

a. 可接受的信赖过度风险（ARO）

b. 计算出的偏差率上限（CUER）

c. 估计总体偏差率（EPER）

d. 样本偏差率（SER）

e. 可容忍偏差率（TER）

15-14 解释TER和CUER的区别，以及如何确定TER和CUER。

15-21 列出审计师在使用属性抽样时必须作出的主要决策。陈述每一个决策所涉及的最重要的考虑因素。

选自注册会计师考试的选择题

15-22 下列各项目应用于使用随机选择从一大总体中为属性抽样选取样本而确定样本规模。对每个问题选择最合适的答案。

a. 如果抽样计划中的所有其他因素保持不变，那么控制风险估计过低的可接受风险水平从5%变为10%时，将会引起需要的样本规模（　　）。

(1) 增加

(2) 保持不变

(3) 减少

(4) 不确定

b. 在属性抽样中影响初始样本规模的四个因素中，哪个因素对样本规模的影响最小（　　）。

(1) 总体规模

(2) 估计总体偏差率

(3) 可容忍偏差率
(4) 可接受的信赖过度风险
c. 控制测试的样本规模与下列呈反向关系的是（　　）。

	估计总体偏差率	可容忍偏差率
(1)	否	是
(2)	是	否
(3)	否	否
(4)	是	是

15-23　下列各项涉及为属性抽样从一大总体中运用随机选样时的偏差率的决定，选择最佳答案。
a. 统计抽样中精确度上限指的是（　　）。
(1) 样本中拥有某特定属性的项目的百分比
(2) 总体中拥有某特定属性的项目的百分比
(3) 在特定置信水平下，某属性发生的最大可能性的统计度量
(4) 在审计师不改变对特定属性的计划依赖程度情况下，愿意接受的总体最大偏差率
b. 除了评估控制测试中的偏差率外，审计师还应考虑偏差的某些定性方面。当偏差具有下列哪些特征时，审计师会特别关注该偏差的影响（　　）。
(1) 在样本中发现的唯一偏差
(2) 与上一年度审计中发现的偏差相同
(3) 由雇员对工作指示的误解引起
(4) 最初被伪造的文件所掩盖
c. 在审计师就内部控制属性抽样运用统计抽样时，以下哪种情况应当减少预设控制的依赖程度（　　）。
(1) 样本偏差率加抽样风险等于可容忍偏差率
(2) 样本偏差率小于样本计划中的预期偏差率
(3) 可容忍偏差率减抽样风险大于样本偏差率
(4) 样本偏差率加抽样风险大于可容忍偏差率
15-24　下列问题涉及审计抽样，选择最佳答案。
a. 统计抽样相对于非统计抽样的优点是，统计抽样可以帮助审计师（　　）。
(1) 最小化未能查出错误与舞弊的失误
(2) 估计非抽样误差的风险
(3) 设计更有效的审计程序
(4) 通过量化抽样风险来计量审计证据的充分性
b. 下列哪项可最佳地描述抽样风险的概念（　　）。
(1) 与所选样本相关的凭证可能并不适合于审计师检查
(2) 审计师未能发现样本凭证上的错误
(3) 随机选取的样本可能并不能作为所关注属性总体的代表
(4) 审计师可能选择使用了并不能实现特定审计目标的审计程序
c. 下列哪项测试审计师最喜欢在属性选择中运用（　　）。
(1) 为函证账户余额选择应收账款
(2) 监督人员检查员工计时卡是否有适当批准
(3) 独立估计后进先出法的存货金额
(4) 检查支持新增固定资产价值的发票

讨论题

15-27

a. 作为一名审计人员，你需要制定一个抽样计划，并分别为下列三个独立场景设计一个无偏的随机样本。审计业务负责人已指示你使用Excel randbeen函数选取样本项目。对于每个场景，设计一个选样计划，该计划包括决定抽样单位、建立与总体对应的号码系统，以及确定如何使用Excel randbeen函数选取样本。计划确定以后，根据计划选取样本。假设（1）至（3）的样本规模为75。

（1）销售日记账中预先编号的销售发票编码最小为1，最大为8274。

（2）预先编号的提货单中最小编码是18211，最大的是29427。

（3）除了最后一页（只有29行）外，应收账款在每页50行的20页纸上，每行均有客户的名称与应收的金额。

b. 运用系统选样法从a题的总体（1）至（3）中选取前五个样本项目，并使用下列给出的随机出发点。记住每种情况下的样本规模均为75。

（1）第39号发票。

（2）第18259号提货单。

（3）第1页，第11行。

15-28 伦特供应公司是一家位于中部奥尔良地区的中型五金批发商。它是你多年的客户，并根据你的建议建立了健全有效的内部控制。

在对发货进行控制时，该客户对用于每项销售的仓储移送单均已预先编号。在没有得到经批准的仓储移送单时，不允许转移货物是公司的一项政策。发货之后，两份仓储移送单副本被送至开票部门以供计算机编制销售发票。其中一份与预先编号的销售发票副本装订在一起，而其他各份则按编号归档。在某些情况下，有一份以上的仓储移送单用于对一张销售发票开单。本年最小的仓储移送单号码是11741，而最大的号码是34687。最小的销售发票号码是45302，最大的号码是65747。

在销售交易审计中，一个最主要的问题是，确保所有发货均已开票的内部控制的有效性。假定你已决定使用审计抽样测试内部控制。

要求：

a. 阐述测试发货是否均已开票的有效审计程序。该审计程序的抽样单位是什么？

b. 假定你预期样本中没有偏差，但愿意接受4%的TER。在5%的ARO下，审计测试最适宜的样本规模是多少？你可以运用属性抽样。

c. 为从总体中选取样本设计一项随机选样计划，可以使用系统选样或者是计算机生成的随机数。运用b题确定的样本规模。如果你使用系统选样，设定随机出发点为11878。

d. 你的督导认为，为有效率地运用你的审计时间，可以将你的测试与其他销售测试使用相同的样本。列出两个能运用相同样本并可以方便执行的其他审计程序，并说明每个程序的目的。

e. 运用已在c题设计的随机样本来测试销售交易的发生适当吗？为什么？

15-30 下列问题涉及运用下表的审计抽样中适当样本规模的确定：

	1	2	3	4	5	6	7
ARO（%）	10	5	5	5	10	10	5
TER（%）	6	6	5	6	20	20	2
EPER（%）	2	2	2	2	8	2	0
总体规模	1 000	100 000	6 000	1 000	500	500	1 000 000

要求：

a. 假定第一栏的样本规模确定为 90 个项目，运用非统计抽样。对第二栏到第七栏，使用判断确定合适的非统计样本规模。在确定每个样本规模时，与第一栏比较，考虑四个因素（控制风险估计过低的可接受风险、可容忍偏差率、估计总体偏差率和总体规模）中每个因素的影响。

b. 对 1～7 中的每一栏，确定初始样本规模以满足审计师运用表 15－8 对应部分的属性抽样的要求。

c. 运用对下列因素与样本规模之间关系的理解，指出当其他因素保持不变时，其中一个因素变动对初始样本规模变化（增加或减少）的影响。

（1）控制风险估计过低的可接受风险水平增加。

（2）可容忍偏差率的增加。

（3）估计总体偏差率的增加。

（4）总体规模的增加。

d. 解释第三栏与第六栏之间的样本规模存在很大差异的原因。

e. 将 c 题得出的答案与 a 题（非统计抽样）或 b 题（属性抽样）确定的结果进行比较。四个因素中哪一个对初始样本规模的影响最大？哪一个的影响最小？

f. 为什么这个样本规模称为初始样本规模？

15－31　下列问题与控制测试的审计抽样中计算偏差上限的确定有关，运用下列表格：

	1	2	3	4	5	6	7	8
ARO（%）	5	5	10	5	5	5	5	5
总体规模	50 000	500	5 000	5 000	5 000	900	5 000	500
样本规模	200	100	200	200	50	100	100	25
偏差数目	4	2	4	4	1	10	0	0

要求：

a. 运用非统计抽样，计算第一栏到第八栏每一栏的可容忍偏差率减样本偏差率，并评价样本误差是否足以接受总体。假定每一栏的可容忍偏差率为 5%。

b. 对 1～8 中的每一栏，基于表 15－9 的适当部分，运用属性抽样法确定计算的偏差率上限。

c. 运用对上述四个因素与计算的偏差率上限之间的关系，指出其他因素保持不变，其中一个因素变动对计算的偏差率上限（增加或减少）的影响。

（1）ARO 的减少。

（2）总体规模的减少。

（3）样本规模的减少。

（4）样本中偏差数量的增加。

d. 将 c 题得出的答案与 a 题（非统计抽样）或 b 题（属性抽样）确定的结果进行比较。四个因素中哪一个对计算的偏差率上限的影响最大？哪一个的影响最小？

e. 为什么有必要比较计算的偏差率上限与可容忍偏差率？

第 16 章

完成销售与收款循环的测试：应收账款

- 16.1 设计余额细节测试的方法
- 16.2 设计余额细节测试
- 16.3 应收账款的函证
- 16.4 制定细节测试的审计方案

学习目标

1. 描述运用审计风险模型设计余额细节测试的方法。
2. 对销售与收款循环中的账户设计与执行实质性分析程序。
3. 对应收账款设计与执行余额细节测试。
4. 获取与评价应收账款函证。
5. 以证据计划工作表为指导，对应收账款的审计设计审计程序。

引例

多就是好吗?

Susan 的第一次审计被指派的工作是处理应收账款函证。她很兴奋，因为这是在她审计课程的学习中自认为已经掌握得很好的知识点之一。前几年，Susan 所在的事务所已运用消极函证法函证了这些账户，即要求客户仅在余额信息不正确的情况下做出回应。上年发出了 200 份消极式询证函，并且都是在年末前一个月寄送出去的。那些收回的询证函仅仅显示了时间性差异，并没有显示顾客账簿中存在错报。

本年度的暂定审计计划大致与上年相同。在本年度计划的函证日之前，Susan 了解了该公司销售交易与现金收入的内部控制。她发现，虽然对销售交易执行了一项包括利益导向销售的新系统，但被审计单位在使用新系统时遇到了较大的问题，这项系统无法正常工作。在过去几个月，记录销售交易时发生了大量的错报。Susan 执行的控制测试和交易实质性测试也发现了类似的错报。

Susan 把她发现的问题告诉其督导并询问如何处理时，督导回答说："没问题。Susan，别像往常那样寄 200 封询证函，这次寄 300 封询证函。你一定要选取良好的随机样本，以便我们能够依据结果进行有效推断。" Susan 对这一指令感到非常迷惑。她想起审计课程中的相关知识，"在控制薄弱时，消极式函证是不能作为有效证据的。由于要求顾客只是在有差异时才答复函证，因此审计师对样本中的各项错报的正确价值并无把握。"如果是这样，那么即使对每个账户都寄一封消极式函证，其结果也会产生误导。Susan 认为扩大样本规模是一个错误的解决方案。在 Susan 与她的督导谈论其看法时，督导这次回答说："你是对的，我说得太草率了。我们需要坐下来考虑一个查明应收账款是否被严重错报的更好的方案。"

在前面两章，我们讲述了对销售与收款循环的控制测试与交易实质性测试。这两种类型的测试是审计过程第二阶段的一部分。我们现在转向审计过程的第三阶段，并将我们的关注重心转向销售与收款循环的实质性分析程序和余额细节测试。

本章表明，对审计师来说，在考虑实际执行的重要性、执行风险评估程序评估固有风险和控制风险，以及执行控制测试和交易实质性测试之后，审计师必须选择适当的证据，以验证销售与收款循环中的账户余额。本章主要阐述销售与收款循环中的应收账款和坏账准备这两个关键账户设计实质性分析程序和余额细节测试。

16.1 设计余额细节测试的方法

图 16-1 列示了审计师设计适当应收账款的余额细节测试的方法。这一方法已在第 13 章介绍，现将其用于应收账款的审计。

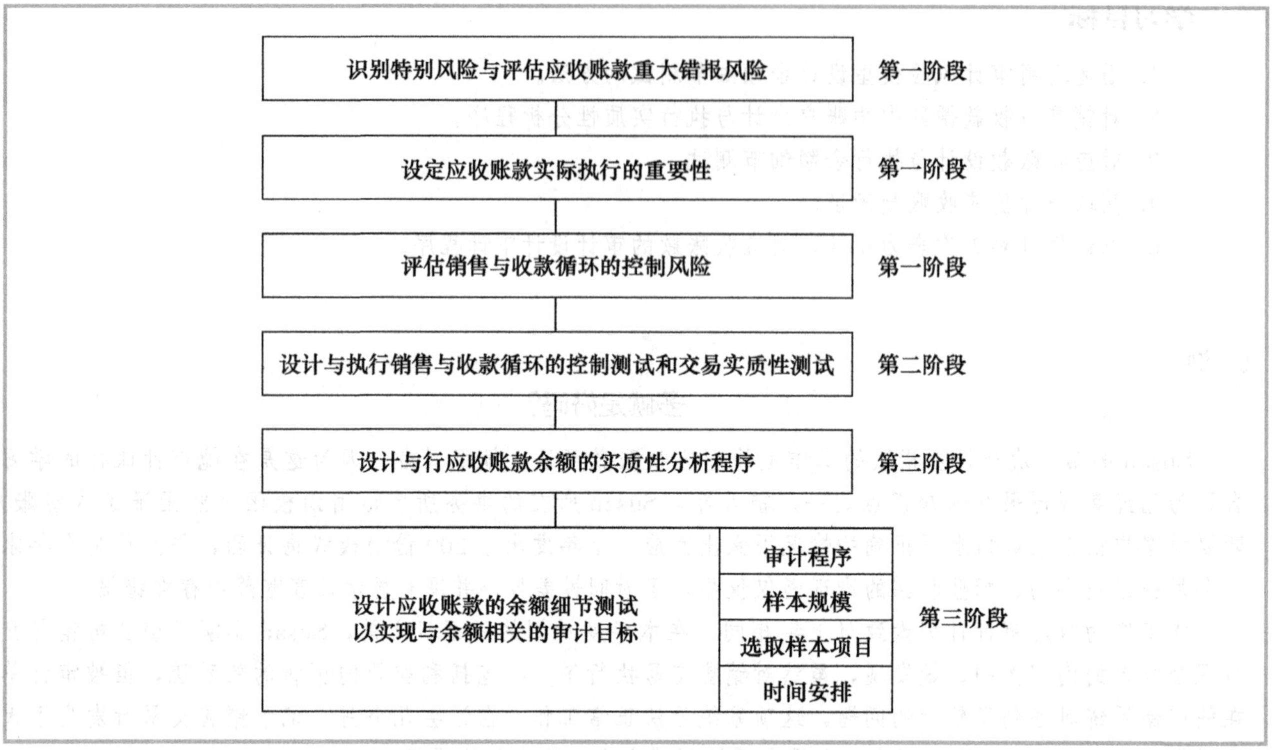

图 16-1　设计应收账款余额细节测试的方法

图 16-1 中列示的方法直接与第 9 章中首次介绍的证据计划工作表相关。该工作表在第 9 章考虑重要性和风险时就部分地完成了（第一阶段），并在第 15 章（第二阶段）控制测试与交易实质性测试研究中又完成了一部分。我们将在本章中随着第三阶段的进行继续完成此表。现在，我们可以先查阅一下图 16-7，了解一下完整的证据计划工作表的例子，把握本章所要介绍内容的一个概貌。

从余额细节测试中获得适当证据，针对不同目标一一决定。因为有几个影响证据决定的交互作用，所以这一审计决策较为复杂。例如，审计师必须评价潜在的舞弊风险，以及考虑因目标而异的固有风险、随目标而变化的控制测试结果和相关的控制风险评估的结果，审计师还必须考虑销售与现金收入的实质性测试结果。

在设计应收账款的余额细节测试时，必须实现第 6 章首次讨论的八个与余额相关的审计目标中的每一个。这八个审计目标对所有账户都是相同的。具体应用到应收账款账户，这些审计目标就称为**与应收账款余额相关的审计目标**（accounts receivable balance-related audit objectives）。它们分别是：①

1. 应收账款账龄试算表的应收账款与其相关的应收账款源文件一致，总额得到正确加总，与总分类账一致（细节相符性）。
2. 已入账的应收账款确实存在（存在）。
3. 已存在的应收账款均已入账（完整性）。
4. 应收账款金额准确（准确性）。
5. 应收账款已适当分类（分类性）。
6. 应收账款截止正确（截止）。
7. 应收账款以可实现价值表达（可实现价值）。
8. 应收账款为被审计单位所有（权利）。

---

① 细节相符性在这里列为第一个审计目标，第 6 章中将它列为第六个目标，因为对细节相符性的测试通常是最先做的。

图 16－7 证据计划工作表的各栏列示的就是与余额相关的审计目标。审计师使用行中各因素来帮助估计应收账款各目标的计划检查风险。

学习审计需要了解对应收账款与所有账户余额细节测试的方法设计。以下讨论旨在解释这些方法。讨论的很大一部分都是对前面几章已学习内容的复习，其目的在于帮助了解图 16－1 的每一阶段与余额细节测试设计之间的关系。

识别特别风险与评估应收账款重大错报风险（第一阶段）

正如第 8 章所讨论的那样，应收账款的测试是以审计师了解被审计单位的经营和行业情况的风险评估程序为基础的。作为此类了解的一部分，审计师需要研究被审计单位的行业和外部环境、评估管理目标和经营过程，以识别被审计单位中可能影响包括应收账款在内的财务报表的重大经营风险。作为获得这种了解的一部分，审计师在对应收账款的固有风险和计划证据进行评估时，通常要考虑被审计单位中影响应收账款的经营风险。例如，基于行业经济环境的不利变化，审计师可能增加应收账款可实现价值的固有风险。审计师执行初步分析程序可能表明应收账款中的错报风险增加。作为评估重大错报风险的一部分，审计师应确定已识别的风险是否为特别风险。特别风险是指经识别和评估的重大错报风险，根据审计师的专业判断，该风险需要特别的审计考虑。确定特别风险是计划工作的重要部分，因为审计准则要求审计师了解与特别风险相关的内部控制，以评价这些控制的设计和执行情况，审计师必须对认定为特别风险的认定实施实质性测试。

对于大多数审计而言，收入确认被认为具有特别风险，因为审计准则要求审计师假定收入确认存在舞弊风险。当进行赊销时，会计的复式记账性质意味着这种假设通常也会影响审计师对以下应收账款余额相关目标的固有风险评估：存在、销售截止、销售退回与折让截止。对于客户来说，错误或舞弊性的截止错报是很常见的。由于难以确定正确的余额，客户也经常无意或欺诈性地错报坏账准备（可实现净值）。因此，审计师也可以将与应收账款可实现净值目标相关的错报风险确定为特别风险。

设定应收账款实际执行的重要性（第一阶段）

正如在第 8 章所讨论的那样，审计师首先要对整个财务报表的重要性作出初步判断。接下来，审计师将重要性初步判断数分配到包括应收账款在内的每个资产负债表账户。这个分配过程可称为设置实际执行的重要性。应收账款通常是赊销公司财务报表中最重要的账户之一。即使应收账款余额不大，销售与收款循环中影响应收账款余额的交易也可以几乎肯定是非常重大的。

评估销售与收款循环的控制风险（第一阶段）

对大部分公司来说，销售与现金收入及其相关应收账款的内部控制应该大都是合理有效的，因为管理层关注的是保持正确的记录，以此作为与顾客保持良好关系的方法。审计师通常要特别关注这些内部控制的三个方面：防止或发现舞弊的控制、截止控制、与坏账准备有关的控制。

我们已经学习了销售与收款循环中与交易相关的审计目标（参见第 14 章），审计师必须将这些审计目标的控制风险和与余额相关的审计目标联系起来，为余额细节测试确定计划检查风险和计划所需证据，这些联系的大部分都是简单和直接的。图 16－2 列出了销售与收款循环中的两类主要交易之间的这种联系。例如，假定审计师认为，就交易准确性审计目标来说，销售与现金收入的控制风险较低，那么审计师可能因此认定，应收账款的金额准确性审计目标的控制是有效的，因为能影响应收账款的唯一交易就是销售与现金收入。当然，如果销售退回与折让及坏账的注销比较重要，那么估计控制风险也必须考虑这两类交易。

交易的类型	与交易相关的审计目标	与应收账款余额相关的审计目标							
		细节相符性	存在	完整性	准确性	分类	截止	可实现价值	权利
销售	发生		√						
	完整性			√					
	准确性				√				
	过账和汇总	√							
	分类					√			
	及时性						√		
现金收入	发生			√					
	完整性		√						
	准确性				√				
	过账和汇总	√							
	分类					√			
	及时性						√		

图 16-2 销售与收款循环中与交易相关的审计目标同与应收账款余额相关的审计目标之间的关系

图 16-2 所列示的关系中有两个方面值得特别注意。

1. 对销售而言，与交易相关的发生审计目标影响与余额相关的存在审计目标，对于现金收入来说，与交易相关的发生审计目标影响与余额相关的完整性审计目标，对与交易相关的完整性审计目标存在类似的关系。获得这种略感意外结论的原因是，销售的增长增加了应收账款，但现金收入的增长减少了应收账款。例如，记录并未发生的一项销售违背了与交易相关的发生审计目标和与余额相关的存在审计目标（两者均被高估）。记录并未发生的现金收入违背与交易相关的发生审计目标，同时还违背了应收账款的余额完整性审计目标，因为一项仍未收回的应收账款不再包括在现金收入记录中。

2. 可实现价值和权利这两个与应收账款余额相关的审计目标，还有列报和披露相关的审计目标，并不受交易类别的估计控制风险的影响。针对这些目标，若审计师想将估计控制风险降至最大值以下，则必须识别和测试与这些目标相关的内部控制。

图 16-2 列示了三行估计控制风险：一行是销售，一行是现金收入，还有一行与应收账款余额相关的额外控制。销售与现金收入的控制风险估计水平来自控制风险矩阵，假定控制测试的结果支持原来的控制风险估计，审计师就可以只对与应收账款余额相关审计目标或列报和披露相关审计目标的控制风险作一个单独评估。

□ 设计与执行控制测试和交易实质性测试（第二阶段）

第 14 章和 15 章讲述了控制测试和交易实质性测试的设计、样本规模的确定、对这些测试结果的评价。控制测试的结果决定了销售与现金收入的估计控制风险是否需要予以修正。交易实质性测试的结果通常用于确定各项与应收账款余额相关的审计目标的计划检查风险的符合程度。图 16－7 中的证据计划工作表列示了三行控制风险，还有两行交易实质性测试结果：一行是销售交易，另一行是现金收入交易。

□ 设计与执行实质性分析程序（第三阶段）

正如第 7 章讨论的，分析程序通常在审计的三个阶段都会执行，即审计计划阶段、执行细节测试阶段和审计完成阶段。本章要讨论的是，针对销售与收款循环账户，如何在计划阶段和执行细节测试时运用计划分析程序和实质性分析程序。

在细节测试阶段所执行的大多数实质性分析程序都是在资产负债表日后、余额细节测试之前执行。在被审计单位记录全年所有交易和最后编制财务报表完成之前，执行大量的实质性分析程序意义不大。

分析程序是对整个销售与收款循环进行的，而不仅仅针对应收账款执行。这样做是因为在损益表账户与资产负债表账户之间存在密切的联系。如果审计师通过分析程序确定了在销售或销售退回与折让中的可能错报，那么应收账款将可能抵销这些错报。

表 16－1 列示了销售与收款循环中几种主要的比率与比较，以及分析程序可以暗示的潜在错报。尽管表 16－1 主要关注当前年度结果与以前年度结果的比较，但审计师也可考虑当前年度结果与预算数和行业趋势的比较。要特别注意那些影响资产负债表账户与损益表账户的“潜在错报”。例如，当审计师对销售交易执行分析程序时，可以获得销售与应收账款两个账户的相关证据。审计师可以使用与表 16－1 所示相同类型的比率和比较作为计划分析程序或实质性分析程序。然而，虽然计划分析程序可能以中期数据或汇总数据为基础，例如会计期间前六个月的全公司销售数据，但实质性分析程序可能会使用分解数据，例如按月销售金额和基于审计年度全年数据的产品。

表 16－1　销售与收款循环的分析程序

分析程序	可能的错报
将本年度的毛利率与以前年度比较（按产品系列比较）	销售收入和应收账款高估或低估
按月比较一定时期的销售收入（按产品系列比较）	销售收入和应收账款高估或低估
将销售退回与折让占销售收入总额的比例与以前年度比较（按产品系列比较）	销售退回与折让及应收账款高估或低估
将超过一定数额的个别顾客的欠款与以前年度进行比较	应收账款和相应的损益表账户中错报
将坏账费用占销售收入总额的比例与以前年度比较	没有给无法收回的应收账款计提准备
将应收账款的欠款天数与以前年度比较，并对应收账款周转率作同样的比较	坏账准备和坏账费用高估或低估；也可能暗示有虚构的应收账款
将各账龄的款项占应收账款的比例与以前年度比较	坏账准备和坏账费用高估或低估
将坏账准备占应收账款的比例与以前年度比较	坏账准备和坏账费用高估或低估
将已冲销的坏账占应收账款总额的比例与以前年度比较	坏账准备和坏账费用高估或低估

除了执行表 16－1 中的分析程序外，还应当复核大额和异常的应收账款。特别值得关注的是那些余额大、拖欠时间长的账户，关联公司、公司主管、董事和其他关联方的应收账款以及有贷方余额的应收账款账户。审计师应当复核报表日的应收账款清单（账龄试算表），或使用审计软件以便确定需要进一步调查的账户。

为了举例说明实质性分析程序在细节测试阶段的运用，表16－2列示了希尔伯格公司销售与收款循环的比较试算余额信息。根据这些信息，表16－3的举例阐述了几个实质性分析程序。这两表指出，唯一的潜在错报是应收账款。表16－3下面的解释描述了其潜在错报。

表16－2 希尔伯格五金公司的比较资料——销售与收款循环

	数量（千美元）				
	2016/12/31	变化百分比 2015—2016	2015/12/31	变化百分比 2014—2015	2014/12/31
销售收入	144 328	9.0%	132 421	7.0%	123 737
销售退回与折让	1 242	3.9%	1 195	13.6%	1 052
毛利	39 845	9.6%	36 350	7.0%	33 961
应收账款	20 197	15.3%	17 521	3.3%	16 961
坏账准备	1 240	−5.4%	1 311	21.5%	1 079
坏账费用	3 323	−2.1%	3 394	7.3%	3 162
流动资产总额	51 027	2.3%	49 895	1.5%	49 157
资产总额	61 367	0.9%	60 791	1.8%	59 696
税前净收益	5 681	21.9%	4 659	39.0%	3 351
应收账款的户数	258	16.7%	221	5.7%	209
余额在100 000美元以上的应收账款户数	37	15.6%	32	6.7%	30

表16－3 希尔伯格五金公司的实质性分析程序——销售与收款循环

	2016/12/31	2015/12/31	2014/12/31
毛利/净销售	27.85%	27.70%	27.68%
销售退回与折让/销售总额	0.9%	0.9%	0.9%
坏账费用/净销售	2.3%	2.6%	2.6%
坏账准备/应收账款	6.1%	7.5%	6.4%
应收账款拖欠天数（天）*	48.09	47.96	49.32
应收账款净额/流动资产总额	37.2%	32.5%	32.3%

* 只针对年末应收账款。

说明：坏账准备占应收账款的百分比从6.4%下降到6.1%。应收账款拖欠天数和经济状况反映这一变化不正常。潜在错报大约是60 000美元（20 197 000×(0.064－0.061)）。

审计师对销售与收款循环执行实质性分析程序所得出的结论，列示于图16－7计划取证工作表的倒数第三行。实质性分析程序属于实质性测试，因此，如果实质性分析程序的结果令人满意，审计师就可以减少余额细节测试的范围。

当销售与收款循环的实质性分析程序发现了异常波动时，审计师应该对管理层作进一步的询问，且需要对其回答予以批评性评价，以确定他们是否足以解释这些波动以及是否得到其他相关性证据的支持。

□ 设计与执行应收账款余额的细节测试（第三阶段）

适当的余额细节测试取决于图 16－7 计划取证工作表的各项组成要素。表的倒数第二行列示了各项与应收账款余额相关的审计目标的计划检查风险水平。每一项目标的计划检查风险水平，都是审计师在主观地综合了对该行以上各要素之后所作的结论。

将确定计划检查风险水平的各要素进行综合是相当复杂的，因为每个因素的计量都是不精确的，且对每个因素赋予的适当权重需要高度职业判断。反过来，每个因素与计划检查风险之间的关系却是很明确的。例如，审计师知道，高的固有风险或控制风险可减少计划检查风险并增加计划实质性测试，而好的交易实质性测试结果则可增加计划检查风险并减少其他计划实质性测试。

图 16－7 的最下面行逐一列出了与应收账款余额相关的审计目标细节性测试的计划审计证据。正如前面几章所讨论的，计划审计证据是计划检查风险的补充。在作出给定目标的计划审计证据是高、中、低的结论后，审计师要决定适当的审计程序、样本规模、选取的项目和时间安排。

本章随后的部分将讨论如何决定审计应收账款的具体审计程序和作好时间安排决策。第 16 章讨论样本规模以及如何从测试总体中选取项目。

16.2　设计余额细节测试

尽管审计师强调资产负债表账户的细节余额测试，但也不能忽略损益表账户，因为它们可以作为资产负债表测试的副产品加以验证。例如，如果审计师函证应收账款余额并发现由于在给顾客开票中的错误而高估了应收账款，那么这一错误也会高估销售收入。

应收账款的函证是最重要的应收账款余额细节测试。函证在学习每个与余额相关的审计目标时都间接提到过，本章后面将单独对它进行详细的讨论。

应收账款余额细节测试的讨论遵循如下假定，即审计师已经完成类似于图 16－7 所示的计划取证工作表，并对每个与余额相关的审计目标确定了余额细节测试的计划检查风险水平。

审计程序的选取及其样本规模的确定将主要取决于既定目标的计划证据是低、中还是高。

□ 应收账款已正确加总并与其源文件和总分类账一致

应收账款和坏账准备的大多数测试都以应收账款账龄试算表为基础。**账龄试算表**（aged trial balance）是资产负债表日应收账款源文件中的账户余额清单。它包括未收回的各顾客账户余额，并按销售日与资产负债表日所经时间的长短对各项余额进行明细分类。图 16－3 就是一份典型的应收账款账龄试算表，取自希尔伯格五金公司的案例。注意，该账龄试算表的合计数等于总账试算表上的应收账款余额。

通常，审计师要在其他测试之前执行对试算表中信息的细节相符性的测试，以确保所测试的总体与总账和应收账款源文件一致。合计栏与各账龄栏必须进行加总测试，试算表中的合计数必须与总账进行核对。此外，还应当从各项余额中选取样本，追查其销售发票副本等原始凭证，以验证顾客名称、余额及正确账龄等信息。细节相符性的测试范围取决于所涉及的账户数量、在控制测试和交易实质性测试中对源文件的测试程序，以及账龄试算表在送交审计师之前由内部审计师或其他独立人员进行验证的程度。审计师也可运用审计软件来执行账龄试算表的加总和交叉加总以及重新计算账龄。

希尔伯格五金公司			明细表：	日期：2017年5月1日			
应收账款账龄试算表			制表人：				
2016年12月31日			批准人：				
			根据发票日期确定的账龄				
账户编号	顾客	余额 2016/12/31	0～30天	31～60天	61～90天	91～120天	120天以上
01011	亚当斯供应	146 589	90 220	56 369			
01044	阿格洛特公司	30 842	30 842				
01100	阿特沃特兄弟公司	210 389	210 389				
01191	毕克曼轴承	83 526	73 526		10 000		
01270	布朗和菲利普公司	60 000				60 000	
01301	克里斯多佛管道	15 789					157 89
⋮	⋮						
09733	旅行者装备	59 576	59 576				
09742	安德希尔备件与维修	179 263	179 263				
09810	UJW公司	102 211	34 911	34 700	32 600		
09907	泽弗尔塑胶制品	286 300	186 000	100 300			
		$ 20 196 800	$ 14 217 156	$ 2 869 366	$ 1 408 642	$ 1 038 926	$ 662 710

图 16-3　希尔伯格五金公司的账龄试算表

□ 已入账的应收账款确实存在

确定已入账应收账款存在性的最重要的余额细节测试，是对顾客应收账款余额进行函证。若顾客未能回复函证，审计师还需要审查支持性凭证，以验证货物的发运及随后现金收入的证据，以确定账款是否已收回。通常，审计师不会检查样本中已函证的任何账户的发货单或随后的现金收入证据，但这些凭证可以广泛地用作没有回复函证的替代性证据。

□ 已存在的应收账款均已入账

除非依靠应收账款源文件的自身平衡性，审计师要测试账龄试算表中遗漏的账户余额是很困难的。例如，如果被审计单位在编制账龄试算表时意外漏记了一笔应收账款，则发现此问题的唯一途径是加总应收账款试算表，并将合计数与总账中的统驭账户进行核对。

如果销售日记账中遗漏了某一个顾客的所有销售，那么通过余额细节测试也几乎不可能发现应收账款的低估。例如，审计师很少向余额为零的顾客发出函证，部分是因为研究表明，顾客不可能对其余额被低估的请求予以回复。另外，对新顾客的未记录销售用函证程序也很难确认，因为该顾客没有记录在应收账款源文件中。但是，通过对已发货但未记录的销售执行交易的实质性测试（测试销售交易的完整性目标）

和实质性分析程序，可以最大限度地发现销售收入与应收账款的低估。

□ 应收账款的入账金额准确

从应收账款账龄试算表中选取几个账户进行函证，是验证应收账款记账金额准确性的最常用的余额细节测试方法。当顾客没有按要求回复函证时，审计师可以通过审查原始凭证来解决，其方法与验证存在性目标的方法相同。至于对个别顾客账户的借方或贷方余额的测试，则可以通过审查发货和现金收入的支持性记录来进行。

□ 应收账款分类适当

通常，通过复核账龄试算表中应收关联公司、主管人员、董事或其他关联方的重要款项，可以比较容易地评估应收账款的分类。如果应收票据或不应当作为流动资产的账户列入了应收账款账户，则应将它们分开。最后，如果应收账款的贷方余额过大，那么应将它们重新分类为应付账款。

这里所讨论的与余额相关的分类目标和与列报和披露相关的分类和可理解性目标之间有着密切的联系。为了与余额相关的审计目标中的分类目标，审计师必须确定被审计单位是否已正确地区分了不同类别的应收账款。例如，审计师要确定应收关联方的款项是否在账龄试算表中单独列示。为了满足与列报和披露相关的审计目标，审计师必须在审计完成阶段通过确定关联方交易是否已经正确地在财务报表中反映，来确信分类的正确列报。

□ 应收账款截止合理

将本期的交易记录在下期，或将下期的交易记录在本期，都是**截止错报**（cutoff misstatements）。无论是什么类型的交易，截止测试的目标是验证临近会计期末的交易是否记录在适当的会计期间。截止测试是循环中最重要的目标之一，因为截止错误会严重地影响当期收益。例如，有意或无意地将几笔大额的、以后期间的销售交易记录在本期内，或将几笔当期的销售退回与折让排除在当期外，都会严重地高估净收益。

销售交易、销售退回与折让以及现金收入都可能会发生截止错误。在确定截止的合理性时，审计师需要采取以下三步法：一是决定适当的截止日标准；二是评价被审计单位是否建立了确保截止合理的充分程序；三是测试是否实现了合理的截止目标。

销售截止　大多数商业和制造业顾客都把货物的发运作为确认销售发生的标准，但也有些公司是在所有权转移时记录发票。所有权的转移既可能发生在发货前（如按照顾客要求定制产品），也可能发生在发货时或发货后。为了正确计量当前会计期间的收益，使用的方法必须与会计准则一致，并一贯地加以运用。

评价被审计单位取得可靠截止的方法，最重要的是确定被审计单位使用的程序。当被审计单位按顺序签发预先编号的发货单时，评价和测试截止通常是一件简单的事情。此外，发货与开票功能之间的分离也会提高将交易记录在适当会计期间的可能性。然而，如果发运由运输公司来进行、发运记录未编号、负责发货与开票的职员并不彼此独立，那么要确保准确截止虽然并非不可能，也会很困难。

当被审计单位的内部控制健全、有效时，通常可以通过取得会计期末最后一次发货的发货单编号，并将其与当期及其后几期已记录的销售进行核对来验证。例如，假定当期最后一次发货的发货单编号是 1489 号，结账前的所有销售的发货单编号应该在 1490 号之前。而下一期间内入账的销售交易，其发货时开出的提货单的号码则不应等于或小于1489号。这些测试比较容易进行，审计师可以将本期最后几天和下期最初几天的销售记录与相关的发货单进行核对即可较容易地验证这一点。

销售退回与折让的截止 会计准则要求，金额重大的销售退回与折让必须与相关的销售收入相匹配。例如，如果本期发出的货物在下期被退回，恰当的处理方法应当是将这笔销售退回归入本期（退回的货物也视同本期存货）。然而，大多数公司却依据每一个会计期间内销售退回与折让的期初数与期末数大致相等、可以相互抵销的假设，将销售退回与折让记录在其发生的会计期间内。只要金额不重大，这样做是允许的。也有一些公司建立了类似坏账准备式的退回与折让准备，记录下期预计的退回金额。

当审计师确信被审计单位已经及时记录了所有的销售退回与折让，则截止测试就很简单明了。审计师可以从结账日后几周内记录的销售退回与折让中选取一个样本，审查其支持性记录，以确定原销售日期。如果下期记录的销售退回与折让金额与被审计期间期初未记录的有重大差异，就需要考虑进行调整。例如，某公司推出新产品时可能会导致销售退回增加。如果审计师认为记录销售退回与折让的内部控制无效，就需要选取较大的样本来验证截止目标。

现金收入的截止 对大多数审计来说，现金收入截止的正确性并不像销售、销售退回与折让的截止那样重要。这是因为现金收入的截止不当只会影响现金和应收账款的余额，而不会影响收益。尽管如此，如果错报重大，仍会影响这两个账户的公允列报，特别是当现金余额较少甚至出现负数时。

通过追查账面记录的现金收入至银行对账单上记录的下期银行存款，可以很容易地测试出现金收入的截止错误（通常指"不结现金收入账"）。如果二者之间有几天的延迟，就可能表明存在截止错误。

应收账款的函证也可能在某种程度上依赖于对销售、销售退回与折让及现金收入截止错误的发现。然而，由于年末的在途运输和在途支付，导致正常**时间性差异**（timing difference）和截止错报常常是难以区分的。例如，如果一位顾客对12月30日未付账款的偿还邮寄和记录了一张支票，而被审计单位将其在1月2日入账，那么这两个单位12月31日的记录会不同。这并不是一项截止错误，而是由于邮递时间引起的时间性差异。但当函证回复是唯一的信息来源时，审计师很难评价是一项截止错误还是已发生的一项时间性差异。在这种情况下需要额外的调查，如检查支持性凭证。

□ 应收账款以可实现价值表述

会计准则要求应收账款应以最终可收回的金额列报，应收账款的可实现价值是应收账款总额减坏账准备。被审计单位对不可收回应收账款总额的估计是用坏账准备来表示的。尽管被审计单位不可能准确地预测未来，但审计师还是有必要考虑所有可能的事实以评价被审计单位的坏账准备是否合理。为有助于进行这种评价，审计师经常编制一份分析坏账准备的审计计划表，如图16-4所示。在本例中，分析表明坏账准备被低估。这可能是被审计单位未能对坏账准备或经济因素进行调整的结果。值得注意的是，坏账准备的潜在低估只是通过表16-3中针对希尔伯格五金公司的分析程序进行识别的。

评价应收账款坏账准备账户的起点是复核与被审计单位信用政策相关的控制测试结果。如果被审计单位的信用政策未发生变化、信用政策的测试结果和赊销批准都与以前年度一致，那么坏账准备余额的变化就应该仅仅反映经济状况和销售数量的变化。然而，如果被审计单位信用政策或其正确运转的程序已发生重大变化，那么也必须仔细地考虑这些变化的影响。

评价坏账准备是否充分的一种方法是仔细地对账龄试算表上的非本期账户进行审查，以确定那些在结账日后没有偿还的账项。然后将没有偿还的余额大小与账龄和以前年度的类似信息进行比较，以评价非当期的应收账款是否随时间而增减。赊销档案的审查、与信用经理的讨论以及对被审计单位的函件往来档案的复核都可以进一步了解应收账款的可收回性。如果有几笔大额余额是非当期的且没有按常规偿还，那么这些程序都是特别有用的。

希尔伯格五金公司			索引号 B—4		日期
坏账准备分析			编制：TW		2017 年 1 月 8 日
2016 年 12 月 31 日			批准：SB		2017 年 1 月 10 日
应收账款分类	应收账款余额（2016/12/31）		估计的准备百分率		估计的要求的坏账准备
0～30 天	$ 14 217 156	√	3%	×	$ 426 515
31～60 天	2 869 366	√	6%	×	172 162
61～90 天	1 408 642	√	15%	×	211 296
91～120 天	1 038 926	√	25%	×	259 732
120 天以上	662 710	√	40%	×	265 084
总计	$ 20 196 800				$ 1 334 789
入账的准备额					$ 1 240 000　TB
差额					$ 94 789

√——追查至应收账款账龄试算表。

×——准备率与以前年度一致，根据永久性档案记录的历史坏账准备率，这一准备率看起来是合理的。

TB——与试算表一致。

结论：根据账龄分析，基于账龄分析入账的坏账准备被明显低估。大约有 95 000 美元没有考虑。具体查阅 A-3 的可能错报数表（见图 22－6）中的摘要。

图 16－4　希尔伯格五金公司的坏账准备分析

通过复核应收账款账龄试算表的单个非当期余额来评价坏账准备有两个缺陷：一是在确立坏账准备的充分性时忽略了当期账项，即使某些账项毫无疑问是不可收回的；二是难以将本年的结果与以前年度的坏账准备在一个不变的基础上进行比较。如果这些账项变得愈发不可收回有好几年了，这个事实就可能会被疏忽了。弥补这两个缺点的一个方法是，整理过去一段时期坏账注销的历史，作为评价本年度坏账准备的参考框架。例如，从历史上看，每类账龄的应收账款总额中总有一定的百分比会成为坏账，这样就可以比较容易地计算出坏账准备是否已适当反映。如果本期应收账款中有 2%，账龄在 30～90 天的应收账款中有 10%，而账龄超过 90 天的应收账款中有 35%最终会变成坏账，则可以很容易地将这些百分比应用在本年度的账龄试算表的总额上，其结果也可以很容易地与坏账准备账户余额进行比较。当然，审计师需要根据情况的变化仔细修正计算结果。

坏账费用　在审计师对坏账准备账户测试满意之后，验证坏账费用是很容易的。假定：（1）坏账准备期初余额已在上年度审计中得到验证；（2）在交易实质性测试中已验证了坏账注销；（3）已利用其他方式验证了坏账准备期末余额。

坏账费用只是一个余额数，通过重新计算就可以进行验证。

□ 被审计单位对应收账款拥有的权利

被审计单位对应收账款权利的审计通常不需执行任何审计程序，因为应收账款通常属于被审计单位，但是在某些情况下，一部分应收账款可能被抵押担保，或转让给其他人，或者出售或贴现。通常，被审计单位的顾客并不知道发生了上述这些情况，因此对应收账款函证无法发现这种情况。但通过复核会议记录、与被审计单位进行讨论、向银行进行函证、审查往来函件等程序，通常足以发现被审计单位对应收账款拥有有限所有权的情况。

□ 应收账款的列报与披露

对四个列报和披露相关审计目标的测试一般是作为审计完成阶段工作的一部分来执行，但是有一些列报与披露的测试要与实现账户余额细节测试结合在一起执行。例如，在测试销售和应收账款时，审计师必须了解和评价被审计单位收入确认政策的适当性，以确定这一政策是否在财务报表中进行了适当披露。审计师还必须决定被审计单位是否已在财务报表中适当加总金额，并披露了关联方的信息。为评价列报与披露的充分性，审计师必须了解会计准则和列报与披露的要求。

评价列报与披露的一个重要方面，就是要确定被审计单位是否已在报表中单独列示需要在报表中单独披露的重要金额。例如，高管和关联公司的应收款项金额比较重大，则必须与其他应收顾客的款项分开列示。再如，按照 SEC 的要求，公司必须分别披露不同经营部门的销售收入与资产。总账在财务报表中的适当加总，还需要将那些与外部报表使用者无关的账户余额进行合并。如果将所有的总账账户都在报表中单独列示，其结果将会使大多数使用者更加迷惑而不是更加明白。

16.3 应收账款的函证

在前面对余额细节测试设计的讨论中，已反复提到函证问题。应收账款函证的主要目的在于实现存在、准确性和截止目标。

函证是第 7 章所介绍的八类审计证据之一。函证是直接来自第三方的纸质或电子形式的书面答复，因为它们是从第三方那里直接获得的，所以一般都将之视为高度可靠的审计证据。尽管口头反应也可提供审计证据，但是不适用于函证。

□ 审计准则的要求

美国审计准则要求审计师应该对应收账款进行函证，但是，以下情况可能不适宜对应收账款进行函证：

1. 应收账款总体余额不重要。一些客户，如快餐店，大部分销售收入可能是现金收付制，导致应收账款余额可忽略不计。

2. 审计师认为由于回函率不足或不可靠，函证不是有效的证据。在一些行业如医院，回函率非常低。

3. 审计师对重大错报风险的评估水平（固有风险与控制风险联合水平）低，并且可以收集其他实质性证据来提供充分证据。如果被审计单位的内部控制健全有效，且销售与收款循环的固有风险低，那么审计师通常能够通过控制测试、交易实质性测试和实质性分析程序来满足证据要求。

如果审计师决定不对应收账款进行函证，就必须在其审计档案中记录这样做的理由。美国审计准则要求在大多数情况下都必须对应收账款进行函证，国际审计准则则是建议而非必须对之进行函证。这是美国审计准则与国际审计准则极少几个显著差异之一。PCAOB 同样要求修改审计准则以扩大函证的适用范围，包括取消上述例外情形并且增加需要函证的应收账款的种类。

□ 函证类型

在执行函证程序时，审计师首先必须决定所要使用的函证类型。

积极式函证　积极式函证（positive confirmation）是寄给债务人的信函，要求其直接证实函证所列示的余额正确与否。图 16－5 给出了希尔伯格五金公司审计时的积极式函证。注意，这份函证是对图 16－3 的应收账款账龄试算表中的大额款项之一发出的。

空白函证表（blank confirmation form）是一种积极式函证，它并不在函件上列出金额，但要求回函者填上余额或其他信息。由于空白表格要求回函者确定所要求的信息，因而可以认为它比包括余额信息的函证更为可靠。空白表格型函证在实务中很少使用，因为它们的回收率通常较低。

发票函证（invoice confirmation）是另一种积极式函证，它要求函证发票，而不是顾客的全部应收账款余额。许多客户都使用**凭单制度**（voucher system），使其函证单个发票而不是余额信息。因此，发票函证可以提高回函率。发票函证较之余额函证，可以减少时间性差异和其他调整项目。然而，发票函证有不能直接函证期末余额的缺陷。

对主要客户的销售通常涉及一些可能影响销售收入确认时间和金额的特别条款或货物退回的单边协议。一旦确认为特别风险，就要求向客户发出积极式函证，以确定被审计单位及其客户之间是否存在特殊条款或任何单边协议。

希尔伯格五金公司
加里市，印第安纳州
2017 年 1 月 5 日

Atwater 兄弟公司
南大街 19 号
米德尔敦市，俄亥俄州　36947

致相关人士：

由于本公司财务报表审计之需要，我们恳请您直接向我们的审计师（印第安纳州加里市，Berger&Anthony 会计师事务所）证实下面截止于 2016 年 12 月 31 日贵公司账户余额的正确性。

本函并非催付货款，请勿将款项汇给我们的审计师。

您如能及时回函，我们不胜感激。附上信封供您回函所用。

Erma Swanson　会计主管

Berger&Anthony 会计师事务所
加里市，印第安纳州
除下面情况外，我方应收款项余额 210 389 美元在 2016 年 12 月 31 日是正确的。

……………………………………………………

……………………………………………………

日期　　　　　　　　　　验证人

图 16－5　积极式函证

消极式函证　消极式函证（negative confirmation）也寄给债务人，但要求只有在债务人对所列示的金额有异议时才回函。图 16－6 列示了希尔伯格五金公司审计中的消极式函证，它附在顾客的月对账单上。

审计师的账户函证请求

请仔细审阅此表。如与贵方记录不符，请将偏差情况直接报告给我公司审计师（印第安纳州加里市，Berger & Anthony会计师事务所），我公司截止于2016年12月31日的财务报表正由他们进行审计。随函附上注明地址的信封，供您回函之用。

勿将款项汇给我公司审计师。

图16－6 消极式函证

积极式函证可获得更为可靠的证据，因为审计师在没有从债务人收到回函时可以执行一些后续替代程序。而对于消极式函证，即使债务人忽略了函证请求，没有答复也必须视为正确的回函。

消极式函证成本低于积极式函证，因而相同的成本可以发出更多的函件，可以弥补其可靠性较差的缺陷。消极式函证成本低是因为没有提出二次请求，且对未收到回函时无须采取后续替代程序。

采用哪种类型的函证是审计师的决策，但应基于审计中的具体事实。审计准则要求，只有在下列所有情况都具备时，才能采用消极式函证：

1. 审计师已经将重大错报风险评估为低水平，且就函证程序所涉测试目标有关的控制有效性获得了充分适当的证据。

2. 消极式函证程序对应的项目总体由大量小额且账户余额、交易或其他项目的同质性高的账户组成。

3. 审计师预期估计偏差率较低。

4. 审计师有理由相信消极式函证的函证对象会认真考虑所收到的函证。例如，如果往年积极式函证的回函率都非常高，则可以合理地认为函证对象也会对消极式函证给予充分考虑。

通常情况下，当使用消极式函证时，审计师应该将内部控制的有效性、交易实质性测试和实质性分析程序作为验证应收账款公允性的证据给予高度重视，并假定绝大多数的函证对象会认真阅读和回复函证要求。

消极式函证经常应用于应收账款多为一般社会公众如医院、零售店和其他行业所欠款项的审计中。消极式函证与积极式函证也通常结合使用，即将积极式函证寄送给大余额账户，而将消极式函证寄送给小余额账户。

函证决策具有连续性，从一些情况下不使用函证开始，至仅使用消极式函证，到既使用积极式函证又使用消极式函证，再到只使用积极式函证。影响审计师决策的主要因素包括应收账款总额的重要性、个别账户的数量与金额大小、控制风险、固有风险、函证作为审计证据的有效性、其他审计证据的可获取性。

□ 时间安排

来自函证最可靠的证据是在函证尽可能接近资产负债表日发出。这可以使审计师直接测试财务报表上的应收账款余额，而无须对发生在函证日与资产负债表日之间的交易进行推断。然而，作为及时完成审计的手段，通常有必要在期中函证应收账款。如果内部控制健全，能够合理地保证销售、现金收入和其他款项在函证日和资产负债表日之间得以正确地记录，就允许采用上述方法。审计师在作出决策时可能会考虑其他因素，包括应收账款的重要性和由于被审计单位可能破产和类似风险而使审计师遭受诉讼的风险。

如果应收账款函证的决策是在年前作出的，那么审计师通常编制向前结转计划表以调节函证日的应收账款余额与资产负债表日的应收账款余额。除了执行此期间的实质性分析程序之外，还需要测试函证日与资产负债表日之间发生的交易，还可以通过审查内部凭证如销售发票副本、发货单、现金收入证据等。

□ 抽样决策

样本规模　影响函证应收账款样本规模的主要因素可以分为几类：

- 实际执行的重要性。
- 固有风险（应收账款总额的相对规模、账户的数目、以前年度审计结果和预期错报金额）。
- 控制风险。
- 通过其他实质性测试确定的检查风险（交易实质性测试、实质性分析程序和其他细节测试的范围与结果）。
- 函证的类型（消极式函证通常需要更大的样本规模）。

测试项目的选取　大多数函证需要某些类型的分层。一个典型的分层方法是既考虑个别账户的金额大小，又考虑账户的账龄长短，以此作为选取余额进行函证的基础。在大多数审计中，重点应该放在金额较大、账龄较长的账户余额上，因为这些账户最有可能包含重大错报。但是，从总体的每个重要性层次中抽取一些样本项目同样也很重要。在许多情况下，审计师选取某一确定金额以上的所有账户，并从余下项目中抽取随机样本。

被审计单位管理层有可能拒绝审计师对其某些客户进行函证，如果这样，审计师必须询问其原因，这也许是被审计单位与其客户之间存在某些协议或者是诉讼。若是如此，审计师就应该获得证据评价被审计单位这种行为的合理性以及这种请求是否表明某种潜在的舞弊风险或暗示更高的重大错报风险。

□ 验证函证地址与保持控制

审计师应该执行程序以验证函证所用的通信地址或 E-mail 地址。例如，如果某客户的通信地址或 E-mail 地址与其网址上的地址不一致，审计师就应该考虑执行额外的程序。

对于通过邮局寄发的函证，审计师必须对函证保持控制，直到其从顾客处收回。被审计单位也许会帮助审计师准备函证函，但审计师必须做到在被审计单位办事处之外的地点寄送函证。所有信封上必须包括回复地址，以确保所投递的邮件被注册会计师收到。类似地，询证函中所附的回邮信封上的地址也必须是会计师事务所的办事处。之所以设计这些程序是为了确保回函能由审计师直接收到。

□ 未收到回函的后续处理

将已寄送出去但未收到顾客回函的函证作为重要审计证据是不恰当的。例如：积极式函证未收到回函就不能提供审计证据。同样，对消极式函证而言，未收到回函，审计师也不能肯定认为被函证者收到了函证要求并验证了要求的信息。然而，消极式函证也的确为存在性认定提供了某种程度的证据。

当运用积极式函证时，审计准则要求对未收到回函的函证执行后续程序。通常对未回函的函证寄送第二次甚至第三次询证函。即使审计师如此尽心尽职，一些顾客仍不会回函，因此就有必要采取**替代审计程序**（alternative procedures）。替代审计程序的目的在于通过其他非函证方式确定未回函账户在函证日是否存在并已得到适当表达。对于未回函的积极式函证而言，可审查下列记录，以验证构成期末应收账款余额的个别销售交易的存在性和准确性。

后续现金收入　函证日后的现金收入证据包括审查汇款通知单、现金收入记录的分录甚至是应收账款源文件中的贷方。一方面，审查期后现金收入是一项非常有用的替代程序，因为可以合理地假设被审计单位应收账款是存在的，否则相关债务人也不可能向其付款。另一方面，付款的事实并不表明顾客在函证日确实存在这一义务；此外，还应注意把每一笔未付款的销售交易与其期后付款的证据进行比较，以测试未付款发票中的争议和分歧。

销售发票副本 销售发票副本对验证销售发票的实际签发和开票的实际日期很有用。

发货单 发货单对于确定货物是否确实已经发出以及进行截止测试非常重要。

顾客的往来函件 通常审计师不需要将复核往来函件作为替代程序的一部分，但是往来函件可用于发现通过其他方法未能发现的有争议和有疑问的应收账款。

替代程序的范围和性质主要取决于未回函应收账款的重要性、函证回函中发现的错报类型、未回函的期后现金收入以及审计师对内部控制的结论。

通常而言，对于所有未进行函证的余额都应当采取替代程序进行证实，即使账户余额较小也应如此，以便根据样本正确地推断总体。另一种可行方式是假定未回函的应收账款都为100%高估金额。

□ 差异分析

从顾客处获得函证回函后，就有必要确定顾客所报告的各种差异的原因。在很多情况下，这些差异都是由顾客记录与被审计单位记录之间的时间性差异引起的。但是有必要区分时间性差异与偏差，因为后者是应收账款余额的错报。函证中报告的最普通的差异类型如下：

款项已经支付 通常情况下，函证中报告差异是因为顾客在函证发出日之前已经付款，而被审计单位却未及时收到该笔款项，因而未能在函证日之前记账。此种情况需要仔细进行调查以确定是否存在现金收入截止错误、挪用、盗窃现金的可能性。

货物没有收到 一般情况下，产生这些差异是因为被审计单位在货物发出日记录销售，而顾客则在收到货物后记录采购。货物在途的时间通常是函证所报告差异的原因。应对这些差异进行调查，以确定顾客可能根本没有收到货物或客户记录存在截止错报的可能性。

货物已经退回 被审计单位未记录贷项通知单，可能是时间性差异或销售退回与折让记录不当引起的。与其他差异一样，这些差异也必须予以调查。

数字处理错误有争议的金额 在被审计单位记录中最有可能的报告差异是顾客声称货物的计价有错误、货物已损坏、收到的货物数量不正确和其他类似情况。应对这些差异进行调查，以确定被审计单位是否存在错误以及错误金额是多少。

大多数情况下，审计师将要求被审计单位调节这种差异；如有必要，与其顾客进行联系以解决有关争议。当然，审计师必须仔细验证被审计单位对每个重大差异所作的结论。

□ 得出结论

在所有的差异，包括执行替代程序时发现的差异，都得到解决后，审计师必须对内部控制进行再评价。必须对被审计单位的每个错报进行分析，以确定其是否与最初的控制风险水平一致或不一致。如果大量重大错报是在与控制风险的估计不一致时发生的，就有必要重新修正对控制风险的评估，并考虑这项修正对审计的影响。上市公司的审计师还要考虑这些情况对被审计单位财务报告内部控制审计的影响。

审计师还要根据样本来推断应收账款总体。即使样本中的错报总额可能并不会严重影响财务报表，审计师也必须考虑总体是否可能发生重大错报。可以运用统计抽样技术或用非统计抽样从样本推断总体，这些方法我们将在第17章进一步讨论。

不论推断错报金额大或小，审计师都应该评价样本中发现的错报的性质。即使推断的错报额小于应收账款的实际执行的重要性，样本中发现的错报也可能是更严重问题的表征。

对应收账款和销售的最终决策是，是否已通过控制测试和交易实质性测试、实质性分析程序、截止程序、函证和其他实质性测试获得了充分的审计证据，以对所披露的余额合理性作出的结论提供支持。

16.4　制定细节测试的审计方案

我们已以希尔伯格五金公司为例介绍了销售与收款循环细节测试审计程序的编制。这些程序的确定是以第 14 章和第 15 章讨论的控制测试与交易实质性测试以及本章已学习的实质性分析程序为基础的。

审计经理 Fran Moore 通过编制计划取证工作表（见图 16-7）来帮助确定计划的余额细节测试范围。工作表中各行的资料来源如下：

	细节相符性	存在	完整性	准确性	分类	截止	可实现价值	权利
可接受审计风险	中	中	中	中	中	中	中	中
固有风险	低	中	低	低	低	中	中	低
控制风险——销售	低	中	低	高	低	中	高	不适用
控制风险——现金收入	低	中	低	低	低	低	不适用	不适用
控制风险——额外控制	无	无	无	无	无	无	无	低
交易实质性测试——销售	良好结果	良好结果	良好结果	公允结果	良好结果	结果不可接受	不适用	不适用
交易实质性测试——现金收入	良好结果	良好结果	良好结果	良好结果	良好结果	良好结果	不适用	不适用
实质性分析程序	良好结果	良好结果	良好结果	良好结果	良好结果	良好结果	结果不可接受	不适用
余额细节测试的计划检查风险	高	中	高	中	高	低	低	高
余额细节测试的计划审计证据	低	中	低	中	低	高	高	低

实际执行的重要性：265 000 美元

图 16-7　希尔伯格五金公司余额细节测试取证计划工作表——应收账款

- 实质执行的重要性。对财务报表整体重要性的初步判断值定为 442 000 美元（约为经营收益 7 370 000 美元的 6%）。她将其中的 265 000 美元分配给应收账款账户。
- 可接受审计风险。Fran 将可接受审计风险评价为中，因为该公司是一家上市公司，财务状况和财务稳定性良好，公司管理层正直诚信。尽管希尔伯特五金公司是一家上市公司，但其股份不是很分散，财务分析师也没有对之进行大范围的跟踪分析。

● 固有风险。Fran 将存在和截止目标的固有风险都评价为中，因为考虑到了审计准则中所提示的收入确认问题。Fran 还将可实现价值审计目标的固有风险评估为中，因为坏账准备在以前年度曾发现被低估因而进行过审计调整。其他审计目标的固有风险评估为低。

● 控制风险。每个审计目标的估计控制风险与图 15－6 相同。（根据第 15 章的控制测试与交易实质性测试的结果，除了销售准确性目标与可实现价值目标外，均与审计师的控制风险估计水平一致。）

● 交易实质性测试的结果。这些结果也取自图 15－6。（根据第 14 章的交易实质性测试结果，除了销售的可实现价值和截止两项目标外，其他目标的测试结果都可以接受。）

● 实质性分析程序。见表 16－2 和表 16－3。

● 计划检查风险和计划所需审计证据。这两行根据上述各行的结论为每个目标分别确定。

表 16－4 按照目标列示了应收账款和坏账准备的余额细节测试审计方案，反映了图 16－7 中的计划取证工作表中有关计划审计证据的结论。

表 16－5 列示了执行格式的审计方案，除了第二项程序是实质性分析程序外，其他各项审计程序与表 16－4 中的审计程序完全相同。括号内的数字是两张表的相互索引号。

表 16－4 希尔伯格五金公司与余额相关的审计目标和审计方案——销售与收款循环（设计格式）

与余额相关的审计目标	审计程序
账龄试算表的各项应收账款余额与相应源文件余额一致，合计数的加总正确并与总账一致（细节相符性）。	获取应收账款账龄试算表，追查余额至总账（1）。 使用审计软件，加总账龄试算表并计算其合计数（2） 从试算表追查 10 个账户至源文件（6）。
账龄试算表中的应收账款确实存在（存在）。	运用积极式函证方式函证应收账款。账户余额在 100 000 美元以上的全部函证，在其余账户中选取非统计样本进行函证（10）。 对所有经过一次或两次未得到回函的函证执行替代程序（11）。 复核应收账龄试算表中大额或异常的应收账款（3）。
发生的应收账款均已列入账龄试算表（完整性）。	从应收账款源文件中追查 5 个账户至账龄试算表（9）。
账龄试算表中的应收账款入账金额是准确的（准确性）。	运用积极式函证方式函证应收账款。账户余额在 100 000 美元以上的全部函证，在其余账户中选取非统计样本进行函证（10）。 对所有经过一次或两次函证未得到回函的执行替代程序（11）。 复核应收账款账龄试算表中大额或异常的应收账款（3）。
账龄试算表中的应收账款分类是恰当的（分类）。	复核账龄试算表所列的应收票据和应收关联方的款项（5）。 询问管理层账龄试算表中是否有应收关联方的款项、应收票据或长期应收款（6）。
销售与收款循环中的交易均已记入适当期间（截止）。	从当年的销售日记账中选取最后 20 笔交易，从下年度的销售日记账中选取最初的 20 笔交易，追查每笔交易的发货单，检查其实际发货日期和记录的正确性（14）。 复核报表日前后的大额销售退回与折让，确定它们是否记入正确的期间（15）。
应收账款以可实现价值表达（可实现价值）。	从试算表追查 10 个账户至应收账款源文件以测试试算表中的账龄和余额的正确性（8）。 使用审计软件，加总账龄试算表并计算其合计数（2）。 与信用经理讨论过期账款收回的可能性。审查期后现金收入和账龄超过 90 天的所有账户的信用调查档案，评价该笔款项可否收回（12）。 在执行有关应收账款可收回性的其他审计程序后，评价坏账准备的充分性（13）。
试算表的应收账款为被审计单位所拥有（权利）。	检查董事会会议记录中是否记载了应收账款抵押或贴现等事项（7）。 询问管理层应收账款是否经过抵押或贴现（7）。

说明：表 16－5 按执行格式对上述程序进行了归纳。表中括号内的数字是表 16－5 中程序的顺序号。

表 16-5 希尔伯格五金公司的余额细节审计方案——销售与收款循环（执行格式）

1. 获取应收账款账龄试算表，并将余额追踪到总账。
2. 使用审计软件加总账龄试算表并计算其合计数。
3. 复核账龄试算表中的大额和异常应收账款。
4. 计算列示在工作表中的分析程序（未列示），并追查与以前年度相比的重要变化。
5. 审核应收账款中有无应收票据和关联方应收款账龄试算表中所列的应收款。
6. 询问管理层试算表中是否有关联方票据或长期应收款。
7. 审查董事会会议记录并询问管理层，以确定是否有应收账款被质押或作为贴现。
8. 从试算表追查 10 个账户至源文件，确定账龄和余额的正确性。
9. 从应收账款源文件中追查 5 个账户至账龄试算表。
10. 运用积极式函证方式函证应收账款。账户余额在 10 000 美元以上的全部函证，在其余账户中选取非统计样本进行函证。
11. 对所有经过一次或两次函证未得到回函的执行替代程序。
12. 与信用经理讨论过期账款收回的可能性。审查期后现金收入和账龄超过 90 天的所有账户的信用调查档案，评价该笔款项可否收回。
13. 在执行有关应收账款可收回性的其他审计程序后，评价坏账准备的充分性。
14. 在当年销售账中选取最初的 20 笔交易，追查每笔交易的发货单，检查其实际发货日期和记录的正确性。
15. 复核报表日前后的大额销售退回与折让，确定它们是否列入正确的期间。

本章小结

本章完成了审计师对销售与收款循环设计的方法的概述。第 14 章和第 15 章考察了销售与收款循环的控制测试和交易实质性测试，这两项测试同属审计过程的第二阶段。本章考察了循环内两个主要资产负债表账户即应收账款和坏账准备的实质性分析程序和细节测试。由于审计准则要求审计师在大多数审计中函证重大应收账款，本章着重介绍了采用积极式和消极式函证时的恰当做法。本章结束部分强调了审计师如何运用一系列程序（包括控制测试、交易实质性测试、实质性分析程序和细节测试）所积累的证据来评估应收账款。

练习题

16-2 注册会计师 Cynthia Roberts 表达了如下观点：“我不相信销售与收款循环所执行的控制测试与交易实质性测试。作为一种替代方法，在每次审计的中期我寄出大量消极式函证。如果发现很多错报，就分析它们以确定其原因。如果内部控制不健全，就在年末寄出积极式函证以评估错报金额。如果消极式函证产生很少的错报，通常也是这种情况，就认为内部控制是有效的，无须自找麻烦去执行控制测试和交易实质性测试，且也满足了函证的要求。我认为，最佳的内部控制是直接向第三者函证。”请评述她的观点。

16-3 列出销售与收款循环的五个分析程序，对每项测试，描述可以识别的错报。

16-5 识别八项与应收账款余额相关的审计目标，并对每项目标列出一个审计程序。

16-9 评述下列说法：“在应收账款重大的许多审计中，函证顾客余额的要求是浪费时间，如果不是审计准则要求这样，谁都不会执行它。当内部控制健全有效且有许多不认可函证功能的小额应收账款顾客时，函证是没有意义的程序。如经营良好的公用企业和零售商店。在此情况下，控制测试与交易实质性测试要比函证有效得多。”

选自注册会计师考试的选择题

16-19 以下问题涉及销售与收款循环中的分析程序，选择最佳答案。

a. 根据分析程序，审计师确定毛利率已从上一年的30%下降到本年的20%。审计师应（　　）。

(1) 发表保留意见，因为客户公司无法继续经营

(2) 评估管理层导致这种下降的表现

(3) 要求披露脚注

(4) 考虑财务报表中存在错报的可能性

b. 审计师对应收账款周转率的初步分析显示，在这些会计期间，应收账款周转率如下：

2016年	2015年	2014年
4.3	6.2	7.3

下列哪项最有可能导致应收账款周转率下降（　　）。

(1) 增加提供的现金折扣

(2) 赊销政策的放宽

(3) 缩短到期日期限

(4) 增加现金销售

c. 一旦注册会计师确定，由于“银根紧缩”环境导致收账缓慢而使得应收账款增加，注册会计师将可能（　　）。

(1) 增加坏账准备的余额

(2) 审查持续经营后果

(3) 审查赊销和收账政策

(4) 扩大应收账款的可回收性测试

16-20 下列问题涉及应收账款的函证，选择最佳答案。

a. 如果审计师没有收到对二次函证的回复，审计师对年底应收账款函证最可能实施下列哪些程序（　　）。

(1) 审查年底前一个月的现金收入日记账

(2) 增强对收入循环内部控制的研究

(3) 检查面向债务人的商品销售的发运记录

(4) 提升存在认定的检查风险评估水平

b. 应收账款消极式函证要求除了下列哪种时候都是有用的（　　）。

(1) 应收账款内部控制被认为健全有效

(2) 涉及大量小额余额应收账款

(3) 审计师有理由相信收到函证要求的人可能会认真对待它们

(4) 个别账户余额相对较大

c. 积极式应收账款函证的收回毫无例外鉴证了（　　）。

(1) 应收余额的可收回性

(2) 应收余额的金额准确性

(3) 应收账款账龄的正确性

(4) 坏账准备的正确性

16-21 下列问题涉及审计目标与管理层对应收账款的认定，选择最佳答案。

a. 以下哪项最有可能保证应收账款余额的准确性目标（　　）。

(1) 从明细账中的金额追查至装运单据的详细信息

(2) 将应收账款周转率与行业统计数据作比较以确定合理性

(3) 询问贷款协议中的应收账款质押情况

(4) 评价坏账准备计提的合理性

b. 下列哪个审计程序最有可能揭示销售与应收账款的低估（　　）。

(1) 从预先编号的发货单选取样本，测试销售交易

(2) 从记录在销售日记账中的销售发票选取样本，测试销售交易

(3) 函证应收账款

(4) 复核应收账款账龄试算表

c. 应收账款函证几乎不可能提供关于完整性认定的可靠证据，这是因为（　　）。

(1) 函证对象不愿意告知其账户中的低估错报

(2) 函证对象通常只是在他们的信息与函证信息不一致时才回函

(3) 很多函证对象都不详细验证就签发和寄返函证

(4) 这可能是可获得的可靠的第三方证据

讨论题

16-25　下列各项涉及应收账款审计中的常用余额细节测试或实质性分析程序：

1. 从应收账款源文件中选择 10 个账户，追查至应收账款账龄表以核对顾客名称和金额。
2. 从应收账款账龄表中选择 10 个账户，追查至应收账款源文件以核对顾客名称、金额和账龄情况。
3. 获取应收账款账龄表，合计该表数据，并追查其总额至总账。
4. 计算本年度的应收账款周转率并与上一年度进行比较。
5. 通过检查期后现金收入凭证、发运报告或销售发票，对二次函证没有收到回复的账户实施替代程序。
6. 要求进行 30 份积极式和 50 份消极式应收账款函证。

要求：

a. 对每项审计程序，确定其与余额相关的能够部分或完全实现的一个或多个审计目标。

b. 审计人员按什么顺序执行上述六项程序？请简要说明理由。

16-30　注册会计师道奇正在对一家制造公司财务报表的一项重要金额的应收账款进行审计。道奇对该账户的适当汇总与分类满意，也对其按 GAAP 要求进行分摊、再分类和估价满意。道奇打算对应收账款进行函证，以获得应收账款审计的充分适当的证据。

要求：

a. 确定并描述应收账款函证要求的两种形式，并指出道奇在运用每种形式时将考虑的因素。

b. 假定道奇已经收到了满意的应收账款函证回函。阐述道奇将如何评价应收账款的可收回性。

c. 如果一个注册会计师在对被审计单位某一顾客的应收账款进行审计时，该顾客并没有对其账户的积极式函证予以回函，那么这对其意味着什么？

d. 如果对积极式函证的二次函证未收到回函，那么注册会计师应采取什么审计措施？[①]

① 根据 AICPA 改编。

第 17 章

审计抽样在余额细节测试中的应用

学习目标

1. 找出审计抽样在余额细节测试与控制测试和交易实质性测试中应用的异同点。
2. 在余额细节测试中运用非统计抽样。
3. 运用货币单位抽样。
4. 描述变量抽样。
5. 使用余额细节测试中的差额估计。

引例

统计抽样和非统计抽样都是允许的，但无论采取哪一种，都必须正确运用

在对Image公司的审计中，Bob Lake是该项审计业务的经理。该公司是一个在整个西部都有分支机构的专业零售商。它呼吁提高女性的工作地位并让她们拥有自己的信用卡。其会计业务实行集中处理，交易信息在线获取，销售和应收账款文件都采用数据库管理。

Bob的事务所鼓励在实践中采用统计抽样，而且向每个办公室的统计协调员提供了培训计划以提高他们的能力。Bob办公室的协调员是Barbara Ennis。Bob认为销售交易和应收账款的函证测试应使用统计抽样，并且让Barbara设计和监督测试的统计方面工作。

Barbara为函证制定了相应的审计方案，并将它作为应收账款余额细节测试的一部分。她的工作主要是确定样本规模，而由Bob来执行具体的函证工作。不过，测试完成后，她将随时帮助Bob评价结果。

几周后，所有函证的回函均已收到，替代程序已完成，Bob打电话给Barbara，通知她进行统计评价。然而，令他伤心的是Barbara已经离开了事务所，更糟糕的是，他这里没有一个受过统计培训的人能替代她的工作。迫于完成工作的压力，Bob决定自己进行统计计算。基于其计算结果，他认为尽管潜在错报金额很大但都不重要，因此他认为函证测试目标已经实现。

然而，在第二年，意想不到的事情发生了。Image公司的收益迅速下滑，很大程度上就是因为大额应收账款的注销。该公司的股票价格迅速下跌，对此股东提起了集体诉讼，并将Bob的事务所推上了被告席。一名外部专家被请来复核审计记录，该专家对Bob所做的工作重新评估，发现统计计算有误。该专家以审计师的样本为基础，计算发现应收账款的错报远远超过了重要性水平。最后，Bob的事务所不得不以支付350万美元的代价了结这起诉讼案。

在第16章中，我们通过介绍应收账款的实质性分析程序和余额细节测试进入了审计过程的第三阶段，现在我们继续介绍审计过程第三阶段的内容，即如何确定应收账款的样本规模和选取样本项目。尽管本章的许多概念是针对应收账款的，但对其他众多账户余额审计也是适用的。

正如本章引例所示，正确使用抽样方法从而避免对样本总体得出错误结论非常重要。统计和非统计抽样都可以广泛地应用于余额细节测试。方法的选择主要取决于审计师的意愿、经验和统计抽样方面的知识。本章的目的就是帮助读者运用统计或非统计抽样方法正确推断总体。

在学习本章之前，建议读者最好先了解一下图13-9，以确定了解现在处于审计的哪一个阶段。第一、二阶段的工作完成后，才能确定一个审计样本总体中的样本规模和选取样本项目。审计师也得完成第16章介绍的实质性分析程序和余额细节测试审计程序的设计（第三阶段的一部分）。只有等到审计样本总体中的样本规模和项目选取已确定时，审计师才能执行余额细节测试的审计程序。

17.1 余额细节测试与控制测试和交易实质性测试中的审计抽样比较

在第15章讨论控制测试和交易实质性测试时使用的大量抽样概念同样适用于余额细节测试。其实，不管采用哪一种测试，审计师都须根据样本推断总体，正因如此，抽样风险和非抽样风险对控制测试、交易实质性测试和余额细节测试都很重要。上述三种测试在处理抽样风险方面，既可使用统计方法也可使用非统计方法。

在控制测试、交易实质性测试和余额细节测试之间，最重要的区别就在于审计师要测试的内容有所不同。

测试类型	所测试的内容
控制测试	● 内部控制的有效性
交易实质性测试	● 内部控制的有效性 ● 交易在会计系统中的金额准确性
余额细节测试	● 账户余额是否存在重大错报

审计师执行控制测试和交易实质性测试以确定总体的偏差率是否足够低并降低计划控制风险，进而减少账户余额测试中的细节测试；对于大型上市公司来说，审计师执行控制测试和交易实质性测试还可以针对财务报告内部控制审计的目的推断内部控制是有效运行的。

与控制测试和交易实质性测试不同的是，在余额细节测试中，审计师很少用到发生率的测试，而是采用能提供货币金额形式结果的抽样方法。在审计中，用于计算错报金额的抽样方法主要有三种：非统计抽样、货币单位抽样和变量抽样。本章将逐一考察这三种方法。

17.2 非统计抽样

尽管余额细节测试与控制测试和交易实质性测试的目标不同，但审计抽样方法类似。这些步骤与用于控制测试和交易实质性测试的抽样步骤一致，适用于余额细节测试的审计抽样方法用斜体表示：

步骤——余额细节测试的审计抽样	步骤——控制测试和交易实质性测试的审计抽样
A. 计划样本	A. 计划样本
1. 确定审计测试目标。	1. 确定审计测试目标。
2. 决定是否运用审计抽样。	2. 决定是否运用审计抽样。
3. *定义错报*。	3. 定义属性和偏差条件。
4. 定义总体。	4. 定义总体。
5. 定义抽样单位。	5. 定义抽样单位。
6. *确定可容忍错报*。	6. 确定可容忍偏差率。
7. *确定可接受的误受风险*。	7. 确定可接受的信赖过度风险。
8. *估计总体中的错报*。	8. 估计总体偏差率。
9. 确定初始样本规模。	9. 确定初始样本规模。
B. 选取样本项目和执行审计程序	B. 选取样本项目和执行审计程序
10. 选取样本。	10. 选取样本。
11. 执行审计程序。	11. 执行审计程序。
C. 评价结果	C. 评价结果
12. 根据样本推断总体。	12. 根据样本推断总体。
13. *分析错报*。	13. 分析偏差情况。
14. 决定总体的可接受性。	14. 决定总体的可接受性。

□ 确定审计测试目标

在余额细节测试中，审计师运用抽样的目的在于确定被审账户余额是否公允。我们可以用一个非统计抽样的简例加以说明。在表 17－1 中，某单位应收账款清单上共列了 40 笔应收账款，合计金额为 207 295 美元。审计要测试的目标就是确定 207 295 美元的应收账款总额是否存在重大错报。

表 17－1　应收账款总体举例

总体项目	记录金额	总体项目	记录金额
1	$ 1 410	21	$ 4 865
2	9 130	22	770
3	660	23	2 305
4	3 355	24	2 665
5	5 725	25	1 000
6	8 210	26	6 225
7	580	27	3 675
8	44 110	28	6 250
9	825	29	1 890
10	1 155	30	27 705
11	2 270	31	935
12	50	32	5 595
13	5 785	33	930
14	940	34	4 045
15	1 820	35	9 480
16	3 380	36	360
17	530	37	1 145
18	955	38	6 400
19	4 490	39	100
20	17 140	40	8 435
			$ 207 295

□ 决定是否运用审计抽样

正如第 15 章所述，“审计抽样适用于审计师计划以样本为基础，推断总体结论的情况”。尽管在一般情况下都要对许多账户进行抽样，但也有不运用抽样的特殊情况。例如，对表 17－1 中的总体而言，审计师可能决定只对超过 5 000 美元的项目进行审计，而忽略其他项目，因为较小项目的总额常常是不重要的。在这种情况下，审计师就不会进行抽样。再如，审计师在验证固定资产增加时，如果既有许多小额的新增固定资产项目，又有一笔金额非常大的建筑物购置，审计师就极有可能决定完全忽略这些较小项目，这时审计师就不进行抽样。

□ 定义错报

余额细节测试中，审计抽样测试的是总体的货币金额错报。因此错报条件是指样本项目中存在货币金额错报的任何状态。在应收账款审计中，客户在样本项目中的任何错误都是错报。如第16章所述，审计师必须将错报与交易记录中不代表错报的时间性差异区分开来。

□ 定义总体

在余额细节测试中，总体就是记录货币金额的个体账户的集合体。表17-1中的应收账款总体就是由总计为207 295美元的40个账户组成的。当然，大多数被审会计账目总体包含项目都比前例项目要多，总金额也要大得多。界定好总体后，审计师就要评价账面记录的总体是高估还是低估。

分层抽样 对于许多总体来说，审计师总是在运用审计抽样前，先将总体分成两个或两个以上的次级总体。这种总体细分的方法称为**分层抽样**（stratified sampling），每一个次级总体称为一层。分层的目的在于使审计师能够重视对整个总体项目的有的放矢，强调这些项目，而不过于强调其他项目。在包括为函证应收账款而进行抽样的大多数审计抽样中，审计师大都偏向于强调金额较大的项目。因此，抽样层次的划分一般根据账面金额大小确定。

在表17-1的总体中，有不同的方法对其进行分层。假定审计师决定进行如下分层：

层次	分层标准	总体的数量	总体的金额
1	＞$15 000	3	$88 955
2	$5 000～$15 000	10	71 235
3	＜$5 000	27	47 105
		40	$207 295

针对这一总体，可以用许多其他方法分层，其中之一就是将它分为四层（将2 000～5 000美元定义为第三层，将低于2 000美元的账户界定为第四层）。

□ 定义抽样单位

在余额细节测试中，非统计抽样的抽样单位几乎总是构成账户余额的项目，如对表17-1中的应收账款来说，抽样单位一般就是顾客编号，审计师可以用构成已记录总体的项目作为测试所有审计目标的抽样单位，完整性目标除外。要是审计师关注的是完整性目标，则他们应该从有零余额的客户或供应商之类的不同来源中选取样本，相应地，这一测试的抽样单位也将会是具有零余额的客户。

□ 确定可容忍错报

可容忍错报（tolerable misstatement）是实际执行的重要性在特定抽样程序中的应用。第8章对实际执行的重要性进行了定义，是指低于财务报表整体重要性的金额，应用于各审计部分以将未更正和未发现的错报汇总数超过财务报表整体重要性的可能性降至适当的低水平。可容忍错报金额可能与实际执行的重要性相同，如果选取样本的总体金额小于账户余额，则可容忍错报金额可能更低。审计师获取适当程度的保证，确保总体中的实际错报不超过可容忍错报。可容忍错报越低，抽样程序中需要的样本量就越多。

□ 确定可接受的误受风险

在所有的统计抽样和非统计抽样中，都存在错误量化总体结论的风险，除非对总体进行 100%的测试。

可接受的误受风险（acceptable risk of incorrect acceptance，ARIA）是指在某账户余额中的实际错报超过了可容忍错报但审计师仍愿意认可该账户余额为正确时，审计师所要承担的风险。它实际上就是审计师对账户余额想要得到的保证的一种度量，如果审计师想对账户余额得到更高的保证，他就会将 ARIA 定得更低。可接受的误受风险与控制测试和交易实质性测试中的 ARO 是同等术语。与 ARO 一样，ARIA 也可以量化（如 5%或 10%）或定性描述（如低、中或高）。

ARIA 与所需要的样本规模之间呈反向关系。例如，如果审计师决定将 ARIA 从 10%降到 5%，那他所需要的样本规模也将增加。换言之，如果审计师不愿意承担风险，就必须确定更大的样本规模。

影响审计师确定 ARIA 的主要因素是审计风险模型中的估计控制风险。当内部控制有效时，控制风险可以降低，这时审计师就可以提高 ARIA，从而减少相关账户余额的细节测试所需的样本规模。

要仔细领会与理解 ARO 和 ARIA 如何相互作用来影响证据的收集。正如前文所述，在估计控制风险和执行控制测试之后，如果认为内部控制有效，就可减少针对货币金额错报的余额细节测试。ARO 和 ARIA 这两种风险的效果与这一结论是一致的。如果审计师认为内部控制有效，控制风险就可以降低。但较低的控制风险又要求在控制测试中采用较低的 ARO，从而需要更大的样本规模。如果控制测试的结果证明控制确实有效，控制风险仍可以保持在较低水平。这就使审计师可以提高 ARIA（通过运用审计风险模型），从而能在相关的余额细节实质性测试中选用较小的样本规模。图 17－1 说明了在控制措施有效和无效的两种不同的环境中，ARO 与 ARIA 对实质性测试的影响。

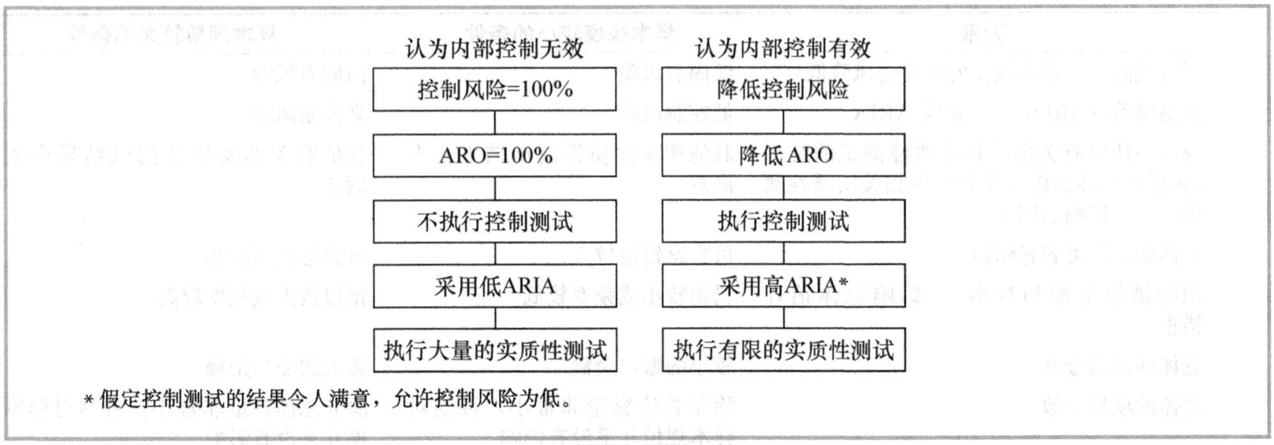

图 17－1　ARO 和 ARIA 对实质性测试的影响

除控制风险之外，ARIA 还受两个方面因素影响：一是可接受审计风险的正向影响；二是对账户余额已执行的或计划执行的其他实质性测试的反向影响。例如，如果可接受的审计风险降低，则 ARIA 也应当降低；如果已执行的实质性分析程序结果表明账户余额的表达是公允的，则 ARIA 就可以提高。换言之，由于实质性分析程序是支持账户余额的证据，因此，为达到可接受审计风险水平，运用抽样进行的细节测试所需证据就可以减少。以上这些结论同样适用于解释交易实质性测试、ARIA 和余额细节测试的样本规模这三者之间的关系。影响 ARIA 的各种关系归纳见表 17－2。

表 17-2 审计抽样中影响 ARIA 的因素及其具体影响和所需样本规模间的关系

ARIA 的影响因素	示例	对 ARIA 的影响	对样本规模的影响
内部控制的有效性（控制风险）	内部控制有效（降低控制风险）	提高	减少
错报的可能性（固有风险）	不大可能出现错报（固有风险较低）	提高	减少
交易实质性测试	在交易实质性测试中未发现偏差	提高	减少
可接受审计风险	破产的可能性低（提高可接受审计风险）	提高	减少
实质性分析程序	已执行实质性分析程序，结果并未暗示可能存在错报	提高	减少

□ 估计总体中的错报

一般来说，审计师根据其与被审计单位以往的经验，通过估计固有风险、考虑已执行的控制测试和交易实质性测试及分析程序结果等，做好总体错报估计。随着预期总体错报接近可容忍错报，计划的样本规模增加。

□ 确定初始样本规模

在采用非统计抽样时，审计师要确定初始样本规模，需考虑迄今为止讨论过的各种因素。对非统计抽样中影响样本规模的主要因素及它们对样本规模的影响汇总于表 17-3，对这些因素的考虑需要大量的判断。为了更好地进行样本规模的决策，审计师通常会遵循事务所或其他来源所提供的指南。图 17-2 描述了组成这些因素的指南，以及依据 AICPA《审计抽样指南》计算样本规模的公式。

表 17-3 余额细节测试样本规模的影响因素

因素	样本规模较小的条件	样本规模较大的条件
固有风险——影响误受的可接受风险低	低固有风险	高固有风险
控制风险（ARO）——影响 ARIA	低控制风险	高控制风险
与同一认定有关的其他实质性测试的结果（包括实质性分析程序和其他相关实质性测试）——影响 ARIA	其他相关实质性测试结果令人满意	其他有关的实质性测试结果令人不满意
具体账户的可容忍错报	可容忍错报较大	可容忍错报较小
预期错报金额和频率——影响总体估计错报	错报较小或频率较低	错报较大或频率较高
总体涉及的金额	较小的账户余额	较大的账户余额
总体的项目个数	除非总体容量非常小，否则对样本规模几乎没有影响	除非总体容量非常小，否则对样本规模几乎没有影响

例如，假定总体是表 17-1 中的总体，可容忍错报为 15 000 美元。审计师决定将构成第一层的三个项目排除在已记录的总体之外，因为它们已经超出了可容忍错报，而对这三个具体的重大账户予以单独测试。这样，样本总体就是 118 340 美元，这是第二栏和第三栏的合计数。然后，假定固有风险和控制风险的联合估计为中，交易实质性测试和实质性分析程序中可能发现不了重大错报的风险为中，考虑到这些因素，审计师认为 14%的误受风险（86%的保证）是合适的。使用图 17-2 中的表格，审计师应用了第二栏的置信系数，计算出的样本量为 16（118 340/15 000×2=15.8）。

$$样本规模=\frac{总体账面价值^{*}\times置信因子}{可容忍错报}$$

误受风险	置信度	置信因子
37%	63%	1
14%	86%	2
5%	95%	3

* 总体中高风险项目和超过可容忍错报的个别项目单独测试，并在计算样本规模时从中剔除。

图 17－2　基于 AICPA 审计抽样公式的余额细节非统计测试样本规模的计算公式

采用分层抽样时，审计师必须将样本规模在各层之间进行分配。一般来说，审计师会给较大总体项目分配较高的样本项目份额。例如，在图 17－1 的例子中，审计师可能决定测试第一层中的全部账户，这样，第一层采用的就不是抽样审计，而是全部审计，因为所有的总体项目都要进行审计。然后将剩下的 16 个样本中的 9 个从第二层中选择，再在第三层中选取 7 个项目。

□ 选取样本

在非统计抽样中，审计准则允许审计师采用第 15 章讨论的任何一种方法选样。审计师应该在考虑每一种方法的优缺点（包括其成本）之后作出决定。

在分层抽样中，审计师要分别从各层中选取样本，例如，在前文图 17－1 的例子中，审计师要从第二层的 10 个总体项目中选取 9 个样本，从第三层的 27 个总体项目中选取 7 个样本项目。

□ 执行审计程序

在执行具体审计程序时，审计师要对样本中每个项目运用适当的程序，以确定其是正确的还是存在错报。例如，在函证应收账款时，审计师应按照第 16 章所述的方法对选出的样本进行积极函证，并确定所函证的各账户中的错报金额。对未收到回函的账户，应采用替代程序确定其错报金额。

参考表 17－1 中的示例，假定审计师寄送了第一封、第二封询证函，并实施了替代程序。另外还假定在调整了所有时间性差异后，审计师对样本得出如下结论：

层次	样本规模	被审金额		客户的错报
		账面价值	审计后的价值	
1	3	\$ 88 955	\$ 91 695	\$ (2 740)
2	9	43 995	43 024	971
3	7	13 105	10 947	2 158
合计	9	\$ 146 055	\$ 145 666	\$ 389

□ 根据样本推断总体并决定总体的可接受性

审计准则指出，审计师必须运用以下方法推断总体：(1) 根据样本结果推断出总体中的错报；(2) 考虑抽样风险（ARIA）。例如，在前例中，审计师会得出应收账款高估了389美元的结论吗？不会，因为审计师关注的是总体的结果，而不是样本的结果。因此，必须根据样本来推断总体，以估计出总体的错报。

首先要进行**点估计**（point estimate）。可以有多种不同的方法计算点估计值，但常用的方法是假定总体中未经审计部分的错报与样本中的错报成比例。点估计值的计算必须分层进行，然后再将其结果加总，而不能根据样本中的错报总额计算。因此，对前例中错报的点估计值可采用加权平均法进行如下计算：

层次	被审计单位的错报额÷样本的账面价值	×	各层的账面价值	=	错报的点估计值
1	\$(2 740)/\$88 955		\$88 955		\$(2 740)
2	\$971/\$43 995		71 235		1 572
3	\$2 158/\$13 105		47 105		7 757
合计					\$6 589

总体中错报的点估计值为6 589美元，这是一项高估错报。但是，由于抽样误差的存在，点估计值本身并不是衡量总体错报的充分标准。换言之，点估计是根据样本作出的，它只可能接近于真实总体错报，不可能与真实总体错报完全一致。因此，在点估计值（如例中的6 589美元）小于可容忍错报额（如例中的15 000美元）时，审计师必须考虑总体真实错报额大于可容忍错报额的可能性。无论是统计抽样还是非统计抽样都必须考虑这种可能性。

在运用非统计抽样时，由于审计师不可能对抽样误差进行数学运算，因此必须主观地考虑真实总体错报额超过某一可容忍错报额的可能性大小。这就需要对以下因素进行分析：(1) 点估计值与可容忍错报之间的差额；(2) 总体项目中被100%审计的程度；(3) 错报是可以相互抵销还是同一方向的；(4) 单个错报的金额；(5) 样本规模。

沿用前例，假定可容忍错报额为40 000美元，在这种情况下，审计师就会认为，在点估计值为6 589美元时，真实总体错报额超过可容忍错报额（计算所得的样本误差是33 411美元）的概率很小。

现假定可容忍错报额为15 000美元，只比点估计值高出8 411美元。在这种情况下，审计师还需要考虑一些其他因素，例如，如果总体中较大的项目已被全面审计（如本例中的做法），则未识别的错报只可能在较小的项目中存在。如果这些错报可以相互抵销并且金额相对较小，审计师就会认定真实总体错报额很可能低于可容忍错报额。还有，样本规模越大，审计师就越有可能确信点估计值越接近于总体实际错报额，因此，审计师在样本规模较大时（如本例），审计师要比在中等样本规模或较小样本规模时，更愿意接受真实总体错报额小于可容忍错报额的结论。另外，如果上述这些情况中的一个或多个与此不一样，则错报超过可容忍数额的概率的可能性很高，入账的总体也就不可接受。

即使审计师认为可能存在的错报额并不重大，也必须等到整个审计结束后，再对错报进行最终评估。例如，应收账款的估计错报总额和估计抽样误差，必须同审计的其他部分估计错报额合并起来，才能评价全部错报对财务报表整体的影响。然而，无论抽样结果是否支持账户没有重大错报的结论，审计师都应要求被审计单位记录对事实错报的调整，明显不重要的除外。

□ 分析错报

审计师必须对余额测试中所发现的每一项错报的性质和起因进行分析。例如，在函证应收账款时，假设所有的错报都是由于客户没有记录销售退回而产生的，审计师就需要确定这类错报发生得如此频繁的原因、这些错报对其他审计领域的影响、对财务报表的潜在影响，以及会对被审计单位经营造成的结果。针对所有的错报都要遵循这一方法进行分析。

审计师必须对错报进行分析，以决定是否需要修改审计风险模型。以上述讨论的没有记录销售退回的情况为例，如果审计师认为这是由于内部控制不健全造成的，这时就可能需要重新估计控制风险。而这又可能促使审计师降低 ARIA 水平，从而导致计划样本规模的增加。如第 9 章所述，在修正审计风险模型时必须非常谨慎，因为该模型主要用于计划目的，而不是评价结果。

□ 总体不可接受时的措施

如果审计师在考虑了抽样误差之后，认为总体中的错报可能大于可容忍错报额，则总体就不可以接受。此时可以采取以下几项针对性措施。

在其他审计领域的测试完成前，不采取任何措施　就最终目的而言，审计师是要评价财务报表整体是否存在重大错报。如果在审计的其他部分，比如存货项目中发现了可以相抵的错报，审计师就有可能认为应收账款的估计错报金额是可以接受的。当然，在审计最终完成之前，即使存在可以相抵的错报，审计师也必须评价某一账户中的错报是否会对财务报表产生误导。

在特定领域内扩大审计测试　如果对错报的分析表明大多数错报都属于同一类型，就完全可以将追加的审计工作限制在发现问题的领域。例如，如果对函证中的错报进行分析后表明，大多数错报都是由于销售退回未记录而引起的，这时就应扩大对退回货物的调查，以确保它们是否已经登记入账。然而，在作出有侧重点的扩大测试结论之前，还必须非常谨慎地评价样本中所有错报产生的原因，因为有问题的领域可能不止一个。

在分析完有问题的领域并通过调整客户的记录予以更正后，那些分离出来的问题领域中的样本项目就“正确”了。此时，可以在排除已“更正”错报的情况下，重新计算点估计值。然而，只有当错误能限定于具体领域时才是这样的，美国审计准则指出，即使被审计单位调整了错报，也必须以此错报来推断总体。国际审计准则指出，错误可能是一种异常情况，AICPA 的《审计抽样指南》要求，仅在有限的情况下，才允许不将错报推断至总体。如前所述，审计人员应当谨慎作出不将错报推断至总体的结论，并清楚地记录支持这一结论的原因和证据。

增加样本规模　如果认为原样本具有代表性，则扩大后的样本中错报比率将与原样本相似。因此，增加样本规模通常不会显著改变总体中可能错报的点估计。然而，当审计师增加样本规模时，如果扩大后的样本中错报比率、金额和方向与原样本相似，则会降低抽样风险。因此，增加样本规模可以使审计师得出结论，即真实的总体错报不太可能超过可容忍错报。

将样本规模扩大到足以满足审计师的可容忍错报要求，特别是当可容忍错报与推断错报之间的差额较小时，其成本往往非常高。再者，即使样本规模增加，也不一定能保证获得满意的结果。所以，如果扩大后的样本中错报数量、金额和方向与原样本相比成比例地增加或者变化更大，则其结果仍可能是无法接受的。

对于应收账款函证或存货观察等测试来说，增加样本规模通常十分困难，这是因为在审计师发现样本不够大时，通常已过了几个星期。此时再决定增加样本规模，就等于否定原来所做的工作重新再来。

尽管存在上述困难，有时审计师仍必须在初始测试完成后增加样本规模。不过这在函证和存货观察以外的其他审计领域更普遍一些，但这两个领域偶尔也需要增加样本规模。在采用分层抽样时，通常增加的样本应集中在包含较大金额的层次上，除非错报明显集中于其他某些层次。

调整账户余额　在审计师认为某账户余额存有严重错报时，被审计单位可能愿意根据样本结果调整相应的账面价值。假定在前例中，被审计单位愿意根据点估计金额（6 589 美元）减少应收账款的账面价值，以调整估计的错报额。此时审计师估计的错报额虽然为零，但仍有必要考虑抽样误差。我们仍假定可容忍错报额为15 000美元，审计师现在必须评价抽样误差是否会超过15 000美元，而不是当初考虑的8 411美元。如果审计师认为抽样误差小于或等于15 000美元，则调整后的应收账款就可以接受。如果审计师认为抽样误差大于15 000美元，则调整应收账款就不是一个可行的选择。

要求被审计单位更正总体 在某些情况下，被审计单位的记录可能非常不充分，这就需要在审计完成之前要求被审计单位更正整个记录总体。以应收账款为例，如果审计师认为账龄试算表存在重大错报，他就可能要求被审计单位重新编制一份账龄试算表。在被审计单位改变了总体中某些项目的估价后，审计师必须重新审计其有关结果。

拒绝出具无保留意见 审计师如果认为某账户记录的金额没有被公允表达，就必须执行至少一项上面所述的替代程序，或者以恰当方式出具保留意见的审计报告。若审计师在认为财务报表有很大可能存在重大错报时仍出具无保留意见，则将是一种严重违反审计准则的行为。就内部控制报告的目的而言，这个重大错报应该看作财务报告内部控制重大弱点的潜在暗示。

17.3 货币单位抽样

在学习了非统计抽样后，我们将进入统计抽样的学习，接下来主要介绍货币单位抽样。**货币单位抽样**（monetary unit sampling，MUS）是一种专为审计师开发的统计抽样方法。至今，它已成为余额细节测试中最常用的统计抽样方法。这是因为在统计方面，它既具备属性抽样的简便性，又能用货币单位来表述统计结果。货币单位抽样也称为金额单位抽样、积累货币额抽样和概率规模比例抽样等。

□ 货币单位抽样与非统计抽样之间的区别

货币单位抽样与非统计抽样类似，尽管货币单位抽样的某些步骤与非统计抽样有所不同，但同样都必须执行全部14个抽样步骤。了解它们之间的一些不同点是学习货币单位抽样的关键。货币单位抽样与非统计抽样两者之间的区别如下：

抽样单位的定义是单位金额 货币单位抽样的关键特征是把账户余额中的单位金额作为抽样单位。这个特征本身就是货币单位抽样这一统计方法名称的由来。例如，表17-1的总体中，抽样单位就是1美元，总体容量就是207 295美元，而不是前面所讨论的40个实物单位。（实物单位是指应收账款的客户余额、存货清单中的存货项目以及某一清单中其他可识别的单元。）

货币单位抽样以单位金额作为抽样单位带来的最直接结果是，它能自动地关注那些账面记录余额较大的实物单位。由于样本是以具体金额为基础选取的，余额较大的账户比余额较小的账户入选样本的机会更大。例如，在应收账款函证中，余额为5 000美元的账户入选样本的机会是余额为500美元的账户的10倍，因为前者所包含的金额单位是后者的10倍。正因如此，在货币单位抽样中无须使用分层选样，因为分层是通过自动方式进行的。

总体规模（容量）是账面记录的货币金额总体 例如，表17-1的应收账款总体由207 295美元组成，总体容量就是207 295美元，而不是40个应收账款余额。它就是应收账款账户上记录的金额。

在货币单位抽样中，由于选样方法（随后将进行讨论）的原因，可能出现无法评价总体中漏记项目的可能性。例如，在用货币单位抽样评价存货的表达是否公允时，无法评价是否某些存货项目确实存在但未进行盘点。如果完整性目标在审计测试中非常重要，事实也的确如此，就需要利用货币单位抽样测试以外的其他测试来实现该目标。

运用统计公式确定样本规模 这个过程在我们讨论过货币单位抽样的14个抽样步骤后再讨论。

货币单位抽样采用概率规模比例选样法选取样本　货币单位样本是由总体中的具体金额构成的，是采用**概率规模比例选样法**（probability proportional to size sample selection，PPS）选出的。PPS 可以采用计算机软件、随机数表或系统抽样技术选取样本。表 17－4 列示了一个应收账款总体，其中包括可用于说明选取样本的累计合计数。

表 17－4　应收账款总体

总体项目（实物单位）	账面金额	累计合计数（金额单位）
1	$357	$357
2	1 281	1 638
3	60	1 698
4	573	2 271
5	691	2 962
6	143	3 105
7	1 425	4 530
8	278	4 808
9	942	5 750
10	826	6 576
11	404	6 980
12	396	7 376

假设审计师想要从表 17－4 的总体中，选取一个含有四个账户的概率比例样本。由于规定以单位金额为抽样单位，则总体容量就是 7 376。审计师经常使用固定间隔的系统抽样，因为所有大于抽样间隔的项目都会被自动选择进行测试。然而，正如前面有关非统计抽样的讨论，审计师可以选择审查所有高于可容忍错报的单独重要项目，并对剩余项目进行抽样。

使用系统选择，抽样间隔为 1 844(7 376÷4)，然后审计师选择 1 到 1 844（抽样间隔的长度）之间随机开始。假设审计师随机选择从 822 开始，选择测试的样本美元为 822；2 666(822＋1 844)；4 510(2 666＋1 844)；6 354(4 510＋1 844)。

包含这些随机货币金额的总体实物单元项目需由累计合计数栏确定。再仔细查阅表 17－4，发现它们分别是项目 2（包括 358 美元至 1 638 美元）、项目 5（2 272 美元至 2 962 美元）、项目 7（3 106 美元至 5 230 美元）和项目 10（5 751 美元至 6 576 美元）。请注意，项目 7 大于抽样间隔，因此使用系统选择该样本将始终包含在样本中。如果一个总体项目大于抽样间隔的几倍，则它可能在样本出现多次。因此，选取测试单元的实际数量可能小于计算的样本规模。

审计师也可以使用随机选择的金额，而不是系统的选择。假设审计师使用计算机程序从 1 到 7 376 之间生成四个随机数来生成样本，并生成 6 586，1 756，850 和 6 599。再次参照表 17－4，选定的项目是项目 11（包括 6 577 美元至 6 980 美元）、项目 4（1 699 美元至 2 271 美元）、项目 2（358 美元至 1 638 美元）和项目 11（6 577 美元至 6 980 美元）。将对这些账户进行审计，因为这些账户的累计数包含了所选取的随机金额。项目 11 被视为两个样本项目，因为它是被随机选择两次的，即使账户 404 美元的账面值远小于系统选择的抽样间隔。

运用概率规模比例选样法时会出现两个问题。一个问题是，在选样时，账面余额为零的总体项目存在不会被选中的机会，尽管这些项目可能含有错报。另外，一些严重低估的小余额被选入样本的机会也很小。对此，如果审计师关注这些余额为零或较小的项目，那么解决这一问题的方法是对它们进行一些专门的审计测试。

另一个问题是，概率规模比例选样法选取的样本中无法包括负余额，如应收账款的贷方余额等。在进行选样时，可以先不理会这些负余额，而在以后用其他方法测试它们。另一种替代方法就是将它们视同为正余额，加入所要测试的货币金额总数，但这样做会使分析过程复杂化。

审计师采用货币单位抽样技术根据样本推断总体 无论选用何种抽样方法，审计师都必须运用下述方法推断总体：（1）根据样本结果推断总体的错报；（2）确定相应的抽样误差。使用货币单位抽样时，统计结果指的是**错报界限**（misstatement bounds）。错报界限是在既定 ARIA 下，可能的最大高估额的估计。下面的讨论和示例仅限于高估，因为货币单位抽样主要用于检测高估。错报界限的计算通常使用审计软件或计算机模块。在讨论货币单位抽样的 14 个步骤后，我们将在下一节中说明估计错报和错报界限的计算。

□ 利用货币单位抽样确定总体的可接受性

审计师将计算出的错报界限与可容忍错报进行比较。如果界限超过可容忍错报，则认为总体不可接受。当总体被拒绝时，审计师可采取的措施与非统计抽样时相同，见前面的具体讨论。

前面已经讨论了余额细节测试中货币单位抽样和非统计抽样的区别，下面将进一步考察样本规模的确定和错报界限的计算。

□ 利用货币单位抽样法确定样本规模

下面将介绍根据 AICPA 的《审计抽样指南》利用 MUS 计算样本规模的公式。首先讨论计算样本规模时使用的要素。

可接受的误受风险 ARIA 是审计师对应用抽样所需保证的一项判断。如图 17-1 和表 17-2 所示，ARIA 取决于审计风险模型因素以及实质性分析程序和其他实质性测试提供的保证程度。在本例中，假设审计师认为适当的 ARIA 为 10%。

账面记录的总体价值 总体金额取自被审计单位的记录，本例为 500 万美元。

可容忍错报 可容忍错报通常与实际执行的重要性相同，但如果测试的样本少于总体的 100%，审计师可能会减少可容忍错报。在本例中，可容忍错报为 150 000 美元。

可容忍错报占总体账面价值的百分比 审计师计算可容忍错报占总体账面价值的百分比。根据示例的可容忍错报和总体账面价值，这等于 0.03(150 000÷5 000 000)。

预期总体错报 货币单位抽样最常用于预期没有或很少有错报的情形。预期总体错报通常基于上一年的样本结果，尽管一些审计师将预期总体错报计算为可容忍错报或实际执行的重要性的百分比。在本例中，预期高估 15 000 美元。

预期总体错报与可容忍错报的比率 审计师计算预期总体错报与可容忍错报的比率。在本例中，比率等于 0.10(15 000÷150 000)

置信因子 利用表 17-5，根据审计师对 ARIA 的判断以及预期总体错报与可容忍错报之比确定适当的置信因子。基于 10%的 ARIA 和 0.10 的预期与可容忍错报比率，适当的置信因子为 2.77。

表 17－5 MUS 样本规模设计的置信因子

预期错报与可容忍错报的比率	误受风险							
	5%	10%	15%	20%	25%	30%	35%	50%
0.00	3.00	2.31	1.90	1.61	1.39	1.21	1.05	0.70
0.05	3.31	2.52	2.06	1.74	1.49	1.29	1.12	0.73
0.10	3.68	2.77	2.25	1.89	1.61	1.39	1.20	0.77
0.15	4.11	3.07	2.47	2.06	1.74	1.49	1.28	0.82
0.20	4.63	3.41	2.73	2.26	1.90	1.62	1.38	0.87
0.25	5.24	3.83	3.04	2.49	2.09	1.76	1.50	0.92
0.30	6.00	4.33	3.41	2.77	2.30	1.93	1.63	0.99
0.35	6.92	4.95	3.86	3.12	2.57	2.14	1.79	1.06
0.40	8.09	5.72	4.42	3.54	2.89	2.39	1.99	1.14
0.45	9.59	6.71	5.13	4.07	3.29	2.70	2.22	1.25
0.50	11.54	7.99	6.04	4.75	3.80	3.08	2.51	1.37
0.55	14.18	9.70	7.26	5.64	4.47	3.58	2.89	1.52
0.60	17.85	12.07	8.93	6.86	5.37	4.25	3.38	1.70

样本规模 用置信因子除以可容忍错报占总体账面价值的百分比即得到样本规模。

$$样本规模=\frac{置信因子(2.77)}{可容忍错报占总体账面价值的百分比(0.03)}=93$$

抽样间隔 现在可以计算适当的抽样间隔，为总体账面价值 500 万美元除以样本规模 93。

抽样间隔＝5 000 000÷93＝53 763(美元)

计算样本规模的步骤如表 17－6 所示。公式法只是用 MUS 测定样本规模的一种方法。《审计抽样指南》还提供了一些表格，用于根据 ARIA、可容忍错报占总体账面价值的百分比以及预期总体错报与可容忍错报的比率来确定样本规模。因为 MUS 依据属性理论，所以也可以使用表 15－8 中的属性采样表。使用 ARIA 代替 ARO，可容忍错报占总体账面价值的百分比代替可容忍偏差率，预期总体错报与可容忍错报的比率代替预期总体偏差率。大多数审计师运用审计软件计算样本规模，并使用 MUS 评价样本结果。

表 17－6 MUS 中计算样本规模的小结

计算样本规模的步骤	数值	来源或计算
1. 确定 ARIA	0.1	根据表 17－2 中的因素确定
2. 总体的账面价值	$5 000 000	—
3. 可容忍错报	$150 000	—
4. 可容忍错报占总体账面价值的百分比	0.03	$150 000÷$5 000 000
5. 预期总体错报	$15 000	基于以前年度的结果
6. 预期总体错报与可容忍错报的比率	0.1	$15 000÷$150 000
7. 置信因子	2.77	表 17－5 基于 10%的 ARIA，预期可容忍错报率 0.10。
8. 计算得出的样本规模	93	2.77÷0.03（置信因子除以可容忍错报占总体账面价值的百分比）
9. 计算得出的抽样间隔	$53 763	$5 000 000÷93

□ 利用货币单位抽样未发现错报时总体的推断

在对样本项目进行测试后，审计师根据样本错报推断至总体，并使用MUS计算抽样风险。如果对整个样本进行了审计，并且在样本中未发现任何错报，则审计师可在不进行额外计算的情况下得出结论，即在特定的误受风险水平上，总体的账面价值并未因高于可容忍错报而被高估。未发现错报时的上限是无错报的置信因子乘以抽样间隔的长度。

假设审计师正在确认应收账款总体金额的正确性。总体金额为120万美元，获得了100份函证。经审计，该样本未发现错报。假设ARIA为5%，表17-7中的置信因子为3.0，适用12 000美元的抽样间隔（1 200 000美元÷100个样本项目的总数＝12 000美元的抽样间隔），错报上限计算如下：

错报上限＝1 200 000×3%×100%＝36 000(美元)

没有发现错报时的上限也称为**基本精度**（basic precision），表示样本固有的抽样风险的最小值。在本例中，由于没有发现错报，预计错报为零，抽样风险等于错报上限36 000美元。

表17-7 MUS的置信因子

高估错报的数量	误受风险							
	5%	10%	15%	20%	25%	30%	35%	50%
0	3.00	2.31	1.90	1.61	1.39	1.21	1.05	0.70
1	4.75	3.89	3.38	3.00	2.70	2.44	2.22	1.68
2	6.30	5.33	4.73	4.28	3.93	3.62	3.35	2.68
3	7.76	6.69	6.02	5.52	5.11	4.77	4.46	3.68
4	9.16	8.00	7.27	6.73	6.28	5.90	5.55	4.68
5	10.52	9.28	8.50	7.91	7.43	7.01	6.64	5.68
6	11.85	10.54	9.71	9.08	8.56	8.12	7.72	6.67
7	13.15	11.78	10.90	10.24	9.69	9.21	8.79	7.67
8	14.44	13.00	12.08	11.38	10.81	10.31	9.85	8.67
9	15.71	14.21	13.25	12.52	11.92	11.39	10.92	9.67
10	16.97	15.41	14.42	13.66	13.02	12.47	11.98	10.67

□ 利用货币单位抽样发现错报时的总体推断

假设审计师对样本进行测试，发现表17-8中存在三项错报，那么计算错报上限需要三个步骤：

1. 计算每个错报的错报百分比。
2. 将错报百分比乘以抽样间隔的长度来计算样本错报。
3. 根据实际错报数量和可接受的误受风险的置信系数，增加抽样风险的水平。

计算错报百分比假定 当发现错报时，审计师计算预期错报和抽样风险。抽样单位中的错报百分比表示整个抽样间隔内的错报百分比，其计算方法是将错报除以账面价值。表17-8显示了样本中发现三个错报时的错报百分比。错报按照百分比的大小排列，以此计算各抽样风险水平。

表 17-8　错报百分比

顾客编号	应收账款账面价值	已审计的应收账款价值	实际错报	错报百分比＝错报÷账面价值
2073	$ 6 200	$ 6 100	$ 100	0.016
5111	12 910	12 000	910	N/A
9816	8 947	2 947	$ 6 000	0.671

预计样本错报　预计错报是错报百分比乘以抽样间隔，因为错报百分比是整个抽样间隔的百分比。例如，如果抽样间隔为 10 000 美元，账面价值为 100 美元，审计后的金额为 75 美元，则预计错报为 2 500 美元（25 美元错报为账面价值的 25%×10 000 美元抽样间隔）。如果样本项目的账面价值大于抽样间隔，则预计错报等于实际样本错报。表 17-9 列示了三个实际样本错报的预计错报计算。

表 17-9　计算预计错报和抽样风险估计

A	B	C	D	E	F	G	H
账面价值	审计金额	实际错报（A−B）	错报百分比（C/A）	抽样间隔	预计错报（D×E）	置信因子增加值（见表 17-10）	预计错报加抽样风险增量估计（F×G）
$ 12 000	$ 910	N/A	N/A	N/A	$ 910	N/A	$ 910
8 957	2 947	6 000	67.10%	12 000	8 052	1.75	14 091
6 200	6 100	100	1.60%	12 000	192	1.55	298
总计		$ 7 010			$ 9 154		$ 15 299
增加基础精度							36 000
上限							$ 51 299

计算抽样风险估计　预测错报随着抽样风险估计的增加而增加，计算方法为基本精度加上抽样单位中发现的每一个错报小于抽样间隔的抽样风险增量估计。由于抽样间隔中的所有货币单位都经过了检查，因此抽样单位中大于抽样间隔的抽样风险没有增量估计。

一种保守的方法是按错报百分比对错报进行排序。然后，将错报乘以置信系数的增量变化，计算预测错报加上抽样风险的增量估计。表 17-10 提供了 5 个错报和 5% ARIA 的置信系数增量变化的示例。表 17-9的最后两列列示了置信系数的增量变化，以及预测错报加上抽样风险的增量估计。包括 36 000 美元的基本精度，错报上限为 51 299 美元。因此，基于 5%的 ARIA，审计师可以声明有 5%的风险记录的金额被错报超过 51 299 美元。

表 17-10　置信因子的增量变化——5%的误受风险

高估错报的数量	置信因子	置信因子的增量变化
0	3.00	—
1	4.75	1.75
2	6.30	1.55
3	7.76	1.46
4	9.16	1.40
5	10.52	1.36

样本结果可归纳如下：

- 样本包含实际错报 7 010 美元。
- 实际和预计的错报总额为 9 154 美元。
- 错报上限为 51 299 美元，代表事实和预测错报总额加上抽样风险估计。
- 表示基本精度的抽样风险估计和抽样风险增量估计之和为 42 145 美元［基本精度 36 000 美元＋抽样风险增量估计 6 145 美元（15 299－9 154）］。

如果 51 299 美元的错报上限低于可容忍错报，则认为结果是可以接受的。如果错报上限超过了可容忍错报，根据样本结果，总体不可接受，审计师将采取“总体被拒绝时的操作”一节中讨论的一项或多项行动。

审计风险模型与 MUS 的样本规模之间的关系　第 9 章及以后章节所讨论的计划审计风险模型为：

$$PDR=\frac{AAR}{IR\times CR}\text{（各术语含义见第 9 章）}$$

审计师是通过执行交易实质性测试、实质性分析程序和余额细节测试来将检查风险降到计划水平的，这一点在第 16 章已经作了说明。由于 MUS 能在余额细节测试中运用，因此，理解审计风险模型中的三个独立要素、实质性分析程序及交易实质性测试与余额细节测试样本规模之间的关系是非常重要的。

表 17－2 表明，上述五个因素中的四个（控制风险、交易实质性测试、可接受审计风险、实质性分析程序）都会影响 ARIA，而 ARIA 又会影响计划样本规模。另外一个因素——固有风险，则会对估计总体偏差率产生正向影响。

□ 货币单位抽样的审计运用

审计师偏爱运用货币单位抽样的原因至少有以下四点：

1. 它可以自动增加被审计总体中金额较高的项目入选样本的机会。在实际工作中，审计师通常也是把审计的重点放在这些项目上，这是因为这些项目通常代表了重大错报的最高风险。采用分层抽样虽然也能实现这一目的，但应用货币单位抽样法往往更容易。

2. 它常常可以降低执行审计测试的成本，因为它可以一次测试几个样本项目。例如，如果某个大样本项目占总体账面金额的 10%，并且样本规模为 100，采用概率规模比例选样法就很可能有 10%的样本项目是从这个大项目中选出的。当然，该项目只需审计一次，却被当作一个具有 10 个项目的样本。如果该项目有错报，也要把它算成 10 个错报。当然，如果审计师愿意，也可以对较大的总体项目进行 100%的审计并单独对它们进行评价，从而将它们排除在抽样总体之外。

3. 货币单位抽样法具有吸引力的另一个原因是应用简单。它只需应用简单的数表就能进行评价。而且其技术既便于传授，也易于监督。使用货币单位抽样法的事务所广泛地利用计算机程序或专用数表，这些技术与这里所说的方法相比，能使样本规模的确定和评价更简洁、更有效。

4. 货币单位抽样提供的是统计结论，而不是非统计结论。许多审计师认为，统计抽样可以帮助他们作出更好和更有抗辩力的结论。

货币单位抽样法存在的缺点主要有两个：一个是发现错报时得出的总体错报界限可能过高，以至于审计师无法使用。这是因为在发现错报时，这些评价方法具有固有的保守性，从而使得出的错报界限远远超过重要性水平。而要克服这一问题，就需要较大的样本规模。另一个就是如果没有计算机的帮助，要从大总体中选取概率比例样本是相当烦琐的。

由于上述原因，当预期没有或很少有错报，且需要金额形式结果，同时总体数据保存在计算机文件中时，常采用货币单位抽样法。

17.4　变量抽样

变量抽样（variable sampling）与货币单位抽样一样，都是审计师使用的统计方法。在余额细节测试中，变量抽样与非统计抽样的目标是相同的，都用以测量某账户余额的错报额。与非统计抽样一样，如果审计师确定错报额超过了可容忍金额，则将拒绝该总体，同时采取进一步的行动。

变量抽样是一类方法的统称，它包括若干种抽样技术。在本节中将学习差额估计、比率估计、单位均值估计等方法。随后，我们将对这些方法进行更多的讨论。

□ 变量抽样与非统计抽样的区别

变量抽样与非统计抽样的使用存在很多相同点。变量抽样也必须执行前面讨论过的非统计抽样中的全部 14 个步骤，而且几乎所有步骤都是完全一致的。在讨论了抽样分布之后，我们将介绍变量抽样和非统计抽样之间的区别。

□ 抽样分布

为了理解审计师为什么要在审计中运用变量抽样方法以及如何运用的问题，首先就要了解抽样分布以及它是如何影响审计师的统计结论的。尽管审计师可以评价总体的一般性质，以便选择最合适的抽样方法，但他们并不知道错报额的平均值（平均数）、错报金额分布，或他们在审计中所测总体的已审计价值。总体特征必须根据样本来估计，当然，这也是审计测试的目的之所在。

作为一个实验，假定审计师从一个具有平均值的会计数据总体中取出数千个规模大小相同的重复样本。审计师为每一个样本计算其样本项目的平均值如下：

$$\overline{x}=\frac{\sum x_j}{n}$$

式中：$\overline{x}$——样本项目的平均值；

x_j——每一样本项目的值；

n——样本规模。

审计师在计算出每个样本后，将它们分别标注在频率分布图上。只要样本规模足够大，样本均值的频率分布图就会非常接近图 17－3 的形状。

这样的样本均值是呈正态分布的，并且具备正态曲线的所有特征：(1) 曲线是对称的；(2) 样本均值落入围绕这些均值的均数或中值的抽样分布的已知部分，并且横轴上的距离用标准差来衡量。

此外，样本均值的中值（即抽样分布的中点）等于总体均值，抽样分布的标准差等于 $SD\sqrt{n}$，其中 SD 代表总体标准差；n 代表样本规模。

假定某总体均值为 40 美元，标准差为 17 美元（$\overline{x}$＝40 美元，SD＝17 美元），从该总体中我们选出许多各包含 100 个项目的样本。抽样分布的标准差将是 1.50 美元（$SD\sqrt{n}=15\sqrt{100}=1.50$）。总体的标准差和抽样分布的标准差往往容易混淆。为了避免这种混淆，样本均值分布的标准差通常称为均值标准误差（SE）。有了上述资料，就可以作出抽样分布表，如表 17－11 所示。

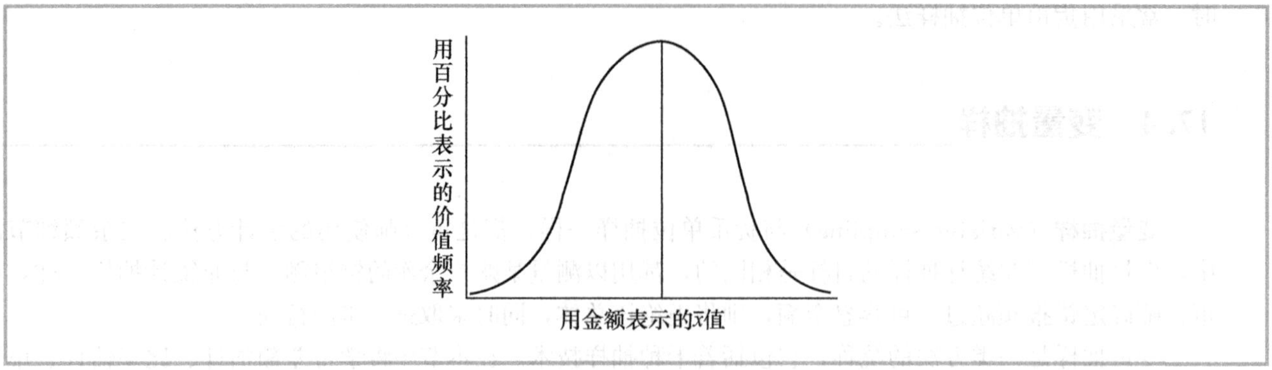

图 17-3　样本均值的频率分布

表 17-11　根据已知均值和标准差的总体计算抽样分布

(1) 均值标准误差 数（置信系数）	(2) 价值 (1)×＄1.50	(3) 区域范围 ＄40±(2)	(4) 包含在区域内的 样本均值百分比
1	＄1.50	＄38.50～＄41.50	68.2
2	＄3.00	＄37.00～＄43.00	95.4
3	＄4.50	＄35.50～＄44.50	99.7
			（取自正态曲线表）

综上所述，对于从已知总体中选取大量样本的实验结果，有三点很重要：

1. 所有样本均值的平均数等于总体均值（*X*）。由此得出的推论是出现频率最高样本的均值（*X*）也等于总体均值。

2. 只要样本规模足够大，无论总体分布如何，样本均值的频率分布形状都是正态曲线。图 17-4 反映了这一结论。

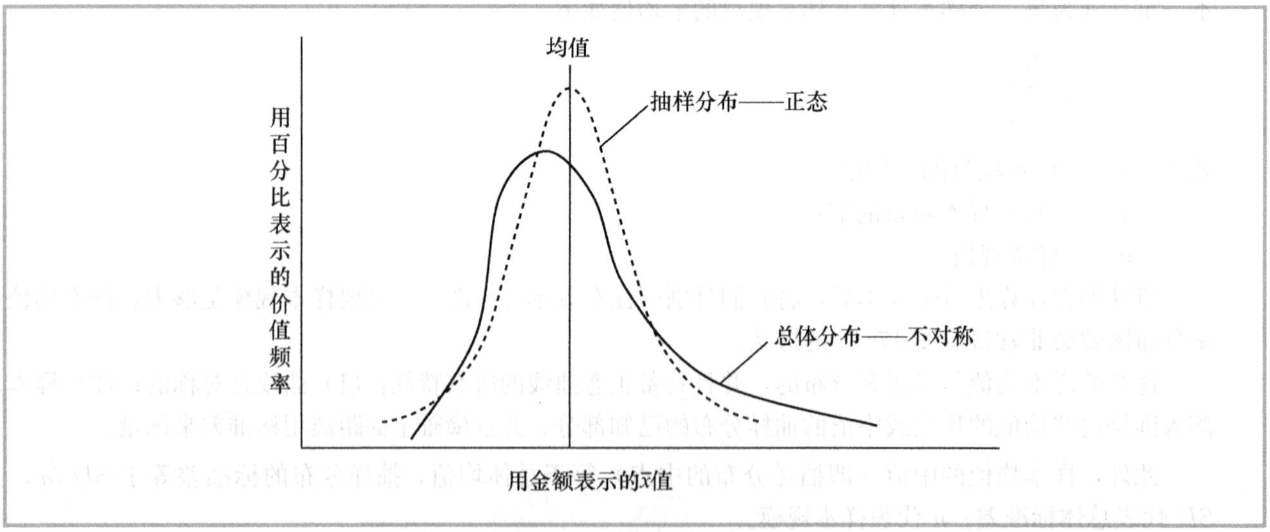

图 17-4　总体分布和抽样分布

3. 在任何两个抽样分布值之间的样本均值的百分比都是可以计量的，计算这一百分比可以通过确定任何两个抽样分布值的标准误差个数以及从正态曲线表中找出与该个数对应的样本均值百分比来得出。

□ 统计推断

一般来说，在实际审计中，当审计师从总体中选取样本时，他并不知道总体的特征，并且通常只会从总体中选取一个样本。但是，有了抽样分布的知识就能使审计师作出关于总体的统计结论，即**统计推断**(statistical inferences)。例如，假定审计师从总体中选取一个样本，计算的样本均值等于 46 美元，均值标准误差等于 9 美元（均值标准误差的计算方法将在后面介绍)，此时，我们就可以运用抽样分布原理计算出总体均值的置信区间，即

$$CI_{\bar{x}}=\hat{X}\pm Z\cdot SE$$

式中：$CI_{\bar{x}}$——总体均值的置信区间；

$\hat{X}$——总体均值的估计值；

Z——置信系数 $\begin{cases}1=68.2\%\text{置信度}\\2=95.4\%\text{置信度}\\3=99.7\%\text{置信度}\end{cases}$

SE——均值标准误差；

$Z\cdot SE$——精确区间。

本例中：

当置信度为 68.2%时，$CI_{\bar{x}}$=46 美元±1×(9 美元)=46 美元±9 美元。

当置信度为 95.4%时，$CI_{\bar{x}}$=46 美元±2×(9 美元)=46 美元±18 美元。

当置信度为 99.7%时，$CI_{\bar{x}}$=46 美元±3×(9 美元)=46 美元±27 美元。

上述结果也可以用置信限（$CI_{\bar{x}}$）来表示。置信上限（$UCI_{\bar{x}}$）等于$\hat{X}+Z\cdot SE$（当置信度是 95%时为：46 美元+18 美元=64 美元)；置信下限（$LCI_{\bar{x}}$）为$\hat{X}-Z\cdot SE$（当置信度是 95%时为：46 美元−18 美元=28 美元)。

上述结果用图表示为：

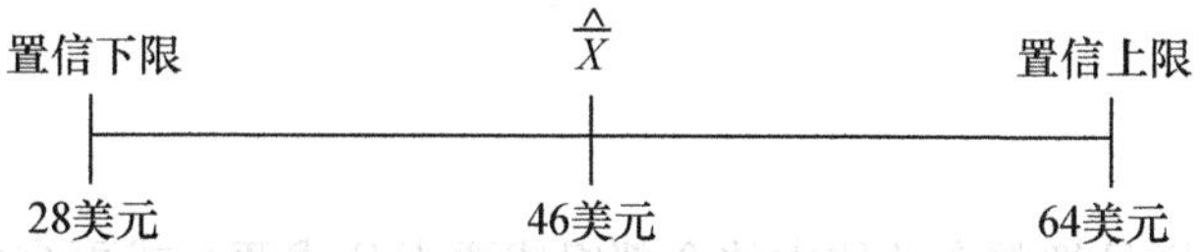

审计师利用统计推论对置信区间所作的结论可以有不同的表达方式，但是必须谨慎，以避免得出错误的结论。审计师应当记住，真实的总体价值总是未知的。样本不足以代表总体，因而无法得出与总体比较接近的样本均值或标准差的可能性总是存在的，但是，审计师可以说，用于取得样本和计算置信区间的程序，将会提供一个区间，这个区间可以在一定百分比的概率上包含真实的总体均值。简而言之，审计师能够知道用于得出其结论的统计推断过程的可靠性。

□ 变量方法

所有的变量抽样方法都要采用前面刚讨论过的统计推断过程。各种变量抽样方法之间的主要区别在于特征项目。现分别讨论三种变量方法。

差额估计 在样本中的每个项目都有账面值和已审值时，审计师使用**差额估计法**（difference estimation）来测量总体估计错报总额。例如，选取一个应收账款样本进行函证，对每个样本账户，确定客户的账面额与审计师认为正确的金额之间的差额（错报），就是差额估计的一个例子。审计师根据样本中的错报数量、平均错报额以及单个错报额来估计总体错报。估计的结果用点估计值分别加上或减去在某一既定置信度上计算的精确度间距来表示，例如，在前面讨论的抽样分布中，假定审计师从1 000笔应收账款总体中，随机选取了100笔作为样本进行函证，并认为在置信度为95%时，总体错报均值的置信限为28～64美元，此时也很容易算出总体错报的总估计值为28 000～64 000美元（1 000×28和1 000×64）。如果审计师确定的可容忍错报额是100 000美元，则该总体显然是可接受的；如果可容忍错报额是40 000美元，则该总体就不可以接受。本章后面的内容将进一步举例说明差额估计的用法。

与其他各种方法相比，差额估计通常会产生较小的样本规模，并且比较容易使用。因此，差额估计通常是首选的变量方法。

比率估计 **比率估计**（ratio estimation）类似于差额估计，其差别仅在于比率估计法要求审计师计算样本错报与样本账面价值的比，然后以此推断总体来估计总体错报金额。例如，假定审计师发现账面价值为208 000美元的样本中含有12 000美元的错报，则该比率为0.06（12 000/208 000）。如果总体的账面价值为1 040 000美元，则可以推断总体的错报就是62 400美元（1 040 000×0.06）。然后审计师就可以采用与差额估计类似的方法，来计算比率估计法下的错报总额的置信限。如果总体的错报额与总体项目的账面价值成比例，则比率估计的样本规模甚至还要小于差异估计下的样本规模。如果个别错报额与账面价值无关，那它的样本规模会比差额估计法下的样本规模更大。大多数审计师更愿意采用差额估计，因为它在某种程度上要比计算置信限更简单。

单位均值估计 在**单位均值估计**（mean-per-unit estimation）中，审计师关注的是样本中各项目的已审值，而不是其错报额。除了对测量内容的定义不同外，单位均值估计的计算与差额估计完全一致。已审值的点估计值等于样本项目的平均已审值乘以总体容量。精确度间距是以样本项目的已审值而不是其错报为基础计算的，在审计师计算出置信上限和置信下限后，就可以将这两个数额与账面价值进行比较，以确定总体的可接受性。例如，假定审计师从账面价值为265 000美元的3 000个存货项目中抽取100个样本，如果样本均值为85美元，则存货的估计值是255 000美元（85×3 000）。如果265 000美元的账面价值在置信上限之内，审计师就可以接受该账面余额。单位均值估计在实务中很少采用，因为这种方法所要求的样本规模一般都比前两种方法大。

□ 分层统计方法

如前所述，分层抽样是把整个总体中的全部组成要素分成两个或更多的次级总体，然后对每个次级总体单独进行测试的一种抽样方法。审计师在使用分层统计抽样时，要用统计方法来推算结果，每一层要分别进行计算，然后以置信区间的形式将计算结果合并成一个整体的总体估计。分层选样适用于差额估计、比率估计和单位均值估计，但在单位均值估计中运用得更多。

□ 抽样风险

在前面讨论非统计抽样时，已经介绍过可接受的误受风险（ARIA）。在变量抽样中，还要使用可接受的误拒风险（ARIR），所以，审计师必须理解这两种风险的区别和运用。

可接受的误受风险 在进行审计测试并计算出统计结果之后，审计师必须判断总体是否含有重大错报。ARIA就是审计师接受了实际上含有重大错报总体的统计风险。该风险是需要审计师慎重考虑的问题，因为一旦认为含有重大错报金额的某账户余额是公允表达的，就有可能产生法律上的问题。

某账户余额既有可能被高估，也有可能被低估，但这两种情况不会同时出现，因此，ARIA 是一种单边统计测试。ARIA 的置信系数也因此有别于置信度。（置信度＝1－2×ARIA。例如，如果 ARIA 是 10%，则置信度为 80%。）表 17－12 列示了各种不同 ARIA 水平下的置信系数，以及各种置信度和 ARIR 水平下的置信系数。

表 17－12　置信度、可接受的误受风险、可接受的误拒风险的置信系数

置信度（%）	可接受的误受风险（%）	可接受的误拒风险（%）	置信系数
99	0.5	1	2.58
95	2.5	5	1.96
90	5	10	1.64
80	10	20	1.28
75	12.5	25	1.17
70	17	30	1.04
60	20	40	0.84
50	25	50	0.67
40	30	60	0.52
30	35	70	0.39
20	40	80	0.25
10	45	90	0.13
0	50	100	0

可接受的误拒风险　**可接受的误拒风险**（acceptable risk of incorrect rejection，ARIR）是审计师将一个并无重大错报的总体认定为有重大错报的统计风险。只有在审计师认为总体没有公允表达时，ARIR 才会影响审计师的行为。审计师在发现某账户余额没有公允表达时，通常采取的措施是增加样本规模或执行其他测试。如果账户没有重大错报，则增加样本规模通常会使审计师得出余额公允表达的结论。只有在增加样本规模或执行其他测试的成本过高时，ARIR 才会显得重要，而 ARIA 却总是重要的。表 17－12 也列示了 ARIR 的置信系数。

表 17－13 对 ARIA 和 ARIR 作了归纳。你可能认为审计师应当努力把两种风险降到最低。实现这一目标的途径是增加样本规模，从而降低这些风险，但由于增加样本规模的成本较高，保持适度的 ARIA 和 ARIR，才是更为理想的目标。

表 17－13　ARIA 和 ARIR

实际的审计决策	总体中的实际情况	
	存在重大错报	不存在重大错报
认定总体存在重大错报	正确结论——无风险	错误结论——风险是 ARIR
认定总体不存在重大错报	错误结论——风险是 ARIA	正确结论——无风险

17.5　差额估计抽样举例

我们以 Hart 木材公司审计中的积极式函证作为参考示例来说明差额估计的运用，在账龄试算表中总共列示了 4 000 笔应收账款，账面价值合计为 600 000 美元。审计师确定的可容忍错报额为 21 000 美元。

□ 计划样本并利用差额估计计算样本规模

确定可接受的风险 审计师要确定两类风险。

1. 可接受的误受风险（ARIA）。它是指在应收账款实际错报额超过21 000美元时，认为应收账款表达是正确的风险。它要受可接受审计风险、控制测试和交易实质性测试的结果、实质性分析程序和应收账款在财务报表中的相对重要性等方面的影响。在Hart木材公司的审计中，采用10%的可接受的误受风险。

2. 可接受的误拒风险（ARIR）。它是在应收账款实际上没有发生重大错报时，认为应收账款不正确而拒绝接受的风险。它要受重新抽样所要追加的成本影响。由于进行二次函证的成本很高，因此采用25%的可接受的误拒风险。

估计总体错报 这项估计包括两个方面。

1. 估计预期点估计值。差额估计需要对总体点估计值作出预先估计，这与属性抽样需要估计总体偏差率十分相似。根据以前年度的审计测试结果，确定Hart木材公司的预期点估计值为1 500美元（高估）。

2. 对总体标准差作出预先估计——总体变动程度。在确定初始样本规模时，需要预先估计总体中个别错报的变动程度，它是以总体标准差来衡量的。标准差的计算将在后面讲述。根据以前年度的审计测试结果，估计Hart木材公司的总体标准差为20美元。

计算初始样本规模 现在，Hart木材公司的初始样本规模可用以下列公式计算：

$$n=\left[\frac{SD^*(Z_A+Z_R)N}{TM-E^*}\right]^2$$

式中：n——初始样本规模；

SD^*——预先估计的标准差；

Z_A——ARIA的置信系数（见表17-12）；

Z_R——ARIR的置信系数（见表17-12）；

N——总体容量；

TM——总体可容忍错报（重要性）；

E^*——估计的总体错报点估计值。

将该公式应用于Hart木材公司，得

$$n=\left[\frac{20\times(1.28+1.15)\times 4\,000}{21\,000-1\,500}\right]^2=(9.97)^2=100$$

□ 评价结果

根据样本推断总体 审计师选择样本进行测试，并识别样本错报。Hart木材公司的错报如表17-14所示。下面讨论的四个步骤说明了Hart木材公司的置信限的详细计算过程。表17-14中的步骤3～步骤6也列示了这一计算过程。

1. 计算错报总额的点估计值。点估计值是根据样本中的错报对总体错报所作的直接推断。表17-14中的第三步列示了Hart木材公司点估计值的计算。

2. 计算总体标准差的估计值。总体标准差是总体中各个项目值变动程度的统计量度。总体各项目值变动额较大时的标准差，要大于变动额较小时的标准差。

无疑，标准差对计算的精确度间距具有显著影响。由此可见，总体中各项目值的变动额较小时预测总体值的能力，要高于各项目值的变动额较大时的情形。

3. 计算精确度间距。精确度间距是用统计公式计算的，为使计算的精确度间距有意义，必须把它与 ARIA 结合起来，表 17－14 中第五步列示了计算精确度间距的公式。

表 17－14　置信限的计算

步骤	统计公式	以 Hart 木材公司为例
1. 取得样本容量为 n 的随机样本	n＝样本规模	从包含 4 000 个账户的账龄试算表中随机选取 100 笔应收账款
2. 确定样本中的每项错报值		75 个账户经客户证实，其余 25 个账户采用替代程序验证。在调整了时间性差异和顾客的错误后，确定了下列 12 个项目是客户的错误（低估）： 1. 12.75　2. (69.46)　3. 85.28 4. 100.00　5. (27.30)　6. 41.06 7. (0.87)　8. 24.32　9. 36.59 10. (102.16)　11. 54.71　12. 71.56 合计＝＄226.48
3. 计算错报总额的点估计值	$\bar{e}=\frac{\sum e_j}{n}$ $\hat{E}=N\bar{e}$ 或 $N\frac{\sum e_j}{n}$ 式中：$\bar{e}$——样本中的平均错报额； $\sum$——合计； e_j——样本中的个别错报； n——样本规模； $\hat{E}$——错报总额的点估计值； N——总体容量。	$\bar{e}=\frac{226.48}{100}=\$2.26$ $\hat{E}=4\,000\times 2.26=\$9\,040$ 或 $\hat{E}=4\,000\times\frac{226.48}{100}=\$9\,040$
4. 根据样本计算错报的总体标准差	$SD=\sqrt{\frac{\sum(e_j)^2-n(\bar{e})^2}{n-1}}$ 式中：SD——标准差； e_j——样本中的个别错报； n——样本规模； $\bar{e}$——样本中的平均错报额。	（四舍五入至元） e_j　　$(e_j)^2$ 1. ＄13　＄169 2. (69)　4 761 3. 85　7 225 4. 100　10 000 5. (27)　729 6. 41　1 681 7. (1)　1 8. 24　576 9. 37　1 369 10. (102)　10 404 11. 55　3 025 12. 72　5 184 ＄228　＄45 124 $SD=\sqrt{\frac{45\,124-100\times 2.26^2}{99}}$ $=\$21.2$

续表

步骤	统计公式	以 Hart 木材公司为例
5. 计算期望置信度的总体错报总额估计值的精确度间距	$CPI = NZ_A \frac{SD}{\sqrt{n}}\sqrt{\frac{N-n}{N}}$ 式中：CPI——计算的精确度间距； N——总体容量； Z_A——ARIA 的置信系数（见表 17-12）； SD——总体标准差； n——样本规模； $\sqrt{\frac{N-n}{N}}$——有限修正系数。	$CPI = 4\,000 \times 1.28 \times \frac{21.2}{\sqrt{100}} \times \sqrt{\frac{4\,000-100}{4\,000}}$ $= 4\,000 \times 1.28 \times \frac{21.2}{10} \times 0.99$ $= 4\,000 \times 1.28 \times 2.12 \times 0.99$ = \$10 800（四舍五入）
6. 计算期望置信度的置信限	$UCL = \hat{E} + CPI$ $LCL = \hat{E} - CPI$ 式中：UCL——计算的置信上限； LCL——计算的置信下限； $\hat{E}$——错报总额的点估计值； CPI——期望置信度上计算的精确度间距。	$UCL = 9\,040 + 10\,800 =$ \$19 840 $LCL = 9\,040 - 10\,800 =$ \$（1 760）

4. 计算置信限。置信限用来确定置信区间，是通过联合错报总额的点估计值和在期望置信度上计算的精确度间距来计算的（点估计值±计算的精确度间距）。表 17 - 14 中第六步列示了计算置信限的公式。

Hart 木材公司的置信度下限和置信度上限分别是－1 760 美元和 19 840 美元。总体低估超过 1 760 美元的统计风险为 10%，高估超过 19 840 美元的统计风险也是 10%。这是因为 10%的 ARIA 与 80%的置信度是等价的。由于置信限小于可容忍错报，审计师得出结论认为总体没有重大错报。

本章小结

本章讨论了余额细节测试的非统计与统计审计抽样方法。在余额细节测试的抽样中，审计师需要确定账户余额的金额数是否存在重大错报。然后讨论了非统计抽样中的 14 个步骤在余额细节测试中的运用，在非统计抽样过程中，审计师运用职业判断来由样本推断总体以确定是否接受该总体。货币金额抽样是余额测试中一种最常用的统计抽样方法，这种方法以已记录账户之余额的货币单位为抽样单位，因此，余额越大的账户越有可能被抽取成为样本中的一个项目。变量统计抽样方法包括差额估计、比率估计和单位均值估计，这些方法通过比较已审样本价值和已记录价值，形成账户余额的错报估计。最后，以差额估计法为例说明了变量抽样的运用。

练习题

17 - 1 控制测试和交易实质性测试与余额细节测试中的属性抽样的主要区别是什么？

17 - 2 定义分层抽样的概念并解释其在审计中的重要性。在函证应收账款时，审计师如何从三层总体中选取一个 30 个项目的分层样本？

17 - 6 定义货币单位抽样并解释其在审计中的重要性。它是怎样组合属性抽样和变量抽样特征的？

17 - 7 定义抽样风险。在非统计抽样、货币单位抽样、属性抽样和变量抽样中存在抽样风险吗？请解释其原因。

17 - 11 评价审计师的以下陈述：“通过随机抽样，我得到了一个 90%的置信区间：800 000～900 000 美元，那就意味着总体值 90%落在 800 000～900 000 美元内。”

选自注册会计师考试的选择题

17-19　下列问题与确定余额细节测试的样本规模有关，选择最佳答案。

a. Murray 先生决定使用分层抽样。使用分层抽样而不是不受限制的随机抽样的原因是（　　）。

(1) 尽可能降低总体整体变动程度

(2) 给总体每个项目以同等机会入选样本

(3) 在具体选样时，允许选样者运用自身判断

(4) 允许审计师选取总体中的大额项目

b. 以下哪个影响计划样本的因素会影响特定账户余额细节测试的样本规模（　　）。

	错报估计额	可容忍错报的计算
(1)	否	否
(2)	是	是
(3)	否	是
(4)	是	否

c. 可容忍错报和控制风险估计水平的增加对细节实质性测试中的样本规模会有什么影响（　　）。

	可容忍错报的增加	估计控制风险水平的增加
(1)	样本规模增加	样本规模增加
(2)	样本规模增加	样本规模减小
(3)	样本规模减小	样本规模增加
(4)	样本规模减小	样本规模减小

17-20　以下各题与评价余额细节测试的审计抽样结果有关，选择最佳答案。

a. 如果在审计过程执行细节实质性测试时，审计师已经确定样本结果支持账户余额记录中存在重大错报的结论。事实上，它又不是重大错报。这种情况说明（　　）。

(1) 这是估计控制风险过高的风险

(2) 这是估计控制风险过低的风险

(3) 这是一种误拒风险

(4) 这是一种误受风险

b. 在抽样间隔为 5 000 美元的 MUS 样本中，审计师发现，选取的应收账款的记录金额为 10 000 美元、审计金额为 8 000 美元。如果这是审计师发现的唯一错误，那么样本的预计错误是（　　）。

(1) 1 000 美元

(2) 2 000 美元

(3) 4 000 美元

(4) 5 000 美元

c. 会计部门报告的应收账款余额为 175 000 美元，如果实际余额在 150 000 美元之内，你就愿意接受应收账款余额为 175 000 美元的陈述。在应用变量抽样时，你计算的 95%的置信区间为［173 000，187 000］，那

么，你将（　　）。

(1) 不能接受这个余额

(2) 接受这个余额，但是以更低置信水平接受

(3) 在拒绝这个样本和要求调整之前选取更大样本量的样本

(4) 接受175 000美元这个余额，因为置信水平在重要性水平内

17-21 以下各题与余额细节测试的统计抽样有关，选出最佳答案。

a. 在审计师运用货币单位统计抽样以审查发票总金额时，每一张发票（　　）。

(1) 有同等概率被选取

(2) 可以被表示为一个以上的货币单位

(3) 被选取的概率是未知的

(4) 被选取的概率等于其金额占总金额的比

b. 以下哪项是变量抽样相对概率规模比率选样的优势（　　）。

(1) 不需要估计总体记录金额的标准差

(2) 审计师很少用计算机程序帮助设计一个有效的样本

(3) 结果为0和负数时，通常不需要特别考虑

(4) 单个重大的数据可以自动识别和选取

c. 在运用变量抽样时，审计师试图（　　）。

(1) 估计测试目标的数量特征

(2) 确定特定属性的发生率

(3) 找到至少一个关键偏差的例子

(4) 在精确度内预期总体货币金额

讨论题

17-23 你计划使用非统计抽样对Meridian公司应收账款的函证结果进行评价。你已经执行了销售、销售退回与折让和现金收入的控制测试，且都是有效的。由于控制的质量，你决定采取10%的可接受的误受风险。存在总体是价值6 900 000美元的3 000笔应收账款。这些账户的金额大小相似，因而归为一层。超过150 000美元的高估和低估认为是重要的。

要求：

a. 计算样本规模，假定你的公司采用以下非统计公式计算样本规模：

$$\text{样本规模}=\frac{\text{总体账面价值}\times\text{置信因子}}{\text{可容忍错报}}$$

其中10%的可接受误受风险的置信因子为2。

b. 假定执行的销售、销售退回与折让和现金收入的控制测试和交易实质性测试的结论是差的，而不是好的。对所需样本规模的影响如何？在确定样本规模时，你将怎样使用这一信息？

c. 无论a题的答案如何，假如你决定选择包含100个项目的样本进行测试，请指出你将如何使用系统抽样选择测试的样本规模。

d. 假定测试的100个项目的总账面价值为230 000美元，在样本中你发现了三项高估，合计为1 500美元，请评价该总体是否公允表达。

17-27 在对Price Seed公司年度终了（9月30日）的审计中，审计师在10%的可接受的误受风险水平

下，设置了 50 000 美元的可容忍错报，从账面余额为 1 975 000 美元的应收账款总体中用概率规模比率选样法选取了 100 个项目样本。下表列示了函证过程中发现的差额：

应收账款账面额	应收账款函证结果	审计师后续分析
1. $2 728.00	$2 498.00	两张发票的计价错误。
2. $5 125.00	0	顾客于 9 月 26 日签发支票，公司于 10 月 3 日收到支票。
3. $3 890.00	$1 190.00	货物 9 月 30 日退回并记录了存货，贷方通知单 10 月 6 日签发。
4. $791.00	$815.00	发票的合计错误。
5. $548.00	$1 037.00	货物 9 月 28 日装运，销售于 10 月 6 日记录。
6. $3 115.00	$3 190.00	贷方通知单的计价错误。
7. $1 540.00	0	货物 9 月 29 日装运，客户于 10 月 3 日收到，销售于 9 月 30 日记录。

要求：

a. 以这个样本的客户错报为基础，计算错报界限的上下限。

b. 能接受总体公允表达的结论吗？如果不能，审计师此时有哪些选择？他具体将如何选择？请解释其原因。

17－29　一个审计合伙人开发了一个办公室培训程序，目的是让其专业职员熟练使用余额审计的审计抽样决策模型。她期望论证样本规模、总体容量、估计总体偏差率与审计师关于可容忍错报和可接受误受风险的说明之间的关系。她准备了下列表格列示比较总体特征和两个总体的审计说明。

	总体 1 相对于总体 2 的特征		总体 1 样本相对于总体 2 样本的审计说明	
	样本规模	估计总体偏差率	可容忍错报	可接受的误受风险
情况 1	等于	等于	等于	低于
情况 2	小于	小于	等于	高于
情况 3	大于	等于	等于	低于
情况 4	等于	大于	大于	等于
情况 5	大于	等于	小于	高于

要求：

下列五个问题要求你针对表中五种情况，确定从总体 1 选取的所需样本规模与从总体 2 选取的所需样本规模的关系。

（1）在情况 1 下，总体 1 要求的样本规模__________

（2）在情况 2 下，总体 1 要求的样本规模__________

（3）在情况 3 下，总体 1 要求的样本规模__________

（4）在情况 4 下，总体 1 要求的样本规模__________

（5）在情况 5 下，总体 1 要求的样本规模__________

你的答案应从下面的选项中选择：

a. 大于总体 2 要求的样本规模。

b. 等于总体 2 要求的样本规模。

c. 小于总体 2 要求的样本规模。

d. 与总体 2 要求的样本规模关系不明确。

17-30 在审计存货价值时，审计师Claire Butler决定采用差额估计。她决定从账面价值为175 820美元的1 840个存货项目总体中不受限制地随机抽样80个存货项目。在5%的可接受的误受风险水平下，她愿意接受总体的最大错报额是6 000美元。样本中发现了8个错报，列示如下：

审计值	账面价值	样本错报
\$812.50	\$740.50	\$(72.00)
12.50	78.20	65.70
10.00	51.10	41.10
25.40	61.50	36.10
600.10	651.90	51.80
0.12	0	(0.12)
51.06	81.06	30.00
83.11	104.22	21.11
合计 \$1 794.79	\$1 768.48	\$173.69

要求：

a. 计算总体点估计值、精确度间距、置信区间和置信限。用表列示计算结果，可以使用计算机。

b. Butler能接受总体的账面价值吗？请解释其原因。

c. 此时她有哪些选择？

第 4 部分

审计过程在其他循环中的应用

第 4 部分的各章均举例说明了内部控制、交易实质性测试和实质性分析程序与特定循环中相关的资产负债表和损益表账户以及余额细节测试之间的关系。

第 18 章阐述采购与付款循环审计，包括应付账款的审计。

第 19 章阐述工资与人员循环审计。

第 20 章阐述存货与仓储循环审计，包括实物观察测试和存货与仓储循环与其他循环之间的关系。

第 21 章介绍资本取得与返还循环审计。

第 22 章是现金和投资余额审计，之所以把这部分内容放在最后，是因为现金会受每个循环的交易的影响。

第 18 章

采购与付款循环审计：控制测试、交易实质性测试和应付账款

学习目标

1. 识别采购与付款循环中的账户和交易分类。
2. 描述采购与付款循环中的经营职能以及相关的凭证和记录。
3. 了解内部控制，设计和执行采购与付款循环中的控制测试和交易实质性测试。
4. 描述利用审计风险模型设计应付账款余额细节测试的方法。
5. 设计和执行应付账款的实质性分析程序。
6. 设计、执行应付账款余额细节测试，包括负债的截止测试。
7. 区别应付账款的采购发票、供应商月对账单和函证作为审计证据的可靠性。

引例

虚假采购掩盖高估利润

Comptronix公司宣布高级管理层虚报了利润，它将对上一年度已审财务报表作重要调整。这一舞弊的主要手段是虚构大宗设备项目采购的应付账款，以高估固定资产和掩饰虚构销售。

管理高层通过绕开采购和验收部门的方式逾越了Comptronix公司现有的内部控制，公司里没有人能发现该舞弊。通常为购置设备，Comptronix公司雇员都要编制一系列内容相当广泛的书面文件。公司采购和现金支出交易的内部控制通常要求有订货单、验收报告和采购发票，并在支付前由首席执行官或主计长批准，然而遗憾的是二人均是这场舞弊事件的参与者。因此，管理高层能够绕开公司现金支出的相关内部控制，批准支付实际并不存在的设备购置款项，而不留下虚假交易的任何凭证。

该公司也虚构了销售和相关的应收账款。他们还为虚构的采购交易签发现金支票，这些支票重新存入公司账户，再记录为虚构应收账款的收款。如此一来，虚构的销售收入收到了货款，支撑虚构固定资产采购的应付账款也得以支付。

公司实际上发生了巨额亏损，而管理高层却通过虚报公司盈利的舞弊，极大地夸大了公司的经营业绩。在公司舞弊公告于世的当天，Comptronix公司的普通股股价狂泻72%。SEC最终指控该公司多名管理人员违反了《1933年证券法》和《1934年证券交易法》中的反欺诈条款。SEC对他们的处罚是：永久禁止他们在任何上市公司担任管理人员或主管，命令他们返还奖金和本可避免的营业损失，并承担相应的民事责任。

资料来源：Accounting and Auditing Enforcement Release No. 543，Commerce Clearing House，Inc.，Chicago.

本章将讨论的是采购与付款循环。采购商品和劳务通常包括这样一些项目：采购原材料、设备、物料、公用事业费用、修理和维护、研究与开发。本章首先讨论了采购与付款循环中的每一类交易的控制风险评估以及控制测试和交易实质性测试的设计。同时，本章也将介绍本循环若干账户余额细节测试的执行。

在进行各类交易的控制风险评估、控制测试和交易实质性测试设计之前，审计师需要了解公司对应循环中的各类经营职能、凭证与记录。接下来我们先来讨论两个相关的主题：一是识别一般公司采购与付款循环中的交易分类和账户余额；二是在该循环中所使用的典型凭证和记录。

18.1 采购与付款循环中的账户和交易种类

采购与付款循环审计的目标，就是评价受采购商品和劳务所影响的账户以及这些采购的现金支出是否按照会计准则在财务报表中公允表达。图 18－1 列示了会计信息在采购与付款循环不同账户中的流向。

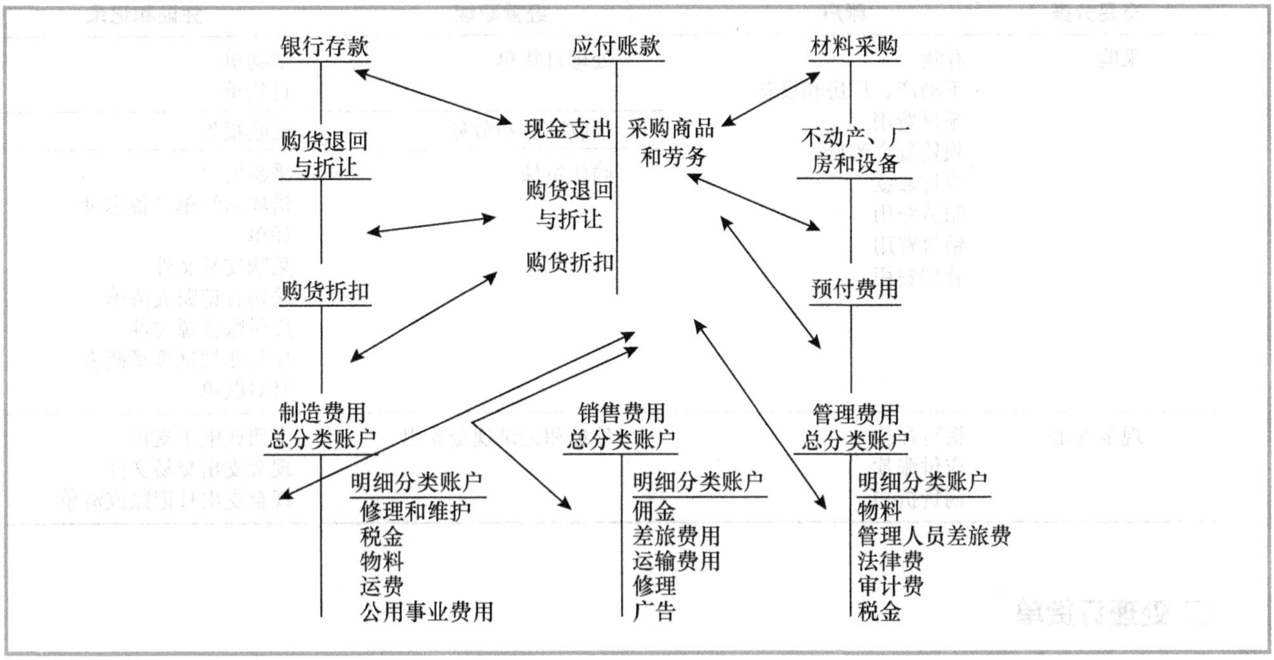

图 18－1 采购与付款循环中的账户

本循环中有三种交易类型：

1. 采购商品和劳务。
2. 现金支出。
3. 购货退回与折让以及购货折扣。

采购与付款循环中的十个典型账户在图 18－1 中以 T 型账户列示。简便起见，针对大多数公司采用的三大费用账户只列示了总分类账户。对每一个总分类账户，也给出了其明细分类账户的例子。由于本循环涉及的账户较多，因此审计该循环要比审计其他任何循环花费更多的时间。

图 18－1 表明，每一项交易不是借记就是贷记应付账款。由于许多公司采购时直接用支票、电汇或小额备用金付款，实际情况要比该图复杂得多。我们假定所有现金付款交易与其他交易的处理方法都是一样的。

18.2 采购与付款循环中的经营活动及相关凭证与记录

采购与付款循环涉及为取得生产经营必需的商品和劳务所作的决策和处理。该循环通常开始于需要商品或劳务的雇员经授权填写的请购单，结束于应付账款的支付。尽管下面讨论的仅是一家制造有形产品并对外销售的小型制造公司，但是这些基本原理同样适用于服务公司、政府部门或其他任何类型的组织。

表 18－1 的第三栏列示了该循环的四项经营职能，在记录采购与付款循环的三类交易时，这些职能都会发生。由表可知，前三项经营职能是在账户中记录采购商品和劳务，最后一项经营职能是在账户中记录对卖方的现金支出。为简化起见，我们不再举例说明购货退回与折让以及购货折扣的处理，尽管在这个循环中这些业务确实会发生。我们在此不予阐述，是因为对大多数公司来说它们的金额并不重要。

接下来解释表 18－1 中的四项经营职能，并描述每一项职能的常用凭证和记录，这些凭证和记录列示在表 18－1 的第四栏。

表18-1 采购与付款循环的交易分类、账户、经营职能及相关的凭证和记录

交易分类	账户	经营职能	凭证和记录
采购	存货 不动产、厂房和设备 预付费用 租赁资产改良 应付账款 制造费用 销售费用 管理费用	处理订货单	请购单 订货单
		接收商品和劳务	验收报告
		确认负债	采购发票 借项通知单（备忘录） 凭单 采购交易文件 采购日记账或清单 应付账款源文件 应付账款试算平衡表 月对账单
现金支出	银行存款 应付账款 购货折扣	处理和记录现金支出	支票或电子支付 现金支出交易文件 现金支出日记账或清单

□ 处理订货单

客户职员对商品或劳务的请购是该循环的起点。请购单的形式和所需的批准手续取决于商品和劳务的性质及公司的政策。这一经营职能在处理过程中一般涉及的凭证有：

请购单 **请购单**（purchase requisition）是经授权的职员对商品和劳务提出的请购要求。它可能是由车间主管或仓库保管员对原材料提出的请购，也可能是由办公室或车间职员对修理配件提出的请购，还可能是由负责财产和设备的副总经理对保险提出的请购。许多公司也根据各种商品和劳务的预设再订货点，使用计算机自动生成请购单。

订货单 **订货单**（purchase order）是一份标明公司将要购买的商品和劳务的摘要、数量及相关信息的凭证。该凭证经常用于说明采购商品和劳务的授权。公司常用电子方式向已按协议约定采用电子数据交换（electronic data interchange，EDI）信息的供应商提供订货单。

□ 验收商品和劳务

公司从供应商处收到商品和劳务是采购与付款循环中的重要一环，因为绝大多数公司此时首次在账户中确认采购和相关的负债。当货物送达时，充分的内部控制要求对货物规格、数量、到货时间和货物状况进行审查。**验收报告**（receiving report）是在有形商品送达公司时编制的纸质或电子文件，它主要包括货物规格、数量、收到日期和其他相关信息。

□ 确认负债

恰当的负债确认要求对收到的商品和劳务进行及时、准确的记录，该初始记录对财务报表的编制和实际的现金支出均有重要影响，因此公司必须重点关注采购业务记录的完整性，采购一旦发生，就应该及时、准确地记录。这一经营职能所涉及的凭证和记录一般包括：

采购发票 **采购发票**（vendor's invoice）是指一份列明所验收商品和劳务的摘要、数量、价格（包括运费）、现金折扣条款、付款日期等事项的凭证。采购发票表明了因采购而欠供应商的账款金额，因此它是一份重要的凭证。对使用 EDI 的公司来说，采购发票是用电子方式而不是纸质传递的，这将影响审计师对证据的评价。

借项通知单 借项通知单（debit memo）是列明由于退回商品或取得折让从而使得对供应商的欠款（负债）减少的单据。它经常采用与采购发票一样的普通形式，但它记录的是应付账款减少而不是增加。

凭单 凭单（voucher）通常是公司用来记录和控制采购的正式方法，其控制的方法主要是对采购交易进行连续编号。凭单包括一个封皮或折夹，与采购有关的订货单、装运单副本、验收报告和采购发票等凭证均折叠在内。付款后，支票或电子支付存根也将收入凭单内。

采购交易文件 采购交易文件是一份通过会计系统由计算机生成的汇总一定会计期间，如一天、一周或一个月内所有采购交易的文件。该文件包括采购交易的所有信息，每一笔采购交易的供应商名称、日期、数量、账户类别，或者所购的存货类别、规格、数量等信息，都囊括在其中。该文件也可包括购货退回与折让，或为这些交易单设一个文件。采购交易文件里的信息可视公司需要形成各种记录、清单或报告，如采购日记账、应付账款源文件、某一账户余额或部门的采购交易。

采购日记账或清单 采购日记账（acquisitions journal）或清单通常又称为采购日记账，它是根据采购交易文件编制的报告，该报告通常包括供应商名称、日期、数量、账户类别；或者每一类交易的分类，如修理和维护费、存货或公用事业费用。它也会标明该采购交易是现购还是赊购。采购日记账或清单的会计期间可以是任何一个时期，但通常为一个月。采购日记账或清单包括一定会计期间每一个账户的总数量。采购日记账或清单记载的交易，也同时过入总分类账；如果是赊购，还要同时记入应付账款源文件。

应付账款源文件 应付账款源文件（accounts payable master file）是用来记录对每一个供应商的历次采购、现金支出和购货退回与折让的文件。该源文件根据计算机的采购、购货退回与折让以及现金支出的交易文件序时更新。源文件中的明细账余额合计应等于应付账款总账余额。打印的应付账款源文件以供应商为标准，归类列示了应付账款期初余额、每次采购、购货退回与折让、现金支出和应付账款期末余额。许多公司不按供应商设立源文件，而是根据每张采购发票付款。所以，其源文件中未付款的采购发票金额之和等于应付账款余额。

应付账款余额试算表 应付账款余额试算表（accounts payable trial balance）列示了某一时点对每一供应商的欠款金额，或对每张发票、每份采购凭证的应付金额。它可直接根据应付账款源文件编制。

月对账单 月对账单（vendor's statement）是每月由供应商编制并寄来的报告，其内容包括期初余额、本期采购、购货退回与折让、本期支付和期末余额。这些余额和活动是供应商对本会计期间采购交易的说明，而不是被审计单位自己的会计记录。除了有争议的金额和时间性差异外，被审计单位的应付账款源文件上的金额应与月对账单一致。

□ 处理和记录现金支出

对于所有公司来说，对商品与劳务采购的支付都是重要活动。这一活动直接减少负债账户（特别是应付账款账户）的余额。与审计师应予以审查的支出处理有关的凭证包括：

支票 支票是债务到期时用以支付货款的凭证。大多数公司都是在收到商品和劳务时，利用计算机根据采购交易文件的信息来编制支票进行付款的。支票一般采取多联形式，其中正联给收款者，一张副联与采购发票及其他的支持凭证一起存档，另一张副联按序号归档。在大多数情况下，每张开出的支票都要记录于现金支出交易文件。

支票经授权的人员签字后，就成为一项资产。因此，已签字支票应由签发者或其可以控制的人邮寄。当被供应商提现或被银行结算后，该支票成为一张已注销的支票，此时它就不是资产而是一张凭证了。在 EDI 的协议中，被审计单位可以通过其开户银行与供应商开户银行之间的电子资金划拨（electronic funds transfer，EFT）来向供应商电子付款。

现金支出交易文件 现金支出交易文件通过会计系统，由计算机生成，包括一定会计期间，如一天、一周或一个月内所有的现金支出交易信息的文件。它同我们已讨论过的采购交易文件包括的信息类型相同。

现金支出日记账或清单 现金支出日记账或清单是根据现金支出交易文件生成的包括某一期间所有交易的报告，它包括所有相关信息的同类交易也应记录在应付账款源文件和总分类账中。

18.3 设计控制测试和交易实质性测试的方法

在通常的审计中，需要执行实质性余额细节测试验证的最费时间的账户是应收账款、存货、固定资产、应付账款和费用等账户。这五个账户中有四个直接与采购与付款循环相关。如果审计师能通过控制测试和交易实质性测试验证与采购与付款循环相关的内部控制是健全有效的，进而减少相关账户余额的细节测试，将大大节省审计时间。因此，在组织良好的审计中，常对采购与付款循环的控制测试和交易实质性测试给予极大的关注，对内部控制健全的被审计单位尤其如此。

对采购与付款循环的控制测试和交易实质性测试大致可分为两部分：采购测试和支付测试。采购测试涉及本章前面讨论过的四项经营职能中的三项职能：处理订货单、验收商品和劳务、确认负债。支付测试涉及第四项职能：处理和记录现金支出。

图18-2列示了设计采购与付款循环中的控制测试和交易实质性测试的方法，它与前几章所采用的方法相同。下文以了解内部控制为起点解释图18-2的每一部分。

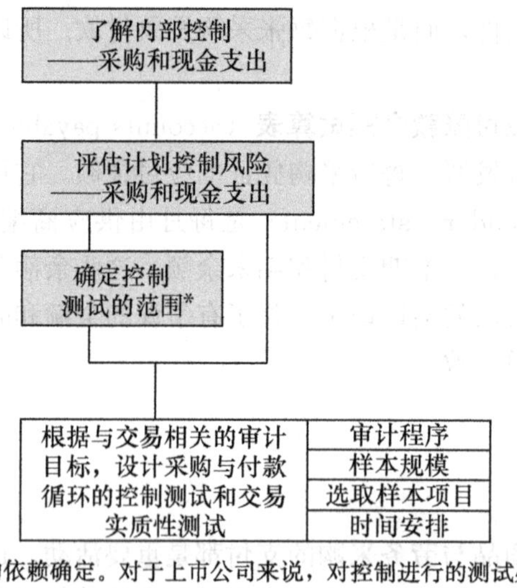

* 控制测试的范围由计划对该控制的依赖确定。对于上市公司来说，对控制进行的测试必须足以对财务报告内部控制发表意见。

图18-2 设计采购与付款循环中的控制测试和交易实质性测试的方法

□ 了解内部控制

审计师通过研究被审计单位的流程图、复核内部控制调查表和执行采购和现金支出的穿行测试，来获得对采购与付款循环内部控制的了解。对采购与付款循环内部控制程序的了解与其他交易循环所执行的程序类似。

□ 评估计划控制风险

本章在前面已阐述了每一项经营职能的主要内部控制。这些主要内部控制包括采购授权、收到商品的保管与其他职能的分离、及时记录和交易的独立复核以及向供应商付款的授权等。现在我们对这些主要控制一一进行讨论。

采购授权 对采购进行适当授权非常重要，因为它能保证所购商品和劳务符合公司的需要，避免采购多余的和不必要的项目。大多数公司针对不同类型的采购或金额采取不同层次的授权。例如，采购超过某一特定金额限制的固定资产需要董事会的批准；不经常发生的项目，如保险单、长期服务合同需要负责该项目的主管批准；采购低于某规定数额的辅助材料和劳务，由总监和部门负责人批准；一些种类的原材料和辅助材料，当它们减少到预定水平时，经常通过直接与供应商的计算机联系来自动订货。

对某一项采购的购置申请获准后，首先必须填写商品或劳务订货单，通过订货单通知供应商在指定的时间或在此之前按一定的价格发送所订购货物。订货单通常采用书面或电子形式，是一份购货要约形式的法律文件。

公司一般都设立采购部门，以保证用最低的价格取得符合质量的所需商品和劳务。在良好的内部控制系统中，采购部门无权批准购货或验收货物。所有的订货单都应预先编号并预留足够的栏目和空间，以最大可能地减少订货时表格中的无意疏忽。

资产保管与其他职能的分离 大多数公司都由验收部门填制验收报告，作为收到和验收货物的证据。通常验收报告的副联一份送给仓储部门，另一份送给应付账款部门，以满足它们各自的信息需要。为防止偷盗和滥用，从收货到领用或处置的整个过程中对实物进行控制是非常重要的。验收部门的雇员应独立于仓储和会计部门。最后，随着货物由验收部门转移到仓库，又由仓库转到车间，会计记录也应相应地反映这种责任的转移。

及时记录和独立的交易复核 一些公司在收到商品和劳务时确认与采购相关的负债，有些公司则在收到采购发票时才确认负债。不管采用哪种方法，应付账款部门通常都应验证采购的适当性。其验证方法是核对订货单、验收报告和采购发票，以确定商品和劳务的规格、价格、数量、条件和运费是否正确。另外，还要核对数量与单价的乘积、加总和所记入的账户。在某些情况下，计算机软件会自动地核对相关凭证和验证采购发票的准确性。应付账款部门还要检查所有的验收报告，以确保满足完整性目标。

对应付账款和信息技术部门来说，一项非常重要的控制是负责记录采购交易的雇员不能接触现金、有价证券和其他资产。应付账款职能所必需的其他控制还包括充分的凭证和记录、适当的记录保持程序、控制执行的独立复核等。

支付授权 对现金支出的最重要的控制包括：签署支票的人要经适当授权；签署支票的人和履行应付账款职责的人分开；在签署支票时，签字者要对有关凭证进行仔细核对。

支票应预先编号并使用特殊质地的纸张，以免收款人和金额被轻易地改变。应注意管理空白支票、作废支票和已签署的支票。还应采取措施注销附属凭证，以防以后签署另一张支票时被再次使用。通常的做法是在有关凭证上标注支票编号。许多组织使用 EDI 技术进行电子支付，将资金从组织的银行账户转移到供应商的账户。电子支付的授权控制与印制支票的控制同样重要。企业应采取限制措施，只允许获得授权的人员进行电子支付，且与应付账款部门的人员职责分离。

□ 确定控制测试的范围

审计师在确定主要内部控制及其缺陷后，要评估相关控制的控制风险。如果审计师打算依赖这些控制以支持估计控制风险低于最大值的初步判断，则需要执行控制测试，获得控制是有效运行的证据。如果控制运行的有效性能够得到一定程度的改进，追加的控制测试也支持控制运行的有效性，审计师就能够减少实质性测试。当然，如果被审计单位是一家加速编报的上市公司，审计师还必须记录和测试控制是否足以对被审计单位财务报告内部控制发表意见。

□ 设计采购交易的控制测试和实质性测试

表18－2概括了每一个与交易相关的审计目标的主要内部控制、常见的控制测试和交易实质性测试。内部控制和审计程序的假设前提是，存在单独的采购日记账或清单记录所有的采购交易。

表18－2 采购交易的相关审计目标、关键内部控制、控制测试和交易实质性测试概览

与交易相关的审计目标	关键内部控制	常见的控制测试	常见的交易实质性测试
记录的采购交易都是已收到商品和劳务，并与客户的最佳利益相一致（发生）。	请购单、订货单、验收报告和采购发票都附于付款凭证之后。* 采购获相应层次的批准。 计算机只接受源于供应商源文件中已授权的供应商的采购。 注销已使用过的凭证，防止其被重复使用。 采购发票、验收报告、订货单和请购单的内部验证。*	审查付款凭单中的凭证，以证明其确实存在。 审查反映批准的标志。 尽可能把有效和无效的供应商输入交易系统。 审查反映注销的标志。 审查反映内部验证的标志。	复核采购日记账、总账和应付账款源文件，看是否有大额或异常金额。** 审查重要凭证的可靠性和可信性（包括采购发票、验收报告、订货单和请购单）。* 审查供应商源文件，看是否有异常的供应商。 追查存货采购至存货源文件。 审查取得的固定资产。
发生的采购交易都已记录（完整性）。	订货单预先编号并附有说明。 验收报告预先编号并附有说明。* 付款凭单预先编号并附有说明。	说明订货单的顺序。 说明验收报告的顺序。 说明付款凭单的顺序。	追查验收报告源文件至采购日记账。* 追查采购发票源文件至采购日记账。
采购交易的金额记录是准确的（准确性）。	对计算和金额的内部验证。 将每批采购总额与计算机汇总的结果相核对。 采购价格和折扣都经批准。	审查反映内部验证的标志。 审查批处理文件中数据控制职员的签名，并将其总额与汇总报告总额相核对。 审查反映批准的标志。	将记录于采购日记账上的交易与采购发票、验收报告和其他的支持记录相核对。 重新计算以验证采购发票的准确性，包括折扣和运费。
采购交易恰当地记录于应付账款和存货源文件，并正确汇总（过账和汇总）。	应付账款源文件内容的内部验证。 应付账款源文件或试算表总额与总账余额的核对。	审查反映内部验证的标志。 审查反映应付账款源文件或试算表总额与总账余额进行核对的标志。	通过加总日记账，追查过账至总账、应付账款和存货源文件，以审查数字的准确性。
采购交易记录已正确分类（分类）。	采用充分的科目表。 账户分类的内部验证。	审查程序手册和科目表。 审查反映内部验证的标志。	参照采购发票，将交易分类与科目表相核对。
采购交易记录于正确的会计期间（及时性）。	制定收到商品和劳务立即进行记录的程序。 内部验证交易记录日期。	审查程序手册并观察是否有未被记录的采购发票。 审查反映内部验证的标志。	将验收报告、采购发票上的日期与采购日记账中的日期相核对。*

* 验收报告通常只适用于有形商品的采购而不适用于劳务，如公用事业费用及修理和维护费用。采购发票通常是验证劳务的唯一可得到的文件记录。

** 该分析程序也适用于其他目标，包括完整性、准确性和及时性。

通过学习表 18－2，将可以：

● 把交易相关审计目标和与之有关的每一项内部控制相联系。

● 把内部控制和与之相关的控制测试相联系。

● 在考虑了系统具体控制和控制缺陷之后，把交易相关审计目标和与之有关的交易实质性测试相联系。

为审计业务而收集的审计证据，应随着内部控制和其他环境条件的不同而有所不同。内部控制健全有效，就可大大提高审计效率。

在采购与付款循环中，六个与交易相关的审计目标中有四个应引起特别注意。下面将逐一进行讨论。许多资产、负债和费用账户的准确性都依赖于采购日记账中交易记录的准确性，尤其与这四个目标有关。

1. 记录的采购交易都是已收到的商品和劳务，并且与客户的最佳利益相一致（发生）。如果审计师对与该目标相关的内部控制的充分性感到满意，则可以大大减少为发现不适当和虚构的交易而进行的测试。充分的内部控制可以防止未发生的采购的无意记录，特别是可以防止采购交易的重复记录。充分的内部控制还能防止被审计单位主要为少数管理者或其他职员的利益而不是为被审计实体的整体利益在费用和资产交易上打主意。在有些情况下，不适当的交易是非常明显的，比如职员未经授权采购个人用品；在其他一些情况下，评价交易的适当性却非常困难，如高级管理人员乡村俱乐部会员证费用的支付、管理人员及其家人到国外度假的费用，以及经理层批准对外国管理人员的不合法付款等。如果对不适当或虚构的交易控制不足，就有必要扩大审查范围，以获取相关支持性文件记录。

2. 发生的采购交易都已记录（完整性）。对已收到的采购商品和劳务的漏记，会低估应付账款余额，并可能导致本期净收益和所有者权益的高估。因此，通常审计师非常关注完整性审计目标。在一些情况下，通过执行细节测试来确定是否存在未记录的交易非常困难，此时审计师必须依靠内部控制和交易实质性测试来实现该目标。另外，由于对应付账款的审计通常要耗费大量时间，因此，有效的内部控制、适当的控制测试可以有效地降低审计成本。

3. 采购交易的金额记录是准确的（准确性）。由于许多资产、负债和费用账户的准确性依赖于采购日记账中对交易的正确记录，因此许多资产负债表账户和费用账户的细节测试范围，取决于审计师对关于采购交易金额记录准确性的内部控制效果的评价。例如，如果审计师认为固定资产已正确地记录于原始登记簿上，就可以较控制不足时审核较少的本期采购；反之亦然。

当被审计单位对存货采用永续盘存制记录时，如审计师认为记录是准确的，存货的细节测试也就可以大大减少。在永续盘存制下，对存货采购内部控制的测试是控制测试和交易实质性测试的组成部分。

4. 采购交易已正确分类（分类）。如果审计师认为内部控制足以合理保证采购日记账对交易作了正确分类，则可以相应减少某些具体账户的细节测试。尽管对分类的有效控制会在不同程度上影响全部账户，但受其影响最大的是本期固定资产采购和所有费用账户，如修理和维护费用、公用事业费用、广告费用。

由于对本期固定资产采购和所有费用账户的准确性和分类测试相当耗时，因此在内部控制健全并运行有效的情况下，节约审计时间很重要。

□ 设计现金支出交易的控制测试和实质性测试

同表 18－2 列示的采购交易格式一样，表 18－3 列示了现金支出交易的审计目标、主要内部控制及控制测试和交易实质性测试。内部控制和审计程序的假设前提是，存在单独的现金支出日记账和采购日记账。为采购交易制定审计程序的方法和过程同样适用于现金付款交易。

表 18-3 现金支出相关审计目标、关键内部控制、控制测试和交易实质性测试汇总表

与交易相关的审计目标	关键内部控制	常见的控制测试	常见的交易实质性测试
记录的现金支出都是确实收到的商品和劳务（发生）。	登记应付账款与保管已签支票的职责分离。 签署支票前，应由经授权的人审查有关的凭证。 签署支票时，应同时在有关凭证上批准支付。	与雇员讨论并观察其工作。 与雇员讨论并观察其工作。 审查反映批准签字的标志。	复核现金支出日记账、总分类账和应付账款源文件，看其是否存在大额或异常金额。* 追查已注销支票至有关的采购日记账分录并审查收款人的姓名和金额。 审查已注销支票上的经授权的签字，正确的背书和银行的注销。 作为采购测试的一部分审查相关的支持凭证。
发生的现金支出都已记录（完整性）。	支票预先编号并附有说明。 按月编制银行存款余额调节表，编制人应独立于现金支出的记录和资产保管。	说明支票的连续编号情况。 审查银行存款余额调节表并观察其编制情况。	根据银行对账单上的现金付款调节记录的现金付款（现金付款的验证）。
现金支出记录是准确的（准确性）。	对计算和金额的内部验证。 银行存款余额调节表由独立雇员按月编制。	审查反映内部验证的标志。 审查银行存款余额调节表，并观察其编制情况。	将已注销支票与采购日记账和现金支出日记账分录进行核对。 重新计算现金折扣。 编制现金付款验证表。
现金支出已正确地记录于应付账款源文件，并正确汇总（过账及汇总）。	对应付账款源文件内容的内部验证。 应付账款源文件或试算表总额与总账余额相核对。	审查反映内部验证的标志。 审查总账账户中反映核对的标志。	通过加总日记账、追查至总账和应付账款源文件的过账来测试日记账汇总数字的准确性。
现金支出已正确分类（分类）。	采用充分的科目表。 对账户分类的内部验证。	审查程序手册和科目表。 审查反映内部验证的标志。	参照采购发票和采购日记账，将交易分类与科目表相核对。
现金支出记录于正确的会计期间（及时性）。	制定签署支票后立即进行记录的程序。 日期经内部验证。	审查程序手册并观察是否有未记录的支票。 审查反映内部验证的标志。	将已注销支票上的日期与现金支出日记账上的日期相核对。 将已注销支票上的日期与银行注销的日期相核对。

* 该分析程序也可应用于其他审计目标，包括完整性、准确性和及时性。

审计师一般同时执行针对采购和现金支出的测试。例如，从采购日记账中抽选交易进行审查时，将对采购发票和验收报告与相关的已注销支票同时审查。这样，验证既能得到有效的执行，同时也不会降低验证效果。

□ 控制测试和交易实质性测试的属性抽样

鉴于采购和现金支出控制测试和交易实质性测试的重要性，属性抽样在该审计领域的应用十分普遍。其方法与我们第 15 章讨论的销售交易控制测试和交易实质性测试的应用相似。

与其他循环相比，采购与支出循环有三个不同点：（1）就像本章开篇所讨论的那样，有大量的资产负债表账户和损益表账户涉及这一循环。这种影响增加了分类错报的可能性，还有可能会影响收益，例如，修理和维护费用与固定资产之间的错误分类。因此，审计师通常降低可容忍偏差率，尤其是在针对分类属性时。（2）这一循环中的交易需要判断的情况一般要多于其他循环，如租赁和建筑成本。这种情况增加了错报发生的可能性。因此，审计师通常要就准确性这一属性降低可容忍偏差率。（3）这一循环具体交易的金额涉及的范围比较广泛，通常要分离出大额和异常金额项目，并对其进行 100%的测试。

18.4　设计应付账款余额细节测试的方法

由于几乎所有的采购与付款循环交易一般都要经过应付账款账户，因此该账户对采购与付款循环中的任何审计都很重要。应付账款是被审计单位在日常经营中，由于收到商品和劳务引起的尚未支付的债务。应付账款账户包括年度终了前由于采购原材料、设备、公用事业、修理及其他类型商品和劳务而引起的债务。大多数应付账款也可以通过该项负债的采购发票来确定。

应付账款还应与应计负债和带息债务相区别。如果债务在资产负债表日存在并且其全部应付金额是已知的，那么一般是用应付账款来定义该负债。如果一项债务还要负担利息，则应记录为应付票据、应付合同、应付抵押或应付债券。

图 18－3 汇总了设计应付账款余额细节测试的方法，该方法与第 16 章应收账款测试使用的方法相同。

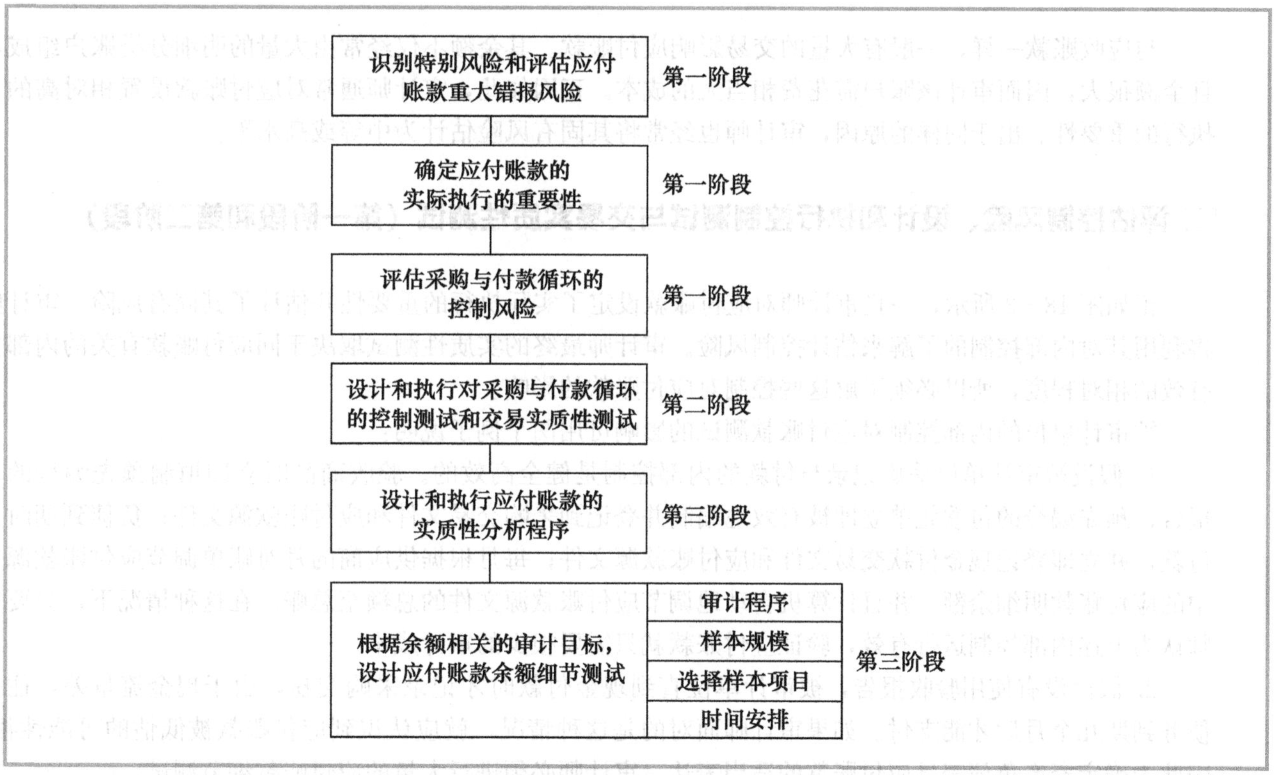

图 18－3　应付账款余额细节测试的设计方法

如果通过控制测试和有关的交易实质性测试表明内部控制健全并运行有效，并且实质性分析程序的结果又是令人满意的，审计师就可以减少应付账款的余额细节测试。然而，由于对大多数公司来说应付账款都很重要，因此审计师几乎总是要对该账户执行部分余额细节测试。

□ 识别特别风险和评估应付账款重大错报风险（第一阶段）

与应收账款一样，大量的交易也会影响应付账款。通常余额金额较大，且由很多供应商明细账户构成，因此审计该账户需要花费相当大的成本。正因如此，审计师经常将其固有风险估计为中等或高水平。鉴于应付账款账户余额潜在低估的可能性，审计师通常特别关注应付账款的完整性和截止正确性等与余额相关的审计目标。

作为识别特别风险和评估应付账款重大错报风险过程的一部分，审计人员应该考虑采购与付款循环近期的任何变化。近来许多公司重视改进它们的供应链管理活动，导致采购与付款活动的实施和记录系统设计发生了重大变化。提高采购商品和劳务的效率，包括更强调存货的适时采购，增加了与供应商的信息共享。信息技术和电子商务在处理交易的使用，使许多公司的采购与付款循环的各个方面发生变化，这些安排和系统可能很复杂。

这些变化很可能引起被审计单位的重大经营风险。例如，供应商可以更容易地接触应付账款记录，允许他们连续地监督应付账款余额的情况和对交易进行详细的核对。诸如供应商之类的外部第三方对会计记录的接触，如果对此类接触不予以适当控制，无形中就增加了错报的可能性。此外，对整个公司配送链过程中存货实物流程的不断改进，增加了期末应付账款余额有效截止的困难。

□ 确定实际执行的重要性（第一阶段）

与应收账款一样，一般有大量的交易影响应付账款。其余额不仅经常由大量的明细分类账户组成，而且金额很大，因而审计该账户需花费相当大的成本。正因如此，审计师通常对应付账款设置相对高的实际执行的重要性。出于同样的原因，审计师也经常将其固有风险估计为中等或高水平。

□ 评估控制风险、设计和执行控制测试与交易实质性测试（第一阶段和第二阶段）

正如图 18－3 所示，一旦审计师对应付账款设定了实际执行的重要性并估计了其固有风险，审计师就将利用其对内部控制的了解来估计控制风险。审计师最终的实质性测试取决于同应付账款有关的内部控制有效的相对程度，所以必须了解这些控制对应付账款的影响。

被审计单位的内部控制对应付账款测试的影响可用两个例子说明：

1. 假设被审计单位采购记录与付款的内部控制是健全高效的。验收商品时立即填制预先编号的验收报告；预先编号的付款凭单立即被有效地编制并登记到采购交易文件和应付账款源文件；负债到期时立即付款，并立即登记现金付款交易文件和应付账款源文件；每月根据供应商的月对账单调节应付账款源文件中的应付账款明细余额，并且计算机自动地调节应付账款源文件的总额至总账。在这种情况下，只要审计师认为上述内部控制运行有效，验证应付账款就只需要很少的审计成本。

2. 假设没有使用验收报告，被审计单位直到现金付款时才记录采购交易，由于现金流量差，往往在债务到期几个月后才能支付。如果审计师面对的是这种情况，就应认识到应付账款被低估的可能性很大，因此为确定资产负债表日应付账款的适当表达，审计师必须进行大量的应付账款细节测试。

应付账款最重要的内部控制、相关的控制测试和交易实质性测试在本章前面已讨论过。作为对这些控制的补充，每月应根据供应商月对账单调节已记录的负债，根据应付账款源文件调节总账，这些工作应由独立的雇员或计算机来完成。在估计了控制风险后，审计师将为采购和现金支出设计和执行控制测试和交易实质性测试。

□ 设计和执行实质性分析程序（第三阶段）

在采购与付款循环中使用分析程序与在其他循环中的使用同样重要，特别是对应付账款错报的揭示。表 18－4 列示了在采购与付款循环中对资产负债表和损益表账户所采用的分析程序，执行这些测试，有利于找出需要进一步调查的领域。

表 18-4　采购与付款循环中所使用的实质性分析程序

实质性分析程序	可能的错报
将本期采购相关的费用账户余额与以前年度进行比较。	应付账款和费用的错报。
复核应付账款明细表，看其是否有异常、无供应商和带息的负债。	针对非交易负债的分类错报。
将本期应付账款明细账与以前年度进行比较。	漏记或不存在的账户或错报。
计算有关比率，如应付账款与购货的比率，流动负债与应付账款的比率。	漏记或不存在的账户或错报。

审计师应将本年费用总额与以前年度相比较，以揭示应付账款和费用账户中的错报。因为会计记账遵循复式记账法，所以，费用账户中的错报也会导致应付账款的同额错报。因此，如果每年同类费用发生的金额预期相对稳定，将本年度的租赁费、公用事业费和其他有规律的费用与以前年度进行比较，是一种分析应付账款的有效的程序。

□ 设计和执行应付账款余额细节测试（第三阶段）

应付账款审计的总体目标是确定应付账款是否公允表达和恰当披露。第 6 章讨论的八个余额相关审计目标中有七个适用于应付账款（存在、完整性、准确性、分类、截止、细节相符性以及权利和义务），只有可实现价值不适用于负债。

审计师应认识到负债审计与资产审计的侧重点是不同的。验证资产时，审计师可通过函证、实物审查、支持性凭证审查来侧重验证确定资产账户余额是否被高估。验证负债余额时正好相反，审计师应主要关注负债是否被低估或漏记。

资产和负债审计侧重点的不同直接源于注册会计师的法律责任。如果权益性投资者、债权人和其他财务报表使用者在已审财务报表公布后发现所有者权益被严重高估，那么他们通常都会起诉会计师事务所。因为所有者权益的高估要么是由于资产被高估要么是由于负债低被估，因此对注册会计师来说，重视这两类错报也是自然而然的。审计师不应忽略资产被低估的可能性，应该设计测试以侦查收益和所有者权益的重大低估，包括由应付账款重大高估而来的收益和权益的重大低估。

在第 16 章中，作为验证应收账款所采用的余额相关的审计目标也适用于负债，但有三个细微差异。(1) 在验证负债时，可实现价值目标不适用。(2) 权利和义务目标中的权利不适用于负债。对资产来说，审计师关注的是被审计单位是否拥有使用和处置该项资产的权利；而对负债来说，审计师关注的是负债是否为被审计单位的偿还义务，如果被审计单位没有偿还义务，则不是公司的负债。(3) 正如前面讨论的，审计负债时，审计师应侧重于关注负债的低估而不是高估。

表 18-5 列示了与应付账款余额相关的审计目标和常见的余额细节测试程序。实际的审计程序要根据被审计单位的性质、应付账款的重要性、内部控制的性质和有效性、固有风险等因素来确定。随着审计师就应付账款和其他负债账户执行余额细节测试，他们也可使用收集到的与四个列报和披露有关的审计目标的审计证据，尤其是在收集与完整性目标有关的证据时。其他与列报和披露目标有关的审计程序一般是作为审计终结程序的一部分执行的，我们将在本书第 23 章予以讨论。

表 18-5　与应付账款余额相关的审计目标和余额细节测试

与余额相关的审计目标	常见余额细节测试程序	说明
应付账款明细表中的应付账款应与相关的源文件核对相符，正确加总并与总账余额相符（细节相符性）。	重新加总或利用计算机加总应付账款明细表。 追查总额至总账。	如果用手工加总，则通常不需要加总所有的账页。
	追查单个采购发票至源文件，核对名称和金额。	除非内部控制薄弱，否则追查至源文件的程序应是有限的。

续表

与余额相关的审计目标	常见余额细节测试程序	说明
应付账款明细表中列示的应付账款都是实际发生的（存在）。	从应付账款明细表追查至采购发票和月对账单。 函证应付账款，重点是大额和异常金额项目。	一般对此极少关注，因为负债审计关注的重点是债务是否被低估。
发生的应付账款都已记录于应付账款明细表（完整性）。	执行未记录负债的测试（见有关讨论）。	这些是应付账款审计测试的重点。
应付账款明细表中的应付账款金额准确（准确性）。	执行与存在审计目标相同的程序和未记录负债测试。	一般来说，准确性目标审计程序的重点是低估，而不是遗漏。
应付账款明细表中的应付账款已正确分类（分类）。	复核应付账款明细表和源文件，看其是否有关联方、应付票据、其他带息负债、长期负债和借方余额。	在这些测试中，了解客户经营情况最重要。
采购与付款循环中的交易都记录于正确的期间（截止）。	执行未记录负债测试（见相关讨论）。 作为存货实地观察的一部分，执行细节测试（见相关讨论）。 在途存货测试（见相关讨论）。	这些是应付账款审计测试的重点，称作截止测试。
公司有义务偿还应付账款中的负债（义务）。	审查供应商月对账单，并函证应付账款。	因为所有的应付账款都是公司的偿还义务，因此通常该目标不是应付账款审计的重点。

未记录负债测试 因为负债审计的重点是负债是否被低估，因此应付账款未记录负债的测试是很重要的。揭示未记录应付账款，通常也称为寻找未记录的应付账款，其测试范围在很大程度上取决于估计的控制风险和该账户潜在余额的重要性。用于揭示未记录负债的审计程序也适用于准确性目标。下面介绍的审计程序是典型测试。

1. 审查期后现金支出的基础文件记录。该审计程序的目的是，通过揭示期后现金支出来证明资产负债表日的负债。通过审查支持性文件记录，可以确认现金支出是否与本期债务相对应。如果是一笔本期负债，审计师就应该追查至有关应付账款试算表，以确定是否确有这笔债务。验收报告表明了存货收到的日期，因此是一种特别有用的凭证。类似地，供应商发票通常表明了劳务提供的日期。通常审计师要审查几个星期的期后现金支出的文件记录，特别是在被审计单位不能及时付款的情况下。

2. 审查年末结账日后几周内未付债务的基础文件记录。该程序的执行方式与前者相同，并且服务于同样的目的。唯一不同的是，它是有关审计外勤工作接近结束时被审计单位尚未付款的债务，而不是已经付款的债务。

例如，结账日是3月31日的审计中，如果审计师通过审查支票的支持性记录，发现一项付款要到6月28日才支付，如果6月28日仍未付款，审计师就应审查该债务是否属于3月31日的义务。

3. 追查年末前编制的验收报告至相关的采购发票。所有会计期间终了前收到的商品都应有相应的验收报告，并且都应记录于应付账款之中。所以通过追查结账日或之前编制的验收报告至相应的采购发票，来确定它们是否已记录于应付账款，也是审计师测试未记录负债的程序。

4. 追查表明应付账款余额的供应商月对账单至应付账款试算表。如果被审计单位保存了供应商月对账单文件，就可据以追查至应付账款试算表，以验证月对账单中的余额是否已经列为应付账款。

5. 向与被审计单位有交易往来的供应商发询证函。尽管函证在应付账款中的使用不如应收账款普遍，但为了确定应付账款试算表是否有漏记的供应商、交易和错报的账户余额，审计师还是经常执行该程序。向与被审计单位有交易往来但是应付账款试算表中没有余额的供应商发询证函，是查找遗漏金额的有用方法。这种函证通常称为零余额函证。

截止测试 应付账款**截止测试**（cutoff tests）的目的是确认资产负债表日前后几天已记录的交易是否

记入了正确的期间。刚刚讨论的五项未记录负债的测试都与采购交易的正确截止直接相关，但它们的重点在于对负债低估的测试。不过前三项程序同样适合对应付账款高估的测试。例如，第三项程序是追查结账日前所编制的验收报告至相应的采购发票，以测试未记录的应付账款。为测试截止负债总额是否被高估，审计师应追查结账日后编制的验收报告至相应的采购发票，以确定这些交易是否没有被记为应付账款（除非它们是在途存货，对此将作简要的讨论）。

因为大多数截止测试都已阐述，在这里只有两个方面需要予以补充：截止测试与存货实物观察的关系，确认在途存货的金额。

1. 截止测试与存货实物观察的关系。为确定应付账款截止的正确性，必须将截止测试与存货实物观察联合进行。例如，假定一项价值 40 000 美元的存货采购于 12 月 31 日下午收到，此时存货实物观察已经结束。如果该项采购记入了应付账款和采购账户，没有记入存货账户，那么结果必然是当期净收益低估 40 000 美元。相反，如果该项采购既未记入存货账户，也未记入应付账款账户，那么资产负债表必定存在错报，而损益表是正确的。审计师只有将截止测试和存货的实物观察结合起来，才能发现错报到底属于哪一种类型。

在对存货进行实物观察时应取得截止信息。此时，审计师应复核验收部门的工作程序，以确定所有已收到的存货都已盘点。审计师应该在审计记录上记录最后一张验收报告的号码以及有关存货的数量。在结账日期间的外勤工作中，审计师应测试会计记录以确定截止的正确性。审计师应追查验收报告号码至应付账款记录，以验证它们是否已正确记录或不必记入。例如，假设最后一张验收报告的号码是 3167，审计师应记录这个号码并随后追查该号码及之前的几个号码至相关的采购发票、应付账款清单或应付账款源文件，以确定记录中是否包括了相应的交易。类似地，3167 号以后的验收报告所代表的采购交易，不能反映在本期应付账款的记录之中。

如果被审计单位在年终之前进行存货实物盘点，审计师仍需在盘点时执行应付账款截止测试，其方式与前述一样。另外，审计师必须验证在存货盘点日与会计期末之间所发生的采购交易是否相应地增加了存货和应付账款。例如，被审计单位的结账日是 12 月 31 日，在 12 月 27 日对存货进行了盘点，则审计师得到的是到 12 月 27 日的截止信息。年末外勤工作中，审计师首先测试的是至 12 月 27 日的截止信息是否正确。在确定 12 月 27 日截止信息的正确性后，审计师必须测试存货盘点日之后至资产负债表日或之前收到的所有存货是否被被审计单位加入存货和应付账款。

2. 在途存货。在应付账款中，必须区分存货采购是以**目的地交货价**（FOB destination）为基础进行的，还是以**起运点交货价**（FOB origin）为基础进行的。对前者来说，只有当存货收到时权益才转让给购货方。所以在年末，只有在资产负债表结账日或之前收到存货，才能将其确认为本期的存货和应付账款。当一项存货采购以起运点交货价为基础进行时，只要在资产负债表日或之前存货由供应商发出，存货和相应的应付账款就应计入本期。

通过对采购发票的审查，审计师可以确定存货是以目的地交货价为基础获得的，还是以起运点交货价为基础获得的。审计师应审查结账日后短期内收到的商品发票，以确定它们是否以起运点交货价为基础。对属于这种情况并且发运时间在资产负债表日或之前的存货采购，如果金额重要，则存货和相应的应付账款都必须计入本期。

☐ 证据的可靠性

为收集适当的证据以验证应付账款，审计师必须了解三种常用证据的可靠性：采购发票、月对账单和函证。

采购发票和月对账单的区别　为验证被审计单位所欠供应商货款的金额，审计师应区分采购发票和月对账单。在审查采购发票和有关的凭证时，如验收报告、订货单等，审计师就等于取得了关于某项具体交易的高度可靠的证据。月对账单在验证具体交易时其证明力不如采购发票强，因为月对账单只有交易的总额，没有包括数量、价格、运费等其他信息。

在验证应付账款正确余额时哪一种凭证更有效呢？验证应付账款时月对账单较优，因为它包含了期末余额。审计师可以核对采购发票与应付账款明细表，但仍有可能找不到漏记的项目，这是应付账款审计中首先要关注的问题。

在对采购进行控制测试和交易实质性测试时上述哪一种凭证更有效呢？在验证交易时采购发票更优，因为审计师是在验证单个交易，而采购发票列示了采购的详细内容。

月对账单和函证的区别 应付账款的月对账单和函证最重要的区别是信息的来源不同。月对账单虽然由独立的第三方编制，当审计师审查时，它却在被审计单位手中。这就给被审计单位提供了涂改月对账单或把某些本已获得的对账单不提供给审计师的机会。

对应付账款的函证，一般是要求直接寄给注册会计师，它提供了与月对账单相同的信息，但被认为更可靠。另外，应付账款函证通常还要求供应商提供应付票据、应付承兑票据、供应商在被审计单位处寄售的商品（属于供应商但存放于被审计单位仓库的商品）等方面的信息。图18-4列示了一张标准的应付账款询证函。

2017年1月15日

Roger Mead公司
Jones销售公司
Stewart大街，2116号
韦恩斯维尔市，肯塔基州36021

尊敬的先生：

Murray和Rogers两位注册会计师正在审计我公司财务报表。为此，请提供以下信息（截止到2016年12月31日）：

（1）分项列示我公司欠贵公司的应付账款，注明所有的未支付项目。

（2）列示我公司欠贵公司的应付票据和应付承兑票据（包括贵公司已贴现的），注明签发日、到期日、原始金额、尚未偿还的金额、抵押情况和背书情况。

（3）分项列示贵公司在我处寄售的商品。

感谢您的快速答复，随信附信封一个用于您的回函。

您忠诚的：

Phil Geriovini

总经理 Phil Geriovini

图18-4 应付账款询证函

由于月对账单和采购发票都是由独立的第三者编制的，均为相对可靠的证据，因此应付账款函证并不像应收账款函证那样普遍。如果被审计单位有充分的内部控制，并且审计师可以得到月对账单进行审查，就可以不进行函证。但如果被审计单位的内部控制存在缺陷且不能得到月对账单或审计师怀疑被审计单位的正直性，就应向供应商发询证函。由于审计重点在于负债的低估，因此应函证那些金额较大、交易频繁、零余额和有代表性的账户。

在审查了月对账单或收到函证回复后，必须根据月对账单或函证结果对应付账款明细表进行调节。造成差异的原因通常有：在途存货、被审计单位寄出的支票供应商在编制月对账单时尚未收到、会计记录过程中的耽搁。调节的一般性质与第16章对应收账款的讨论相同。用于应付账款明细表余额调节的凭证除了月对账单和函证结果外，还有验收报告、采购发票和已注销支票。

□ 样本规模

讨论应付账款余额细节测试时，重点都应放在主要审计程序的执行、凭证和记录的审查、测试的时间安排上。对应付账款审计时审计师还必须考虑样本规模。应付账款测试的样本规模差异很大，它的确定取决于下列因素：应付账款的重要性、尚未偿还的金额数、估计控制风险、以前年度的审计结果。

审计应付账款时统计样本的使用不如应收账款普遍。在应付账款审计中，确定总体的性质和规模都很困难。这是因为审计的重点在于测试遗漏的应付账款，因此审计师需要努力确保总体包括所有潜在的应付账款。

本章小结

图 18－5 总结了如何运用四类进一步的审计程序为采购与付款循环中的交易和账户获得审计保证。在审计师执行内部控制了解和控制测试程序后，就可以评估该循环中的内部控制运行是否有效。在控制风险估计为低时，审计师可以减少相关账户期末余额的实质性测试。相反，越高的估计控制风险需要越多的余额细节测试。本章主要讨论应付账款期末余额的测试。

组合图 18－5 中所列示的所有审计测试，审计师能够对采购与付款循环中的交易和账户，获得一个比其他任何一种单独的测试更高的总体合理保证。审计师可以通过增加该循环中任何一种测试的单项合理保证，来增加对该循环的总体合理保证。

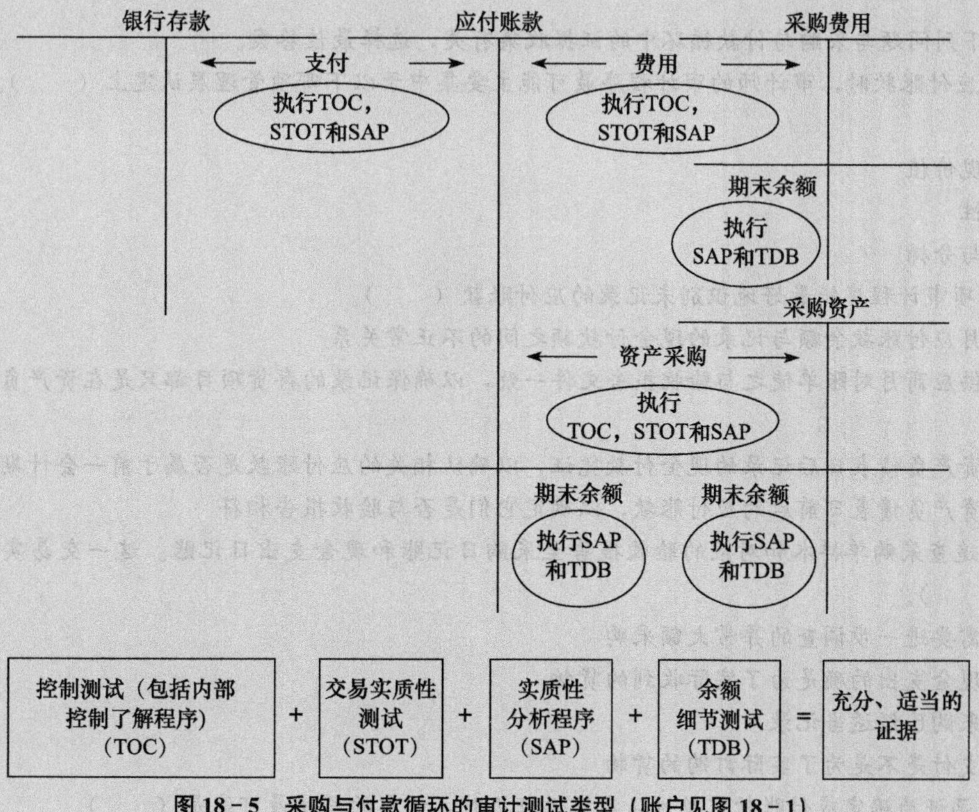

图 18－5　采购与付款循环的审计测试类型（账户见图 18－1）

练习题

18-1 列举在一个普通制造公司采购与付款循环中的五个资产账户、三个负债账户和五个费用账户。

18-3 如果客户没有对支票事先编号，什么类型的错报最容易发生？在这种情形下，审计师可采用哪些审计程序来弥补这个缺陷？

18-5 为每个与采购交易相关的审计目标列示一个可能的内部控制。针对每个内部控制，设计一个控制测试来检验其有效性。

18-7 现金折扣对被审计单位有何影响？审计师如何证实现金折扣符合公司的政策？

18-9 解释采购与付款循环测试与存货测试之间的联系，并给出这两类测试相互影响的具体例子。

18-12 2017年2月28日，注册会计师外勤工作的最后一天，审计师审查了手边所有的未记录发票。请问下列哪项错报最有可能不被该程序发现？请解释原因。

a. 2016年12月31日的应付账款被高估。

b. 2016年12月31日的应付账款被低估。

c. 截至2016年12月31日共有12个月的经营费用被高估。

d. 截至2017年2月28日共有2个月的经营费用被高估。①

18-13 解释为什么审计师对被审计单位应付账款清单上的零余额应付账款也通常进行函证，而在验证应收账款时却不这样做。

选自注册会计师考试的选择题

18-17 下列问题与采购与付款循环中的证据收集有关，选择最佳答案。

a. 在审计应付账款时，审计师的审计程序最可能主要集中于以下哪项管理层认定上（　　）。

(1) 存在

(2) 可实现价值

(3) 完整性

(4) 估价与分摊

b. 下列哪项审计程序能最好地识别未记录的应付账款（　　）。

(1) 审查月应付账款余额与记录的现金付款额之间的不正常关系

(2) 调节供应商月对账单使之与验收报告文件一致，以确保记录的存货项目都只是在资产负债表日前收到的项目

(3) 复核资产负债表日后记录的现金付款凭证，以确认相关的应付账款是否属于前一会计期间

(4) 调查资产负债表日前后的应付账款，以确定它们是否与验收报告相符

c. 审计师追查采购单样本和对应的验收报告至采购日记账和现金支出日记账。这一交易实质性测试的目的很可能是（　　）。

(1) 识别需要进一步调查的异常大额采购

(2) 验证现金支出的确是为了实际收到的货物

(3) 确定采购已经适当记录

(4) 测试支付是不是为了实际订购的货物

d. 在运用函证为确定应付账款完整性认定提供证据时，适当的总体最可能是（　　）。

① 根据AICPA改编。

(1) 被审计单位之前与之有商业往来的供应商

(2) 应付账款明细账中记录的数字

(3) 年后一个月内签发的支票领款人

(4) 被审计单位发票文档中已经归档的发票。

讨论题

18-19 问题1～8是审计师内部控制调查表中的一些典型问题，通过它们可以了解采购与付款循环的内部控制情况。具体运用时，对问题回答“是”表明一项内部控制有效，对问题回答“否”则表明一项内部控制存在潜在缺陷。

1. 购买职能是否由独立于执行收货职能、装运职能、记录应付账款职能、付款职能等的雇员来完成？
2. 所有验收报告是否预先编号，并且是否由独立于验收报告编制的雇员来审查？
3. 所有采购发票是否从邮局直接寄到会计部门？
4. 是否有一个相应的雇员在采购交易输入计算机之前，审查和批准采购发票的账户分类？
5. 采购发票上所有的小计、合计、折扣和运费条款是否核对准确？
6. 支票在签署时是否自动地记入现金支出日记账？
7. 在支票签署时是否所有支持性凭证都已适当注销？
8. 支票在签署后至邮寄前的保管，是否由独立于执行所有的应付账款、支付、现金和总账等职能的雇员来执行？

要求：

a. 对上述每个问题，假设在内部控制有效时，指出该控制能实现的与交易有关的审计目标。

b. 针对每项内部控制，分别列举一项控制测试以测试其有效性。

c. 对前述每个问题，假设在内部控制失效时，确认潜在的财务报表错报性质。

d. 对c题中的每一个可能错报，列举一个实质性审计程序，以确定是否存在重大错报。

18-23 在测试Jay Klein公司的现金支出时，你已了解其内部控制良好，并在以前年度中没有发现异常的审计问题。

尽管会计部雇员不多，但该组织有一个合理明确的职责分工。会计部内设有一个独立的采购代理机构负责订购货物，一个独立的验收部门负责验收货物并编制相应的验收报告。在记录采购交易与付款之间有明确的职责分工，并在两类日记账中独立地记录所有的信息。主计长在审查所有的凭证附件后才签署支票，并立即将支票寄给供应商，随后使用支票副联进行会计记录。

在你看来，内部控制的所有方面似乎是令人满意的，并且为评估控制风险，你对25项交易执行了最低的测试。在测试中，你发现了下列例外情况：

1. 现金支出日记账上有一张支票的金额比采购发票上的金额少100美元。
2. 一张空白支票遗失。
3. 有一张采购发票被支付过两次，第二次支付依据的是采购发票副联，且发票的正副联都已标注了“已支付”字样。
4. 采购日记账中有两项分类错误。
5. 有三张采购发票未经主计长签字，但在交易中没有发现金额错报的证据。
6. 采购日记账上有五份验收报告记录的日期，比验收报告上的日期至少晚两周。
7. 交易文件中遗漏了采购发票的两份验收报告。其中一张发票上有小计错误，该发票已签字表明已检查。

要求：

a. 确认是否1～7中每项都是一个控制测试误差或金额错报，或者两者都是。

b. 针对每种例外情况，确认哪一个与交易相关的审计目标没有实现。

c. 每种例外情况对相关审计有何重要影响？

d. 你将会采用什么程序以更明确地确认每种例外情况的性质？

e. 每种例外情况会怎样影响你余下的审计工作？详细说明。

f. 确认能防止每种错报的内部控制。

18-24 下列错报存在于西门制造公司的会计记录中。

1. 负责应付账款的雇员有意从现金支出日记账中剔除了12月26日签署并寄出的7张大额支票，以防止银行存款账户在总分类账上余额为负，又将这7张大额支票记录在下一年的1月2日。

2. 原材料的采购通常要在货物收到后几星期才予记录，这是因为验收人员没有及时将验收报告转至会计部门。当供应商的信贷部门向西门制造公司的会计部门催债时，他才会去寻找验收报告，然后在采购日记账中记录该项交易并支付货款。

3. 每月底，一份虚假的验收报告就会由验收部门的一个雇员呈送到会计部。几天后，他给西门制造公司一张按订购数量开具的采购发票，该货物来自他拥有的在晚上经营的一个小公司。当验收报告和采购发票由负责应付账款的雇员核对相符后，就签署了一张支票以支付该笔货款。

4. 电话费（账户2112）被无意地记入维护和修理费账户中（账户2121）。

5. 应付账款管理员按月以采购发票上的应付金额，编制了一张应付给Story Supply公司的支票。为将账款支付给Story Supply公司，应付账款管理员将未签署的支票连同已核准的相关凭证附件呈送给财务主管，当她从财务主管那收到签署过的支票后，她却将支票记在应付账款借方，并将支票以Story公司的名义存入其个人账户。几天后，她在采购日记账上又记录该采购发票，再次将凭证附件和新支票呈送给财务主管，并在支票签署后将它寄给供应商。

6. 将现金支出日记账上支票的金额由6 412.87美元误记为4 612.87美元。

要求：

a. 为每个错报确认没有实现的与交易相关的审计目标。

b. 为每个错报设计一个能防止它再次发生的内部控制。

c. 为每个错报描述一个能发现它的实质性审计程序。

18-25 在应付账款审计中经常用到下列审计程序：

1. 取得应付账款清单，重新加总并与总分类账相比较。

2. 追查总分类账试算平衡表至文件记录附件，以确定在财务报表中是否公允反映了应付账款、关联方交易以及其他相关的资产和负债。

3. 对于必须用外币支付的负债，确定其利率并审查其计算是否正确。

4. 与簿记员讨论应付账款清单上的每一笔金额是否都归因于关联方交易、借方余额或应付票据。

5. 从主计长处获取供应商月对账单，据此调节应付账款清单。

6. 直接从供应商处取得月对账单，据此调节应付账款清单。

7. 审查年终前后几天的现金支出凭证附件。

8. 审查本期最后几天和下期前几天的采购和现金支出日记账，看其是否有大额或异常交易。

要求：

a. 为每个程序确认所使用的审计证据类型。

b. 对每个程序确定可以实现哪一个（几个）与余额相关的审计目标。

c. 评价为实现特定审计目标需要多项审计程序的必要性。

18－27 你对 Ozine 公司截至 2016 年 12 月 31 日的财务报表审计已进入最后阶段。这时公司的总裁向你建议，他认为你对 2017 年采购日记账的审查和对 2017 年分录的数据测试没有意义。他解释说：(1) 属于 2016 年的账单由于收到太晚而没有记录到 12 月的采购日记账中，只被公司记录到年末日记账分录；(2) 内部审计师于年后进行测试；(3) 他将给你一份管理层声明书证明没有未记录的负债。

要求：

a. CPA 对未记录负债的测试，会受到由于客户 2016 年的账单收到太晚而只记录日记账分录的影响吗？解释原因。

b. 由于已进行了内部审计测试，CPA 对未记录负债的测试应取消或减少吗？解释原因。

c. CPA 对未记录负债的测试，应受到收到的管理层声明书声明所有负债均已记录的影响吗？解释原因。

d. 假定该公司持有一些政府合同，虽然没有内部审计师，但联邦代理机构的一个审计师花 3 周时间审计了这些记录并按时完成其工作。CPA 的未记录负债测试怎样受到联邦代理机构审计师工作的影响？

e. CPA 应考虑采用除 2017 年采购日记账以外的什么附加资料来寻找未记录负债？①

① 根据 AICPA 改编。

第 19 章

工资与人员循环审计

学习目标

1. 识别工资与人员循环中的账户和交易。
2. 描述工资与人员循环中的经营活动及相关凭证和记录。
3. 了解工资与人员循环中的内部控制，设计并执行控制测试和交易实质性测试。
4. 设计并执行工资与人员循环中账户余额的实质性分析程序和细节测试。

引 例

助理审计人员绝不能只是简单地服从命令

在 Leslie 的第一个忙季，她参加了一家从事软件开发的名为 Sysco 的公司的审计工作。在这次审计中，Leslie 直接受 Stith 的领导，Stith 比她早来事务所 3 年，而且已参加过对该公司的审计工作，他负责监督 Leslie 对该公司开发成本资本化的审计。

为了更好地完成本职工作，Leslie 阅读了 FASB 的财务会计准则公告第 86 号，详细了解了与开发成本资本化有关的会计法规，例如，只有技术上已经可行且完成工具模型测试证实之后，与其相关的开发成本才能资本化。

Stith 为软件开发成本资本化设计了一个审计程序。他让 Leslie 验证开发成本的重大部分——工资成本，并向被审计单位的主计长 Smart 询问相关事项，如已资本化的成本是否达到了技术可行性标准。Leslie 测试了有关工资成本，没有发现错报，同时也询问了 Smart，得知已资本化的成本达到了技术可行性标准。她将 Smart 的陈述记入审计记录，接着继续做被指派的下一个任务。

后来，Leslie 意识到管理层的陈述是一种可靠性很弱的审计证据，也想知道 Smart 究竟是否真的熟知软件项目的技术情况。于是，Leslie 决定和负责其中一个项目的工程师进行一次谈话以验证 Smart 的陈述。她原想与 Stith 一起去，但因为 Stith 当天上午在另一个客户那里，Leslie 一个人前往。Leslie 从与她交谈的第一个软件项目工程师处得知，其中一个工具模型即将完成，但并没有测试。于是她决定询问另一个项目，没想到结果一样。Leslie 将所得知的情况记入了审计明细表中，想等 Stith 回来后立即跟他讨论。当 Leslie 拿着审计明细表告诉 Stith 她的发现时，Stith 对她说了下面这段话："听着，Leslie，我已经让你去和 Smart 谈，你不应该执行未通知的程序。现在，你应该撕掉这张明细表，而且不要记录浪费的时间。我们的时间压力很大，不能对没有必要的程序收费。软件开发成本资本化没有任何问题，他们正在生产销售中的产品，这一事实足以表明已达到技术可行性标准。"

Leslie 对 Stith 的反应非常苦恼，但还是顺从了他的指示。第二年秋天，SEC 调查了 Sysco 公司，发现了该公司高估软件开发成本资本化的问题。最终，SEC 处罚了 Sysco 公司管理层及其审计师。

工资与人员循环（payroll and personnel cycle）包括对所有员工的雇用和支付。在制造业、建筑业及其他行业，人工成本是存货计价的一个重要因素。正如 Leslie 在审计 Sysco 公司时所表现的那样，人工成本不适当的计价与分摊都会造成净收益的重大错报。工资也可能是一个由于无效率或舞弊盗窃造成公司资源严重浪费的领域。

同销售与收款循环一样，工资与人员循环审计也包括以下环节：了解内部控制，评估控制风险，控制测试和交易实质性测试，实质性分析程序，余额细节测试。另外，工资与人员循环审计与其他循环审计相比还有几点明显差异：

1. 在工资与人员循环中只有一类交易，而在其他循环中至少有两类交易。例如，在销售与收款循环中，交易包括销售、收取现金，通常还有销售退回和坏账注销。工资循环只有一类交易，即因接受雇员提供的劳务而在短期内向雇员支付的劳务报酬。

2. 交易比相关的资产负债表账户余额更重要。与工资相关的账户（如应付工资和预扣税款）的金额通常小于整年交易的总额。

3. 对所有公司（即使是小公司）而言，工资的内部控制通常是较有效的。联邦和州政府的惩罚促使公司维护有效的工资税预扣和缴纳的内部控制。另外，如果雇员的工资未支付或支付不足，也会引发各种雇员道德问题。

考虑到上述原因，审计师在审计工资时，应重点关注控制测试、交易实质性测试和实质性分析程序，而在账户余额细节测试上费时较少。与前述一样，在讨论本循环的测试之前，我们先来回顾一下一般公司与本循环有关的交易和账户余额，以及相关的凭证和记录。

19.1 工资与人员循环中的账户和交易种类

在工资与人员循环中，审计总体目标是评价该循环账户余额是否按照会计公认原则进行了公允表达。

工资与人员循环中的典型账户以T型账户形式列示于图19-1中。有关会计信息在该循环各账户间的流向可通过T型账户解释。在大多数会计系统中，只在期末才用到应计工资和应计薪金账户。在整个会计期间来看，费用只在实际支付给雇员而不是人工成本发生时确认。对已经发生但尚未支付的人工成本在期末通过调整分录记录为应计人工成本。

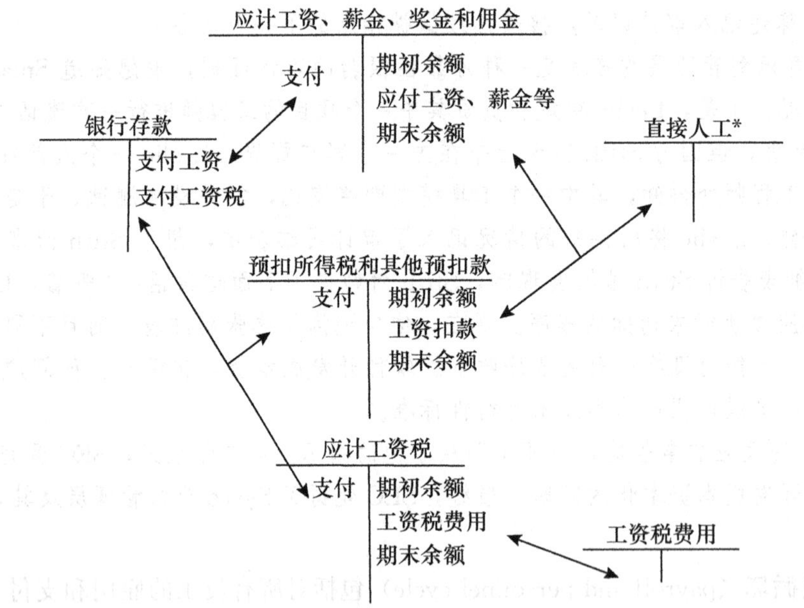

*工资的独立运行账户通常也包括高级管理人员的工资及奖金、管理人员工资、销售人员工资和佣金以及间接人工成本。这些账户与应计工资和预扣税款以及直接人工的其他扣减项目的关系一样。

图19-1 工资与人员循环中的账户

19.2 工资与人员循环中的经营活动及相关凭证与记录

工资与人员循环始于雇用，结束于为雇员提供的劳务而支付的工资及向政府和有关部门预扣、应计的工资税和福利费。其间公司按照其目标获取雇员提供的劳务并对之进行适当的会计记录。

表 19-1 的第三栏列示了典型工资与人员循环中的四项职能，并且表明了各项经营活动、交易类别、账户、凭证和记录之间的关系，这一部分将讨论职能和相关凭证。在评估控制风险及设计控制测试、交易实质性测试以前，审计师必须先理解这些经营活动及相关凭证和记录。

表 19-1　工资与人员循环中的交易类别、账户、经营活动、相关凭证和记录

交易类别	账户	经营活动	凭证和记录
工资	工资现金 工资费用 预扣工资 应计工资	人事和雇用	人事记录 扣款批准表 工资率核准表
		工时记录和工资表编制	计时卡 工作时单 工资交易档 工资日记账或清单 工资源文件
		工资支付	工资支票 工资银行账户调节表
		编制工资税申报表和缴纳税金	W-2 表 工资税申报表

□ 人力资源

人力资源部门不仅能提供面试、雇用合格雇员方面的独立信息，也是对工资信息，包括工资的增减、薪金和扣减额的变化等进行内部验证的独立记录来源。

人事记录　那些包括如雇用日期、人事情况调查、工资率、已授权的预扣款、业绩评价和雇佣关系的终止等方面的记录，统称为**人事记录**（human resource records）。

扣款批准表　它是核准工资预扣款的一种表格，包括预扣所得税、401（K）及其他的退休储蓄计划、健康保险和工会会费等的豁免数额。

工资率核准表　它是核准工资率的一种表格，其信息源于工资合同、管理层的授权或董事会对管理人员工资的授权。

□ 工时记录和工资表编制

这一职能对该循环的审计非常重要，因为它直接影响当期的工资费用。因而，必须对以下活动建立充分的内部控制以预防错报：雇员计时卡的编制；工资总额、预扣款及工资净额的汇总和计算；工资支票的填制；工资记录的编制。

计时卡　**计时卡**（time record）是表明雇员每天上下班时间和工时数的一种记录。计时卡可能是纸质的或者电子的，它可以由时钟或刷卡机自动填列，通常一周提交一次。

领薪的或无须计时卡的雇员不用填列计时卡，只有在加班、休假或生病时才可能要求提供一份关于工时的报告。

工时单　工时单是表明既定时间内雇员所完成工作的记录，它通常只有在雇员从事不同岗位或没有固定部门时才使用。工时单可以通过工时费用报告系统自动生成。

工资交易档 工资交易档是由计算机生成的档，包括针对一定期间，如一天、一周、一个月内通过会计系统处理的所有工资交易。该档含有输入该系统的所有信息及每项交易的信息，如雇员的姓名、日期、支付总额及支付净额、各种预扣金额、账户类别等。工资交易档里的信息根据公司的需要可用于各项记录、清单或报告。例如，工资日记账、工资源文件及工资银行账户调节表。

工资日记账或清单 工资日记账或清单是由工资交易档生成的一种报告，主要包括每项交易的雇员姓名、日期、工资总额及工资净额、预扣金额、账户类别等信息。日记账或清单中所包含的相同交易信息也同时过到总分类账及工资源文件中。

工资源文件 **工资源文件**（payroll master file）是用来记录每位雇员的每一工资交易和保留已付雇员工资总额的一种计算机数据档。每位雇员的记录包括每个工资期间的工资总额、预扣款、工资净额、支票号和日期等。源文件通过计算机中的工资交易进行更新。源文件中单个雇员的工资收入应等于有关总分类账中工资总额的余额之和。

□ 工资的支付

工资单的核准和分发必须仔细控制以防止被窃。为了加强这一控制，工资支票的处理一般要与其他支出相分离。

工资支付 工资支付是一种为交换雇员所提供的劳务而执行的支付，它可以用支票进行支付，但一般都是直接存入雇员个人的银行账户。支付的金额应等于工资总额减去税金和其他预扣款。

工资银行账户调节表 针对包括工资在内的所有现金进行独立的银行账户调节是一项重要的控制，它可以发现错误或舞弊。**定额工资账户**（imprest payroll accounts）是一个独立的保持小余额的工资账户。在工资发放之前，每一个雇员的工资净额都要通过支票或电子资金划拨从总账转入该账户。定额账户的优点是它能抑制工资舞弊行为，分离日常性工资支出与非常规性支出，也简化了工资银行账户的调节。

□ 工资税纳税申报表的编制和税金缴纳

联邦和州工资法要求必须按时编制和寄送工资税纳税申报表。大多数电算化工资系统包含使用工资交易和源文件信息功能来准备的工资税申报表。由一个胜任的雇员来对该项输出进行独立验证是一项重要控制，以预防错报和潜在的税收债务及罚金。

W-2 表 W-2 表是一张汇总每个雇员年度收入记录的表格。要求填写的信息包括工资总额、已扣的个人所得税和联邦社会保险税。该表还应向国内税收总署和州与地方税收部门报送，这些信息通常可从工资源文件中获取，并由计算机编制。

工资税纳税申报表 工资税纳税申报表是将已预扣税款支付和雇主所得税，报送给地方、州及联邦政府机构的税收表。纳税申报的形式和应付日期取决于不同的税收类型。这些表格通过由计算机从工资源文件中获取有关信息来编制。联邦预扣和社会保险税支出依预扣的金额分为每周、每月或者每季支付一次，大多数的州失业税每季度缴纳一次。

19.3 设计控制测试和交易实质性测试的方法

熟悉了工资与人员循环中的经营活动及相关的凭证和记录后，我们来讨论该循环中的控制风险估计、控制测试和交易实质性测试的设计。设计该循环的控制测试、交易实质性测试的方法与第 14 章销售与收款循环和第 18 章采购与付款循环中所运用的方法一致，都是了解内部控制、评估计划控制风险、确定控制测试的范围、设计控制测试和交易实质性测试以实现交易相关审计目标。

□ 了解内部控制和评估控制风险——工资与人员循环

工资内部控制通常都设计良好且运行有效，以控制现金滥用，最大限度地减少雇员的抱怨和不满。因为所有公司都普遍关注自己公司的工资系统，所以，各类公司都有一套高质量的工资信息系统。

对绝大多数部门和方案来说，工资处理都是相似的，都要根据预扣明细表变化的需要每年修改一次，因此将这部分工作外包也是常有的事。如果服务组织的审计师对服务组织的内部控制发表了报告，审计师就经常需要依赖于服务组织的内部控制。

在工资与人员循环中建立一个良好内部控制一般都不是件难事。对于工厂和办公室雇员来说，其工资交易同质且交易额小；对于执行层来说，交易执行次数较少，但在时间和金额上通常又是一致的。正因如此，审计师很少认为测试工资交易时会发现偏差。当然，偶尔也会有控制测试偏差，但经过内部验证或雇员的申诉，大多数错报都能得到更正。即使存在错报也是一些不重大的错报。因此，该循环的控制风险通常评估为低水平。

表 19－2 列示了工资与人员循环中的主要控制。本章后面描述工资与人员循环中的控制测试和交易实质性测试时会进一步考察这些控制。

表 19－2　与工资交易相关的审计目标、关键内部控制、控制测试以及交易实质性测试汇总表

与交易相关的审计目标	关键内部控制	常用控制测试	常用交易实质性测试
已记录的工资支付确实与现有雇员实际完成的工作相对应（发生）。	计时卡经管理人员核准。 使用时钟记录工时。 保持充分的人事档案。 工作经过授权。 对人事、考勤和工资发放进行责任分工。 记录时只接受存在于计算机数据档中的雇员。 支票在签字前经过授权。	审查反映有关管理人员核准的标志。 审查计时卡。 审查人事政策。 审查人事档案。 复核组织章程，同雇员讨论，观察职责履行情况。 审查因为没有雇员编号而被计算机拒绝的交易输出结果。 审查工资记录的核准情况。	复核工资日记账、总账和工资收入记录，看其是否有大额或异常余额。* 用人力资源记录比较已核销支票或直接存入的信息。 比较已核销支票和工资日记账的姓名、金额和日期。 审查已核销支票是否恰当背书。
发生的工资交易都已记录（完整性）。	工资支票预先编号并清点。 工资银行账的独立调节。	清点支票是否连续编号。 与雇员讨论，了解余额调节表的编制情况。	根据工资账户对账单的支付情况，调节工资日记账。 验证工资银行账户调节表。
根据实际工时、适当的工资率、预扣准确计算工资记录（准确性）。	对计算和金额进行内部验证。 对批总额与计算机汇总报告进行比较。 工资率、薪金、佣金率经过适当的授权。 包括保险费和工资储蓄在内的预扣款经过适当授权。	审查反映内部验证的标记。 审查批总额档，并与汇总报告中的总额相核对。 审查工资记录，看其有无反映内部验证的标记。 审查人事档案中的授权。	重新计算计时卡中的工时。 将工资率与董事会的核准、工会合同或其他资料相比较。 重新计算工资总额。 根据人事档案中的纳税表、人事档中的摊销表核对有关预扣款。 重新计算工资净额。 比较经核销的支票与工资日记账。
工资交易已恰当记录于工资源文件，并经过恰当的汇总（过账与汇总）。	工资源文件内容的内部验证。 工资源文件总额和工资总账中的金额进行核对。	审查反映内部验证的标记。 审查汇总报告，确认工资源文件与工资总账是否经过核对。	加总工资日记账，追查至总账和工资源文件，测试文书准确性。

续表

与交易相关的审计目标	关键内部控制	常用控制测试	常用交易实质性测试
工资交易已适当分类（分类）。	有足够的账户科目以备用。 对分类进行内部验证。	复核科目表。 审查反映内部验证的标记。	根据科目表或程序手册核对分类正确性。 复核计时卡和工作通知单，确定工作任务量，并追查至人工分布。
工资交易已在正确的时间记录（及时性）。	要求工资支付完毕后立刻予以记录的程序。 数据经内部验证。	审查程序手册，观察记录时间。 审查反映内部验证的标记。	将工资日记账上支付工资的时间与核销支票和工资卡上的时间进行比较。 将支票上的时间与银行支付的时间进行比较。*

*该分析程序还可用于其他目标，如完整性、准确性和及时性。

□ 设计控制测试和交易实质性测试——工资与人员循环

在工资与人员循环中，控制测试和交易实质性测试是验证账户余额的最重要方法。之所以强调这些测试，是由于缺乏独立的第三者证据（如函证）来验证应计工资、预扣所得税、应计工资税和其他资产负债表账户余额。而且，在大多数审计中，以上账户余额较小，特别是当审计师确信有关工资交易已正确地输入计算机以及纳税申报表已恰当地编制时，对以上账户余额的验证也是相当容易的。

尽管控制测试及交易实质性测试是测试该循环的最重要部分，但通常审计师并不对此进行大范围的测试。在许多审计中，虽然工资费用占全部费用比重很大，但发生重大错报的风险并不高。原因有三：如果少支付了工资，雇员一定会向管理层申诉；所有工资交易一般都相同且简单；出于对预扣所得税、社会保险税、失业保险税的关注，联邦和州政府均要对此进行广泛审计。

与第14章销售和现金收入测试介绍的有关方法一样，每一个与交易相关的审计目标的内部控制、控制测试和实质性测试均汇总在表19-2中。此外，读者应注意以下内容：

- 由于不同公司的内部控制千差万别，审计师必须根据每个公司的实际情况识别具体控制、重大缺陷和重大弱点。
- 审计师为降低控制风险而要使用的内部控制必须进行控制测试。
- 如果审计师要对其财务报告内部控制进行报告，则内部控制的了解水平和控制测试的范围都必须足以让审计人员对被审计单位财务报告内部控制的有效性发表意见。
- 交易实质性测试将随估计控制风险和其他审计考虑因素（例如工资对存货的影响）的变化而不同。
- 测试不一定必须按照表19-2的顺序进行。控制测试和交易实质性测试可以恰当地结合在一起进行，且可使用一种执行格式的审计方案，尽可能地以便利的方式执行。

对表19-2所述的大多数测试来说，大多内部控制的目的及控制测试与实质性测试的性质都是显而易见的。为估计有关控制风险，下面具体讨论工资与人员循环中的几个主要控制。

充分的责任分离 在工资与人员循环中，责任分离非常重要，特别是对防止超额支付和向不存在的雇员支付。人力资源部门应独立于工资职能，负责确定员工的新聘和终止。工资处理过程应与现金支出发放分离。

适当的授权 如前所述，只有人力资源部门才能获取授权确定雇员的聘用与解雇或变更雇员的支付率和扣减额。每一个雇员的工作时间，特别是加班时间，应当经过雇员主管人员的核准。所有的计时卡或仅在例外原则基础上所安排的加班时间应标明核准情况。

充分的凭证和记录 适当的凭证和记录依赖于工资系统的特性。计时卡或记录只针对计时工而不针对支领薪俸的人员。对于那些以计件工资率或其他激励系统为基础计算酬金的，应该有不同的工资记录。对于大多数公司来说，工时记录必须通过计时工作或任务单位充分收集工资成本。鉴于工资完整性目标通常不是审计师的关注点，在该循环中较少关注记录工时的有关凭证是否预先编号。

资产和记录的实物控制 应该限制接触未签字的工资支票。支票应由有关专职人员签字，工资应该由独立于工资和考勤职能之外的人员来发放。任何无人认领的支票应予以归还并再次存入银行。如果支票由机器签字，应该限制对该机器的接触。类似地，如果支付是直接存入，应该限制接触负责支付人员所用的系统。

工作的独立检查 工资的计算应该独立验证，包括批总额与汇总报告之间的比较。管理成员或其他负责人应当复核工资金额，以避免明显的错报和异常金额。当直接人工成本影响存货估价或者有必要通过工作归集成本时，要有充分的控制来验证对各项成本的恰当分配。

□ 工资税申报表及款项支付

在许多公司，工资税是一个很重要的项目，这是因为其金额很大，此外若未能将其及时填报，则极有可能导致潜在负债。

编制工资税申报表 作为了解内部控制的一部分，审计师应至少复核一份被审计单位填报的每一类工资税申报表，以确定是否存在因为被审计单位没有正确填报该表而要承担的未支税金的潜在负债、罚金和利息。工资税申报表涉及联邦所得税、联邦社会保险税、州和市所得税、联邦和州失业保险税。

若审计师认为纳税申报表很有可能没有被正确填制，则必须详细地调整纳税申报表和工资记录上的信息。下列迹象或许能够反映纳税申报表中存在的潜在错报：过去由于不恰当的支付而被处的罚金和利息；由人事部门的新人编制工资税申报表；缺乏内部验证；被审计单位存在严重的现金流量问题。

及时支付已扣工资税和其他预扣款 尽管通常用普通现金支付款项，但仍必须测试被审计单位是否按照规定履行其纳税义务和缴纳其他预扣款。这些预扣款包括税金、401（K）和其他退休储蓄、工会会费、保险和工资储蓄。

审计师首先必须要了解被审计单位缴纳这些款项的有关规定，如税法、工会合同、雇用合同等。然后，可通过核对工资记录中有关现金支付事项，很容易地确定被审计单位是否及时、足额地缴纳了这些款项。

□ 在工资审计中对存货和舞弊的考虑

在下列情况下，审计师经常扩展其工资审计程序：(1) 工资费用严重影响存货估价；(2) 审计师认为工资交易中存在重大舞弊的可能性，如不存在的雇员或存在弄虚作假的工时。

工资和存货估价之间的关系 在制造业和建筑业，工资审计是存货审计的重要组成部分。因为工资账户的不恰当分类会严重影响在产品、产成品、在建工程等资产账户的计价。例如，若管理人员的工资被无意或有意地计入间接制造费用，则资产负债表日的存货金额将被高估。类似地，如果雇员的直接人工成本不恰当地计入错误的订单或程序，也会影响存货的计价。如果有的订单采用成本加成法，将工资费用计入错误的订单，则既影响存货计价，又影响收入的确认。

若人工成本是存货计价的重要组成部分，则审计师应该把测试重点放在有关工资交易分类的内部控制上。通过复核科目表和程序手册，可以测试工资交易分类的一贯性（对分类很重要），还可以从工作通知单及其他雇员在此订单或程序中的工作证据一直追查至影响存货计价的会计记录。例如，如果要求雇员必须对其每周工时在其具体工作任务上的分配情况进行说明，一个有效的测试是追查一些雇员的一周工时数至相关的分批成本记录，以确保它们均已正确记录。另外，从分批成本记录追查至雇员汇总表，也可以测试存货成本中是否包含了虚假雇员成本。

对虚构雇员的测试 造成向不在本公司工作的人员（虚构雇员）支付工资，主要是因为在终止了和公司的雇佣关系后，一些雇员的支票仍在继续使用。通常能进行这种舞弊行为的雇员可能是工资核算员、车间主管、同事或前雇员。在一些系统中，车间主管每天为雇员打卡并在每个期末核准计时卡，如果他还分发支付支票或将工资直接打入雇员账户，他就有足够的空间与机会行使舞弊行为。

为了侦查这种工资舞弊，审计师可以比较已核销支票或支付存入账户上的姓名与计时卡和其他记录上的文字，以证实授权签字和背书的合理性，也可以通过略查已核销支票上的签字来发现是否有不正常签字或第二次签字。如果有，则说明这可能是一张存在舞弊的支票。对作废支票的审查也可以证实支票是否存在不当使用的情况。

对是否有虚构雇员的一个测试是：在工资日记账中抽取几笔交易，然后追查至人事部门以证实在支付工资期间该雇员确实受该公司聘用。如果是以支票的形式支付，则还可比较已核销支票上的签字与雇员预扣款批准表上的授权签字。

对已终止雇佣关系的雇员是否作了适当处理，可通过下面的方法来测试：选择几位当年雇佣关系已经终止的雇员的人事档案，确定他们是否按照公司政策领取了终止工资。对雇佣关系已终止的雇员是否继续支付工资的测试可通过审查下一期间的工资记录来确定其不再被公司支付工资。当然，如果人力资源部门没有通知雇佣关系已终止，则上面的程序是无效的。

在某些情况下，审计师可能会要求在工资发放过程中执行突击程序，要求每一个雇员必须在有关主管和审计师在场的情况下领取支票并签字，还要深入调查未领取的任一支票，以确认是否存在舞弊。该程序通常成本高昂，但它可能是侦查舞弊唯一可能的办法。

工时舞弊测试 这种舞弊是指雇员报告上的工时数超过其实际工时数。由于缺乏证据，这种舞弊很难被审计师发现。常用程序是，调节工资记录中的总工时与独立工时记录（经常存在于生产控制之中）。类似地，也可以观察雇员打卡情况，以发现是否存在雇员帮朋友多次打卡的现象。强化被审计单位的内部控制远比审计师的侦查更能有效地防止此类现象的发生。

舞弊费用报告 差旅和招待费用的报销是采购与付款循环中的一部分。但是，审计师通常在工资与人员测试中实施额外的审计程序。管理层虚构费用报告表明其无视内部控制以及其他领域也可能存在潜在的舞弊。因此，审计师应当特别关注高管和董事的差旅和招待费用报告，通过验证差旅的批准和业务目的是否适当，审查支持性收据，以及确定报销是否符合公司规定来进行测试。

19.4 设计实质性分析程序和余额细节测试的方法

评估控制风险和执行控制测试及交易实质性测试在前两个阶段已完成，在这些测试以及对工资与人员循环中财务报表账户错报的可能性进行评估后，审计师将进入设计余额细节测试阶段。

决定工资负债账户余额细节测试适当性的方法与第16章介绍的应收账款和第18章介绍的采购与付款资产负债表账户的方法一样。具体可参阅图16－1所介绍的有关应收账款的测试方法。

识别影响工资的被审计单位的经营风险（第一阶段）

对大多数公司而言，重大的经营风险未必会影响工资。但在复杂的报酬安排中，被审计单位的经营风险可能存在，例如奖金、股票期权计划、其他的递延报酬安排。许多技术公司和其他非技术公司提供大量的股票期权作为那些对报酬费用和股东权益能施加重大影响的关键雇员报酬的组成部分。此外，还有诸如工会合同的重新商议和歧视性要求权等事项的其他风险。审计师应该了解诸如此类事项的可能性，以确定它们对财务报表及其附注披露的潜在影响。

□ 确定实际执行的重要性和评估固有风险（第一阶段）

许多公司的工资交易不仅量多，金额也很大。但是，资产负债表上的账户通常不重要，除非有人工成本要计入存货。

除了潜在舞弊外，所有与余额相关的审计目标的固有风险通常都较低。由于大部分交易都涉及现金，存在工资舞弊的固有风险，因此应重点考虑交易相关审计目标的存在目标。再者，对于那些要把大量的人工成本计入存货的制造企业来说，工资费用和存货或存货某一类别可能存在分类错误。作为对被审计单位了解的一部分，审计师可能要识别与工资有关的复杂问题，如以股票为基础的报酬计划，而这些问题可能会增加与这些安排的会计处理和披露相关的固有风险。

□ 评估控制风险和执行相关测试（第一阶段和第二阶段）

评估控制风险和执行相关的控制测试及交易实质性测试已在前面章节详细讨论过了，这里不再赘述。具体请查阅表 19－2。

□ 执行实质性分析程序（第三阶段）

在工资与人员循环中使用实质性分析程序，同在其他循环中具有相同的重要性。表 19－3 列示了在工资与人员循环中对资产负债表和损益表中有关账户使用的实质性分析程序。表 19－3 第一栏中的大部分关系都具有高度的可预测性，可用来揭示那些需要进行额外调查的领域。

表 19－3　工资与人员循环中的实质性分析程序

实质性分析程序	可能的错报
将工资账户余额与以前年度比较（根据工资率和工时的增加进行调整）。	工资费用账户的错报。
将直接人工占销售的百分比与以前年度比较。	直接人工和存货的错报。
将佣金占销售的百分比与以前年度比较。	佣金费用和佣金负债的错报。
将工资税费用占工资的百分比与以前年度比较（根据税率变化进行调整）。	工资税费用和工资税负债的错报。
将应计工资税与以前年度比较。	应计工资税和工资税费用。

□ 设计和执行负债和费用账户的余额细节测试（第三阶段）

与工资有关的负债账户通常称为**应计工资费用**（accrued payroll expenses），如果内部控制运行有效，工资负债账户的验证一般都很简单。若审计师认为工资交易已经被恰当地记入了工资日记账，有关的工资税申报表已经准确填列并已及时纳税，则对应计工资费用的余额测试就不会再费时。

在测试工资负债余额中，有两个主要审计目标：（1）记录在试算平衡表中的应计工资费用应该准确

（准确性）；（2）工资与人员循环的交易记录于正确的时间（截止）。

这两个目标主要是为保证没有低估或遗漏应计工资费用。接下来我们将讨论工资与人员循环中的主要负债账户。

雇员所得中的预扣金额 通过将工资日记账、下期工资税申报表、下期现金支付与预扣工资税额相比较，可以测试还没有缴纳的预扣工资税。其他预扣款如退休储蓄金、工会会费、储蓄债券和保险费等也可以相同的方法测试。如果内部控制运行有效，执行这些程序就可以很容易地同时验证截止和准确性这两个审计目标。

应计薪金和工资 当雇员本期最后几天或几小时的工资要到下期才支付时，就必须以应计薪金和工资予以反映。领薪金的雇员通常在每月的最后一天领到当月除加班工资以外的全部薪金，而计时工资的雇员往往在年终不能得到最后几天的工资。

关于应计薪金和工资的正确截止和准确性取决于公司的政策，这些政策必须保持一贯性。一些公司在本期计算出雇员的工时数，然后在下期发放工资，而另一些公司则计算一个大约的比例。例如，本期工作天数为3天（这3天的工资要到下期发放），下期工作天数为2天，则下期工资总额的60%应作为本期的应计工资。

若审计师确认了公司关于应计工资的政策并了解到该政策的执行具有一贯性，则测试截止与准确性目标的适当程序是重新计算雇员的应计工资。最可能出现的余额错报是，没有记录雇员已经赚得但尚未领取的工资。

应计佣金 验证应计佣金和验证应计薪金和工资所运用的原理是一样的，但对应计佣金的验证往往更困难一些，这主要是因为公司可能与销售人员及其他佣金雇员签订了不同类型的协议。例如，一些销售人员可能每月拿佣金而不拿薪金，而另一些雇员则每月拿薪金的同时按季度取得佣金。在一些情况下，佣金可能因产品的不同而不同，而且可能在年度终了后的几个月才能支付。在验证应计佣金时，审计师有必要先确定佣金协议的性质，再对协议基础上的计算过程进行测试，同时对应计佣金核算方法前后各期一贯性的比较也很重要。

应计奖金 在许多公司中，年度终了仍未支付的高级管理人员和雇员奖金是一个主要项目，若未能对之进行正确记录，将会导致重大错报。这可以通过比较董事会会议记录的授权数来验证已记录的应计奖金。

应计假期工资、病假工资及其他福利 这些应计负债的核算方法在各期是否保持一贯性，是评价这些账户公允表达的重要因素。审计师首先必须明确公司记录这些负债的有关政策，然后对其账面金额进行重新计算。公司政策应当遵循会计准则处理缺勤报酬。

应付工资税 诸如联邦社会保险税、联邦失业保险税等工资税可以通过审查下期编制的纳税申报表得到验证，以确定在资产负债表日应作为负债而记录的金额。

对费用账户的余额细节测试 工资交易会影响损益表中的一些账户，其中最重要的是高级管理人员的薪金和奖金、办公室人员的薪金、销售薪金和佣金以及直接人工。因为通常要根据部门、产品、分支机构对人工成本进行分配，附加福利如医疗保险也可能包括在此类费用中。

在大多数审计中，除了已经介绍的分析程序、控制测试、交易实质性测试和对相关负债账户的测试之外，审计师很少再对损益表账户进行额外测试。但若内部控制被发现存在重大缺陷或弱点，负债账户测试中发现存在重大错报或者分析性测试中发现了重要的不能解释的变动时，审计师有必要执行大量追加审计程序。然而，在工资与人员循环中，有一些损益表账户也需要经常进行测试，包括管理人员报酬、佣金、工资税费用、总工资和合同人工成本等。

1. 管理人员的报酬。通常要验证管理人员的报酬是否为经董事会批准的报酬额，这主要是因为管理人员的薪金和奖金必须记入公司提交给证券交易委员会的10-K报告和联邦所得税纳税申报表。另外，由于有一些人因其岗位的便利可能会获得比批准数额多的报酬，因而必须对其进行验证。常用的审计测试是从董事会会议记录中取得每位管理人员经批准的报酬标准，并与相关工资记录进行比较。

2. 佣金。在每种销售的佣金率相同且可从会计记录中得到必要的销售信息的情形下，对佣金的验证比较容易。通过计算每类销售交易的数量和相应的佣金率乘积，就可验证佣金总额。如果不能得到需要的信息，则可以选取几名雇员，验证他们年度或月份佣金的支付情况，并追查至佣金总额。

3. 工资税费用。年度工资税费用测试可以先对全年工资税申报表上的工资总额与全年工资总额进行调节，然后根据应税工资及其适用税率的乘积重新计算工资税。由于只有部分工资应纳税，又因为纳税人的财务报表日期可能不是日历年度，从而导致年中适用税率的变化等，上述计算可能非常费时。在大多数审计中，这些计算费时费力且没必要，除非分析程序表明其他程序不能解决这个问题。若审计师认为有必要执行该项测试，则可以将该项测试与应计工资税的测试结合起来。

4. 工资总额。与工资税的工资总额测试相关的一个测试程序就是调节总账中的工资费用总额与工资税申报表和 W-2 表。该测试的目的是确定是否有工资交易记入了非工资账户或根本没有记入工资日记账。由于工资税和工资一般都是根据工资源文件编制的，因此，如果有错报，这两份记录必然会有所体现。在大多数审计中，控制测试和交易实质性测试是发现上述两类错报的好方法。

5. 合同工。为降低工资成本，一些企业与外部组织签订提供工作人员的合同，此时提供服务的个体被外部组织聘用。例如，企业经常与信息技术服务公司签约，处理公司的信息技术管理及有关工作人员职能的事务。支付给外部组织的费用可以通过支付额和企业与外部服务公司所签订的合同协议进行比较来测试。

6. 列报和披露目标。对披露工资与人员循环中的交易和账户的要求并不广泛。但是，一些复杂的交易，如股票期权和其他管理层的报酬计划等，可能会要求在报表附注中予以披露。审计师可能将四个列报和披露审计目标的审计程序以及负债和费用账户的细节测试组合在一起。其他与列报和披露审计目标相关的审计程序将在本书第 23 章予以讨论。

本章小结

本章介绍了工资与人员循环审计。图 19-2 列示了工资与人员循环中用到的主要账户和对这些账户进行的审计类型。侧重于控制测试和交易实质性测试的原因是，大多数企业的此类交易重大，内部控制质量很高，因而余额细节测试一般限制在实质性分析程序和对有关应计负债的验证上。

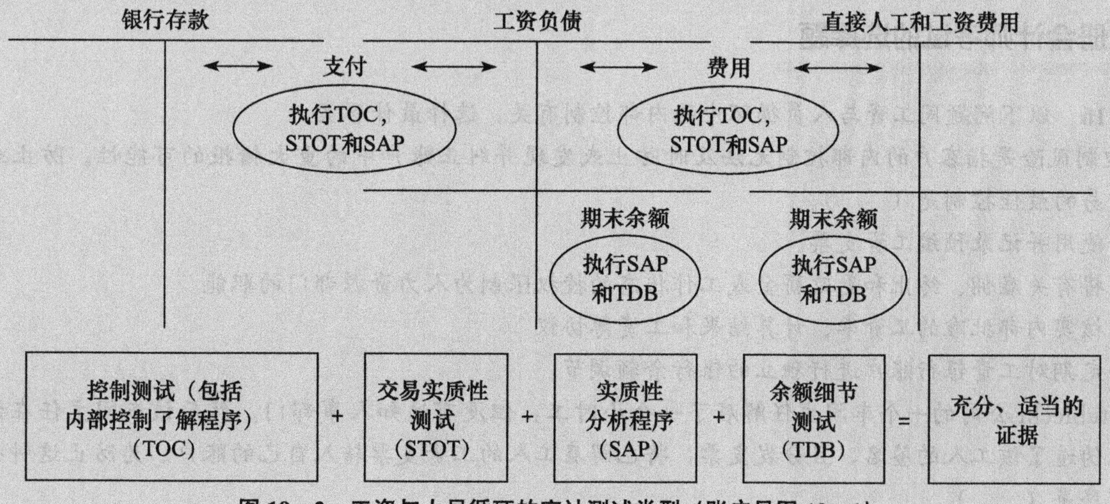

图 19-2 工资与人员循环的审计测试类型（账户见图 19-1）

练习题

19-1 指出在大多数审计业务中可能受工资与人员循环影响的五个总分类账户。

19-2 解释工资与人员循环和存货估价之间的关系。

19-3 区分薪资主文件，W-2表格和薪资税单，并解释它们各自的使用目的。

19-4 解释工资备用金账户的含义，它作为控制工资的手段，请说明其使用目的是什么。

19-5 在典型的工资审计中，列举出审计师需要审查哪些支持性凭证和记录以发现舞弊。

19-6 评价某审计师的以下评论："我的工作就是确定工资记录是否根据会计准则公允表达，并不验证它们是否遵循了恰当的雇用和终止程序。当我执行工资审计时，我不关注人力资源部门，而是关注计时卡、日记账以及工资支票。我并不关心他们雇用或者解雇了谁，只要他们正确地支付他们应得的。"

19-7 区分以下工资审计程序并说明它们各自的目的：（1）在工资登记簿中，任意取一个预先编号的计时卡样本，追查至工资支票，比较工时数与支付工资的时间；（2）对任意抽取的工资支票样本，从工资登记簿追查至相关的计时卡，比较工时数与支付工资的时间。这两个程序中哪一个在工资审计中更重要？为什么？

19-8 解释为什么在工资与人员循环中，控制测试和交易实质性测试的总审计时间百分比通常高于销售与收款循环。

19-9 说明在工资与人员循环中审计师应该执行相关审计程序以侦查舞弊的情形。列举三个主要为侦查舞弊的审计程序，并说明这些程序意欲侦查的舞弊类型。

19-10 指出在工资与人员循环中，审计师可以使用审计软件实施的三种控制测试或交易实质性测试。

19-11 列举工资与人员循环中的五种授权，并说明每种授权缺失时可能发生的错报类型。

19-12 解释如何将审计抽样运用于工资与人员循环的测试。

19-13 在预扣工资和工资税费用审计中，说明为什么侧重于工资税纳税申报准备程序的充分性而不是工资税负债。如果该项准备程序不充分，说明其对剩余部分审计的影响。

19-14 列举工资与人员循环中的几个实质性分析程序并说明在当前年度与过去年度的测试结果之间存在显著差异时可能暗示的错报类型。

19-15 解释为何在工资审计中，即使控制测试和交易实质性测试的结果良好，审计师仍然需要验证高管薪酬的原因。可以使用哪些审计程序来验证高管薪酬？

选自注册会计师考试的选择题

19-16 以下问题同工资与人员循环中的内部控制有关，选择最佳答案。

a. 控制风险是指客户的内部控制无法及时防止或发现并纠正账户中的重大错报的可能性。防止或发现虚假工资交易的最佳控制是（　　）。

（1）使用并记录预编工资支票

（2）将有关雇佣、终止和更改薪金或工作状态的授权限制为人力资源部门的职能

（3）核实内部批准的工资率、计算结果和工资簿协议

（4）定期对工资银行账户进行独立的银行余额调节

b. Steblecki 公司的一个车间主任解雇了一个小时工，但没有通知人事部门。然后该车间主任在计时卡和工作单上伪造了该工人的签名，且分发支票，将已解雇工人的工资支票转入自己的账户。为防止这种行为，最有效的程序是（　　）。

（1）工资中雇员的增减必须要有书面授权

（2）由一个不负责其他工资责任的管理人员分发工资支票

(3) 由填列和分发工资之外的人来保管未领取的工资支票

(4) 不定期地轮换分发工资的人员

c. 审计师发现某部门雇员的计时卡并没有得到监管人员的核准，这将导致以下哪项后果（　　）。

(1) 可能重复签发工资支票

(2) 运用错误的工资率计算总工资

(3) 雇员得到的工资中可能含有实际没有的工时

(4) 工资支票可能没法适当地发给雇员

19-17　以下问题与工资与人员循环的审计测试有关，选择最佳答案。

a. 一个工资交易的普通审计程序是从工资日记账的所选项目追查到由监管人员核准的雇员计时卡。这个程序可以用来提供证据支持下列哪个审计结论（　　）。

(1) 只有恰在其位的雇员在工作且他们的支付也进行了正确的计算

(2) 雇员的工作已适当地计入人工成本

(3) 工资支付的内部控制运作有效

(4) 所有在职雇员的支付工时数都已计算

b. 在执行有关购股选择权转让的测试时，审计师应当（　　）。

(1) 向州秘书长确认公司交易

(2) 验证被审计单位工资记录和股东分类账户上的认股权证的持有者

(3) 确定有足够的库存股份以弥补新发行的股票

(4) 追踪交易授权至董事会的投票决议

c. 审计师审查客户负责填写的工资税申报表的对账情况是为了（　　）。

(1) 验证是否将工资税从员工的工资总额中扣除

(2) 确定内部控制活动是否运行有效

(3) 发现是否存在领取薪水的虚构员工

(4) 识别未付工资税金的潜在负债

讨论题

19-19　下列 1～8 项均为审计师为了解被审计单位工资与人员循环内部控制所用的内部控制问卷调查表中的典型问题。具体应用时，对问题回答“是”表明存在内部控制，回答“否”表明可能存在潜在缺陷。

1. 对初始支付率及期后变化有适当管理人员的授权吗？

2. 是用诸如计时卡一样的正式记录来记录工时吗？

3. 在计时卡送到支付部门之前是否得到车间主管或部门主管的核准？

4. 有足够的方法识别工作或产品，例如工作单、工作号或其他类似的提供给雇员确保时间记录正确的区别标志吗？

5. 向雇员发放的工资支票由独立于考勤的人员填制吗？

6. 在领取工资支票时要求雇员出示身份证明吗？

7. 是以书面通知记录雇用终止的原因吗？

8. 是否有人独立验证工资单银行账户对账？

要求：

a. 对于每一个问题，说明当控制有效时能够实现的与交易相关的审计目标（一个或多个）。

b. 对于每一个控制，列举一个控制测试来测试其有效性。

c. 对于每一个问题，如果控制失效，识别（一个或多个）潜在财务错报的类型。

d. 对于c题的每一种潜在错报，列举确定重大错报是否存在的实质性审计程序。

19-22 下列审计程序是在工资与人员循环中执行的典型程序。

1. 获得一份所有工资负债的明细表并且追查至总分类账。
2. 在业务完成日同管理者讨论本期不用支付的工资费用。
3. 略查期间内所有异常交易的日记账以确定它们是否正确记录。
4. 在工资日记账中选择40个分录样本并追查至已核准的计时卡。
5. 审查支付率和预扣款是否经过所有者的批准。
6. 检查工时和工资率是否由独立人员核实。
7. 选择样本为20的已核销工资支票，并清点其序号。
8. 审查董事会会议记录以核实首席执行官的薪水。
9. 计算工资费用占工资总额、薪金以及佣金总额的比率。
10. 选取20份工资付款样本，追踪至工资日记账分录的名称、日期和金额。

要求：

a. 上述审计程序分别属于下列哪一种测试类型（　　）。

(1) 控制测试

(2) 交易实质性测试

(3) 实质性分析程序

(4) 余额细节测试

b. 对于每一项控制测试和交易实质性测试，确定可适用的与交易相关的审计目标（一个或多个）。

c. 对于每一项余额细节测试，确定可适用的与余额相关的审计目标（一个或多个）。

19-24 下列是工资与人员循环的控制测试、交易实质性测试以及余额细节测计的设计方法中的各步骤：

1. 设计工资与人员循环的余额细节测试。
2. 评价工资估计控制风险低的成本效益。
3. 设计和执行与工资人事相关的实质性分析程序。
4. 确定工资与人员循环内部控制的主要控制及薄弱环节。
5. 了解工资与人员循环的内部控制。
6. 评价控制测试和交易实质性测试的结果。
7. 设计工资与人员循环的控制测试和交易实质性测试。
8. 评估工资费用及负债账户的风险及重要性。
9. 估计工资相关账户的固有风险。

要求：

a. 识别控制测试和交易实质性测试的各步骤，以及余额细节测试的步骤。

b. 指出控制测试和交易实质性测试的各步骤并按其在大多数审计业务中的执行顺序排序。

c. 指出余额细节测试步骤并对其正确排序。

19-27 Archer服装公司是一家职业服装销售公司，主要面向那些对医生、护士、保安等职业人员销售工作服的零售店。通常，大部分是销售给美国和加拿大的零售商。大量装运都成批处理，直接交付给零售商或零售供应链的各递送机构的仓库中。2016年初，Archer服装公司开始通过公司网站直接向职业人员销售服装。职业人员可以在网上获得有关服装款式、大小及价格的信息。购买使用顾客个人的信用卡，信用卡机构在当月将款项定期转入Acher服装公司的银行账户。基于在线销售开拓的新市场，管理部门因此作出了这样的决定，销售给零售商店的货物量预期保持不变。

由于 Acher 服装公司的 IT 工作人员缺乏必需的开发及维持在线销售系统的经验，管理部门要雇用信息技术服务公司设计并维持在线销售系统。

要求：

在执行和工资与人员循环账户相关的实质性分析程序之前，请预测与往年相比，Acher 服装公司最近发生的事项在 2016 年对下列部门的工资费用有何影响；指出你预测的工资费用账户余额在 2016 年的增加或减少程度（大、中、小）。

1. 仓库运输部门
2. IT 部门
3. 应收账款部门
4. 应付账款部门
5. 收货部门
6. 行政管理部门
7. 市场部

第 20 章

存货与仓储循环审计

学习目标

1. 描述存货与仓储循环中的经营活动及相关的凭证和记录。
2. 解释存货与仓储循环审计的五个组成部分。
3. 设计并执行成本会计的审计测试。
4. 运用实质性分析程序对存货与仓储循环中的账户进行分析。
5. 设计并执行存货实地观察的审计测试。
6. 设计并执行存货计价与汇总的审计测试。
7. 整合存货与仓储循环审计中的各个部分。

引 例

虚构存货

Mickey Monus 是俄亥俄州扬斯敦的英雄，他拥有一家杂货店，并在 10 年内增加到 299 家店，还组建了一家国内低折扣的零售连锁店——Phar-Mor 有限公司。该公司被一些零售专家视为一颗冉冉升起的零售商新星，甚至将之喻为沃尔玛第二。Sam Walton 甚至公开宣称，在沃尔玛的发展道路上，令其敬畏的唯一对手就是 Phar-Mor 公司。

Phar-Mor 公司以低于其他折扣店的实质性低价出售许许多多的家用产品和处方药。Monus 将其公司策略描述为“激励购买”，在供应商以最低价出售其产品时，Phar-Mor 公司购入商品，然后通过低折扣的价格出售，将采购节约还利于顾客。

实际上，Phar-Mor 公司的商品价格低至它们的成本价，为此公司亏损不少。但是，Monus 仍坚持认为，只要维持 Phar-Mor 的激励购买策略，公司就可以发展壮大，最终“卖掉”其烦恼。因为不想让这些不足损害 Phar-Mor 公司成功的形象，所以，Monus 及其管理层开始进行创造性会计，使得 Phar-Mor 公司从未在其财务报表中报告这些损失。

管理层将这些损失累计在一起，并仅将之以虚构存货的形式用存货成本重新分配到公司成百上千件的商品中去。所以，Phar-Mor 公司的管理层为商品采购虚构发票，编制虚假的日记账分录，以增加存货和降低商品销售成本，多记与重复记录存货项目。

遗憾的是，该公司的审计师从来没有发现过这些舞弊行为。他们声称只实地观察了 300 个存货存放点中的 4 个，并提前几个月通知该公司管理层他们要对存货进行实地观察。Phar-Mor 公司的管理层就将这 4 个存货存放点的存货堆满，将其虚构的存货在账面上归放在其他 296 个存放点中。

这个舞弊最终在一家旅游代理商收到由 Monus 签发的支付与 Phar-Mor 公司无关的支票时才被发现。这个代理商将这张支票交给他的房东，恰好这位房东又是 Phar-Mor 公司的一个投资者，他就此事联系了 Phar-Mor 公司的首席执行官——David Shapiro。对该无效支出的进一步调查最终发现了该公司的存货舞弊。Monus 最终被判有罪，并被判监禁 5 年。该公司的审计师则因审计失败在民事裁决中承担了 3 亿多美元的审计失败成本。

资料来源：1. Beasley，Buckless，Glover，and Prawitt，*Auditing Cases*：*An Interactive Learning Approach*，6th edition，Prentice-Hall，2015，pp. 129 - 141；2. Joseph T. Wells，“Ghost Goods：How to Spot Phantom Inventory，” *Journal of Accountancy*（June 2001），pp. 33 - 36.

存货与仓储循环（inventory and warehousing cycle）由于与其他交易循环联系密切而十分独特。原材料和直接人工分别通过采购与付款循环、工资与人员循环进入存货与仓储循环，相应地，存货与仓储循环又随销售与收款循环中的产成品销售环节而结束。

存货审计，尤其是年末存货余额的测试，通常是存货审计中最复杂也最费时的一部分。前面短文中对Phar-Mor公司的审计就是一个很好的例证，发现存货账户中的错报常常十分困难。影响存货审计复杂性的因素主要有：

- 存货通常是资产负债表中最大的项目。
- 存货存放于不同地点，这使得对它的实物控制和盘点都很困难。
- 存货项目的多样性也给审计带来了困难。例如宝石、化学制品和电器元件等存货，对其观察和估价就很困难。
- 对诸如陈旧存货的估计和需要对存货制造成本分摊等因素也使得存货的估价很困难。
- 存在几种可接受的存货估价方法以及一些组织可能倾向于对不同的存货采用不同的估价方法，而这又恰恰是会计准则所允许的。

20.1 存货与仓储循环中的经营活动及相关凭证与记录

由于企业性质不同，存货形式也多种多样。对从事零售和批发的企业来说，财务报表中最重要的账户通常是可用于销售的库存商品。下面以制造企业为例说明存货与仓储循环的审计，这类企业的存货可能包括原材料、外购零配件、生产用物料、在产品和可供销售的产成品等。其间涉及的大多数原则也同样适用于其他类型的企业。

制造企业的存货与仓储循环中的商品实物流动和存货成本流动如图20-1所示。存货与仓储循环、采购与付款循环、工资与人员循环之间的关系可以通过原材料、直接人工和制造费用T型账户的借方清楚地看出。存货与仓储循环和销售与收款循环的直接关系体现在产成品销售（贷记）的实现及销售成本的确认这一环节上。

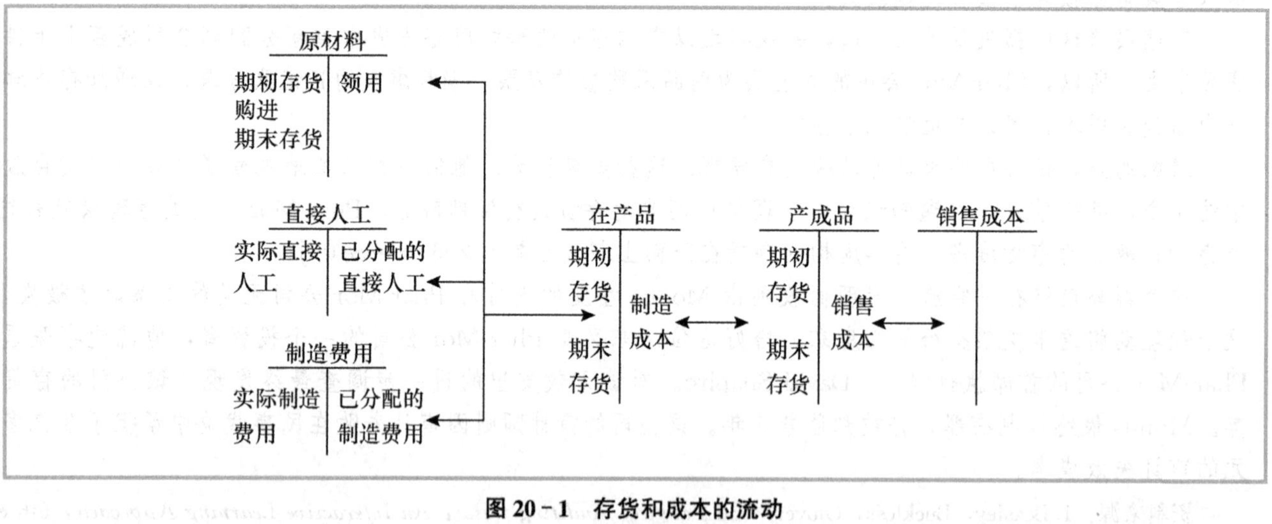

图20-1 存货和成本的流动

存货与仓储循环可以看作两个独立但又密切相关的系统的结合，一是商品实物流动，二是相关的成本流动。当存货在公司中流动时，应对其实物流动和成本流动加以足够的控制。以下讨论的是构成存货与仓储循环的六项职能。

□ 处理订货单

存货与仓储循环开始于取得生产所需的原材料。无论是制造企业采购原材料还是零售商采购商品，对采购保持充分控制都十分必要。存货请购单通常用于请求采购部门订购货物。请购单可以由仓储保管员填制，或当存货达到事先确定的水平时由计算机自动填制。订货单可以根据客户订单来填制，或具体负责人根据定期盘点的结果来填制。

□ 验收原材料

收到所订材料也是采购与付款循环的一部分。收到原材料时必须检查其数量和质量，验收部门提供的验收报告是付款前的重要记录之一。在验收之后，材料送到仓库，验收报告或电子通知通常被送到采购、仓储和应付账款部门。在凭证的所有流转过程中都应有必要的控制和托管责任。

□ 储存原材料

原材料自验收以后至领用之前一直存放于仓库。在领用原材料时，要有经批准的材料领用单、工作单或其他类似凭证或电子通知，凭证或相关通知上要注明所需材料的数量和规格。领料单用于序时登记永续存货源文件，也用于原材料与在产品账户之间的过账。在存货管理和会计系统连成一体的单位里，这些工作由计算机自动完成。

□ 生产产品

不同公司的存货与仓储循环流程迥然不同。生产哪些产品以及生产多少一般是根据客户订单、销售预测、预先制定的产成品水平和经济生产趋势来决定的。公司通常会专设一个生产控制部门，负责确定所生产产品的种类和数量。

对任何一个制造类型的公司来说，充分的成本会计系统是产品生产职能的一个重要组成部分。该系统必须说明各种产品的盈利情况以满足管理计划和控制的需要，而且，该系统还应该对存货进行估价以满足财务报表的目的。常用的两种典型的成本会计系统（它们之间有很多的差别和联系）是**分批成本计算制**（job cost system）和**分步成本计算制**（process cost system）。在分批成本计算制中，材料成本和人工成本按不同的订单进行归集；在分步成本计算制中，这些成本按照生产的步骤进行归集，并以每一步骤的单位成本分配到该生产步骤的产品中去。

成本会计记录（cost accounting records）由源文件、电子数表和报告组成，这些记录归集了成本发生时按订单或按步骤应计的材料、人工和制造成本。产品完工后，会计部门以生产部门的报告为基础，将在产品的相关成本结转到产成品。

□ 储存产成品

产成品生产出来后，应存放在仓库中等待发运。如果公司内部控制良好，会将产成品置放在一个独立的、有接触限制的地方。对产成品的控制经常被认为是销售与收款循环的一部分。

□ 装运产成品

装运产成品是销售与收款循环的组成部分。发运至客户的商品转换成现金或如应收账款等其他资产，这种资产转换必须满足收入确认标准。对于大多数销售交易来说，商品的实际发运成为企业确认会计系统中相关应收账款和销售的时点，因此，任何产成品的装运都应有适当的发货单予以授权。

□ 永续存货源文件

永续存货源文件（perpetual inventory master file）是前面尚未讨论的一种存货记录之一，通常分别按照原材料和产成品单独设立永续记录。大多数公司对在产品不采用永续记录。

对于原材料的购进，当存货采购进入采购记录程序时，永续存货源文件会自动更新。例如，在计算机系统中输入购进的每笔存货的数量和单位成本时，该信息被用于更新永续存货源文件和采购日记账、应付账款源文件。

从仓库中转出原材料的业务必须单独地输入计算机，以便更新存货源文件。一般只输入转出的存货数量即可，因为计算机系统可以从源文件中确定单位成本。

产成品的永续存货源文件包括与原材料源文件相同的信息，但如果要包括成本、数量等信息，将要复杂得多。产成品成本包括直接材料、直接人工和制造费用，其中制造费用需要进行分配并要有详细的记录。如果产成品的永续存货源文件包括单位成本信息，则成本会计记录必须纳入计算机系统。

图 20-2 概括了存货与仓储循环中的经营活动以及从原材料采购到完工产品发货的整个实物流转，同时还包括了用以支持这些活动和实物流转的大部分常见凭证和记录。

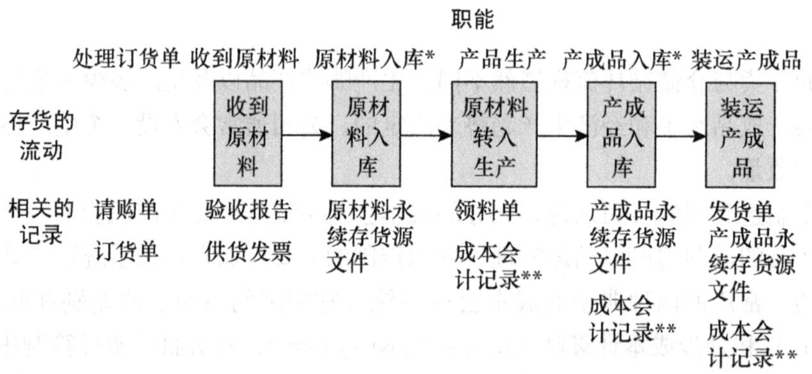

* 存货盘点可在该循环的任何一个阶段进行，并与永续存货源文件和有关账簿核对。审计师必须确定各存放地点的存货截止是否正确。存货盘点每年必须进行一次。如果永续盘存法使用得当，循环基础上的盘点可在全年任何时候进行。

** 包括原材料、直接人工和制造费用等成本信息。

图 20-2 存货与仓储循环的职能

20.2 存货审计的组成部分

在熟悉了存货与仓储循环中的经营活动与相关的凭证和记录之后，我们将注意力转向对该循环的审计。存货与仓储循环的总体审计目标是为确定原材料、在产品、产成品以及销售商品的成本在财务报表上得以公允表达获得合理保证。

存货与仓储循环审计可以分为以下五个部分：(1) 原材料、人工和制造费用的获得与记录；(2) 资产和成本的内部转移；(3) 装运产成品以及记录收入与成本；(4) 实地观察存货；(5) 存货的计价和汇总。

□ 取得和记录原材料、人工和制造费用

存货与仓储循环审计的这一部分包括图 20－2 中的前三项职能：处理订货单、收到原材料和储存原材料。

审计师首先应了解这三项职能的内部控制，然后执行采购与付款循环、工资与人员循环中的部分控制测试和交易实质性测试。这些测试应能使审计师确信影响原材料采购和加工成本的控制运行有效，采购交易已经准确表达。当人工成本是组成存货成本的重要部分时，对工资与人员循环的测试必须验证人工成本会计处理的正确性。

□ 资产和成本的转移

内部转移包括图 20－2 中的第四和第五项职能：产品生产和产成品入库。这两项活动的会计记录是成本会计记录。这些记录独立于其他循环，必须将其作为存货与仓储循环的一部分进行测试。

□ 装运产成品和记录收入与成本

记录产成品装运和相关成本是图 20－2 中的最后一项职能，它是销售与收款循环的一部分。因此，对该职能内部控制的了解和测试被看作销售与收款循环审计的一部分。控制测试和交易实质性测试应包括验证永续存货源文件准确性的相关程序。

□ 实地观察存货

观察被审计单位的存货实物盘点对于确定资产负债表日已记录的存货是否确实存在和是否已由被审计单位正确盘点非常必要。实地观察是用于验证存货存在性和盘点的基本证据。在本章开篇引例中，审计师未能发现 Phar-Mor 公司的舞弊，这已表明实地观察存货是十分重要的，尤其是在存货为财务报表中重大账户时。

□ 存货的计价和汇总

审计师必须对用于存货计价的成本进行测试，以便确定被审计单位所采用的存货计价方法是否符合会计准则、是否与以前年度一致。这些用于验证成本的审计程序称为计价测试。此外，审计师还必须验证实地盘点的汇总是否正确，存货数量和价格的乘积是否正确，所有乘积的加总是否正确。这些测试称为汇总测试。

图 20－3 概括了存货与仓储循环审计的五个部分。由于存货与仓储循环和其他循环之间的内部联系，存货与仓储循环中某些部分的审计和其他循环的审计测试同时进行将更有效。如图 20－3 所示，取得和记录原材料、人工和制造费用应作为采购与付款循环、工资与人员循环的一部分进行测试。装运产成品和记录收入与成本作为销售与收款循环审计的一部分。这些活动在前面章节中已经结合其他循环进行了介绍，

因此本章不再详细说明（见图20-3中的第一和第三个方框）。

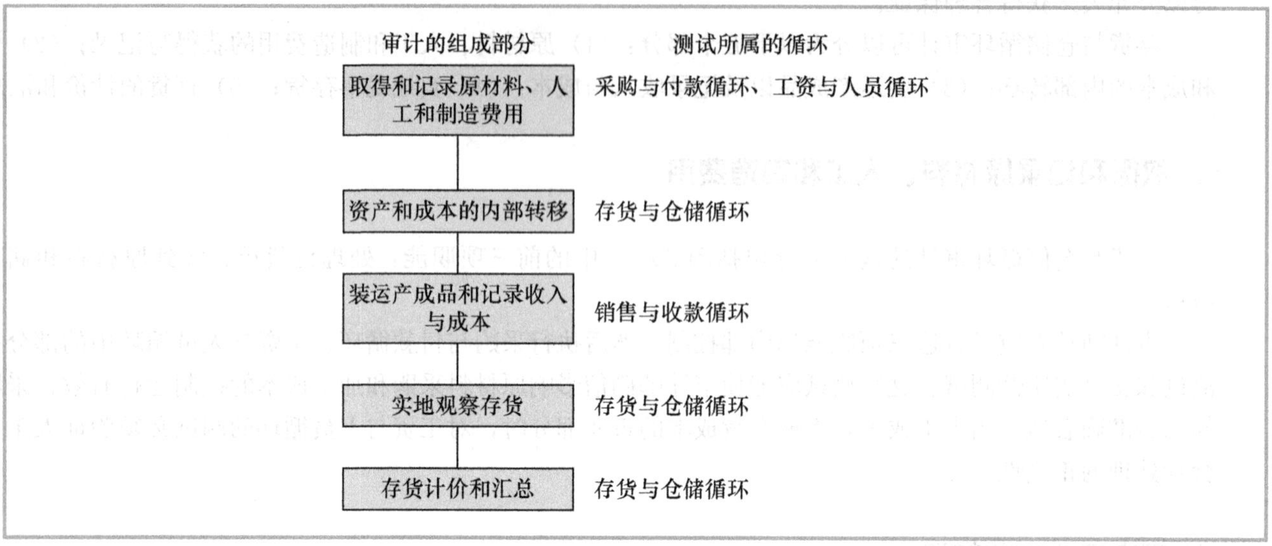

图20-3　存货审计

存货的实地观察与计价和汇总均是运用实质性分析程序和余额细节测试（见图20-3中的最后两个方框）予以审计的。对于余额细节测试来说，审计师必须考虑存货的经营风险、固有风险，设定可容忍错报，以及评价图20-3前三个方框中的交易和活动的控制测试和交易实质性测试的结果。这些方法与第14章至第19章中针对其他循环讨论的方法一致。本章以下部分讨论图20-3中的存货审计部分，包括存货实地观察测试与存货计价和汇总测试中的实质性分析程序的运用。

20.3　成本会计的审计

我们将以从原材料到在产品再到完工产品存货资产的内部流转为切入点讨论成本会计的审计。我们将主要关注与存货成本流转有关的系统和控制。

由于存货的多样性及管理层期望的复杂程度不同，不同公司的成本会计系统和内部控制较其他领域更是各不相同。例如，一家生产农场机械生产线的公司，其成本记录和内部控制与一家制造和安装定制金属箱的钢铁铸造企业相比完全不同。当然，业主参与生产过程的小型制造企业所需要的会计记录远比大量生产多种产品的公司要少得多。

□ 成本会计控制

成本会计控制（cost accounting controls）是与存货实物和成本有关的控制，包括从原材料采购一直到生产出产成品并验收入库的全过程。这些控制可以容易地分为两大类别：（1）对原材料、在产品和产成品的实物控制；（2）对相关成本的控制。

为防止由于误用和偷窃而造成的损失，几乎所有公司都需要对资产进行实物控制。将原材料、在产品和产成品存放在分开的、限制接触的地方是保护资产的一种主要控制措施。在一些情况下，还有必要将保管存货的权力授予专职人员。采用经批准的预先编号的凭证来管理存货转移也能防止存货的不当使用。这些凭证的电子或纸质副联应由凭证填写人员直接送至会计部门，中间无须通过保管员。这类有效凭证的一个例子就是领料单，它用于经批准从仓库领出原材料。

另一项很有用的成本会计控制是，保管永续存货源文件的人员不能同时负责保管存货，也不能接触存货。永续存货源文件十分重要，其原因很多，主要因为它：提供了库存存货的记录，生产开始时或增加采购材料或商品时都需使用该记录；提供了原材料使用和产成品销售的记录，在复核是否有陈旧或周转缓慢的存货时需要使用该记录；还提供了用于调查存货实存数与账面数不符的原因、确定保管员责任的记录。

成本会计中另一个重要的因素是，要有充分的内部控制将生产和会计记录结合为一个整体，从而确保得到全部产品的正确成本。充分的成本记录对帮助管理者制定价格、控制成本和进行存货计价都很重要。

□ 成本会计测试

成本会计审计中的有关概念与其他交易循环审计中用到的概念并没有差异：了解成本会计系统、评估计划的控制风险、确定控制测试的范围，以及设计控制测试和交易实质性测试以实现交易相关的审计目标。审计师应关注四个方面的内容：存货的实物控制、存货转移的凭证和记录、永续存货源文件和单位成本记录。

实物控制 审计师对原材料、在产品和产成品实物控制的测试仅限于观察和询问程序。例如，审计师可以审查存货存放的地点，以确定存货是否存放于带锁的仓库中以防被盗和误用。仓库应有足够的空间和胜任的保管员，这样才能使存货井然有序。如果审计师认为实物控制不充分以致很难进行盘点，则审计师应扩大对存货盘点的观察，以确信盘点是充分的。

存货转移的凭证和记录 对存货从一个地方转移到另一个地方进行验证时，审计师主要关注的是，已记录的转移是否确实发生，实际发生的转移是否均已记录，所有转移的记录数量、规格和日期是否都准确。贴有标准条形码标签的产品可以用激光扫描或采用其他技术从而很容易地追踪存货项目的流动。

在存货流转审计中，审计师首先必须在执行测试之前，了解被审计单位记录转移的内部控制，只要了解了内部控制，就可以容易地通过审查相关凭证和记录来执行控制测试或交易实质性测试，以测试原材料从仓库到生产的转移是否发生与准确。例如，清点原材料领用单的序号，审查原材料领料单是否经过适当批准，核对领料单和原材料永续存货源文件上的数量、规格和日期，以验证相关控制运行是否有效、所记录的金额是否准确。同样，完工产品记录可与永续存货源文件核对，以确信所有完工产品确实已转移到产成品库。

永续存货源文件 永续存货源文件的可靠性对审计师确定存货实地观察的时间和范围有重要影响。如果永续存货源文件是准确的，在资产负债表日前就可以对存货进行实地盘点。期中实物盘点能大大节省被审计单位和审计师双方的成本，而且能使审计尽早完成。当被审计单位有可靠的永续存货记录且与存货实地观察相关的估计控制风险低时，审计师可以减少实物存货的盘点测试。

审计师通过审查支持源文件中存货金额增减变化的记录来测试永续存货源文件。例如，作为永续记录测试的一部分，审计师可能审查诸如因材料采购而使原材料增加、用于生产而使原材料减少、产品完工而使完工产品增加、完工产品销售而使完工产品减少等的存货活动的记录。在审计师确定存货内部控制的设计和执行的充分性以及相关的估计控制风险水平后，对永续存货源文件准确性的测试一般都相当容易。审计师在采购与付款循环中测试原材料采购的永续记录，在销售与收款循环中测试因销售而使完工产品减少的永续记录。

对许多公司来说，传统凭证都采用电子形式。而且，永续存货系统常常与其他会计循环结合在一起，并在这些循环的交易处理中自动更新。因此，可以测试计算机执行的控制以支持控制风险的降低，进而减少实质性测试的范围和提高存货与仓储循环测试的审计效率。

单位成本记录 获取有关原材料、直接人工和制造费用的准确成本数据是成本会计的重要部分。为形成所有产品的准确成本记录，充分的成本会计记录必须与生产和其他会计记录结合起来。

在测试存货成本记录时，审计师首先必须了解成本会计系统的内部控制。这一过程通常要耗费较多的时间，因为成本会计记录经常与其他三个循环（采购与付款循环、工资与人员循环以及销售与收款循环）的会计记录整合在一起。

在了解影响成本会计记录的内部控制之后，审计师就可采取与采购、工资和销售交易测试相同的方法进行内部验证。审计师通常将成本会计记录测试作为采购、工资和销售测试的一部分进行，以避免重复测试，提高审计效率。在测试采购与付款循环中的采购交易时，审计师应将原材料的数量和单位成本追查至永续存货源文件，将总成本追查至成本会计记录。同样，当工资成本数据来源于不同步骤时，应将工资汇总作为工资与人员循环测试的一部分直接追查至分批成本记录。

确定制造费用分配至各在产品对审计师来说是一件富有挑战性的工作，因为管理层必须对影响制造费用的分配作出假设，而这些假设又对存货的单位成本有重大影响，进而影响存货估计的公允性。评价制造成本的分配时，审计师必须考虑分配方法的合理性，方法对会计准则的遵循性，以及这些方法是否得到一致的运用。

管理层一般按直接人工费用标准分配制造费用，在这种情况下，制造费用分配率应该是实际制造费用之和除以实际人工费用之和。由于全部制造费用已在采购与付款循环中测试，直接人工费用已在工资与人员循环中测试，因此确定该分配率的合理性并不困难。但是，如果制造费用按机器小时标准进行分配，审计师就必须对机器小时的记录进行单独测试，以验证机器小时是否合理。

由于成本会计记录的内部控制在不同企业间区别很大，这里不再阐述内部控制的具体测试。审计师应该在了解成本会计记录及其为减少实质性测试所依赖的程度基础上设计恰当的测试。

20.4 实质性分析程序

与其他循环审计一样，实质性分析程序在存货与仓储循环审计中也十分重要。表20-1列示了几种常用的实质性分析程序及其结果的波动可能表明的错报。其中有些实质性分析程序也适用于其他循环，比如毛利率的比较。

除了执行审查存货账户余额与财务报表其他账户的关系（如表20-1所示）的实质性分析程序外，审计师通常还使用非财务信息评价存货相关余额的合理性。例如，关于存货产品的规模和重量、储存方法（堆、箱等）、储存设备的容积（平方英尺）等的知识能用来确定存货记录是否与存货储存相一致。在对成本会计记录执行适当的测试及实质性分析程序后，审计师就该准备设计并执行期末存货余额的细节测试了。

表20-1 存货与仓储循环的实质性分析程序

实质性分析程序	可能的错报
比较本期与以前各期的毛利。	存货和销售成本账户的高估或低估。
比较本期与以前各期的存货周转率（销售成本除以平均存货）。	影响存货和销售成本账户的陈旧存货。 存货账户的高估或低估。
比较本期与以前各期的存货单位成本。	影响存货和销售成本账户的单位成本的高估或低估。
比较本期与以前各期的增加的存货价值。	影响存货和销售成本账户的汇总、单位成本和总成本的错报。
比较本期与以前各期的制造成本（变动成本应根据产量的变化进行调整）。	影响存货和销售成本账户的存货单位成本，特别是直接人工和制造费用的错报。

20.5 存货的实物观察

因为不同企业的存货各不相同，所以相比于其他大多数审计领域，了解被审计单位的行业与经营状况对存货实物观察与存货计价和汇总来说都更重要。审计师需要着重考虑的问题主要有：管理层所选用的存货计价方法、存货陈旧的潜在风险以及委托销售存货与自有存货相混淆的风险。

审计师通常首先要通过实地考察被审计单位的存货流程（包括接收、储存、生产、计划和记录保持等方面），熟悉被审计单位的存货。这种实地考察必须要有被审计单位中能回答关于生产（特别是关于上年以来内部控制和其他过程中的变化）方面问题的管理者引导。

在了解被审计单位存货经营和行业对其存货影响的同时，审计师要评估被审计单位的经营风险以确定经营风险是否增加存货重大错报的可能性。存货经营风险来源的一般事例主要包括：生产周期短、存在陈旧的可能性、使用即时存货法、依赖少数几个关键的供应商和使用复杂的存货管理方法。

在对被审计单位经营风险予以评估后，审计师需要确定可容忍错报和评估存货的固有风险，一般而言，制造公司、批发以及零售公司的存货固有风险都非常高。根据具体情况，审计师通常都将这些公司的存货固有风险设定为高水平。当被审计单位的存货储存在多个地点、成本方法复杂、存货陈旧潜在可能性较大时，审计师还通常对存货错报予以更大的关注。

在评估存货控制风险时，审计师主要是关注永续记录、实物控制、存货盘点以及存货汇总与计价的控制。这些控制的性质与范围随企业的不同而不同。

□ 存货观察的要求

自从 1938 年 McKesson & Robbins 公司的重大舞弊案件被揭露后，审计师就被要求对存货执行实地观察测试。McKesson & Robbins 公司的报表中记录了大量的虚构存货。可能是由于审计师没有对存货进行实地观察，而造成了这一舞弊未被发现，那时并不要求审计师对存货进行实地观察。

现行审计准则要求审计师检查存货盘点方法的有效性，评价被审计单位对存货数量及实物情况方面所作声明的可信赖程度。为满足这些要求，审计师必须：

- 在被审计单位为确定年末存货余额进行存货盘点时亲临现场。
- 观察被审计单位的盘点程序。
- 就被审计单位的盘点程序询问相关人员。
- 对实物盘点进行独立测试。

审计准则规定中重要的一点是，区分存货实物观察责任和存货盘点责任。设置正确的存货盘点程序，并对存货实际盘点结果进行准确的记录是被审计单位的责任。审计师的责任是对这些程序进行观察和评价，并对实物盘点的充分性作出结论。

对存货进行实地检查的要求不适用于存放在公共仓库的存货。存放在公共仓库或其他外部保管者处的存货通常通过向外部保管者进行书面函证进行验证。不过，如果这些存货价值占企业流动资产或总资产的比重很大，审计师就应执行额外的程序。这些程序包括调查保管者的存货程序，取得独立会计师对保管者存货保管控制程序的报告；如果可行，还可以观察由保管者进行的存货实物盘点。

□ 实物盘点的控制

无论被审计单位采用何种存货记录方法，都应该对存货进行定期盘点，但不必每一年都执行盘点程序。盘点日可以是报表日或接近报表日，可以是一个预先确定的日期，也可以是以循环为基础的整个年度。后两种方法适用于对编制和保存永续存货源文件有充分控制的企业。

与存货实物盘点相关的充分内部控制包括：制定合理的存货盘点程序，配备相应的监督人员，对盘点进行独立的内部验证，将盘点结果与永续存货源文件进行独立的调节，对盘点表与盘点标签进行充分的控制。

在存货盘点之前，审计师必须了解被审计单位的存货盘点内部控制，这样做不仅对评价被审计单位内部控制程序有效性是必要的，而且有助于审计师预先形成一些建设性意见。很明显，如果被审计单位的盘点程序没有得到充分的控制，审计师就要花更多的时间来证明实物盘点的准确性。

□ 审计决策

审计师对存货实物观察的决策与在其他审计领域的决策相同，也包括选择审计程序、时间安排、决定样本规模和选取样本项目。下面将讨论后三项决策，然后讨论选择适当的审计程序。

时间安排 审计师应在验证永续存货源文件的准确性基础上决定能否在报表日前对存货进行盘点。如果做期中盘点，审计师就应观察盘点，并测试从盘点日至年末存货业务的永续记录。如果永续盘存记录准确且相关的控制运行有效，则被审计单位没有必要每年都进行存货盘点。作为替代程序，审计师可在方便时抽样核对永续存货记录与实有存货，只要存货增减的永续记录控制得到测试且发现是有效的。如果被审计单位没有采用永续盘存记录，且存货又十分重要，则被审计单位必须在接近会计期末时对存货进行全面盘点。

样本规模 实地观察中的样本规模通常不能精确到各存货项目的具体数目，因为测试的重点是观察被审计单位的盘点程序，而不是测试所选取的样本项目。确定实物观察的样本规模的一个简便方法是用所耗时间作为单位，而不是用存货盘点的项目数作为单位。决定存货测试所需时间的最重要的因素是：有关存货实地盘点的内部控制是否充分，永续存货源文件是否准确，存货的金额和类型，重要存货的存放地点数，以前年度发现错报的性质和范围以及其他固有风险等。

在一些情况下，由于存货的重大性以至于需要多位审计师同时观察存货的盘点；而在另一些情况下，只需一位审计师就能在很短的时间内完成对盘点的观察。就存货盘点测试以及与被审计单位盘点人员协作的审计计划很关键，计划不充分可能给具体审计带来很大的困难。例如，在盘点之后是不可能再观察被审计单位相关人员的盘点的，也很难再扩大样本规模或重新进行测试。

选取样本项目 在审计师观察被审计单位的存货盘点时，应特别注意：（1）观察对重要存货和对典型存货项目的代表性样本的盘点；（2）询问那些可能陈旧或损坏的存货项目；（3）与管理者讨论重要存货没有进行盘点的原因。

□ 实物观察测试

前几章账户余额测试中使用的与余额相关的审计目标为存货实物观察测试提供了参考框架。然而，在讨论这些审计目标以前，应先讨论有关被审计单位存货流转过程的一些总体评价。

观察存货实物盘点的最重要的内容是确定盘点是否按照被审计单位的有关规定进行。为了有效地进行这项工作，审计师必须亲临被审计单位盘点现场。

当被审计单位的雇员没有按照存货盘点规定进行盘点时，审计师要么与监督人员联系以纠正盘点中的问题，要么修订盘点观察程序。例如，假设盘点程序要求一组雇员盘点存货，另一组雇员重新盘点以保证测试的准确性，要是审计师发现两组雇员同时在一起盘点，就应通知有关管理层。

表 20－2 列示了存货实地观察中账户余额细节测试的常用审计程序。该表没有细节相符性这个审计目标，这一目标将在存货汇总测试部分进行讨论。在后文的讨论中，我们假设被审计单位在报表日已将存货记录在预先编号的标签中。如果它们以不同的方式记录存货盘点，审计师的审计程序也将随之改变。除了表 20－2 所列程序外，审计师还应对所有储存存货的地点进行全程复核，以查清是否所有存货均已盘点，以及标签记录是否正确。如果存货存放在包装盒或其他容器中，在盘点时应打开检查。在被审计单位完成存货盘点之后，作为其执行实质性分析程序的一部分，审计师还应将价值较高的存货与以前各期的盘点和存货源文件相比较，以测试其合理性。

表 20－2　存货实物观察中与余额相关的审计目标和余额细节测试

与余额相关的审计目标	存货实物观察的一般程序	评价
标签上已记录的存货都确实存在（存在）。	随机选择一组标签号码，与附在存货实物上的号码相核对； 观察在盘点时是否有存货被移动。	目的是发现虚构的存货。
实际存在的存货都已被盘点并作了标签，没有存货被遗漏（完整性）。	审查存货是否做了标签； 观察在盘点时是否有存货被移动； 询问是否有存放在其他地点的存货； 清点所有用过和未用的标签，以确信没有遗失、故意遗漏的现象； 记录所有已使用和未使用的标签号码，以便日后检查。	对大宗存货的漏记应特别关注； 该项测试应在存货盘点后进行； 该项测试应在存货盘点后进行。
存货经准确盘点（准确性）。	对客户盘点进行再盘点以证明客户的标签记录是准确的（还要检查规格和计量单位，如“打”或“毛重”）； 将盘点结果与永续存货源文件相核对； 记录客户盘点的结果，以便日后测试。	在审计文件的存货盘点表中记录客户的盘点结果。这样做的原因有二：取得实物被充分审查的记录；预防客户在审计师离开后改动盘点结果。
标签上的存货经正确分类（分类）。	审查标签上的存货规格，与原材料、在产品和产成品实物相核对； 评价标签上记录在产品的完工程度是否合理。	在进行准确性目标测试时，这些测试应作为第一步程序的一部分进行。
取得证据，证明销售和存货采购都记录于正确的期间（截止）。	在审计文件中记录本期最后一张发货单的号码，以便日后检查； 证明上述存货在盘点时已被排除在外； 检查发货场地，确认是否存在尚未运出但未盘点的存货； 在审计文件中记录年终最后一份验收报告的号码，以便日后检查； 证明上述存货已纳入盘点范围； 检查验收部门，查询是否有应包括在盘点中的存货。	取得销售与采购截止的相关信息，是观察存货盘点的重要内容。外勤审计工作中的适当测试已在第 15 章销售部分和第 17 章采购部分作了讨论。
陈旧或不能用的存货均排除在盘点外或做了标注（可实现净值）。	询问工厂员工和管理部门，对陈旧存货进行测试，注意那些被损坏的、被灰尘和垃圾覆盖的或置于不当位置的存货。	
客户对标签上记录的存货拥有所有权（权利）。	询问寄销方或顾客是否有存货存放在客户的仓库中； 注意那些放在一边或标明无所有权的存货。	

20.6 计价和汇总审计

存货审计的一个重要组成部分是确定存货实物数量和永续盘存记录中记录的数量是否经正确计价和汇总。**存货计价测试**（inventory price tests）是对被审计单位所使用的单价是否正确所作的测试。存货汇总测试包括对存货实物数量的汇总、单价和数量的乘积、存货金额的加总以及追查至总账的全部测试。

计价和汇总控制

对单位成本的充分内部控制是将生产和会计记录结合起来，以确保用于期末存货计价的成本是合理的。一项重要的内部控制是使用**标准成本记录**（standard cost records）来反映原材料、直接人工和制造费用的差异，它还可用来评价生产记录的合理性。使用标准成本时，应设置相应的程序及时反映生产过程与成本的变化。由独立于成本核算部门的雇员来复核单位成本的合理性，也是一项有用的计价控制。

一项防止将陈旧存货纳入存货范围而高估存货的内部控制是，对陈旧、周转缓慢、毁损以及高估的存货项目进行正式复核和报告。复核应由有胜任能力的雇员担任，通过复核永续存货源文件确定存货周转率，并与工程师或生产人员进行讨论。

汇总的内部控制为以下工作提供了保证：实物盘点经正确汇总；用于计价的单位成本与单位成本记录相符，且小计与加总是正确的，并正确地记录于总账账户。关于计价、小计、加总的最重要的内部控制是由胜任、独立的雇员进行内部验证，这一控制依赖用于实地盘点的充分凭证和记录。如果存货的实物盘点以预先编号的标签为前提，并且在盘点人员退出盘点程序前进行了仔细的复核，则标签汇总错报的可能性很小。

计价和汇总程序

适用于余额细节测试的与余额相关的审计目标同样适用于计价和汇总测试程序。表20-3列示了除截止目标以外的审计目标和相关测试。前面讨论的存货实物观察是取得销售和采购截止信息的重要来源。关于截止目标的会计记录测试已作为销售（销售与收款循环）和采购（采购与付款循环）测试的一部分进行。

表20-3 存货计价和汇总测试中与余额相关的审计目标和余额细节测试

与余额相关的审计目标	存货计价和汇总的一般程序	评价
存货清单中的存货数量与实地盘点相符，小计正确，加总正确，且与总账余额相符（细节相符性）。	执行汇总测试（参见存在、完整性和准确性目标）； 分别加总存货清单上的原材料、在产品和产成品； 追查总额至总分类账； 选择一些项目计算单价与数量的乘积。	除非内部控制存在缺陷，否则可以对小计和加总进行有限测试。
记录在存货清单中的存货都确实存在（存在）。	追查存货清单中的存货至存货标签和审计师为验证存在性和规格所作的盘点记录； 清点审计记录中未使用标签的号码，以确定没有增加标签。	以下五项目标受存货实物观察结果的影响。应根据实物观察中已验证的存货标签号码和存货数量追查至存货清单，并作为测试的一部分。

续表

与余额相关的审计目标	存货计价和汇总的一般程序	评价
实际存在的存货都已记录于存货清单中（完整性）。	从存货标签追查至存货清单，以确信存货标签上的存货都已记录于存货清单中； 清点存货标签号码，以确保没有遗漏标签。	
存货清单中的存货记录准确（准确性）。	从存货清单追查至存货标签和审计师为证实数量和规格所作的盘点记录； 执行存货计价测试。参见前面的讨论。	
存货清单中的存货记录已经正确分类（分类）。	通过将存货标签、审计师盘点测试记录与存货清单对比，比较原材料、在产品和产成品的分类。	
记录于存货清单中的存货均以可实现价值列示（可实现价值）。	执行成本与市价孰低、销售价格和陈旧存货的测试。	
客户对存货清单中记录的存货拥有所有权（权利）。	将存货实地观察时查出的无所有权的存货标签追查至存货清单，以确保这些存货没有被包括在内； 复核企业与供货商和顾客的合同，询问管理部门，以确定企业是否有寄销的存货、非企业所有的存货或属于企业但未包括在内的存货等情况。	

具体执行测试时，可参考从被审计单位处取得的包括每一存货项目的存货规格、数量、单价和小计的存货清单。该清单按照原材料、在产品和产成品的规格顺序进行列报，其总额应等于总账账户的余额。

□ 存货计价

在执行存货估计测试（通常又称计价测试）时，审计师要关注其中的三个方面：计价方法必须符合会计准则；计价方法的运用必须前后各期保持一致；应考虑成本与市价（重置成本或可实现价值）的关系。对存货计价方法的验证取决于存货是外购还是自制，本章将分别讨论这两种情况。

外购存货的计价　这类存货包括原材料、零部件和物料用品。验证外购存货计价的第一步是弄清被审计单位所采用的方法是属于后进先出法、先进先出法、加权平均法还是其他方法。另外还要确定各项存货计价所包含的成本。例如，审计师必须明确成本中是否包含运费、仓储费、折扣或其他成本，并将结果与以前年度的审计记录相比较，以确定计价方法在前后各期是否保持一致。

选择具体存货项目进行计价测试时，应将重点放在金额较大或价格波动较大的产品上，当然也应选取能反映所有存货类型和不同部门的代表性样本。在测试中通常使用分层变量抽样或货币单位抽样。

审计师应列出打算进行计价测试的存货清单，并要求被审计单位提供供货发票。充分审查发票对清点已测试全部存货数量很重要，特别是对先进先出法下的存货计价。充分审查发票有利于发现被审计单位只根据最近发票对存货进行计价的情况，有时还可以发现陈旧存货。例如，假设被审计单位有 1 000 件存货，每件 12 美元，采用先进先出法核算。审计师应按顺序取得审计年度末最近采购存货的发票进行验证，直到查清 1 000 件存货的计价为止。如果最近取得的存货项目有 700 件，单位成本为 12 美元，而在之前采购的存货是 600 件，单位成本为 11.30 美元，使用先进先出价值评估法计算所得的存货金额应改为 11 790 美元（700 件单价为 12 美元的存货及 300 件单价为 11.3 美元的存货），被审计单位的存货被高估了 210 美元（12 000－11 790）。假设被审计单位在其他存货项目上存在很多这种错误，那么这个错报金额可能就是重大的。

如果被审计单位设置的永续存货源文件包括外购的单位成本，则在计价测试中需要将单位成本追查至源文件，而不必追查至供货发票。在多数情况下，这样做可大大降低存货计价测试的成本。实际上，当使用永续存货源文件验证单位成本时，将永续存货源文件与供货发票进行核对是非常重要的，通常将该程序作为采购与付款循环测试的一部分。

自制存货的计价 在对在产品和产成品进行计价测试时，审计师必须考虑原材料、直接人工和制造费用的成本。验证这些成本使对在产品和产成品的审计比对外购存货的审计复杂得多。然而，关于选择哪些项目进行测试、如何测试成本与市价孰低法、如何评价存货陈旧的可能性等考虑，依然适用于自制存货计价的测试。

对自制存货中使用的原材料进行计价时，应考虑原材料的单位成本和单位产品所消耗的原材料数量这两个因素。对原材料单位成本的验证可采用与验证其他外购存货相同的方法，即审查供货发票或永续存货源文件。然后应审查工程说明书和完工产品，或通过其他方法确定生产单位产成品需要的原材料数量。

同样，在验证直接人工时，需要验证直接人工的单位小时成本和单位产品所消耗的直接人工工时。单位小时人工成本可以通过核对工资记录或工会合同来验证，对单位产品所消耗的工时可通过审查工程说明书或类似资料来验证。

在产品和产成品成本中合理的制造费用取决于被审计单位所使用的制造费用的分配方法。为确定制造费用是否正确，审计师应评价被审计单位所用方法的一贯性和合理性，并应重新计算成本以确定制造费用是否正确。例如，如果制造费用是按照直接人工成本比例分配的，则审计师应该用制造费用总额除以直接人工成本总额以确定实际制造费用分配率，然后将之与被审计单位使用的制造费用分配率进行比较，以确定单位成本是否正确。对在产品和产成品计价的测试通常与标准成本测试结合在一起。当标准成本已经测试并得到满意的结果时，对期末存货单位成本的测试只需追查计算期末存货价值的价格至标准成本记录。

如果被审计单位设置标准成本记录，则确定计价的有用和有效的方法是对差异进行复核和分析。如果在原材料、人工和制造费用等方面的差异较小，则可以证明成本记录是可靠的。

成本或市价 在存货计价中，必须考虑重置成本或可实现价值是否低于历史成本。对外购的原材料和产成品来说，检查供货发票中标明的存货项目的最近成本是测试重置成本的一个有效方法。对自制在产品和产成品来说，必须考虑全部的制造成本。同时，在确定可实现价值时还要考虑存货的销售价格和价格波动对价值的可能影响。

20.7 各种测试的整合利用

图20-4与随后的论述和举例说明了存货与仓储循环审计中各种测试之间的内在联系。

采购与付款循环测试 当审计师对采购与付款循环中的采购交易进行验证时，应取得除人工以外的外购原材料和制造费用是否准确的证据。这些采购成本要么直接转为销售成本，要么成为期末原材料、在产品和产成品等存货的重要组成部分。在审计永续存货源文件时，通常将它作为采购与付款循环审计中控制测试和交易实质性测试的一部分。同样，如果制造费用按照订单和不同工序进行分配，其测试也通常作为采购与付款循环测试的一部分。

工资与人员循环测试 审计师对人工成本的验证与对采购交易的验证基本相似。在大多数情况下，直接、间接人工的成本会计记录测试可作为工资与人员循环审计的一部分。

销售与收款循环测试 尽管销售与收款循环和存货与仓储循环的关系不如上述两个循环同存货与仓储循环的关系那样紧密，但它仍然很重要。关于产成品入库、发运和销售记录的大多数测试都在销售与收款

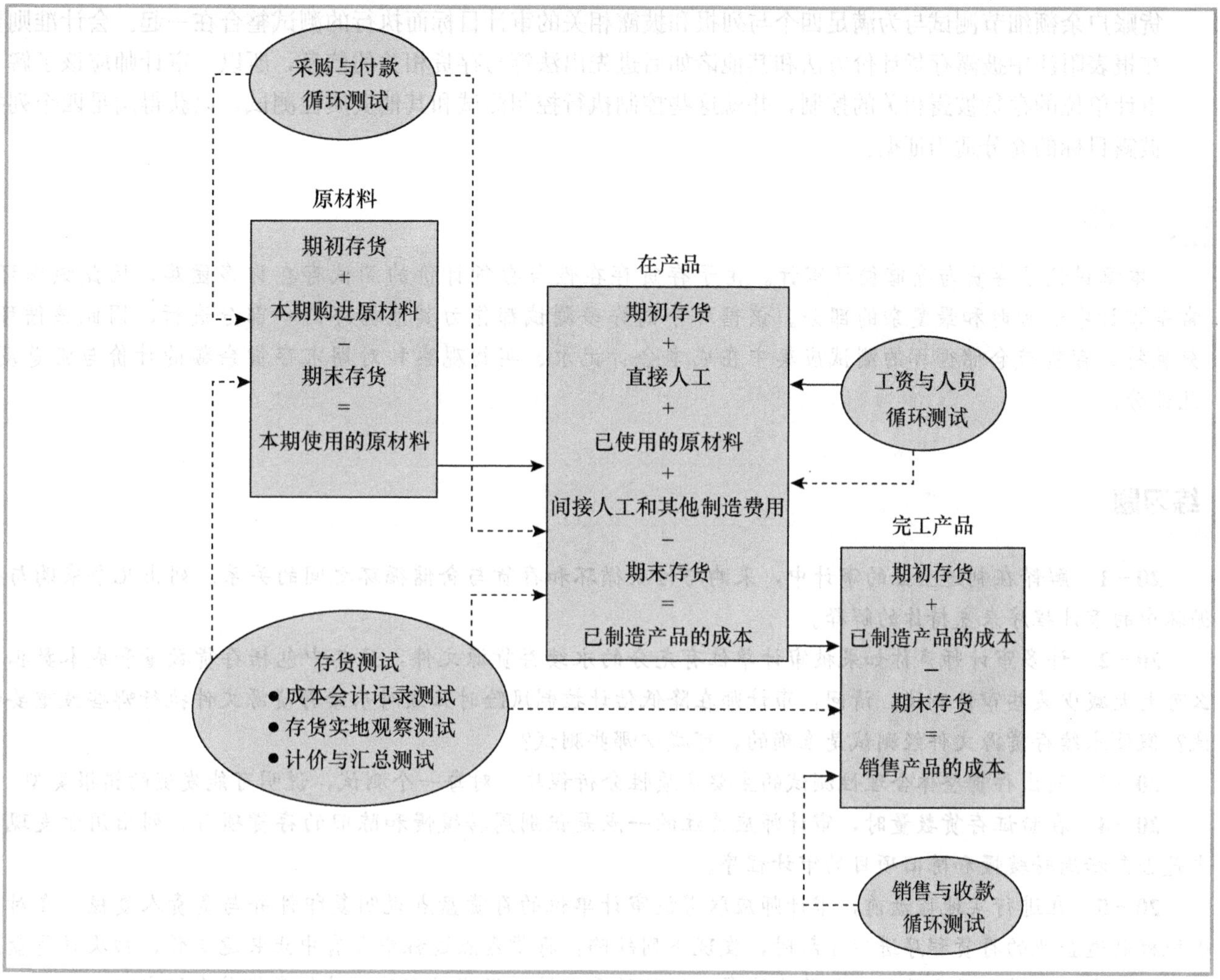

图 20－4　各种审计测试之间的关系

测试中完成。另外，如果被审计单位使用标准成本记录，那么也可以在销售测试的同时进行销售商品的标准成本测试。

成本会计测试　成本会计测试对验证以上三种测试未能验证的影响存货的内部控制十分有用。这些测试包括实物控制、原材料成本转入在产品、在产品成本转入产成品、永续存货源文件和单位成本记录。

存货实地盘点、计价与汇总　存货的实地盘点、计价与汇总在审计中同样重要，因为其中的任何一个错报必然导致存货和销售成本的错报。在大多数存货与仓储循环审计的测试中，通常假定销售成本等于期初存货加上外购原材料、直接人工、制造费用，再减去期末存货。因为销售成本是一个余额，且通常还是损益表中的重大账户之一，因此期末存货审计就显得格外重要。

如果永续盘存源文件已作为前述一个或多个测试的一部分测试过，存货实物盘点就可以主要依靠它来执行。实际上，如果永续存货源文件是可靠的，审计师就可以在年中的任何时间观察和测试存货的实物盘点，并依靠永续盘存源文件对存货数量保持充分的记录。

在测试单位成本时，也可以在一定程度上依赖交易实质性测试中进行的成本记录测试。如果有标准成本记录，将它与实际单位成本进行核对也十分有用。如果要用标准成本取代历史成本，则应对其可靠性进行测试。

最后，像存货的控制测试和交易实质性测试与存货账户余额细节测试的整合一样，审计师也可以将存货账户余额细节测试与为满足四个与列报和披露相关的审计目标而执行的测试整合在一起。会计准则要求在报表附注中披露存货计价方法和其他诸如后进先出法等与存货相关的信息，所以，审计师应该了解与被审计单位的存货披露相关的控制，并就这些控制执行控制测试和其他实质性测试，以获得满足四个列报和披露目标的充分适当证据。

本章小结

本章讨论了存货与仓储循环审计。由于存货存在性与存货计价的测试存在许多困难，因此该循环通常是审计中最费时和最复杂的部分。该循环中的许多测试都作为其他循环的一部分进行，因此该循环十分独特。存货与仓储循环的测试应集中在成本会计记录、实物观察和对期末存货余额的计价与汇总测试几部分。

练习题

20-1 解释在制造企业的审计中，采购与付款循环和存货与仓储循环之间的关系。列出几个采购与付款循环中的审计程序来支持你的解释。

20-2 许多审计师声称如果被审计单位有充分的永续存货源文件，且其中包括存货数量和成本数据，那么可大大减少某些审计测试。请问：审计师在降低估计控制风险时必须对永续存货源文件执行哪些最重要的测试？假使永续存货源文件经测试是准确的，可减少哪些测试？

20-3 列出存货整体合理性测试的主要实质性分析程序。对每一个测试，说明可能发现的错报类型。

20-4 在验证存货数量时，审计师应关注的一点是识别周转缓慢和陈旧的存货项目。列出用于发现存货中是否包括周转缓慢和陈旧项目的审计程序。

20-5 在进行实地监盘前，审计师应取得被审计单位的存货盘点说明复印件并与负责人复核。在对某一小规模制造企业的存货程序进行了解时，发现下列缺陷：存货盘点过程中没有中止装运工作，初次存货盘点未经另一盘点小组进行独立验证。评价上述每一缺陷的重要性并说明对审计师进行存货监盘的影响。

20-6 在实物盘存期间，会计主管故意从负责实物盘点的员工里扣留了几个存货标签。审计师完成库存观察并离开被审计单位后，会计主管在标签上记录了不存在的库存，从而大大高估了盈利。假设没有永续记录，审计师如何发现该重大错报？

20-8 在观察实物盘点时以及期后的估值测试中，针对存货所有权的测试涉及哪些主要审计程序？

20-9 假设审计师在存货实物观察程序中适当地记录了验收报告的编号，请说明在之后的审计工作中应如何验证采购的正确截止日期，包括对可能的在途原材料的测试。

20-10 定义汇总测试。举几个例子说明汇总测试的审计程序。

20-12 Gedding 制造公司采用分批成本计算制计算成本，每一个员工的总工时必须与各个订单所耗总工时相符合。公司在编制周工资计时卡时使用订单时间表，然后将订单时间表订在计时卡上。解释应如何测试作为工资与人员循环一部分的存货直接人工成本。

选自注册会计师考试的选择题

20-13 下列问题涉及存货与仓储循环的内部控制，选择最佳答案。

a. 为实现控制目的，可以在请购单的复印件中去掉订购原材料的数量，这是为了（　　）。

(1) 返还给请购方

(2) 交给验收部门

(3) 交给会计部门

(4) 保留在采购部门的文档中

b. 下列哪种内部控制程序最有可能用于保持准确的存货记录（　　）。

(1) 定期将永续盘存记录与单个库存项目的当期成本进行比较

(2) JIT 存货订购系统将存货保持在预期所需的最低水平

(3) 在批准付款之前，由独立的人员对请购单、收货报告和采购订单匹配核对

(4) 定期库存盘点是用来调整永续盘存记录的

c. 下列哪项与库存和仓储有关的职责最能引起审计师对职责分离不恰当的关注（　　）。

(1) 负责批准与库存采购相关支出的人员具有"仅允许阅读"的权限，可以在预先批准的供应商源文件中查看供应商列表

(2) 安排从供应商处运送原材料的采购代理商，负责在收货码头核实库存商品的实际收货情况

(3) 验收部门有权访问采购订单的副本，其中不包括有关订购数量的信息

(4) 应付账款人员有权查阅存货采购的验收报告、采购订单以及供应商发票

20-14　下列问题是关于存货余额细节测试和实质性分析程序的，选择最佳答案。

a. 审计师在观察客户的实物存货的同时，选取了测试盘点的项目。审计师将测试盘点的存货追查至客户的库存清单。该程序可能获取有关下列哪个余额相关审计目标的证据（　　）。

(1) 存在

(2) 权利和义务

(3) 完整性

(4) 可实现价值

b. 在存货实物监盘实际日，审计师最不可能执行的审计程序是（　　）。

(1) 审查存货以确定标签是由被审计单位盘点人员挂上的

(2) 查看已生锈或蒙上厚厚灰尘或有其他损害的存货项目

(3) 观察被审计单位盘点人员以确定他们的存货实物盘点是否遵循了被审计单位的政策和程序

(4) 审查盘点日库存的重大存货的采购支持性记录

c. 分析存货周转率对审计师有用，是因为它可以查明（　　）。

(1) 存货计价的不足之处

(2) 避免循环记录成本的方法

(3) 陈旧商品的存在

(4) 最佳自动再订货点

讨论题

20-16　以下 1～8 项是审计师在了解被审计单位存货与仓储循环内部控制时使用的问卷中的典型问题。在对被审计单位使用问卷调查时，回答"是"表明可能存在内部控制，回答"否"表明潜在的缺陷。

1. 所有商品发运都有经批准的事先编号的发货单吗？
2. 原材料、直接人工和制造费用使用了标准成本记录吗？
3. 对陈旧或周转缓慢的存货的冲销，有具体的书面标准吗？
4. 原材料存货设有详细的永续存货源文件吗？

5. 实地盘点是由除仓库保管员和负责保管永续存货源文件之外的人进行吗？
6. 最终存货汇总的文件准确性由独立于汇总编制之外的人复核了吗？
7. 验收部门为表明材料的规格和数量，定期对所有收到的存货填写事先编号的验收报告并记录吗？
8. 所有存货都存放在一个限制接触的地方并有专人监控吗？

要求：

a. 对上述每一个问题，说明内部控制的目的。
b. 对每一项内部控制，列出测试其有效性的控制测试。
c. 对上述每一个问题，指出如果控制无效，可能出现的财务错报的性质。
d. 对c题中的每一个潜在错报，列出实质性审计程序，以确定是否存在重大错报。

20-17 Frist公司与存货相关的内部控制如下：

1. 存货采购系统只允许面向预先批准的供应商。
2. 所有存货产品都被存放于特定仓库区域，这些区域与仪器和材料的存储区域是分隔开的。
3. 所有由Frist公司委托销售的存货被单独存放于一个仓库之中。
4. 库存采购系统仅允许从预先批准的供应商处采购。
5. 永续盘存系统追踪存货的产品编号进入仓库的平均天数。
6. 每件产品中都置入了微型芯片，当存货从仓库发出时，电波频率会向永续盘存系统发出存货减少的信号。
7. 每周存货会计人员将从永续盘存系统中选取产品进行取样，并证明存货在仓库中且列报的数量正确。
8. 每周存货会计人员选取仓库中的存货项目并证明永续盘存中列示的项目金额正确。
9. 永续盘存系统小计出系统中存货数量并每日与总分类账系统核对以确保数量一致。
10. 永续盘存系统不会接受没有有效收货单的存货增加。

要求：

a. 识别受控制影响的与交易相关的审计目标（一个或多个）。
b. 描述利用控制可以降低的风险。
c. 设计控制测试以确定控制是否有效运行。

20-19 以下是对制造公司存货与仓储循环审计时通常执行的审计程序：

1. 阅读被审计单位的存货盘点规定并观察负责存货盘点的员工是否遵循了该规定。
2. 使用审计软件计算各主要产品线的库存周转率，并将其与上一年的周转率进行比较。
3. 清点存货标签的序号并将每一个标签追查至存货实物，以保证存货确实存在。
4. 将被审计单位在期中进行的存货盘点与永续存货源文件进行比较。
5. 将审计师工作底稿中的盘点测试记录追查至期末存货汇总，并比较标签数目、规格和数量。
6. 将期末存货汇总表中的单位价格与发票比较。
7. 清点原材料领用单的序号，并审查原材料的领用是否均经授权批准。
8. 将永续存货源文件中产成品增加记录追查至完工产品记录。

要求：

a. 指出上述每一个程序是属于控制测试还是实质性测试。
b. 说明各程序的目的。

20-22 你负责对Honey Best公司（一家向独立杂货店出售的封闭式杂货批发商）的存货进行审计。存货是该公司迄今为止资产负债表中最大的账户。Honey Best在美国东南部的10个州运营，在亚特兰大设有中央配送中心，在其运营的10个州中的每个州均设有当地配送中心。管理层已实施了一套复杂的永续盘存系统，使得存货保持在足以协助管理亚特兰大和当地配送中心的最低数量水平。所有会计工作都在亚特兰大进行，包括使用所有中心可用的在线存货信息，从亚特兰大办事处采购商品。所有库存交货都发送到亚特兰大中心，然后再次使用在线信息发送到本地中心。每个分销中心都会在线准备待销售的产品和数量信息，以更新永续记录，并将其纸质版发送给亚特兰大。每个中心每季度进行一次实物盘存，以与永续记录进行比较和调整。盘点结果发送到亚特兰大，在那里做所有的调整。区域中心对永续记录的访问仅限于在线销售交易的录入。内部审计师持续测试永续记录，抽样实物盘点数量并测试存货调整。这些测试及其结果在亚特兰大存档。

要求：

a. 指出 Honey Best 存货与仓储循环中至少 6 个内部控制。针对识别出的每项控制，列出相应的控制测试以检验存货内部控制的有效性。

b. 假设你确定内部控制是有效的，请具体说明如何减少或更改存货的实物观察测试。

20-27 在进行 2016 年 12 月 31 日的年度审计中，你发现在临近结账日有如下几笔交易：

1. 2016 年 12 月 28 日收到一批货物，成本为 625 美元，未对发票进行记录。你在采购部门找到该发票，上面标明"寄售"。

2. 在存货监盘时，发运间有一个装有产品的箱子，产品成本为 816 美元，箱子上标有"等待发运指令"，因此未纳入存货范围。经过调查，你发现顾客订单日期是 2016 年 12 月 18 日，但箱子发运日期和顾客付款日期是 2017 年 1 月 10 日。该产品是被审计单位的库存存货。

3. 2017 年 1 月 3 日收到货物，成本为 720 美元，于 2017 年 1 月 4 日记入采购日记账。发票上注明按起运点交货价于 2016 年 12 月 31 日发货。由于 12 月 31 日并未到达，因此未纳入存货范围。

4. 2017 年 1 月 3 日收到一批货物，成本为 1 822 美元，相关发票记录的时间是 1 月 5 日。发票表明发货时间是 2016 年 12 月 29 日。目的地交货价。

5. 根据顾客订单制造的一种特殊机器于 2016 年 12 月 31 日完工并存放在发运间。虽然发运日期为 2017 年 1 月 4 日，但顾客已于当日付款，该机器被排除在存货之外。

假设上述每项金额都是重要的。

要求：

a. 说明上述货物是否应纳入被审计单位的存货。

b. 阐述你对各项货物作出以上决定的理由。①

20-29 你受雇对 Y 公司截至 2016 年 12 月 31 日的报表进行审计。Y 公司是一家化学品批发企业，所有商品按成本上浮 25%销售。

以下是被审计单位 2016 年度销售和采购账户的部分内容。

销售

日期	说明	金额	以前的余额		
			日期	说明	金额
12-31	结转分录	\$699 860			\$658 320
			12-27	SI#965	5 195
			12-28	SI#966	19 270
			12-28	SI#967	1 302
			12-31	SI#969	5 841
			12-31	SI#970	7 922
			12-31	SI#971	2 010
		\$699 860			\$699 860

① 根据 AICPA 改编。

采购

以前的余额			日期	说明	金额
日期	说明	金额			
		$ 360 300	12-31	结转分录	$ 385 346
12-28	RR#1059	3100			
12-30	RR#1061	8 965			
12-31	RR#1062	4 861			
12-31	RR#1063	8 120			
		$ 385 346			$ 385 346

SI=销售发票；RR=验收报告。

你观察了2016年12月31日仓库的存货盘点，认为盘点正确并感到满意。

在执行销售与采购截止测试时，你发现2016年12月31日使用的最后一张验收报告的编号是1063，而且发运依据的销售发票的编号没有超过968的。你另外还取得了以下信息：

1. 2016年12月31日仓库存货盘点中包括验收报告编号为1060的化学品，但发票在2017年才收到，成本为2 183美元。

2. 2016年12月31日仓库里的存货是已经销售且顾客已付款的商品，但直到2017年才发运。它们的销售发票编号是965，未列入清单。

3. 2016年12月31日傍晚Y公司侧轨停了两辆小汽车：

(a) AR38162小汽车2017年1月2日卸货，收到验收报告，编号为1063。运费已由卖方支付。

(b) BAE74123小汽车于2016年12月31日装货封存，并于2017年1月2日停放在公司侧轨。销售价格为12 700美元，运费由顾客支付。销售发票编号是968。

4. 2016年12月31日有两辆开往Z纸浆和纸业公司装满化学品的小汽车暂时滞留在火车侧轨上。它们的销售发票编号是966，目的地交货价。

5. 2016年12月31日一辆装满原材料的卡车开往Y公司，验收报告是1064。原材料按目的地交货价采购。运费75美元由Y公司支付。但是，运费已从采购价格975美元中扣除。

6. 存货盘点中包括一批在运输中淋雨已确认不能销售的化学品。发票成本为1 250美元，化学品运费350美元已支付。

要求：

a. 计算对客户2016年12月31日的存货盘点应做的调整。

b. 编制一张2016年12月31日需做的调整分录工作表。①

① 根据AICPA改编。

第 21 章

资本取得与返还循环审计

学习目标

1. 识别资本取得与返还循环中的账户及该循环的特点。
2. 设计并执行应付票据与相关账户和交易的审计测试。
3. 识别所有者权益交易审计中的主要关注点。
4. 设计并执行股本与留存收益的控制测试、交易实质性测试和余额细节测试。

引 例

不诚实的被审计单位几乎每次都能胜过审计师

Able建筑公司签订了一份长期建筑合同，使用完工百分比法确认收益。为了筹集到足够的资金，Able公司从银行借入了相应的资金，并与银行签订了基于长期建筑合同的报告收益的严格贷款协议。使用这一方法特别要求有一份规定明确、有可实施条款的协议，有估计合同已完工部分成本的可靠方法，以及在已知情况下确认损失的方法。作为对Able公司审计的一部分，审计师阅读了所有在建工程的合同，测试了截至审计日所发生的成本，评价了合同最终的盈利能力，并与管理部门进行了讨论。在完工百分比法下验证收益的一个重要部分是审计已发生的成本。

在审计年度期间，管理部门的记录和项目明细表表明所有的项目都将盈利。Able公司对每个项目都设立了单独的明细表，汇集项目的预计总收入、当期发生的成本、截至审计日发生的成本、预计总成本、完工百分比和当期确认的利润。审计师与管理部门讨论了每个项目并执行了审计测试，以证实项目明细表，最后得出结论认为收入、费用和利润均得到合理反映。已报告的收益使Able公司能够满足其与银行签订的贷款协议的限制性条款。

但实际上，Able公司在它的一个主要项目上已经发生了重大损失。Able公司聘请一个分包商去承担原始合同中未预期到的重建工作。在授予分包权时，Able公司与分包商签订了一份协议，协议中约定Able公司将在审计结束后再向分包商支付款项。管理部门对审计师隐藏了它们收到的分包商的发票。第二年，管理部门确认了该项损失，但是对发票进行了伪造，使其看起来像是在该年度发生的一笔“非预期”额外成本，这样就可以使上年度的财务报表看起来是正确的。

几年之后Able公司破产，该舞弊性错报才被发现，向Able公司提供建筑项目贷款资金的银行起诉了会计师事务所，理由是审计不充分。虽然该事务所最终被判没有责任，但其为辩护花费了大量的时间和费用。

本章讨论的是最后一个循环，关于以带息债务和所有者投资方式取得资本和资本返还循环。**资本取得与返还循环**（capital acquisition and repayment cycle）还包括利息和股利的支付。

资本取得与返还循环的四个特点会对该循环账户的审计产生重要影响：

1. 影响账户余额的交易相对很少，但每笔交易的金额都相当重要。例如，大多数公司不经常发行债券，但只要发行债券，其金额一般都很大。由于其规模很大，通常在验证资产负债表账户余额时，其中一个部分就是要验证该循环全年发生的每一笔交易。因此，审计师通常都会在审计明细表中记录资本取得与返还循环的所有账户的期初余额，以及全年发生的每一笔交易的相关凭证。

2. 漏记的每一笔交易其本身可能就很重要。鉴于此，审计师就这些账户的审计主要关注的是与账户余额相关审计目标的完整性和准确性。

3. 企业与股票、债券或类似的所有权凭证之间存在着法律关系。比如本章引例中介绍的Able建筑公司的例子，审计师应关注被审计单位是否满足了负债或权益协议的要求。在对该循环的交易和金额进行审计时，审计师应特别注意确保对财务报表有重要影响的法律要求是否得到了恰当履行，并在财务报表中进行了充分的表达与披露。

4. 利息、股利账户与负债、权益账户之间存在着直接联系。在审计带息债务时，应同时验证相关的利息费用和应付利息。这同样适用于所有者权益、已宣告的股利和应付股利。

审计师常在执行风险评估程序的一部分——了解被审计单位的经营和行业——的同时了解资本取得交易。另外，当上市公司在审计年度发行新的债券和权益证券时，SEC 要求审计师考虑内含在证券发行说明书中的财务信息。在对这一规定的遵循中，审计师通常要识别资本取得交易的经营风险问题，这些问题在设计资本取得与返还循环的交易与账户余额审计程序时应该加以考虑。

21.1 资本取得与返还循环中的账户

一个公司资本取得与返还循环中使用的账户取决于公司的经营类型和融资方式。例如，所有有限责任公司都设置了股本与留存收益，有些还可能设置了优先股、股本溢价和库藏股。和其他循环一样，现金是该循环中的一个重要账户，因为资本的取得与返还都影响现金账户。这一循环独有的特点影响着审计师对这一循环中账户的审计。下面是该循环中常用的账户：

- 应付票据
- 应付合同款
- 应付抵押款
- 应付债券
- 利息费用
- 应计利息
- 拨定留存收益
- 库藏股
- 已宣告的股利
- 银行存款
- 股本——普通股
- 股本——优先股
- 股本溢价
- 捐赠股本
- 留存收益
- 应付股利
- 独资企业——资本账户
- 合伙企业——资本账户

设计资本取得与返还循环中账户余额细节测试的方法与测试其他账户的方法相同（见图 16-1，唯一的不同就是所审计的账户名称有所差异）。例如，在确定应付账款余额细节测试时，审计师应考虑经营风险、实际执行的重要性、固有风险、控制测试与交易实质性测试的结果和实质性分析程序的结果。

实际执行的重要性通常确定为低水平，因为一般可能要全面审计该账户余额及影响该账户余额的交易。固有风险也通常确定为低水平，因为要确定该账户余额的正确性不难。审计师一般最关注应付票据账户余额的完整性目标和应付票据披露的完整性目标，如应付票据的抵押和限制性条款。由于该循环的交易通常不多，因此控制风险与交易实质性测试的结果对设计账户（如应付票据）的余额细节测试的影响不重要。

学习典型企业的资本取得与返还循环中重要代表性账户的审计程序，有利于理解该循环中众多账户的审计程序。以下部分将讨论：(1) 通过对应付票据和相关利息费用的审计的举例说明带息资本的审计；(2) 普通股、股本溢价、股利和留存收益的审计。

21.2 应付票据

应付票据（note payable）是对债权人的一种法律义务，可能是有担保票据，也可能是无担保票据，并包含利息。票据签发的期间通常是一个月到一年之间，也有超过一年的长期应付票据。签发票据的目的很多，用于抵押的资产也有多种形式，如债券、应收账款、存货和固定资产。票据本金和利息的支付必须符合贷款协议的条款。对短期票据来说，通常是在票据到期时支付本金和利息；对超过90天的票据，通常要求按月或按季支付利息。

图21－1列示了应付票据和相关利息账户。因为有关支付交易均记录在现金支出日记账中，本金和利息支付的测试一般作为采购与付款循环审计的一部分，但是该类交易的发生并不频繁，在很多情况下，控制测试和交易实质性测试的样本中并不包括资本交易。所以，通常将对这类交易的测试作为资本取得与返还循环的一部分。

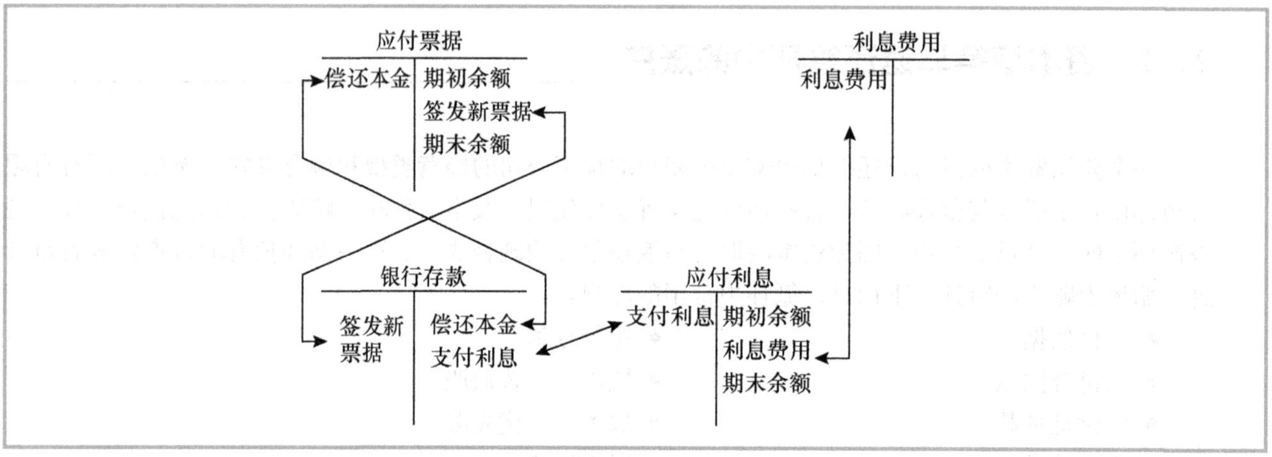

图21－1 应付票据和相关利息账户

应付票据的审计目标是确定：

- 应付票据的内部控制是否充分。
- 应付票据的本金和利息交易是否经过适当授权且记录正确，并且符合六项与交易相关的审计目标。
- 应付票据和相关利息费用、应计负债是否均已恰当列示，且符合八项与余额相关的审计目标中的七项（可实现价值不适用于负债账户）。

□ 内部控制

在应付票据的内部控制中，有四项很重要：

1. 签发新票据经过恰当授权。负责签发新票据的责任应授权给董事会成员或高级管理人员。通常，所有贷款协议均应经两名得到恰当授权的管理者签字。贷款金额、利率、付款条款和抵押资产都是协议的主要组成部分。当票据展期时，应像签发新票据那样经过相同的授权程序。

2. 对本金偿还和利息支付有充分的控制。分期支付利息和本金应作为采购与付款循环的一部分加以控制。签发票据时，会计部门应收到其中一联，正如供货发票和验收报告那样。应付账款部门应在票据到期时自动开出支票，这也同在采购商品和劳务时开出支票一样。票据的副本作为付款的支持性凭证保存。

3. 适当的凭证和记录。包括由专人负责保留相关明细记录以及对空白票据与已支付票据的控制。已支付的支票应由经授权的管理者核销和保管。

4. 定期独立验证。应定期调节票据明细记录和总分类账，并将票据明细记录与票据持有者记录相核对，负责该项工作的有关人员不能负责明细记录。与此同时，应由一名独立的雇员重新计算票据的利息费用，以测试记录的准确性和适当性。

□ 控制测试和交易实质性测试

应付票据的交易测试与开出票据、偿还票据本金和支付利息有关。这些审计测试是现金收入（参见第 14 章）与现金支出（参见第 18 章）控制测试和交易实质性测试的一个组成部分。因为具体交易的重要性，额外的控制测试和交易实质性测试将作为账户余额细节测试的一部分来进行。

对应付票据和相关利息的控制测试应着重测试前面提到的四个重要内部控制。另外，还应重点测试对以前签发票据的收据、偿还本金和支付利息记录的正确性。

□ 实质性分析程序

实质性分析程序对应付票据的测试非常重要，因为如果测试结果许可，通常可以不对利息费用和应计利息进行细节测试。表 21－1 列示了应付票据和相关利息费用的典型分析程序。

表 21－1 应付票据的实质性分析程序

实质性分析程序	可能的错报
根据平均利率和全月应付票据重新计算利息费用。	利息费用和应计利息的错报，或某些尚未偿付的应付票据的漏记。
将本期和以前各期尚未支付的应付票据进行比较。	应付票据的错报或漏记。
将本期和以前各期应付票据、利息费用和应计利息的账户余额进行比较。	利息费用、应计利息或应付票据的错报。

审计师使用尚未支付的平均应付票据和平均利率独立估计利息费用，以测试利息费用的合理性，同时也可测试是否存在漏记的应付票据。参见第 7 章，图 7－2 列示了审计师执行实质性分析程序后的审计明细表。如果实际利息费用大大超出了审计师的估计，存在的一种可能性就是支付了未记录的应付票据利息。

□ 余额细节测试

对应付票据进行审计通常以从被审计单位处取得的应付票据和应计利息明细表为起点。图 21－2 是一张典型的明细表。该明细表一般包括年度内发生的所有交易的本金和利息的详细信息，应付票据和利息费用的期初、期末余额和票据的说明信息，如到期日、利息率和抵押资产等。

如果年内发生了大量的应付票据交易，要取得图 21－2 的信息不太实际。在这种情况下，审计师通常要求被审计单位编制期末尚未支付的应付票据明细表。该表将包括对每项应付票据的摘要说明、期末余额、期末应付利息，以及抵押资产和利率等信息。

表 21－2 汇总了适用的与余额相关的审计目标和一般审计程序。另外，测试规模主要取决于应付票据的重要性和内部控制的有效性。

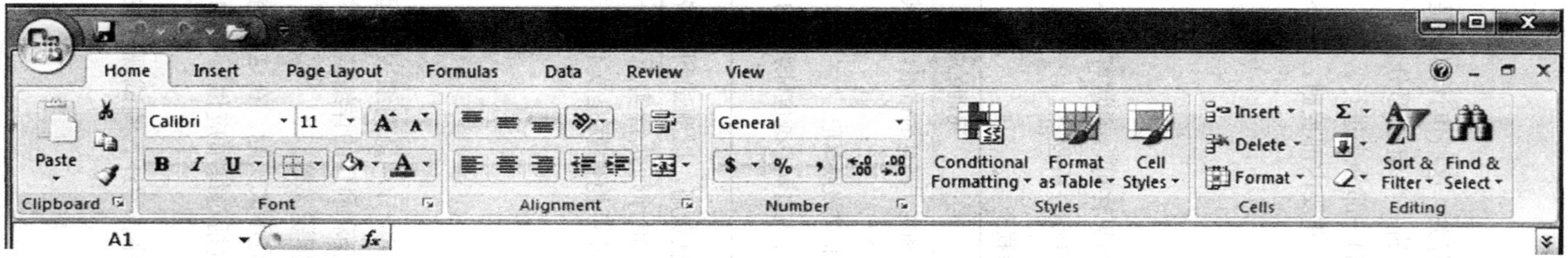

XYZ公司　　　　明细表：AA-4　日期
应付票据　　　　编制人：DB　1/12/17
12/31/16　　　　批准人：JL　1/16/17

收款人	日期：签发日	日期：到期日	票面金额	担保：说明	担保：价值	票据：期初余额	票据：增加	票据：支付	票据：期末余额	利息：利率	利息：支付	利息：期初应计	利息：费用	利息：支付	利息：期末应计
第一国家银行	9/30/10	9/30/11	10 000	投资	15 000	10 000		10 000③	-0-④	9.5%④	到期值	238	712⑥	950③	-0-
第二国家银行	9/30/11	9/30/12	10 000	投资	16 000		10 000②		10 000④	10%④	到期值		250⑥		250⑥
第三国家银行	10/31/11	10/31/12	10 000	固定资产	22 000		10 000②		10 000④	10%④	到期值		167⑥		167⑥
			30 000		53 000	10 000①	20 000	10 000	20 000⑤			238①	1 129⑤	950	417⑤
						N	*N*	*N*	*N* *x*			*N*	*N*		*N* *x*

①—追查至前一年度审计明细表。
②—取得永久性档案中的票据副本。
③—检查已核销的票据和（或）支票。
④—与银行函证回复核对相符。
⑤—追查至总分类账。
⑥—重新计算费用和应计利息，没有需要标注的差异。
N—加总。
x—交叉加总。

图 21-2　应付票据和应计利息明细表

表 21-2　应付票据和利息余额审计目标与余额细节测试

与余额相关的审计目标	余额细节测试的常用程序	说明
应付票据明细表中的应付票据与被审计单位的应付票据登记簿或源文件核对相符，加总计算正确，并与总账核对相符（细节相符性）。	加总应付票据清单中的应付票据与应计利息。 追查总额至总分类账。 追查具体应付票据至源文件。	由于总体规模很小，因此经常作百分之百的测试。
明细表中列示的应付票据都确实存在（存在）。	函证应付票据。 为验证授权审查票据的副本。 审查董事会会议记录，验证贷款的批准。	存在目标不如完整性目标或准确性目标重要。
实际发生的应付票据都记录在应付票据明细表中（完整性）。	审查年末之后付款的应付票据，以确定它们是否在报表日就存在。 从与被审计单位有业务关系的所有银行取得标准银行函证，包括对应付票据的存在性的详细说明（银行函证在第 22 章有详细讨论）。 复核与新发生的应付票据有关的银行存款余额调节表（银行存款余额调节表在第 22 章有详细讨论）。	这一目标对发现错误和舞弊都很重要，在大多数审计中一般都执行这三项程序。在内部控制存在缺陷的情况下，需执行额外审计程序，以查找漏记的负债。
明细表中的应付票据和应计利息是准确的（准确性）。	审查票据副本的本金和利息。 向债券持有者函证应付票据、利率和支付利息的最后一次日期。 重新计算应计利息。	在一些情况下，可能需要利用现值技术计算内含利率和本金。例如，开出应付票据采购设备。
明细表中的应付票据已经正确分类（分类）。	审查应付票据副本上的到期日，确定是否存在非流动负债。 复核票据，确定是否有关联方的票据和应付账款。	
应付票据都记录于正确的期间（截止）。	审查应付票据副本，确认票据到期日是否在报表日或之前。	如果票据到期日在报表日或之前，则该票据应作为当期负债。
公司有义务支付应付票据（义务）。	审查票据，确认被审计单位是否有支付应付票据的义务。	

对应付票据而言，两项最重要的与余额相关的审计目标是：

1. 所有发生的票据都已记录在内（完整性）。
2. 该表中的应付票据均记录准确（准确性）。

这两个目标十分重要，因为漏记或错记任一张票据，都会导致重大错报。表 21-2 列出了测试应付票据完整性的一般程序。如果应付票据的内部控制存在缺陷，就有必要执行额外的审计程序以测试是否存在漏记的应付票据。例如，审计师可以向被审计单位的债权人进行函证，尤其是那些过去持有票据而又未列在当期应付票据明细表中的债权人。审计师还可以分析向未包括在应付票据明细表中的债权人支付利息费用的情况，复核董事会会议记录以查找经授权批准但未作记录的票据。

除了账户余额相关的审计目标很重要之外，四个列报和披露相关的审计目标也很重要，因为会计准则要求附注应充分披露尚未支付的应付票据条款和用于贷款抵押的资产。如果贷款协议对公司活动有重要限制，如有补偿性余额条款或限制股利支付条款，则这些都必须在财务报表附注中予以披露。在审计师为实现账户余额相关的审计目标执行余额细节测试的过程中，所获证据也可以帮助实现应付票据的列报和披露目标。

21.3 所有者权益

所有者权益的审计在**公众持股公司**（publicly held corporation）和**控股权密集的公司**（closely held corporation）之间存在明显区别。对大多数控股权密集的公司来说，一年内涉及股本账户的交易很少，公司股东通常也较少。改变所有者权益的交易一般只是年度收益或损失以及股利的宣告。控股权密集的公司很少发放股利。因此，虽然审计师必须审查已有的公司记录，但验证所有者权益花费的时间一般很少。

对公众持股公司而言，由于股东数目众多且股票持有者经常变动，验证所有者权益要复杂得多。本部分将讨论对公众持股公司的主要账户的验证，包括普通股股本、股本溢价、留存收益和相关股利。

图21-3列示了本节将要讨论的所有者权益的具体账户的概况。

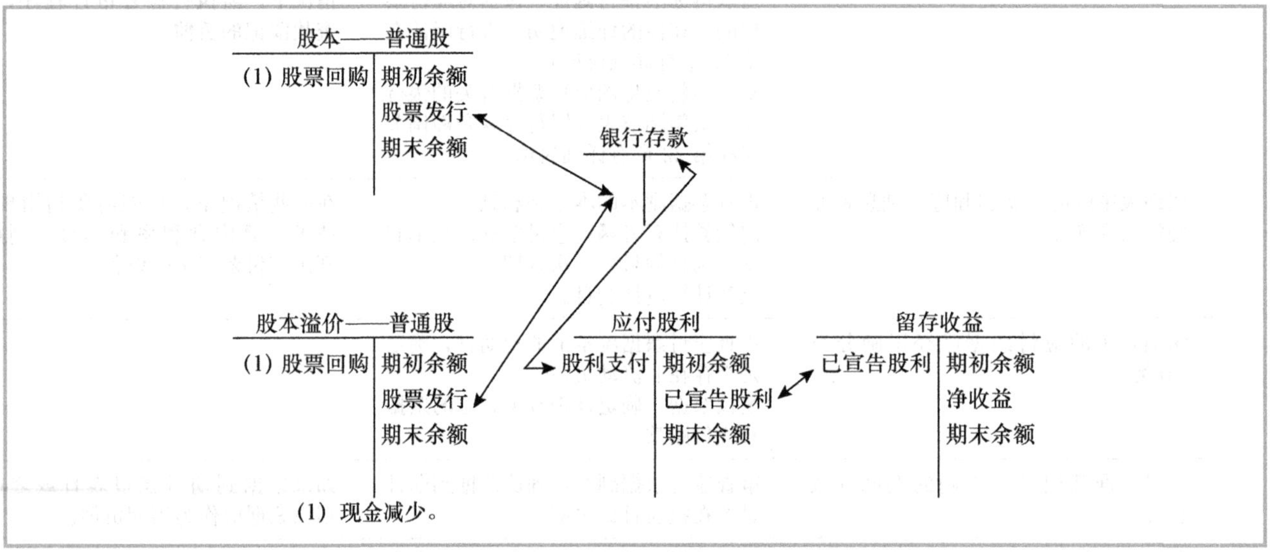

图21-3 所有者权益与股利账户

所有者权益审计的目标是确定：

- 股本和相关股利的内部控制是否充分。
- 所有者权益交易是否均正确记录，符合六项与交易相关的审计目标。
- 所有者权益账户的余额是否均已适当地予以记录，符合八个所有者权益账户余额审计目标；是否适当地予以列报和披露，符合四个列报和披露审计目标。

所有者权益其他账户的测试与这些账户基本相同。

□ 内部控制

对于所有者权益交易来说，有几个内部控制非常重要。下面就是对这些控制的讨论。

交易的恰当授权 由于每笔所有者权益交易都很重要，因此大多数此类交易都必须经过董事会批准。下面是典型的需经特殊授权的所有者权益交易：

1. 股票发行。股票发行的授权包括股票发行的类型（优先股或普通股）、股票发行的数量、股票面额、除普通股以外的股票优惠条件和发行日期。

2. 股票回购。回购普通股或优先股、回购时间和支付的金额必须经过董事会的批准。

3. 股利宣告。董事会应授权股利的形式（如现金股利或股票股利）、每股股利、股利登记日和支付日。

正确的记录和职责分离 公司记录股票交易和流通在外的股票时，必须有充分的内部控制，以确保所有的实际股票持有者都确认在公司记录中；确保正确地向股利登记日登记在册的股东支付股利金额；使潜在的资产分配错误最小化。

为实现这些目标，公司应有适当的人事分工和充分的会计记录程序。被审计单位还应设计良好的政策以填制股权证明和记录股本交易。

在发行和记录股票时，被审计单位必须确保股票发行和股本交易记录均遵循了有关州公司法律和公司章程的规定。股票面额、公司可发行的股票数、对发行股票征收的税金等都会对股票的发行和记录产生影响。

大多数公司都会使用的一项股本控制是设置股权证明登记簿和股东源文件。**股权证明登记簿**（capital stock certificate record）是对公司存续期内股票发行和回购的记录。股票交易的记录包括股票证明的号码、股票发行的数量、股东姓名和发行日期。回购股票时，股权证明记录必须记录注销的股权证明和注销日期。

股东源文件（shareholders' capital stock master file）是对流通在外股票的记录。它可以用来核对股权证明记录和总分类账中普通股股本余额的准确性。它还是股利支付的依据。

对用现金支付股利的控制，与第 19 章中工资的编制和支付控制方法一样。股利支票应根据股权证明记录，由不负责股本记录的雇员填写；填写完毕后，应对股东姓名和支票金额进行独立核对，并根据董事会会议记录批准的股利总额调整股利支票总额；使用独立的预付股利账户，以防止支付超过批准金额的股利。

独立的证券登记代理商和股票过户代理人 凡是股票在证券交易所上市交易的公司都需要聘请**独立的证券登记代理商**（independent registrar），以防股票发行不当。独立证券登记代理商的责任是确保公司的股票发行遵循了公司章程中的股本条款和董事会的授权程序。独立证券登记代理商负责签署所有新发行的股权证明，确保在股票所有权发生变动时先行收回并注销旧的股权证明，然后再发行新的股权。

大多数大型股份有限公司还聘请**股票过户代理人**（stock transfer agent），以保存股东记录，包括股权转让记录。聘请股票过户代理人不仅可以通过将股东记录置放于独立机构保管而对其进行控制，而且还能通过利用专家降低记录成本。许多公司还委托股票过户代理人向股东发放现金股利，从而进一步加强了内部控制。

□ 股本和股本溢价审计

在审计股本和股本溢价时，应着重关注以下四个方面：

1. 所有已发生的股本交易均已记录（交易相关目标中的完整性）。
2. 所有记录的股本交易都确实发生，且记录准确（余额相关目标中的存在性和准确性）。
3. 股本记录准确（余额相关目标中的准确性）。
4. 股本已恰当地表达与披露（列报和披露相关的所有目标）。

前两项关注包含在控制测试和交易实质性测试中，后两项包含在余额细节测试中。

所有已发生的股本交易均已记录 如果聘请了证券登记代理商和股票过户代理人，该目标一般是很容易实现的。审计师可向它们函证股本交易是否发生、发生的交易记录是否准确。复核董事会会议记录，特别是接近报表日的会议记录，审查被审计单位的股票登记记录，有利于发现股票的发行和回购。

所有记录的股本交易都确实发生且记录准确 对为获取现金而发行新股、通过交换股票与其他公司合并、捐赠股票、回购库藏股等各项交易都需进行大范围的审计。无论内部控制如何，由于股本交易在记录中的重要性和永久性，一般要对所有的股本交易进行验证。交易存在目标的测试可以通过审查董事会会议记录来验证是否经合理授权。

验证为取得现金而发行新股的记录是否准确，可以向股票过户代理人进行函证，同时追查已记录的股本交易的金额至现金收入日记账（如果是回购库藏股，则可追查至现金支出日记账）。另外，审计师必须根据公司章程确定股票的面额或设定价值，以验证股本和股本溢价账户的贷方金额是否正确。

如果股本交易中包括股票股利、以股票购置资产、合并或类似的非现金置换，对股本金额的验证就更加困难。因为这需要相当多的专业技能，确定估价的适当性还需要专业判断。例如，在审计一项重要的合并交易时，审计师通常需要进行大量调查，在考虑合并的所有情况后，再确定会计处理方法的适当性和交易估价的适当性。

股本记录准确 验证股本账户的期末余额时，首先应确定资产负债表日发行在外的股份数。取得该信息最简单的方法是向股票过户代理人进行函证。如果没有聘请股票过户代理人，审计师则必须依靠审查股票记录和股权证明登记簿中的所有流通在外股票的会计记录，审查已注销的股权证明和清点空白股权。

在确定了流通在外的股票数之后，审计师应将流通在外的股数乘以每股面额，以验证股本账户中记录的金额。股本溢价账户的期末余额是一个剩余值，可以将账户期初余额加上或减去当年发生的交易金额予以验证。

股本记账金额准确性审计中的一个重要方面是验证用于计算每股收益的股票数是否准确。如果只有一种股票且股本交易较少，则可以很容易地确定计算正确的股票数。但是如果存在可转换证券、股票期权和流通在外的认股权证，验证起来就会复杂得多。在验证基本每股收益和完全稀释的每股收益之前，应彻底理解会计准则的要求。

股本已恰当地列报与披露 确定股本的四个列报和披露相关审计目标是否已实现的最重要信息来源是公司章程、董事会会议记录和审计师对股本交易的分析。审计师应确定是否对每类股票都有适当的说明，包括已发行的和流通在外的股数以及某些股票的特殊权利等信息。在验证股票期权、认股权证和可转换证券是否已恰当地表达与披露时，可以审查法律文件和这些协议条款中的其他依据。

□ 股利审计

股利审计的重点在于交易审计而非余额审计。如果有应付股利，则属例外。

与交易相关的六项审计目标同样适用于股利，但对股利的审计通常都采取百分之百的测试。下面是最重要的审计目标，包括与应付股利相关的目标：

1. 已记录的股利都是实际发生的（存在）。
2. 已发生的股利均已记录（完整性）。
3. 股利记录准确（准确性）。
4. 支付给股东的股利确实已发生（存在）。
5. 应付股利均已记录（完整性）。
6. 应付股利记录准确（准确性）。

验证已记录股利的存在性，可以通过审查董事会会议记录来确定关于每股股利和股利宣告日的授权。审计师通过审查董事会会议记录来审计已宣告的股利时，应注意是否存在未记录已宣告股利的可能性，特别是当宣告日接近资产负债表日时。一项紧密相关的审计程序是复核永久性审计记录档案，以确定是否有对股利支付有限制的债券契约条款或优先股条款。

验证已宣告股利的准确性，可以以每股股利和流通在外的股数为基础重新计算已宣告股利的金额。如果被审计单位委托股票过户代理人发放股利，则可追查股利总额至向股票过户代理人支付现金的分录，同时还需要进行函证。

如果被审计单位自己作股利记录并发放股利，审计师可以通过重新计算和审阅现金支出记录来验证股利总额。另外，审计师必须验证股利是否确实发放给了股权登记日在册的股东。审计师可以在已记录的股利支付中选取一个样本，将注销支票上的收款人姓名追查至股利记录，以确信收款人有获得股利的资格。同时，还可以验证股利支票的金额和真实性。

应付股利的测试应与已宣告股利的测试结合起来，任何未付股利都应视为一项负债。

□ 留存收益审计

对大多数公司来说，影响留存收益的交易仅仅是当期取得的净收益和已宣告股利。但也可能有其他一些交易，如以前年度损益的更正、直接借记或贷记留存收益的以前年度调整、拨定留存收益的增加或减少等。

留存收益审计的起点是分析全年的留存收益。应该用审计明细表记录相关的分析，且通常将该明细表归入永久性审计档案。该分析表还应包括对影响该账户的所有交易的摘要说明。

审计留存收益账户的贷方当年收益发生额（或借方当年损失），只需追查留存收益中的有关分录至损益表中的净收益数据。当然，执行该程序要在完成所有影响净收益的调整分录后再进行。

在对留存收益而不是净收益和股利的借方和贷方进行审计时，需要考虑的重点是确定应包括哪些交易。例如，以前年度调整只有在符合会计准则要求的情况下才能记入该账户。

审计师确定已记录的留存收益交易均已正确分类后，接下来就要确定记录是否准确。用于判断准确性的审计证据依赖于交易的性质。如果公司要求拨出部分留存收益作为偿债基金，则审计师应审查偿债基金协议来验证拨定金额是否正确。如果由于重大的不重复发生的厂房废弃而导致冲销留存收益的重大损失，则审计师应取得证据以确定该损失金额是否应该包括这一厂房记录和凭证中的重大数额，同时还要就此事与被审计单位管理层讨论。

审计留存收益时要考虑的另一个重点是，判断是否有应包括在内的交易被排除在外。例如，如果宣告了股票股利，应按股票市价予以资本化，借记留存收益账户，贷记股本账户。同样，如果财务报表包括留存收益的拨定，审计师应验证是否有必要在资产负债表日确认该拨定的留存收益。例如，从留存收益中拨定的偿债基金在偿清债券后应贷记留存收益。

会计准则要求列报和披露与留存收益相关的信息。审计师在确定留存收益列报和披露目标是否满足时，应主要关注是否披露了与股利支付相关的任何限制。通常，与银行、股东或债权人签署的协议会禁止或限制可支付股利的数额。这些限制条款必须在财务报表附注中予以披露。

本章小结

本章讨论了资本取得与返还循环的审计，该循环包括了大多数企业的主要融资方式。该循环的交易很少，但每一笔交易通常都很重要，对该循环审计测试的设计和执行都有影响。本章举例说明了应付票据、相关利息费用、应计利息以及所有者权益和相关账户的审计方法。

练习题

21-1 列举四个资产负债表中常见的带息负债账户。这些负债有何共同特点？如何区分它们？

21-4 为什么查找未入账的应付票据比未入账的应收票据更重要？建议审计师可采用哪些审计程序来查找未入账的应付票据。

21-6 指出在资本取得与返还循环中负债账户的控制测试和交易实质性测试与余额细节测试之间的区别。

21-14 留存收益审计的重点应该是什么？请解释。

选自注册会计师考试的选择题

21-16 下列多项选择题与带息负债有关，选择最佳答案。

a. 以下哪项控制最有可能确证应付票据完整性认定的降低的估计控制风险（ ）。

(1) 会计人员复核董事会会议记录中涉及未偿还债务的交易信息以确定所有借款均已包括在总分类账中

(2) 所有金额大于500 000美元的借款在其借款合同完成前均应得到董事会的核准

(3) 在应付票据本金核准支付前，司库复核票据中的条款

(4) 会计系统保持一份详细的未偿还应付票据的明细表并逐月与总分类账调整

b. 当审计师发现，与应付债券的余额相比，记录的利息费用似乎过高时，审计师可能会怀疑（ ）。

(1) 应付债券的折扣被低估

(2) 应付债券被低估

(3) 应付债券被高估

(4) 应付债券的溢价被高估

c. 在应付票据审计中，以下哪项是审计师需要验证的最重要的余额相关审计目标（ ）。

(1) 年末资产负债表上反映的应付票据均存在

(2) 与相关主体有关的应付票据均已适当反映在资产负债表中

(3) 存在的应付票据均已包括在年末的资产负债表中

(4) 应付票据均以可实现净值反映在年末资产负债表中

21-17 下述问题与资本取得与返还循环的账户审计有关，选择最佳答案。

a. 在上市公司的债券交易审计时，审计师取得书面函证的对象是（ ）。

(1) 债券持有者

(2) 被审计单位的律师

(3) 内部审计师

(4) 信托人

b. 以下哪项控制最不可能确证股票发行交易相关的发生目标的降低的估计控制风险（ ）。

(1) 董事会必须核准现金股利的支付

(2) 任何股票的发行都要得到董事会的核准

(3) 公司雇用独立的证券登记代理商发行股票凭证

(4) 公司保持股本凭证记录，其中包括凭证号、已发行的股数、发行日期、发行者的姓名

c. 在审查股本交易相关审计目标的完整性时，以下哪项审计程序是最相关的（ ）。

(1) 审计师审查董事会会议记录以确定任何与股本发行有关的记录

(2) 审计师核对被审计单位股本记录中的分录与董事会会议记录

(3) 向被审计单位股票过户代理人函证新股发行情况

(4) 审计师追查新股发行分录至现金收入日记账

讨论题

21-19 下面1～6项是审计师了解应付票据内部控制时使用的标准内部控制问卷中的典型问题。在对被审计单位使用问卷调查时，回答“是”表明可能存在内部控制，回答“否”表明潜在的缺陷。

1. 应付票据只有在经适当的公司负责人书面授权后才成为负债吗?
2. 已付票据都已核销并记录在公司档案中吗?
3. 设置了应付票据源文件吗?
4. 对应付票据源文件与实际尚未偿付的应付票据（由不保管源文件的人记录）定期核对吗?
5. 保管应付票据源文件的人与签署新票据或管理现金的人不同吗?
6. 利息费用和应计利息定期由不记录利息交易的人重新计算吗?

要求:

a. 对上述每一个问题，说明控制目的。

b. 对上述每一个问题，指出如果控制无效，财务报表可能发生的错报类型。

c. 对 b 题中的每项潜在错报，列出用于确定是否存在重大错报的审计程序。

21-21 实施下列哪些审计程序可以实现与应付票据相关的列报和披露审计目标。

1. 附注内应付票据一览表包括所有未付票据。
2. 附注说明哪些票据的债权人是关联方。
3. 附注中的应付票据总额与资产负债表上的应付票据总额一致。
4. 应付票据的附注列表仅包括公司应承担的义务。
5. 附注清楚地描述了作为票据债务抵押的资产。

要求:

识别每个审计程序的有关列报和披露的审计目标。

21-24 下列协议摘自一份债券发行合同。该合同规定，只要在某一点上未遵循合同条款，则自动将贷款到期日（通常是 20 年）提前至违约日期。结合下面每一条，列出你认为应该执行的审计程序或应该确认的报告事项。

a. 债务人公司必须始终努力保持 2∶1 的营运资金比率，如果某年未能保持该比率，在其后会计年度里，公司管理人员的报酬总额将限制在 100 000 美元内。公司管理人员包括董事会主席、董事长、副董事长、秘书和财务主管。

b. 债务人公司必须对其所有财产按实际价值的 100%投保，以防止火灾损失。包含这项保护条款的保险政策应存入信托人档案中。

c. 债务人公司必须按法律评估的资产纳税，其目的是确保在法律期限内支付这笔债务，以避免滞纳金，而且公司应将收到的税单或类似付款证据存放在信托人处。

d. 在信托人处设置偿债基金，每半年存入 300 000 美元，信托人从该项基金中，自行决定购买本次发行的债券。①

21-29 你是一位注册会计师，正在审计 Pate 公司截至 2016 年 12 月 31 日的财务报表。Pate 公司的财务报表和会计记录以前从未由注册会计师进行审计。

Pate 公司 2016 年 12 月 31 日资产负债表中的所有者权益部分如下：

股东权益	
股本——批准发行 10 000 股，面值 10 美元/股；已发行流通在外的股票 5 000 股	$ 50 000
股本溢价	32 580
留存收益	47 320
股东权益合计	$ 129 900

① 根据 AICPA 改编。

Pate公司成立于2009年。公司有10个股东，且为该公司的证券登记代理商和股票过户代理人。没有有效的股本捐赠合同。

要求：

a. 对组成Pate公司资产负债表中所有者权益部分的三个账户，编制详细的审计程序。（不包括验证当年营运结果的审计程序。）

b. 在对资产负债表中的其他数据审计后，留存收益数据似乎是一个余额数，不需要进行进一步验证。为什么注册会计师在验证资产负债表中的其他数据时还要验证留存收益？请对此进行讨论。[①]

① 根据AICPA改编。

第22章

现金和金融工具审计

学习目标

1. 识别企业所持有的现金和金融工具账户的主要类型。
2. 说明银行存款和各交易循环间的关系。
3. 设计并执行对现金总账的审计测试。
4. 把握扩大现金总账审计测试程序的时机，进一步查找可能存在的重大舞弊。
5. 设计并执行对金融工具账户的审计测试。

引例

伪造的银行函证隐藏着巨额舞弊

1961年，刚满22岁的Calisto Tanzi在继承一家小型家族经营的巴氏灭菌牧场后，在意大利帕尔玛成立了Parmalat公司。Parmalat于1990年在米兰证券交易所上市，到20世纪90年代末，其雇员遍布全球30个国家，共计30 000余人，成为意大利的第八大公司，Parmalat致力于打造“牛奶业中的可口可乐”的全球知名品牌。

早在1993年，Parmalat就开始进行涉及虚构销售的舞弊交易，调查人员表示，要是不进行舞弊，Parmalat公司将在1990年至舞弊发现时的2003年中，每一年都是亏损的。在这十几年间，Parmalat公司因为国际并购筹资，公司的债务水平持续增长。为筹措资金和增加销售，Parmalat建立了三个加勒比海空壳公司，这些空壳公司伪装销售Parmalat的产品，然后Parmalat利用源自这些空壳公司的信用票据从银行融资。

这些空壳公司的活动于1999年转移至开曼群岛。两个外部审计师依其申述发现该公司在新加坡的一个虚假牛奶制造厂虚构巨额生产，通过公司开曼群岛分支机构为古巴进口商提供300 000吨牛奶。Parmalat声称该公司的开曼群岛分支机构在纽约银行拥有39.5亿欧元的现金，但是该账户根本不存在，而是用一张虚假的银行函证送至该分支机构的审计师以支持这个舞弊的现金余额。

Parmalat的总损失是120亿欧元。2008年，Tanzi因舞弊被判10年监禁。Parmalat也因此而重组，并于2005年重新在米兰证券交易所上市。

资料来源：Peter Gumbel, “How It All Went So Sour,” *Time* (November 21, 2004) (www.time.com/time/magazine).

现金账户是唯一与其他几个交易循环都有关系的账户，除了存货与仓储循环之外。把现金余额审计放在最后讨论，是因为收集现金余额的证据在很大程度上需要依赖其他交易循环的审计结果。例如，在了解采购与付款循环内部控制及完成其控制测试与交易实质性测试之后，审计师有可能认为控制风险可以适当降至低水平，由此审计师就可以减少对现金余额的细节测试。当然，如果审计师认为控制风险应该更高，就可能需要对期末余额进行大范围的测试。

由于现金非常容易被盗窃，现金也很容易像引例中Parmalat案例那样被重大错报，因此，现金审计十分重要。本章着重介绍银行存款与各交易循环之间的关系以及有关现金账户的实质性测试。

金融工具，包括对债务和权益证券以及衍生工具的投资，在不同被审计单位中的重要性各不相同，从占资产比例很小的制造企业到占资产比例很大的金融机构。根据会计准则的要求，金融工具的估价可能很复杂，需要利用专家的工作。本章讨论投资的分类、相关控制和旨在测试金融工具余额的审计程序。

22.1　现金和金融工具账户的分类

由于对不同的账户需要采用不同的审计方法，因此必须对不同类型的现金和金融工具账户先作了解。只有了解了被审计单位的经营后，审计人员才有可能了解现金和金融工具账户的不同种类。以下就是几种主要的账户。

□ 现金总账

对绝大多数企业而言，**现金总账账户**（general cash account）是现金的核心账户，因为事实上所有的现金收支交易都要经过现金总账。比如，采购与付款循环中需要通过该账户支付现金，销售与收款循环中又要通过该账户存入现金收入。

□ 定额工资银行账户

正如第 19 章所述，作为加强工资支出内部控制的一种手段，许多公司设立了专门的定额工资账户。定额工资银行账户即始终保持一个固定余额，如 25 000 美元的专门的银行账户。在工资发放之前，先通过支票或电子划转从现金总账将所有的应付工资净额存入定额工资银行账户；待工资全部发放后，定额工资银行账户又只剩下 25 000 美元余额。该账户只用于存入和发放职工工资，通常是一周或半个月发放一次。

还有一种定额备用金账户，不同之处在于它实际上包括了两个账户：一个专门用于现金存入；另一个专门用于现金支出。各公司可能会针对不同的部门开设好几个这样的账户。所有的现金收入被存入定额备用金账户，余额定期转入总账。定额支付账户也以定额为基础，但它与定额工资银行账户有所不同。定额支付账户通常有一个固定余额，由经过授权的职员对符合公司政策的开支进行付款。余额用完时，新的资金会在开支预算批准后从总账补入，这种补入通常采用在线系统进行电子汇转。使用这种定额备用金账户可以加强对现金收支的控制。

□ 分支机构银行账户

对于跨区域的公司而言，通常可以在各地区开设专门的银行账户。**分支机构银行账户**（branch bank accounts）既有利于在当地社区中建立公共关系，也有利于按分支机构汇总经营情况。

一些公司下设各分支机构通过专门的银行账户办理存取款交易，超额现金将定期划入总公司的现金总账。这种情况下的分支机构银行账户更像是分支机构一级的总账账户。

□ 定额备用金

定额备用金（imprest petty cash fund）实际上不是银行账户，但它与现金存款极其相似。定额备用金就像在铁盒子里预留部分现金以备临时开支那样简单。它主要用于小额零星采购支出，因为使用现金比支票更方便、快捷，或为了便于给职员付现或支付工资支票。建立定额备用金的基础与定额分支机构银行账户相同，只不过支出的金额一般要小得多。定额备用金通常不超过几百美元，每个月的补充也不超过一两次。

许多组织使用预先核准的购物卡（俗称P卡）而不是通过保持定额备用金来进行购物支付。这些购物卡的功能类似于信用卡，但是卡中含有对采购的性质和数量的数额限制。

□ 现金等价物

在经营过程中有时会积累一些闲置资金，这时可将它们投资在期限短、流动性强的**现金等价物**（cash equivalents）上，比如定期存款、存折以及货币市场基金。如果它们属于短期投资并可以在短时间内变换成已知数额的现金，而且受利率影响的风险很小，就必须将其作为现金科目的一部分包括在财务报表中，由此可见现金等价物的重要性。

图22－1描绘了现金总账与其他现金账户之间的关系。从图中可以看出，所有现金均是通过现金总账提取或存入的。本章的剩余部分将着重讨论对其中三种现金账户的审计：现金总账、定额工资银行账户、定额备用金。其他账户与此类似，无须重复。

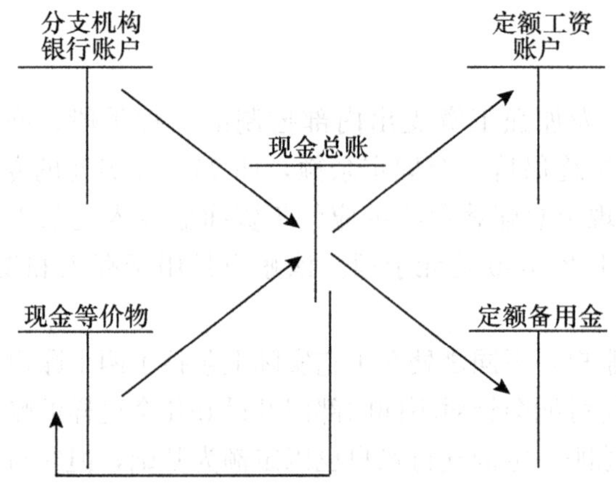

图22－1 现金总账与其他现金账户的关系

□ 金融工具

金融工具（financial instruments）账户包括对有价证券的投资，如债务和权益证券、衍生工具和套期活动。对金融工具的投资可以分为交易性证券、可供出售证券或持有至到期证券，而衍生工具可根据财务会计准则归类为资产或负债。公司可以购买有价证券作为临时投资结余现金的一种方式，也可以投资衍生金融工具，作为一种套期方式。例如，一家航空公司将投资于燃油套期，以抵消运营燃油成本的增加。在讨论现金账户之后，我们将讨论与金融工具相关的内部控制和审计考虑事项。

22.2 银行存款与交易循环

讨论银行存款与其他交易循环间的关系有两个作用：一是说明各交易循环测试对于现金审计的重要性；二是加深对不同交易循环整体上的理解。

图22－2说明了各交易循环间的关系，其核心是现金总账。图22－2也说明了为什么现金总账在几乎

所有审计项目中都非常重要（即使在期末现金余额很小时也是如此）。通常，经过现金账户的现金流入、流出量比财务报表上其他账户都要大。而且，现金比其他财产更容易发生盗窃，因为绝大多数财产只有转化成现金后才能使用。

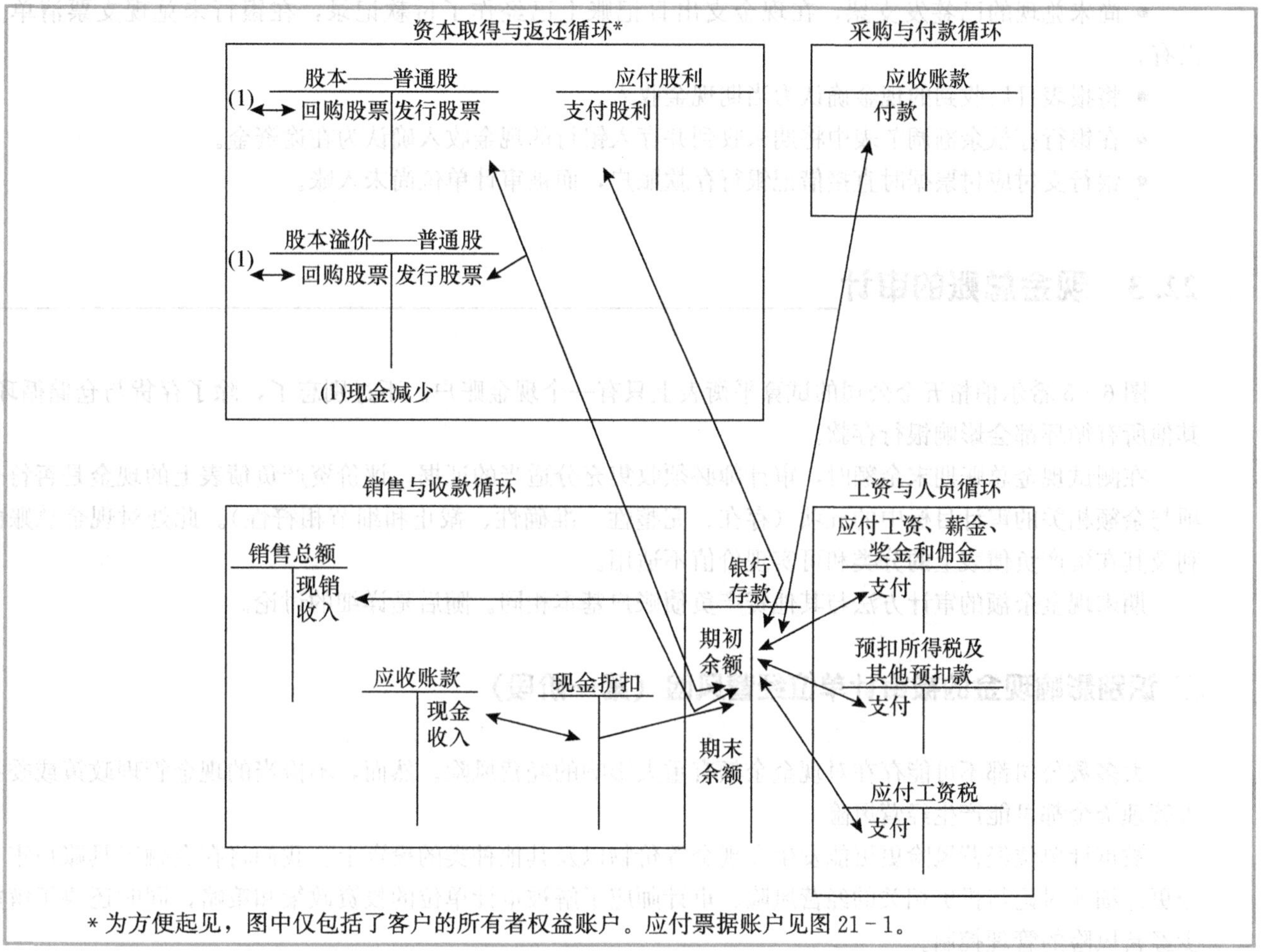

图 22－2 银行存款与各交易循环间的关系

在现金审计中，要特别注意区分两类审计业务：一是验证被审计单位银行对账单上的余额和总账余额的对账情况；二是验证现金总账中的记录是否正确地反映了当期发生的所有现金交易。相对而言，前者要容易一些，而后者则是整个公司审计中的重要内容。比如，下面任何一项错报都可能最终影响现金的收支，但这些错报在审查银行存款余额调节表时通常是发现不了的：

- 不给顾客开账单。
- 入账前截留顾客支付的现金，据为己有，最后按坏账损失处理。
- 重复付款。
- 不适当地支付管理人员的个人开支。
- 虚列原材料开支。
- 超过实际工时支付雇员工资。
- 超过现行利率支付关联方利息。

如果要在审计中发现上述错报，审计师必须采用前几章讨论过的控制测试和交易实质性测试等方法。其中前两项错报可能在销售与收款循环审计（第 14 章）中被发现，接下来的第三项可能在采购与付款循环（第18章）中被发现，最后两项则可能分别在工资与人员循环审计（第19章）、资本取得与返还循环审计（第21章）中被发现。

在审查银行存款余额调节表时通常会发现以下完全不同的错报，比如：

- 尚未兑现的已签发支票，在现金支出日记账上已经作了付款记录，在银行未兑现支票清单上却没有。
- 将报表日后收到的现金确认为当期现金收入。
- 在银行存款余额调节表中将期末收到并存入银行的现金收入确认为在途资金。
- 银行支付应付票据时直接借记银行存款账户，而被审计单位尚未入账。

22.3 现金总账的审计

图6-5希尔伯格五金公司的试算平衡表上只有一个现金账户。不过别忘了，除了存货与仓储循环外，其他所有循环都会影响银行存款。

在测试现金总账期末余额时，审计师必须收集充分适当的证据，评价资产负债表上的现金是否符合八项与余额相关的审计目标中的五项（存在、完整性、准确性、截止和细节相符性）。此处对现金总账的权利及其在资产负债表上的分类和可实现价值不适用。

期末现金余额的审计方法与其他资产负债账户基本相同。随后是详细的讨论。

□ 识别影响现金的被审计单位经营风险（第一阶段）

大多数公司都不可能存在对现金余额有重大影响的经营风险。然而，不恰当的现金管理政策或委托他人管理资金都可能产生经营风险。

被审计单位经营风险更可能发生在现金等价物以及其他种类的投资上。我们将在金融工具账户审计部分更详细地讨论与投资相关的经营风险。审计师应了解被审计单位的投资政策和策略，同时还要了解能减少经营风险的管理控制。

□ 确定实际执行的重要性和评估固有风险（第一阶段）

在许多审计中，现金账户余额并不重要，但影响其余额的交易循环几乎都很重要，所以现金账户经常存在潜在的重大错报。

由于现金比其他财产更容易被盗，因此对于存在、完整性及准确性目标而言，现金审计存在很大的固有风险。这些目标通常是现金余额审计的重点，而对于其他审计目标来说，其固有风险一般都低。

□ 估计控制风险（第一阶段）

对现金总账期末余额的内部控制有两种：一是对影响现金收支记录的交易循环的控制；二是独立编制银行存款余额调节表。

尽管影响现金交易记录的控制已在前面有关章节讨论过，但这些控制对于评估现金控制的风险仍然很重要。比如，在采购与付款循环（第18章），主要的控制包括：将签发支票与负责应付账款的职责进行分离；支票签发人必须经过适当授权；使用预先编号的特别纸质的支票；签发支票前仔细复核有关单据；充分的内部验证；等等。与运用于电子支付的控制类似，如果对现金交易有充分的内部控制，就可以降低控制风险，从而减少期末对银行存款余额调节表的审计测试。

每月由独立于现金收付或记账的职员对银行存款进行及时的调节，是一项重要控制。对那些拥有大量现金余额和大量现金交易的公司可能要逐日在线与银行记录对账调节。如果企业长时间推迟编制银行存款余额调节表，该项内部控制的作用就会大大降低，影响审计师对现金控制风险的评估。银行存款余额调节表的重要性在于：它能确定被审计单位账户余额（在考虑到调整项目后）与银行存款实际数的一致性。更重要的是，银行存款余额调节表为现金收付交易的内部验证提供了唯一的机会。如果银行对账单在收到时原封未动，并且在完成银行余额调节之前保持了良好的实物控制，在审查银行对账单中的已注销支票、存单副本及其他单据时，就不用担心它们会被涂改、删除或添加内容。银行存款余额调节表应由胜任的公司职员依下列步骤进行仔细的调节：

- 比较已注销支票或电子银行记录与现金支出记录的日期、收款人及金额。
- 审查已注销支票或电子银行记录的签名、背书及注销。
- 比较存入银行的现金与现金收入记录的日期、付款人及金额。
- 清点支票的顺序号，调查缺号的支票。
- 调节导致账面余额与存款余额不一致的所有差异，验证其恰当性。
- 根据银行对账单的借方发生额调整现金支出日记账。
- 根据银行对账单的贷方发生额调整现金收入日记账。
- 复核月末银行之间的转账并进行适当和正确的记录。
- 追查未兑现支票及停止支付的通知。

现在许多会计软件包都将银行存款余额调节表作为月末会计处理的一部分，尽管它能减轻有关人员对账的工作量，但上述绝大部分程序依然需要遵守。银行存款调节完成后另派一名员工对其进行复核，可以进一步加强对银行存款调节的控制。

□ 设计并执行控制测试和交易实质性测试（第二阶段）

由于现金余额受到除存货与仓储循环之外所有交易循环的影响，因此存在大量的影响现金的交易。适当的控制测试和交易实质性测试在前面章节学习交易循环审计时已经讨论过了。例如在第 14 章，我们讨论了对现金收入的控制，在第 18 章，我们讨论了对现金支出的控制，现金交易的审计贯穿于这些交易循环的测试中。

□ 设计并执行实质性分析程序（第三阶段）

在许多审计中，都会对期末银行存款余额调节情况进行广泛的审计。因此，用以测试现金余额合理性的实质性分析程序就不像在其他领域审计中那样重要。

审计师通常要将当期银行存款余额调节表的期末余额、在途存款、未兑现支票及其他调整项目与以前年度的调节表进行比较。同样，审计师也要比较本月与前几个月的月末余额。这些实质性分析程序可能会发现现金中的错报。

□ 设计现金余额细节测试（第三阶段）

验证现金总账余额的起点是从被审计单位获取银行存款余额调节表作为审计记录。图 22 - 3 是一份已经调整好的银行存款余额调节表。要注意的是，审计明细表底端的数据是调整后的总账余额，也应该是财务报表上的最终结果。如果数额重大，审计师必须确定被审计单位已经按图 22－3 所示进行了调整。

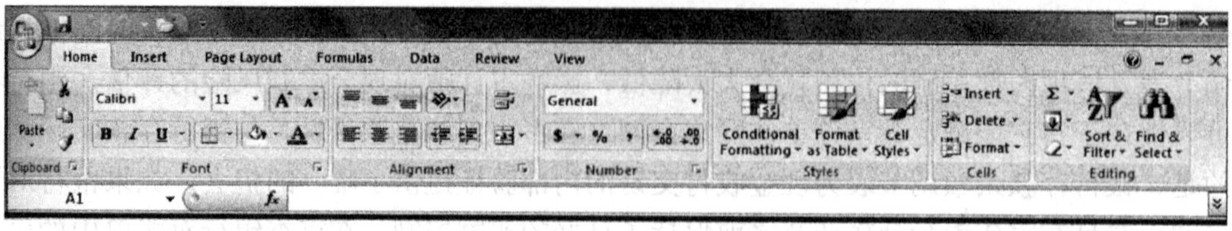

Clawson工业公司
银行存款余额调节表
12/31/16

目录 A–2		日期
制表 客户/DED		1/10/17
批准 SW		1/18/17

101账户——第一国家银行总账				
银行账面余额			$109 713	χ A–2/1
加：				
在途存款				
12/30		10 017 ✓		
12/31		11 100 ✓	21 117	
减：				
未兑现支票				
#7993 12/16		3 068 ✗		
8007 12/16		9 763 ✗		
8012 12/23		11 916 ✗		
8013 12/23		14 717 ✗		
8029 12/28	A–7	37 998 ✗		
8038 12/30	A–7	10 000 ✗	<87 462>	
其他调节项目：银行错误 银行其他客户的存款 错误地存入银行账户			<15 200>	A–3
调节后银行账面余额			$28 168 *N*	T/B
调节前公司账面余额			$32 584	A–1
调节：				
未入账的银行费用		216		A–3
银行退回的存款不足的支票		4 200	<4 416>	C–3/1
调节后公司账面余额			$28 168 *N*	A–1

χ 追查银行询证表并与其一致。

✓ 追查2016年12月份的现金收入日记账以及2017年1月份的银行截止日询证表，注意将其作为2016年12月31日的在途存款是否恰当。

✗ 追查2016年12月份的现金支出日记账以及2017年1月份的银行截止日询证表，注意将其作为2016年12月31日的未兑现支票是否恰当。

T/B 追查2016年12月31日的试算平衡表。

N 加总。

图 22－3 银行存款余额调节表的审计明细表

要审计银行存款，审计师就要验证被审计单位的银行存款余额调节表是否正确。表 22－1 描述了现金审计中与余额相关的审计目标及其对应的余额细节测试。现金审计的主要目标是存在、完整性和准确性，因此在现金审计中，审计师要对这些目标予以更多的关注。除了这些目标之外，审计师还要对四个列报和披露审计目标执行相关的测试，如复核会议记录和贷款协议，以确定是否存在必须披露的现金限制性条款。与其他审计一样，实际采用的审计程序还要依赖于审计师在其他与现金有关的审计项目中所确定的重要性水平和风险。

表 22-1 与余额相关的审计目标及现金总账余额细节测试

与余额相关的审计目标	常用余额细节测试程序	说明
调节表上的银行存款加总正确并与总账相符（细节相符性）。	加总未兑现支票和在途存款。 验证所有调节项目的加减运算。 追查调节表账面余额至总账。	这些测试全部在调节表上完成，除总账外不需要参照其他凭证和记录。
调节表上的银行存款真实存在（存在）。 银行实有存款均已入账（完整性）。 调节表上的银行存款记录准确（准确性）。	（参见每个目标的进一步讨论。） 获取并测试银行函证。 获取并测试截止日银行对账单。 测试银行存款余额调节表。 扩大测试银行调节表。 编制现金验证表。 测试空头支票。	这是银行存款审计最重要的三个目标，它们相互之间关系密切，审计程序往往交织在一起。后三个程序仅在内部控制存在缺陷时才使用。
现金收支交易记录于正确的会计期间（截止）。	现金收入： 清点年终最后一天的库存现金，追查在途存款及现金收入日记账。 依据截止日对账单追查上年的在途存款。 现金支出： 记录期末最后使用的支票号，并追查至现金支出日记账。 追查未兑现支票至下期银行对账单。	如果日记账记录了下一年度的现金收入，账面会反映出比实际好的现金状况。这就叫作现金收入日记账“未按时结账”。现金支出日记账不按时结账会减少当期应付账款并高估流动比率。 截止日现金收入和支出测试的第一道程序要求审计师在期末最后一天亲临客户现场。

下面对三个比较重要和复杂的审计程序作进一步讨论：获取银行函证、获取截止日银行对账单以及测试银行存款余额调节表。

获取银行函证 对于非上市公司的审计或在国际审计准则下并不要求审计师进行银行函证。但是，从每个与被审计单位有业务往来的银行或其他金融机构直接获取函证是常用的方法，除非出现大额的呆账，审计准则并不要求每个审计项目都必须如此。如果银行没有回应，就应该再次发函或者让被审计单位与银行联系。为了方便审计师和被函证银行，AICPA 已经批准使用**标准格式的银行问询函**（standard bank confirmation form）。图 22-4 是一份完整的标准银行函证样式，叫作向金融机构函证账户余额信息的标准表。这一格式已经被 AICPA 和美国银行家协会批准。一般情况下，银行函证以电子形式寄送，一些银行只对来自指定第三方中介寄来的电子函证予以回函。

在审计中，银行函证的作用不仅仅局限于验证现金余额实有数，它也可以用于验证贷款信息和银行账上的余额。比如，图 22-4 中包括了三项尚未偿还的贷款。银行提供的贷款及抵押或其他债务信息包括贷款金额、贷款日期、期限、利率以及抵押方式。

银行没有责任查找函证表以外的存款及贷款信息。但靠近函证表底端那句话的意思是说，银行应当将其所知的、未包含在其函证表以内的贷款信息提供给会计师事务所。由于银行只承担有限责任，因此，如果审计师想要了解未记入银行账的存款或债务信息，完成完整性目标测试，就必须采用其他方法。同样，银行也不会提供类似贷款限额、补偿性余额要求、为他人担保而发生的或有负债等信息。如果想了解这些信息，审计师应当向金融机构就有关内容进行单独函证。

在收到银行函证表以后，函证表上的银行账户余额应与银行存款余额调节表一致。同样，调节表上的其他信息也应与相关的审计明细表进行比较，如果存在差异，就必须进行调查。

获取截止日银行对账单 截止日对账单是一种部分期间银行对账单，包括已注销支票、存单副本及其他凭证，它们由银行直接寄往会计师事务所。截止日对账单是不经过被审计单位的，其用途是证实客户期末余额调节表上的调节项目。为达到这个目的，审计师应要求被审计单位让银行将报表日后 7～10 天的对账单直接寄到他们手中。

Clawson 公司
银行询证表
12/31/2016

目录 A-2/1	日期
制表 DED	1/10/2017
批准 SW	1/18/2017

金融机构账户余额信息的标准函证

Clawson 公司
客户名称

金融机构名称及地址

[第一国家银行
伊利诺伊州
米德韦尔市
Oak 大街 200 号，40093]

我们已经向审计师提供了截至 2016 年 12 月 31 日包括存款及贷款余额在内的有关信息。请证实这些信息的准确性，并指出例外事项。如果有余额未填，请在下面空格中填写。虽然我们不要求或期望您对账户进行全面、详细的查找，但如果在填表过程中发现了其他存款或贷款，请将其列在下面。请您使用随附的信封，将此表直接寄给我们的审计师。

1. 至上述截止日期，我们的账面存款余额是：

账户名称	账号	利率	余额*
现金总账	19751974	无	109 713.11 A-2

2. 至上述截止日期，我们从金融机构直接获得的贷款有：

账号/说明	余额*	到期日	利率	付息日	抵押说明
N/A	50 000.00	1/9/17	4.75%	N/A	一般
N/A	90 000.00	1/9/17	4.625%	N/A	担保
N/A	60 000.00	1/23/17	4.75%	N/A	协议

A. L. Moore
（客户授权签名）

2017 年 1 月 3 日
（日期）

客户提供的以上信息与我们的账面记录一致。虽然我们没有进行全面、详细的查找，但除下列内容外，我们没有注意到有其他的存款或贷款。

Margaret Davis
（金融机构授权签名）

副总经理
（职务）

2017 年 1 月 8 日
（日期）

例外事项及备注
无。

请将此表直接寄给我们的审计师：

Jones & Smith 会计师事务所
密歇根州，底特律市
第一大街 2111 号，48711

该表于 1990 年经美国银行家协会、美国注册会计师协会、银行管理学会通过。如需要，可到下列地址索取：AICPA-Order Department，1-888-777-7077。

* 通常，如果在填表时有关余额还不能确定，客户就会有意不填。

图 22-4 金融机构账户余额信息的标准函证

审计师如果不能直接收到截止日银行对账单，就要验证期后对账单，其目的是验证被审计单位职员是否删除、增加、修改截止日对账单所附凭证。显然这是对故意错报的测试。审计师在报表日后一个月内可以通过以下方法来验证截止日对账单：（1）加总已注销支票、借项通知单、存款单、贷项通知单；（2）使用加总数时先与对账单进行核对；（3）复核加总项目，以确保银行在适当期间内注销这些项目且没有删除和修改的痕迹。

测试银行存款余额调节表　编制独立的银行存款余额调节表是一种重要的现金内部控制。测试银行存款余额调节表的目的就是验证被审计单位是否对其进行了认真编制，核对被审计单位记录的银行存款余额（除了在途资金、未兑现支票或其他需要调整的项目）是否与银行实际存款数一致。

审计师可以从截止日银行对账单或在线访问银行提供的客户账户信息获取有关测试银行存款余额调节表的信息。测试的主要程序如下：

- 验证被审计单位银行存款余额调节表计算的准确性。
- 追查银行函证表的余额和（或）截止日对账单的期初余额至银行存款余额调节表的每个银行账户余额，两者相等时才编制调节表。
- 追查报表日之前开出的且包括在截止日对账单中的支票至银行存款余额调节表中的未兑现支票清单和报表日（或之前）的现金支出日记账。所有在报表日后兑现且记入现金支出日记账的支票都应在未兑现支票之列。如果现金日记账上的现金支出在报表日之前尚未兑现，则它也应该在未兑现支票之列。同样，如果支票在报表日之前就已经兑现，则不应该列示在调节表中。
- 调查截止日对账单上重要的未兑现支票。首先要将未兑现支票的金额与现金日记账相比较，然后向被审计单位了解未兑现的原因。此外，如果审计师考虑到可能会出现舞弊，就必须向供应商函证以确定其应收款账户是否已经确认了现金收入。另外，在可能的情况下，审计师还应在审计结束前对已注销支票进行审查。
- 追查在途资金至截止日对账单。要追查所有在报表日前尚未存入银行的现金收入至截止日对账单，以确信其在下年度期初即被存入。
- 分析银行对账单和调节表上的其他调整项目，如银行费用、银行的差错及更正、银行直接入账但企业尚未入账的交易等。必须仔细调查这些调整项目，以确保被审计单位已对其作了适当的处理。

图 22－5 说明了审计测试在银行存款总账审计中的运用。注意观察图中控制测试、交易实质性测试、实质性分析程序对每个涉及现金账户的交易循环的测试。

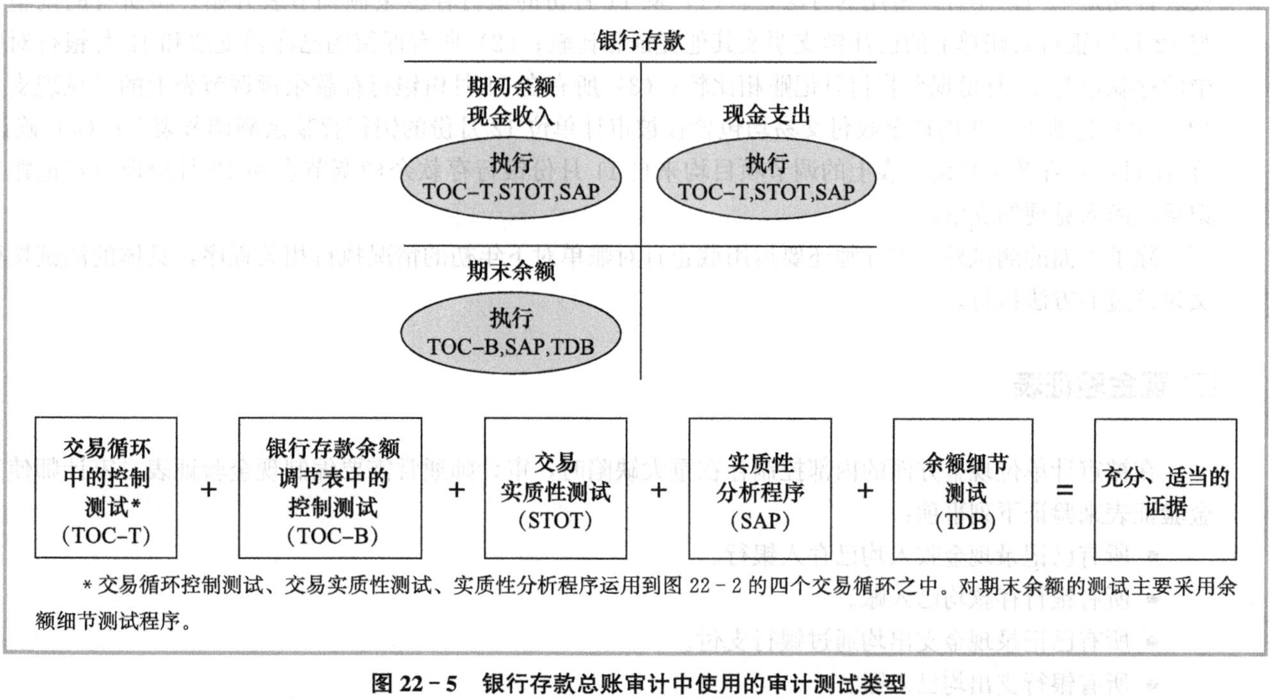

图 22－5　银行存款总账审计中使用的审计测试类型

22.4 舞弊导向审计程序

在现金余额审计中主要考虑的一个问题是存在舞弊的可能性。当被审计单位内部控制不健全，特别是当出纳和会计没有实行严格的职务分离时，审计师应当在现金余额审计中扩大审计程序，以确定是否存在重大舞弊行为。

在设计侦查舞弊的审计程序时，审计师必须仔细考虑内部控制缺陷的性质、由此可能产生的舞弊类型、舞弊潜在的重要性以及最有效的审计程序。

审计师在具体测试时应当意识到，除了余额细节测试外，还可以运用其他审计程序。比如，适用于侦查现金收入方面舞弊的程序有：函证应收账款；测试截留现金收入；复核记入现金总账的非正常项目；追查客户订单至销售及随后的现金收入；审查坏账；销售退回与折让的批准和支持性记录。这些测试程序同样可用于侦查现金支出方面的舞弊。

即使按照精心准备的测试程序执行审计，也难以查出舞弊，特别是在被审计单位隐瞒了部分交易及账户余额时更是如此。举例来说，如果一家公司拥有非法海外现金账户并存入部分未记录的销售收入，审计师就不大可能查出其中的舞弊。但是，如果审计师有理由相信可能存在舞弊，他们就有责任尽其所能地侦查舞弊。以下三种侦查舞弊的程序都与期末现金余额有着直接的联系：银行存款余额调节表的扩大测试、现金验证表、银行转账测试。

□ 银行存款余额调节表的扩大测试

如果审计师认为期末银行存款余额调节表可能存在故意错报，就应该扩大对调节表的测试。扩大测试的目的是验证：年度最后一个月日记账中的所有交易是否均已正确记入银行存款余额调节表或未记入；银行存款余额调节表中的所有项目是否均已正确记入日记账。我们假设被审计单位内部控制存在重大缺陷且报表日期是 12 月 31 日。常用的方法是：(1) 从 11 月份的银行存款余额调节表开始，将所有的调整项目与 12 月份银行对账单上的已注销支票及其他凭证相比较；(2) 所有保留的已注销支票和 12 月银行对账单中的存款单与 12 月份现金收付日记账相比较；(3) 所有在 11 月份银行存款余额调节表上的未兑现支票及 12 月份日记账上发生的现金收付交易均包含在被审计单位 12 月份的银行存款余额调节表上；(4) 确认 12 月 31 日银行存款余额调节表上的调节项目均来自 11 月份银行存款余额调节表和 12 月份现金日记账上已记录但尚未兑现的支票。

除了上面的测试外，审计师还要运用截止日对账单对下年初的情况执行相关程序，具体的测试按照前文讨论过的方法执行。

□ 现金验证表

在被审计单位现金方面的内部控制存在重大缺陷时，审计师通常需要编制现金验证表。审计师使用现金验证表来验证下列事项：

- 所有已记录现金收入均已存入银行。
- 所有银行存款均已入账。
- 所有已记录现金支出均通过银行支付。
- 所有银行支出均已入账。

编制现金验证表的程序如下：

- 依据验证期初的现金总账余额，调节银行对账单余额。
- 依据既定期间内的现金收入日记账，调节存入各银行的现金收入。
- 依据既定期间内的现金支出日记账，调节电子支付和银行已注销的支票。
- 依据验证期末的现金总账余额，调节银行对账单余额。

这样的现金验证表通常称为四栏式现金验证表——每一栏填写上述对应的内容。既可以编制年度中一个或几个月的现金验证表，也可以编制全年的，或者最后一个月的。正如图 22－6 所示，期中现金验证的重点不在于调整账户余额，而在于各企业账和银行账的调节。

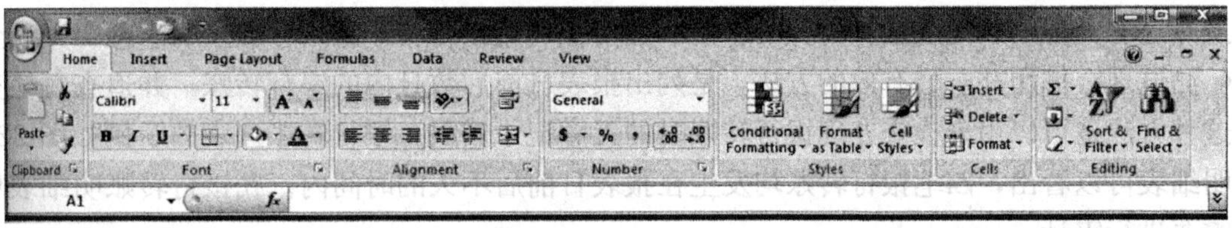

Clawson公司
期中现金验证表
6/30/2011

目录 A-5	日期
制表 JG	7/15/2016
批准 RP	7/17/2016

101账户——第一国家银行总账

		5/31/16	收入	支出	6/30/16
银行账面余额	①	$121 782.12	$627 895.20	$631 111.96	$118 565.36
在途存款					
5/31	②	21 720.00	<21 720.00>		
6/30	②		16 592.36		16 592.36
未兑现支票					
5/31	③	<36 396.50>		<36 396.50>	
6/30	③			14 800.10	<14 800.10>
存款不足支票	④		<4 560.00>	<4 560.00>	
调整日记账借贷方向误记金额			<8 500.00>	<8 500.00>	
调整后的银行账面余额		$107 105.62	$609 707.56	$596 455.56	$120 357.62
未调整的企业账面余额		$107 105.62	$609 707.56	$597 957.04	$118 856.14
银行借项通知单	⑤			120.00	<120.00>
工资支票误记为现金总账支出	⑥			<1 621.48>	1 621.48
调整后的企业账面余额		$107 105.62	$609 707.56	$596 455.56	$120 357.62

①来源于2016年6月30日银行对账单。
②在途存款详细清单，来源于下期银行对账单。
③未兑现支票详细清单，来源于对已注销支票的检查。
④存款不足支票详细清单，所有存款不足支票均已重新存入资金并于2016年6月30日全部兑现。
⑤保险柜租金，依据日记账相应记录，要求列出保险柜存放物品的明细表。
⑥依据日记账上的错误更正记录填写。

图 22－6　期中现金验证表

审计师在编制现金验证表时，将交易实质性测试与余额细节测试综合在一起。现金收入验证表是对已入账交易的测试，而银行存款余额调节表则是对某一时点现金余额的测试。现金验证表是一种将已入账现金收付交易与银行存款账户及银行存款余额调节表相核对的极好方法。然而，审计师也要注意，现金支出验证表在揭露数字填写不正确的支票、舞弊性支票及其他现金记录不正确的错报等方面不是很有效。同样，现金收入验证表对于揭露盗窃现金收入或现金记录及存款金额错误也不是很有效。

□ 银行转账测试

侵占公司现金的人有时通过现金的挪用补空来掩盖其侵占行为：将现金从一家银行转移到另一家银行，并作虚假账务处理。在接近报表日时从一家银行账户开出支票，然后在会计期间快结束时将其存入另一家银行账户。在转移现金时，侵占资金的人员会等到非常接近报表日的时候才存入银行，这样直到下一会计期间才向开出支票的银行兑现。如果现金的转移直到报表日后才入账，这笔款项就会在两家银行都被作为资产入账。

虽然还有其他用以完成这种舞弊的手段，但都会利用银行转账虚增存款余额来掩盖其现金的短缺。

• 测试现金挪用补空最有效的方法，是列出报表日前后数日内的银行转账，并追查每笔交易的会计记录，这种方法也可以用来检查办理银行转账时的无意记录错误。银行转账列表的示例如图 22－7 所示。从图中明细表可以看出，四笔银行转账均发生在报表日前后不久的时间内。在银行转账明细表中有以下几个事项需要进行审计：

• 银行转账明细表上信息的准确性。审计师应当将明细表中的收支信息与现金日记账相核对，以验证其准确性。同样，明细表中的收支日期也要与银行对账单相核对。最后还要审查日记账上的现金收支情况，确保报表日前后短时内的所有银行转账均包括在明细表中。图 22－7 明细表中对号表示上述步骤已经完成。

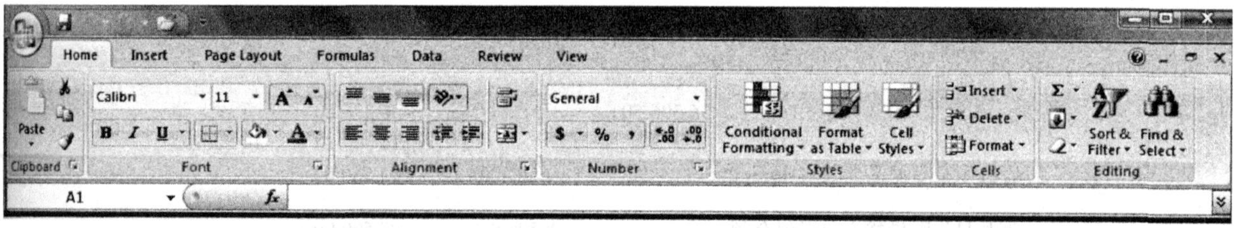

Cawson公司
银行转账明细表
12/31/2016

目录 A-7　日期
制表 DED　1/10/2017
批准 SW　1/18/2017

支票号	支出				收入		
	银行	金额(美元)	入账时间	银行付款时间	银行	入账时间	银行收款时间
(1)	(2)	(3)	(4)	(5)	(6)	(7)	(8)
EFT	第一国家——总账	$20 642✓	12-26-16⊗	12-26-2016□	联邦特许——工资	12-26-2016⊘	12-27-2016□∅
#8029	第一国家——总账	$37 998✓A-2	12-28-16✗	01-02-2017□	联邦特许——储蓄	12-29-2016⊘	12-29-2016□∅
#8038	第一国家——总账	$10 000✓A-2	12-30-16✗	01-04-2017□	联邦特许——储蓄	12-30-2016⊘	01-03-2017□ⓦ
#8045	第一国家——总账	$21 014✓	01-02-17⊗	01-04-2017□	联邦特许——工资	01-03-2017⊘	01-04-2017□∅

✓ 已核对现金支出日记账。
⊘ 已核对现金收入日记账。
✗ 包括在银行存款余额调节表未兑现支票列表中。
⊗ 不包括在银行存款余额调节表未兑现支票列表中。
ⓦ 作为在途存款计入现金收入。
□ 已核对银行对账单。
∅ 未作为在途存款计入现金收入。

图 22－7　银行转账明细表

- 银行转账是否在收付方银行均已入账。比如从 A 银行转账到 B 银行 10 000 美元，若只有付款银行入账，则这就最可能是试图隐瞒盗窃现金的证据。
- 每笔转账的收付款入账时间是否在同一会计年度。图 22－7 第四栏和第七栏的入账时间中，四笔业务的两个入账日期均在同一会计年度，因此是正确的。如果现金收入记在当期，而支出记在下期，则可能就是想掩盖现金短缺。
- 明细表中的现金支出应正确地作为未兑现支票包括（或排除）在银行存款余额调节表中。图 22－7 中，2016 年 12 月 31 日的现金总账调节表应当将第二笔和第三笔转账列为未兑现支票，其他两笔则不需要。（比较第四栏和第五栏的日期。）在银行存款余额调节表上漏记未兑现支票就暗示了可能存在挪用补空。

明细表中的现金收入应正确地作为在途存款包括（或排除）在期末银行存款余额调节表中。图 22－7 中，2016 年 12 月 31 日的储蓄和工资账户调节表应当将第二笔转账列为在途存款，其他三笔则不需要。（比较最后两栏的转账日期。）在银行存款余额调节表上虚增在途存款也暗示了可能存在挪用补空。

虽然对银行转账的测试通常是基于侦查舞弊而执行的，但只要在审计中存有大量银行转账，则不管其内部控制如何，都要对其进行测试。除了挪用补空外，银行转账的不恰当处理也会导致现金和应付账款之间的错误分类。银行转账不仅非常重要，而且测试也相对简单，因此许多审计师认为应当经常使用该项测试。

22.5 金融工具账户的审计

在测试金融工具的年末余额时，审计师必须收集充分适当的证据以评价资产负债表的金融工具账户是否按照有关账户余额测试的八个审计目标公允列报和适当披露（存在、完整性、准确性、分类、截止、细节相符、可实现价值和权利），详见表 22－2。我们现在讨论年末金融工具的审计方法。

□ 识别影响金融工具的被审计单位经营风险（第一阶段）

与金融工具相关的经营风险因公司投资活动的重要性和激进性而有所不同。投资流动性较低的证券或衍生金融工具的公司、投资占总资产比重较大的公司，风险都比较高。由于较大的交易量和较多的交易工具类型，金融服务公司面临更大的风险。例如，一些公司因个别“流氓交易员”隐藏虚报投资和现金余额的活动而蒙受巨额交易损失。此外，由于市场中交易活动的增加，整体市场波动性更高。审计师应了解被审计单位投资政策和战略导致的风险，以及为减轻这些风险的管理控制措施。

□ 确定实际执行的重要性和评估固有风险（第一阶段）

金融工具账户余额可能是重大的，取决于投资活动的类型和频率。影响金融工具固有风险的因素包括管理层关于投资活动的目标（例如为最小化风险而进行的套期）、证券或衍生品的复杂性、公司在某些投资方面的前期经验，以及信用风险或利率风险等外部因素是否会影响相关认定。其中许多风险与准确性、分类和可实现价值等审计目标有关。使金融工具固有风险增加的另一个因素是相关会计准则的复杂性。大多数金融工具采用**公允价值估计**（fair value estimates）进行估值。会计准则区分第一层次的公允价值估计（相同资产或负债在活跃市场中的可观察价格，即报价）和第二、三层次估计。第二层次估计是指除报价外直接或间接可观察的输入值，如类似资产或负债的价格，而第三层次估计使用不可观察的输入值，如定价模型或贴现现金流。这些估计需要管理层作出重大判断，审计师还需要考虑管理层将投资划分为第

二、三层次公允价值的动机。所有这些风险，再加上最近的市场波动和市场流动性不足的可能性，都可能导致金融工具余额出现重大的错报和错误分类。

□ 评估控制风险（第一阶段）

审计师需要了解围绕投资活动的发起、授权、处理、公允价值计量以及披露的内部控制的设计和运行有效性。最重要的是，管理层需要有：(1) 投资策略和对各种风险敞口水平的认识；(2) 适当的程序，能够根据持有意图将金融工具恰当分为交易性金融工具、可供出售金融工具或持有至到期金融工具；(3) 发起和记录交易的程序；(4) 确定公允价值估计的健全内部控制，例如在评估第二、三层次估计值方面具有适当专业知识或经验的人员。如果公司利用服务机构，如投资顾问或经理人来管理其投资活动，审计师也需要了解该服务组织的内部控制。如果该组织的审计师出具了有关该组织内部控制的报告（如第12章所述），则审计师通常可以信赖服务组织的内部控制。否则，审计师可能需要专业知识，或者需要依靠事务所内部的专家来帮助了解相关的信息系统。

□ 设计并执行控制测试和交易实质性测试（第二阶段）

与其他账户的审计不同，审计师不能选择实施较广泛的实质性测试和减少对控制的依赖，评估有关金融工具的内部控制是必不可少的，以便将审计风险降至可接受的水平，尤其是对于与交易相关的审计目标。金融工具的拟实施交易测试包括对证券和衍生品的买卖或套期交易的结算、相关损益以及利息和股息收入的测试。只要控制被视为有效，审计师通常依赖投资经理的报表和经纪人的建议（经纪人向客户发送的详细买卖信息的通知）来测试买入和卖出，跟踪付款或收入到现金支付或收款记录，然后测试损益的计算准确性。重新计算利息收入、股息，并与标准普尔的股利记录等公共来源的信息进行比较。

□ 设计并执行实质性分析程序（第二阶段）

实质性分析程序在评估金融工具的期末余额时通常不是很重要，因为这些余额可能逐年波动，且不一定与其他账户挂钩。但是，实质性分析程序可以用于检验利息和股息收入的合理性。审计师还可以逐年比较三个公允价值层次中每一类投资的相对百分比，以评估投资策略或投资组合风险的变化。

□ 设计金融工具余额的细节测试（第三阶段）

金融工具账户期末余额的测试起点是获取当年的投资活动明细表。投资活动明细表包括期初余额、金融工具的买入卖出及其相关损益，以及以公允价值或符合会计准则的其他价值记录的期末余额。明细表还将列示股息和利息收入。金融工具审计中与余额相关的审计目标和常见的余额细节测试如表22-2所示。最重要的目标是证券投资的存在、准确性和可实现价值，完整性对于衍生金融工具来说也很重要。鉴于报表附注中大量的披露要求与公允价值估计相关，因此列报和披露目标也非常重要。在讨论细节测试时，我们假设被审计单位聘用服务机构作为投资经理，并且审计师已经确定服务机构的内部控制有效。投资经理或投资顾问通常发起交易，持有证券，以及处理和维护与交易相关的记录。在讨论审计程序时，我们将服务机构称为经纪交易商。审计师向经纪交易商进行函证，以确认年终持有情况以及当年发生的已结算和未结算交易。函证程序

表 22-2 与余额相关的审计目标及金融工具账户余额的细节测试

与余额相关的审计目标	常用余额细节测试程序	说明
投资活动明细表列示的金融工具加总正确并与总分类账相符（细节相符）。	加总投资活动明细表。 验证投资活动明细表的增减。 期末余额按类别追查至总分类账。	投资可分为交易性、可供出售和持有到期。 明细表可能包括按照第一、二和三层次公允价值估值的证券。
投资活动明细表上所列示的金融工具存在（存在）。 所有金融工具已入账（完整性）。 投资活动明细表上所列示的金融工具记录准确（准确性）。	向经纪交易商进行函证。 现场检查证券或衍生合同。 检查基础协议。	通常，函证能够提供足够的证据，而无须审计师现场检查证券或合同。证券和合同通常由经纪交易商持有。
金融工具在财务报表上进行了恰当分类（分类）。	针对交易性金融工具、可供出售金融工具和持有至到期金融工具的恰当分类进行测试。 验证附注是否按照三个层次恰当分类。	这些分类基于管理层的意图且需要进行判断。
金融工具交易记录于恰当的期间（截止）。	检查接近年末的交易以及经纪人的建议，以确定这些交易是否记录于恰当的期间。	截止目标对于交易测试更为重要，因为客户可能希望在年底记录损益。
期末投资活动明细表中包含的金融工具按照会计准则以适当的金额列报（可实现价值）。	验证市场报价。 测试管理层的分类。 测试管理层与估值相关的假设。 考虑利用专家来测试公允价值的估计。 考虑是否需要计提减值损失。	这是最困难的测试目标，审计程序根据客户的投资策略以及金融工具的类型而有所不同。
被审计单位对投资活动表中包含的金融工具享有权利（权利）。	检查基础文件和合同。 与衍生合约的对手方确认重要条款。 审查董事会会议记录，以确定是否有任何证券作为抵押品质押。	在审查买入时，权利、存在和准确性测试一并进行。

为存在、完整性和准确性提供了保证，但还需要核实现金、现金等价物和金融工具余额，以确保管理层不会试图通过重复计入现金来弥补现金短缺。如果存在衍生金融工具，则有必要对完整性进行更广泛的测试，例如，检查嵌入衍生工具的合同，以及阅读与套期和投资活动相关的董事会会议记录。

与可实现价值相关的测试将根据证券类型和相关会计准则而有所不同。会计准则可能要求金融工具按成本、公允价值或基于被投资单位的财务结果入账。鉴于会计估计特别是公允价值估计涉及大量的审计师判断，制定了相关的审计指南。第一层次公允价值估计（相同的资产具有市场报价）更易于审计，通常需要观察年底的市场价格，这可以通过查阅《华尔街日报》或其他著名的金融出版物来完成。第二、三层次的公允价值估计更难审计，因为它们在分类（第二或第三层次）和确定公允价值时都涉及重大的管理层判断。审计师需要测试管理层用于确定公允价值估计的假设和模型的合理性和适当性。如果审计师选择聘请专家来测试公允价值估计，审计准则要求审计师确定该专家是否客观、具有专业胜任能力，以及需要了解专家确定公允价值的方法。审计师还应考虑管理层将金融工具分类为第二层次或第三层次的动机，这是因为不同方法下获得的估值存在差异，而且第三层次公允价值估计的披露要求更为复杂。

本章小结

在本章中，我们注意到许多循环的交易对现金账户都有影响。正因为交易循环与期末现金余额之间存在这样的关系，审计师通常都会等到所有控制测试及交易实质性测试完成之后才对期末现金余额进行审计。正如本章所述，现金余额审计通常包括对各主要现金账户银行存款余额调节表的测试，比如现金总账、定额工资账户、定额备用金。如果审计师认为发生现金盗窃的可能性很大，他们就应采用另外的测试，比如扩展银行存款余额调节表审计程序、现金验证或者银行转账测试。

根据客户的投资策略和管理层意图，金融工具审计所需要的努力和判断量将有所不同。主要测试包括向经纪交易商进行函证以及测试公允价值估计。

练习题

22-1 解释控制风险初步评估、控制测试、现金收入交易实质性测试、现金余额细节测试之间的关系。

22-2 什么是分支机构的银行备用金账户？解释这种银行账户的使用目的。

22-5 评估审计师所述做法的必要性："在函证银行账户时，我坚持要求得到客户在过去2年中与之有过业务往来的每一家银行的回复，即使该账户在资产负债表日已经销户。"

22-9 公司的银行存款余额调节表如何反映银行从信用卡代理机构收到的现金存款？该存款是客户从公司在线网站购买产品的付款，但没有记录在公司的记录中。

选自注册会计师考试的选择题

22-14 下列问题与期末现金余额和金融工具审计有关，选择最佳答案。

a. 某注册会计师直接从银行获取被审计单位1月10日的银行存款余额调节表。上年12月31日银行存款余额调节表上的未兑现支票大部分没有在截止日之前兑现，可能的原因是（　　）。

(1) 被审计单位挪用补空
(2) 被审计单位截留收入
(3) 被审计单位在年末之后才将工资转账
(4) 被审计单位夸大了期末余额

b. 在确定公司以公开交易股票形式持有的投资的存在和所有权时，审计师应检查证券或（　　）。

(1) 从管理层获得书面声明，确认证券被正确归类为交易性证券
(2) 查阅被投资公司经审计的财务报表
(3) 确认独立托管人持有的股份数量
(4) 确定投资以成本或市场中较低价进行

c. 审计师通常应给被审计单位的所有交易往来的银行发送询证请求，而不管其年末账面余额多少，这是因为（　　）。

(1) 只有通过这个程序才能发现挪用补空
(2) 可以从中了解到被审计单位所欠银行债务情况
(3) 向所有这些银行发送询证是审计准则的要求
(4) 可以减轻审计师因未能发现伪造支票而承担的责任

22-15 下述问题与期末现金余额审计中揭露舞弊有关，选择最佳答案。

a. 审计师应同时控制和核实所有流动资产，以防止（　　）。

(1) 未记录的支出
(2) 转换资产以掩盖短缺
(3) 未经授权的支付
(4) 挪用公款

b. 下述哪种审计方法更容易发现挪用补空（ ）。
(1) 复核存款单的验证材料
(2) 复核随后的银行对账单以及直接从银行获得的已注销支票
(3) 编制期末余额调节表
(4) 依据被审计单位账簿编制银行转账清单

c. 以下哪项现金转账会导致 2016 年 12 月 31 日的现金错报（ ）。

银行转账明细表

转账	支出		收入	
	账上记录的	银行支付的	账上记录的	银行支付的
(1)	12/31/2016	1/4/2017	12/31/2016	12/31/2016
(2)	1/4/2017	1/5/2017	12/31/2016	1/4/2017
(3)	12/31/2016	1/5/2017	12/31/2016	1/4/2017
(4)	1/4/2017	1/11/2017	1/4/2017	1/4/2017

讨论题

22-17 下面是被审计单位期末现金余额可能出现的错报（假设报表日期是 6 月 30 日）。
1. 6 月 30 日的银行存款余额调节表上少汇总了 2 000 美元。
2. 6 月 26 日一笔银行贷款直接记入银行存款的贷方，贷款至 6 月 30 日尚未入账。
3. 6 月 30 日银行存款余额调节表漏记了一张未兑现支票，该支票于 7 月 7 日兑现。
4. 银行存款余额调节表漏记了一张支票，该支票在 9 月 6 日兑现。
5. 7 月 1 日至 5 日应收账款的现金收入被记作 6 月 29 日至 30 日的现金收入。
6. 一笔在 7 月 1 日才发生的银行转账，在 6 月 30 日就已经作为在途存款。
7. 6 月 26 日开出一张支票并在当月支出，未记入日记账，也没有作为 6 月 30 日的未兑现支票。

要求：
a. 假设这些错报都是故意的（舞弊），解释一下负责人的动机是什么。
b. 应建立起什么样的内部控制才能降低上述每一项错报发生的可能性？
c. 列出揭露这些舞弊行为的审计程序。

22-22 你正在进行 Sherman School District 的第一年审计，并被指定负责 2016 年 10 月的四栏现金的测试。你获得了以下信息：

1. 每个账户的余额	9 月 30 日	$10 725
	10 月 31 日	5 836
2. 每家银行的余额	9 月 30 日	6 915
	10 月 31 日	8 276
3. 未付支票	9 月 30 日	1 811
	10 月 31 日	2 615

4. 10 月现金收入	每家银行	28 792
	每个账户	20 271
5. 在途存款	9 月 30 日	5 621
	10 月 31 日	996

6. 10 月份银行贷款的利息是 596 美元，由银行收取，但未入账。

7. Jones 公司票据的收益于 10 月 28 日由银行收取，但未入账：

本金	$ 2 900
利息	396
	$ 3 296

8. 10 月 26 日，Billings 公司一张 1 144 美元的支票被银行错误地记入 Sherman School District 的账户。

9. 退票支票不会记入账簿，除非永远无法与银行结清。当它们被拒付时，银行将其视为付款；当它们被转存时，银行将其视为存款。总额为 1 335 美元的支票在 10 月份被拒付，600 美元在 10 月份被转存，735 美元在 11 月份被转存。

要求：

a. 准备一份四栏的截至 10 月 31 日的现金证明。它应该显示调整后和未调整的现金。

b. 准备所有调整分录。

第 5 部分

完成审计工作

第 23 章是第 5 部分唯一的一章，讲述四个审计阶段的最后一个阶段——完成审计工作。在审计过程中，即使其他阶段的工作非常出色，如果完成阶段的工作草草了事，其审计质量也仍是低水平的。而如果计划阶段（第一阶段）和两个测试阶段（第二和第三阶段）的工作令人满意，则完成阶段的工作也将变得相对容易。

第 23 章

完成审计工作

- 23.1 对列报与披露执行其他测试
- 23.2 复核或有负债和承诺事项
- 23.3 复核期后事项
- 23.4 汇总最终证据
- 23.5 评价审计结果
- 23.6 出具审计报告
- 23.7 与审计委员会和管理层沟通
- 23.8 期后发现的事实

学习目标

1. 设计并执行与列报和披露审计目标相关的测试。
2. 对或有负债和承诺事项进行复核。
3. 取得并评价被审计单位律师的声明书。
4. 对期后事项执行资产负债表日后复核。
5. 设计和执行汇总审计证据阶段的最终程序。
6. 汇总所收集到的审计证据，评价总体审计结果。
7. 与审计委员会和管理层进行有效的沟通。
8. 说明审计师在报告发布后发现影响审计报告的事实时应负的责任。

引例

良好的复核并不只是看一看审计档案

Larry Lenape 是 Santro，Best & Harmon 事务所的一名高级审计师，他委派助手 Clawson Little 对一家大型设备制造商 Westside Industries 的应付账款进行审计。对于制造企业来说，应付账款是一个重要的负债类账户，测试其截止日的账户余额是审计工作的重要一环。测试主要是通过审查被审计单位期后向供应商和其他债权人的付款情况来复核被审计单位的负债记录情况，从而确定其负债是否已恰当记录。

Lenape 在审计中发现，Little 花费大量时间用于打电话，联系个人事务。随后，在审计业务即将结束前不久，Little 宣布将要离开事务所。尽管由于私事而分心，Little 还是在预定时间内完成了分配给他的工作。

鉴于 Little 的工作特点，Lenape 决定格外仔细地复核他的工作底稿。Lenape 所复核的每一份明细表都编制恰当，上面标有勾号并注明了 Little 的解释，表明他已经对有关数据和凭证做了广泛的审查，并认为被审计单位报表中的应付账款余额是恰当的。但值得一提的是，对于在审计年度内已经收到但未入账的存货，被审计单位并未在资产负债表日后发生相应的付款行为。

当 Lenape 完成其审计工作后，将全部审计档案转交给 Kelsey Mayburn 复核。她是负责该项审计业务的项目经理，对有关设备制造商的知识颇为精通，当然对 Westside Industries 也不例外。Mayburn 复核了所有的审计档案，包括在审计过程中执行的实质性分析程序。在完成了复核过程中追加的分析程序后，她与 Lenape 取得了联系，告诉他应付账款余额与她的计算结果相悖，并要求他做些额外检查。尽管 Lenape 曾经检查过 Little 所做的审计档案，但他还是再次对其审计档案中涉及的全部凭证进行了审查。结果表明，Little 在审计过程中若非根本没有审查过凭证，就是他在审查中敷衍了事，连他自己都不知道究竟做了些什么。有一张近 500 万美元的凭证应于所审会计年度入账，在资产负债表日的负债余额中却未包括这一金额。Mayburn 的复核可以说意义重大，使 Santro，Best & Harmon 事务所避免了一次尴尬或损失。

从第 6 章开始，本书已经对审计过程的前三个阶段进行了阐述。四个审计阶段中的最后一个阶段是完成审计工作。本章的引例已经说明，由一个经验丰富、知识渊博的人对审计工作进行仔细全面的复核多么重要。除了复核结果外，完成审计工作的其他几个方面对成功实施审计而言也非常重要。本章将阐述审计工作完成阶段需要做的七项工作。

23.1 对列报与披露执行其他测试

第6章已经阐述，需要执行审计程序以实现交易相关目标、余额相关目标以及列报和披露相关目标三类审计目标。我们在介绍审计过程前三个阶段时已经阐述了审计师应该如何设计和执行测试，以获得充分、适当的证据，支持上述每一类审计目标；在对交易循环测试的举例说明中强调了执行审计测试，以支持六个与交易相关的审计目标和八个与账户余额相关的审计目标；还讨论了这些程序的执行也能为四个列报和披露审计目标（具体见表23-1第一列）提供审计证据。

作为审计第四阶段的一部分，审计师需要评价其在前三个阶段所获得的证据，以确定是否需要针对列报和披露相关的审计目标执行其他审计程序。审计师针对列报和披露目标的证据获得的方法与就交易相关目标和账户余额相关目标所采取的取证方法一致。

- 作为风险评估程序的一部分，执行程序以获得与列报和披露目标相关的内部控制。
- 如果对控制风险的初步评估低于最大值，就对与披露相关的控制执行控制测试。
- 执行实质性程序以获得财务报表中所列报的金额和披露的信息的所有审计目标均已满足的保证。

表23-1第二列介绍了与列报和披露有关的实质性程序的示例。

表23-1 列报和披露相关的审计目标

审计目标	实质性程序示例
发生、权利和义务——披露的事项已经发生，且与被审计单位有关。	复核债务合同，确定应收账款是否已质押为债务抵押资产。
完整性——所有应包括在财务报表中的披露均已包括。	使用披露清单以确定财务报表是否包括会计准则要求的所有披露。
分类和可理解性——财务信息已适当列报和描述，相关披露也表达清晰。	复核财务报表，以确定资产是否已适当分为流动资产和非流动资产；阅读报表附注，以确定附注的表述是否清晰、可理解。
准确与估价——财务信息与其他信息已公允披露，并以适当的金额表达。	将财务报表附注中长期债务的金额与审计师的长期债务审计工作底稿所审查与支持的信息调整一致。

审计师一般都是将列报和披露相关目标的审计程序整合在交易相关目标和余额相关目标的审计测试中。例如，作为应收账款审计的一部分，审计师要对将应收票据区分为来自联营公司应得金额和来自客户交易金额的必要性进行评价；他们还要确定本期应收款与非本期应收款是否准确分类，以及应收票据的让售与折扣是否予以适当的披露。

尽管有关财务报表中列报和披露的大部分信息的审计均已作为前三个阶段审计的一部分完成，但是审计师仍要在第四个阶段评价前三个阶段所获得的审计证据，以评价是否需要针对列报和披露目标收集其他审计证据。此外，在第四阶段，审计师还要评价财务报表的整体列报和相关的报表附注是否遵循会计准则，这一评价具体包括：具体财务报表是否反映了适当分类；账户的说明是否与要求一致；信息列报的形式是否适当；具体列报的表述是否采用会计准则所要求的正确术语。

列报和披露目标审计的主要关注点之一是确定管理层是否披露了所有要求披露的信息（列报和披露的完整性目标）。对这一目标是否实现的评价要求审计师考虑在审计前三个阶段所获得的信息，以确定管理层是否注意到应该披露的事实与情况。

鉴于或有负债和期后事项相关披露的独特性，审计师通常将此风险评估为高水平，因为所有要求披露的信息都可能在财务报表附注中披露得不完整。在前些阶段所执行的审计测试通常不能为或有负债和期后事项的审计提供充分适当的证据，因此，在每次审计的第四阶段中，审计师都要设计与执行审计程序，以复核或有负债和期后事项。下面我们来具体讨论这些程序。

23.2 复核或有负债和承诺事项

或有负债（contingent liability）是指由过去发生的活动引发的企业在将来对外部利益关系人可能承担的金额不确定的义务。重大的或有负债必须在财务报表附注中予以披露。确认一项或有负债需要具备三个条件：(1) 该义务由目前已经存在的某种状况引起，需要企业在将来对某外部利益关系人进行支付，或者导致某项资产的减失；(2) 该义务导致的未来支付或资产减值的数额不确定；(3) 该义务是否会导致经济利益流出企业由未来事项决定。例如未决诉讼，即一项已被受理但尚未裁决的诉讼，就符合上述三个条件。

会计准则在处理或有负债的不确定性时使用两种主要方法。第一种方法是使用公允价值法来衡量或有事项。第二种方法是使用概率阈值。通过概率阈值，会计准则描述了三种可能性水平，以及每种可能性水平下的适当财务报表处理。表23-2对这些要求进行了归纳。为了评价客户是否采用了适当的方法和处理方法，审计师还需大量的职业判断。

表23-2 事项发生的可能性与相应的财务报表处理

事项发生的可能性	财务报表处理
极小可能（发生可能性极小）	没有必要进行披露。
合理地可能（发生可能性大于极小可能，小于很可能）	有必要在报表附注中进行披露。
很可能（发生的可能性很大）	• 如果金额可以合理估计，则调整财务报表的相关余额。 • 如果金额不能合理估计，则必须在财务报表附注中进行披露。

若要在财务报表附注中恰当披露一项重要的或有事项，则应在附注中说明对该或有事项性质的了解，以及法律顾问或者管理层对预期结果的意见。图23-1是一个关于未决诉讼和企业债务担保的附注说明的示例。

> 目前，本公司及合并子公司正面临几起未决诉讼和求偿事项。根据现有的已知信息，公司管理层认为：即使这些诉讼和求偿事项最终形成公司的负债，也不会严重影响公司及合并子公司的合并财务状况和经营成果。
>
> 公司已经同意为几家联营公司大约1 400万美元的银行贷款提供偿还担保，公司在这些关联企业拥有少量股权。

图23-1 对或有负债的报表附注说明

审计师应当对以下几类或有负债给予特别关注：

- 有关专利侵权、产品责任以及其他事项的未决诉讼。
- 有关所得税的争议。
- 产品保证。
- 已贴现的应收票据。
- 为他人提供的债务担保。
- 有效信用证中的未使用余额。

审计准则已经明确指出，应由被审计单位管理层而非审计师负责识别或有负债并适当地对其进行会计处理。在许多审计中，如果没有管理层的配合，要求审计师发现或有负债是不现实的。

审计师验证或有负债的目的在于评价被审计单位对已知或有负债的会计处理，确认管理层是否进行了恰当分类（列报和披露目标中的分类目标）；并在可行程度上识别尚未被管理层确认的或有负债（列报和披露目标中的完整性目标）。

与或有负债密切相关的是**承诺事项**（commitments）。例如，承诺以某一价格购买原材料或租入设备，同意以某一固定价格出售商品，此外还有红利分配方案、利润分配和养老金计划、特许权协议以及其他类似事项。承诺事项最重要的特征就是，无论企业经营业绩或整体经济形势将来如何变化，企业都承诺在未来履行具有一系列固定条件的协议。假设企业承诺一个事项的初衷是为了提高利益，但在自由经济条件下，承诺的最终结果既可能使企业利益增加，也可能比预期减少。一般来说，可以将全部承诺事项在报表附注中单独说明，也可以与或有事项联合披露。

□ 发现或有负债的审计程序

对许多潜在负债的审计，往往是作为其他审计事项的一个重要组成部分，而不是在临近审计工作结束时，作为一个单独的事项来审计的。例如，审查有效信用证中的未使用部分，可以在审计银行存款余额和银行贷款时，作为其中的一部分内容完成。又如，所得税争议可以在分析所得税费用、复核往来信函和审查税务机关报告时顺便进行检查。即使需要对或有负债项目单独进行审计，通常也是在即将完成审计工作的最后几天之前执行，以确保其测试的正确性。在审计工作临近结束时对或有负债进行的测试多数是复核，而非初次查究。

或有负债审计的主要目标是确定或有负债是否存在（列报和披露目标中的存在目标）。正如大家通过学习其他审计内容所知道的那样，发现未记录的交易或事项要比验证已记录的信息难得多。所以，一旦审计师明确存在或有负债，通常都能够满意地解决对其重要性和披露要求的评价问题。

以下是通常用于查找或有负债的几项审计程序，并未包括或有负债的所有审计程序，且给出的程序也并非在每次审计中都要用到。

- 以口头或书面形式询问被审计单位管理层是否存在未记录的或有负债。在询问中，审计师必须具体指出应予披露的或有负债的种类，以提醒管理层是否存在由于自己疏忽或未完全理解的或有负债。如果管理层真的疏忽或未完全理解或有负债的会计披露要求，询问就能帮助识别所需要的披露。在审计工作结束时，通常应要求管理层出具一份书面声明，明确表明不存在没有披露的或有负债。当然，询问管理层对于发现其蓄意隐瞒的已经存在的或有负债没有多大用处。
- 复核本期和以前年度国内税务机关的所得税结算报告。这些报告可能会暗示被审计单位在某些方面或某些年度存在尚未解决的税务争议。复核需要的时间越长，则意味着存在税务争议的可能性越大。
- 分析审计期间的法律费用，审查法律顾问提供的发票和声明，以确定是否存在或有负债，特别是未决诉讼或待决税务评估。
- 分析被审期间的法律费用，复核从法律顾问处获得的发票和声明，判断是否存在或有负债，特别是诉讼和未决税款征收事项。
- 获得每一位为被审计单位提供法律服务的主要律师的声明书，以了解未决诉讼和其他或有负债情况。这一程序将在随后的内容中进行更深入的讨论。
- 复核审计记录，不放过任何可能揭示潜在或有负债的信息。例如，银行函证可能提供应收票据贴现或贷款担保等信息。
- 审查截至资产负债表日的有效信用证，取得对其已使用金额和未使用余额的函证结果。

□ 评价已知的或有负债

如果审计师得出结论，认为被审计单位存在或有负债，就必须评价这些潜在负债的重要性及其在财务报表中披露的性质，以获得关于列报和披露审计目标中发生、权利和义务目标的审计证据。在某些情况下，或有负债发生的可能性极大且容易判断，则应将其作为一项实际负债在财务报表中列报。在其他情况下，当或有负债发生的可能性极小或者不重要时，则没有必要对其进行披露。会计师事务所应当从其法律顾问处单独获取一份关于或有负债的评价，而不是仅仅依靠被审计单位管理层或他们的律师。因为他们是被审计单位的辩护人，通常会在评估败诉可能性和潜在判决金额时失去其判断力。对于那些需要予以披露的或有负债，审计师还要复核附注草稿，以确信已披露的信息的确满足可理解性，且公允地列报了该或有负债的实际情况。

□ 发现承诺事项的审计程序

对未知承诺事项的查找，通常作为各个审计事项的一部分进行。例如，在验证销售交易时，审计师应当留意是否存在有关销售的承诺事项。又如，查找关于原材料或设备采购的承诺事项，也可以作为审计这些账户时的一部分来完成。审计师还应当在审阅会议记录、合同或往来信件时，留意承诺事项发生的可能性。

□ 询问被审计单位的律师

审计师在评价针对被审计单位的已知诉讼和求偿事项并由此确认其他类似事项时，所依赖的一个重要审计程序就是**询问被审计单位的律师**（inquiry of the client's attorneys）。审计师需要依靠被审计单位律师的专业知识及其对被审计单位法律事务特有的了解，对已知诉讼的预期结果和负债的可能金额，包括诉讼费用，提出专业意见。律师还可能了解管理层忽略的未决诉讼和求偿事项。

许多会计师事务所会对被审计单位全年的法律费用进行分析，并请被审计单位向在本年度和上一年度与其有联系的每位律师（包括偶尔聘用的律师）寄发一份标准的律师询证函。而在某些情况下，这一做法可能会涉及许多律师，包括那些只处理某一方面法律事务、与潜在诉讼相去甚远的律师。

寄发给被审计单位律师的标准询证函应当使用具有被审计单位抬头的信笺书写，并由客户管理层的成员之一签名。其内容包括：

- 一份关于针对被审计单位的未决诉讼、已声明的求偿权、未声明的求偿权或由律师积极参与的估计数的清单。清单一般由管理层编制，但管理层很可能会要求律师编制。
- 要求律师对清单所列每一事项的进展情况提供信息或发表意见。要求律师提供的信息包括被审计单位计划采取的法律行动，发生不利结果的可能性，以及对潜在损失金额或金额范围的估计。
- 要求律师指出清单中未予列出的未决诉讼或拟提起的诉讼，或者声明被审计单位的清单是完整的。
- 一份告知律师的声明，告知他们有责任就需要在财务报表中进行披露的法律事件通知管理层，并同时直接向审计师作出答复。如果律师的回复受到限制或有所保留，要在回函中说明原因。

图 23-2 是一份典型的寄给被审计单位律师并由其直接回复会计师事务所的标准律师询证函。需要注意的是，第一段要求律师就审计报告日之前的或有事项进行沟通。

希尔伯格五金公司
Willow 街 2146 号
印第安纳州加里市 46405

2017 年 3 月 1 日

Bailwick & Bettle 律师事务所
密歇根大道 11216 号
伊利诺伊州芝加哥市 60606

我公司正在聘请 Berger & Anthony（印第安纳州加里市 46405 号，8175 信箱）对 2016 年（截至 2016 年 12 月 31 日）的财务报表进行审计。应审计工作要求，本公司已就附页中所列的或有事项向其进行了说明和评价，对于这些事项，您曾受聘参与并以法律咨询或出任法律代表等形式为公司做了大量工作。为了使您便于回复此函证，在此明确，单项金额超过 10 万美元或合计金额超过 70 万美元的或有事项即为重要。但是，或有事项相对于财务报表整体的重要性程度，只有在审计师完成审计工作之后才能确定。您的回复应当包括存在于 2016 年 12 月 31 日，以及该日至审计结束（预计大约在 2017 年 3 月 15 日）期间的或有事项。

请您向审计师提供以下信息：

（1）对于清单中列出的已判决或解决的事项，如果您认为有必要对其涉及的在年初至回复日期间与公司有关的其他情况进行补充，请予以说明。

（2）对于清单所列的未决诉讼或针对公司的拟提起诉讼等事项，如果您认为有必要进行补充，请予以说明，包括您对这些事项持有不同意见的解释，指出清单所遗漏的未决或拟提起诉讼、求偿和估计数额，或者声明您认为清单所列事项是完整、全面的。

（3）对于尚未声明的求偿和所估计数额，如果您认为有必要对其所附的相关信息进行补充，请予以说明，包括您对这些事项持有的不同意见及解释。

我公司认为，如果在为本公司提供法律服务的过程中，对于任何涉及的可能需要在财务报表中进行披露的未声明求偿或估计数额，您已形成专业结论，并认为我公司应该披露或者应该考虑披露这些可能发生的求偿或估计数额，作为对我公司负有的职业责任，您应当通知我们，并就有关事项的披露问题和如何应用会计准则的相关规定进行商议。请您向本公司聘请的审计师予以特别说明，我们的上述理解是正确的。

如果您的答复受到限制或有所保留，务请单独说明原因。

希尔伯格五金公司
（本人签名）
Rick Chulick

图 23－2　典型的律师询证函

近年来，律师已不太愿意向审计师提供某些信息，因为所提供信息若不正确或涉及商业秘密，则有可能使其承担一定的法律风险。律师拒绝向审计师提供关于或有负债的全部信息，原因不外乎两个方面：一是因律师对或有负债涉及的相关事项缺乏了解而拒绝答复审计师；二是律师认为信息涉及商业秘密而拒绝透露。

例如，当律师知道一旦被审计单位侵害专利权的事实被公之于众，被审计单位将会遭受巨大损失（形成未声明的求偿权）时，他会对此拒绝透露信息（未经证实的求偿权）。因为在报表附注中披露此类信息会引起诉讼案件，从而损害被审计单位的利益。

如果一名律师拒绝向审计师提供关于重要的已存诉讼（已声明的求偿权）和未声明的求偿权的重要信息，审计师必须修正其审计报告（范围受限，导致有关范围和意见的保留意见，或者是无法表示意见），以表示审计事项缺乏可予佐证的资料。审计准则要求，被审计单位管理层应当允许其雇用的律师向审计师提供或有负债信息，并鼓励律师配合审计师取得有关或有事项的信息。

正如《萨班斯-奥克斯利法案》的规定一样，规则要求为上市公司提供服务的律师报告所服务公司存在的重大违背联邦证券法的行为。律师必须向上市公司的首席法律顾问或首席执行官报告这些违法行为，首席执行官或首席执行官必须作出适当的反应。美国律师协会（American Bar Association，ABA）随后修订了对律师与客户的保密条款，规定如果客户从事了犯罪或舞弊行为，允许律师偏离保密条款。

23.3 复核期后事项

审计工作完成阶段的第三部分内容是复核期后事项。审计师必须对被审计单位资产负债表日以后发生的交易或事项进行复核，以确定这些交易或事项是否影响当期财务报表的公允列报和披露。审计准则要求审计师必须对期后交易和事项进行复核，这一审计程序通常称为**期后事项复核**（review for subsequent events）或资产负债表日后复核。

审计师对期后事项进行复核，通常仅限于资产负债表日至审计报告日期间的交易和事项。由于审计报告日与完成重要审计程序的时间一致，因此期后事项审核应当于审计工作即将结束时完成。[①] 图23-3说明了需要复核的期后事项的时间范围和执行复核的时机。

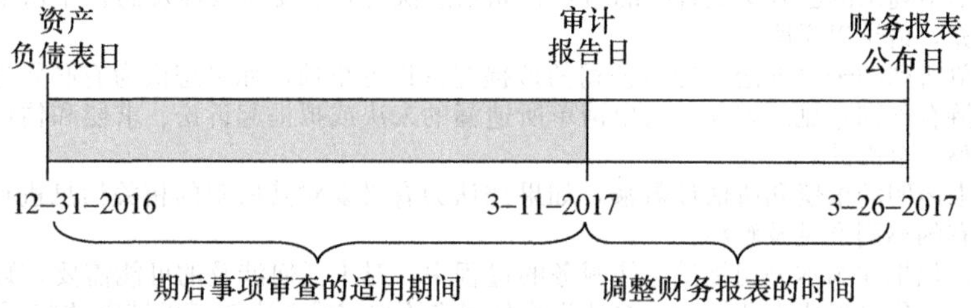

审计师有责任对发生于2016年12月31日日至2017年3月11日之间的期后事项进行复核，但不能迟于审计报告日完成。大部分的期后事项审计程序应于临近审计报告日执行。

图23-3 期后事项涵盖的期间

期后事项的类型

通常有两类**期后事项**（subsequent events）需要管理层予以考虑，并需要审计师进行评价：一类是直接影响资产负债表并需要调整报表数据的事项；另一类是对资产负债表没有直接影响，但需要加以披露的事项。

直接影响资产负债表并需要调整报表数据的事项 有些事项或交易，为管理层确定资产负债表日各账户余额是否公允表达以及审计师验证其余额提供了额外的信息。例如，由于陈旧过时等原因审计师难以正确估计存货价值，而期后原材料作为废料出售的价格，可以为审计师正确评估资产负债表日存货的价值提供参考。

以下所列期后事项，如果其金额重要，就需要对本年度财务报表中相关账户的余额进行调整：

- 未清应收账款的某客户，由于财务状况日益恶化而宣告破产。
- 某项诉讼的最终判决金额与当初入账的金额不一致。
- 以低于本期账面价值的价格处置经营中不使用的设备。

当根据期后事项估计报表中的有关金额时，必须严格区分资产负债表日已经存在的状况和年度结束之后才发生的事项。如果期后事项引起的某一价值变化直到年度结束后才发生，那就不应当根据这一信息调整报表。例如，如果被审计单位的某类存货在资产负债表日以后由于技术进步而变得陈旧过时，那么即使公司在期后亏本出售该存货，也不应影响其资产负债表日的账面价值。

---

① 如果按照《1933年证券法》，审计师的名字与注册表相联系，则他对期后事项进行复核的时间范围将突破审计报告日而延伸至登记生效日为止。

加速编报上市公司的审计师应询问和考虑那些对被审计单位截至会计年度末的财务报告内部控制有效性有重大影响的期后事项。如果审计师认为这些事项反映了公司财务报告内部控制在年末存在重大缺陷，他们就必须对被审计单位的财务报告内部控制表示否定意见。如果不能确定期后事项对财务报告内部控制的影响，则他们必须就被审计单位的财务报告内部控制签发无法表示意见。

对资产负债表没有直接影响，但需要予以披露的事项 这类期后事项能够为资产负债表日尚未存在的有关财务状况提供证据，虽然不需要调整报表数据，但是也非常重要，因此需要进行披露。此类未确认的期后事项包括：

- 为短期投资或转售而持有的证券市价下跌。
- 公司债券或权益证券的发行。
- 由于政府禁止某种产品继续销售而导致相关存货的市价下跌。
- 由于火灾造成的存货未保险损失。
- 公司发生的合并或收购事项。

如果未确认的期后事项很重要，并且财务报表在没有披露的情况下会产生误导，则可能需要进行披露。通常利用报表附注就可以充分披露这类事项，但有时遇到非常重要的事项，还需要补充报表数据，并说明其如果发生于资产负债表日将会产生的影响。一个极端的事例就是重大并购。

加速编报上市公司的审计师还须识别那些年后发生的与财务报告内部控制有关的期后事项。如果审计师认为这些事项对被审计单位财务报告内部控制有重大影响，则他们在审计报告中必须包括一个说明段以描述该事项及其影响，或者指示报告使用者去参阅管理层就此事项及其影响在其内部控制报告中所作的披露。

□ 审计测试

期后事项复核审计程序通常可以分为两类：一类是与审计各账户年末余额相结合，作为其一部分来执行的程序；另一类是为了发现必须予以确认的期后事项或交易而单独执行的程序。

第一类期后事项审计程序包括有关截止和估价的测试。例如，审查期后销售和采购交易，确定所记录的销售和采购交易的截止是否准确。又如，审计师通常利用复核期后现金收入来测试应收账款的可收回性，以评估坏账准备的计提。关于截止和估价的审计程序，前面章节已经进行了充分讨论，在此不再赘述。

第二类期后事项审计程序应当作为列报和披露目标的完整性目标测试的一部分单独执行，以获得那些需要调整本年度会计报表项目余额或在附注中进行披露的信息，包括以下具体程序：

审查资产负债表日后编制的会计记录 审计师应当对资产负债表日以后登记的日记账和分类账进行复核，以确定是否存在与本会计年度有关的重大交易的存在及其性质。如果被审计单位没有登记最近的日记账，审计师应当对与日记账相关的凭证进行复核。

加速编报上市公司的审计师还必须询问和审查在期后事项复核期间公开的记录，比如相关的内部审计报告和监管机构就被审计单位财务报告内部控制所发表的报告。

复核资产负债表日后编制的内部报表 这一程序应当重点复核相对于被审计年度同期发生的经营变化，以及年度以后发生的经营变化。审计师应当对被审计单位发生的经营业务或经营环境变化给予特别关注。审计师还应与管理层就期后内部报表进行讨论，以确定其编制基础是否与本年度会计报表一致，并就是否存在重大的经营成果变化询问被审计单位。

复核资产负债表日后召开的有关会议记录 审计师必须对资产负债表日后召开的股东大会和董事会的会议记录进行复核，以确定被审计单位是否发生了对本年度财务报表存在重大影响的期后事项。

向被审计单位律师发出信函 如前所述，应当将与律师通信作为发现或有负债的一项程序来执行。所以审计师在获得律师的函证回复时，必须提醒自己，就此事的责任是对截至审计报告日的期后事项进行测试。通常的方法是与律师约定日期，要求其在预计的审计外勤工作完成日回复函证。

询问管理层 询问内容因被审计单位的具体情况而异，但通常应当就资产负债表日后被审计单位资本结构或资产的重大变化、在资产负债表日尚未完全处理的有关事项的当前状况以及资产负债表日后作出的某些异常调整等内容进行询问。上市公司审计师还必须就被审计单位的财务报告内部控制在期后所发生的变化向管理层咨询。

就期后事项询问管理层时，必须对被审计单位的适当职员进行询问，以得到有意义的回答。例如，与应收账款管理员讨论有关税务或工会的事项就不够恰当。在大多数情况下，应当根据所需信息的不同，对被审计单位的主计长、副总经理或总经理进行询问。

取得管理层声明书 被审计单位管理层向审计师递交此声明书，是对其在整个审计过程中已经作出的种种说明予以书面化，其中包括对期后事项所作的讨论。取得管理层声明书是审计工作中必须履行的一个程序，其中还应当包括对其他有关事项的声明。该内容将在下一节详细讨论。

□ 双重报告日期

有时，审计师会遇到某些在审计外勤工作结束之后，审计报告出具之前发生的重要期后事项。其信息通常来源于被审计单位管理层或者传媒。以图 23-3 中标注的日期为例，假设客户在 3 月 23 日收购了另一家公司，而审计外勤工作结束于 3 月 11 日。在这种情况下，审计准则要求审计师应当对新发现的期后事项执行追加测试，以确保它已正确披露。审计师在追加期后事项测试时，以下两种做法都被允许：一是将所有期后事项的测试期间延伸至新发现的期后事项日期；二是仅对新发现的期后事项及其相关事项执行追加测试。

如果选择第一种做法，审计报告日就应当相应地改变为完成追加审计程序后的新日期。如果选择第二种做法，则审计师需要出具**双重日期审计报告**（dual-dated audit report），这意味着审计报告包括两个完成日期。第一个日期是未发现特殊的意外事项、初次完成审计外勤工作的日期。第二个日期通常在后，是对意外事项完成追加审计程序后的日期。以上述收购事项为例，假设审计师再度回到被审计单位，并于 3 月 31 日完成了仅限于收购事项的追加测试，则审计报告应注明如下的双重日期：除附注中第 17 号事项外的审计工作完成于 2017 年 3 月 11 日，第 17 号事项完成于 2017 年 3 月 31 日。

23.4 汇总最终证据

除对期后事项进行复核外，审计师还应当为所有循环的审计工作汇总最终证据。本节讨论的汇总最终证据包括以下五项工作：（1）执行最后的分析程序；（2）评价持续经营假设；（3）取得管理层声明书；（4）考虑财务报表附属信息；（5）审阅年度报告中的其他信息。这些工作都应当在审计工作临近结束时进行。

□ 执行最后的分析程序

审计准则要求在审计完成阶段必须执行分析程序，复核在其他测试过程中是否存在未予注意的重大错报或财务问题，有助于审计师对财务报表进行最终的客观审查。通常，应当由合伙人在对审计记录和财务报表进行最后复核时执行分析程序。因为一般来说，合伙人与被审计单位之间具有持续的业务联系，对被审计单位及其经营有更深入的了解。对被审计单位经营情况的了解加上有效的分析程序，有助于识别审计工作中可能存在的疏忽。本章引例中对 Westside Industries 的审计充分地说明了这一点。

在最终复核阶段具体执行分析程序时，合伙人通常应当审阅财务报表及其附注，并关注：(1) 对于在计划阶段确定的或实施过程中发现的异常或未预期账户余额和关系是否已取得充分的证据；(2) 是否还存在其他尚未识别的异常或未预期账户余额和关系。

最终分析程序的结果可能表明需要额外的审计证据。如果是，审计师应进行额外的测试，以获得足够的适当证据，证明受影响的账目是否公允反映。如果非预期关系是由于额外测试中识别的客户错报造成的，审计师应提请被审计单位调整以纠正重大错报。

□ 评价持续经营假设

审计准则要求审计师对被审计单位的持续经营能力在自资产负债表日起至少一年的时间内是否存在重大怀疑作出评价。通常，审计师应当在计划阶段对此作出初步评价，待获得新的重要信息后再行修正。例如，审计师在审计中发现，被审计单位在申请贷款中舞弊、失去重要客户或者决定处置某些实质性资产以偿还贷款，他就有必要修正最初所作的持续经营评价。审计师运用分析程序就潜在的财务困难与管理层所进行的讨论以及他们在整个审计过程中对被审计单位所获得的了解，评价被审计单位未来一年发生财务失败的可能性。

一般地，只有当所有审计证据汇总完毕并且对财务报表按照审计师的意见进行了调整之后，才能对持续经营能力作出最终评价。在对被审计单位确实存在持续经营能力问题作出评价后，审计师还必须对管理层为规避破产而提出的发展计划进行评价，并对该计划的可行性作出评估。决定是否出具带持续经营说明段的审计报告，是一项既费时又艰难的工作。关于持续经营说明段，参见第 3 章的有关讨论。

□ 获取管理层声明书

审计准则要求审计师获取一份记录管理层曾在审计过程中作出的最重要的口头说明的**声明书**（letter of representation）。管理层声明书应当使用被审计单位的信笺书写，由其高级职员（一般是总经理或首席财务官）签署并提交会计师事务所。表面看来，声明书出自被审计单位之手，但通常的做法是由审计师编制后，再要求被审计单位用其信笺打印并签字。如果被审计单位拒绝编制并签署声明书，则审计师应当出具保留意见或无法表示意见的审计报告。声明书注明的日期不应当早于审计报告日，以确保其中包含了与期后事项复核相关的陈述。

向被审计单位取得声明书的原因有三个：

1. 强调管理层对财务报表认定的责任。被审计单位尤其是一些小型企业的管理层往往容易忘记自身对财务报表公允表达的责任，它们缺乏会计方面的专家。

2. 提醒管理层注意财务报表中的潜在错报、遗漏与疏忽。例如，如果声明书中提及了被抵押资产或者或有负债事项，则诚实的管理者有可能想起因疏忽而未予充分披露的信息。为了达到这一目的，声明书应当尽可能详细，以起到提醒管理层的作用。

3. 将管理层对各种审计问题所作的回答予以书面处理。在审计师与被审计单位之间发生争议或诉讼时，声明书能够提供关于客户陈述的书面材料。由于比口头沟通正式，声明书还有助于减少管理层与审计师之间的误解。

审计准则中提出了管理层声明书应当包括的四类特别事项。这四类事项如下所述，并且每类事项都附有内容举例。

1. 关于财务报表：

- 管理层对其公允表达财务报表的认可负责。
- 管理层声明其已经遵循会计准则的要求对财务报表进行了公允表达。

2. 关于信息的完整性：

- 所有财务记录和相关数据的可获得性。
- 所有有关股东、董事和董事会会议记录的完整性和可获得性。
- 无未记录的交易。

3. 关于确认、计量和披露：

- 管理人员相信任何未更正的财务报表错报对财务报表的影响都不重要。
- 有关涉及下列人员舞弊的信息：（1）管理层；（2）在内部控制中起重要作用的职员；（3）涉及的潜在舞弊对财务报表有重大影响的其他职员。
- 关于关联方交易的信息，以及企业对关联方的应收和应付账款数额。
- 被审计单位律师已经提出的认定有问题并且必须遵循会计准则要求进行披露的未声明求偿或估计数额。

4. 关于期后事项：

- 资产负债表日未清应收款项的主要客户破产。
- 资产负债表日后的合并或收购。

PCAOB审计准则要求审计师获得被审计单位管理层就其对财务报告内部控制的责任和截至会计年度末财务报告内部控制有效的结论的管理层声明书。上市公司审计师还要获得财务报表审计和财务报告内部控制审计的联合声明书。

被审计单位声明书是一种非独立来源的书面声明，所以不能将其视为可靠证据。它只是为审计师曾经要求管理层回答的某些问题提供证明材料，以确信管理层已理解其自身责任，并在管理层对审计师提起诉讼时保护审计师。

在某些时候，审计师可能会发现有些证据与声明书中的陈述相矛盾。在这种情况下，审计师应当对该事实进行调查，并考虑声明书中的陈述是否可靠。

□ 考虑基本财务报表所附的信息

被审计单位通常要求审计人员在为管理层财务报表的外部使用者提供的资料中包括除基本财务报表以外的额外信息。审计准则将这种额外信息称为财务报表附属信息。图23-4说明了基本财务报表和额外信息的内容。

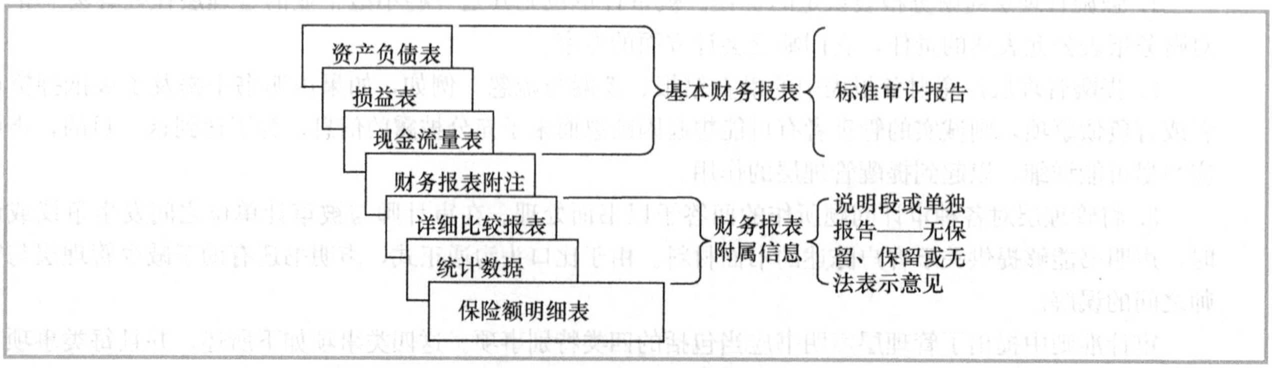

图23-4 财务报表附属信息

审计准则有意避免界定或限制该类信息的内容，以使审计人员能够具体处理这些信息，以满足报表使用者的要求。然而，有几种信息通常都包括在附属信息中，如证明基本财务报表中诸如销售成本、营业费用和其他资产等账户总额控制的详细比较报表。

审计师要明确区分对财务报表和附加信息的审计和报告责任。通常，审计师没有执行充分的细节审计以对附加信息形成一个意见。但在某些情况下，审计师可能受被审计单位聘请对附于基本财务报表的附属信息进行报告。为了完成这类业务，附属信息必须从用于生成基本财务报表的会计记录中抽取出来，并与基本财务报表的期间对应。另外，当审计师对基本财务报表发表否定意见或无法表示意见时，不能再对附属信息发表任何意见。

当审计师对财务报表附属信息发表意见时，所涉及重要性与对基本财务报表形成意见时使用的重要性相同。此时，所需的追加审计程序范围要小于单独对这些信息（视同具体要素或账户）表示意见的范围。

对附属信息的审计报告，要么列在财务报表审计报告意见段后，要么就附属信息单独出具一个审计报告。以下是审计师对与财务报表整体相关的附属信息报告时的说明段的措辞示例：

> 我们的审计是为了对财务报表整体发表意见。从X页到Y页是附属信息，目的是作出附加分析，它们不是财务报表所要求的部分。这些信息是管理层的责任，它们来自用以编制财务报表的支持性会计记录和其他记录并直接与之相关。这些信息包括在对财务报表审计的审计程序、其他某些程序（包括比较和直接调整这些信息与用于编制财务报表的支持性会计记录和其他记录）以及其他遵循美国一般公认审计准则要求的额外程序中。我们认为，这些信息与基本财务报表整体相关的所有重大方面均已公允表达。

如果审计师认为与财务报表整体相关的附属信息存在重大错报，审计师应该要求管理层修改这些附属信息。如果管理层对此不作必要的修改，审计师应该修改其对这些附属信息的意见并在其报告中描述该错报。如果已经就附属信息单独出具报告，审计师应拒绝在审计报告中对这些附属信息发表意见。

有时会计准则要求披露额外的信息，审计准则中称为要求提供的补充信息。要求提供的补充信息不是基本财务报表的一部分，但是，特定会计准则制定者认为这些信息是财务报告的必要部分。当要求提供的补充信息附在基本财务报表中时，审计准则要求审计师执行额外的审计程序，这些程序限于向管理层询问这些信息的编制方法，将这些信息与管理层就审计师询问的反应、基本财务报表以及审计师在基本财务报表审计中获得信息进行比较以确定它们的一致性。因为这些有限的程序不能提供充分的审计证据为要求提供的补充信息提供任何保证，所以，审计师对基本财务报表的审计报告中可能含有一个对要求提供的补充无法表示意见的说明段。

□ 阅读年度报告中的其他信息

审计准则要求审计师审阅年度报告中包括的**其他直接与财务报表相关的信息**（other information included in annual reports）。例如，被审计单位在年度报告中公布了总经理致股东的信，信中声称当年的每股收益由2.6美元增长到2.93美元，则审计师有必要对财务报表中的相关信息进行比较，以确保这些信息相互一致。

审计师有责任阅读包含在年度报告中，虽不是财务报表的组成部分但又与之同时公布的其他信息。如几乎所有上市公司的年度报告中都包含的总经理致股东的信以及对公司活动的解释，就属于此类信息。通常，审计师只需要花费几分钟时间来证实这些非财务报表信息与报表是否一致。如果审计师认为这些信息之间存在重大冲突，应要求管理层更正有关信息。如果被审计单位拒绝更正——这种情况极为罕见——审计师应当在审计报告中增加说明段或者解除业务约定。

23.5 评价审计结果

在完成了包括复核或有事项、复核期后事项和汇总最终证据等审计程序的全部工作后，审计师必须整合这些结果，得出一个总体结论，并最终决定是否已取得充分的证据表明被审计单位的财务报表编制符合会计准则的要求。相似地，上市公司的审计师还必须就财务报告内部控制的有效性获得整体结论。下面对评价审计结果的五个主要方面进行讨论。

□ 审计证据的充分性

对审计证据是否充分进行最终评价，就是由审计师对全部审计工作进行复核，以确定是否对所有的重大交易、账户和披露都已进行了充分的审计测试。这一程序的一个主要步骤就是复核整个审计工作方案，以确信这一方案所有部分都已准确地完成和记录，以及所有的审计目标均已实现。复核中，还应当检查审计方案本身是否充分，并考虑审计过程中所识别的问题领域。例如，如果审计师在销售测试中发现了错报，则最初制定的对应收账款的细节测试计划很可能就变得不够充分。

为了帮助审计师对审计证据的充分性得出最终结论，通常使用**业务完成检查清单**（completing the audit checklist），以便提醒审计师是否存在被忽略或遗漏的审计工作。关于业务完成检查清单部分内容的举例见图 23-5。

	是	否
1. 审查以前年度审计记录		
a. 是否已审查了上年度的审计文件，以确定本年度审计工作的重点？	____	____
b. 是否复核了永久性档案中对本年度有影响的审计项目？	____	____
2. 内部控制		
a. 是否已经充分了解被审计单位的内部控制？	____	____
b. 根据估计控制风险确定的审计范围是否充分？	____	____
c. 是否所有应当加以报告的主要弱点都已包含在管理建议书中？	____	____
3. 一般性文档		
a. 是否已经对本年度的所有会议记录和决议进行了复核、摘录和调查？	____	____
b. 是否已经更新了永久性档案？	____	____
c. 是否已经对所有主要的合同和协议进行了复核、摘录或复印，以确保客户遵守了现行法规要求？	____	____

图 23-5 业务完成检查清单

如果审计师认为所获得的审计证据不能充分证明被审计单位的财务报表表达公允，那么他有两种选择：一是执行追加测试，以补充审计证据；二是出具保留意见或无法表示意见审计报告。

□ 评价审计证据是否支持审计意见

评价财务报表是否表达公允的一项重要工作就是复核审计中发现的错报汇总。当存在重大错报时，审计师应当建议被审计单位对此进行调整更正。确定恰当的调整数额并不容易，因为如果涉及估计或包含抽样错误，错报的实际额可能是未知的；尽管如此，审计师还是必须决定被审计单位需要作出的调整数额。在有些审计中，可能存在不止一个重大错报。

除重大错报外，财务报表中还可能含有大量的非重大错报。虽然这些项目不需要在被发现时进行调整，但审计师有必要对其进行合并，并评价合并后的数额是否重要。审计师在调查非重大错报时，可以采取几种不同的方式对其进行合并。许多审计师通常采用一种称为**未调整错报审计明细表**（unadjusted misstatement audit schedule）或潜在错报汇总表的简便方法。图 23-6 给出的就是一个未调整错报审计明细表的例子。审计人员还必须考虑上一年度发现的未更正错报对本年度财务报表的影响。

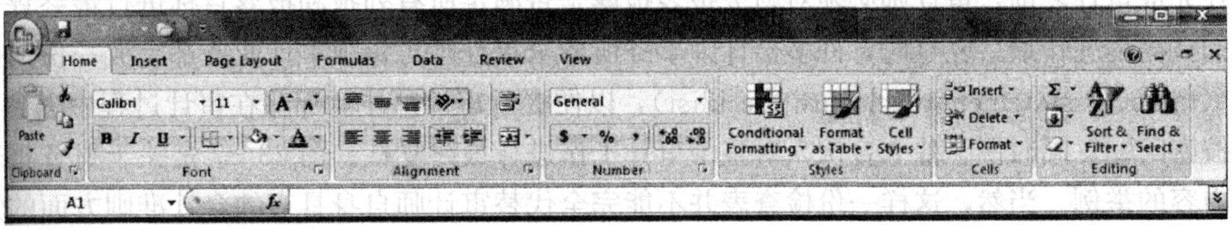

希尔伯格五金公司
潜在错报汇总表
12/31/16

目录：A-3　日期
制表：LF　3/15/17
批准：JA　3/15/17

潜在错报——高估价值<低估价值>

	审计文件来源	错报类型	合计金额	流动资产	非流动资产	流动负债	税前利润
B-4	未收回应收账款的坏账准备低估	[EA]	95 000	95 000			95 000
C-8	应收账款或销售截止错误	[P]	60 000	(60 000)			(60 000)
D-2	存货实有数与账面数的差异	[A]	120 000	(120 000)			(120 000)
H-7/2	未予记录的负债	[P]	285 000	(100 000)	(85 000)	(285 000)	100 000
V-10	应予资本化的修理费用	[A]	90 000		(90 000)		(90 000)
合计				(185 000)	(175 000)	(285 000)	(75 000)

[EA] 表示基于实质性分析程序的估计数。
[A] 表示实际存在的总体错报。
[P] 表示根据抽样情况估计的总体错报，包括抽样错误。

结论

以上错报的净影响如下：

	净影响	重要性水平
流动资本	(185 000)	1 531 000
资产总额	(360 000)	1 841 000
税前利润	(75 000)	442 000

上述错报，无论是整体还是单个项目，都不对整个财务报表或者与其相关的会计要素形成重要影响。因此，上述任何一项或所有的错报对财务报表的影响都可以忽略，不作调整。

Leslie Franklin
3/15/17

图 23-6　未调整错报审计明细表

图 23-6 所示的明细表中，既含有被审计单位已经决定不作调整的已知错报，也含有审计师推断的错报，其中包括抽样错误，以及多个财务报表类别的可能错报总额。注意，该审计明细表在左下角，在“结论”的标题下，列出了错报项目对报表的潜在影响与审计重要性水平的比较。审计明细表通常包含管理层认为未调整错报不重要的声明。

如果审计师认为已经获得了充分的审计证据，但其不能保证财务报表是公允表达的，此时审计师也有两种选择：一是要求被审计单位修正财务报表，直到令审计师满意为止；二是出具保留意见或否定意见审计报告。

□ 评价财务报表的披露情况

在完成审计之前，审计师必须对财务报表披露是否满足所有列报和披露目标进行最终评价。在对财务报表的披露情况作最后复核时，许多会计师事务所要求审计师对每项审计业务都完成一份**财务报表披露检查表**（financial statement disclosure checklist），以便提醒审计师注意那些在审计过程中遇到的财务报表一般性披露问题，同时便于独立合伙人对整个审计工作进行最终复核。图 23－7 是关于财务报表披露检查表部分内容的举例。当然，这样一份检查表并不能完全代替审计师自身具有的会计准则方面的知识。

1. 以下内容是否已在财务报表或其附注中得到披露：
a. 各主要类别应折旧资产（土地、建筑物、设备等）在资产负债表日的余额是多少？
b. 资产负债表日的各类资产折旧或折旧总额是多少？
c. 对各主要类别不动产、厂房和设备折旧方法的一般性说明是什么？
d. 列入损益表费用项目的折旧总额是多少？
e. 计价基础是什么？
2. 是否披露了因债务而被抵押或留置的财产金额？
3. 是否披露了审计年度存在的售后租回交易的详细内容？
4. 对于非经营性财产（如闲置的、用于投资或销售的财产）账面金额是否进行了单独披露？
5. 是否对已提足折旧但尚在使用的固定资产以及目前未使用的固定资产进行了披露？

图 23－7 财务报表披露检查表：不动产、厂房和设备

□ 复核审计记录

关于为何必须在审计工作完成阶段由会计师事务所中另外的成员对审计记录进行全面复核，有如下三点主要原因：

1. 评价经验不足的职员的工作。在许多审计业务中，相当部分的工作是由工作经验不足 4～5 年的审计师完成的。他们可能已经接受了充分的技术训练，并能恰当地开展审计工作，但是缺乏经验影响了他们在复杂环境中作出正确职业判断的能力。

2. 确保审计工作符合会计师事务所的执业标准。对于任何一家事务所，不同成员的工作质量会存在很大差别，但是事务所内高级人员的仔细复核有助于保持统一的审计质量。

3. 减少审计师判断中经常出现的偏见。审计师必须努力在整个审计过程中保持客观性，但当遇到复杂问题而进行长时间审计时，难免会丧失客观评价，影响其作出恰当判断。

除了下面将要讨论的最后的独立复核外，还应当由一位对被审计单位和该项审计业务的具体情况都十分了解的人来**复核审计记录**（review of audit documentation）。因此，任何审计人员编制的审计文件都应当由其上一级管理者进行初步复核。例如，经验最少的审计人员的工作通常由其上一级审计师复核，而审计师的上一级管理者通常是事务所的一名项目经理，负责复核工作并对一般审计人员的审计明细表进行粗略复核。最后，由负责该项审计业务的合伙人对全部审计记录进行最终复核。但是与其他人的工作相比，合伙人会更全面地复核项目督导或经理的工作。在进行复核时，复核者将经常面见编制审计记录的审计师以了解对审计重大问题是如何处理的。除了最后的独立复核外，大多数的审计记录复核工作都是在各个审计分块完成时进行的。

□ 项目质量复核

在较大型的审计业务完成时，通常要把财务报表和全套审计文件交给一位没有参与该审计业务的人员来进行复核。此时，如果被审计单位是证券交易委员会管辖的上市公司，则在其审计完成时还必须进行**项目质量复核**（engagement quality review），有时又称为**独立复核**（independent review），包括复核中期财务报表和内部控制审计。复核人通常从竞争对手的角度进行有关复核工作，以确保审计工作的充分性。审计小组必须能够证明其收集的证据以及根据被审计单位的具体情况作出的审计结论是合理的。

□ 对证据评价的总结

图 23－8 对评价审计证据是否充分以及是否支持审计意见作出了总结。该图说明，审计师首先应当通过评价各账户或各循环层次已达到的审计风险来评价现有证据的充分性和适当性，然后再对财务报表整体作出同样的评价。类似地，审计师还应通过估计各账户的错报金额以及财务报表整体的错报金额来评价证据是否支持其审计意见。但在实际工作中，这两种评价是同时进行的，并在此基础上对被审计单位的财务报表出具恰当的审计报告。

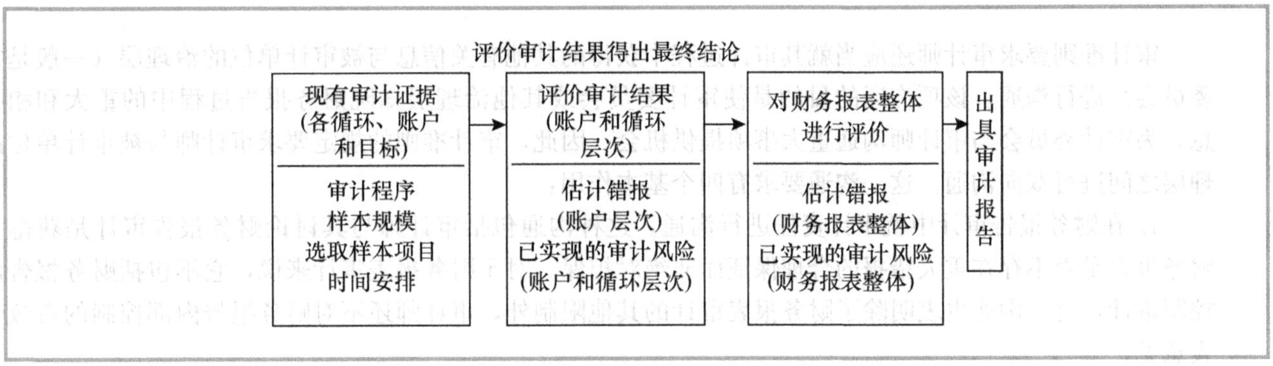

图 23－8　评价审计结果并根据审计证据得出审计结论

23.6　出具审计报告

只有当所有的审计证据都已被收集和评价，以及迄今讨论过的审计工作完成阶段的所有程序都已完成后，审计师才能够确定适当的审计报告。因为审计报告是大多数使用者接触的唯一的审计过程产物，一旦出具了不适当的审计报告，后果不堪设想。因此，保证审计报告正确性至关重要。

若会计师事务所认为不宜出具标准无保留意见审计报告，则必须与事务所内的技术合伙人以及被审计单位的代表进行广泛讨论。多数事务所都拥有内容全面的审计报告参考手册，以帮助他们选择所决定出具报告的适当措辞。

23.7　与审计委员会和管理层沟通

审计结束之后，审计师还应当与被审计单位审计委员会和治理层进行一些必要的沟通，包括已发现的舞弊和违法行为、内部控制缺陷、其他和审计委员会沟通的事宜以及管理建议书。这些沟通事项中的前三项是审计准则要求必须进行的，以确保被审计单位的治理层（一般指审计委员会和管理高层）知晓审计结果和审计建议。第四项——管理建议书——通常是与执行管理层进行沟通。

□ 就舞弊与不法行为的沟通

审计准则要求审计师应当就所有的舞弊和违法行为与审计委员会或类似职能组织进行沟通，而不论这些事项的重要性如何。其目的是帮助审计委员会履行监督职能，以确保财务报表的可靠性。

□ 沟通内部控制缺陷

第12章中已经讨论过，审计师必须以书面的形式就被审计单位内部控制设计或运行中存在的重大缺陷和重大弱点与被审计单位的治理层进行沟通。对于大型公司，该项沟通应当与审计委员会进行，对于小型公司，则应当与公司所有者或高级管理层进行。

□ 与审计委员会进行的其他沟通

审计准则要求审计师还应当就其审计过程中获得的其他有关信息与被审计单位的治理层（一般是审计委员会）进行沟通。该项沟通的目的是使审计委员会或其他治理层知晓财务报告过程中的重大和相关信息，为审计委员会与审计师沟通重大事项提供机会。因此，审计准则的规定要求审计师与被审计单位的治理层之间进行双向沟通。这一沟通要求有四个基本作用：

1. 在财务报告审计中就审计责任进行沟通。这种沟通包括审计师与其讨论财务报告审计是获得关于财务报表是否不存在重大错报的合理保证而非绝对担保。对于财务报表审计来说，它不包括财务报告内部控制审计，这一沟通也表明除了财务报表审计的其他限制外，审计师还不对财务报告内部控制的有效性发表意见。

2. 提供一个关于审计范围和时间安排的一般看法。这一沟通要求的目的是为审计师和被审计单位提供一个高度的概述，例如对审计师处理重大风险的方法、对内部控制的考虑和对审计时间安排的看法。但是审计程序的具体性质和时间安排不属于这类沟通的内容，所以审计的效果及其审计结果的预测性不在沟通之列。

3. 为被审计单位治理层提供审计过程中的重大发现。这些沟通可能包括审计过程中发现的已更正的重大错报、审计师针对重大会计实务和估计等质量方面的看法以及与管理层之间的分歧等审计过程中遇到的重大困难。

4. 从被审计单位治理层获得与审计有关的信息。审计师可以从审计委员会或其他治理层（如全职董事）中获得影响审计程序性质与时间安排的战略决策。

关于审计过程中重大发现的沟通一般都以书面的形式进行沟通，关于其他事项的沟通则可以采取口头或书面的形式，不过以口头形式进行的沟通必须记录在审计记录中。沟通必须及时，以便治理层能够采取适当的措施与行动。一般来说，关于审计师责任和审计范围与时间安排的沟通大多在审计过程的早期阶段，而关于重大发现结果的沟通则贯穿于审计整个过程。

2002年的《萨班斯-奥克斯利法案》针对上市公司的审计还有其他沟通要求。例如，审计师必须就管理层所讨论的会计准则范围内的财务报表的其他处理方法、其他披露与处理方法的衍生问题和审计师推荐的处理方法进行讨论。在审计终结时，审计师要确定被审计单位审计委员会是否知晓重大会计政策的最初选择及其变化，以及重大会计政策在本期的运用及其变化的原因。同时，审计师还要就针对任何重大异常交易所采取的方法和在有争议的或新兴领域中的重大会计政策的影响进行沟通。

□ 管理建议书

管理建议书（management letter）的目的在于向被审计单位通报注册会计师关于改善其经营的有关建议。这些建议大多数旨在使被审计单位运营更加有效。审计师具有的关于各种业务的经验，加上在审计过程中获得的对被审计单位的全面了解，能够使其以一个独特的身份为管理层提供帮助。

许多会计师事务所对每项审计业务都提供管理建议书，以表明除了提供审计服务外，他们还能够为被审计单位提供增值服务。其用意在于使会计师事务所与被审计单位管理层之间建立良好的关系，向被审计单位表明事务所还能够提供其他诸如税务或管理咨询等方面的服务。

管理建议书不同于第12章讨论过的内部控制的可报告重大缺陷。根据审计准则的要求，审计师在被审计单位内部控制存在重大缺陷和弱点时必须向被审计单位管理层提供内部控制的可报告重大缺陷，提交这份文件时，审计师必须遵循审计准则所规定的格式和要求。而管理建议书由会计师事务所自愿提供，目的在于帮助被审计单位更加有效地经营其业务。

每一份管理建议书都应当力求符合审计师的风格并满足被审计单位的需要。许多审计师将管理建议书与重大缺陷和重大弱点的报告书合并。对于较小型的审计业务，审计师通常以口头而非书面的形式提出经营建议。

23.8 期后发现的事实

在审计师出具审计报告并完成与管理层和审计委员会的所有沟通后，审计宣告结束。审计师与被审计单位之间的下一个主要联系，通常是在下一年度审计的计划阶段开始时。

尽管很少发生，但审计师还是有可能遇到这种情况，即在已审财务报表公布后得知被审计的财务报表存在重大错报，如报表中含有重大的虚假销售、未注销的陈旧存货，或者遗漏了某项必要的附注说明。同样，作为整合审计的一部分，在发布财务报告内部控制报告之后，审计师可能知悉报告日存在的情况，如果他们知悉这些情况，可能修改审计意见。

如果出现了这种**期后发现的事实**（subsequent discovery of facts），审计师有责任确保那些依靠财务报表进行决策的使用者知道该项错报或内部控制有效性的结论变化。如果审计师在审计报告出具之前就已经了解这一错报，审计师当时就应坚持让管理层对其进行更正，或者出具一份不同的审计报告。不管未能发现错报或重大缺陷的原因是审计师的过失还是被审计单位的过失，审计师对相关事项的责任都是一样的。尽管期后发现的事实并不属于审计工作完成阶段的一部分，但是为了与期后事项进行对比以便理解，故纳入本章讨论。

如果审计师发现公布后的财务报表中含有误导性信息，最理想的办法是要求被审计单位立即公布一份财务报表的修正报告，其中应当包括对修正原因的解释。如果在修正报告公布之前，下一期间的财务报表已经编制完毕，那么在该财务报表中对错报信息进行披露也是可以的。如果有必要，被审计单位还应当将财务报表的误导情况通知证券交易委员会和其他监管机构。审计师有责任确保被审计单位已采取适当的措施将错误信息告知财务报表使用者。

如果被审计单位拒绝在披露误导信息方面合作，审计师必须将这一事实通知董事会。审计师还必须通知对被审计单位有管辖权的监管机构，在条件允许的情况下还应通知那些依赖财务报表的人，使他们知道财务报表不再具有可信性。如果被审计单位的股票公开发行，可以通过 SEC 和证券交易所将信息通知给广大股东。

需要取消或重新公布财务报表的期后发现的事实仅源于审计报告日之前存在的业务事件。例如，如果审计师在审计报告日经过充分的复核认为一项应收账款能够收回，但是不久后债务人宣告破产，这时并不需要修正财务报表。但是，如果债务人在审计报告日以前已经申请破产，则上述事项就属于期后发现的事实。

审计师对期后事项复核的责任止于审计外勤工作结束日。审计师没有责任寻找期后事实，但是如果他们发现已经公布的财务报表未能恰当表达，则有责任采取措施对其进行更正。大多数情况下，在下一年度的审计过程中发现了本年度财务报表中的重大错报，或者被审计单位将错报告知审计师，就属于此类期后发现事实。

审计师对期后事项的审查责任截至审计报告日，即审计师已经获取充分适当证据以形成意见之时。此后，审计师没有审查期后事实的责任，但如果发现已发布的财务报表列报不正确，他们必须采取措施予以纠正。在大多数情况下，当审计师在下一年的审计中发现已发布财务报表中存在重大错报，或客户向审计师报告了错报时，就出现了期后发现的事实。

图 23－9 列示了期后事项复核、财务报表的处理与审计报告日后发现的期后事实所涵盖的期间。要注意的是，从这张图上看，审计师并没有责任去复核审计报告日后的期后事项。如果审计师在审计报告日（2017 年 3 月 11 日）之后财务报表公布日（2017 年 3 月 26 日）之前发现了期后事实，则应当要求被审计单位在财务报表公布之前对其进行修正，审计师也被允许从“双重报告日期”一节提到的两种选择中选择其一。

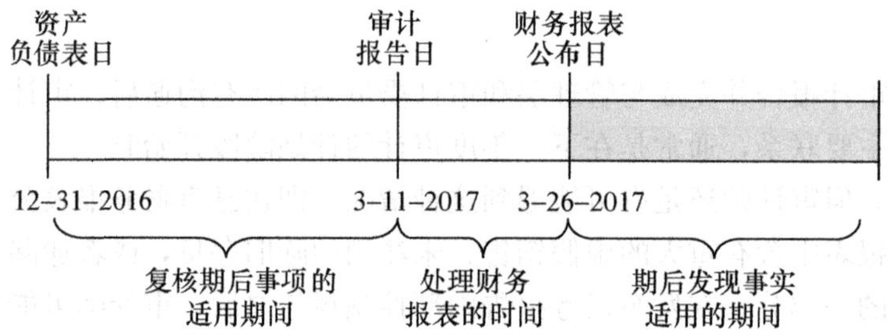

图 23－9 期后事项审查与期后发现的事实

本章小结

审计完成阶段对于确保审计质量非常关键。在这个阶段中，审计师需要针对列报和披露目标执行其他程序，主要包括复核或有事项和期后事项。审计师还要复核审计证据和所获结论的充分性，以确定这些证据和结论是否支持审计意见。然后，审计师还要就重要的审计发现结果和其他事项与被审计单位的审计委员会和管理层进行沟通。

练习题

23－1 识别并描述审计目标的四项列报和披露的审计目标。

23－3 辨别或有负债与现时负债，并各举三个例子。

23-5 解释为何对于每一项审计业务，分析法律费用都是必不可少的审计内容。

23-7 区分已声明的求偿权和未声明的求偿权，解释律师为什么不能透露未声明的求偿权。

23-9 在确定期后事项的测试范围时审计师应考虑哪些主要因素？

23-15 解释随同基本财务报表一起披露的信息的含义。举出这种信息的两个例子。审计师对这些信息可能提出何种水平的保证？

23-16 辨别审计记录的例行复核与独立复核，说明各自的目的，并分别对两类复核中可能的重要发现举出两个例子。

23-17 说出审计师应当与上市公司审计委员会沟通的事项。

选自注册会计师考试的选择题

23-18 以下给出的是关于或有负债和期后事项的审计题目，选择最佳答案。

a. 一项或有事项在经审计的财务报表报出后得到解决，该财务报表根据报出日的可用信息，在附注中正确地披露了该事件，审计师应（　　）。

（1）不对该事件采取任何行动

（2）坚持要求客户出具修改后的财务报表

（3）通知审计委员会报告不可信赖

（4）通知有关部门该报表不可信赖

b. 以下哪项最有可能包含在标准的律师询证函中（　　）。

（1）被审计单位提供的该律师已涉及的未决诉讼、已声明的或未声明的求偿权的清单

（2）要求律师就未声明求偿权或未决诉讼结果的正确会计处理发表意见的请求

（3）要求律师提供未决诉讼情况信息的请求

（4）要求律师提供被审计单位提供的清单中没有确认的未决诉讼或威胁法律诉讼行为的请求

c. 审计报告对财务报表中披露的期后事项采用双重日期，该事项发生在证据收集程序完成之后，但在财务报表发布之前。审计师对证据收集过程完成后发生的事件的责任是（　　）。

（1）仅限于提及的最晚期后事件发生日期之前发生的事件

（2）延伸至财务报表报出日的期后事项

（3）仅限于所指的特定事件

（4）扩展到包括证据收集过程完成后发生的所有事件

d. 被审计年度结束至审计报告日之间发生的下列哪些事件，通常不需要在财务报表或审计报告中披露（　　）。

（1）大范围洪水对公司厂房造成严重损害

（2）广为宣传的带有限制性条款的股本发行

（3）以远低于入账金额的金额清偿一笔大额债务

（4）普遍的商业衰退导致销售量下降

23-20 以下是一些关于与随同基本财务报表一起披露信息的题目，选择最佳答案。

a. 上市公司管理层提交的10-K格式报告中除了年度财务报表外，还有一份管理层的讨论与分析报告（MD&A）。以下哪项最好地描述了审计师对MD&A信息的责任（　　）。

（1）审计师必须执行充分适当的审计程序以对MD&A发表意见

（2）审计师对MD&A的披露没有责任

(3) 审计师必须阅读MD&A的信息以确定这些信息是否与被审计的财务报表存在重大不一致

(4) 审计师必须对MD&A出具无法表示意见的报告

b. Thurman公司的管理层在其包含2016年12月31日的已审财务报表的记录中纳入了其他补充信息。公司管理层已经要求其审计师——Wally会计师事务所——对这些补充信息进行报告。以下哪种情况可能会禁止Wally会计师事务所执行这一业务（　　）。

(1) 补充信息已与用以生成基本财务报表的会计记录分离

(2) 补充信息包含了2016年1月1日至2017年2月15日的信息

(3) Wally会计师事务所对基本财务报表的意见是无保留意见

(4) 在评价补充信息时，Wally会计师事务所对这些信息的重要性水平计划与基本财务报表审计时所用的重要性水平一样

讨论题

23-22 注册会计师Elizabeth Johnson已经完成了对Valley River电气服务公司应付票据和其他负债的审计，并打算对其或有负债和承付款项进行审计。

要求：

a. 辨别或有负债与承付款项，并解释为何它们在审计中都很重要。

b. 描述Johnson在应付票据审计的三个阶段中的测试如何帮助她获得有关列报和披露的四项目标的证据。

c. 在正常情况下为了发现或有负债（即使她没有责任发现或有负债），Johnson最有可能执行的是哪三项审计程序？

d. 为了发现财务报表中未予披露的或有事项，Johnson还可能执行哪三项其他审计程序？

23-23 在对Marco公司2016年度财务报表进行审计的过程中，发现存在以下情况，并且与这些事项相关的各种信息均未记录入账。

1. Macro公司于2016年被Dalton公司控告违约，成为该赔偿诉讼中的被告方。判决结果对Macro公司不利，要求其偿付Dalton公司4 000 000美元的赔偿金。审计时，该诉讼正在上一级法院的审理中。

2. 2016年12月23日，Macro公司宣布按面值1 000 000美元的普通股分配1 000股的比例派发普通股股利，支付日为2017年2月2日，支付对象为2016年12月30日前登记在册的普通股股东。

3. Marco公司已经为Newart公司——一家联营公司的首次10年期抵押债券的利息支付提供了担保。Newart公司的应付债券共计5 500 000美元，应付利息按年利率5%计算，每年的6月1日和12月1日支付。债券发行日为2014年12月1日，除2016年12月1日的利息外，以前各期的利益已经由该公司付清。Macro公司已经声明，将在2017年1月15日向债券持有人支付拖欠的利息。

要求：

a. 识别或有负债。

b. 针对上述每一事项，说明你将使用的审计程序。

c. 假设由你对上述每一事项进行处理，请说明有关调整记录或披露情况。[①]

---

① 根据AICPA改编。

图书在版编目（CIP）数据

审计学：一种整合方法：第16版/（美）阿尔文·阿伦斯等著；李璐，张龙平译．--北京：中国人民大学出版社，2021.7
（工商管理经典译丛．会计与财务系列）
ISBN 978-7-300-29569-5

Ⅰ.①审… Ⅱ.①阿… ②李… ③张… Ⅲ.①审计学 Ⅳ.①F239.0

中国版本图书馆CIP数据核字（2021）第156758号

工商管理经典译丛·会计与财务系列
审计学：一种整合方法（第16版）
[美] 阿尔文·阿伦斯 兰德尔·埃尔德 马克·比斯利 克里斯·霍根 著
李 璐 张龙平 译
Shenjixue：Yizhong Zhenghe Fangfa

出版发行	中国人民大学出版社		
社 址	北京中关村大街31号	邮政编码	100080
电 话	010－62511242（总编室）		010－62511770（质管部）
	010－82501766（邮购部）		010－62514148（门市部）
	010－62515195（发行公司）		010－62515275（盗版举报）
网 址	http://www.crup.com.cn		
经 销	新华书店		
印 刷	固安县铭成印刷有限公司		
开 本	890 mm×1240 mm 1/16	版 次	2021年7月第1版
印 张	34 插页2	印 次	2025年3月第2次印刷
字 数	1 015 000	定 价	95.00元

尊敬的老师：

您好！

为了确保您及时有效地申请培生整体教学资源，请您务必完整填写如下表格，加盖学院的公章后传真给我们，我们将会在 2-3 个工作日内为您处理。

请填写所需教辅的开课信息：

采用教材			□中文版 □英文版 □双语版
作 者		出版社	
版 次		**ISBN**	
课程时间	始于 年 月 日	学生人数	
	止于 年 月 日	学生年级	□专 科 □本科 **1/2** 年级 □研究生 □本科 **3/4** 年级

请填写您的个人信息：

学 校			
院系/专业			
姓 名		职 称	□助教 □讲师 □副教授 □教授
通信地址/邮编			
手 机		电 话	
传 真			
official email(必填) (eg:XXX@ruc.edu.cn)		**email (eg:XXX@163.com)**	
是否愿意接受我们定期的新书讯息通知： □是 □否			

系 / 院主任：__________ （签字）

（系 / 院办公室章）

___年___月___日

资源介绍：

--教材、常规教辅（PPT、教师手册、题库等）资源：请访问 www.pearsonhighered.com/educator； （免费）

--MyLabs/Mastering 系列在线平台：适合老师和学生共同使用；访问需要 Access Code； （付费）

100013 北京市东城区北三环东路 36 号环球贸易中心 D 座 1208 室 100013

Please send this form to：cece.zhang1@pearson.com

Website: www.pearson.com

中国人民大学出版社　管理分社

教师教学服务说明

中国人民大学出版社管理分社以出版工商管理和公共管理类精品图书为宗旨。为更好地服务一线教师，我们着力建设了一批数字化、立体化的网络教学资源。教师可以通过以下方式获得免费下载教学资源的权限：

★ 在中国人民大学出版社网站 www.crup.com.cn 进行注册，注册后进入“会员中心”，在左侧点击“我的教师认证”，填写相关信息，提交后等待审核。我们将在一个工作日内为您开通相关资源的下载权限。

★ 如您急需教学资源或需要其他帮助，请加入教师 QQ 群或在工作时间与我们联络。

中国人民大学出版社　管理分社

教师 QQ 群：648333426(工商管理)　114970332(财会)　648117133(公共管理)
教师群仅限教师加入，入群请备注（学校+姓名）

联系电话：010-62515735，62515987，62515782，82501048，62514760

电子邮箱：glcbfs@crup.com.cn

通讯地址：北京市海淀区中关村大街甲 59 号文化大厦 1501 室（100872）

管理书社　　人大社财会　　公共管理与政治学悦读坊